Thomas Hauschild

Magie und Macht in Italien

MERLINS BIBLIOTHEK
DER GEHEIMEN WISSENSCHAFTEN
UND MAGISCHEN KÜNSTE
Band 13

MERLIN'S BIBLIOTHEK DER GEHEIMEN WISSENSCHAFTEN UND MAGISCHEN KÜNSTE

TERRA DI BARI
TERRA D' OTRANTO
MA= RE JO= NIO
CALAB. CITRA
Scala di miglia dieci
Matera
Pontenuovo
S. Nicola della macchia
S. M. di Picciano
Serrala Stella
Timbari
Larifezza
P. S. Giuliano
Dopicco
Gruscio
Miglionico
M. Aguto
M. Siero
Trisio
Bradano f.
Rifo
Consano
Pomarico
S. Lorenzo
Lavinella
Bernarda
T. di Mare
T. di Basile
T. Salandrella
Piraszetta
Basile
T. di Scanzana
Altorumi
Grassano
Grottola
Miglionico
Pisticci
Fonte S. Pelagio
Ferrandina
Montalbano
Agri f.
T. d'Agri
Cuccari
Gannano
Salandra
Craco
Tursi
Scansana
Anglona
Policoro
Sinno f.
S. Mauro
S. Martino
Stigliano
Craco
M. del Casale
Lago dell' Olmo
T. di S. Basile
T. di Sino
Bollita
Rotonda
La Porfida
Rotondella
Serra della Croce
Aliano
Alianello
Agromdo
S. Giorgio
Pulise
Piano di Torrido
S. Marino
S. M. Orsolea
Castronuovo
Librodi
Senise
Chiaromonte
Fardella
Latiano
Villa
Casale nuovo
C. di Rosito
Torre
La Nucara
Francavilla
Noja
Casale nuova
S. Costantino
Pitesnia
Armaruzol
Loreto
Vignianello
Mesano
S. M. di Sacian

Thomas Hauschild

Magie und Macht in Italien

Über Frauenzauber, Kirche und Politik

Merlin Verlag

INHALT

Anhang

VORWORT

Mit einem Schlag hat es mich aus dem Schlaf gerissen, aus seltsamen Träumen, zuerst den Körper, dann den Geist. Und meine Seele, so scheint es, ist zur Hölle gefahren. Schweiß steht mir im Gesicht. Im Bad, im bleichen Spiegel, sehe ich mich selbst: ein Mann in den Vierzigern, schwarzes, schütteres Haar, nach oben gesträubt. Meine Lippen sprechen den Satz *Das soll einmal ein Kind gewesen sein.* Ich lösche das Licht, und auch dieses Bild ist Vergangenheit, hinabgespült, irgendwohin. Ein Lichtspalt weist mir den Weg in den Flur. Dort ist es blendend hell und rot scheint mir der Plastikbecher einer Friedhofskerze entgegen, bereitgestellt auf der Hutablage, sonst wird sie vergessen. Das Lämpchen gefällt mir nicht, Kunststoff, billiges Wachs und ein Krönchen aus Buntmetall. Morgen früh, auf dem Weg zur Universität, werde ich es den toten Jungen bringen, in ihrem kalten Graben. Kunstblumen wiegen sich dort in der Drift der rasenden Wagen. *Domenico Garofalo + Rocco Cilio + 6.5.1995,* eingebrannt steht es auf dem Kreuz aus einfachem Holz. Zwischen den Blumen finde ich Zettel, die mit ungelenken Buchstaben beschriftet sind. *Gevatter Ennio Falcone aus Reutlingen.* Er hat den Toten Blumen gebracht, ein Spielzeugfrosch ist auch dabei, verblasst unter der Sonne, verschossen im Regen, abgelegt von wem auch immer. Manchmal lege ich den Toten eine malvenfarbene *Gazzetta dello Sport* hin. *Die neuen Ergebnisse, ragazzi, und seid nicht traurig, weil es so kalt ist.* Am Abend werde ich mit den Blicken die andere Straßenseite absuchen nach meinem Totenlämpchen. Was bringt einen Professor im europäischen Hochschulsystem des Jahres 2000 bloß dazu, toten Autofahrern aus Süditalien ein Geschenk zu machen? Und wenn ich wieder einmal im Flieger nach Italien sitze, unterwegs zu einer Sitzung des Europäischen Hochschulinstitutes oder nach Neapel, um von dort zu meinem Dorf zu gelangen, nach Ripacandida, warum formen meine Lippen dann unwillkürlich das katholische Gebet der Frauen und Kinder,

Ripacandida (Basilicata), 1985

Ave Maria, der Herr ist mit Dir? Oft spreche ich es auch auf Italienisch, doch auf einer anderen Ebene bin ich weder von der Existenz dieses Herrn überzeugt noch von der Gegenwart dieser Dame.
Im Traum gleite ich durch Ripacandida, die Stadt auf dem weißen Fels. Nebel stehen über dem Straßenzug, Männer streifen umher, schwarz eingehüllt, vor weißgekalkten Mauern, die Arme untergehakt, sprechend, verleumdend, scherzend. Das ist die *piazza*. Schritte hallen im Kalk. Im Halbdunkel kann ich die glänzenden Pflastersteine zählen. Wie auf eine geheimnisvolle Verabredung hin machen wir kehrt und schlendern an einer winzigen steilen Gasse vorbei. Meine Freunde erklären mir, dass in dieser Gasse Donatello Simone geboren wurde, der heilige Werkbruder von Ripacandida, tot seit bald siebenhundert Jahren. Doch immer noch schleppen sie den jungen Mann bei Prozessionen mit. Auf seiner Tragbahre leuchtet ein Wolkenpaket aus Holz, darauf steht der Heilige, sein weißes Gewand scheint im Wind zu flattern. Heute ist keine *festa*, trotzdem gehen wir die *piazza* auf und ab, hin und her. Ein paar Schritte weiter beult sich die Mauer der Mutterkirche verdächtig. Pesttote sollen dort eingemauert sein. Rechts führt ein Straßen-

stück zum Rathaus hinunter, versteckt wie ein Unterstand. Im Jahre des Herrn 1861 haben Männer am Portal des Gebäudes die Leiche des Kapitäns der Nationalgarde abgelegt, und dann wurden die Steuerakten geplündert. Ein Schritt weiter, und wir stehen vor dem Palazzo Virgilio. Das war ein schlechter Mann. Als Bürgermeister hat er sich an der Gemeinde bereichert, seine Macht und seine Verbindungen reichten weit. Heute ist Virgilios Haus verrufen, Unglück bringt es den Besitzern. Der grausame Bürgermeister liegt in einem pompösen Grab auf dem Friedhof des Jahrtausende zählenden Venosa. Im geweihten Grund von Ripacandida wollte er nicht begraben sein.

Das ist die Feldforschung der Ethnologen. Jahre verbringen wir in kleinen Gemeinden, die zerschlagen und verblasst sind unter dem Ansturm der Weltökonomie, aber so ganz erledigt sind sie noch nicht. Heute arbeiten Ethnologen auch in Großstädten oder auf den Spuren transnationaler Netzwerke, aber immer müssen wir dabei aus den Graswurzeln des Gesellschaftslebens heraus ein Feld aufbauen, einen Alltag, eine Gruppe ähnlich gerichteter Beziehungen, so dass wir aus vielen kleinen Beobachtungen und Gesprächen allgemeinere Schlüsse ziehen können. Dieses Feld wird sich gegen uns wenden und uns dann etwas erfahren lassen, worauf wir nicht gefasst waren. Das Wissen der Ethnologen besteht aus dem, was wir nicht in unseren Anträgen auf Forschungsförderung vorhergesehen haben. Die Menschen, die sich um ihre Forscher herum versammeln, erleben es genau so. Sie versuchen einen Anker zu finden im endlosen Netzwerk menschlicher Beziehungen, im Gewirr der Gründungen und Untergänge, aber dabei stoßen sie auf das Unvorhersehbare. Teilnehmende Beobachtung nennen wir das, wir sind dabei, und zwar immer auf der untersten und alltäglichsten Ebene. Manchmal sind wir nicht wirklich beteiligt, es scheint nur so und manchmal beteiligen die Ereignisse uns in einem Maß, das wir nicht aushalten können. Und dann fahren wir wieder nach Hause, werden wieder zu Fremden, die aber ihre Zeit damit verbringen, über das zu berichten, was uns fremd ist. Auch die Leute vor Ort sind mit ihren Gedanken nicht immer ganz bei der Sache, nicht ganz da.

Menschen können in ihrer Zeit sein und sich trotzdem, zugleich, in einer anderen Zeit aufhalten. Der Umgang mit der Erfahrung der Zeit unterscheidet den Menschen von den Tieren. Wir können gleichzeitig von verschiedenen Positionen auf der Skala der Zeit her denken, *früher habe ich das und das erlebt, heute scheint es anders zu sein.* Der Mensch ist ein Tier, das den unaufhaltsamen Ablauf der Zeit erkennt. Darum können wir abwesend sein, wie im Traum, obwohl wir doch da sind und wach. In diesen Zuständen versuchen wir, den Lauf der Zeit anzuhalten, wir hadern mit dem Verfall unseres Lebens und entziehen uns dadurch für einen Moment dem Unausweichlichen. Doch was ist Zeit? Wir können sie als Rhythmus betrachten, als ewiges Zittern, das uns aber doch von einem Zeigergrad der Skala auf den nächsten versetzt – und auf diesem Weg verfallen wir, werden Opfer der Zeit. Andererseits ist Zeit eine Einheit, die Vergangenes, Gegenwärtiges und Zukünftiges miteinander verbindet und auf einer Ebene bereit hält. So etwas redet uns das Bewusstsein ein, denn es ist zeitlos. Einige unserer Erinnerungen wirken stets frisch und unbeschadet. Wir zittern also dem Ende entgegen, im Rhythmus der Natur, der auch in unseren Körpern steckt. Dagegen beschwören wir Vergangenes und Zukünftiges herauf und trösten uns über die Gegenwart hinweg. Das zeitlose Bewusstsein kann im Lauf der Zeitskala umherfahren als würde sie nicht existieren. Im Zittern der Todesangst wie in den sich ewig wiederholenden Ritualen, in Trance, im Tanz oder im unaufhörlichen Redefluss feiern wir unsere Ewigkeit. In kultischen Wiederholungen und Ritualisierungen können wir also Trost finden und uns gegen den Verfall wehren. Wenn andere das tun, nennen wir das gerne Magie oder Religion, tun wir es selbst, als aufgeklärte Europäer, nennen wir es *Forschung* oder *Dialog, Kunst* oder *Wissenschaft.* Hier haben all die Geschichten über Wunder und magische Wunscherfüllung, Wiedergeburt und Ewigen Frieden letztlich ihren Platz. Wir sagen *Baum* und haben die übernatürliche Realität dieses Wortes neben alle Bäume der Welt gestellt. So sagen es uns die Philosophen. Doch es geht viel weiter: Wir geben unseren wirren Wahrnehmungen an Körper, Seele und Geist einen Namen und auf einmal betreten all die Kobolde, Feen, Jesulein und Madonnen die Bühne und selbst noch der *Geist der Verträge von Maastricht* sowie der *Geist der Bundesliga*. Doch das Beunruhigendste an der menschlichen Fähigkeit zum Dialog mit über-natürlichen Größen ist die Tatsache, dass wir auch die Toten wieder herbeiholen können aus dem Nichts.

Die Wissenschaft von der Kultur ist oft damit beschäftigt, die Methoden heraufzubeschwören, mit denen andere Menschen die Geister der Vergangenheit und des Nichtseins zurückholen – Rituale, literarische Texte, Kunstwerke, historische Aufzeichnungen. Die Kulturanthropologie folgt dem, was anderen wichtig ist oder war und wird so selbst zu dem, was sie erforscht. Darum hängt vor allem der Ethnologie, jenem radikalen Zweig der Kulturforschung, immer etwas vom *Primitiven* an, von den Ursprüngen und von dem, was alle Menschen gemeinsam haben. Auch der erste deutsche Ethnologieprofessor hat seine Zeitgenossen beschworen: *»Retten, was zu retten ist!«* Er meinte die Kulturen der *Primitiven,* die nun unter dem Ansturm der modernen Zeiten zusammenbrechen würden. Heute, 150 Jahre später, müssen wir feststellen, dass sich wirklich alles verändert hat, aber dass auch nichts wirklich verloren gegangen ist. Die Alte Welt stapelt sich nicht nur in den materiellen Ablagerungen der Museen für Vorgeschichte und Ethnologie, sondern auch im realen Leben aller Völker der Welt, in sehr alten und sehr haltbaren Erfindungen: Gabentausch und Solidarität, Rache, die Option zu Töten, Hexerei, Prostitution, Erzählkunst und der Glaube an den Schutz durch Amulette und Geister. Kultur ist eine große Reserve gegen die Welt der Käuflichkeit und der bezahlten Leistung. Hier gibt es auf einmal *Schenkungen* und es gibt Menschen, die sich für Ideen der Vergangenheit aufopfern, es gibt *Verweigerer, Fanatiker, Utopisten* und einen seltsamen Gott mit weißem Bart im roten Mantel, der jedes Jahr aus einem fernen Nichts aufbricht, um den Kindern gute Sachen zu bringen und sie wissen nicht, wo er das eigentlich hergenommen hat.

Reserven gegen die beschleunigte Welt der Gegenwart können im gegenseitigen Schenken ausgedrückt werden, in kleinen Gemüsegärten, in familiärer Unterstützung für die jungen Menschen, in hingebungsvoller Pflege der letzten Lagerstatt ökonomisch vollkommen unnütz gewordener Leichname oder in der zerstörerischen Arbeit terroristischer Zirkel, die sich vor den anderen Modernitätsverweigerern wichtig machen wollen – das kann man in der *Dritten Welt* ebenso beobachten wie in der *Ersten Welt* der Reichen. Aber ich habe in Süditalien, diesem Grenzbereich von erster und dritter Welt, gelernt, die Zwischenwelt zu sehen, in der die Regeln des Geldes und der Leistung nicht ganz und gar gelten. Mit dem entfremdeten Blick sieht man manchmal mehr. In dem, was für die Deutschen immer die nächste Fremde war, in Italien, habe ich gelernt, wie wichtig es ist, die gewaltigen Kräfte der Natur nicht bloß zu nutzen und zu bändigen, sondern auch, sie zu begleiten und zu pflegen: Aus der Geburt wird so eine Taufe, aus der Angst vor dem Tod eine Beschwörung des Gottes, der trotz allem lebt, aus Verfall, Gewalt und Erpressbarkeit die Erneuerung im Zeichen der Freundschaft und reinigender Rituale. Der Mensch verdoppelt sich und seine Zeit in Symbolen, und wer diese Bilder und Gesten kontrolliert, die Magie und den Kult der Heiligen, der hat Macht, denn nun zählt alles doppelt und er hat noch mehr Macht, weil er im tiefsten Innern seiner Zeitgenossen ein Wörtchen mitreden kann. Darauf beruht die sprichwörtliche Macht der katholischen Kirche. Und wenn wir nicht verstehen, warum unter Katholiken so umständlich über das ungeborene Leben diskutiert wird, dann sollten wir nur an unsere *modernen* Debatten über das Klonen von Menschen denken. Diese Diskussionen wurzeln wie die Magie der scheinbar so zurückgebliebenen *primitiven Gesellschaften* in den tiefsten Hoffnungen und Ängsten der Menschen, im blutigen und schweren Übergang von einem menschlichen Leben zum nächsten – und damit im Leben selbst.

Man sollte die Katholiken nicht unterschätzen, auch wenn in Deutschland zur Zeit immer weniger Menschen in die Kirchen gehen, um zu den Heiligen zu beten unter der Leitung von Männern in schweren langen Gewändern. Auch sie haben ihre Fundamente und ihre radikalen Seiten. *Es*

beginnt mit schmutzigen Windeln und endet mit blutigen Tüchern, das hat der unbeliebte konservative Kardinal von Köln einmal über das Leben Jesu Christi gesagt und er meinte die drastische katholische Methode, den Tod dieses Mannes Jahr für Jahr in der Osterzeit nachzuleben durch Körperpraktiken und Konfrontation mit schönen grausigen Bildern des beschädigten Lebens, die in den Kirchen aufgestellt werden: ein zerrissener Vorhang hinter dem Altar, die Holzplastik eines Mannes mit gebrochenen Augen. Was ist ein Katholik? Erst nach vielen Jahren der Forschung gelang es mir, diese Frage überhaupt zu stellen. Katholische Christen sind Menschen, die katholisch getauft sind. Das heißt, das Geheimnis der Geburt und des Todes wurde ihnen nicht kleingeredet und kleingemacht, sondern sie gestalten es durch das Mysterium der Taufe noch geheimnisvoller als es schon ist. Es ist das Geheimnis des Todes, das erst dann ganz sichtbar wird, wenn wir es mit dem Geborenwerden vergleichen. Die Geburt eines Kindes ist für Katholiken der Moment, in dem sie sich an den Tod eines Mannes erinnern und der Tod eines Menschen bringt sie dem Geheimnis der Geburt eines Gottes nah.
Das gilt aber nicht nur für Katholiken. *Kat-holos* bedeutet *all-umfassend.* In jeder Weltreligion stecken alle fundamentalen Kulte, Ekstasetechniken, magischen Künste, Gewissensqualen und Sehnsüchte. Wenn ich also den Katholizismus studiere in einer Zeit, in der sich kaum jemand mehr für ihn zu interessieren scheint außer den Katholiken, lerne ich auch etwas über die übrige Menschheit und mich selbst. Ich erlebe, wie groß das Bedürfnis des Menschen ist, sich nicht immer nur eins zu eins zu verkaufen, sondern seine eigene Natur zu verdoppeln, sich ein Medium zu schaffen, sich zu beruhigen durch einen Gegenüber, der vom Leben spricht und vom Tod. Das Gottkönigtum der Päpste ist die älteste zentral gesteuerte und sich schriftlich bezeugende Institution der Welt. Manchmal sehen wir diese Institution verzerrt, als das Werk machtgieriger Intriganten und raffinierter Betrüger. So dumm sind die Menschen nicht, dass sie sich über Jahrtausende hinweg immer wieder betrügen lassen. Die Wiedergeburt ist das Geheimnis der katholischen

Messe. Sie essen den Leib Christi und werden dadurch zu einem Leib, der den Tod überwindet. Diese positive Besessenheit durch Jesus ersetzt die alten Rituale des Exorzismus, aber das, was ersetzt, muss auch etwas von dem Ersetzten enthalten. Hier liegt die Tiefe dieser Weltreligion. Es ist eine Kultur der Erinnerung und sie arbeitet realistisch, sie wirkt auf die Körper der Menschen ein durch heilige Schauspiele und vielfache Arbeit an sich selbst.

Wenn ich die Reden der Lebenden und der Toten von Ripacandida nachspreche und aufzeichne, beschreibe ich das, was uns *modernen* Menschen vielleicht undeutlich geworden ist, weil wir so beschäftigt waren mit Krieg und anderen Geschäften. Ich beginne, selbst katholisch und magisch zu praktizieren, lege mir so einen Vorrat von Wissen über das Leben in raueren Landschaften an. Ich entferne mich aus dem gleichförmigen Mitteleuropa, wo es kaum Erdbeben und Dürren gibt, wo sich der wissenschaftliche Ackerbau und die Industrie besser und stetiger entwickeln konnten als in den gequälten Geographien anderer Gegenden der Welt. Dieses Wissen hilft uns, eine gewisse Bescheidenheit zu bewahren und es zeigt uns Auswege für den Fall des Zusammenbruchs unserer Kultur. Es gibt uns eine Atempause im Wettlauf der Modernisierungen. Legen wir uns also eine Reserve an katholischem Wissen an – all die Spanien- und Italienreisenden aus Nordamerika und Europa wissen, wovon ich spreche. In Deutschland und in Italien nimmt dieses Wissen mit Tacitus, Dante, Luther und Goethe seinen Anfang – erst waren die Germanen der Anker der Römer, dann haben sich die Verhältnisse in ihr Gegenteil verkehrt. Heben wir uns dieses Wissen auf für schlechtere Zeiten, als Trost oder als Anregung zur Schöpfung neu-alter Rituale – oder zumindest als Andenken an das Leben der Menschen auf deren Schultern wir großgeworden sind, als kostbaren Traum vom anderen in einer von Technik ausgefüllten Welt. Auch in der *modernen Welt* nördlich von Rom gibt es Katholiken, die den toten Gott erinnern. Diskret schaudern ihre in Kirchenbänke geklemmten Körper den Martyrien vergangener Zeiten nach. Auch sie heben Wissen auf für eine ungewisse Zukunft. Die Ethnologie hat eine

ganze Wissenschaft gemacht aus solchen Abständen und Ungleichzeitigkeiten.
Gedämpft erzählen sie mir ihre Dinge in Ripacandida, nicht ganz bei der Sache manchmal, als läge ihnen der Kalk auf den Zungen. Dem Palast des bösen toten Bürgermeisters Virgilio steht *in piazza* das Postamt gegenüber, mit einer Gedenktafel für die Toten der beiden Weltkriege. Die Jungs schleppen mich zu Tuccio Salvator. *Wie war das, als du auf die Deutschen geschossen hast, im Ersten Weltkrieg, nicht im Zweiten* ... Der zahnlose Alte lacht, legt an mit leeren Händen, wir lachen. Jahr für Jahr präsidiert der Bürgermeister, gewickelt in seine weiß-grün-rote Schärpe, vor dem Postamt einer grauen Versammlung von alten Männern: Tag der Befreiung. Die Schar der Veteranen wird immer kleiner, aber das Fest bleibt. Wir sind wieder beim Kastell angekommen, heute verfällt es, seiner Größe zum Trotz. Eines Abends hat Peppino mir hier die Geschichte vom Recht der ersten Nacht zugeflüstert – der Fürst wollte die Braut, aber er bekam den Bräutigam, als Mädchen verkleidet, und das Messer brachte er gleich mit.
Einen der Alten habe ich wiedergetroffen, am Aufgang zur *piazza*, wo die Greise stehen, denn sie reden nicht mehr mit. Es war nach Ginos Hochzeit, spät nachts. Ich war auf dem Weg zu meinem Quartier, da stand er plötzlich unter einer Laterne, ganz blass. *Lomonache,* so nannten sie ihn, *der Mönch,* ein alter Spitzname der Familie. Lomonache hatte mir einmal sein Leben erzählt, als Tagelöhner, als Zwangsarbeiter in Deutschland, Soldat, später Maurer auf Montage in der Schweiz. Angelina hat immer auf ihn gewartet, und sie hatten viele Kinder. Sehr demütig ist sie dabei aber nicht geworden. Als wir die Alten das erste Mal zuhause besuchen, drückt die spindeldürre Greisin Anitas Brust: *Was, nur ein einziges Kind, da ist doch noch was drin für'n paar Kleine!* Ihre eigenen Kinder leben in den USA und in der Schweiz, man sieht sich selten. Gedient und geackert haben sie, wie heilige Werkbrüder und -schwestern, ein Leben lang. Seinen Rotwein hat er mir geschenkt, abgefüllt in große Anisschnaps-Flaschen, zehnmal sorgfältig durchgespült vor dem Befüllen. Unter Nachbarn wird geteilt. So kalt

ist seine Hand jetzt, im Lichte der blassen Laterne und mitten in der Nacht will er mich zum Essen einladen, nach Hause, das ist seltsam. Die Frau wartet schon mit dem Essen, sie haben gehört, dass ich nach Ripacandida zurückgekommen bin. *Nein,* sage ich, *jetzt nicht, ich bin müde.* Am nächsten Morgen schrecke ich hoch mit einem unheilvollen Gefühl und laufe zum Haus von Lomonache und Frau. Es ist verrammelt, die Alten sind tot seit Jahren. Ich spüre eine kalte Hand auf meiner Haut, bin geschüttelt von Ekel und dumpfer Angst. Auf diese Weise gehört man hier dazu.

Hier ist der Durchgang zum Nonnenhaus, manchmal hören sie die Schwestern beten, seufzen oder singen, obwohl das Kloster schon vor hundert Jahren vom Staat konfisziert worden ist. Seitdem steht es leer, da gibt es keine Nonnen. Und schon sind wir bei Peppones Stoffladen angekommen. Wie auf Befehl mache ich kehrt mit meinen Freunden, um zum anderen Ende des Straßenzuges zu wandern und wieder zurück und hin und her. Auch wenn die jungen Leute heute im Klostergarten der Wallfahrtskirche ihre Späße treiben – hier *in piazza* sind immer noch ein paar Männer unterwegs, Schritte im Nebel und Kalk, Reden und Unterhaken, wie ein Wolfsrudel ziehen wir durch die weiße kalte Luft. *Thomas, wo warst du so lange?* Diese Straße hieß schon vor siebenhundert Jahren *la rua,* la rue, vielleicht wurde sie von französischen Eroberern gebaut. Jahre, Wochen, Tage, Schritte – auch in Ripacandida zählt die Zeit, aber manchmal führt sie im Kreis und die Toten werden wieder lebendig.

Wir kommen wieder, auch wenn die Zeit weiter läuft. Hier in diesem Winkel der *piazza* soll Don Michele immer gestanden haben, alte Männer zeigen mir die Stelle. Obwohl ich ihn nie gesehen habe, meine ich, den Priester vor mir zu sehen in Staub und Licht. Don Michele haben die Leute von Ripacandida in guter Erinnerung, dabei ist er tot, seit vielen Jahren. Er war lustig und dick, heißt es, vertrauen konnte man ihm. Einmal muss er beim Quatschmachen mit Kindern in einer Regentonne gelandet sein. Über den Klumpfuß des Priesters durfte man zweideutige Bemerkungen machen, er wusste sich schon zu wehren. Don Michele hat Ripacandida gerettet. 1943, im Jahr des Zusammenbruchs und der Befreiung, wurde eine deutsche Patrouille von der Stadtmauer her beschossen. Der Schütze war Sozialist, so heißt es. Er konnte sich in einem Weinfass verbergen, die Deutschen haben ihn nicht gefunden. Also befahl der Kommandant eine Geiselerschießung und drohte mit Bomben. Don Michele ging zu ihm, sprach mit ihm, er soll auf die Knie gefallen sein und Französisch soll er gesprochen haben. Die Geiselerschießung fand nicht statt.

Mondgesichtig strahlt mir Don Michele entgegen aus grauen Fotografien. Im Protokollbuch der Marienbruderschaft habe ich einen Plan der kleinen Stadt gefunden, 1943 vom Priester gezeichnet, Jahr des Zusammenbruchs und der Befreiung. Auf den Karten der Geographen erscheint die Gemeinde in der Form zweier miteinander verbundener Dreiecke, die Ober- und Unterstadt darstellen. Aber Don Michele hat Ripacandida eiförmig dargestellt, wie einen Mutterleib. Liebevoll hat er die Viertel und Straßen beschriftet. Er las viel. Einmal habe ich seine Predigtvorbereitungen durchsehen können, dann entzog sein Nachfolger die Alben für immer meinen neugierigen Blicken. Es waren Zeitungsausschnitte und handschriftliche Notizen, die der alte Erzpriester mit Gnadenbildchen garniert hat und mit Auszügen aus religiösen Werken, Collagen der Welten dort draußen, die er sonntags der Gemeinde in spannenden und tröstenden Worten vorstellte, so dass manchmal auch Kommunisten in die Kirche gingen – *aber nur zur Predigt*! Don Michele war ein Seelenführer. Ein Alter gerät ins Schwärmen über den Toten: *Was der anfasst, blüht und gedeiht!* Er spricht, als sei Don Michele noch am Leben, aber wo ist der Priester jetzt? Vielleicht steckt er in der Wärme, die mich und wohl auch meinen Informanten im Gespräch überzieht, in der Wärme, die für einen Moment das beklommene Gefühl des Ekels überdeckt bei unserem fröstelnden Gang über die grauen Pflaster.

In Ripacandida gibt es heute Gottesdienste nur noch in der Mutterkirche und in der großen Wallfahrtskirche des Heiligen Donatus. Unter Don Michele stand aber auch noch die

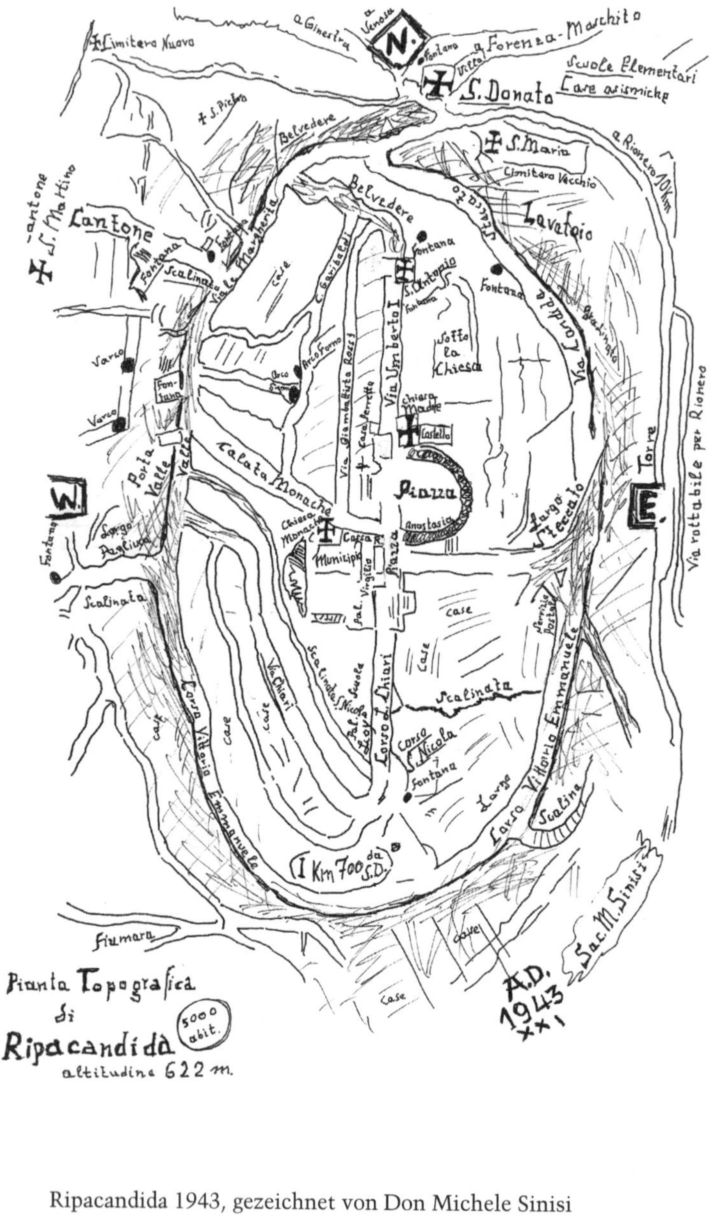

Ripacandida 1943, gezeichnet von Don Michele Sinisi

Tür der Antoniuskirche offen, an der Grenze zwischen der *piazza* der feinen Herren und den Vierteln der Bauern und Tagelöhner. Frühmorgens las er dort die Messe, wenn die Bauern und Landarbeiter auf dem Weg zu den Feldern vorbeikamen. Besonders beliebt müssen seine Christmetten gewesen sein. Um Mitternacht *wird Jesus geboren*, und dann tanzen die Leute von Ripacandida auf der Straße, *in piazza*, selbst bei Schnee. Familien und einzelne Männer streifen umher und werden in den Häusern bewirtet mit fettem Fisch. Bis in den Morgen dauert das Fest. Einmal müssen sie lange warten: Nach Mitternacht erst humpelt der Priester zum Altar, vom Trunk gerötet ist sein Gesicht, verständnislos schaut er auf die Gemeinde. Doch Don Michele hat die Situation im Griff. Als er die Verärgerung der Leute begreift, ruft er ihnen zu: *Der, ach, der, der ist schon zur Welt gekommen, macht euch mal keine Sorgen, es ist ein Junge!*

Das habe ich in Italien gelernt. Wir können das Leben als eine Kunst betrachten, nicht bloß als Pflicht oder grenzenlose Freiheit. Diese Kunst erleichtert Männern und Frauen den Wechsel zwischen Geburt und Tod. Wem es gut gelingt, an den erinnert man sich gerne, aber auch die, denen es übel ergangen ist, sind nicht aus der Erinnerung zu tilgen. Es gibt Arme und Reiche, Glückspilze und Pechvögel. Im Zeichen des Todes werden wir alle zu seltsamen Vögeln, blass zappelnd in den Netzen der Erinnerung. Kein Toter wird ganz vergessen, und sei es nur, dass man ihn zu Allerseelen einschließt in das allgemeine Gedenken. Dann kommt Weihnachten, immer wieder wird ein Kind geboren, jedes Jahr versammelt sich die Gemeinde, um die Geburt ihres Gottes zu feiern, das Leben geht weiter. Wenn wir uns von der Geburt zum Tode hangeln wollen, mit Würde, dann müssen wir geduldig sein. *Pazienz!* seufzt eine alte Bäuerin, *Geduld!* Sie braucht das Beispiel des Einen, der den Tod überwunden hat. Allerdings machen sie sich ihren eigenen Reim auf die Geschichte vom heiligen Kind, und der klingt manchmal wie ein Zauberspruch. Es geht um Macht und Gegenmacht. Tote liegen im Grund der Erde und ihre Knochen verstärken die alten Gemäuer. Der stolze Bau der modernen Welt stützt sich auf sie. Aber auch der professionelle Trost durch die Priester muss helfen, das Gebäude des Lebens zu tragen. Die Bannsprüche der Heilerinnen von Ripacandida liegen der priesterlichen Religion zugrunde, ohne Korrektur und Orientierung würden sie vielleicht auch anschwellen zu etwas Gefährlichem, zu einer Über-Zeugung, zu einem Machtmissbrauch oder aber verblassen und die Tiefe verlieren, die in der Schrift verborgen gehalten wird von den Männern im schwarzen Rock. Am besten hält man die Rollen getrennt, hier die Frauen, die hexen und Kinder kriegen, dort die Priester, die ihre Macht auf der Religion der Frauen errichten, hier die Eigenmacht des Menschen, dort die Demut, hier katholische Magie, dort katholisches Dogma und katholische Machtpolitik. Vielleicht sollen die Priester aus diesem Grund auch keine Kinder zeugen. Aber dafür dürfen sie nah am Wochenbett der Jungfrau Maria stehen und können der Gemeinde Nachricht von der Geburt des Kindes geben – so wie man von den Toten erzählt, bis sie auch denen vor Augen stehen, die jene Toten nie gekannt haben. Durch das Sprechen der Lebenden kommen die Toten immer wieder zur Welt. Träume und Erzählungen verbürgen die Sichtbarkeit des Unsichtbaren. Aber das gilt auch umgekehrt. Die Menschen, die wir erleben, erkennen wir nur durch unsere Träume hindurch und in den Mustern unserer Reden.

Wieder schwebe ich im Traum durch die Nebel von Ripacandida. Ich sehe die Muster in den gekalkten Mauern, ich spüre, wie die morschen Steine sich unter der Last der Toten biegen, ich rieche den Weihrauchduft der Kaminfeuer. Von ferne höre ich Wut- und Witzworte, die tiefen Stimmen der Männer sind unterbrochen vom hellen Ruf einer Frau oder eines Kindes. Männer haben mich aufgenommen, Paten, sie passen auf mich auf. Durch sie komme ich mit den Müttern zusammen, die mir alles erzählen werden. Mein bester Freund hat mich schließlich zum Paten seines Sohnes gemacht und so gehe ich immer wieder den Weg zurück nach Ripacandida. Leser können mit mir gehen und in Erfahrung bringen, was man mir dort über Leben und Tod, Raum und Zeit erzählt hat – und vorgemacht hat, im doppelten und dreifachen Sinne des Wortes.

Ripacandida, die Piazza in den sechziger Jahren

Im ersten Teil »LEBEN« schildere ich Rituale von Leben und Tod, wie sie in einfacher und doch raffinierter Weise die Menschen in Süditalien begleiten. Heiligenkulte setzen fort, was in Ritualen von Geburt und Reifung begonnen wurde, wieder und wieder festigen sich die Menschen im Bild eines übernatürlichen Gegenübers. Es geht um den ständig laufenden Prozess des Verfalls und der Erneuerung ritueller Traditionen. Am Ende diskutiere ich *Religion und Realität*, die Frage, was man für wirklich halten kann und welche Wirklichkeiten durch das religiöse Handeln hindurch sichtbar werden. Ich betrachte die miterlebten religiösen Praktiken im Zeichen der *Mahre*, legendäre Zwischenwesen, teils menschliche Heiler, teils fliegende Hexen. Ich habe in Süditalien eine Art von modernem europäischem Schamanismus entdeckt, der sich mit einem Totenkult verbunden hat. Durch das Katholische hindurch, mit der Religion der Priester erhalte ich Zugang zu elementaren Formen des religiösen Lebens, die auch ohne Priester ihren Bestand haben. Dann, im zweiten Teil »MAGIE«, erkläre ich die Praktiken der Heilerinnen und der Magier, zu denen ich während der Zeit meiner Forschungen ein Vertrauensverhältnis aufgebaut habe, denen ich assistieren durfte in ihren Praxen,

deren Patienten und Patientinnen ich kennen gelernt habe. Ich werde ihre Geheimnisse ausplaudern, denn sie haben es so gewollt, ich beschreibe die körperliche Realität der Heilkunst der *Mahre*. Es ist ein grundsätzlicher Kampf mit dem Bösen, bei dem die Guten leicht zu dem werden können, was sie bekämpfen. Ich werde auf eine sehr einfache materielle Erklärung der schwierigen Angelegenheit zu sprechen kommen, die wir *Hexerei* nennen – und dann werden doch wieder Fragen offen bleiben. Ich werde zeigen, wie schon auf dieser einfachen ländlichen Ebene die Magie der Frauen immer dann von Männern übernommen wird, wenn man damit Geld verdienen kann. Aus dem elementaren körperlichen Kampf gegen das Böse wird interessengelenkte Politik.
Nachdem die Grundlagen gelegt sind, beschreibe ich im dritten Teil »MACHT« die politische Verarbeitung dieser Subkultur des Heilens und Mitleidens, des Krankmachens und der Rache. Männliche Magier, die katholische Kirche, Politiker, Aufklärer, Ärzte beziehen ihre Macht aus den kleinen Alltagsanstrengungen und rituellen Erfindungen der Menschen am untersten Ende der sozialen Skala, insbesondere der Frauen. Die Eliten können ihre Lebenskunst nur erneuern, wenn sie am schwarzen Faden der Tradition geleitet zu diesem Grund hinabsteigen und dort Erfahrungen machen. Jeder, der einmal *mediterrane Diät* oder *griechischen Tanz* gepflegt hat, wird verstehen, was ich meine. So erklären sich auch viele priesterliche Traditionen, insbesondere ihre Art sich zu kleiden, überraschend im Zusammenhang mit Vorstellungen von magischem Flug und Weiblichkeit. Andererseits brauchen die kleinen Menschen ihre Mächtigen. Die Priester und Gelehrten sind ihnen ein Gegenüber, an dem sie die Frage nach dem Sinn abarbeiten. Die Gelehrsamkeit und der Dogmatismus der Eliten setzen den Reden der Toten in den Köpfen der Menschen gewisse Grenzen. Es ist bitter, sich das eingestehen zu müssen: Man kann nicht immer nur besessen und aufgeregt sein, irgendwann muss man auch wieder funktionieren und arbeiten.
Im vierten Teil »SPUREN« prüfe ich meine Überlegungen noch einmal an Bildern aus der Geschichte dieser großen

kulturellen Reserve, auf die Menschen in Süditalien zurückgreifen können. Es geht um die Geschichte von Magie und Kirche, Rebellion und Machtmißbrauch, eine Geschichte, die sich immer wieder aus dem Zauber der Wörter, Riten und Bilder heraus entfaltet. Ich behaupte, eine Eigendynamik des Lebens entdeckt zu haben, der elementaren Riten und der heilenden Körperlichkeit, die nicht viel mit dem schnellen Lauf der Weltgeschichte zu schaffen hat, eher schon mit den Rhythmen der Natur, des Körpers und den Gegebenheiten der Landschaften. Am Schluss werde ich versuchen, Geisteswissenschaft und Lebensforschung, Magie und Religion, den Ethnologen und seine Gastgeber in eins zu bringen – es wird kein System sein und keine Erklärung, aber doch, bei allem menschlichen Durcheinander, das sich auch durch dieses Buch zieht, ein Bild vom zu guter Letzt wieder geregelten Lauf der Dinge. Das Leben ist paradox, denn wenn wir besonders daran hängen, zieht es die Macht an und damit den Tod. Aber auch das wird sich wieder regeln, der Tod wird vom puren Leben ersetzt. Bisher konnte das Leben immer weiter wachsen in der Welt, allen Beschwörungen von Bosheit und Untergang, allen Katastrophen der Natur und der Kultur zum Trotz.

Damit korrigiere ich weit verbreitete Ansichten der Geistes- und Sozialwissenschaftler über das Zusammenwirken von Ober- und Unterschichten in den *Volkskulturen*, über die Kreation und Reichweite von *Kultur*, über die Macht des politischen Willens im Verhältnis zum einfachen Bedürfnis nach Leben und über die Ordentlichkeit und Folgerichtigkeit menschlichen Handelns.

Viele Wissenschaftler haben sich, meine ich, etwas zu weit von den alltäglichen und existenziellen Grundlagen menschlichen Handelns entfernt. Sie fixieren sich zu sehr auf die schriftlichen Überlieferungen und gelehrten Traditionen der magischen, religiösen und wissenschaftlichen Lehren, zu denen sie selbst so gerne beitragen. Aber die Einsichten derjenigen, die sich auf das bloße rohe Leben im Sinne der Naturwissenschaft berufen wollen, scheinen auch nicht sehr weit zu tragen. Irgendwo dazwischen spielt sich das ab, was wir *Mensch* nennen.

So bleibt meine Theorie doch wieder eine luftige Angelegenheit – nicht unähnlich dem katholischen Schamanismus der Süditaliener, der sich für mich in gewissen Heiligenbildern versinnbildlicht, jenen großen Puppen. Mit freundlich-unheimlicher Miene schweben sie auf einem dicken Wolkenpaket aus Holz und Kalk einher, gute Gaben in den Händen, Stöcke oder Marterwerkzeuge, und irgendwo am Körper verstecken sie eine schreckliche Wunde. Weniger akademisch gestimmte Leser und Leserinnen braucht der Streit über das Verhältnis von Leben und Macht, auf den ich mich hier beziehe, nicht weiter zu beschäftigen. Sie können die Fußnoten mit den wissenschaftlichen Debatten und Belegen ohne Schaden übergehen und sich einfach durchlesen, was ich zu bieten habe an Erfahrungen und Geschichten, Wundern und Heilritualen, Ver- und Enthexungen. Darauf kommt es mir an.

I. LEBEN

1. Ein Kind ist geboren

Da gingen beiden die Augen auf, und sie erkannten, daß sie nackt waren. Sie hefteten Feigenblätter zusammen und machten sie zu einem Schurz. (1. Mose 3.7) Ungetauft, als Tiere kommen wir zur Welt und wir wissen es nicht einmal und müssen gereinigt werden und bekleidet. Die Kirche kann dem Menschen hinweghelfen über das Gefühl der Scham und Schutzlosigkeit, so sagen die Katholiken. Bedeckt von Dreck und Blut ist das Kind zur Welt gekommen und muss nun gewaschen werden. Das Ritual der Taufe setzt diese ersten Waschungen fort. Wieder und wieder muss das neue Fleisch gereinigt und bedeckt werden. Doch nicht alle Menschen werden nackt geboren. *Nati con la camicia*, im Hemd geboren, sind Bud Spencer und Terence Hill, die Kampfmaschinen der italoamerikanischen Filmindustrie – so sagt es der Titel eines ihrer Filme. Die Hexen des alten Europa sollen seltsame Hemdchen oder Häubchen getragen haben, im sechzehnten Jahrhundert sprach man noch viel davon. Mit dem Hemdchen angetan, konnten sie nachts umherfliegen und andere Wohlfahrende treffen, daher stammt wohl noch unser Wort *Wohlfahrt*. Die *Gutgeher*, die *benandanti* kämpften gegen die Bösen, draußen im Dunkel, die Fruchtbarkeit der Felder hing davon ab.[1] Fruchtbarkeitskulte und Maskenbräuche könnten am Ursprung dieser Vorstellungen stehen und die Himmelsreisen der Schamanen im Dienst der Gemeinschaft.[2]

Kinder im Mutterleib nehmen die Schwerkraft nicht wahr, sie schweben, vom warmen Wasser umgeben, und selbst die Mühe des Atmens haben sie nicht. Das scheint schon den Menschen der alten Kulturen Europas klar gewesen zu sein, denn sie verbinden Geburtsrituale mit dem Traum vom magischen Flug. Manche Kinder kommen mit der Eihaut zur Welt, die ihre Blase umschließt, andere werden von abgelösten Hautbildungen begleitet und Spätgeborene können von einer Talgschicht bedeckt sein. Manchmal hat man wohl auch die Plazenta als Mantel des Kindes verstanden und die Nabelschnur als seinen Gürtel. Dieser Nachgang der Geburt, diese Folgefolie[3], das Hemdchen oder Häubchen, es schützt seinen Besitzer wie eine zweite Haut. Manchmal wurden die kleinen vertrockneten Bündel ein Leben lang als Amulett unter den Schultern getragen, dort, wo die Flügel wachsen.[4] Noch im Jahr 1716 fand man in Jena bei einem Geisterseher, der unter mysteriösen Umständen verstorben war, neben anderen Zaubersachen ein vertrocknetes Bündel. Es war die Eihaut seines früh verstorbenen Bruders.[5]

Im neunzehnten Jahrhundert und bis in die Mitte dieses Jahrhunderts hinein haben die Leute in Lukanien viel über diese Dinge gesprochen.[6] Hat die Mutter während der Schwangerschaft ein Verlangen nach bestimmten Speisen oder Dingen, berührt sie sich in diesem Moment sogar selbst, dann trägt das Kind später ein entsprechend geformtes und gelagertes Geburtsmal am Körper.[7] Aus der Zeit der Jahrhundertwende ist ein süditalienischer Brauch verbürgt, der Schwangere veranlasste, den Schwanz eines Hasen zu küssen, damit ihr Kind nicht mit einer Hasenscharte zur Welt kommt.[8] Durch die Berechnung der Mondphasen oder die Deutung der Formen, die der Bauch der Schwangeren angenommen hat, versuchten die Bauern, das Geschlecht des ungeborenen Kindes in Erfahrung zu bringen – Jungen brachten mehr Arbeitskraft als Mädchen und kosteten keine Brautgabe. Traf die Vorhersage einmal nicht zu, war das ein schlechtes Omen für das Kind: *Der hätte eigentlich ein Mädchen werden sollen,* sagte man von missratenen Männern.[9] Wurde das Neugeborene in einer zweiten Haut geboren, galt das als glückverheißend. Den Mutterkuchen und die Nabelschnur haben die Frauen verbrannt oder ins Wasser gespült, dann konnten die Neider und Hexen nichts mehr ausrichten.[10] Brachte das Kind bei der Geburt kein Hemdchen mit, dann verpasste man ihm ein Amulett, *abitino* genannt, in dem verschiedene Metalle, Heiligenbilder und andere Zaubersachen vernäht sind. Nun hatte es doch noch sein Hemdchen, denn *abitino* heißt nichts anderes als *kleiner Anzug,* vom lateinischen *habitus.*[11] Noch in den achtziger Jahren haben mir die Leute von Ripacandida erzählt, dass es Glückspilze gibt, die mit dem Hemdchen geboren werden, und dass die Nachbarin nicht stricken darf, wenn sie das Haus einer werdenden Mutter betritt, sonst wird das Kind stumm sein. Man steckt den Neugeborenen *abitini* unter das Kopfkissen, mit dem Bild des Heiligen Donatus von Ripacandida, und später, wenn sie laufen können, hüllt man sie in seinen goldenen oder brokatnen Mantel. Es gab und gibt eine Fülle weiterer Schutzmaßnahmen. Goldkettchen mit goldenen Hörnchen sind in ganz Italien bis heute sehr beliebt, als eine Art Ersatzglieder, die den bösen Blick auf sich ziehen und dadurch ablenken vom Träger des Schmuckstückes.

Stricken und Sprechen, Metall und Schutz der Haustür, Ersatzglieder und Hemdchen als Verstärkung des nackten Kindes – all das ist kein einheitlicher Aberglaube, sondern verbreitet sich in einzelnen Siedlungen, in einzelnen Familien als Brauch. Manchmal nehmen die Überlieferungen widersprüchliche Formen an: In San Giorgio Lucano war es ein schlechtes, in Pomarico ein gutes Vorzeichen, wenn das Kind am Freitag geboren wurde.[12] Es ist lange her, dass der Volkskundler Giovanni Battista Bronzini diese Dinge aufgezeichnet hat, und wir wissen nicht, was die Leute in Pomarico und in San Giorgio Lucano heute davon halten. Mit Erinnerungen an die eigene Kindheit oder die Kindheit der eigenen Kinder treibt auch der Mensch der Moderne gelegentlich merkwürdige Dinge, sei es mit dem ersten Schuh des ersten Kindes, mit Schnullern und längst abgelegten Spielzeugen. In Mitteleuropa ist das Erbe des Aberglaubens und der privaten Kultur der Erinnerung zur Geschmackssache geworden. Jeder zieht sich selbst die Grenzen. Das ist in Lukanien nicht anders, aber hier machen die kleinen Bräuche nur den Anfang und es geht immer weiter, hoch hinauf bis zu den Triumphaltären im Kult des göttlichen Kindes und tief hinab bis zu den Magiern, die auf dem Friedhof ihr Unwesen treiben mit den Überresten der Toten. Was sich in Deutschland allenfalls noch bis in die astrologischen Spalten der Illustrierten erstreckt, bildet in Italien den ersten Zipfel eines langen Stranges von Überlieferungen, der das Handeln ganzer Gemeinden und Bruderschaften durchzieht, der Priester, Geschäftsleute und Politiker, der Bauern und Arbeiter. Es ist der schwarze Faden der lukanischen Folklore, ausgesponnen in den Tiefen der Vergangenheit.

Die Welt der jungen Familien blieb mir lange verborgen, ich arbeitete mit den älteren Menschen und mit den Jugendlichen *in piazza*. Sie waren mir, dem Fremden, stärker aufgeschlossen. Vielleicht schwingt in dieser Scheu der jungen Paare noch etwas von der tiefen Sorge mit, die den Weg jedes Kindes begleitet, das Eltern hat. Vielleicht liegt in dieser Scheu sogar ein Schlüssel zur Entwicklung der modernen Kultur mit ihrem Anspruch auf völlige Unversehrtheit des Einzelnen. Mit einem Fremden über Schwangerschaft und Geburt zu sprechen, gilt in Ripacandida als unheimlich und gibt Anlass zum Rückzug auf das Geheimnis des privaten Lebens. Andererseits wird dieses Geheimnis öffentlich gefeiert, bei den Taufen und im Kult der Heiligen Familie. Auch das neugeborene Kind ist ein Fremder, den man zunächst kritisch mustert, um ihn dann mit allem auszustatten, was noch fehlt. So wird es zu etwas Eigenem im Hause der Eltern, und das unendliche Meer der Sorgen findet seine Grenze in einem Horizont der Zuversicht.[13]

Sorge durchzieht die Gespräche in den Vorzimmern der Magier. *Zi Vito*, Onkel Vito, gibt sich gern als bäuerlicher Heiler aus dem Bergland, der in einer rätselhaften, im Telegrammstil gehaltenen Weise aus den lukanischen Gruseltraditionen erzählt, um seine Patienten und deren Begleiter auf die Behandlung einzustimmen. Eine Mutter ist aus der Provinzhauptstadt gekommen, mit ihrer Tochter. Die Siebzehnjährige ist einem verheirateten Mann in Hörigkeit verfallen. Das Mädchen hat seinen großen Bruder mitgebracht, seit Monaten durchlebt er eine seltsame Krise. Die Mutter möchte, dass sie vom Magier wieder in geordnete Bahnen gelenkt werden, aber die Kinder sind skeptisch und halten nicht viel von diesem Besuch beim Schamanen in seinem vergammelten Häuschen auf dem Dorf. Dann rückt die Mutter auch noch damit heraus, dass sich ihr Mann der Familie entfremdet hat. Er soll durch Bindezauber zurückgeholt werden. Unter dem Eindruck der Begegnung mit einem Magier sprechen sie ohne Hemmung über Familie, Schicksal und magischen Schutz:

Der Sohn: *Gibt es wirklich die Leute, denen keiner etwas anhaben kann, weil sie am Freitag geboren worden sind?*
Zi Vito: *Wir sind alle Opfer, wenn uns nicht eine gute Frau oder ein guter Mann ohne weiter ein Wort zu sagen kurz nach der Geburt Gold, Silber und Eisen schenkt. Schadenzauber, böser Blick, schlechter Tod usw. Geht in die Muttermilch. Diese Person wird undurchdringlich.*
Der Sohn: *Also ist niemand immun gegen diese Dinge?*
Zi Vito: *Nein, wenn er nicht den abitino trägt.*
Der Sohn: *Die, die mit dem Hemdchen geboren sind!*

Die Mutter mischt sich mit der Bemerkung ein, dass auch ihr Sohn mit dem Hemdchen geboren wurde. Als ich frage, ob sie das Ding denn aufgehoben hat, sagt die Frau: *Nein, wie denn, bei den Ärzten heute!* Ich versuche, sie aus der Reserve zu locken. *Die Leute mit dem Hemdchen haben früher seltsame Dinge damit gemacht, sind geflogen ...* Da bringt Zi Vito es auf den Punkt: ... *Ach, das sind die Schlafwandler, der Körper schläft und sie gehen umher, die sind am 25. Dezember geboren. Also, einmal bin ich morgens mit dem Vater aufs Land gegangen. Da war eine Schlange ... Vater hat ihr die Gurgel durchgeschnitten, aber sie war nicht tot. Sie hat sich versteckt. War in Wahrheit ein Mönch. Er erwachte – und ihm fehlte ein Stück vom kleinen Finger. Der Vater: »Ach sieh da, Bruder, du gehst um?« Er hat dann nie wieder Schlangen getötet. »Wodurch bist du zur Schlange gemacht worden?« Darauf der Mönch: »Was soll ich machen, ich war ein Tier und das geht dich nichts an.«*
Der Bann ist gebrochen, Vito und Frau Mulino wechseln sich nun mit dem Erzählen von Geistergeschichten ab. So werden die ungläubigen Jugendlichen in den Sog der Erzählungen gerissen – und der Forscher auch. *Man sieht sie und man sieht sie nicht*, sagt der skeptische junge Mann schließlich über die Geister. Seine Schwester aber klagt: *Nach dem,*

was ich jetzt gehört habe, macht es mir Angst, bei Nacht auf der Straße zu sein. Auch mir ist nicht mehr ganz wohl. In die Nacht, von der das Mädchen spricht, wird das heilige Kind hineingeboren, das unbesiegbare. Es wird wiedergeboren und verwandelt die Menschen, allerdings geht diese Verwandlung nicht vom Menschen zum Tier, sondern in die andere Richtung, vom Menschen zum Engel.

In der Nacht des Lebens lassen die Priester und die Magier ein Licht erscheinen. Sie beschwören den Horizont der Hoffnung, jenen goldenen Streifen über den schwarzen Hügeln, der sich in Lukanien am frühen Morgen zeigt. Das Übernatürliche ist hier nicht das Jenseits und auch keine geheimnisvolle Energie, sondern es tritt in ihr Leben als wahrer Mensch, zum Beispiel in der Gestalt eines näselnden Magiers aus dem Hinterland. Das macht für mich den Reiz aus, aber auch den Schrecken der Teilnahme am lukanischen Leben. Als christlich erzogener Europäer kenne ich die einzelnen Bestandteile dieser Erzählungen. Aber niemals sind sie mir dermaßen dicht zusammengelegt worden zu einem Bild von Macht und Dauer. So erfahre ich an mir selbst die Krise der Menschen, mit denen ich spreche. Mit der Zeit weicht die Befremdung der Bewunderung für die Fülle der Lebenshilfen, welche die Menschen in Lukanien für sich abgeleitet haben aus der biblischen Überlieferung und vielleicht auch aus anderen Traditionen.

Im Gespräch mit der Familie aus Potenza kommt Zi Vito auf eine Vorstellung zu sprechen, der ich bei meinen Forschungen immer wieder begegnen sollte. Kinder, die *vor Jesus* geboren sind, also am 24. und 25. Dezember oder *in der Christnacht vor zwölf Uhr*, verwandeln sich in seltsame Bestien, halb Mensch, halb Tier. Düster, stoßartig beschwören alte Frauen und Männer diesen Schatten hinter der hellen Welt der Jubelchöre und flammenden Altäre: *mostri*, Monster. Mit fahlem Gesicht und zuckendem Blick beredet eine Bäuerin aus Ginestra die Werwölfe, an die sie nicht glaubt. Aber warum regt sie sich auf über das, was es nicht gibt?

Eine andere Sache, an die ich überhaupt nicht glaube: der Werwolf. Hier ist mehr als einer dabei ... bei Nacht sind sie nackt ... sie zersetzen sich, verfallen ... und sind herum-

gestrichen, zum Brunnen hin, nackt, wirklich nackt und haben da gebadet.

Mehr als einer ist dabei, man sieht sie und man sieht sie nicht. Jeder kann zum Fremden werden. Auch Neugeborene sind eigentlich Fremde. Der Wechselbalg, den man sich ins Haus geholt hat, ist gut unter Beobachtung zu halten. Sonst *zersetzt* er vielleicht seine menschliche Körperform und das, was dabei übrig bleibt, versammelt sich mit Gleichgesinnten zu merkwürdigen Riten und dunklen Taten, wie es auch die historischen Hexen getan haben sollen. Diese Bilder reichen tief in die Geschichte der Sprache hinunter, denn ein alter Name der Tollwut, *Lyssa,* scheint mit *lysis* zusammenzuhängen, dem griechischen Wort für *Auflösung.* Tollwütige Hunde, so hieß es in alten medizinischen Schriften, sind wasserscheu, hydrophob, dabei schäumt ihnen der Speichel aus dem krankhaft aufgerissenen Maul. Aber die Werwölfe der Bäuerin aus Ginestra lieben das Wasser. So zersetzbar und veränderlich wie seine Unmenschen ist auch das alte Denken selbst, und doch setzt es sich immer wieder zusammen zu neuen Bildern.

Aus Craco, Lavello, Tursi und Venosa berichtet Giovanni Battista Bronzini noch in den fünfziger Jahren,[14] dass Mädchen, die in der Christnacht geboren wurden, nachts schlafwandeln und in den Häusern anderer Familien umherschleichen. Genaue Beobachtung kann zu dem Schluss führen, dass man es bei dem neuen Familienmitglied mit einem Unmenschen zu tun hat. *Lupus*, Wolf heißt ein verbreiteter Geburtsfehler bei den Medizinern. Heute lassen wir ihn schleunigst von Chirurgen korrigieren, so bleiben uns grässliche Bilder erspart, die große Hasenscharte, der Spaltgaumen, die geteilte Oberlippe, unter der böse die Zähne hervorblecken. Der *Lupus* steht in der Folklore vieler Länder in Verbindung mit anderen Geburtsfehlern und Merkwürdigkeiten, z.B. mit der Geburt von Zwillingen.[15]

Was einmal entbunden ist, muss wieder angebunden werden. Wir durchtrennen die Nabelschnur, die das Kind versorgt hat. Eben war es noch ein Teil der Mutter, jetzt müssen Natur und Kultur in neuer Weise verflochten werden, so dass eine unverwechselbare Identität entsteht. Identität be-

ruht auf der Übereinstimmung mit etwas anderem. Das Wort kommt von *idem*, lateinisch *dasselbe*. Um wir selbst zu werden, müssen wir erst ein anderer sein. Das Kind wird vom Fremden zum Verwandten und es muss sich nach und nach mit der von ihm als fremdartig erlebten Umwelt bekannt machen.[16] So hat es mir der Holzschnitzer und Dichter Diobello aus Avigliano erzählt:
Ich bin in einem Stall geboren, bei den Schafen und den Ziegen, dem Esel und den Hühnern. Es regnete und meine Mamma hat geweint. Derweil hat mein Vater einen Sack Stroh genommen und verbrannt, um meine Haut zu trocknen. Der Dampf meiner getrockneten Haut ist zum Himmel gestiegen und in meinem Leben ist er immer wiedergekehrt als großer Schmerz. Dann, nach und nach hat mir diese Wiederkehr große Freude beschert.[17]
Es ist der Stall von Bethlehem. Diobello erzählt vom Schmerz der Armut, von den *zwanzig Jahren Krieg*, die er als halbverhungerter Hirtenjunge erleben musste, als Tagelöhner und dann als Soldat. Irgendwann begann er, Wanderstöcke im Stil der Hirten mit phantastischen Figuren zu versehen, mit Pferdeköpfen, Vögeln und mit menschlichen Fratzen. Dann ist er immer weiter gegangen in der Schnitzerei. Inneneinrichtungen und Wandbilder, bevölkert von verrenkten Wesen, halb Tier, halb Mensch, Nachtmahre glotzen auf Kommoden, seltsame Fratzen und Vögel sind seine Spezialität. Der Schmerz hat sich in eine neue Kunst verwandelt, und aus dem Hirtenjungen wurde *Gottlieb, Diobello*, der von römischen Intellektuellen hofierte große Naive der lukanischen Kunst.
Die Basilikata war bis in die siebziger Jahre hinein eine Welt der Armut und der mehr oder weniger phantasiereichen Bewältigung von *miseria*. Heute ist dieses Erbe umstritten. Soll man es vergessen oder damit protzen? Als noch zwei von zehn Kindern im ersten Lebensjahr sterben mussten[18], stand die Überlieferung der Volkskultur in voller Blüte. Heute, wo fast alle Kinder weiterleben und jeder genug zu essen bekommt, hat sich die Folklore sehr verändert und scheint manchmal sogar abzusterben. Die enorme Kindersterblichkeit verbindet die alte Basilikata mit der Dritten

Welt, von der wir Mitteleuropäer uns durch unsere stolze Lebenserwartung von bald achtzig Jahren abheben. Freilich werden dabei die Toten durch Krieg und Völkermord nicht mitgerechnet, die unser Lebensstil im zwanzigsten Jahrhundert gefordert hat. Diese Vergangenheit wurde aus der großen Rechnung des Lebens getilgt. Uns bleibt, dass wir uns mit einer Spende vom Schuldgefühl loskaufen wollen, Jahr für Jahr. Wir tun das in der Weihnachtszeit, denn noch hallt die Geschichte von dem Gott in uns wider, der in einem Stall zur Welt gekommen ist.

Armut und Mühe liegen am Grunde der lukanischen Traditionen. Aber heute, im Zeitalter der korrupten Geschäfte mit einer verstaatlichten Medizin, suchen die jungen Ehepaare immer noch den magischen Schutz für ihre Neugeborenen. Ihre Sorge kann ihnen auch die wissenschaftliche Medizin nicht nehmen, sie reicht wohl tiefer hinab in die Geschichte der Menschen als das bloße Elend. Irgendwann muss jeder noch so gefestigte Mensch, jede noch so geschlossene Familie sich bereit machen für die Erfahrung von Öffnung und Verlust. Wir, die modernen Menschen, haben nur die Mittel, diesen Moment etwas hinauszuzögern.

Das Haus schließt sich gegen das Außen zusammen. Bilder, Sachen, Bräuche befestigen die Grenzen der kleinen Gemeinschaft. Zi Vito hat einige Geschichten aus dem harten Kern der lukanischen Gruselfolklore zum besten gegeben, doch dann löst der Magier die Situation auf, indem er die Familie als Schutzwall gegen das Böse beschwört. Als das Mädchen von der Nacht spricht und von der Angst, antwortet der Magier: *So lange in der Familie der Frieden herrscht, die Ruhe, passiert gar nichts.*

Und das hat mir eine bäuerliche Heilerin erzählt: *Der Herr versammelt alle um sich, er nimmt uns alle zu sich. Diese Stimmungen hat er uns gegeben. Das Sprichwort sagt: Ist der Mensch geboren, ist das Schicksal gemacht. Der ewige Vater macht das. Es ist seine Schuld.* Die Welt der Bäuerin ist männlich bestimmt, der Herr ist an allem schuld und deshalb auch das Ziel ihrer Gebete. Von ihm nimmt das Schicksal seinen Ausgang. Gebete zur Erleichterung der Geburt richtet sie aber doch lieber an Sankt Anna, die Mutter

Mariens und Patronin der Mütter. Eine alte Geschäftsfrau aus Ripacandida hat mir wie nebenbei eine hingekrakelte Vorlage für Gebete überreicht, die zur Erleichterung der Geburt gesprochen werden sollen. Als ich sie lese, bin ich seltsam berührt: Vorbild der Vorlage sind Zaubersprüche, mit denen sich schon die alten Griechinnen die Dämonin vom Leib gehalten haben, gegen das Böse, das die Hütten umschleicht, um Kinder zu stehlen, bereit, sogar noch das Ungeborene aus dem Mutterleib zu reißen.[19] Im Mittelpunkt der Familie steht die gute Mutter, und sie ist gleichgesetzt mit der Mutter aller Mütter, mit der Muttergottes, und sie war schon vor Jesus da, so viel steht fest. Ein alter Mann erzählt von den Atheisten:
Wenn ich dieses Geschwätz höre, sage ich manchmal: »Wenn es euch dann schlecht geht, ruft ihr doch auch die Madonna oder die Mamma!« Erst heißt es »Schweinerei!« und dann wieder »Madonna!« Der Ausruf *Mamma mia* ist nicht grundlos zum Markenzeichen der Italiener bei ihren nördlichen Nachbarn geworden. *Mamma mia* ersetzt Fluch und Segnung, Anklage und Drohung. Die Mutter kann jeden Zwiespalt heilen. Unselig ist ihr Fluch: *Ich verfluche die Milch, die ich für dich vergossen habe*, oder nüchterner: *Du wirst nie Erfolg haben*. Das soll eine Mutter ihrem missratenen Sohn ins Gesicht gesagt haben. Aus diesem Mann, erzählt mir sein Bruder, ist nie etwas geworden, er starb früh. Flucherinnen gibt es, *sentenziatrici*, alte Männer erzählen mir davon mit großen Augen. Das Wort kommt von *sentenza*, das Urteil. *Sie sind am Freitag geboren und spritzen Milch aus ihrer Brust.*
Der Milch als Zeichen der Mutterbindung steht das Blut als Verbindung zum Vater gegenüber, von Blutsbindung ist die Rede und von der *Stimme des Blutes*. Schwierigen Söhnen tut man heimlich etwas vom Blut des Vaters in die Spaghettisoße. Die Mutter hat sie zu sehr verwöhnt, das Blut des Vaters lässt sie Vernunft annehmen. Wie das wohl wirkt, wenn es gar nicht der richtige Vater ist? Die Abstammung wird in Italien über die Vaterlinie gerechnet. So betrachtet hat die Frau eine Randstellung in der Familie, denn sie behält ihren Vatersnamen bei, und ihre Kinder werden

einen anderen Namen tragen als sie selbst. Vor dem Zeitalter der Genetik konnte man den Vater nie mit völliger Gewissheit bestimmen, und manchen Männern und Frauen wird das recht gewesen sein. Vielleicht deutet diese Betonung der vaterrechtlichen Blutsbindung auf eine besonders schwache Rolle des Vaters im Familienalltag.[20] Einerlei, im alten Süditalien ist die Familie ein Heiligtum und ihre sinnlose Vermehrung bringt Segen. *Besser reich an Fleisch als reich an Geld*, sagen sie, das Fleisch sind die Kinder. Aber nur mit Geld, mit Gold, das wissen sie, kann man die Kinder erhalten und einigermaßen unversehrt leben lassen, versiegeln gegen den Ansturm des Bösen.

2. Der Pate

Cumpar, gefallen dir die Palmen? Am Palmsonntag tragen in Ripacandida viele Kinder Sträußchen von Rosmarin und Ölbaum zu den Häusern ihrer Paten. Der Mit-Vater (compare) ist gefürchtet und geheiligt und man versucht, ihm zu Willen zu sein. *Und es war schlimm, wenn du nicht gingst, eine Beleidigung zwischen den Familien. Sie schlugen dich, wenn du nicht gingst. Ihn »compar« zu nennen, machte mir einen Schauder. Selbst wenn der Pate nicht zu Hause war, sollte das Taufkind laut grüßen, wenn es an seinem Haus vorbeiging*. So erinnert es Luigi Gilio aus seiner Kindheit in den sechziger Jahren des zwanzigsten Jahrhunderts. Die Paten dringen in die Familie ein, dafür müssen sie sich anzügliche Scherze gefallen lassen. In Lavello, das von Ripacandida her betrachtet so wirkt wie eine große Stadt, soll der Gevatter einen eigenen Nebeneingang im Haus haben, durch den er hinein- und hinausschleichen kann, wann er will – ganz den modernen Sitten wirklicher Hausfreunde entsprechend! Vor noch gar nicht so langer Zeit war *cumpar* in Lukanien auch eine Bezeichnung für die Liebhaber, die *cumar* war die Geliebte.
Bis zu den heiligen Familienmahlzeiten dringt der Fremde vor. In Colobraro haben sie einen Brauch erfunden, der in raffinierter Weise mit seelischen und körperlichen Grund-

lagen von Zu- und Abneigung gegenüber Familienfremden spielt.[21] Nach der Firmung besucht der Firmungspate mit seiner Familie das Haus des Patenkindes. Die neuen Gevattern werden mit Gebäck und Likör bewirtet, und dabei müssen alle nacheinander aus ein und demselben Likörglas trinken. Ekel markiert die Grenze der Familie; unter Blutsverwandten und Ehepaaren leckt man schon mal denselben Löffel ab. Likör war lange Zeit ein Privileg jener feinen Herren und schönen Damen, die man sich auch gerne als Paten aussuchte. Sie fahren hin und her, wie es beliebt – Geld macht frei – und überall haben sie ihre Schützlinge und Helfer. Der Brauch der Leute von Colobraro half ihnen, ihren Ekel zu überwinden. Gebäck und Likörglas werden zu Hostie und Weinkelch des familiären Kultes, den wir Patenschaft nennen. Die Grenze der Familie gegenüber dem »draußen« bleibt trotzdem deutlich. Ein Geschirrhändler auf dem Markt von Ripacandida pries seine Ware folgendermaßen an: *Der ist für die Oma, der für die Mamma, der für Papa und der kleine hier, na, für wen wird der wohl sein? Für den »cumpar« natürlich!* Der Widerpart des Vaters soll am Innenleben der Familie teilhaben, aber letztlich kann er doch nicht mehr beanspruchen als den kleinen Teller und einen Schluck süßlichen Likör.
Um die lebhaften, manchmal tyrannischen Kleinkinder in Schach zu halten, drohen die Eltern in Ripacandida heute mit dem *lupo* (Wolf), dem *carabiniere* (Polizist) oder dem *uomo nero* (Schwarzer Mann). In Deutschland werden seit den siebziger Jahren des zwanzigsten Jahrhunderts solche Praktiken als *schwarze Pädagogik* verworfen. Haben derartige Gestalten damit für moderne Erwachsene ihren Schrecken ganz und gar verloren?[22] Immerhin ist *der Pate* in allen amerikanisierten Gesellschaften eine beliebte Gruselfigur in Filmen für Erwachsene. Der biedere Böse mischt sich in die Familienschicksale seiner Freunde, Gehilfen und Soldaten. In seiner Rolle als Ratgeber stärkt er das Prinzip der Familie – zugleich macht er sich zum Advokaten ihrer Öffnung nach außen. Familien, die sich seinem Rat nicht beugen, werden vernichtet. Der Faszination dieses Bildes wird sich kaum ein Mensch entziehen können, der selbst in

einer patriarchalischen Familie großgeworden ist. Den Scheidungswaisen heutiger Tage wird das Rollenspiel der Patenschaft sogar als Versuchung erscheinen, als Rückkehr zu einer Tradition, die das Böse umschließt. Diese Wiederkehr des Vaters soll bei jungen Sizilianern dazu beitragen, dass sie sich mafiosen Paten anschließen.[23] In lukanischen Legenden reden die Bauern den Teufel als *Gevatter* an, wenn sie ihm auf einer ihrer einsamen Wanderungen im Zwielicht der kargen Landschaft am Kreuzweg begegnen.

Wenn es nach der Kirche geht, soll der Pate ein spiritueller Betreuer des Kindes sein. Aus der Sicht der Laien wird er zum heimlichen Ersatzvater, zum künstlichen Verwandten – etwa so, wie verwandtschaftliche Anreden spontan übertragen werden auf Respektspersonen. *Zio, zia, Onkel* und *Tante,* reden Kinder die Freunde ihrer Eltern an. Der Gevatter steht in einer geheiligten Beziehung zu den Eltern des Kindes und seinen übrigen Verwandten. *Den Heiligen Johannes lehnt man nicht ab.* Die Einladung, ein Kind über das Becken zu halten, wird im Namen des Täufers gemacht, sie kann nicht zurückgewiesen werden. Frauen treten selten als Patinnen in Erscheinung und dann meist bei Mädchen. *Die Frau schicken* kann Zeichen einer indirekten Ablehnung der Patenrolle sein. Weibliche Verwandte des Kindes werden zu Patinnen, wenn man der ganzen Sache nicht allzu viel Gewicht geben will. Durch die Patenschaftsbeziehungen der Männer werden die Frauen zu *cumar,* Mitmüttern. Manchmal macht einem dann der Pate wiederum ein Angebot, das man nicht ablehnen kann. Johannes der Täufer steht so neben dem heimlichen Liebhaber und dem Boss, in der Gestalt des Gevatters berühren sich das Heilige und das Profane. Ein lukanisches Sprichwort macht den Paten zu einem heidnischen Förderer des christlichen Gottes, *Sankt Johannes ist vor Gott,* so wie die Werwölfe *vor Jesus* geboren werden. Die Bedeutung dieses Ausdrucks liegt zwischen *vorher da sein* und *den Vortritt haben.* Die Heiligsprechung macht die heidnische Seite des Täufers wieder ungültig, aber es bleibt der Eindruck von etwas Grundlegendem, das noch vor der christlichen Neuschöpfung des Menschen angesiedelt ist und dabei Jesus Christus stützt und trägt.

Das Prinzip der Patenschaft ist weder Gesetz noch System – es wird immer wieder ausgebaut zu neuen Formen, in denen gewisse Züge des alten Musters wieder erscheinen. Die Wahl von Blutsverwandten als Paten hat es bereits in den fünfziger Jahren gegeben, aber nach den Aussagen vieler meiner Gesprächspartner kommt sie inzwischen sehr viel häufiger vor: Um die teuren Einladungen und Geschenke zu sparen, um nicht lästig zu fallen, um sich von fremden Einflüssen fernzuhalten, werden Geschwister der Eltern zu Paten gemacht. In den siebziger Jahren soll es eine Gruppe befreundeter junger Männer und Frauen gegeben haben, die sich gegenseitig zu kostengünstigen Patenschaften verschworen hatten – der Täufer hat also seine gemeinschaftsbildende Kraft noch nicht vollständig verloren, ohne Taufe geht es nicht, auch wenn es heute die staatlichen Einwohnerämter gibt und man das Taufregister nicht mehr braucht, um einen anständigen Namen zu haben. Mit Hilfe solcher Billigbeziehungen widerstanden Kommunisten seit den zwanziger Jahren des zwanzigsten Jahrhunderts dem Einbruch fremder Freunde in ihr Familienleben. Aber damit war auch die Möglichkeit der Erweiterung des familiären Zusammenhaltes auf Nichtverwandte vertan. Die Anbindung an mächtige Paten wurde darum durchaus auch in kommunistischen Familien praktiziert. Ein *patrono* wird gesucht oder drängt sich auf, ein *comparone*, ein großer Gevatter, ein *santone*, ein mächtiger Heiliger, der durch Empfehlungen und Beziehungen die Stellung der Familie im Netzwerk der gesellschaftlichen Beziehungen anhebt. Zur Geburt, so sagen die Leute, schenkt der Pate Gold, das unversehrbar macht. Mit seiner Familie geht er im Hause des Gevattern zu Tisch, als würde er dazugehören: *Wir waren eine Familie ... wir haben uns respektiert wie Brüder*, so beschreibt es ein alter Mann. Zu Ostern lädt der Pate die Familie des Kindes zu sich ein, in der Weihnachtsnacht schaut man beim Paten vorbei. Ein mächtiger und reicher Pate wird bei wichtigen Entscheidungen um Rat gefragt. Wenn das Kind zur Schule kommt, kauft er vielleicht die Schulsachen und die Schuluniform und begleitet seinen kleinen Wahlverwandten bei der ersten Begegnung mit der Macht.

Mit dem Paten macht man keine Geschäfte. Diese Regel widerspricht der Vorstellung vom Paten der Mafia, der Händel aller Art mit seinen Schutzbefohlenen anzettelt. Dem Paten gebühren Achtung und Gefolgschaft, dafür macht er Geschenke. Diesen Tausch muss man von Geschäften im modernen Sinne des Wortes unterscheiden. Das ist kein Vertrag, sondern ein Verhältnis, das auf Gegenseitigkeit und Dauer beruht, bei dem nicht immer im einzelnen nachgerechnet wird, wer wem etwas schuldig geblieben sein könnte – im Gegenteil, die gegenseitige Schuldigkeit ist Voraussetzung der Beziehungen, man bleibt sich immer etwas schuldig und darum muss es weitergehen.[24] Heiraten im Umfeld der *cumpar* ist verpönt, auch heute noch. Das *heilige Band* zwischen den Familien soll Generationen fortdauern, bis zum *siebten Erben, ... in der nächsten Generation können sie tauschen,* d.h. die Nachfahren des Patenkindes können selbst zu Paten gegenüber der Partnerfamilie werden. *Das dauert bis zum Tode, bis man sich nicht mehr erinnert. Der Gevatter gehört zur Familie, der Heilige Johann kommt vor Jesus!* Die Bäuerin, die mir das erzählt, hat sich in Rage geredet, ihre Augen glänzen bei dem Gedanken an die ewige Kette der Paten, die sich schützend um das Neugeborene legen wird. Dieses Band soll bis zum letzten Dienst erhalten bleiben, den man sich erweisen kann unter den Menschen. Wenn der Pate stirbt, ist es Aufgabe der Patenkinder und ihrer Verwandten, die Hinterbliebenen mit Essen zu versorgen, so lange im Haus des Toten noch kein Feuer brennen darf. Ihr Herd ist auch der Herd der Gevattern, aber sie sind durch die Gier der Toten nach Lebenswärme nicht so gefährdet wie die Verwandten.
Heute werden Arbeitskollegen zum *cumpar* gemacht und geraten dann beim Wechsel der Arbeitsstelle in Vergessenheit. *Heute ist alles verdreht. Man macht Geschäfte mit dem compare. Sie setzen ihn ins Loch, sie respektieren ihn nicht mehr,* so klagt es mir ein Alter. Aber schon in seiner Generation hatte es Einzelne gegeben, die sich für die Patenschaft nicht interessierten – selbst in der durch Gevatterschaft zusammengeschweißten christdemokratischen Fraktion kam so etwas vor. Neben eilig, fast gedankenlos

ausgewählten Gevattern finde ich in meinen Aufzeichnungen Hinweise auf Beziehungen, die vor langer Zeit zwischen den Familien geknüpfte Patenschaften erneuern. Meist scheinen dabei wirtschaftliche Interessen eine Rolle gespielt zu haben, aber die Vorgeschichte der Bindung erleichterte, eine neue Beziehung herzustellen – das Interesse wird durch die fiktive Verwandtschaft der Paten kanalisiert. Es gibt Patenschaften, die gezielt mit Höherstehenden geschlossen werden und gelegentlich findet man altmodische, auf dauerhaften Schutz zielende Verbindungen, wo doch eigentlich nur eine sparsame Patenschaft unter Blutsverwandten anstand. Ein kommunistischer Lokalpolitiker und Großbauer machte in den späten sechziger Jahren seinen eigenen Bruder zum Paten des ersten Kindes – Kommunisten tun das häufiger, weil sie die Patenbeziehung für eine gefährliche klerikale Einflussnahme auf die Wahl ihrer Freunde halten. Der Bruder aber war Mitglied der seinerzeit in Ripacandida und in der ganzen Provinz regierenden Christdemokraten. So schuf die Taufe nach langem Bruderzwist Gelegenheit, sich im Zeichen des »historischen Kompromisses« zwischen Christdemokraten und Kommunisten wieder anzunähern. Die Patenschaft kann vielen Zwecken dienen.

Die Vetternwirtschaft der kleinen und großen Gefälligkeiten ist in Italien oft auch eine Gevatternwirtschaft der Paten und ihrer Patenkinder.[25] In den frühen achtziger Jahren schlossen die Mitglieder von Raffaele Cutolos *Nuova Camorra Organizzata*, einer modernisierten neapolitanischen Mafia, untereinander Blutsbruderschaft und redeten sich als *compariello* an. Die sprachliche Überhöhung kommt einer sozialen Aufwertung gleich, einem Sich-Aufschwingen zu Vertretern höherer, machtvoller Schichten der Gesellschaft, so, wie man auch aufschweben kann im Gebet zu einem heiligen Schutzpatron. Für Süditaliener sind spirituelle und materielle Beweggründe miteinander verknüpft. Das verleiht dem Gewebe von Religion und Gesellschaft die Tragkraft und die Farbe. Die Lebenskunst der religiösen und anderer Personenkulte bestätigt politische, nachbarliche oder geschäftliche Beziehungen und menschliche Sympathien. Heute, im Zeitalter der Emigration, misslingt das oft, und

manche junge Menschen ziehen es vor, sich auf die Sozialversicherung zu verlassen, die Gewerkschaften oder auf ihre Tatkraft. Aber der kirchliche Auftrag zur Aufnahme von Beziehungen bleibt bestehen, und so lange dies so ist, wissen die Menschen, was eine Patenschaft im Zusammenleben der Menschen bewirken kann. Die Idee, dass ein wüster Fremder den geheiligten Bezirk der Familie betreten muss, damit das Kind zu seiner vollen Entfaltung in der Welt gelangen kann, schafft Vor-Bilder im wahren Sinne des Wortes. Sankt Johannes ist aus der Wüste gekommen in seinem Fellkleid. Er wird Jesus die Jordantaufe verpassen. Im Anfang war der *San Giuvan*.
Das katholische Messbuch enthält eine detaillierte Beschreibung der kirchlichen Taufe. Doch wer liest dieses Buch? Christliche Europäer meinen zu wissen, was eine Taufe ist. Als ich es endlich lese, mit dem Blick des Ethnologen, stelle ich überrascht fest, dass diese Schilderung nur wenig abweicht von den Berichten meiner Kollegen über schwarzaustralische oder afrikanische Jünglings- und Mädchenweihen. Die Taufe findet nach der Messe statt. Wenn die Gemeinde die Kirche verlassen hat, versammeln sich die Familie des Kindes und die Paten mit dem Priester am Taufstein. Sie werden nun eine neue Einheit darstellen, welche die Gemeinde der Gläubigen ersetzt, manchmal auch hintergeht. Selten werden weitere Gäste zugelassen, das ist eher beim anschließenden Festessen im kleinen Kreis der Fall, aber diese Gruppierung ist wiederum nicht zu vergleichen mit der verfressenen Großgemeinde der Hochzeiten. Der Taufakt bestärkt eher den Einzelnen, als dass er verbindet, er betrifft eher Beziehungen zwischen zwei Menschen als größere Gruppen. Zusammen mit den Eltern sprechen die Paten Wörter aus, die ihre Zugehörigkeit zum christlichen Gott und ihre Abwendung vom Bösen bekunden. Dann redet der Priester das Kind im Namen des Vaters, des Sohnes und des Heiligen Geistes mit seinem Namen an. Er soll der Erste sein, der es bei seinem Namen nennt. So wird aus einem Bündelchen Leben ein Mann oder eine Frau, eine Persönlichkeit, oder auch das Mitglied einer Gemeinde. Zwischen dem Kind und der Gemeinde stehen der Priester und

der Pate. Man bekreuzigt das Kind und wäscht es mit Taufwasser, denn *neugeschaffen aus dem Wasser und dem Heiligen Geist* wird es zum *Kind Gottes.*[26] Sie reiben seine Haut mit Chrisam ein, dem Salböl der orientalischen Könige, damit es Anteil hat am Körper des Königs, der alle Christen vereint. Der Vater des Kindes entzündet eine Kerze, Hoffnung auf ewiges Leben im Licht Gottes. Das Taufkleid wird angetan: *... dieses weiße Kleid soll dir ein Zeichen dafür sein, dass du in der Taufe neugeschaffen worden bist und – wie die Schrift sagt – Christus angezogen hast. Bewahre diese Würde für das ewige Leben.*[27] *Öffne dich!* – mit diesem Ruf schließt der Priester Augen, Nase und Mund des Kindes auf. Im Rhythmus von Öffnen und Schließen nimmt das Kind seinen Platz in der kleinen, aus Eltern, Täufling und Paten zusammengesetzten Gruppe ein. Es ist der Rhythmus des Lebens. Hier herrschen weder die vereinzelten Menschen der Moderne noch die ewigen Körperschaften der alten Kulturen vor, sondern etwas dazwischen. Immer und immer wieder muss der Makel am Körper abgewaschen werden, muss die Lücke zwischen den Menschen repariert werden. Vielleicht hält der Katholizismus deshalb so lange, vielleicht können deshalb Menschen aus Stammesgruppen in Afrika oder Asien genauso gut Katholiken sein wie *singles* in einer Metropole.

Rüschenbesetzte Taufkleider aus Seide, wie wir sie in Deutschland kennen, sind in Lukanien, wo vor kurzem noch das Elend herrschte, nicht häufig zu finden. Der Pfarrer von Ripacandida kleidet die Kinder in ein weißes, mit rotem Kreuz gezeichnetes Taufgewand, das im Besitz der Kirche verbleibt und nachher zurückgegeben wird. Dieses Hemdchen erinnert an den Umhang der Tempelritter und die Uniform der Priester, aber auch an das *Hemdchen,* das höhere Mächte manchen Kindern mitgeben bei der Geburt. Schließlich soll auch das Taufkind das Keuschheitsgelübde einhalten, bis es das Hochzeitsgewand anzieht. In einigen Gemeinden werden die Kinder in Tüllgewänder gekleidet, die durch die Farbe das Geschlecht des Kindes anzeigen.[28] Ob arm oder üppig – mit der Taufe zeigt man der Gemeinde ein neues Kind an. Es hat Jesus Christus angezogen – im doppelten Sinne des Wortes. Am wortgeschichtlichen Ursprung des Wortes *Person* steht ein ähnlicher Widerspruch. Es heißt eigentlich Maske, es ist das, was wir nachahmen müssen, um etwas Eigenes zu sein.[29]

Das Kind soll bei der Taufe sein goldenes Hörnchen als Glücksbringer tragen oder den *abitino*, das altmodische Amulett, oder am besten beides, und bei dem anschließenden kleinen Fest schenkt man mit Vorliebe Goldkettchen, Anhänger und kleine Ringe, irgendetwas zwischen Schmuck und Amulett.[30] Ein Forscher spricht von *Siegelungen*[31], welche die Eltern an ihren Kindern vornehmen. So wird in der Kirche wiederholt, was schon die Eltern mit ihren kleinen Riten, Sprüchen und Amuletten praktiziert haben. Wieder und wieder fügt man dem bloßen, nackten Kind etwas hinzu, Wasser, Öl, Licht, Segensworte, ein Kleid und einen Paten. Natur verwandelt sich in Kultur. Katholische Theologen deuten die Taufe als Einverleibung in den Gemeindekörper und Verwandlung in den unverwundbaren Leib Christi. Im äußersten Falle sollen Christen dem Rest der Welt gegenüberstehen, angezogen und uniformiert von Jesus, unverwundbar wie die Heerscharen der biblischen Offenbarung. Was ist ein Katholik? Eigentlich ist die Antwort einfach: Ein Katholik ist ein Mensch, der katholisch getauft wurde, nicht mehr und nicht weniger. Das ist der Katholizismus im Kern, eine Religion der Taufe, die Benennung eines existierenden lebenden Menschen, der so von einer Art Tier zu einem Menschen wird mit Kultur. In der Taufe finden Katholiken ihre Identität. Sie beruht immer auf etwas anderem, ist nicht für sich da, sie muss gemacht werden. *Dann sah ich von Osten her einen anderen Engel emporsteigen; er hatte das Siegel des lebendigen Gottes und rief den vier Engeln, denen die Macht gegeben war, dem Wind und dem Meer Schaden zuzufügen, mit lauter Stimme zu: Fügt dem Land, dem Meer und den Bäumen keinen Schaden zu, bis wir den Knechten unseres Gottes das Siegel auf die Stirn gedrückt haben ... Danach sah ich: eine große Schar aus allen Nationen und Stämmen, Völkern und Sprachen; niemand konnte sie zählen. Sie standen in weißen Gewändern vor dem Thron und vor dem Lamm und trugen Palmzweige in den Händen.* (Offenbarung des Johannes, 7.2–3 und 9–10). Die süditalienischen Bauern haben die Eroberungsfeldzüge und Verteidigungskriege der kämpfenden Kirche auf einen lokalen Kult zusammengestrichen. Schützende und belebende Riten für den Einzelnen und seine Familie zählen mehr als die Große Armee Gottes. So entsteht auf widersprüchliche, stets im Wandel begriffene Weise der Christenmensch, der *kristian*, der Jedermann, den die Süditaliener in allen Menschen wiedererkennen wollen. Das Wort *Christ* wird hier einfach im Sinne von *Mensch* oder *Typ* gebraucht. Jeder Mensch ist Christus und muss irgendwann, im Guten oder im Bösen, der anderen Menschen gewahr werden – oder er ist *vor Jesus geboren*, ein Werwolf, ein Heide. Diese Gestalten am Rande der vertrauten Welt machen es süditalienischen Katholiken möglich, über ihre eigene Gratwanderung zwischen Tier und Engel nachzudenken. Im Mittelpunkt dieses Nachdenkens steht als unauflöslicher Widerspruch, dass sie nur dann unverwechselbar sind, wenn sie mit Christus übereinstimmen und ihren Körper öffnen für einen anderen. *San Giuvan* sagt man in Lukanien, wenn man von der Patenschaft spricht und vom Paten, gemeint ist Johannes der Täufer. Wenn Christus die Gemeinde der Gläubigen darstellt und zugleich Gott ist, warum bedarf er dann noch der Aufnahme in eine Gemeinde durch Taufe? Weil Christus auch ein Mensch ist und erst noch zu dem Gott werden muss, der er ist. Ohne Menschen, ohne Schöpfung, ist auch kein Gott und ohne ein Gegenüber wie den Taufpaten gibt es keine Familie und kein Eins-Sein mit sich selbst. Im Ritual der Versiegelung lässt die Offenbarung des Johannes einen Engel aufsteigen. Am Ende aller Zeiten steht er der Armee Gottes vor. Ähnlich sieht man in den Konfirmationen und Beschneidungsriten, den Menstruationskulten und Gesellenprüfungen kultische Techniken, die uns aus dem Lauf der Zeit herausführen … *Bei einigen Völkern,* schreibt der Entdecker der Übergangsriten, Arnold Van Gennep, *bei einigen Völkern ist der Verlauf kreisförmig, da alle Individuen endlos immer wieder die gleiche Serie von Übergängen passieren … Und es ist gewiß eine grandiose Konzeption, die Phasen des menschlichen*

Lebens mit denen des tierischen und pflanzlichen Lebens zu verknüpfen und sie darüber hinaus – aufgrund einer gleichsam vorwissenschaftlichen Erkenntnis – mit den großen Rhythmen des Universums in Verbindung zu bringen.[32] Süditaliener neigen diesem zyklischen Weltbild zu. In einem kreativen Missverständnis der christlichen Lehre machen sie einen Kreislauf aus dem Lauf der Geschichte. Seit mehr als hundert Jahren sammeln Folkloreforscher in Süditalien lokale Litaneien von Taufe und Wiedertaufe. Früher mussten unschuldige Mädchen dabei sein, wenn dem Säugling das erste Mal Haare und Nägel geschnitten wurden, das waren die *Nagelpatinnen.*[33] In seinen »Nachtschatten aus der antiken Welt« berichtete der deutsche Italienschwärmer Woldemar Kaden Folgendes: *Sei meine Gevatterin, sagt da der Knabe zum Mädchen, und … nimmt einen kleinen Kieselstein, spuckt darauf, läßt auch das Mädchen spucken, wirft den Stein so weit als möglich fort und beide rufen: »Uns're Freundschaft, die soll dauern bis der Stein gefunden wird.«*[34] Der Stein liegt in der Landschaft versteckt wie ein Anker, den man tief hinunter gelassen hat vom Schiff. Mit Speichel wird das Puppenkind vermenschlicht und zum Pfand einer Beziehung unter Menschen. Die Überwindung des Ekels bringt die Menschen zusammen, ähnlich wie bei dem Patenschaftsritual mit dem Likörglas, aus dem Pate und Patenkinder trinken müssen oder wie bei der Heiligen Messe, wenn der unbegabte Priester am Mikrofon auf der Hostie herummümmelt, als würde er ein paar Cracker verspeisen und den Gläubigen stehen die Haare zu Berge.
Ähnlich haben sich früher die Kinder im lukanischen Barile miteinander verbunden für ein Leben in Freundschaft, indem sie auf dem Kirchhof des Ortes die *Johannespuppen* getauft haben. Viele meiner Gesprächspartner erinnerten sich noch daran und auch dabei kam etwas Ekelhaftes und Intimes zur Sprache.

Puppe vom Johann,
Taufen wollen wir die Windeln,
diese Windeln sind getauft,
Als Gevatterinnen sind wir zusammengerauft.[35]

Zweigpatenschaft, Ginestra, Tag der Madonna di Costantinopoli, 1984

Zweigpaten hoben ein Kind durch einen Kreis von Zweigen und wurden so zu Freunden der Familie des Kleinen. Es scheint, dass es sich bei diesem Ritual um eine Nachahmung des Geburtsaktes handelte.[36] Der Zweigpate betätigt sich als eine Art spirituelle Hebamme, die das Kind noch einmal aus dem Bauch der Mutter hebt. Im Nachbarort von Ripacandida, Ginestra, hat man diesen Brauch bis in die sechziger Jahre des zwanzigsten Jahrhunderts vor der Kirche der *Madonna di Costantinopoli* aufgeführt. Dann haben sie beim Bau eines Sportplatzes die Patenschafts-Bäume umgehackt. Aber das Ritual der Zweigpatenschaft läuft unter neuen Zement-Arkaden des Friedhofs weiter, seltsamerweise sind sie gestaltet wie eine Reihe gespaltener Zweige. Die Paten tragen dazu das Kind auf dem Arm und gehen in achtförmigen Wendungen unter den Bögen hindurch. Die Madonna von Ginestra wird auch als Schutzpatronin der Bruchleidenden verehrt. Immer wieder humpeln in den Prozessionen Kranke mit. Die Heilige verbindet Körperteile, die nicht ausreichend miteinander verbunden sind, und sie verbindet Menschen, die enger zusammengehören wollen, obwohl sie nicht verwandt sind. Auch die Puppenpatenschaft von Barile wurde vor einer Kirche der Madonna di Costantinopoli geschlossen.[37] Diese heilige Patin der Patenschaftsriten ist selbst aus dem Orient, aus Konstantinopel, aus Istanbul, nach Italien gekommen, und sie schließt die Peinlichkeiten des privaten Lebens mit der Öffentlichkeit der Gemeinde kurz, sie überbrückt so alle Abstände zwischen den Nationen und Klassen, zwischen kranken und gesunden Gliedern, zwischen dem Einzelnen und seiner Gesellschaft.

Die Bildung einer menschlichen Gemeinschaft ist gleichgesetzt mit der Heilung des Körpers, gerade so, wie die Kirchengemeinde ihr Heil sucht als geschlossener *Corpus Christi.*[38] Doch diese Harmonie ist schnell wieder brüchig, allzu oft muss die Salbung und Siegelung des Taufrituals erneuert werden. Kranke Menschen fallen aus dieser Gemeinschaft heraus und müssen feierlich neu aufgenommen werden, wenn sie gesunden wollen. Über die lukanische Volksmedizin ist viel geschrieben und spekuliert worden. Man hat ihr vorchristliche Ursprünge nachgesagt und den unchristlichen Wunsch nach magischer Manipulation der übernatürlichen Mächte.[39] Das ist so weit berechtigt, als einzelne lukanische Zaubersprüche auf Formeln anspielen, die wesentlich älter sind als das Christentum. *Zwei Augen haben dich angeschaut, vier Augen werden das Böse überwinden* – solche Sprüche gegen den Bösen Blick kann man schon bei den Mesopotamiern finden.[40] Aber heute wird die alte Geschichte

von der Vertreibung des Übels auf christliche Weise erzählt, und die Heiler vollziehen ihre Segnungen *im Namen des Vaters, des Sohnes und des Heiligen Geistes.*[41]
Offizielle kirchliche Rituale und private Magie haben oft gemeinsam, dass Schäden am Körper mit Schäden an der Gemeinschaft der Menschen gleichgesetzt werden. Eine leichte Verformung des noch zarten Schädels, wie man sie bei Neugeborenen häufig beobachtet, oder die leicht zu ertastende Schädelspalte des Kindes beunruhigen die Eltern. Eine Heilerin wird geholt, mit einem Spruch gegen den *Spalt* wird sie die Eltern trösten, und im Namen des Paten aller Paten segnet sie das Kind.

Gebrochener Berg
geschlossener Spalt[42]*,*
das hat Gott in den Kopf gesetzt.
Dagegen hilft kein and'res Gesetz
als Christi Übermacht.

Dazu muss dreimal das *Ave Maria*, das *Gloria Padre* und das *Vaterunser* gebetet werden, und die Heilerin führt neunmal das Kreuzzeichen über dem Kopf des Kindes aus. Die Gemeinschaft der Heiligen, die Heilige Familie und die Dreifaltigkeit überbrücken die Lücke. Man braucht nur etwas Geduld, darum werden die Sprüche auch gerne wiederholt. Im Falle des Schädelspalts zielt der Spruch fast mehr auf die Geduld der Eltern als auf die Krankheit des Kindes, denn in den meisten Fällen, das wissen wir, wird er sich auswachsen. Aber dem Wissen zum Trotz verspüren viele Erwachsene ein Gefühl der Angreifbarkeit, eine Beunruhigung, wenn sie mit der Hand die Fontanellenspalte eines Neugeborenen berühren. Der Spalt, *serra*, durch den das Böse in die heile Welt hereinbrechen kann, gibt auch einem Gegenstand seinen Namen, der die Familie gegen die Welt des *Draußen* abgrenzt, *la serratura*, das Türschloss. Ist die Tür entriegelt, kann das Böse über die Schwelle kommen. Doch hoch im lukanischen Bergland erwachsen der von Krankheit und Unglück bedrohten Familie mächtige Helfer gegen jede Form von Spaltung und Bruch.

Es waren drei Brüder
auf einem Berg,
Einer pflügte,
einer säte,
und der dritte half gegen den Schädelspalt.

Der pflügende Bauer blickt über sein Feld, dann weiß er, wie weit sein Tagwerk reicht. Früher wurde die Ackerfläche in Arbeitszeit gemessen, *Tag-Werk*. Bis der Schädelspalt sich ausgewachsen hat, bedarf es der Geduld, mit der ein Bauer die Erde durchpflügt, schwach und winzig an den Horizont des Landes gerückt, aber unentwegt. Das Ritual gibt der Gegenwart des Kindes einen neuen Horizont. Arbeit, Hoffnung auf das Wirken der Natur und die Kunst, Beziehungen herzustellen, das ist alles, was der verletzliche Mensch dem Nichts entgegensetzen kann. Darum kommt wohl das Wort für Kultur – die Summe aller menschlichen Fähigkeiten in der Auseinandersetzung mit sich selbst und mit der Natur – vom lateinischen *colere*, pflügen, pflegen. Die Arbeit der Heiler bezieht ihren Rhythmus und ihre Wirkung aus den gleichförmigen Abläufen im Tagwerk, das den Geduldigen mit seinen Arbeitsgenossen hin und her führt, auf und ab bis an den Horizont des Werktages. *Der Mensch lebt nicht nur vom Brot, sondern von jedem Wort, das aus Gottes Mund kommt.* (Matthäus, 4,4). Das Tagwerk des Ackerbauern steht gleichberechtigt neben dem Geduldsspiel der Heilerinnen und den Taufen der Priester. Das ist Kultur, ein kostbares Gut. Landbesitzer eignen sich die Ergebnisse der bäuerlichen Arbeit an, Männer machen den Frauen Konkurrenz und behaupten, dass ein Kind kein Kind sei, wenn es nicht rituell noch einmal geboren wurde mit ihrer Hilfe.[43] Wer sich dieser Kulturgüter bemächtigt, der herrscht über die alte Welt und wird vielleicht auch noch einiges mitzureden haben in der schönen neuen Welt der *models* und Computerspiele.
Mehr als die Schäden, welche das Kind auf die Welt mitbringt, fürchtet man die von Menschen verursachten Leiden. Ein Zuviel an Berührung mit der Welt kann beim Säugling zu Krämpfen, Kopf- und Bauchschmerzen und Unruhe-

zuständen führen. Dann muss die täuferische Versiegelung erneuert werden. *Senza benedire,* ohne zu segnen, im Namen des Vaters, des Sohnes und des Heiligen Geistes, soll man ein kleines Kind nicht berühren oder bewundern.
Eine Gevatterin kam und rief »Was für ein schönes Kind!«. Das Mädchen wurde schlafen gelegt und am nächsten Nachmittag um vier Uhr war es noch immer nicht wach geworden. Eine Frau hat es dann vom bösen Blick befreit, mit den Worten Gottes. Das Kind hat den Kopf nach vorn und hinten geschüttelt und dann ist es aufgewacht. In Ripacandida kann man heute noch manchmal beobachten, wie die Leute beim Anblick eines Säuglings oder Kleinkindes *benedica* sagen, *es sei gesegnet.* Vom Neidblick getroffen, haben manche Kinder zwei Tage geschrien, sie widersetzten sich ihren Eltern, waren unruhig und wütend. Hier hilft das Ritual. *Nach der Behandlung hat das Kind einen Schluckauf gehabt, der Magen hat sich ihm umgedreht. Dann ist es ganz fest eingeschlafen und hatte Schüttelfröste.* Der Rhythmus des Körpers ist gestört, das Kind versinkt in tödlicher Stille oder windet sich in immer heftigeren Krämpfen. Nun muss die Heilerin alles einmal umpflügen. Am nächsten Morgen ist das Kind gesund.
Kinder zu haben, ist das Höchste einer dem bäuerlichen Rhythmus der Handarbeit und gegenseitigen Hilfe ausgelieferten Lebensform. Viele Geschichten über den Bösen Blick kreisen um junge Mädchen. Alte Hausfreunde machen eine Bemerkung über die frühe Reife des plötzlich zur Frau gewordenen Kindes, und schon muss sie sich zurückziehen, ihr brummt der Kopf.[44] Verstohlen krümmen die Eltern hinter dem Rücken des Besuchers die Hand zum Hörnchen. Sie legen dem Kind eine Schere ins Bett, mit der die hexerischen Einflüsse abgeschnitten werden sollen. Wenn es trotzdem passiert, können nur wieder andere helfen, gute andere, die Heilerinnen mit ihrer Kunst. Sie nehmen die Schmerzen des Kindes auf sich. Auf meine Frage, wie sie selbst diese Schmerzen verarbeitet, öffnet eine Heilerin in Rionero wortlos den Kühlschrank und zeigt mir ein starkes deutsches Medikament gegen Kopfschmerz.
Die Folgen des Bösen Blickes ähneln dem, was man anders-

wo Besessenheit nennt. Die verdrehten Augen, das Stammeln, der Schweiß, der Speichel, die Wut ... Besessene toben, tanzen oder zittern, sie sind unverständig, sie leiden an Schluckauf, müssen sich übergeben oder sie werden stumm und schläfrig, so dass man sie nicht mehr wecken kann – und doch sprechen sie plötzlich, mit der Zunge anderer Menschen. Haben und Einverleiben, Abwehren und Austreiben, so ist das Schicksal der Besessenen. Das können wir aber auch im Kleiden und Entkleiden, Taufen und Verwünschen der lukanischen Tradition erkennen. Das Geöffnet-Sein gegenüber dem Anderen und das ängstliche Versiegeln, beides zieht sich wie ein schwarzer Faden durch die Alltagsphilosophie der Italiener, im Guten wie im Bösen. Die Paten halten diesen Faden oft genug in den Händen, sie ordnen das Netz der Beziehungen, geben dem Leben der bäuerlichen Familien Halt, so heißt es oft. Ordentlich wie ein gut durchgepflügtes Feld soll die Zukunft vor den Patenkindern liegen.

Häufig geht es dabei um den Magen, die Verbindung des Körperinnern zur Außenwelt. Böse Geister bahnen einen Weg, auf dem man seine Wünsche transportieren kann, bis tief hinein in den anderen Menschen. Andererseits kann sich der Magen nach außen wenden, als Organ des Neides. Neid ist, wenn der Speichel des Begehrens über die Lippen tritt, und ein Pate ist jemand, mit dem ich den Ekel überwinde, mit dem ich ein Brot teile oder aus einem Glas trinke. Bei uns Mitteleuropäern ist das Haben wichtiger als der Neid. Die innere Leere wird mit Sachen aufgefüllt, und es ist nicht mehr wichtig für die anderen, ob jemand spuckt oder Kopfschmerzen hat – man steht es in der Stille der Badezimmer durch. In der voll entwickelten Konsumgesellschaft leiden erstaunlich viele Menschen an einer Krankheit, die sie zwingt, das Einverleibte wieder auszuspucken. Ich meine nicht, dass es unbedingt besser ist, besessen zu sein als brechsüchtig, aber den Unterschied der beiden Formen von Lebenskunst sollte man bedenken.

Ein Säugling, mein kleiner *compar'*, will nicht aufhören zu schreien. Besorgt stehe ich mit Gino herum, dem Vater, bis endlich die Großmutter kommt und feststellt, dass es *den*

Bauchschmerz hat. Sie legt das Kind auf die ausgestreckten Unterarme und schüttelt es sachte, für lange Zeit. Zwischendurch legt sie es auf ihre Oberschenkel, massiert und bekreuzigt das Bäuchlein. Die Taufe wird zur Massage, die Massage zur Taufe. Der Gedanke der Heilung trägt sich in den kleinen Körper ein. Das ist Geduldsarbeit für Kind wie Heilerin, vielleicht auch stiller Kampf zwischen beiden. Dazu passen die Wörter gegen die *Würmer* gut, wie sie mir die alten Frauen immer wieder vorgebetet haben.

Würmer
neun Würmer
acht Würmer
sieben Würmer
sechs Würmer
fünf Würmer
vier Würmer
drei Würmer
zwei Würmer
ein Wurm
Erscheint und vergeht wie der Mond.

Sankt Jakob hatt' die Würmer
Er wollte gesunden
Sankt Martin, lass' diese Schmerzen in den Eingeweiden,
im Magen, lass sie heilen.

Sankt Martin besiegt den Neid. Seine Geduld ist langgezogen wie die vielen Würmer. Mit der Gemeinschaft der Würmer geht er gegen die Würmer im Magen vor. Der Schmerz wandelt sich zum Rhythmus des Öffnens und des Schließens, so, wie die Sichel den abnehmenden oder zunehmenden Mond signalisiert. Sankt Martin von Tours hat für den Bettler seinen prächtigen Rock zerschnitten, er ist der Heilige des Teilens und damit auch aller Menschen, die nicht direkt zum Haushalt gehören, aber doch teilhaben am Haus der Familie: Bettler, Dienstmädchen, Knechte. An seinem Gedenktag, dem elften November, wurden im Mittelalter die Gesindeverträge verlängert. Sankt Jakob von Compostela, der ewige Pilger, der Fremde, ist darum sein Patient geworden und nun tun sie sich zusammen im Zeichen der krampfenden Mägen.

Sankt Martin kam aus Rom
in Händen eine Nabelschnur aus Gold
unter Wettern, über Stock und Stein[45]
Lass' diesen bösen Wind verschwunden sein.

Damit sind wir wieder bei den Häutchen und Hemdchen. Martins Nabelschnur erinnert an den Moment, in dem das Neugeborene von der Mutter abgetrennt wird. Manchmal wird dabei auch das Häutchen sichtbar als magischer Schutz, und wer kein Häutchen hat, dem muss man Gold und Silber schenken nach der Geburt, oder einen *abitino.* Mit einem Bettler teilte der Ritter aus Tours Brot und Mantel, aber hier eilt er herbei, über Stock und Stein, um einem kranken Menschenkind magischen Schutz mitzuteilen.
Was Martin in Ripacandida bedeutet, kann man manchmal beim Würstestopfen erleben. Ripacandida ist bekannt für seine luftgetrocknete Wurst, denn es liegt recht hoch im lukanischen Apennin. Hin und wieder verfault die Wurst an ihrer Stange. Das ist der Neid! Betritt ein Fremder unvermutet das Haus, während die Familie behaglich beim Würstestopfen sitzt, muss er nur sagen: *San Martino*! – *Benvenut',* heißt es nun, willkommen. Dieser Gast ist heilig und bekommt ein Stückchen Wurst zum Mitnehmen. Schleunigst macht er sich wieder auf den Weg, ein ganz spezielles Stückchen Nabelschnur in den Händen und alle haben wieder ihren Frieden. Einmal kam ich zu einem Haus, wo sie gerade damit beschäftigt waren, eine Kollektion erstaunlich billiger Wintermäntel abzuladen. *Früher, als wir noch abergläubisch waren, hätten wir das mit dem Martin geregelt,* und dann erklärten sie mir den Zusammenhang von Brauch und Besitz und bogen sich vor Lachen. Ich verstand und machte mich aus dem Staub. Doch nicht einmal einen Knopf hatte ich in den Händen, Mäntel kann man nicht gut teilen, es sei denn, man würde sie zerschneiden, wie einst in Tours. Vielleicht hätten sie mir bei den Mänteln einen

Sonderpreis gemacht, aber das ist nichts Besonderes, denn in Süditalien gibt es nur Sonderpreise, schließlich können alle miteinander verwandt oder verpatet sein oder beides.

3. Im Zeichen des Heiligen

Abgang nennen lukanische Mütter lakonisch den plötzlichen Tod der Säuglinge und Kleinkinder, *n'zut*. Das klingt ein wenig wie das deutsche Wort *futsch*. Auch in der deutschen Bauernkultur kannte man das rätselhafte Sterben. Auch hier hatte die Furcht einen Namen, *Hertzgespan* zum Beispiel oder *Fraisen*. Amulette und Zaubersprüche sollten die Kleinen behüten.[46] Das Früher der *Fraisen* reicht in Deutschland bis in das Jahrhundert, das nun schon das vorletzte ist. In letzter Zeit hat man aber den plötzlichen Kindstod wieder entdeckt. Auch mit modernster Medizin lässt er sich nicht ganz ausrotten. In Lukanien dauert dieses Früher bis in die Gegenwart, aber das ist kein Grund, die Lukaner für rückständig zu halten – brauchen nicht auch wir modernen Menschen gelegentlich einen hilfreichen Gegenüber, eine tröstende Gestalt, wenn wir am Boden sind oder wenn uns die Luft wegbleibt in einem dieser zeitlosen Augenblicke, wo wir erleben, dass das Leben etwas anderes ist als eine endlose Abfolge von Funktionieren, Machen und Erledigen? Manch einer, manch eine stöhnt dann vielleicht nach der Mutter oder nach einem Menschen, den sie lieben oder nach einem Arzt. Wer auf diese Weise trösten kann, der hat aber auch die Macht, den Schwächeren niederzuschlagen.

Donatus ist über mir. Er will mich schlagen, schon hält er die Hand hoch. In der anderen Hand hält er einen Stock. Ein Kind ist bei ihm, es trägt einen schwarzen Mantel. Um Donatus herum sind nur Blumen und Gold und Silber. Sein Mantel ist aus Gold. Ein Mann geht aufgeregt vor Donatus auf und ab. Er trägt einen schwarzen Mantel. Das ist der Priester. Der Mann schreit, sein Gesicht ist böse. Er winkt. Er ist wie die Leute im Fernsehen, die Stimme krächzt. Mir ist schwindlig und das Bein tut wieder weh. Spucke läuft

Andachtsbildchen: San Donato mit einem kranken Kind

mir am Kinn herunter. Die Mamma hat mich ausgezogen. Alle können mich sehen. Ich habe Angst. Sie streift mir etwas über, es ist gelb, golden, so wie das Kleid von San Donato, und es knistert. Plötzlich ist eine Hand auf meinem Kopf. Er schlägt nicht. Er streichelt, er betet, alle beten. Er bespritzt mich mit Wasser. Die Luft riecht süß. Donatus hat traurige Augen. Sein Gesicht ist weiß. Die Mamma betet: »San Donato, vergib mir meine Sünden, lass es gesund werden, oder behalte es bei dir, nimm es zu dir, nimm es.«

So stelle ich mir den Bericht eines der Kinder vor, die nicht richtig sprechen können, ein blödsinniges Gesicht machen, nicht laufen lernen oder an Krämpfen leiden. Von ihnen muss nun die Rede sein, auch wenn sie oft nicht sprechen können. Am Ende des zwanzigsten Jahrhunderts pilgern immer noch jedes Jahr am 7. August etwa einhundert Familien mit kranken Kindern zur Wallfahrtskirche des Heiligen Donatus nach Ripacandida. Das sind die *Kinder, die es am Kopf haben*, die nicht sprechen können oder humpeln, Kinder, die an Krämpfen leiden, kleine Epileptiker. In der Kirche werden sie umgezogen und vom Priester gesegnet. Wenn er gerade mal nicht hinschaut, setzen einige Mütter ihre Kinder unsanft auf den Altar oder auf die Altarstufen. Sie nennen das ihr Familiengeheimnis. Es hat mit der Donatuskrankheit zu tun, *u' mal de Sante Runat'*. Ein lukanischer Brauchtumspfleger hat merkwürdig verschwommene Sätze über dieses Ritual veröffentlicht, in einem schlecht ins Deutsche übertragenen Reiseführer der Basilikata, der mit Mitteln der Europäischen Union herausgegeben wurde: *Qualvoll sind die Wörter der Mutter, die zu San Donato in seiner Wallfahrtskirche von Ripacandida am 7. August beten.*[47] Was soll an diesen Wörtern qualvoll sein? Dem Handeln der Mütter wie den Wörtern des Brauchtumspflegers in der schlechten deutschen Übersetzung haftet etwas Verklemmtes an. Nur wenn ich die Menschen in der Einsamkeit der Berghöfe oder in ihren Arbeiterquartieren besuchte, haben sie es mir ungeschminkt geschildert. Sie erlebten mich als eine Art Abgesandten des Heiligtums in Ripacandida, denn ich brachte Bilder ihrer Kinder mit, die meine Frau und ich während der Festtage aufgenommen hatten. Es gefiel ihnen, dass ich zuhörte, ohne sie zu belehren. Also sprachen sie fast erleichtert über ihr Geheimnis. *Werfen* nennen sie das Ritual, *buttare*, und wir können es im doppelten Sinne des deutschen Wortes *Vorwerfen* verstehen, als Vorwurf und zugleich ein Zum-Fraß-Vor-Werfen, ein Wegwerfen.

San Donato hat meiner Mutter ein Wunder gemacht. »Mach' mir die Gnade!« Sie hat das kranke Mädchen genommen und auf den Altar geworfen. Danach haben alle das Mädchen reden hören. Sie hat es so richtig auf den Altar geknallt. So muss man es tun: »San Donato, das ist dein Kind.« Erst gab es da einen Blitz, dann ist das Kind aufgestanden und hat gerufen: »Mamma!« Es geht um krankhaftes Schweigen und gesundes Reden. Das Mädchen war stumm, dann wird es *vorgeworfen*, dann leuchtet ein Blitz und es spricht. Das Geheimnis des Kultes, das uns der Brauchtumspfleger nicht verraten will oder kann, besteht in der Vorstellung, dass geistig und körperlich behinderte Kinder auf das Schuldkonto der Mutter gehen.[48] Sie ist schuld. Sie hat einen Fehltritt getan und nun humpelt das Kind. Sie hat ein Wörtchen zuviel gesagt, darum spricht das Kind kein Wort mehr. Der Mutter bleibt nur noch, das Kind dem Heiligen vorzuwerfen. Er soll sie von der Schuld befreien oder von dem kranken Kind, er soll Sorge tragen für Heilung oder frühen Tod. Einige Mütter, die ich nach dem Wunder von San Donato befragt habe, erklärten mir freimütig, dass sie durch den Heiligen von behinderten oder schwerkranken Kindern befreit wurden, *Mach' es gesund oder nimm' es zu dir!* Das kranke Kind ist eine Reue der Mutter, *un rimorso*. Der Heilige schlägt das Kind, weil die Mutter Schläge verdient hat. Die moralische Autorität des heiligen Paten ist umwittert vom Ruch der heimlichen und sündhaften Beziehungen. Der Heilige enthebt die Mütter der Verantwortung und nimmt den Vor-Wurf an. So wandert die Schuld und die Last der Reue wird leicht. Jeder Christ hat sein Kreuz zu tragen. Der Heilige hilft, er bindet die Mütter an sich und schlägt die Kinder in seinen Bann. Zu Beginn des zwanzigsten Jahrhunderts erhielten franziskanische Schwestern die

Erlaubnis, im Heiligtum von San Donato einen Kindergarten zu gründen. Hier wurden die Opfer des Bauernelends aufgepäppelt, und heute lernen die Kinder der Wohlstandsgesellschaft bei den Schwestern, wie man sich benimmt und friedlich mit anderen spielt.

Sie versprechen die stummen Kinder dem Heiligen. Sie haben eine Reue, ein Versprechen dem Heiligen gegenüber. Sie werfen das Kind: »Das lasse ich dir hier.« Wenn er hilft, macht er diese Sachen, die man beim Fotografieren macht – es leuchtet. Vom deutschen Massenmord an geistesschwachen Kindern sind wir weit entfernt, räumlich wie zeitlich, aber der Grundgedanke des Gnadentodes ist da. Euthanasie aus Schuldgefühl für einen Fehltritt? Übertriebene Moralvorstellungen? Man kann es auch anders betrachten. *Das Kind war immerwährend krank, um nichts und wieder nichts, und wenn es krank war, dann weinten Großvater, Großmutter und Mutter maßlos und besonders über die Tatsache, dass es ein uneheliches Kind war. In solchen Augenblicken empfindet man unordentliche Familienverhältnisse am tiefsten. Ohne es direkt auszusprechen, waren die Großeltern doch überzeugt davon, dass uneheliche Kinder empfindlicher sind und leichter krank werden als andere.* [49]

Das ist dem Armenarzt Louis-Ferdinand Céline aufgefallen, nicht in Süditalien, sondern in Paris, in den Elendsvierteln der zwanziger Jahre. Wer will da noch sauber wissenschaftlich die Motive sortieren, was zuerst da war, das Schuldgefühl oder der Fehltritt, die Kinderkrankheit oder das Schuldgefühl? In jedem Falle kommt es darauf an, wie man mit dieser Bürde weiterlebt, überlebt.

In Süditalien ersetzt ein ernsthaftes Spiel die Tat, im Guten wie im Bösen. Kinder, die auf diese Weise gerettet wurden, kehren immer wieder zu San Donato zurück. Sie werden ihm den Rest ihres Lebens zu Diensten sein. Als die Bauern noch nicht gut mit Fotoapparaten vertraut waren, haben sie den Moment des Wunders *flash* genannt, denn das Blitzlicht kannten sie aus Amerika, aus der neuen *anderen Welt*, welche die fahle Gegenrealität der Kinderfriedhöfe ersetzt. Mit einem Blitzschlag ist das Beben des epileptischen Anfalles beendet, *flash!*, Krankheit löst sich auf in das grelle Licht

Behinderter Junge als San Donato

des Wunders oder das Kind wird vom Heiligen mitgenommen in sein Nichts. Spricht das Kind, kann es wieder laufen, verliert es seinen blöden Gesichtsausdruck – dann hat die Kur gewirkt. Dann lässt man den Schwestern das Bischofsgewand als Geschenk zurück, als *ex voto*. Man hat für San Donato votiert und er hat dieses Kind erwählt. Er ist der Pate der kranken Kinder. Als Erinnerung bleibt eine Hülle zurück, das vom Heiligen und seinem Kind geteilte Hemd. Aber die Wesensähnlichkeit betrifft das Äußere des Kindes noch weit mehr. *San Donato zeigt uns seine Schönheit. Ich habe alle diese Kinder gesehen, sie haben denselben Gesichtsausdruck, dieselben Augen wie San Donato. Weißt du, so wie der Sohn von dem Mann aus Lavello. Sie haben dieselben Formen wie San Donato, das Gesicht, dieselben Augen. Ich will nicht behaupten, dass sie ihm wirklich gleichkommen, aber ich sage, sie haben dieselbe Linienführung. Sie kommen jedes Jahr.* Der Mann aus Lavello kommt jedes Jahr nach Ripacandida, um die Träger des schweren Standbildes bei der Prozession zu unterstützen. Der Heilige hat ihm aus einer schweren Krankheit herausgeholfen. Harmonie und Ähnlichkeit mit einer überirdischen Person treten an die Stelle der verbotenen Hingabe an einen Fremden. Bis zum Erdbeben 1980 haben die *devoti* im Heiligtum ihre Kinder mit Korn aufgewogen, *ohne zu wiegen, ohne Geiz.* Sünde und Sühne gleichen sich aus, auf ein paar Pfund Weizen mehr oder weniger kommt es dabei nicht an. Der Wiegebrauch ist das älteste und am weitesten verbreitete Merkmal des mittelalterlichen Kultes von San Donato.[50] Er schafft nicht nur eine bis zur Verwechslung reichende Nähe zwischen Kindern und dem Heiligen, dem sie aufgewogen werden. Der Brauch ist auch eine Vorwegnahme des Jüngsten Tages, wo die Seelen geprüft werden auf ihr moralisches Gewicht und dann verworfen sind oder einziehen in den Himmel. Das Familiengeheimnis kreist um die Anmaßung, wertvolles von wertlosem Leben unterscheiden zu wollen. Allerdings maßen sich hier die Menschen nicht gänzlich das Recht an, ein Götterurteil über die behinderten Kinder auszusprechen. Alles liegt in der Hand des Heiligen der schlägt. Nur wenn man solche Kulte kennt, kann man auch verstehen, warum die Kirche mit ihrem Kampf gegen die Abtreibung bei Katholikinnen Erfolge verbucht – selbst wenn sie oder gerade wenn sie unangemessene Vergleiche zieht wie den zwischen Massenabtreibungen und dem Massenmord der Nazis.

Noch im achtzehnten und neunzehnten Jahrhundert hatte man in ganz Europa eine präzise Vorstellung vom Typus des Irren oder des Behinderten, wie wir ihn heute nennen. Ein blasser Mensch mit vollem, gleichwohl länglichem Gesicht, leicht herunterhängender Lippe und hervortretenden, womöglich schielenden Augen.[51] Betrachten wir das Standbild des Heiligen Donatus in Ripacandida, haben wir dieses Bild in geschönter Form vor Augen.[52] Dieser Heilige ist selbst krank. Er *ist* die Krankheit. Er kann die Krankheit schicken, *il male di Sante Runat'*, die Donatuskrankheit. Das ist die Epilepsie und damit verbunden sind alle anderen Leiden, *die vom Kopf kommen. Che ti pigl' Sante Runat'* schimpft man heute noch manchmal in Ripacandida, *dass dich der San Donato hole!* Wer gegen den Heiligen mit dem Kindergesicht aufmuckt, muss die Folgen tragen. Nelly soll sich über den blödsinnigen Ausdruck des Heiligen lustig gemacht haben. Die deutsch-jüdische Tänzerin, vielleicht aus Triest, lebte anscheinend während des Faschismus als Verbannte in Ripacandida. Ältere Frauen erzählen gerne von Nelly, aber das endet stets mit der trockenen Feststellung: *Und schließlich ist sie im Irrenhaus gelandet*. Das war die Strafe. Kommunisten, die gedroht haben, aus der Kirche einen Schweinestall zu machen, ist es nicht besser ergangen – geschlagen von Krampf und Ohnmacht mussten sie weiterleben, genau so wie der konservative Bürgermeister der Jahrhundertwende, Virgilio, der geplant hatte, *auf dem Land des Heiligen* ein Gemeindegebäude errichten zu lassen. Diebe, die sich an das Votivgold des Heiligen heranmachten, fand man am nächsten Morgen zitternd und verstört hinter der Kirchentür.

Der Heilige ist die Krankheit. Es ist der Heilige der schlägt. Ein Epileptiker liegt am Boden und zuckt, es sieht so aus, als würde er sich unter den Schlägen einer unsichtbaren Hand winden. Ich habe lange gebraucht, diesen Zusammenhang

San Donato mit dem flächigen Gesichtsausdruck des Typs »Geisteskranker«, Silberner Reliquiar, 16. Jh., Museo Cristiano, Cividale in Friuli

zu verstehen, denn er wird nie direkt benannt oder erklärt, ich musste von selbst darauf kommen und mir dann dieses Wissen bestätigen lassen von verlegenen Informanten – das ist nicht gerade die übliche Methode der Ethnologie, sie hält sich sonst stärker an das, was die Menschen spontan äußern und zeigen. Auf der einen Seite scheint der Zusammenhang zwischen dem epileptischen Anfall und der Attacke des Unsichtbaren allzu selbstverständlich zu sein, auf der anderen Seite ist San Donato ohnehin von einer Aura der Sprachlosigkeit umgeben, durchbrochen nur von seinen rauen Befehlen und dem Wimmern und Lallen der Kinder, die man ihm darbringt auf seinem Altar. Wenn die Menschen die warnend erhobene Segensgeste des Heiligen nachahmen, lassen sie dabei die Hand leicht zittern; es ist eine stumme und fast drohende Haltung, so, wie man manchmal eine Ohrfeige androht mit der seitlich zum Gesicht erhobenen fächelnden Hand. Dabei ist dieser kranke Heilige so schwächlich und bleich! Doch hinter der zitterigen Schwäche verbirgt sich der Ansturm des epileptischen Anfalls, das Gefälltwerden mit einem Schlag, so wie der Märtyrerbischof einst gefallen sein soll unter dem Beil.

Diese Gleichsetzung des himmlischen Helfers mit dem Unheil weist hinter unsere moderne Kultur zurück in die alte Welt der gutbösen Götter. Lebenserfahrungen, Sinneseindrücke, natürliche und übernatürliche Bilder verbinden sich zu unverwechselbaren Gestalten, die man dann Apoll nennt oder Dionysos, Baal, Kali Durga oder *Fleisch*, jener Gott, der heute noch verehrt wird bei den Viehzüchtern im Südsudan.[53] Es ist Friedrich Nietzsches Version der antiken Welt, die durch ihn und alle Theorien der Widersprüchlichkeit von Wahrheit immer weiterlebt und wiederkehrt. Es ist die Welt des griechischen Arztgottes Asklepios, der, selbst an einer unheilbaren Wunde leidend, heilend die Welt durchzieht, in der rechten Hand ein Arzneiglas mit wohltuender Medizin, in der Linken ein Gläschen mit Gift.[54] Die Anhänger des Asklepios schenkten ihrem Gott kleine Darstellungen kranker Glieder, aber auch Schlangen als Sinnbild der von den Tiefen her aufsteigenden abgründigen Natur des verwundeten Heilers.[55] Aus Erwählung gestiftet, *ex voto*, blieben sie im Heiligtum erhalten, Unterpfand der Macht des Gottes für die Nachgeborenen. So ist es heute noch bei San Donato und vielen anderen katholischen Heiligen. Neben Bergen bauschender Bischofsroben bleiben im Heiligtum von Ripacandida auch Hunderte von photographischen Portraits seiner Anhänger[56] zurück, und in einem Nebenraum kann man aus früheren Zeiten silberne Köpfchen und Gliedmaßen sehen, abgeschnittene Zöpfe, Unterzeug und sogar ganze Hochzeitskleider, von dankbar ergebenen Frauen zur Schau gestellt in eigens gezimmerten Kästen.

Oft konnte ich Erwachsene im Heiligtum beobachten, die – nun schon begleitet von den eigenen Kindern – ihre Bilder aus der Kinderzeit aufsuchten. Heirat und Kinderzeugen verstehen sie als Zeichen des Wohlwollens und der Fürsprache des Heiligen, denn die *heilige Krankheit* Epilepsie macht eine Heirat unmöglich. San Donato wird zum Anker im Fluss des Lebens, sein Heiligtum zur Heimat. Die Krankheit ist abgestellt und verwahrt, ohne weiter im Alltag zu stören. Dieser Heilige ist schwierig, wie jede Heimat, und ein bisschen unheimlich. Bis in die fünfziger Jahre hinein kamen Geheilte oder Halbgeheilte aus der ganzen Provinz an diesen Ort, um seelische und körperliche Krisen nachzuspielen oder wirklich wieder in epileptisches Zittern zu verfallen. Heute kommt es nur noch äußerst selten zu diesen Szenen. Die Krankheit war in der alten Welt auch eine künstlerische Darbietung, Ärzte sprechen von einer Simulation, durch die man der wirklichen Krampfkrankheit zuvorkommen wollte und von *pseudoepileptischen Anfällen.*[57] Lebenskunst bindet gesunde Kranke an kranke Heilige und macht das Leiden zu einem Spiel der Erinnerung.

Besessenheit, Traum und das Anziehen von Kleidern bringen uns gleichermaßen in die Nähe des anderen. Es ist die alte Kunst der Anverwandlung, und am Ende wird die Maske zur Person, zur Identität. *In diesem Zeichen wirst du siegen.* Vor der Schlacht soll dem römischen Kaiser Konstantin das Kreuzzeichen erschienen sein. Am nächsten Morgen schlugen die hastig noch in der Nacht mit dem Symbol der Christen ausgerüsteten Truppenaufständischen

Votivtafeln für San Donato, Ripacandida, Wallfahrtsheiligtum, 1985

Armeeteile nieder, die sich vor den Toren Roms versammelt hatten. Heute noch kann man das Schlachtfeld besichtigen. Es liegt in der Nähe der Fosse Ardeatine, wo die Deutschen im Zweiten Weltkrieg italienische Geiseln abgeschlachtet haben. Hier endet die Ewige Stadt und auf einmal begegnen uns zwischen den Bussen der Touristikunternehmen die Fuhrwerke von Bauern, die ihre Ernte einfahren. Im Kult der Erinnerung schleift die Welt sich ab. Nach und nach wird dann alles so friedlich wie ein herbstlicher Spätnachmittag am Stadtrand von Rom. Auf ausgetretenen Wiesenpfaden führt uns der Weg über die Katakomben der Märtyrer hinweg ins Grüne.

Die von Konstantin gegründete kämpfende Kirche wurde den heidnischen Kulturen in Europa und in Übersee zum Kreuz. *Götter in Uniform*[58] eroberten die Welt, wer das Kleid Gottes angezogen hatte, wurde zum Soldaten Christi. Noch heute verabschieden sich künftige Priester und Nonnen bei der ersten Einkleidung in das Priestergewand von ihren Familienangehörigen, als ginge es um Leben und Tod. Auch sie sind geworfen, müssen sich niederwerfen, so schreibt es der Ritus der Weihe vor, niederwerfen in ihrer ganzen Länge vor dem Altar und daliegen wie ein Kind, das gerade aus dem Leib der Mutter herausgeworfen wurde und gleich wird man es hochnehmen mit starken Armen.

Am 5. August, zwei Tage vor dem Werfen der kranken Kinder, kann man in Ripacandida den Zug der Kinderbischöfe erleben. Diesmal sind nur wenig kranke Kinder aus den umliegenden Ortschaften dabei. Es handelt sich um drei- bis achtjährige aus Ripacandida, dem Ort des Heiligen Donato. Dutzende Kinder werden als Bischof verkleidet und in der Prozession mitgetragen, mitgeschoben, mitgezogen. Sie haben einen kleinen Bischofshut, den Mantel des Heiligen und den Krummstab. Es heißt, dass der Mantel ihres heimischen Heiligen die Kinder von Ripacandida gegen Krämpfe, Stummheit, Epilepsie beschützen wird und gegen alle anderen Leiden, die vom Kopf kommen: *Drei Jahre musst du es tun, und der Heilige wird das Kind nicht vergessen.*[59] Ich weiß nicht, ob sich der Heilige daran hält, aber die Kinder werden San Donato wohl nicht mehr vergessen. Beim ersten

Mal sind sie meist erschreckt und unwillig darüber, dass ihre Eltern ihnen plötzlich grellfarbene Gewänder aufzwingen, um sie dann durch die Menschenmenge zu ziehen. Im zweiten oder dritten Jahr konnte ich beobachten, dass die kleinen Bischöfe und Bischöfinnen ruhiger geworden waren, stolz nahmen sie an der Totenfeier des Märtyrers teil. Sie hatten sich selbst als Mitspieler erkannt.

Die Initiative ging meist von Groß- und Urgroßeltern aus. Sie wollten den Enkeln *Erinnerungen machen*, wie ein Alter sagt. Manchmal mussten die Alten das in heftigen Auseinandersetzungen mit ihren eigenen Kindern durchsetzen, mit den Eltern der Kleinen. Viele Großeltern hatten irgendeine Methode, mit der sie erreichen konnten, dass ihre Kinder aus Norditalien, Deutschland oder den USA anreisen und die Enkel mitbringen, damit sie *den Heiligen anziehen*. So waren alle wieder vereint, man konnte den Nachwuchs im Bischofsornat vorführen und danach in großer Runde ein Festmahl veranstalten.

Die Kinder des Heiligen, die Kranken ebenso wie der Nachwuchs von Ripacandida, sie *sind* der Heilige und werden gerade dadurch zu etwas Eigenem, Besonderem. Die Krankheit zirkuliert nun in einem größeren, von zahlreichen Bischofsgestalten belebten Feld. In der Gruppe ist das Leiden besser auszuhalten, so wie wir modernen Menschen uns erweitern und ablenken können und unsere Gefühle umleiten, indem wir ein Medium einschalten, einen maschinellen Mittler, ein elektrisches Gespenst, und so unseren Körper erweitern, unser Denken, durch die Wiedergabe von Musik oder von Menschen, die sich vor den Kameras entblößen in Liebe oder in heftigem Streit.[60] Die Namen Donato, Donatina und sogar Donatella sind in Ripacandida ungewöhnlich häufig. Tolve, etwas weiter südlich gelegen, *gehört Sankt Rochus*[61]. Darum heißen viele Männer hier Rocco und es gibt sogar Frauen, die auf den ungewöhnlichen Namen *Rocchina* hören. Beim Durchblättern lukanischer Telefonbücher kann man schnell feststellen, dass der Schutzpatron der Gemeinde immer wieder auch zum Namenspatron ihrer Bewohner wird.

Ich heiße Donatina, nach San Donato. Papà hat das schon vor meiner Geburt gesagt: Dieses Kind nennen wir nach San

Donato. Dann haben sie es vergessen. Nach der Entbindung träumte Mamma: San Donato lag im Bett. Aber er war nur bis zur Brust zu sehen.[62] *Er wandte sich zu ihr und sagte: »Du darfst nicht vergessen, diese beiden Kerzen anzuzünden!« Am nächsten Morgen fragte sie ihren Mann: »Hast du dem Heiligen etwas versprochen?« Schließlich fiel ihnen ein, dass sie eigentlich beschlossen hatten, das Mädchen Donatina zu nennen. Von Donato haben sie nicht mehr geträumt.* Ein Einödbauer aus der Gegend von Avigliano hat seinen Sohn San Donato geweiht. Bei der Prozession in Ripacandida haben wir uns kennengelernt und ich mache ihm einen Gegenbesuch in den Bergen. Als ich frage, warum er bei seinem ersten Sohn auf das Donatusritual verzichtet hat, antwortet er mir: *Nein, der andere ist San Rocco*, und die Frau setzt hinzu: *Ich war wie gebannt während der Schwangerschaft, also haben wir ihn San Rocco geweiht. Es wurde ein Junge und wir haben ihn nach dem Großvater benannt, nach dem heißt noch keiner. Wir haben dann Gianluca als San Donato eingekleidet.*
Gelegentlich traf ich bei meinen Forschungen auf Menschen, die sich selbst für die Wiedergeburt ihrer Großeltern hielten. Außerdem wurden Vorfahren mit Heiligen gleichgesetzt und spezielle Heiligenkulte von den Großeltern und Urgroßeltern übernommen.[63] Die Namen der Kinder richten sich oft nach den Namen der Großeltern, in der Vater- wie in der Mutterlinie. Ein Maurer aus Ripacandida hat eine Frau aus Materdomini geheiratet; sie gebar in kurzer Folge zwei Mädchen. Eines tauften sie auf den Namen der Großmutter in Materdomini, außerdem wurde es in Ripacandida als San Donato eingekleidet. Das andere Kind trägt den Namen der Großmutter in Ripacandida, aber es hat dafür im Heiligtum von San Gerardo Maiella, nahe bei Materdomini gelegen, die braune Kutte des Büßerheiligen angezogen. Diese Kinder stehen zunächst einmal im Zeichen der Heiligen und der Ahnen, so wie auch in Deutschland heute noch Kinder nach ihren Vorfahren benannt werden oder nach Popstars. Aber in Süditalien hat diese Familientradition manchmal Auswirkungen für das ganze Leben, die bei modernen Mitteleuropäern nur noch sehr selten beobachtet werden.

Diese Kinder sind der Heilige, sie stehen für ihn und ihr Leben gehört ihm.
Die Familie Lamorra ist in den Bergen um die riesige mittelalterliche Stauferburg von Lagopesole zu Hause. Bald tausend Jahre ist es her, dass Normannen und Staufer dieses lukanische Hochland zum Zentrum ihrer Reiche gemacht haben. Als die Ära der Krieger endlich vorbei war, lebten ihre Nachfahren als Hirten und Bauern weiter in den Höhen. Heute ist das Bergland entvölkert. Vielleicht wird es eines Tages von Freiluftfanatikern aus Mailand wieder besiedelt werden oder von Verwaltungsleuten aus Potenza, auf der Suche nach einer Bleibe in unverbaubarer Hanglage. Aber daran ist noch nicht zu denken, als ich dort eines Tages auf einem schwindelerregenden Grat dem Haus der Familie Lamorra entgegenfahre. Ich begleite die franziskanischen Schwestern aus dem Donatusheiligtum auf ihrer jährlichen Missionstour in das lukanische Hinterland. Wir sind seit zwei Stunden unterwegs, um fünfzehn Kilometer Luftlinie zu überbrücken. Ringsherum glühen karge Plateaus in der Sonne, zwischen den mattgrünen Grasflächen treten hier und da Bauernhöfe aus grauem Bruchstein hervor, am Horizont ragen blasse Felsen hoch in den blauen Himmel. Endlich erreichen wir das alte Haus, vor dem schon zwei große neue Autos parken – in dieser wilden Umgebung wirken sie seltsam unpassend. Das Haus hat einen Anbau aus weißgekalktem Beton. Vor der Tür treffen wir eine Greisin in lukanischer Trachtenkleidung, mit ihr zwei Männer und eine Frau in den Vierzigern, angezogen wie deutsche Büromenschen auf Kurzurlaub in den Alpen. Daneben beobachte ich einige bleiche Jugendliche im Designerlook. Aus einem Kassettenrecorder dudelt Discomusik. Über all dem steht der unerbittliche blanke lukanische Augusthimmel.
Sie stehen um einen riesigen verbeulten Topf, von einem Gasbrenner erhitzt. Tomatensoße wird aus dem Topf in kleine Colaflaschen umgefüllt. Die Frauen schöpfen und ein älterer Mann setzt den Flaschen mit einem dafür eigens vorgesehenen Gerät sorgsam Kronenkorken auf, um sie dann in den grellroten Flaschenkästen der weltumspannenden Getränkefirma zu verstauen. Suor Leonarda, Suor Genzana

und Suor Enza stellen sich vor und werden wiedererkannt, die Missionarinnen aus Ripacandida. Man pflegt hier ganz besondere Beziehungen zu den Schwestern. Allerdings werden *die Nonnen* nicht als Einzelwesen betrachtet. Auch bei längerer persönlicher Bekanntschaft bleibt es, wie ich bei dieser Gelegenheit das erste Mal feststelle, bei der anonymen Anrede *suora, Schwester*. Die Mitteilung, ich sei aus Deutschland und würde ein Buch über die Wunder von San Donato schreiben, nehmen unsere Gastgeber nicht gut auf. Es herrscht verlegenes Schweigen, und ich lenke mich von meiner eigenen peinlichen Gegenwart ab, indem ich Betrachtungen über belanglose Angelegenheiten anstelle, umherliegende Sachen oder die Farbe des Grases. Als würden sie dem mageren lukanischen Boden das letzte Blut entziehen, holen sich diese Wanderarbeiter ihre Jahresration heimischer Nahrung bei der *Mamma* ab. Angezogen vom seltsamen Anblick der rotgefüllten Fläschchen vor dem blassblauen Himmel und dem mageren Grün der Weiden, frage ich nach dem Rezept. Da heitern sich die Gesichter auf. Der ältere Mann erklärt mir die nostalgische Soße, und im Nu sind wir in das von vielen Emigranten sehr geschätzte Gespräch über das *Früher* verwickelt, *il passato*.
Früher, erklärt mir Carlo Lamorra, *haben wir uns hier nur mit Pfiffen verständigt, wenn wir mal mit einem Nachbarn zu tun bekamen, auf Distanz.* Stolz weist er in die Ferne, wo ich zwischen Felsen und Grasflächen vereinzelt graue Höfe erkenne, Inseln menschlicher Tradition in einer riesenhaften Natur. *Wir waren alle Hirten. Als Vater starb war ich 16 und mein Bruder 13 Jahre alt.* Erst jetzt werde ich auf den schmächtigeren Bruder aufmerksam. Carlo und der Bruder zogen von Avigliano in die Provinz Mailand. Die Mutter blieb daheim in den Bergen, für sie reichte die minimale Witwenrente. Nun war Carlo der Patron der Familie. *Ich habe immer schon die Geschicke der Familie auf meinen Schultern getragen, mein einziger Helfer war San Donato von Ripacandida, der Familienheilige.* Die Nonnen drängen die Mutter, auch etwas dazu zu sagen, doch sie will nicht. *Das sind Geheimnisse, Wunder*. Dem Sohn geht diese Scheu vor San Donato ab. *Ich spreche oft zu ihm wie zu mei-*

nem Vater, über alle Probleme. Die Brüder heirateten. Ihre Sommerferien verbrachten sie mit den Frauen und Kindern auf dem einsamen Hof der Mutter. Diese Aufenthalte nutzten sie auch zu Wallfahrten nach Ripacandida. Die Frauen scheinen diese Form familiärer Religion unterstützt zu haben, obwohl sie nicht aus den Aviglianeser Bergen stammen wie ihre Männer. Carlo, das Familienoberhaupt, hat drei Töchter, aber die Frau seines Bruders gebar Luca, den einzigen männlichen Nachkommen der Familie. Alle diese Kinder wurden zwischen dem dritten und dem sechsten Lebensjahr in den Bischofsmantel gehüllt.

An diesem Punkt der Erzählung angekommen, kramt Carlo aus seinem Portemonnaie einen zerdrückten, aus einem Schulheft gerissenen Zettel. Es ist sein Zeugnis für San Donato:

Am 17. 8. 1979 stürzte mein Neffe Luca zu Boden, während er mit seinem Vater, meinem Bruder Enrico, spielte. Er rührte sich nicht mehr, und als er sich nur langsam erholte, beschlossen wir, ihn in das Hospital nach Potenza zu bringen. Ich, der Unterzeichnende, erinnerte mich, dass dies der Donatustag war. Ich begab mich nach Ripacandida und bat San Donato um Rettung meines Neffen. Einige Tage später träumte ich, dass ich Luca auf den Schultern trage. Wir begegneten San Donato, er sprach zu uns und sagte: »Du hast die Gnade erfahren.« Also entschloss ich mich, ihn als San Donato zu verkleiden.

Carlo Lamorra
Viale Brescia 9
XX (Provinz Mailand)

Der 17. August ist der Festtag des Heiligen Werkbruders Donato aus Ripacandida. Seit Jahrhunderten führt er eine blasse Existenz neben San Donato, dem Bischof von Arezzo, dessen Fest vom fünften bis zum siebten August gefeiert wird. Die beiden werden oft verwechselt. Luca, so konnte ich feststellen, ist mittlerweile zu einem verschmitzten Kerlchen herangewachsen. Der Heilige hat geholfen. Bewegt schildert Carlo den lebendigen, wahrhaftigen Eindruck, den die Traumerscheinung auf ihn machte. Weil die Nonnen weiter freundlich bleiben, so, wie man es in Süditalien von einem Priester bei diesem Thema nicht gewohnt ist, und weil der deutsche *studioso* sich begierig zeigt, mehr darüber zu hören, gehen sie weiter in ihrem Bericht. In zunehmender Erregung, sich gegenseitig ins Wort fallend, erzählen die Männer und Frauen nun von einem Wunder, das sich erst vor kurzer Zeit ereignet hat. Pina, die erste Tochter von Carlo Lamorra, ist seit ihrem sechzehnten Lebensjahr gelegentlich psychisch gestört, *benebelt*. In der Mailänder Universitätsklinik wurde eine manisch-depressive Stimmungslage diagnostiziert. Körperliche Anomalien waren nicht nachzuweisen. Das EEG ergab keinen Hinweis auf Epilepsie. Nach einer psychotherapeutischen Behandlung geht es ihr nun besser. Aber ihr Vater wendet sich strikt gegen jede weitere Diagnose und Behandlung, denn seine Tochter soll nicht als *Irre* dastehen.

Als sich die Familie im August 1982 in die Sommerferien begab, stand die Krise zwischen Vater und Tochter vor dem Höhepunkt, denn am 27. August, gleich nach der Rückkehr sollte die Entscheidung über die Fortsetzung der Behandlung fallen. Am fünften August, dem Festtag des Heiligen Donatus, verfiel Pina in den Aviglianeser Bergen in eine Ohnmacht, verbunden mit starkem Zittern. Sofort machten sie sich mit ihr auf den Weg nach Ripacandida. Sie gerieten mitten in die große Prozession, in deren Verlauf das Mädchen noch einmal zusammenbrach. Erst jetzt wird mir klar, dass ich diese Geschichte schon oft gehört habe. Der Fall des Mädchens aus den Bergen hat in Ripacandida großes Aufsehen erregt. In Gestalt der zuckenden und verzückten jungen Frau wurden die Wundergeschichten wahr, an die man während der Prozession ohnehin denken muss. Man hat mich auch schon auf ein *ex voto*-Bildchen im Heiligtum hingewiesen, das Pina als blasse Pubertierende zeigt, verwirrt fixiert sie aus einem viel zu engen, offensichtlich eilig bei den Nonnen geliehenen Donatuskostüm heraus den Fotografen. Der Vater soll in der Kirche furchtbar geweint haben, 50000 Lire hat er auf den Altar gelegt, während die Großmutter den Heiligen *im alten Stil* um die Heilung der

Enkelin angegangen ist, das heißt in einer Totenklage für den Märtyrer und zugleich für das verloren geglaubte Kind. Pina fiel um, wieder und wieder. Einige Wochen nach unserer Begegnung wird der Vater seinen Widerstand aufgeben und sich zur Fortsetzung der psychiatrischen Behandlung bereit erklären. Wieder zurück in Mailand verabreichen die Psychiater dem Mädchen ein mildes Medikament gegen Anfallskrankheiten. Die Psychotherapie wird noch eine Weile fortgesetzt und die Anfälle bleiben aus. Sie erinnert sich später an die Ohnmachten, die sie beim Donatusfest erlitten hat. *Diese Sachen sind immer nur in den Sommerferien passiert, hier.* Hilflos zeigt das blasse Mädchen in die Runde der grauen Berge, die für sie keine Heimat ist. Sie hat etwas gegen Avigliano, den Ort, an dem sie ihre Sommerferien verbringen muss. Die Mutter erinnert sich aber auch an einen Anfall, den Pina 1981 am Meer gehabt hat, in Pescara. *Sie hat sich niedergeworfen.* Die Frau benutzt das Wort *buttare,* vorwerfen, abwerfen, wie es auch für die seltsamen Riten am Altar gebraucht wird, wenn die Mütter ihre Kinder dem Heiligen *vorwerfen.*
Pina meint, dass die Anfälle durch den Heiligen und seine Heimat ausgelöst werden. Den Verdienst der Heilung hält sie der modernen Psychiatrie zugute. In der Rolle der *lunatica,* einer im Gefolge des Heiligen einherstolpernden Mondsüchtigen, hat sie ihren Vater von der Notwendigkeit einer psychologischen und medikamentösen Kur überzeugen können. Ihr Vater kann die Geschichte vom anderen Ende her aufzäumen. Aus seiner Sicht ist Pina geheilt durch ein Donatuswunder. Die Mutter hält sich als neutrale Beobachterin zurück. Gemeinsam bilden Pina, ihr Vater, ihre Mutter und die Großmutter jedes Jahr eine kleine Einheit im Fußvolk des Heiligen, wobei Mutter und Großmutter nach alter Büßersitte barfuß gehen. Ich habe erlebt, wie die Großmutter gegen alle ordnenden Kräfte, *Carabinieri,* Gemeindepolizei und Festkomitee, rabiat das Recht beanspruchte, direkt hinter dem Standbild zu gehen wie es sonst nur Prominente tun oder der Bürgermeister. Sie ist eben eine prominente *devota. Sieh dir meine Füße an, Bubi, glaubst du, ich wäre wegen der schönen Musik gekommen?* Gran-

tig, nach Hirtenart, hält sie ihre kleine Herde aus der Ferne an sich gebunden. Ein Umzug nach Mailand kommt für sie nicht in Frage. Der Heilige hilft, er zieht die Familie immer wieder in den Süden. Der modernen *kommunalen Psychiatrie* in Mailand hat diese alte Frau eine ganz andere Gemeinde entgegenzusetzen. Ihren Enkeln, den großstädtischen Jugendlichen, verhilft sie damit zu altertümlichen Implantaten in einem sonst vom Fernsehen und vom technischen Weltbild geprägten Bewusstsein. *Es gibt einen San Donato in jeder Familie. Manchmal wünschen sie sich etwas von San Donato – es ist eine Familienangelegenheit, so, als wäre er ein Bruder.*

Wenn die *devoti* einmal in seiner Sphäre gefangen sind, kann der Heilige sie sogar gegen ihre eigene Familie in Marsch setzen. Eine Sechzigjährige aus Barile kramt in ihren Erinnerungen. Die Eltern haben ihr erzählt, wie es früher war. In den zwanziger Jahren haben sie geheiratet und sind nach Brasilien ausgewandert. Aber in der Fremde litt die Mutter an *nervösen Krisen*. San Donato sprach im Traum zu ihrem Mann. *Ich helfe dir bei der Rückkehr.* Der Mann sagte: *Wenn du meine Frau gesund machst, führt mein erster Besuch in der Heimat in dein Haus.* Als sie es tatsächlich geschafft haben, nach Barile zurückzukehren, macht sich der Mann sofort auf den Weg ins nahe Ripacandida, zum *Haus von San Donato*. Auf dem Weg, in Ginestra, liegt das Haus seiner Schwester. An diesem Punkt der Geschichte verwandelt sich das harmlose Hausfrauengesicht der Erzählerin in eine tückische Maske. Mit bösartig-verführerischer Stimme fährt sie fort, *oh, Bruder, da bist du ja wieder, komm doch herein …* Der Rest ist schnell erzählt, im lakonischen Stil des *racconto lucano*, der lukanischen Schauergeschichte: *Sie hat ihn aufgehalten, er ist in das Haus gegangen. Da wurde die Krankheit der Mutter wieder schlimm. Sie mussten büßen, auf den Knien gehen und den Boden der Kirche lecken.* Der Mann hat sich nicht buchstabengetreu an sein Versprechen gehalten. Das ist wohl, was wir in Deutschland früher ein Gelübde genannt haben.

Es heißt, dass der Heilige eine Frau sterben ließ, weil sie Brot für ihre hungernden Kinder gekauft hat – von dem Geld, das sie dem Heiligen versprochen hatte. Seine Härte wendet sich gegen die familiäre Treuherzigkeit der Menschen. Ein Ehepaar hat zwei Kaninchen zur Aufzucht gekauft, eines von beiden ist dem Heiligen versprochen. Das Kaninchen des Heiligen gedeiht nicht gut. Also beschließen sie, anstelle des mickerigen Exemplars das wohlgeratene Tier zu den Nonnen zu bringen. Aber San Donato schlägt sie nieder, in Krämpfen liegen sie da, genau wie die Leute, die ihm ein neues Bügeleisen gekauft haben, nachdem er im Traum erschien und verlangte, dass sie ihr altes Gerät zu den Nonnen bringen sollten, das alte sollte es sein, kein neues. Er will das Versprochene, *roba sua*, seine Beute, nicht mehr und nicht weniger, wie ein Deutscher, und wer seine Befehle nicht mit peinlicher Genauigkeit befolgt, muss die Pein des Anfalls erdulden, wird niedergeworfen vom Heiligen der schlägt.

So wachsen lebenslange Bindungen an den strengen Heiligen. Er wird zum Verwandten und mehr. Doch wenn sie ihn auch zeitweise vertraulich mit »du« anreden und mit Bitten bestürmen, letztlich bleibt Donatus über jedes menschliche Maß erhaben. Er lebt und er lebt nicht. Er bringt den Tod und er hilft den Menschen, sich vor dem Tode zu retten. Man kann ihn nicht festlegen, aber wer sich auf den Weg zu ihm macht, sollte wissen, was ihn erwartet und was zählt.

Wer zu San Donato geht und kein Geld mitbringt,
der trifft bei jedem Schritt den Tod.[64]

Aber diesen Heiligen nennen sie dann wieder launig *ein Stück Holz, ein bisschen Kalk, nichts weiter*. Sie wissen, dass ein Standbild nicht der ganze Heilige ist – *wir sind doch nicht blöde hier*. Aber vielleicht beobachtet der Heilige das *Stück Kalk* vom Himmel herab und merkt sich genau, was die Leute da unten mit ihm treiben. Auch gebildete Mitteleuropäer denken ja gelegentlich darüber nach, welche Folgen ihr Umgang mit Sachen, mit der Natur vielleicht eines Tages noch haben wird. Manchmal wird San Donato auch in seinem Standbild lebendig. Wenn die Prozession gelungen ist, strahlen die Backen rot. Ist etwas schief gelaufen,

erscheint er trotz der Augustsonne bleich und trübe. Das *Stück Kalk* bildet eine Verbindung zwischen den menschlichen und den übermenschlichen Realitäten. Im Zeichen dieses Überganges zwischen den Welten dringt der heilige Fremde in die sorgsam abgesicherte Sphäre der Kleinfamilie ein. Seltsame *alte Frauen* sind in seinem Auftrag unterwegs, anonyme Gestalten. Unvermittelt sprechen sie uns auf der Straße an, nachdem wir in der Nacht vom Heiligen geträumt haben. Sie erinnern uns an die Versprechungen, die wir ihm nachts gemacht haben in träumerischer Verzweiflung. *San Donato, ich werde dir Blumen bringen, ich werde den Nonnen etwas zu Essen bringen …* Das Eigenartige an diesen Erzählungen ist die Tatsache, dass hier eine fast städtische Atmosphäre vorausgesetzt wird, in der uns Fremde auf der Straße unvermittelt etwas zuraunen, eine sexuelle Unverschämtheit oder einen Ausdruck geistiger Verwirrung. Obwohl dieser Kult in einer Gemeinde von zweitausend Seelen verankert ist, kann man nicht sagen, er sei völlig provinziell und unmodern. Auf dem Weg zum Heiligen, das wenige Geld in der Tasche, begegnen die Provinzler der Fremde. Von den seltsamen Botinnen bleibt keine Spur.
Bis in die sechziger Jahre gingen die Nonnen des Heiligtums mit einem hölzernen Bettelkasten umher, auf den ein Bild des Heiligen geklebt war. Den Heiligen vor der Brust drangen sie in die Häuser ein und wurden freundlich empfangen und beschenkt. Zahllose Bekanntschaften mit Donatusverehrern haben mir die Schwestern vermitttelt. *Das ist der Deutsche, der ein Buch über die Wunder des Heiligen schreibt.* Auch ich habe Mühe, sie mit Namen zu erinnern, muss mich dazu zwingen: Suor Leonarda, die so lustig ist, mit ihren Zahnlücken, die kluge Suor Genzana, Oberin. Wer im Dienste des Heiligen steht, hat etwas vom übermenschlichen Leben gewonnen. Eine meiner Glanznummern als Feldforscher bestand darin, mit Fotografien der Donatuskinder über Land zu reisen. Ich hatte sie beim Fest fotografiert und die Adressen aufgeschrieben. Auf den Einödhöfen im Hochland von Avigliano erkannten sie mich nicht und schickten mir die Hunde entgegen, drohend richteten sich Männer von ihren Feldern auf und einmal hielten sie mir

eine Schrotflinte unter die Nase. Aber wenn sie mich erst erkannt hatten, *der Mann aus dem Heiligtum*, dann schlossen sich mir die Herzen auf. Bepackt mit Tüten voll von Gemüse, Eiern, Würsten, mit Weinflaschen und mit den guten Wünschen der Menschen dort draußen kehrte ich nach Ripacandida zurück.

4. Die Zeit geht im Kreis

Das Beil fährt herab, der Knorpel birst, ein Schwall von leuchtendem Blut ergießt sich über den schwarz verschmierten Block und weiter auf den Boden, wo die Schaulustigen bei der Besichtigung der Hinrichtungswerkzeuge Sand hinterlassen haben, ein bisschen Dreck und ein paar Nussschalen. Aschfahl liegt der Kopf des Mondgesichtigen im Korb, die Augen aufgerissen, ein Zittern im Mundwinkel. Die Luft ist erfüllt vom Rostgeruch frischen Blutes. Die Römer haben ihre christlichen Zeitgenossen geköpft, verbrannt, gekreuzigt, zerhackt, zerreißen lassen von wilden Tieren. Als der Märtyrerbischof geköpft wurde, könnten Schaulustige und Zeugen dabei gewesen sein, Mitglieder seiner Gemeinde, die sich nicht zu erkennen geben durften, gelangweilte Soldaten, nach neuen Opfern Ausschau haltende Denunzianten. Vielleicht wurde das Blut des Märtyrers in Ampullen aufgefangen, vielleicht machten sich Helfer hastig an seinem Körper zu schaffen, schleppten ihn zu bogengekrönten Gräbern, in die Tunnel der christlichen Gegenmacht. Aus diesem Untergrund hat man das, was von dem Geköpften übrig blieb, ein paar hundert Jahre später wieder hervorgezerrt, schwarzrindige Knochen, kalkige Glieder, nun wurden sie in Samt gebettet, überformt von einer silberglänzenden neuen Hand. Wenn der Tag der Erinnerung gekommen ist, erhebt diese Hand sich leuchtend über die Gläubigen. Das zuckende Milchgesicht wird nicht mehr im Korb liegen, sondern nachgeformt aus dem Bischofsmantel ragen, und der Strom des Blutes wird als Licht wiederkehren, das der Heilige Märtyrer weiterleitet, vom goldenen Gott an die grauen Menschen. Und wieder wird es

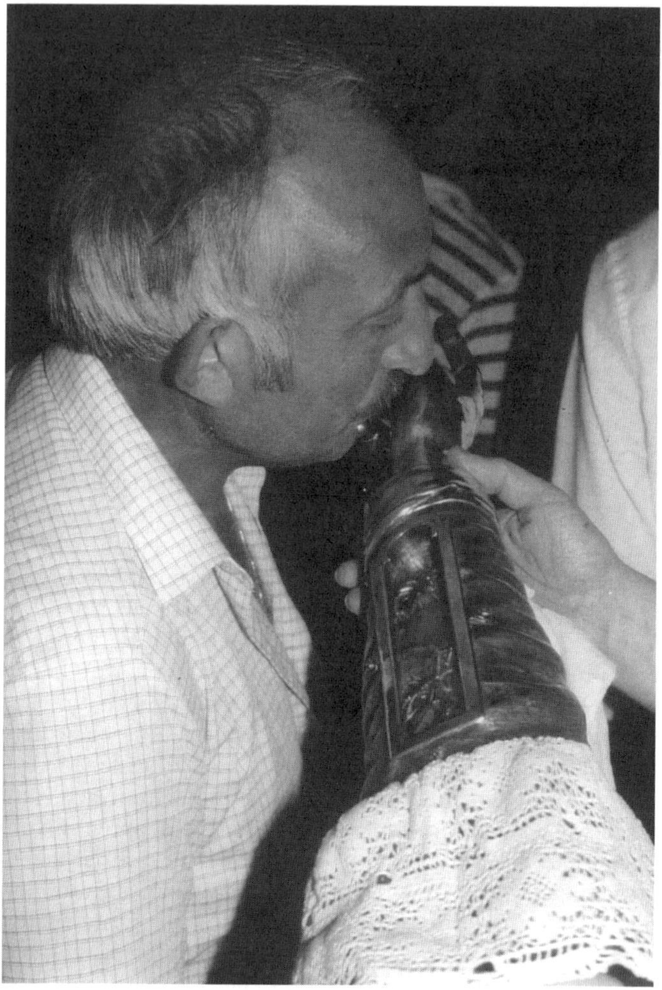

Die Hand des Heiligen der schlägt

einen Schlag tun und noch einen und noch einen und alle werden erwachen bei diesem Schlag, den das unsichtbare Feuer eines Feuerwerkskörpers gegen das Morgengrauen hebt. *E' festa!*

Aus der Tiefe um das Heiligtum tönen dumpfe Schläge, dann ein Prasseln und Krachen von vibrierenden gespannten Fellen, wie der Rhythmus zu einem fremden Tanz. Nach und nach legt sich der ruhige Ton von Tuba und Horn über den Trommelhall und verwandelt das Durcheinander der Töne in schwerfällige Marschmusik; dumpf dringt sie durch die Gassen von Ripacandida bis zur *piazza* hinauf. *E' festa!* Hupend quälen sich Busse und Wagen die Landstraße hoch, und vieltausendstimmiger Lärm dringt zu uns herauf in die kleine, sonst so stille Straße. Das Schleifen und Trappeln von zehntausenden Füßen über Steinböden ist zu hören und ein großes Stöhnen, Ächzen und Schreien, das ist die Menge auf ihrem Marsch unter der heißen Sonne des Hochsommers. Nur selten kühlt ein Windzug die Haut. Sie werden Donatus abstellen müssen, schwer ist er geworden. Aufgerichtet hat er sich auf seiner Bahre. Eigentlich braucht er sie nicht mehr, es scheint, er könnte aus eigener Kraft über der Menge schweben, aber die Männer und Frauen in ihren Kapuzen, gefärbt in der Farbe getrockneten Blutes, werden ihm diesen Dienst tun, ob er will oder nicht. Er lässt es geschehen. Auf einem Tisch stellen sie ihn ab, dort, wo der untere und der obere Ort sich berühren und wo man tief ins Land schauen kann, nach Melfi, in Richtung Rom, in die Richtung, aus der dieser Heilige einst in den Süden gekommen ist. Und einer wird rufen *He, ihr müsst den Heiligen noch richtig herum drehen, damit er sein Feuerwerk auch sehen kann!*

Macht schnell damit, Jungs, denn es hat schon angefangen, weiß und heller als weiß stieben die Funken in den glühenden Himmel. Da bersten die Schwarzpulversäcke und überschütten die Menschen mit ihrem Schein, Schlag auf Schlag zerrt es uns in den Ohren, San Donato ist wieder da, unser Mann im Himmel, der Heilige der schlägt. Ein Schlag färbt den Himmel über und über rot. So bewahrheitet sich, was schon die Zeitgenossen des Heiligen geglaubt haben mögen, als sie Blut aus dem zuckenden Körper in Ampullen gefüllt haben: Er lebt. Aus Blut wird Licht. Mit seinem Schein erfüllt Donato die Welt. Er steht uns bei, wenn wir geschlagen sind und bluten. In den Tagen der Prozession versucht Ripacandida, diese Welt des schönen Scheins zu sein. Sie machen die Nacht zum Tage mit regenbogenleuchtenden Triumphbögen. Darunter rauscht das Fest in Marktständen und improvisierten Straßenrestaurants, ein Karussell ist da und junge Leute bringen sich mit einer Disco unter den Sternen in Schwung. Kleine Stars treten dort auf, im Festmonat August hetzen sie über das Land, bezahlt vom Geld der vielen Heiligen. Und immer wieder muss der eine Heilige seinen Platz behaupten neben diesen anderen, neben Sternen und Leuchten aller Art.

Ein paar Alte ziehen barfuß hinter dem Heiligen her, Zitterer aus den fünfziger Jahren, geheilt von dem Heiligen, der selbst gezittert hat. *Zwanzig Jahre lang hatte er die Krankheit, dann wurde er geheilt und ist gestorben.* Dumpf klingen die Schläge, die sich alte Frauen auf die Brust versetzen, sie schauen dabei dem Heiligen ins Gesicht. Die purpurgekleideten Träger des Standbildes ächzen in der Mittagshitze. Priester und *devoti* werden sich streiten bei der Prozession, Polizisten werden eingreifen, bis der Bürgermeister seinen angestammten Platz wieder hat, direkt hinter der Bahre. Auch die barfüßige Großmutter, aus den Bergen angereist, kann ihm das nicht mehr streitig machen mit ihrem Geschrei. Harmonie soll jetzt sein, alle finden alles gut und quälen sich friedlich unter der heißen Augustsonne. Selbst wenn es der Priester ist, der das befiehlt, sie geben ihm Recht: *armonia* für den schönen Heiligen, der golden und fahl über unseren Köpfen schwebt. Auch der Deutsche soll es gut finden und seine Frau und der Sohn. *Thomas, ti piace la fest'*, wie gefällt Dir das Fest? Jetzt gehört Don Peppe das Fest, dem Priester, er ist nicht zu ermüden, und die Leute lassen es geschehen, denn irgendeine Ordnung muss es geben für all das Zittern und Schwitzen und Singen und Schreien. Vielleicht wird das den unbeweglichen Heiligen erfreuen. Obwohl es der Tag des Beilhiebes ist, sein Todestag, wird vielleicht ein Abglanz des Abendrots über die blassen Wangen ziehen, ein Funken vom Feuerwerk auf seine dünnen Lippen springen. *Der Heilige hat uns ein Lächeln geschenkt.* Dann ist alles gut. 1998, bei meinem letzten Besuch, hat er müde auf mich gewirkt, und ich habe tatsäch-

Prozession des Heiligen Donatus von Ripacandida, 1989 und 1998 (vgl. S. 82, 83)

lich ein paar Runzeln in seinem Gesicht gesehen. Der Heilige ist gealtert – vielleicht muss auch bloß das Standbild wieder mal restauriert werden.

Als ich das Fest das letzte Mal sah, verschwand der Kult des Heiligen Donatus hinter dem Auftritt einer der größten Popbands Italiens, *I Pooh*. Wuchtige, elektronisch gesteuerte Karussells schickten ihren Neonschein in den Nachthim-

mel und verstellten so den Blick auf das nächtliche Feuerwerk; selbst vom Monte Vulture her konnte man die leuchtenden Zelte und Buden noch sehen. Dreizehntausend Menschen kamen am 4. August 1998, um die Band mit dem italienisch-englischen Namen zu sehen, am nächsten Tag erschienen nur dreitausend zur Prozession. So hat der Heilige einen Festtag dazu gewonnen und viele Pilger verloren. Vielleicht ist er auch zu hart als Heiliger der schlägt, für eine Gesellschaft, die ihre Kinder nicht mehr mit Ohrfeigen erzieht und Schlimmerem. Und man besucht ihn jetzt oft nur so nebenher, mit dem Auto reisen sie an und gehen kurz in die kühle Kirche, anstatt in der Mittagshitze zu schwitzen hinter dem schwebenden Standbild. Als ich den Kult in den achtziger Jahren erforschte, fand ich ihn fast unverändert so vor, wie ihn meine Kollegin Annabella Rossi in den Sechzigern erlebt hatte.[65] Die Zahl der Pilger mochte sich sogar noch vermehrt haben und die Zahl der Bischofskinder ging auf die Hundert.[66] Im Jahre 1998 wurden nur noch zehn oder fünfzehn Kinder in den Mantel des Heiligen gekleidet. Ein

Jahr zuvor hatten sie eine neue Heilige mit dem Hubschrauber aus Rom eingeflogen, die Jungfrau von Fatima. Verborgen hinter einem Schleier lauert nun diese weiße Mutter in der Hauptkirche. Ihres Anblicks darf nur teilhaftig werden, wer an der Fatimamesse teilgenommen hat, unter der Leitung von Don Peppe persönlich, und dabei muss man ungezählte Ermahnungen über sich ergehen lassen. *Ihr redet nicht mit der Madonna, sondern sie redet vielleicht mit euch, vielleicht! Darum schweigt, wenn ihr sie jetzt betrachten dürft.* Das Festkomitee mit seiner Popband und der Ortspriester mit seinem neuen Geheimkult, beide haben den alten Heiligen in die Zange genommen. Zu allem Unglück fiel der Donatustag 1998 auch noch auf einen Mittwoch, weit vom Wochenende entfernt. Für die Bauern früher gab es allenfalls einen Sonntag, kein Wochenende, aber jetzt dreht sich auch das lukanische Leben mehr und mehr um Bürostunden und Stechuhren. Man könnte fast glauben, dass es bald aus ist mit diesem Donatus und seinem Fest. Im Verlauf von bald tausend Jahren hat der Heilige die Leute von Ripacandida immer wieder in seinen Bann geschlagen mit seinem abgründigen Kult der zitternden Kinder. Aber wir werden sehen. Der Wandel vollzieht sich schleichend, und für die Leute von Ripacandida scheint es noch immer dasselbe Fest zu sein. Der Kult hilft ihnen, die Spuren der Geschichte zu verwischen, selbst wenn er schon zu zerbrechen scheint, und gerade das hält ihn dann am Leben. Am Morgen des 24. November 1980 versammeln sich die Leute auf dem Vorplatz des Heiligtums. Einige haben die Nacht in ihren Autos verbracht, andere in den Sturz der Wohnungstür gekrampft, bedeckt von Wolken aus Gips und Staub, die das Beben durch die Häuser treibt. Die Erde musste wieder einmal Samba tanzen, und dazu haben die Häuser gräulich gestöhnt und gezittert in ihren mittelalterlichen Grundfesten. In Baragiano, so erzählen sie sich, ist die Kirche zusammengestürzt über einer Menge von Menschen, zwischen den Trümmern liegen die Toten. Sie wissen nicht, dass an diesem Tage eine europaweite Hilfsaktion einsetzt, bei der allein die Westberliner im Treiben eines vorweihnachtlichen Samstags 1,5 Millionen Mark für sie sammeln werden. Sie wissen auch nicht, dass 2900 Menschen gestorben sind in der Landschaft südlich von Irpinia, im Beneventiner Land und in Nordlukanien. Die Menschen auf der *piazza di San Donato* wissen nichts, denn um sie her ist es nun schrecklich still, nur ein Zittern ist da, das Nachbeben der Erde. Erst zwanzig Jahre später sollen die letzten Behelfskabinen abgeräumt werden, die man damals aufgestellt hat für die Obdachlosen. Im Moment des Überlebens sind die Leute von Ripacandida sich selbst überlassen. Sie versammeln sich bei ihrem Heiligen. Gerede macht die Runde, Gebete, Träume und Visionen. *Ich gehe die Straße zum Viertel um das Heiligtum herunter. Da geht auch die Prozession von San Donato. Ich gehe mit dem Heiligen. Am Steccato, wo es zu mir nach Hause geht, sage ich aber: »Jetzt gehe ich nach Hause.« Doch die Prozession bleibt auch nicht auf ihrem Weg, sondern läuft im Kreis, bis zum piano, immer im Kreis, immer wieder zum piano. Piano* heißt *ruhig*, oder auch *flach* oder *plan*, wie *planiert*. Der *Plan* ist der flache Rücken eines breiten Felssteges, welcher den Fuß des Berges

Sant' Agostino, Melfi, nach dem Beben im Jahre 1851

von Ripacandida mit dem Sockel des nächsten Hügels verbindet. Bei Erdbeben entsteht hier angeblich eine Ruhezone, die nicht so stark erschüttert wird wie die umgebenden Hügel. Hier kreuzen sich die Wege des alten Ripacandida, die Straßen nach Ginestra und Forenza, nach Venosa und Rionero. Hier liegt das Heiligtum von San Donato, und am Abhang unterhalb der Kirche haben die Archäologen ein prähistorisches Gräberfeld ausgegraben. Unter der Kirche kann man wohl die Reste des Tempels eines dieser kalten Götter aus Stein vermuten, geboren lange vor Jesus.[67] Bot der *weiße Fels,* die hohe *ripa candida,* Schutz vor feindseligen Zeitgenossen, aber nicht vor den Erdbeben, so war der *piano* vielleicht die Stelle, wo sich Menschen zuerst friedlich begegnet sind auf den Kreuzwegen oder gemeinsam Schutz gesucht haben vor einer bebenden Landschaft.
Am *piano* haben sich die Opfer im November 1980 versammelt, vielleicht einer sehr alten Gewohnheit folgend. In den anderen Gemeinden waren viele Menschen gestorben, aber in Ripacandida hat das Erdbeben kein Opfer gefordert, *nur einer Alten ist ein Mauerstein auf den Arm gefallen.* Doch die Spuren im Seelenleben der Menschen sind tief, das habe

ich erlebt. Wenn im Spielsalon wieder einmal die Sicherung durchging, die Maschinen mit ihrem Kriegsgeballer plötzlich verblassten und die bunten Bilder zurücksanken in das Dunkel des mittelalterlichen Gewölbes, als sei das moderne Leben nur ein Traum, dann musste Peppino bei Kerzenschein den alten Sicherungskasten wieder zurechtfummeln, ärgerlich stöhnend, denn Peppino flucht nicht. Flackerte die Neonröhre wieder auf und die bunten Maschinen, dann war es auf einmal menschenleer um mich und meinen Sohn, nur wir waren zwischen den Maschinen stehen geblieben im Dunkeln. Die anderen Jungs, die aus Ripacandida, kamen verlegen unter den Flippern und Fußballtischen hervorgekrochen. Und wenn der alte Krankenwagen aus Rionero mal die Sirene heulen ließ, konnte ich erleben, wie Simons Spielgefährten plötzlich kalkweiß wurden, so bleich wie der Heilige mit dem Mondgesicht.

Es war nicht das einzige große Beben in diesem Jahrhundert, und die kleinen zählt man nicht. *1908, eine Woche vor dem großen Beben, waren einige Ripacandidesi unterwegs zur Feldarbeit. Sie gingen Richtung Venosa, auf dem kleinen Weg.* Dieser Weg führt durch den Wald, und im Wald, da sind die Geister. *Da stehen auf einmal Sankt Antonius, Sankt Emidius und Sankt Donatus vor ihnen* – der Patron des Feuers, der Patron der Erdbeben und der Heilige der schlägt. *San Donato sagte zu den beiden anderen: »Befreit meinen Ort!« Das sagte er, weil er uns von Arezzo auserwählt hat, um bei uns zu wohnen. Tatsächlich hat es bloß zwei Tote bei dem Beben gegeben und dann war's vorbei.* Die Geschichte wurde mir von jemandem erzählt, der sich für einen Nachkommen dieser Landarbeiter hält, aber auch von anderen Leuten, die es wiederum erzählt bekommen hatten von anderen. Diese Vision war nicht der Traum eines einzelnen, drei Männer tragen den Traum. Früher sprachen die Heiligen noch zu mehreren Menschen gleichzeitig, wie Jesus in Emmaus. Eintausendneunhundertundachtzig Jahre nach Christi Geburt standen auch die Menschen wieder am Kreuzweg und teilten sich die Träume, in der Not, im Zeichen des Bebens.

Der Heilige kann den Fluss der Zeit umkehren und wieder

lebendig sein, aber am Unglück selbst kann auch er nicht viel ändern. *Ich habe es nicht gewollt*, sagt er zu den Träumern des großen Erdbebens von 1980. Einige Frauen sollen geträumt haben, dass er seinen Kopf in den Händen trug. Haben sie dabei auch den blutigen Stumpf gesehen? War es seine verstummte Totenstimme, die sie hörten oder die Stimme des Priesters oder ihre eigene? *Das habe ich für euch getan, deshalb ist keiner in Ripacandida gestorben, bei diesem Beben ... Die Steine, die ihr auf dem Kopf tragt, trage ich auf den Schultern.* Es ist derselbe Heilige, der als Blitz erscheint, wenn die Kinder wieder gehen können oder wenn sie plötzlich anfangen zu sprechen: *Ma, Ma, Mama.* Das reine Licht Gottes, wie der Blitz des Fotografen flutet es aus dem Dunkel der Kirche. Dieser heilige Gewittersturm ist Ripacandida, Ripacandida gehört ihm, und es ist Sache des Priesters, des Bürgermeisters, aller Bürger des Ortes, das Schauspiel des Märtyrers zu gestalten im Fortgang der Zeit, unbeirrt und doch so leicht, dass der Heilige über der Menge zu schweben scheint. Das gilt auch für den menschlichen Lavastrom, der sich bei diesen Prozessionen durch das stille Dorf ergießt. *Ich habe als Bürgermeister versucht, dem Fest etwas Würdevolles zu geben*, erzählt Michele Ciccarella. Ihm als einzigem gelang es, mehr als nur ein oder zwei Jahre Anführer des politisch zerstrittenen Ripacandida zu bleiben, *ich habe eingeführt, dass der Bürgermeister direkt beim Heiligen geht. Nach meinen zwölf Jahren wurde das beibehalten. Mit guten Manieren war ich dabei, wenn das Standbild aus der Kirche kam, ich habe aufgepasst. Von dem Moment an, in dem er aus der Kirche kam, habe ich zu verstehen gegeben, dass die Sache hier unter Kontrolle steht.* Die unkontrollierte Macht des Heiligen kann sich auch gegen die Familie seiner Anhänger richten, gegen Falschredner und selbst gegen diejenigen, die ihn nur missverstanden haben in seinen nächtlichen Unterweisungen. Diese Kraft muss nun in einer großen gemeinschaftlichen Arbeit nach außen gewendet werden und zum Guten hin.

Zweimal ziehen sie so mit ihrem Heiligen umher. Einmal, Ende April, werden seine Tragbahren versteigert, und er lässt sich von seinen Vorgängern, den alten Heiligen, zum

Marsch vom Heiligtum zur Mutterkirche verleiten, hoch oben im Ort. Die Mutter aller Mütter passt er bei der Karmelkirche ab und nimmt sie mit. Am fünften August, dem kirchenoffiziellen Todestag, holen sie Donatus *in piazza* wieder vom Altar herunter und tragen ihn durch den ganzen Ort. Dieser Umzug soll möglichst viele Häuser berühren, bis der Bischof sich in die Wallfahrtskirche zurückzieht mit seinen kranken Kindern, um dort zu stehen bis zum nächsten Jahr. Am siebenten August ist San Donato dann noch einmal für die Pilger da, von nah und fern reisen sie an, um geschützt zu sein vor seinen Schlägen. Es ist das Fest der Erinnerung an seinen Märtyrertod, der *dies natalis*[68] des Donatus, sein Geburtstag, denn bei den Märtyrern ist der Tod auch die Geburt als Heiliger. Am Abend des Siebten ist die Krise überwunden, ein neues Donatusjahr nimmt seinen Anfang, bis die Unglücke und Wundertaten eines neuen Jahres gefeiert und gebüßt werden müssen. Noch einmal wird sich der menschliche Lavastrom unter der Gestalt des Heiligen krümmen und strecken, bis alle San Donato sind und San Donato alles ist, und ein Leuchten wird um sie sein, und er wird seine Leute schützen für ein weiteres Jahr. So stehen die Lebenden für den Toten ein, Kinder gehen in der Gestalt des epileptischen Bischofs einher und machen ihn wieder lebendig. Dafür wird sein blitzender Bischofsstab herniederfahren auf alle, die Böses im Schilde führen gegen Ripacandida oder gegen die Donatuskinder nah und fern.

Gold ist das Unterpfand der Treue. Der Schatz von San Donato liegt in einem Tresor, zum Schutz vor den Dieben. Am fünften August heften sie das Gold säuberlich auf eine große Schürze. Ein Polizeioffizier, der Bürgermeister, Don Peppe und jemand vom Festkomitee kleiden den Heiligen an. Mittlerweile ist es so viel Gold geworden, dass sie auch noch ein hölzernes Mönchlein damit behängen, das den Heiligen auf seiner Bahre begleitet. Blutrot leuchtet Donatus aus dem Dunkel der Kirche hervor, während sich die Männer an ihm zu schaffen machen. Wenn er dann auf den hohen Kirchenstufen vor seine Anhänger tritt, blitzt mit einem Mal das Gold in der Luft. Dieser Schatz ist nicht durch einen Handel zwischen Mensch und göttlichem Wesen zustande

gekommen, wie es sich deutsche Protestanten und Professoren gerne vorstellen. Man verhandelt nicht mit dem Heiligen der schlägt. Man gibt und hofft.[69]
Im Jahr 1957 soll der ganze Schmuck des Standbildes gestohlen worden sein[70] – während des Festes, in der Nacht. Bilder aus der Zeit davor zeigen den Heiligen mit schwerem Silberschmuck auf der Brust, das Mönchlein neben ihm wedelt mit einem Silbermond, wie man ihn auch an vielen anderen Orten des Donatuskultes verwahrt. *Mondsucht* ist ein alter Name der Krampfkrankheit, *Mal di luna* – der *lunatico* ist in Italien der Irre. Ein Dieb hat den Mond gestohlen, nichts stimmt mehr, *alle weinten über diesen Schrecken … wir haben nur geweint. Es ist 25 oder 26 Jahre her, da haben wir von der Sache gehört, Mamma mia!* Viele Menschen in Ripacandida trugen an diesem Tage Trauerkleidung. Unbeirrt haben sie ihn weiter beschenkt, bei langsam steigendem Wohlstand mehr noch mit Gold als mit Silber. San Donato wird häufig bestohlen, auch während meiner Feldforschung hat sich ein pickliger Junge aus Melfi kurz nach dem Fest an der Kollekte zu schaffen gemacht – *alles Priesterverwandte, nach drei Tagen war er wieder frei!* Die Alten von Ripacandida haben keinen Sinn für das moderne Jugendstrafrecht, aber sie trösten sich damit, dass diese Diebe letztlich furchtbare Strafen erdulden müssen, Strafen, wie sie nur von oben kommen. Einem der Diebe hebt beim Heiligtum der Motorroller vom Boden ab – das Gefährt soll mit Sündengeld finanziert gewesen sein. Schwebend büßt er seinen Größenwahn. Andere wurden von der Fallsucht geschlagen, Kommunisten und *der Bürgermeister, der San Donato das Land wegnehmen wollte.* Sie sagen nicht, dass er plante, dort Sozialbauten zu errichten oder irgendetwas anderes Öffentlich-Rechtliches. Man soll sich nicht anlegen mit dem Heiligen, der die Menschen fallen lässt oder schweben und der sie vielleicht manchmal sogar zu sich hochreißt aus der Höhe zu einer fürchterlichen Fahrt in die Fremde. *Dass dich der Sankt Donatus hole!* So fluchen sie manchmal heute noch.
Er ging zu Fuß. Er wollte woanders hin und ist in Ripacandida geblieben. Die Familie kam, um ihn zurückzuholen.

Er … ist nach Ripacandida zurück. Er lebte bei den franziskanischen Brüdern. Die waren gut. Die Mönche sammelten immer für die Armen. So erzählt es ein Mann. Eine Frau interessiert sich mehr für die familiären Details dieser Trennungen. *Seine Stiefmutter hat ihm einen Bannfluch geschickt. »Das macht überhaupt nichts, du bist nicht meine wahre Mutter, du hast mir bloß die Milch gegeben!« Als er tot war, hat die wahre Mutter ihm einen goldenen Stuhl machen lassen, die Stiefmutter aber gab ihm bloß einen aus Silber.* Er gehört nach Ripacandida. Um die wahre Familie der *devoti* zu entdecken, muss er seine häusliche Gemeinschaft verlassen, so, wie auch die Anhänger des Donatus hinausgezerrt werden zu aufwendigen Märschen im festlichen Zug. San Donato wurde nicht vom Gold angelockt, sondern er hat sich für Ripacandida entschieden wie für eine neue Liebe, die ihn von der Mutter trennt. Der heilige Fremde kam aus Auletta, oder aus Banzi, eigentlich ist damit wohl Anzi gemeint, die Donatusgemeinde im Süden Lukaniens, oder er kam aus Arezzo, wo ihn die Gelehrten korrekt verorten. Heute ruht der Streit, denn die Kirchenhistoriker rechnen Donatus nicht mehr zu den einwandfrei nachweisbaren Heiligen. Aber für die Menschen in Ripacandida steht fest: Er kam von draußen. Er hat diesen Ort mit seinem Mantel gestreift und in Bewegung gesetzt wie einen Kreisel, der sich nun immer weiter dreht durch den Lauf der Zeit hindurch.[71] Hoch hinaus führt die Prozession, Jahr für Jahr, vom Heiligtum zur Mutterkirche *in piazza* am 30. April und wieder herunter am 5. August in der Hitze. Von drinnen nach draußen und zurück, das ist bei vielen Heiligen und Göttern so, auf der ganzen Welt, man muss den Plan der Umzüge nur einmal genau betrachten – so markieren Gemeinden ihr Territorium, oder ist es der Schrecken der Landschaft selbst, der auf diese Weise beruhigt werden muss, dieses Gewebe aus katastrophischen Plätzen und den Orten historischer Schandtaten? Es gibt nichts Schöneres als ein Wiedersehen mit jemandem, den man liebt, alles Gute kommt von draußen, aber dann soll er auch gehen, und wir sind wieder uns selbst überlassen und dem Alltagseinerlei. So, in der Begegnung mit einem Fremden, werden

San Donato von Anzi

Ortschaften und Landschaften zu einer Heimat – eigentlich ist es derselbe Vorgang, durch den Kinder bei der Taufe zu etwas Eigenem werden und zu einem Teil ihrer Familie. Auch hier muss ein Fremder behilflich sein, der Pate.
Es gibt andere Orte, die haben auch einen Donato. Aber keiner ist so wie der von Ripacandida. Die schlimmsten Rivalen könnten die Leute aus Anzi sein. Ihr Donato sieht alt

aus, das ist kein milchgesichtiger junger Mann. *Wir haben ein paar Tage von unserem Fest an die Leute von Ripacandida abgegeben,* so erklärten es mir einige alte Leute, als ich sie vor dem Abendgebet in der Kirche in ein Gespräch verwickele. *Aber das kann nicht sein,* fährt es aus Gino heraus, als wir auf der Rückfahrt sind von einem Ausflug nach Anzi. Wir finden Gründe, warum es nicht so sein kann. Einen reichen Tag haben wir dort verbracht. In Anzi herrscht ein guter Priester, der uns mit alten Frauen bekannt gemacht hat, in der Kirche, und bei einem Rundgang haben wir eine junge Frau kennen gelernt, die den Geist ihrer Großmutter erlebt hat noch und noch. Abends hat uns der Priester aus seiner Missionszeit in Afrika erzählt, wir haben Gin Tonic dabei getrunken und andere tropische Geister. *Warum,* so habe ich überlegt, *mache ich eigentlich meine Feldforschung nicht in Anzi?* Anzi ist eine gefährliche Konkurrenz beim Wettlauf um das Übernatürliche und das Fremde. Aber ich bin nun einmal nach Ripacandida gekommen, geradeso, wie der Heilige der schlägt.
Manche Ortschaften in Lukanien haben einen kleinen Donatus, mal als kalkbestreute Statue, in der Nische vergessen, mal als Nebenheiliger mit einem eigenen kleinen Fest. Je nachdem, ob sie näher an Anzi oder näher an Ripacandida liegen, ist der Bischof jeweils als Büste eines bärtigen Alten – der Donatus von Anzi – oder als Ganzkörperheiliger mit Milchgesicht abgebildet – der Donatus von Ripacandida. Die meisten Menschen in ihren Dörfern wissen nicht, dass es draußen noch mehr davon gibt. Ein junger Mann aus Ripacandida hat den uralten romanischen Dom *Santa Maria e San Donato* besucht, auf Murano, der Insel der Glasbläser von Venedig. *Aber dieser Donatus ist nicht wie unserer.* Ganz zu schweigen von den Ablegern in Altoona (Pennsylvania), Buenos Aires und vor allem in Blue Island bei Chicago. Die Emigranten aus Ripacandida haben ihn recht ähnlich hingekriegt, aber wenn es hart auf hart geht, müssen sie nach Süditalien pilgern, um mit dem Standbild zu sprechen, dem wahren. Und der Donatus in Ginestra? *Sie wollten unseren nachmachen, aber es ist ihnen nicht gelungen.* Man hat schließlich nur eine Mutter, auch wenn es

für Außenstehende so wirken mag, als wenn diese alten Frauen mit ihren zergerbten Händen, ihren Kittelschürzen und der schwarzen Trauerkleidung leicht zu verwechseln wären. Für den Sohn im Maßanzug, der aus New York angereist kommt, gibt es nur diese eine Mamma, es kann keine andere sein. Irgendwann wird sie nicht mehr da sein, und dann ist das Leben nie mehr das, was es vorher war, auch nicht in New York. Nur der Deutsche hat viele Mütter in Ripacandida, Adoptivmütter, die für ihn kochen und die ihm sagen, was er alles schreiben soll in seinem Buch.
Sie beleben sich bei diesen Erzählungen, die Blitzfrau, die einmal so blond war, oder Linda, die aus Rionero kam, nachdem sie im Krieg schon alles gesehen hatte. Das Fest? Sie tanzen in der Küche herum mit ihrer Kittelschürze und die alten Augen leuchten: *Das Fest, es war so wunderschön!* Überall an den Hängen zum *piano* hin kampierten die Leute aus Avigliano und aus Ruoti und von sonstwoher, an den Lagerfeuern klang die Musik und das Stakkato der Männer, die sich trunken herausforderten zur *morra.* Das ist eine Art Knobelspiel mit Fingerzeigen und Zahlenraten, bei dem man einiges ausrichten kann mit Menschenkenntnis und Geschrei. Der Bischof hat Sonderdispens gegeben, Fleisch durfte gegessen werden am Todestag des Heiligen. Bis heute bleiben während der Prozession die Läden der Würstelbratereien heruntergezogen, erst wenn der heilige Tote in der Kirche versorgt ist, dürfen die Leute wieder etwas zu sich nehmen. *Penitenz'*, Buße soll sein am Todestag des Heiligen, denn die Menge seiner Anhänger unterscheidet sich kaum von der Menge der Schaulustigen, die tatenlos bei seiner Enthauptung zugesehen haben; bereuen sollen sie es. Und die Kranken – in der Kirche schrien und schluchzten sie und schüttelten ihre Körper, viele blieben dort sitzen oder lagen am Boden, in Decken gehüllt, bis es immer dunkler wurde und immer stiller zum Tempelschlaf. Die übrigen Pilger haben an den Hängen getanzt, und die Leute in Ripacandida machten ihre Häuser auf für die Fremden, heute kann man ja niemandem mehr trauen, aber damals ging das wohl. Im Morgengrauen hat uns dann der Böller geweckt, dann liefen wir wieder in die Kirche, das Lied von San Donato zu

singen. Die Messen waren prächtig und überall gab es Leute, die auf den Knien zum Heiligen gekrochen kamen, barfuß und die Zunge am Boden, bis Don Peppe das verboten hat. Manche schleiften während der Prozession einen Sack Getreide hinter sich her, den sie an der Donatuswaage gestiftet haben, ohne nachzumessen, damit das Kind wieder gesund wird. Sie haben sich gequält mit dem Heiligen in der Sonne, und dann wurde wieder gefeiert, noch ausgelassener als am Abend zuvor, bis zum großen Feuerwerk in der Nacht.

Die Zündschnüre wurden angesteckt, die Pulverstreifen fingen Feuer und die Feuerwerkskörper gingen los, während die Bauern mit Gewehren unter ihre Haustüren traten und in die Luft schossen. In diesem Schlachtenlärm sprach aus den Augen der Anwesenden nicht etwa Freude oder religiöse Begeisterung, sondern eine Art Irrsinn, ein heidnisches Losgelassensein wie eine Betäubung, der man sich hingibt. Die Tiere rannten erschreckt hin und her, die Ziegen hüpften, die Esel schrien, die Hunde bellten, die Kinder heulten und die Frauen sangen … Dann kam das beschleunigte Abbrennen von zwanzig Feuergarben und der große Knall am Schluß. Ich hörte, wie sich die Leute allmählich zerstreuten, die Schritte auf den Steinen und das Zuschlagen der Haustüren. Der Tag des Bauernfestes mit seiner rasenden, hitzigen Aufregung war zu Ende; die Tiere schliefen, und über dem dunklen Ort lagerten das Schweigen und die leere Finsternis des Himmels. [72]

Als Carlo Levi dies erlebt hat, waren auch meine Adoptivmütter in Ripacandida noch jung. Das Fest in Aliano wird sich nicht sehr von dem in Ripacandida unterschieden haben, Rausch und Ernüchterung. Levi lebte als Verbannter der Faschisten in Aliano, nicht als Gast, wie der Deutsche von Ripacandida. Er konnte dem *Irrsinn* nur wenig abgewinnen. Das Spiel mit Erregung und Ernüchterung hat Levi trotzdem eindrücklich beschrieben, es macht den Charakter des Festes bis heute aus, auch wenn es dabei längst nicht mehr so heftig zugeht. Früher mussten die Mädchen und Burschen aus Ripacandida ihre nächtlichen Tänze auf den Wiesen von Ripacandida büßen mit Monaten des Schweigens und der Keuschheit im kalkweißen Nichts der engen

Gassen und Häuser. Ein Knall, die Aufregung beginnt, ein Knall, und sie ist vorbei.
Heute öffnen die Leute von Ripacandida ihre Häuser nur noch für Pilger, in denen sie ihre alten Gevattern erkennen, und von den heftigen Bußübungen vergangener Zeiten kaufen sie sich mit Geldspenden los: *Wer zu San Donato geht und kein Geld mitbringt, der trifft bei jedem Schritt den Tod.*[73] Tausende von Mark kostet allein die Festbeleuchtung mit bunten Regenbögen. Das Fest war bis zum Bau der FIAT-Autofabrik der größte Wirtschaftsfaktor am Standort Ripacandida, aber nicht einmal ein Pilgerhaus haben sie bauen können von den Einnahmen, denn *der Heilige wollte sein Land nicht hergeben dafür* – es ist mir nie gelungen, in Erfahrung zu bringen, was für Streitereien zwischen den Interessengruppen des Ortes sich hinter diesem Satz verbargen. Und sein Goldschatz darf auch nicht verkauft werden, denn die Leute kommen jedes Jahr und wollen ihr Gold sehen, auf seiner Brust. Die Einnahmen reichen, um alle zufrieden zu stellen, Don Peppe und den Mann, der die Festbeleuchtung aufbaut, die Musikkapellen und die Stars, die abends vor dem Heiligtum oder auf dem Sportplatz auftreten und, nicht zu vergessen, die Feuerwerker, die für das Schauspiel ihr Leben riskieren.
Drei Millionen Lire hat ein Mann während der kleinen Prozession vom 30. April 1983 gezahlt, als die *Arme* der Heiligen für die großen Prozessionen im August versteigert wurden, gemeint sind damit die Tragarme der Bahre, auf der die Statue getragen wird. Insgesamt zahlten die Träger über neun Millionen Lire für das Recht, die vier Tragbahren zu hieven, damals waren das etwa sechzehntausend Mark, heute sind es etwa achttausend Euro, und kein Mensch weiß, wieviel das in Zukunft sein wird, aber die Versteigerung um die *Arme* des Heiligen wird es wohl noch eine Weile geben. 1983 musste sich ein fremder Anhänger des Heiligen, über dessen Geschichte viel gerätselt wurde, noch in heftigem Steigern und Bieten gegen Filomena Pompa durchsetzen, die seit Jahrzehnten den rechten vorderen Tragebalken zu ersteigern versucht, und wenn das nicht klappt, versucht sie es mit dem links vorn oder mit einem von hin-

ten. *Der ist aus Ripacandida, ich kenne die Geschichte. Er ist ein Industrieller, macht eine Menge Geschäfte. Er will hier unten was eröffnen, aber sie geben ihm kein Land. Jetzt will er auf diese Art mit der Gemeindeverwaltung ins Gespräch kommen ... aber er ist immer »devoto«, er tut nicht bloß so. Seit vier oder fünf Jahren hat er gesagt, dass er den Heiligen tragen will ... er war auch zufällig hier unten, als das Erdbeben ausgebrochen ist, da hat er gerade seine Mutter besucht. Wer mit ihm zusammenarbeitet, der hat es gut. Er ist immer hilfreich.* Das Land, das Beben, der Heilige, es ist eins. Ich beobachte, wie sich der prominente Pilger und der Bürgermeister nach der Prozession zurückziehen zum Gespräch. Aber herausgekommen ist dabei nichts. Hin und wieder gehen Leute aus Ripacandida im Norden bei diesem Unternehmer zur Arbeit und wohnen dann auch in seinen Häusern. Ein Wohltäter und Vermittler ist er, was er sonst noch ist, ich weiss es nicht. Landsmannschaft und Geschäft vermengen sich im Zeichen der Freundschaft und des Kultes, bis ein kräftiger Strang entstanden ist, der den wichtigen Mann und seine Heimat aneinander bindet.
Zitternd haben sie sich früher hinter ihrem Heiligen versammelt, damals, als man noch von morgens bis abends arbeiten musste, die lehmige Erde hacken oder flitzen bis zum Gehtnichtmehr als Kellner auf Wanderschaft, oder als Helfershelfer der glänzenden Maschinen in den riesigen Hallen der Macht, für Dollars oder Mark oder Franc, bis zum Umfallen, nicht wie die Papierknitterer in ihren Büros und die Pensionäre, die jeden Ersten auf die Sparkasse schleichen und ihr Geld abholen. *Wir waren Kellner, zu sechst, vier Venezianer, ein Spanier und ich. Wir waren wie eine Familie. Im Februar '62 bin ich da wieder hingekommen und ich habe für jeden ein Foto von dem Heiligen mitgebracht. Wir nannten uns »Gevatter«, auch wenn wir es nicht waren. Da war ein Junge, ein Venezianer, der wollte seine Lage verbessern. »Gevatter, ich werde dich besuchen kommen in Ripacandida!« – »Schau mal, wenn du ein Problem hast, dann suche, so wirst du finden. Es macht nichts, wenn du ihn nicht kennst, das Bild reicht aus.« Heute besitzt dieser Venezianer ein Flugzeug. Er ist Millionär geworden. Mein*

Neffe, der ist immer noch in England, als Frisör, der ist immer sehr vorsichtig mit dem, was er erzählt und der hat mir das erzählt. Wir haben immer gesagt: »Tun wir uns zusammen, Gevattern, in einer Genossenschaft«; wahrscheinlich hat sich der Junge auf das Foto von San Donato besonnen und ist reich geworden.
Aus der Fremde heraus erneuert sich die einende und heilende Kraft. Fremde werden davon angezogen, sie reisen Hunderte von Kilometern, weil sie geträumt haben, vom *Doktor in Ripacandida*. Damit ist diesmal der Heilige gemeint, nicht der Magier, der am Ortseingang auf seine Kunden wartet mit kalter Miene. Manch einem ist San Donato bei einer Zugfahrt erschienen, im Straßenanzug lädt er die Leute zu sich ein nach Ripacandida. Eine Frau aus dem Hinterland von Rionero hat es in den fünfziger Jahren erwischt, als sie im Krankenwagen unterwegs war mit ihrem Mann zur Klinik in Venosa. Am Heiligtum von San Donato ging es vorbei, und seitdem muss sie zu ihm beten und kommt immer zum Fest, um den Nonnen behilflich zu sein. Selbst als der Pilgerfluss ausbleibt, beim Fest im Jahre 1998, sehe ich sie wieder. Steinalt geworden bedient Rosa immer noch den Kerzenkasten im Heiligtum und passt auf, dass vor dem Altar nichts herumliegt. Mich erkennt sie nicht wieder, aber dem Heiligen hält sie die Treue. Solche lebenslangen Bindungen sind seit den sechziger Jahren seltener geworden. Heute leuchtet nicht nur der Heilige des Traumes rubinrot aus den dunklen Gewölben hervor, sondern auch der Farbfernseher, und die Leute müssen sich nicht mehr jeden Tag auf den Feldern verausgaben bis sie Dinge sehen, die es gar nicht gibt. Aber auf den Deutschen und seine Familie hat es noch einmal gewirkt, es heißt, er sei hier um ein Buch über den Heiligen zu schreiben: *Thomas, wie gefällt dir das Fest?*
All das ist jetzt im Wartestand, noch funktioniert das Fest, noch sind all die Weihetäfelchen im Heiligtum zu sehen und die abgeschnittenen Zöpfe und die Fotografien der Zitterer. Junge Männer mit eigenartigen Frisuren und hautenger Kleidung zeigen sich dort gegenseitig ihre Kinderbilder. Noch erfüllt das Fest Ripacandida Jahr für Jahr mit Leben, das gebändigt werden muss von der Polizei und von den Bürger-

meistern und von Don Peppe wie eine Lavamasse, die sich sonst einen eigenen Weg bahnen würde. Das Spiel mit dem Erkalten der Kulte ist in die Festzyklen eingebaut, denn das Schauspiel des Heiligen beruht auf einem Ineinander von Aufregung und Ernüchterung. Allzu große Zappelei der Erregung wird schon durch die Ordnung des Umzuges gedämpft, Schreie verhallen zu Geschichten, die man sich im Winter beim Kaffee erzählt, Wunder werden zu Beispielen für die ohnehin längst verbürgte Macht des Heiligen. Man kann sich vorstellen, wie der Betrieb um San Donato eines Tages zum Erliegen kommt. Dann bleiben zunächst noch ein paar Geschichten übrig und das Standbild im Heiligtum und der Name des Heiligen, geschrieben in meinem Buch – bis schließlich alles verfällt zu Kalk und Staub.

Allerdings hat San Donato sich gerade in Situationen des Niederganges schon manches Mal schlagkräftig in Erinnerung gebracht. So gräbt sich das Fest immer tiefer in den Berg der Zeit, auf die Ekstase des Todestages folgt der Rest des Jahres, indem die Wunder und der Prunk der letzten Feier eingewoben werden in die große Erzählung vom Heiligen. Wie zwei Ringe überlagern sich die Festzyklen im Jahr, die von der Kirche veranstalteten und die Feste, die von den Menschen gefeiert werden, auch wenn die Kirche nicht dafür wirbt und sie nur duldet. In der Heiligen Nacht begeistern sich Priester und Gemeinden gemeinsam für das Fest der Erneuerung, und es ist unerheblich, dass auch Menschen dabei sind, die in aller Ruhe ihre Zaubersprüche murmeln, während der Priester das Wort Gottes vorträgt. Auch sonst beteiligen sich die Menschen in großer Zahl nur an den kirchlichen Festen, die direkt mit dem Tode zu tun haben oder mit seinem Gegenteil, der Lebensfreude und der Geburt. Am Josefstag, am neunzehnten März, versammelten sich die Leute von Ripacandida bis zum Ende des zwanzigsten Jahrhunderts auf den Straßen um große Feuer herum, aus der letzten Asche ließ sich dann manche Hausfrau einen neuen Brand herbeiholen für ihren kalten Herd. Heute ist das Fest verblasst, weil die alten Nachbarschaften nicht mehr bestehen, die *quartieri,* wo man sich kannte und manchmal ein Leben lang blieb. Der Wärmeaustausch zwischen den Haushalten ist nicht mehr wichtig und alle sind dafür an die Methanleitungen angeschlossen, deren Zugänge sich hässlich über die alten Häuser ziehen. Das Josefsfest war kein wichtiger kirchlicher Feiertag, aber für die Leute von Ripacandida ist es das Fest der Nachbarn, der Gevattern und der Kinder, die in der kalten Luft einen kleinen Sommer herbeizaubern, eine Wärmezone der Gemeinschaft.[74] Vorher hatte man sich schon im Karneval aneinander erhitzt, der Priester war für einige Tage verärgert zu Hause geblieben. Mariä Lichtmess, Palmsonntag, Pfingsten, Fronleichnam wurden weniger zur Kenntnis genommen. Viele Menschen in Ripacandida konnten mir nicht einmal in Umrissen schildern, wozu und warum Don Peppe auf diese Feiern drängt. Manche dieser Jahrestage hatte man jedoch mit einem eigensinnigen Brauch garniert. Am Palmsonntag überreichen die Patenkinder heute noch ihrem *compar'* ein Rosmarinsträußchen: *Gevatter, gefallen dir die Palmen?* Neuerdings lässt Don Peppe vorgefertigte Ölbaumsträußchen in der Kirche verteilen, auf den Plastikumschlag sind fromme Sprüche gedruckt. In seiner Not hat er die alten Riten wiederentdeckt, als letzten Rettungsanker der Kirche. Heute hält er mich auf der Strasse an, *Folklore, ja das ist wichtig,* das Mißtrauen gegen meine Forschungen ist vergessen. Aber meine Patenkinder lassen sich von ihrem Vater nicht mehr dazu überreden, dem Thomas ein Sträußchen zu reichen. So habe ich Palmsonntag erlebt in Ripacandida, im Heiligen Jahr 2000. Mit Ostern kommt ein einigermaßen populäres Fest in Gang, denn die Osterprozessionen sind *spektakulär,* wie die Leute selber sagen. Aber warum versammeln sich manche Männer an *pasquetta,* dem Ostermontag, auf den Höfen vor dem Ort zu familienfernen Festessen? Dieser Brauch scheint sich zu halten, denn Männer haben in Süditalien immer wieder Dinge zu besprechen, die nicht bestimmt sind für die Ohren von Frauen und Kindern. Im April zieht der Heilige hoch in die Mutterkirche, und es werden die Tragarme aller Standbilder versteigert – ganz Ripacandida ist dabei. Es ist das Fest von San Mariano, auch ein Heiliger, von dem die Kirchenhistoriker nichts mehr wissen wollen. Pfingsten, das Fest der Erleuchtung durch

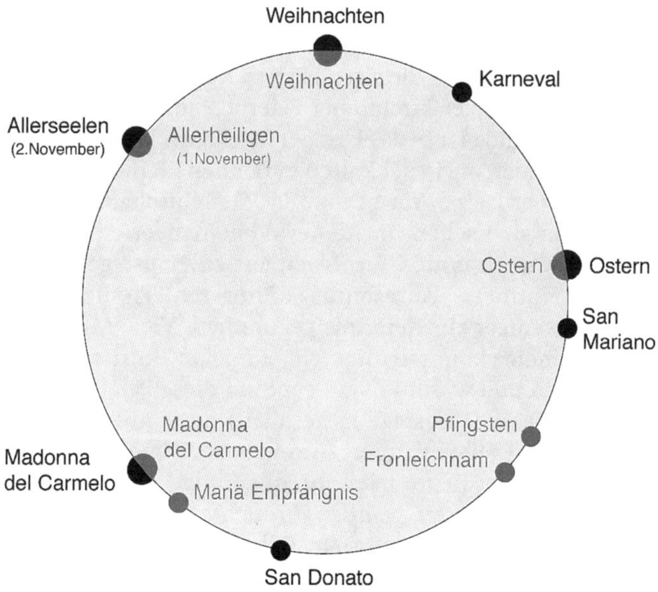

Populäre (schwarz) und kirchlich verordnete (grau) Feste in Ripacandida

den Herrn, war und ist kein Thema, die Menschen interessiert ihre Erwählung durch den Heiligen mehr als die Ergießung des Heiligen Geistes. Fronleichnam, das Fest der Kirchenväter und Priester, wird kaum mitgefeiert, nur einige besonders fromme Familien bauen einen Hausaltar, um ihn vom Priester segnen zu lassen.
Ende Juni und Anfang Juli sind die Feste seltener, es ist Zeit zum Ernten und Jäten, doch dann kommt es Schlag auf Schlag im August: Sankt Donatus, Mariä Himmelfahrt, dann *ferragosto*. Selbst die Ärmsten versuchen heutzutage, in der Mitte des August ein paar Tage Ferien zu machen, und auf den Autobahnen des Nordens herrscht Chaos wie in deutschen Ländern zu Ferienbeginn. Dann kommen Sankt Rochus und die Muttergottes vom Karmelberg, die große Nebenheilige von Ripacandida. Die Kirche versucht, sich mit dem Fest von San Donatello in diesen Bogen der popu-

lären Feiern zu hängen, aber der Heilige Mitbürger *wird nicht sehr empfunden* und die Feier ist schwach besucht. Erst zu dem seltsamen Paar Allerseelen/Allerheiligen treffen beide Zyklen wieder zusammen, wobei die Leute mit Deutlichkeit Allerseelen vorziehen, während der Priester natürlich Allerheiligen predigt – besser noch der Kult der Heiligen als ein Kult der Toten! Einerlei, von überall her sieht man an Allerseelen im Abenddunkel die Friedhöfe leuchten im Licht Hunderter kleiner Kerzen. Man sagt, die Verstorbenen geben den letzten Gruß, und widmet ihnen eine Feier der Erinnerung. *Ohne Messe begraben zu werden ist ehrlos, wie bei einem Tier. Das, was zählt, ist die Totenmesse.* Weiter geht das Jahr, und endlich wird der Heiland wiedergeboren. Die Kirche markiert das Jahr als Reigen, der von Mariä Empfängnis über Jesu Geburt führt bis zu seinem österlichen Tod, dann folgen die Feste des Geistes und der Wiederauferstehung: Himmelfahrt, Pfingsten und Fronleichnam und Mariä Himmelfahrt. Die Laien aber betrachten die Festsaison eher als einen Weg, der von der Ankunft des Donato im Ort bis zu seiner feierlichen Austreibung führt, zurück an seinen angestammten Platz, von San Mariano im April bis zum Donatusfest im August, mit einem Nachhall im *ferragosto,* der ja eigentlich nichts anderes ist als Mariä Himmelfahrt, und beim Fest der Madonna del Carmelo im September. Der Weg der Kirche und der Weg der Leute sind eingerahmt von Weihnachten und vom Karneval. Das Stifterfest des christlichen Glaubens steht neben dem einzigen von der Kirche vorgesehenen Fest, das Opposition zuzulassen scheint und sich gegen sich selbst richtet im Zeichen der Masken. So liest sich der Kommentar der Menschen von Ripacandida zur kirchlichen Heilslehre. Ernsthaft feiern sie Tod und Wiederkehr des Herrn, aber vorher machen sie sich über die Priester lustig. Die Toten und die Heiligen sind ihnen wichtiger als manche große Mysterien der Kirche, von der bangen Saat im Frühjahr geht es zur Ernte im Sommer und dann wieder zurück zum Winterfest der Wiedergeburt.

Der Heilige in seinem Purpur und Gold ist das Wappen der Stadt, nicht dieser seltsame Löwe, der aussieht wie ein

Devotionalienstand beim Donatusfest in Ripacandida, 1994

Hund, und von dem die Historiker sagen, er sei das alte Zeichen von Ripacandida. Im Zeichen des Heiligen vermischt sich das Private mit dem Öffentlichen, mischt sich die Politik der kleinen Gemeinde mit den Ängsten und Sehnsüchten ihrer Bewohner. Man stellt sich die Gemeinde als Gemeinschaft vor, indem man sie als einen Körper darstellt: die Statue des Heiligen Donatus. Dieser Körper muss alles umfassen, die Körperschaft der Ripacandidesi und den Körper jedes Bewohners der Gemeinde – also sind auch gemeine Leute darunter, die nicht jeder gern dabei hat. Gemeinheit hat in dieser Gemeinschaft ein Bleiberecht, darum ist auch der Heilige gut und böse zugleich und er kann sogar die Krankheit sein, vor der er schützt. Donatus ist eine jener allumfassenden Tatsachen der Kultur, die sich unter *kosmischen, mythologischen, sozialen und persönlichen Aspekten* in das Leben der Menschen einschreiben.[75] Manche Priester wollen die Religion von den heidnischen äußeren Zeichen reinigen, von der Magie, sie wollen den Kult vergeistlichen, zu einer Meditation machen über Gott hinter den Wolken – aber die Menschen brauchen Orientierung in Zeit und Raum, und sie wollen etwas anfassen, Geschenke machen und beschenkt werden. Das Gesamtkunstwerk der

Rituale bildet sowohl den Untergrund wie die Oberfläche der christlichen Religion. Diese festlichen Falten im Jahreslauf kann man sich vorstellen wie ein mittelalterliches Tafelbild: Gott schickt von oben sein Licht herab und die Menschen schicken ihm von unten ihr Blut herauf, ihre Opfer oder ihr Geld. Im Bild des Heiligen und des Toten treffen sich beide, Gott und Mensch. Wie klug, dass die Kirche sich niemals zu einem klärenden Wort hat verleiten lassen über das, was nach dem Tode geschieht mit Körpern und Seelen. Das Verhältnis zwischen Toten und Lebenden, oben und unten, sinnlich Wahrnehmbarem und Übernatürlichem muss im Fluss gehalten werden, sonst kann sich diese Religion nicht mehr den Zeiten anpassen.

Das gilt auch für die Überlieferungen anderer Weltteile. Wegmarken in der Landschaft, Jahreszeiten und menschliche Gruppen scheinen dort jedoch dichter miteinander verbunden zu sein als in Europa.[76] Manche Hindus stellen sich vor, dass die ganze Gesellschaft aus den Körperteilen des Gottes Krischna entstanden ist, die Körperteile bilden die Kasten, denen unterschiedliche gesellschaftliche Aufgaben zugewiesen werden wie menschlichen Organen. Das wird im Einzelfall von den beteiligten Menschen sehr unterschiedlich erlebt, und nicht jeder Inder neigt einer heiligen körperschaftlichen Erklärung seiner sozialen Welt zu,[77] aber das Ganze der überlieferten Ordnung wirkt kompakter als die sich überlappenden Heiligenkulte der Italiener. Der Grundriss von Tempeln stellt bei den Hindus wiederum einen Körper dar, der selbst als Teil eines viel größeren Landschaftskörpers vorgestellt wird, in dem sich die verschiedenen Körperteile-Tempel-Gemeinden zu einem Ganzen fügen. Pilgerschaften bringen den Gesellschafts- und Landschaftskörper in Bewegung, wie der Fluss des Blutes unseren Leib am Leben erhält. Doch wer bringt ein System in die vielen Wappen und Körperschaften und Heiligenkulte der Basilikata? Wie werden sie wiederum in den einen Körper der christlichen Politik vermittelt? Nüchtern zählt mir ein pensionierter Postbeamter aus Ripacandida die wichtigsten Heiligen mit ihren Spezialisierungen auf.

Blasius	– *Kehle,*
Veit	– *Wut, Veitstanz,*
Rochus	– *Tumor, Haut,*
Madonna von Konstantinopel	– *Bruchleiden,*
Luzia	– *Augen,*
Anna	– *Geburt,*
Peter und Paul	– *Schlüssel zum Paradies, Aufsteigen zum Himmel,*
Antonius	– *Feuer,*
Josef	– *Schreiner, Eltern, Väter*

Donato ist ihm so selbstverständlich, dass er ihn vergessen hat. Im Lied von San Donato erscheint der Erzengel Michael als Bruder des Heiligen der schlägt.[78] Manchmal versuchen die Leute, das Durcheinander der Heiligen in Ordnung zu bringen. *Die Sieben Heiligen Brüder: Ja, die gibt es. San Gaetano und San Giacomo, San Mauro, tja …* Als er versucht sie aufzuzählen, werden es auf einmal acht Brüder, und der alte Mann merkt es nicht. Es fehlt das System. Noch in der Renaissancezeit hat man die sieben Planetengötter verehrt und ihnen ganz bestimmte Heilige zugeordnet.[79] Es gibt auch Sieben Heilige Schwestern: *Ah ja … Madonna del Carmine, Madonna von Ginestra, Loreto, Madonna dell' Incoronata, Pierno, Montalba, Pompei, nicht wahr, die Madonna del Laudate bei Melfi. Für die ganz Alten waren das die Sieben Schwestern.* Ohne es zu bemerken, ist auch der alte Herr, der mich hier belehrt, schon bei acht Schwestern angekommen. Diese Himmelsfrauen haben keine besonderen Gnaden, ihre Wunder sind unbestimmt, wenn wir von der Spezialisierung der Madonna di Costantinopoli in Ginestra absehen, sie heilt Bruchleiden und stiftet Patenschaften. Die Madonna, die allgemeine, mit ihren Schwestern, ist gut bei Unfällen.[80] Wenn es ganz schlimm kommt, möchte man sich unter ihrem Mantel verkriechen. Nur bei Maria traut man sich, den Preis der *Arme* bei der Versteigerung am 30. April hochzutreiben, um andere Mitbieter zu ärgern, denen wirklich daran gelegen ist. *Zur Madonna gehen sie … wie zu einer Mutter, wenn der Vater böse ist.*

Golden bekrönt fahren die Marien über das Land, gehüllt in weite Mäntel, hellblau oder weiß. Wenden wir aber den Blick zum Boden, dann können wir wieder ein anderes System der Heiligkeit erkennen. Die sehr alten Wallfahrtsorte, die heute in Betrieb sind, und von denen vor allem die Alten noch viel und gerne sprechen, scheinen auch eine Art von Körper zu formen. Im Süden beginnt es mit Sankt Veit, einem Heiligen der Beinleiden, Schutzpatron des Veitstanzes, und auf der anderen Seite mit Sankt Rochus, zuständig für Beinleiden und Seuchen. Veit wird in Avigliano verehrt, Rochus in Tolve. Nach Avigliano kann man aber auch wegen der Madonna del Carmine gehen, herrlich weit führt ihre Prozession ins Bergland hinaus zu den frischen Gipfelwinden. Den Alten in Ripacandida bedeutet das nicht so viel, es ist eine Sache für die Aviglianesen. Aber die Madonna von Pierno ist wichtig, unweit von Avigliano, uralt ist diese Wallfahrtskirche, sehr hoch und in der Mitte der Landschaft gelegen, die ich hier beschreibe, hoch am Berg wie ein Mutterbauch, aus dem sich alles andere entwickelt hat.[81] Nach der rituellen Umrundung des winzigen Gotteshauses führt die Prozession von Pierno hinaus in die Natur. Doch nicht wie beschwingte deutsche Wanderer treten die *devoti* den Weg an, sondern als Reliquiensammler, die von den Kastanienbäumen am Waldrand Blätter und Äste an sich reißen. *Für zu Hause, man läßt sie segnen, man trocknet sie und das hilft.*

Bauch und Brust des seltsam von Wallfahrtsorten markierten Körpers sind erreicht. In Atella, nördlich von Avigliano und Pierno, auf dem Wege nach Rionero und Ripacandida, treffen wir im Dezember Santa Lucia, sie hält das Tellerchen mit den schaurigen Augen in Brusthöhe – weiter oben, nördlich, steht dann tatsächlich der Hals über dem Kopf, erst Ripacandida, der geköpfte Kopf des Festwesens in Nordlukanien, dann Sankt Blasius von Melfi, der Heilige der Kehlen, gefeiert am windigen und eisigen dritten Februar. Blasius ist der Heilige der Halskrankheiten, lange Zeit soll er in der freien Natur gelebt haben, und als sie ihn köpften, floss aus seinem Hals anstelle des Blutes das himmlische Manna.[82] Das ist der Körper der Heiligen, der aus Heiligen

zusammengesetzte Landschaftskörper der Wallfahrten, oben hinaus ist nur noch die Seele. Auf dem Vulture wurden die Totenseelen eingefangen von San Michele, mit seiner Waage und dem Schwert der Gerechtigkeit. Heute besucht man ihn lieber in seinem Urheiligtum, am Monte Gargano, mit dem Auto fahren sie dorthin, aber dort hat ihm Padre Pio den Rang abgelaufen mit seinen Wundern und mit blutigen Händen. Der Papst, so erzählen sich die Leute von Ripacandida, ist nur zum Papst gemacht geworden, damit er den Kapuziner aus Neapel seligsprechen kann. Und Johannes Paul II. weiß das, darum zögert er die Zeremonie hinaus, denn danach ist seine Mission erfüllt und er muss sterben. Jetzt ist es passiert, Padre Pio wurde seliggesprochen, der Papst wurde achtzig Jahre alt im Heiligen Jahr und man wartet auf seinen Tod. Zur Zeit bauen sie im Pio-Heiligtum auf dem Monte Gargano eine der größten Kirchen der Welt. Früher haben sie das nicht gebraucht als Grund für eine Wallfahrt, zur Not haben sie sich in irgendeiner Höhlenkirche zusammengedrängt, um das Heil zu erleben.
Zwischen flatternder Seele und Halsstumpf ist noch die gekrönte Himmelsjungfrau von Foggia wichtig, eine der ältesten und bestbesuchten Wallfahrten Italiens, eine der sieben großen schwarzen Madonnen des Landes, das so gesegnet ist mit natürlichen und übernatürlichen Müttern. Ihr Wahrzeichen ist die Krone, und richtig, sie schwebt zwischen Seele und Hals, zwischen Melfi und dem Gargano. Es gibt eine Fülle anderer Besuche, die man machen kann, zur Madonna di Costantinopoli nach Ginestra, um Bruchleiden zu heilen und Freundschaften mit Hilfe der Zweigpatenschaft zu kitten, zur geheimnisumwitterten Madonna del Laudate oder zum modernen Wallfahrtsheiligtum für San Gerardo Maiella in Materdomini. Aber das ist aus der Sicht der Alten nicht so wichtig. Nach Acerenza geht man schon gar nicht, obwohl es nicht weit ist. Der Heilige von Acerenza, ein afrikanischer Märtyrer, ist den Leuten von Ripacandida unbekannt. In Forenza kann man Ostern zu einer berühmten Kreuzpassion gehen, ebenso nach Barile oder Rionero, aber das sind keine Heiligen. Bleibt noch Maschito mit dem Propheten Elia als Schutzpatron, das

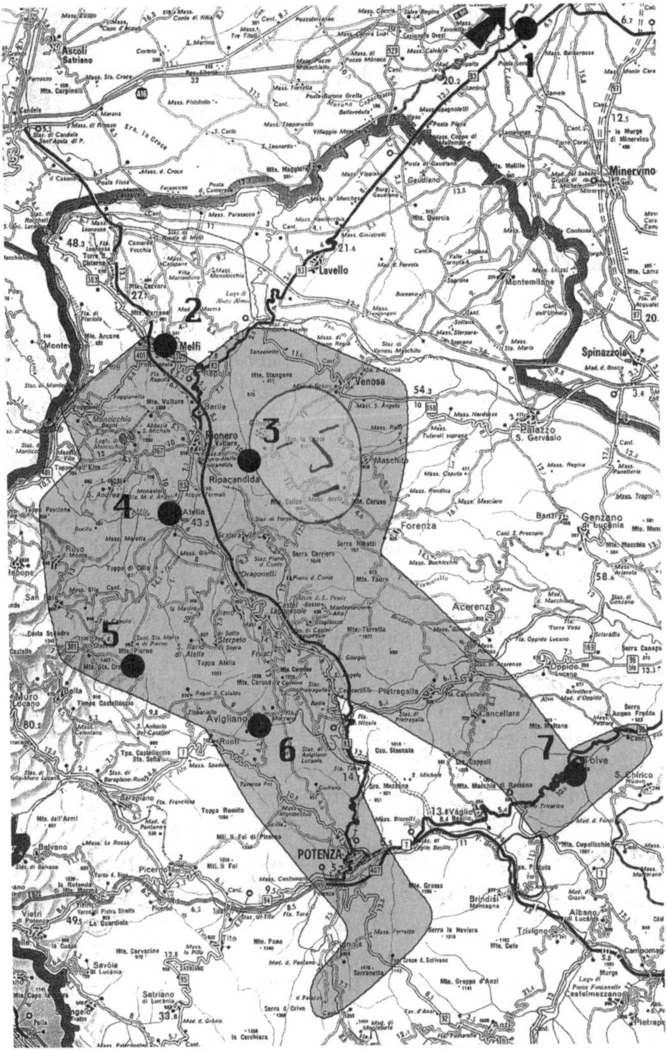

Der Heilige Körper der nordlukanischen Wallfahrten:

1: Foggia und Monte St. Angelo, Seele
2: Melfi, Hals
3: Ripacandida, Kopf
4: Atella, Augen
5: Monte Pierno, Bauch
6: Avigliano, Bein
7: Tolve, Bein

ist etwas für die Albaner, auch dazu haben sie keine Beziehung.
Sie sprachen von Veit und Rochus – den Beinen – von der Madonna in Pierno – dem Bauch – und von Blasius, Luzia und Donatus – Augen, Kopf und Hals. Und schließlich sprachen sie von der davonflatternden Seele in den Bergwallfahrten des Michael, all das verbunden durch die Krone von Foggia. Mitten in diesem Leib liegt der Wallfahrtsort der Madonna von Pierno, früher sind tatsächlich die Schwangeren dorthin gezogen und die unfruchtbaren Frauen. Das Ganze bildet einen Körper, der verbindet den Monte Gargano und den Monte Vulture mit dem Marienberg Pierno, von der Geburt aus dem Leib der Mutter im Südwesten bis zum Entweichen der Seele im Nordosten, ganz im Süden die Beine. In diesem Landschaftskörper müssen vielerlei Ängste und Hoffnungen aufgehoben sein, und nun lese ich auch noch meine Gleichsetzung hinein von Landschaft, Körper und Gesellschaft. Alte Leute haben mir diese Einzelheiten geschildert, aber nicht das System, und außerdem gab es Alte, die wussten nichts davon. Es ist meine Erfindung – oder mein Fund? Ihr System ist das der Sieben Heiligen Brüder, zu dem diese körperlichen und landschaftlichen Einzelheiten des Wissens über die Heiligen nicht recht passen wollen. Diesmal muss ich mir allein meinen Reim machen, und dabei mag mein Wissen über andere heilige Landschaften eher Pate gestanden haben als die Erzählungen der Leute.[83] Aber die Lektüre des lateinischen Dichters Horaz aus Venosa hat mich bestärkt. Ich lese ihn als eine Art Heimatschriftsteller.[84] In seinem Traumgedicht vom Vulture schildert er den Norden Lukaniens, als sei es ein dicht unter der Erdoberfläche liegender Riese, der sich eines Tages erheben könnte, wenn man ihm zu viel ins Fleisch gesteckt hat, zu viele Fabriken und Kasernen, zu viele Hochhäuser und narbige Straßen. Aufstehen wird er und er wird einfach davongehen bei bebendem Boden. Wenn es ein Zufall ist, dieses von den Heiligen markierte Landschaftsbild, dann ist es ein katholischer Zufall. Gute Systeme sind unvollkommen – sie können ergänzt und angewendet werden, sie haben die Fähigkeit zur Erneuerung. Mein deutscher Ärger

über einen alten Italiener, der mir die Sieben Heiligen Schwestern aufzählen will und dabei auf acht Madonnen kommt, dieser Ärger ist bald verraucht. Improvisation ist bei der Zuordnung der Heiligen zu Krankheiten von großer Bedeutung. Sankt Martin, der so wichtig war für die Magenkrankheiten, hat heute in Nordlukanien keine große Wallfahrt mehr. Als Ritter Martin von Tours soll er einst seinen Mantel geteilt haben mit einem Bettler. Er lebt dafür weiter in den Körpern der Menschen. Zauberformeln gegen das Magenweh lassen uns den Martin erinnern, oder wenn jemand *Sankt Martin!* ruft, weil er bei seinen Nachbarn hereinplatzt, als sie gerade anfangen, die Würste zu stopfen. Der Heilige, der teilt, ist selbst über die ganze Landschaft zerteilt, in kleinsten Portionen. Er rumort denen im Magen, die ihn vergessen haben. Noch feiner und dafür umso deutlicher ist der feine Qualm, den Sankt Antonius über Süditalien gelegt hat, geradeso wie der aufdringliche Duft von verbranntem Müll, der sich im August über die Landschaften des Südens verteilt. *Ich will dich nur streicheln,* flüstert der Eremit im schwarzen Rock und hinterlässt eine weiße Strähne im Haar des ungetreuen *devoto.* Er ist nur noch ein heißer Hauch, aber das Feuer seiner Liebkosungen ist so wirksam wie die Schläge des Heiligen der schlägt.

Sant' Antonio und San Donato waren Genossen. Sie sind beide von zu Hause abgehauen. Die Ecke hier, Ripacandida, hat ihnen gefallen. Die Eltern sind gekommen, um sie zurückzuholen. Die Heiligen sind aber immer wieder nach Ripacandida zurück, bis die Leute gezwungen waren, ihnen eine Kirche zu bauen. Der Lindenbaum vor dem Donatuskloster vertrocknet niemals. Aber der Baum von Sant' Antonio ist vertrocknet, weil San Donato ein großer Heiliger war. Gleich nach dieser Erzählung macht Linda sich über Antonius lustig, nennt ihn *Santo Mangione,* Sankt Fressack. *San Donato kann keiner überragen!* Still steht die Antoniuskirche, sie begrenzt den Trakt der alten *piazza,* wo die Männer umkehren, um noch einmal die Runde zu machen in der Abendkühle. Don Peppe ist wie immer hastig: *Die Kirche sehen, nein, das ist nicht möglich, da darf keiner 'rein, die ist kaputt vom Erdbeben.* Trotzdem lebt der Heilige weiter, er hat seinen Platz auf der Haut der Menschen gefunden. Die Frauen beten gegen Hautkrankheiten, *Sankt Anton hat es angezündt, und der Herr hat's wieder gelöscht*, aber sie haben dabei die Leuchte in der Hand, und die brennt schon wieder.

13 Briefe an 13 Freunde musst du schicken. Don Michele hat die verteilt. Da stand wohl drin: »Ich (Name), Soldat bei der Armee, habe eine Gnade erfahren. 13 Briefe muss ich schicken, als Einlösung meines Schwures, wenn nicht, wird eine Ungnade geschehen.« Es war eine Suggestion, sie machten dir Angst. Kettenbriefe für Sant' Antonio sind heute noch auf der ganzen Welt unterwegs, und ihnen sind alle nur erdenklichen Schneeballsysteme gefolgt, zu unterschiedlichsten Zwecken. Man soll Geld an irgendeine Adresse schicken oder nur eine Postkarte für ein krankes Kind, immer weiter verzweigt sich die Gemeinschaft der Postkunden. Antonius ist der Heilige des Überzähligen, der Dreizehn, die über das heilige Dutzend hinausragt, aber aus der Abgeschiedenheit des Überzähligen heraus versteht Antonius es immer wieder, sich in Erinnerung zu bringen. *Härchen* nennen sie den Mann mit der weißen Strähne im Haar, *capiegg'*. Teilnahmslos sitzt er im Café, er weiß, dass wir von ihm reden. Ein einziger Fluch gegen den Heiligen hat ihm diese Markierung eingetragen. Aber der Baum des Heiligen ist vertrocknet, kein Kind geht mehr als Antoniusmönchlein verkleidet im Zug der Tiere, die dem Heiligen geweiht werden an seinem Todestag.[85] Donata Castellos Haus wurde ausgeraubt, während sie eine Messe für Antonius, den Heiligen der verlorenen Sachen, besucht hat, am 13. Juni, aber niemand hat die Tat mit dem Heiligen in Verbindung gebracht. Doch noch ist nicht aller Tage Abend, vielleicht wird eines Tages ein Anton kommen und die Bruderschaft neu gründen für den Heiligen der brennt.

Bei aller Modernisierung, bei allen Spielräumen und Veränderungen, steht Ripacandida unter seinem Himmel, in seiner Landschaft, in einer mittelalterlichen, wenn nicht älteren Ordnung. Allerdings ist das nun eine *Körperschaft ohne Verfassung*[86], ohne Grundherrn, ohne tyrannische Äbte, ohne Zünfte oder rebellische Bruderschaften. Nur die Erdbeben sind geblieben und das Hemmnis der Berge, und ein wenig Landwirtschaft, vielleicht kann man die noch verfeinern und reich werden damit. Die Landschaft hat also noch nicht ausgespielt und die Namen der Heiligen sind erhalten geblieben, aber neue menschliche Autoritäten kamen hinzu: der Bürgermeister, der Staat, neue soziale Klassen, die Parteien. Ob unter Grafen, Priestern oder modernen Politikern, die Leute von Ripacandida stehen im Schirm des goldgelben Heiligen der schlägt. Mit milchweißem Antlitz schwebt er ihnen voran, ewigen Gedenkens, scheinbar zeitlos und doch gezeichnet von der Zeit. Dem Gedächtnis und dem Gedenken steht die Erinnerung entgegen. Sie nährt sich von sichtbaren Spuren, von den Runzeln des Heiligen auf seinem Standbild, es ist Zeit für Restaurierungsarbeiten. Die Erinnerung lässt uns den Lauf der Zeit verstehen, der ein Ende zu haben scheint und einen Anfang, und den wir nicht ohne weiteres als Kreislauf erleben können oder als Wechselbewegung, selbst wenn es uns lieber wäre so.

5. Verliebt, Verlobt, Verheiratet

Wann immer Donatus goldblitzend über der Menge schwebt, schwingt auch sein Lied in den stahlblauen Himmel. Man hat Mühe zu erkennen, von welchen Gesichtern dieser hohe monotone Klang eigentlich seinen Ausgang nimmt. Es sind Auswärtige, die sich damit für eine Wundertat bedanken. Es ist sein Tag und so singen sie bis zur Erschöpfung das Lob seines Namens, *cantastorie*, Sänger der Geschichte von San Donato.
Früher, als es noch keine Fernsehapparate gab, konnte man in den lukanischen *piazze* häufiger beobachten, wie diese Sänger und Dichter dem Publikum kulturelle Traditionen und neueste Ereignisse mit einem starken körperlichen Gestus in Körper und Seele gesungen haben.[87] Heute sieht man sie nur noch bei den Festen, von einem Chor begleitet und von Musikern, die sich in der einen oder anderen Weise dem Heiligen verpflichtet fühlen. Der Sänger geht langsam von Vers zu Vers, gefolgt von seinem Chor. Dumpfer Singsang

und der raue Ruf des Vorsängers, manchmal auch eine arabisch skandierende Frauenstimme, wechseln einander ab.

Es lebe San Donato, San Donato lebe,
Es lebe San Donato, der in Ripacandida steht.

Das ist die Geschichte von San Donato. Der *cantastorie* ruft sie unter der Augustsonne in das Bewusstsein der Pilger. Drei Stunden dauert die Prozession und drei Stunden dauert das Lied. Auf dieser Tonschleife können wir den Weg der Kranken zu San Donato nachvollziehen, den Weg vom Zweifel zum Glauben, vom Wort zur Tat.

Froh bin ich auf meinen Weg gekommen,
denn mit drei Worten hat das Lied seinen Anfang genommen
mit drei Worten hat es begonnen,
San Donato und San Michele als Brüder sind zur Welt gekommen.
San Donato zu San Michele:
»Michele, warum laufen so viele dir zu?«
»Noch viel mehr als zu mir laufen sie zu dir,
Tu du nur dies dreijährige Mädchen berühr'n.«

Ein krankes Kind wird gesund, durch Handauflegen. Mit drei Jahren werden die Kinder von Ripacandida das erste Mal in das Kleid des Bischofs gehüllt. Das Lied setzt wieder ein, als das geweihte Kind eine Frau geworden ist. Sie darf nicht heiraten, weil sie San Donato versprochen ist, zum Dank für die Heilung ihrer Kinderkrankheit. Alle Freier werden abgewiesen, nur ein ganz bestimmter junger Mann bleibt übrig. Er verspricht, seine Frau jedes Jahr nach Ripacandida zu bringen, wenn das Fest des Heiligen Donatus gefeiert wird. Da heiraten sie. Jahre vergehen, aber der Mann hält sich nicht an sein Versprechen. Eines Tages wacht seine Frau morgens auf und sie ist blind und lahm.

»Ich will dich sehen, mein San Donat',
lahm und blind hast du mich gemacht!«

Der Heilige erscheint ihr im Traum und antwortet:

»Kommst du am siebten August nach Ripacandida,
dann will ich es nur wissen, dann bin ich da.«

Doch am nächsten Morgen sagt der Mann dazu nur:

»An Träume und Heilige sollst du nicht glauben.
Kommt San Donato wirklich in deinen Traum gerannt,
dann will ich einen Brief von seiner Hand.«

Man soll eben keine kranken Menschen heiraten! Wieder erscheint ihr Donatus im Traum. Als er hört, was der Mann gesagt hat, macht sich der Heilige auf den Weg zum nächsten Geschäft. Er kauft Feder, Tinte und Papier und verfasst eine persönliche Einladung für das Ehepaar. Das passiert im Traum, aber am Morgen findet sie unter dem Kopfkissen tatsächlich den Brief. Der Mann weiß sich nicht mehr zu helfen. Er läuft mit dem Brief zu seinem Paten, der wahrscheinlich besser lesen kann als er.

»... was für ein Quatsch,
von den Heiligen ihr schon Briefe empfangt.«
Unter Gelächter den Brief er nahm,
aber als er's las, die Tränen ihm kamen.

Nun gibt es kein Halten mehr, das Wunder nimmt seinen Lauf. Man muss das einmal im langsamen Takt des *cantastorie* lesen, dann erfährt man etwas über die Mischung von menschlichem Ungestüm und heiliger Geduld, die nach der Ansicht vieler Lukaner erst ein Wunder zustande kommen lässt.

Sofort ist der Mann nach Haus' gegangen,
das Pferd hat er aus dem Stall genommen,
auf das Pferd hat er sie geladen,
und den Weg zu San Donato haben sie eingeschlagen.
Dem Pferd hat er sie aufgeladen,
in einen Sack gewickelt.

Vor Ripacandida waren sie angekommen
und der Ehemann fragte beklommen:
»Frauchen, sag mir wie fühlst du dich,
wir sind bald schon da in Ripacandida.«
»Mir, mein Mann, wie soll es mir geh'n,
das Licht Gottes hab' ich noch nicht geseh'n.«
Vor San Donato waren sie angekommen
und der Ehemann fragte beklommen:
»Frauchen, du musst mir die Wahrheit sagen,
vor San Donato sind wir nun angekommen.«
»Mir, mein Mann, wie soll es mir geh'n ,
jetzt wo ich das Licht Gottes geseh'n?
Das Licht Gottes habe ich geschaut
vor dem Altar des Heil'gen Donat'.«

Das Wunder ist geschehen, aber es muss noch zu Tage treten. Die Frau wird wieder gehen und sehen. Und dann kommt der Dank, der das Paar vereint.

»Als wir zusammen gesungen haben
das Herz hat er uns erhellt,
das Herz hat er uns erhellt,
und wir haben die Bettler zum Essen geladen.«

Als die beiden aber in ihr Dorf zurückkommen, zeigt sich, dass die Mutter des jungen Mannes diese Erhellung und Freude nicht teilt. Sie will wissen, was das Ganze eigentlich gekostet hat. Sie bedroht und schlägt ihre geheilte Schwiegertochter, bis die jungen Leute gestehen, dass sie den Bettlern im Heiligtum ein Festessen spendiert haben.

Die Mamma läuft durch die Straßen und schreit:
»Siehst du mein Sohn, du bist ruiniert,
siehst du, mein Sohn, ruiniert bist du,
du arbeitest nur noch für San Donato.«
Am Morgen die Schwiegertochter erwacht,
blind und taub ist sie geworden über Nacht.
Das Geld nun auf dem Bett wieder lag,
und Scherben waren unter das Kissen gelegt in der Nacht.

Als der Mann am Morgen wiederkommt,
sagt er: »Frauchen, der Tag ist gekommen.«
»Wie soll ich nur aufstehen, lieber Mann,
ich bin viel schlimmer als vorher dran.«

Die Geschichte nimmt einen neuen Anlauf, fädelt sich ein in die gemeinschaftliche Geduldsübung der Prozession, die unter der Augusthitze langsam vorankommt. Wenn die Prozession stockt, baut der Sänger vielleicht sogar drei oder vier solcher Rückfälle ein. Wieder wird die junge Frau wie ein Sack auf den Esel gebunden, wieder fragt der junge Mann verzagt, ob es ihr schon besser geht, wieder erlangt sie Sehkraft und Beweglichkeit zurück, als sie vor San Donato angekommen sind und dann wird das Wunder mit den Bettlern gefeiert und wieder will die Schwiegermutter zu Hause wissen, was das Ganze gekostet hat. Aber diesmal, das letzte Mal, steht der Sohn zu seiner Frau.

»Mamma, nimm' doch mal dieses große Gefäß
und hol' mir 'nen Wein aus dem Kellergelass,
hol' mir jetzt ein bisschen Wein,
denn die Reise ließ mich durstig sein.«
Als sie aber zum Keller kam
war' n die Fässer kaputt und kein Tropfen schwamm,
die Fässer kaputt, der Wein nicht verschütt',
das sind die Wunder, die der Heilige tut!
Und so läuft sie durch die Straßen und schreit:
Armer Sohn, ruiniert bist du,
armer Sohn, ruiniert bist du,
da öffnet sich die Erde und deckt sie zu!

Was für eine Lektion in Großzügigkeit! Die Geschichte ist einfach und sie berührt doch jede wissenschaftliche Theorie, die ich über meine Erfahrungen in Ripacandida aufstellen könnte. Wie meine Berichte handelt das Lied von Schutz und Krise, vom Öffnen und vom Schließen der Familie, von Armut und Reichtum, von Panik, Besessenheit und Erlösung. An Stelle des Paten, der in die Familie eindringt, mischt sich der Heilige in die Geschäfte einer Familie, die bezeichnenderweise vaterlos zu sein scheint. Aber das Lied hebt auch etwas hervor, was ich bisher nicht beachtet habe. Der Kult handelt von dem, was wir heute in Mitteleuropa Sensibilität nennen. Männer hören Frauen zu, einem ungläubigen Paten kommen die Tränen, man hat Mitleid mit Bettlern. Es ist ein Lied der Liebe und der Demut. Am Ende singt der *cantastorie* ein kleines Selbstlob als Verseschmied – aber dabei macht auch er sich klein und gibt anderen den Vortritt.

Die Geschichte hab' ich begonnen und erzählt.
Hab' ich geirrt, so hab' ich euer Mitleid verdient.
Für alle hab' ich gesungen die Geschicht',
Wer mehr drüber weiß, erzähl' ein neues Gedicht!

Die *canzone di San Donato* verurteilt in treuherziger Weise den Egoismus. Aus dem isolierten Ich der Kranken und ihres egoistischen Mannes entsteht ein Wir, das frohe Duett des Paares, das sein Glück mit den Bettlern teilt. Dafür wird die böse Schwiegermutter verworfen, ihre Orte sind die Straße, der Keller und schließlich das Grab im Erdrutsch. Sie tauscht die Rolle mit der Kranken, die der Mann anfangs wie einen Sack Holz behandelt hat, um sie zum Heiligen zu bringen. Die Liebe zum Heiligen bringt das Wunder der Liebe zwischen den Menschen. In der katastrophischen Landschaft überlebt die neue Familie, die auf der Zerstörung anderer, älterer Familien beruht.
Deshalb wird ein Mann seinen Vater und seine Mutter verlassen und seinem Weibe anhangen, und sie werden sein ein Fleisch. Und sie waren beide nackt, der Mensch und sein Weib, und sie schämten sich nicht. So steht es in Luthers Übersetzung des ersten Buch Mose (1–24). Die Ehe führt den Menschen zurück in den paradiesischen Zustand der Schamlosigkeit. *Dies Geheimnis ist groß; ich deute es auf Christus und die Kirche.* (Epheserbrief 5, 29–32.) Zerbrechliche Menschen sollen einen ewigen Körper formen, *corpus christi* – sind nicht auch unsere Beziehungskisten und Lebensabschnittspartnerschaften Versuche, den Lauf der Zeit und die Liebe in eine Ordnung zu bringen? Christus

und die Kirche sind zusammengefügt zu einem neuen Körper, so wie die katholischen Eheleute aus ihren Familien austreten, sich von ihren Müttern trennen, um Kinder zu zeugen. Im Hohen Lied von San Donato und in vielen anderen katholischen Überlieferungen streifen Erwachsene die frühkindliche Abhängigkeit nicht einfach ab, wie wir es uns heute manchmal wünschen. Sie wandeln alte Bindungen um in neue. Die junge Ehefrau des Liedes bleibt passiv, gelähmt, trotzdem hält sie die Geschichte in Bewegung. Manche Italienforscher sind der Ansicht, dass es sich in den *mutterzentrierten* italienischen Familien gerade so verhält.[88]
Aus der selbstvergessenen Braut des Heiligen, als *Mädchen* angeredet, als *figliola,* wie es die Bauern manchmal mit ihren Partnerinnen tun, in den Sack gepackt wie eine Ladung Holz, wird die reife Ehefrau. Der vielversprechende Brautwerber wird zum kalten Leugner des Heiligen, der unter dem Einfluss der habgierigen Mutter und des glaubenslosen Gevatters handelt. Auch er muss weiter reifen, zum liebevollen Ehemann. Selbst San Donato löst sich am Anfang der Geschichte von seinem großen Bruder, dem Heiligen Michael, dem in der ganzen katholischen Welt verbreiteten Begleiter der Totenseelen und Schutzpatron der Soldaten. Jetzt erst kann Donato den Lauf der Ereignisse bestimmen, in Lukanien hat er das Heft in der Hand. Er wandelt die Fesseln der Krankheit und Unreife zu freiwillig geknüpften Banden der Liebe. Diese Liebe ist vom Leid geschlagen, aber gebrochen ist sie nicht. Das ist der Weg, der Süditalienern offen steht, im Zeichen der Heiligen. Nachdem man das Taufkind mit Salböl versiegelt hat, muss man ihm wieder Augen und Ohren öffnen: *Effata!* Ein Fremder muss es zur Taufe tragen. Wenn man ein ganzer Mensch sein will, muss man sich aufschließen und verbinden mit dem Anderen.
Das Lied wirkt etwas ungeordnet, es ist abgeschliffen worden in der mündlichen Überlieferung. Unter anderem verstehe ich nicht, warum die zum zweiten Mal mit Lähmung und Blindheit Geschlagene unter ihrem Bett *Scherben* findet, nachdem ihr San Donato das für die Bettler bestimmte Geld wieder in den Schoß geworfen hat. Auch die Reime

wirken manchmal recht gezwungen, aber der lang gedehnten Melodie gelingt es, sie zu glätten. Das Lied beschreibt Eheprobleme, wie man sie in Lukanien kennt und anderswo. Es erzählt aber auch von einer Zeit, in der man noch mit der Feder schrieb und mit dem Pferd unterwegs war und von Wundern, die dem Märtyrerbischof aus Arezzo schon vor über tausend Jahren zugeschrieben wurden.[89] Freilich sind die mittelalterlichen Legenden auf süditalienisch-bäuerliche Verhältnisse hin umgedeutet. Der historische Donatus, Bischof von Arezzo im vierten Jahrhundert nach Christus, soll der Legende nach einen von Heiden zerschmetterten Messkelch weiterbenutzt haben, ohne dass Messwein zu Boden floss. In Lukanien sind aus dem Kelch die Fässer geworden, die ihren Inhalt tragen, obwohl sie zerschlagen wurden[90], und vielleicht erklären sich damit auch die rätselhaften Scherben, welche die Frau unter dem Bett findet. Aus der blinden Sirana, die der Donatus einst in Arezzo geheilt haben soll, ist eine junge Bauersfrau geworden. Sein im Jahre 1781 feierlich vom Papst bestätigtes Schutzpatronat der Erdbeben lässt ihn zum Herrn des Höllenschlundes werden, der die böse Schwiegermutter verschlingt. Und damit ist Donatus auch der Patron des *n'zut*, des Abgangs der kleinen Kinder unter Krämpfen. Wir sprechen von dem Heiligen, der die Menschen unter seinen Schlägen zittern lässt.
Es gibt eine gedruckte Fassung des Donatusliedes, die mein Freund Titino Turtora in seinem Haus in Ripacandida aufbewahrt. Sie wurde zum Donatusfest im August 1914 verteilt, unmittelbar vor Beginn des ersten Weltkrieges, der auch viele Männer aus Ripacandida das Leben kosten sollte. Pasquale Petta aus Venosa hat es im Auftrag eines Donato Turtora verfasst, das war Titinos Großvater. Wie in böser Ahnung vergleicht Petta in seiner Version des Liedes den Weg der jungen Frau mit der Höllenfahrt, die Dante Alighieri in seiner *Göttlichen Komödie* beschreibt. Geführt von Vergil, dem lebenden Toten, macht Dante sich auf die Reise, erlebt Anfang und Ende der Zeiten, die Feuerfoltern der Hölle und ihre teuflischen Bewohner. Unterwegs trifft er die Toten. Sie wissen, wo sie sind, und doch hat die Zeit für sie aufgehört und sie fragen nach den Lebenden, die sie

zu ihrer Zeit gekannt haben. So ergeht es auch der Frau in unserem Lied, die Zeit steht still für sie, wenn sie krank ist. Immer wieder durchlebt sie die Hölle von Blindheit und Lähmung, und nur das Licht des Heiligen macht alles wieder ungeschehen. Die Krankheit wird wiederkehren, solange ihr Mann nicht reif genug ist, seine Versprechen zu halten. Am Ende tut sich die Erde auf und nun muss die Schwiegermutter, die ihren Sohn nicht loslassen kann, zur Hölle fahren. *Dichter*, so redet der Autor des gelehrten Donatusliedes im Stile Dantes einen Gefährten an,

Dichter, wie du mich nur so fragen kannst,
siehst du nicht, ich gehe nach Ripacandida …
Dichter, in diesem Fest trügt ihr euch nicht,
wir machen es für den, der bleibt, wirklich.

Zugehörigkeit wird durch Loslösung erreicht, das Gebet schafft neue Wirklichkeiten. Das gilt ganz besonders für die *Hohe Zeit*, in der das Leben vieler Süditaliener gipfelt, wenn sie sich aus ihrer Familie, von ihren Eltern lösen, um eine eigene Familie zu gründen. Im siebten Himmel schweben sie dann, oder sie tun jedenfalls so als ob, und zugleich sind sie völlig damit beschäftigt, hier auf der Erde ein neues Leben zu gründen.
Im Zeichen des Heiligen bin ich in die Familiengeheimnisse von Gesundung und Gründung eingeweiht worden. Ein Postbote hatte sich zu meinem Boten gemacht und mir versprochen, dass er mich in seinem Heimatort Barile zu einer Familie führen würde, die wirklich große Wunder des Heiligen erlebt habe. Die Nonnen erzählten mir von dieser Familie. Das seien *devoti* der extremsten Art, erst kürzlich sei der älteste Sohn vom Heiligen gerettet worden, aus Lebensgefahr. Der Postbote wird mich dort vorstellen, es ist alles kein Problem. Aber der freundliche und etwas oberflächliche Mann hat nicht bedacht, was seine Ankündigung für Folgen haben kann. *Ein Deutscher will bei euch zu Besuch kommen und euch Fragen stellen.* Mehr hat er den Leuten nicht gesagt. Der Postbote liefert mich mit seinem Auto ab, dann muss er eilig weiter und so stehe ich auf ein-

mal wie verloren in Barile, der Stadt der Höhlen. Nach einigem Suchen finde ich den richtigen Hauseingang, und ich werde von einer älteren, in graue und braune Decken eingewickelten Frau eingelassen. Sie löst die erste Beklommenheit, schickt ihren Mann in die Küche, dass er uns eine Tasse Kaffee brühen soll, entschuldigt sich wegen ihrer schlechten Zähne und beginnt mit einer sorgfältig vorbereiteten Rede. Diese ganze Nacht hat sie nicht schlafen können. Eine Art SS-Mann hat sie erwartet. Aber nun sieht sie, dass ich ein guter Junge bin. Und schon deklamiert Frau Carrara das Lied von San Donato, die ganze Geschichte von den Brüder-Heiligen, von der blinden und gelähmten jungen Frau, als der Mann sie in einen Sack gepackt und wie Holz auf sein Pferd geladen hat, ihre Gesundung, die Wut der Schwiegermutter, die zweite Erkrankung. *Zum Schluss konnte sie laufen und alles.* Ich bin sprachlos, denn das erste Mal hat mir jemand diese Legende in voller Länge erzählt. Ich bin sprachlos, weil Frau Carrara mit ihrer Geschichte den Abgrund zwischen Tätern und Opfern des zweiten Weltkrieges überbrückt hat im Zeichen des Heiligen. Sonst muss ich mir das Lied mühsam aus Ginos Abschriften zusammenlesen, jetzt wird es mir als Ganzes dargeboten, zum Zeichen der Versöhnung. Als ich die Sprache wiederfinde und frage, wie sie denn von Barile aus auf San Donato gekommen sei, erzählt sie mir die Geschichte vom Vater, der am Krankenbett der Mutter die Rückkehr zu San Donato gelobt hatte und dann durch das Wirken der tückischen Schwester von seinem Plan abkommt und vom rechten Weg. Erst wenn man peinlich genau die Anweisungen des Heiligen erfüllt und sich auch von seinen Blutsverwandten, von der Mutter, von der Schwester nicht mehr abbringen lässt, erst dann lebt man im Licht des Wunders, erst dann kann die Frau wieder gesund werden, kann die Ehe gelingen. Peinlich genau und dringlich vollzogener Kult des Heiligen hat Frau Carrara aus den finanziellen Nöten geholfen, in die eine junge Familie zur Zeit der *miseria* der fünfziger und sechziger Jahre schnell geraten konnte. Sie hat ihn geträumt, in steifer Haltung stand er in der Tür, ein lebendes Standbild, mit segnend erhobener Hand. *La grazia è concessa, die*

Gnade ist erwirkt. Am nächsten Morgen steht ein Mann vor der Tür, ein Stück Land will er kaufen, das die Familie nicht mehr braucht. Er trägt den Scheck schon in der Hand.

Und dann ist da noch das Wunder, das ihrem Sohn widerfahren ist. Mit diesem Wunder geht der familiäre Kult in die dritte Generation. Federico hatte letztes Jahr kurz vor Weihnachten einen schweren Verkehrsunfall. Hilflos verwiesen ihn die Ärzte von einer Klinik in die andere, eine Hirnverletzung, unheilbar. Freunde von Freunden lassen ihn in ein großes Spezialkrankenhaus in Neapel bringen. Die Mutter war verzweifelt. *Wo sollte ich hingehen, ich verstand überhaupt nichts mehr ... San Donato sagte im Traum: »Du weißt, wohin du zu gehen hast, dort geht man zu Fuß hin, ohne weiter Angst zu haben.«* Der Heilige meinte seine Wallfahrtskirche in Ripacandida. *Der Doktor sagte: »Geh' nach Hause.« Aber ich wusste den richtigen Weg, ich bat um die Gnade: »Mach' es um der Liebe deiner Mamma willen, San Donato!«* Als die Mutter so betet, hält der Bruder von Federico Wache am Krankenbett. In der Nacht nickt er ein. Da erscheint ihm San Donato, zusammen mit San Gennaro, dem Schutzpatron von Neapel, Märtyrer der frühen Kirche wie der Bischof von Arezzo. San Donato legt dem Träumer eine Hand auf die Schulter, zeigt mit der anderen auf den todkranken Federico und sagt: *Der gehört mir. Der gehört mir. Der gehört mir.* Der Bruder wird wach, und im selben Moment kommt Federico aus dem Koma heraus zu Bewusstsein. Er weiß nichts von seinem Unfall und ruft: *Wo sind wir, verdammte Kacke, und wo ist der Knoblauch für das Weihnachtsessen?*

Jetzt wird er heiraten. Frau Carrara lehnt sich in ihren Decken zurück, die Erzählung ist beendet. Im Zeichen des Heiligen hat Federico den langen Weg zurückgefunden zum Weihnachtsfest, zu seinen Verwandten, zur Gesundheit, zum großen Essen. Bald lerne ich ihn kennen, ein robuster junger Mann, immer noch blass von der überstandenen Krise. Er besteht darauf, seine Hochzeit im Wallfahrtsheiligtum von Sankt Donatus zu veranstalten. Der Streit, den er deswegen mit dem Priester von Ripacandida auszufechten hat, wird bald ebenso legendär sein wie die Geschichte seiner Rettung. Don Peppe beharrt darauf, dass Federico zu einem anderen Kirchsprengel gehört, was hat ein Hochzeitspaar aus Barile in der Wallfahrtskirche von Ripacandida verloren? Das letzte Mal habe ich Federico gesehen, als er seinen ersten Sohn in der Augustprozession mitführte, verkleidet als San Donato. Damit geht der Kult in die vierte Generation, und den Deutschen hat sie auch noch gestreift. Der träumt manchmal, in den Nebeln von Barile zu gehen und dort begegnet er Sankt Donatus, steif, standbildhaft und doch lebendig und die Hand zum Schlag erhoben.

Leben im Zeichen des Heiligen ist gesundes Leben. Gesundheit erkennt man an einer guten Ehe. Ein gelungenes Leben bringt neues Leben hervor. Das neue Leben wird ins Zeichen des Heiligen gestellt. In dieser Folge, bei der aus Gesundem Gesundes entspringen soll, können Lukaner den Sinn suchen. Sie können sich Mühe geben, aber das zerbrechliche Glück liegt in der Hand der Heiligen und des wiedergeborenen Gottessohnes. Das Böse ist dabei allgegenwärtig. Das Böse offenbart sich im Keller, in der Anonymität der Straße und unter der Erde. Das ist die andere Seite des Familienlebens, die Schwiegermutter oder, im Falle von Frau Carraras Vater, die böse Schwester.

Um die lukanische Heiratspolitik ranken sich Geschichten von Hemmnissen und heimlichen Absprachen, von bösen Schwiegermüttern und erbschleicherischen Brautwerbern.[91] Der Mamma-Madonna steht die Schwiegermutter gegenüber. Dabei scheint niemanden zu kümmern, dass viele Frauen in Wahrheit beide Rollen einnehmen, sie sind Mütter und werden zu Schwiegermüttern, *per forza,* wie soll es anders sein? Allen Beteiligten ist bewusst, dass sie ihre Rollen spielen müssen, im Guten wie im Bösen, wenn das Leben gelingen soll.

Zum kleinen Brunnen zieh´ ich hin,
wo die Frauen waschen.
Dort such' ich mir die Schönste aus,
auf dem Pferd' trag' ich sie nach Haus.
Die Leute sagen dann: »Was für eine schöne Maid,
wo hast du das erbeut'?«

»Das hab ich aus Majella, hoch im Wald,
Nie schmilzt der Schnee dort, denn da ist es kalt.« [92]

In der eiszeitlich anmutenden Geschichte vom Jäger, der an der Wasserstelle einem ganz besonderen Wild auflauert, lernen wir das Gegenteil des jungen Mannes kennen, der im Lied von San Donato seine gelähmte und erblindete Frau reumütig auf das Pferd bindet, um sie zum Heiligtum hoch in den Bergen zu führen. Giovanni Battista Bronzini hat dieses Lied in den vierziger Jahren gesammelt. Alte Heiligtümer des Südens beherbergen oftmals eine Wasserstelle [93], einen Brunnen oder eine Quelle. Früher boten die Wallfahrten die seltene Gelegenheit, einen fremden Mann oder eine andere Frau kennenzulernen. Bei den Prozessionen und in der Enge der überfüllten Kirchen hatten junge Leute Gelegenheit, sich zu betrachten und kennenzulernen. Ich kenne etliche Ehepaare in Ripacandida, die sich noch auf diese altmodische Weise gefunden haben.

Weihwasser nahmst du und das Kreuz hast' geschlagen,
und ich glaube, dem Heiligen hattest du was zu sagen,
dann stand'st du mir ganz dicht gegenüber,
bei deinem Blick ging's mir drunter und drüber,
du hast dich mitten unter die anderen Leute gestellt,
aber für mich warst du die Schönste der Welt. [94]

Schicksalhaft sollen die Verlobten einander erkennen, so, als sei ihre Ehe im Himmel geschlossen worden. In den fünfziger Jahren gab es in Venosa noch das Bohnenorakel. Dazu versteckten die Mädchen eine abgeschälte, eine halbgeschälte und eine naturbelassene Bohne unter einer Serviette. Nun wurde blind eine Bohne gezogen und geprüft, wie gut oder schlecht sie »angezogen« war. Die Mädchen stellten sich wohl vor, dass der Bräutigam so gut oder so schlecht ausgestattet sein würde wie die Bohne, die sie gerade gezogen hatten. Ob die Ehe mit einem wohlgekleideten Früchtchen glücklicher wurde als die Beziehung zu einer nackten Tatsache, kann uns Bronzini leider auch nicht verraten. [95] Der Volkskundler schildert eine Fülle von Bräuchen um die *tra-*

suta[96], die schwierige »Passage« des Bräutigams in das Haus der Braut. Es beginnt mit abendlichen Serenaden vor den Fenstern der Angebeteten[97], Botschafterinnen, *m' basciatric'*, und andere Vermittler[98] kommen zum Einsatz. Es folgt ein schüchterner Austausch von Pfändern und Geschenken[99] und schließlich die Anerkennung des jungen Mannes als eine Art *compar'*, der das Haus betreten darf und am Familienleben teilnimmt.[100]

Lauf' nur soviel du imstande bist,
zum Schluss du in meinen Händen bist,
Ich setze dir einen gräulichen Zauber an,
jetzt kannst du ohne mich nicht mehr sein.[101]

Ambasciatura ist nicht nur ein Wort für Botschaft oder Brautwerbung, sondern auch für das Zaubern, so wie das *carmen* der Römer nicht nur eine charmante Liedbotschaft enthielt, sondern auch eine magische Annäherung an den anderen. In Deutschland wurde die Zauberei früher manchmal *Böten*[102] genannt. Die italienischen Mädchen konnten nur indirekt um einen jungen Mann werben, sie gaben keine Ständchen unter den Fenstern des Angebeteten. Ihre indirekten Methoden sind dafür umso drastischer. Wollte ein Mann sich nicht mit Geschenken verpfänden oder sonstwie der Diplomatie der Frauen nachgeben, konnte es geschehen, dass die Mädchen Menstruationsblut, gemahlene Knochen der Toten oder Knochenmark vom Esel in sein Essen mischten oder in den bitteren Espresso. Intimstes, Innerstes der zukünftigen Braut soll sich in seinem Inneren mischen, ihn zum *innamorato cotto* machen, zum Verehrer, der von der Liebe weichgekocht ist – oder zum Esel.[103] Die zauberhafte und wunderbare Aufwallung der Gefühle kann zur Bedrohung werden. Das schüchterne Begehren wird zur Triebkraft des bösen Blicks, der Bräutigam zum mehr oder weniger lenkbaren Tier und die Zuneigung wird zur Kränkung, wenn z. B. ein unbedacht geäußertes Lob der Schönheiten einer jungen Frau bei ihr einen Anfall von Kopfschmerz auslösen.[104] Giovanni Battista Bronzini[105] berichtet, wie sich früher die Pärchen unter Bäumen verlobt haben, wenn sie den kirch-

Hochzeitspaar, Lago di Monticchio, Monte Vulture, 1983

lichen Segen nicht erhalten konnten – *der Baum der mir blüht, das ist mein Mann*, so hieß es schon in den Orakeln, mit denen die Unverheirateten ihren Zukünftigen erkennen wollten. Begehren sucht nach einer Verankerung, nach Anerkennung, wenigstens das rohe Holz sollte doch Verständnis für die Liebenden haben, denn es schlägt aus und blüht, und es ermöglicht schließlich auch die *Zweigpatenschaft*, bei der Kinder einen zweiten Paten erhalten, neben dem kirchlich ausgemachten Täufer. Die Ripacandidesi sind aber heute noch in Lukanien für einen anderen Brauch bekannt, der seit mindestens zwei Generationen nicht mehr ausgeübt wird – leider nicht, könnte man sagen, denn dieser Brauch versinnbildlicht die Schwierigkeiten des Mannes an der Schwelle zu der von ihm begehrten jungen Frau. Abends musste der Freier einen *Hochzeitsklotz*, den *ceppo nuziale*[106] vor die Tür ihres Elternhauses stellen. Wurde der Klotz über Nacht hereingeholt, konnte er sich Hoffnungen machen. Das war eine zeitsparende Methode, den Stand der Dinge zu prüfen. Den Klotz konnte man verheizen, was die künftige Rolle des Mannes als Versorger der Frau beschreibt. Der Klotz war nur der Auftakt einer Fülle von Geschenken, die nun zwischen den zukünftigen *coniugi* wanderten, den *Zusammengeworfenen.* Zugleich stand der Klotz wohl auch für den Bräutigam selbst, den man nun ins Haus hinein ließ oder nicht.

Die Hochzeit gestaltet sich bei Katholiken gelegentlich als eine Folge von Abwehrmaßnahmen gegen das Böse. Zunächst erfragt der Priester das Ja-Wort und steckt zur Bestätigung des ewigen Bundes Ringe an. Dann legt er eine weitere Fessel an, indem er *die beiden ineinandergelegten Hände mit der Stola* umwindet, dem Schulterband der Gottesmänner. Darüber legt er *seine rechte Hand* und spricht *ein Bestätigungswort: Was Gott verbunden hat, das darf der Mensch nicht trennen.*[107] Aber auch das reicht nicht, jedenfalls nicht im Lukanien der fünfziger Jahre. Damit sich nichts und niemand zwischen die Brautleute drängen kann, achtet der Bräutigam darauf, dass er vor dem Altar einen Zipfel des Brautkleids unter das Knie klemmt – eine unbequeme, aber glückverheißende Haltung. Im siebzehnten Jahrhundert musste der Bischof von Melfi verbieten lassen, dass dem Brautpaar während der Einsegnung von hinten Zaubersprüche zugeflüstert wurden, um sie vor den Beschwörungen und dem Bindezauber übelwollender Mitmenschen zu schützen.[108] Der Weihwasserspender – so schildert es Bronzini – wurde während der Zeremonie stets von einigen kräftigen Verwandten im Auge behalten. Dort, wo alle Hände sich berühren, sollte niemand Gelegenheit bekommen, am Glück der jungen Eheleute herumzufummeln. Zum Schutz vor dem bösen Blick wurde die Braut zur *wandernden Verkaufsausstellung in Sachen Gold und Geschmeide*[109],

wie ein Spötter bemerkt. Zum Zeichen der unverbrüchlichen Bindung trug sie manchmal eine Art goldenes Seil um den Hals, ein *lacio* [110] – so nennt man auch ein Ankertau oder ein Zugseil oder auch Bänder, mit denen die Magier Beziehungen ihrer Kunden wieder zusammenknoten.
Hatte der Freier erst an der Schwelle zum Haus der Braut warten müssen, so drang das Paar nun im Triumphzug über die Schwelle der Kirche ins Leben hinaus. Jugendliche rannten dem Zug voraus und verkündeten mit großem Geschrei, dass hier junges Glück zu besichtigen sei. Freunde und Verwandte hatten Triumphbögen aus Blumen und Girlanden gebaut, und vom Hochzeitszug aus wurden ganze Ladungen von Blumen, Koriander, Reis, Konfetti und Süßigkeiten in die Menge geworfen. Die Begegnung mit einem eventuell zur gleichen Zeit stattfindenden Leichenzug wurde tunlichst vermieden. [111] Das Hochzeitsessen war äußerst üppig. Es sollte alle denkbaren Neider abspeisen und alle Freunde und zukünftigen Freunde der neuen Familie zu glückverheißenden Trinksprüchen verleiten. Die Teller wurden zerworfen, damit niemand mehr die neue Gemeinschaft der Hochzeitsgevattern rückgängig machen konnte. [112] Am Hochzeitsbett waren Abwehrzeichen befestigt, geweihtes Salz, ein Stück von einem Priestergewand, Scheren, Sicheln. [113] Ausdehnen, Einklemmen, Abschirmen, Abspeisen, Abschneiden, Gegenreden – auf diese einfache Formel lässt sich die Fülle alter lukanischer Hochzeitsriten bringen, eine Fülle, die wir nur bestaunen können: Lebenskunst als Gesamtkunstwerk.
Allem Gerede von Schicksal, Zauber und Liebe zum Trotz war die Hochzeit ein Geschäft. Das lernt man bei der Lektüre alter Hochzeitsverträge. Fein säuberlich ist hier die Morgengabe der Frau aufgelistet, im Gegenzug zur Verpflichtung des Ehemannes zum Unterhalt. Außerdem schenkte der Verlobte Gold, Schmuck, der schon seiner Mutter gehört hatte und der auf diese Weise im Laufe der Zeit von Familie zu Familie durch die ländliche Gesellschaft gewandert ist. [114] Einem weltweit verbreiteten Muster folgend, gaben die Frauen dafür Kleidung, Taschentücher, selbstgenähte Wäsche. [115] All das gipfelte in einem festli-

chen Umzug[116], mit dem die Braut ihre Aussteuer in das Haus transportieren ließ, das sie nun gemeinsam mit dem Mann bewohnen würde. Oft gehörte dieses Haus der Ehefrau, es wurde ihr zu Lebzeiten vererbt. Die Familie der Frau bot die materielle Hülle der Beziehung auf, der Mann brachte dafür die innere Ausstattung mit, die finanzielle Reserve, die Felder, die Versorgung durch ein Gehalt. Der Mann repräsentierte die Familie nach außen, im Innern gaben eher die Frauen den Ton an. Die Morgengabe[117] war groß, das Brautgut, welches der Vater der Braut, seiner Tochter, mitgab. Stolz wurde sie hergezeigt, während dieser *Hochzeitsklotz* von Mann sich erst im Nachhinein richtig bezahlt machen musste – das konnte schiefgehen, wie wir am Verhalten des jungen Ehemannes im Donatuslied ablesen. Doch alles in allem hat er meist gespurt. Er war nun, wie die zurückbleibenden Freunde manchmal spotteten, *eingeschrieben ins Buch der Toten.*[118]
Wer auch immer wo auch immer auf der Welt mit Italienern zusammenlebt, weiß, dass an die Stelle der abwehrmagisch schreienden Jugendlichen des alten lukanischen Hochzeitszuges ein Autocorso getreten ist, begleitet vom ohrenbetäubenden Hupkonzert. An die altmodische und im Grunde bescheidene Angeberei der Brüder und Freunde des Brautpaares – *die Hände in den Hosentaschen, ... protzige Zigarre und die Mütze hinter die Ohren geschoben ...*[119] – erinnert heute die exquisite, fast schon übertrieben elegante Kleidung der Gäste. Das Essen ist immer luxuriöser geworden und umfasst heute oft zwanzig Gänge und mehr, nach dem zweiten oder dritten Gang ziehen einige Kellner nur noch mit großen Plastiktüten zwischen den hunderten Gästen umher und schaufeln das Übriggebliebene zusammen für die Schweine. All das wird weiterhin gerne garniert mit Konfetti, Süßigkeiten und Triumphbögen. Heute bekommen die Gäste am Ende des Festes sogar ein kleines Geschenkpaket, in dem zuckerglasierte Mandeln nicht fehlen dürfen, letzte Erinnerung an die Nüsse, mit denen man früher die Potenz des Bräutigams beschwor. Fantasiebegabten Lesern von Bronzinis Buch über die Folklore der Basilikata werden die Ohren klingen von all den nächtlichen Serena-

den, Heiligenhymnen, Triumphgesängen und Zaubersprüchen. Viele Lieder und Rituale gibt es heute nicht mehr, und wenn noch etwas zu verhandeln ist, wird das nüchtern zwischen den betroffenen Familien diskutiert. Die Fäden ziehen dabei weiterhin die Frauen, so versicherten es meine Freunde in Lukanien immer wieder. In der *villa*, dem kleinen Park beim Donatusheiligtum, treffen sich derweil die Jugendlichen und erproben aneinander die Vorstellung von der romantischen Liebe – wie weit sie dabei gehen, ist für Außenstehende schwer zu ermessen und es scheint sich auch ständig zu wandeln.
Die Tradition, die auf diesem Wege verloren geht, besteht nicht nur aus kreativer Treuherzigkeit, untermalt von Musik und Tanz. Das Lied vom *kleinen Brunnen* hatte trübe Untertöne. Vom botschafterlichen Heiratsvertrag angewidert haben sich immer wieder junge Frauen in die uralten Hausbrunnen von Ripacandida gestürzt, bis zu zwanzig Meter tief in den Fels hinein. Der Brunnensturz galt als besonders weibliche Methode des Selbstmordes. Die blassen toten Frauen in ihren Brunnen, auch das war die *gute alte Zeit*, von der die Lukaner heute manchmal schwärmen, weil *alle viel besser zusammengehalten haben als heute.* Das Sichtbare ist das Schöne an der Folklore, aber es gibt auch Verstecktes, an das man sich heute nur mit Mühe erinnert, um es dann in der Not umso eifriger wieder zu beleben. Dazu gehören auch die mit Blut vergifteten Kaffeetassen, die Eifersuchtsdramen, die Gewaltszenen zwischen den Geschlechtern und die Büßerinnen, die den Boden der Kirche auflecken mussten unter dem stumpfen Blick des Standbildes oder ihr Kind vorgeworfen haben auf seinen Altar.
Die Tradition ist tot und doch nicht tot, wie der Heilige. Mehr denn je ist die Braut eine *wandernde Verkaufsausstellung in Sachen Schmuck*. Bronzini macht vorsichtige Bemerkungen über einen versteckten lukanischen Kult des Freiheitsbaumes, über nordische Maibäume im Süden und über Zusammenhänge dieser Baumkulte mit dem Hochzeitsklotz[120], der neue Triebe treiben soll. Auf die *Baumverlobung* und die *Zweigpatenschaft* kommt der Volkskundler in diesem Zusammenhang vorsichtshalber gar

nicht zu sprechen, das wäre seinen wissenschaftlichen Lesern wohl allzu spekulativ und altertümelnd vorgekommen. Doch heute bestätigen sich diese Andeutungen mehr denn je, denn der Kult der Natur hat die medialen Bräuche des Fotografierens und Filmens erobert. Kein Paar versäumt es, die Hochzeit in ausgeklügelten *fotografischen Riten*[121] per Video und Fotoapparat dokumentieren zu lassen – dabei spielt das Posieren in der Natur eine große Rolle, vor Bäumen und Gewässern. Manchmal müssen sie weit fahren, um ausreichende Natur zu finden. Beliebt sind die waldreichen Seeufer am Monte Vulture. Bevorzugt werden gegabelte oder miteinander verwachsene Bäume, von denen man vermuten könnte, dass sie die beiden Stämme versinnbildlichen, die nun in der neuen Familie eins werden.[122] Unsere deutschen Herbstspaziergänge an den Seen fanden die Nachbarn und Freunde allerdings befremdlich – es geht ihnen nicht um das *wahre Erlebnis*, durch das wir Deutschen wieder zum Teil der Natur werden wollen. Im Gegenteil, die Natur wird bloß zum Bild menschlicher Gefühle gemacht. Diese Gefühle haften jedoch wieder in undurchschaubarer Weise auf der rohen Kraft der Bäume, die in jedem Menschen zu wirken scheint. Bei einigen Hochzeiten in den achtziger und neunziger Jahren habe ich erlebt, dass der Priester das Ja-Wort oder die Ringübergabe wiederholen musste, weil der Fotograf mit seinem Team noch nicht richtig zum Zug gekommen war. Mit kleinen stummen Kompromissen helfen sich Priester und Fotografen über die schwierige Situation hinweg. Doch ohne den Priester gibt es weiterhin keine Hochzeit, kein Video und kein Fotoalbum. Es braucht einen Hirten, der die Menschen unter den Bäumen zusammentreibt wie eine Herde. Ganz ohne Animatoren und Muntermacher, ohne Betriebsnudeln, Alphatiere, Sponsoren und Rädelsführer geht es wohl nirgends auf der Welt.

Der Weg des Bräutigams führt weiterhin über die Schwelle zum Haus der Brauteltern – was auch immer sonst in der *villetta* hinter dem Heiligtum geschehen mag. Über die Geschichten vom *Hochzeitsklotz* lacht man im modernen Ripacandida, aber die Zahl der unehelichen Geburten ist

Mädchen im Kommunionskleid, Ripacandida, 1994

weiterhin sehr niedrig, mit mehr oder weniger frommer Miene absolvieren die Paare das kirchliche Ritual und die anschließende Orgie der Verschwendung. Allerdings wäre es heute unvorstellbar, dass sich bei der Trauzeremonie Gevatter hinter dem Paar aufstellen, die segensbringende Bann- und Bindeformeln einflüstern. Die Tradition der zusätzlichen Segnung, Versiegelung und Reinigung durch Laien hat sich seit Bronzinis Forschungen noch mehr zu einer verborgenen Folklore entwickelt. Aber im Verborgenen ist sie umso beliebter. Magier müssen das Unterzeug eheunwilliger Söhne einsegnen, und es gibt geheime Kuren gegen den schädlichen Einfluss aus vergifteten Kaffeetassen. Eines der wichtigsten Werkzeuge der Magier sind Bänder, mit deren Hilfe sich die Kunden an geliebte Menschen anknoten können oder unerwünschte Bindungen wieder auflösen. Sie gleichen der Stola, dem heiligen Tau, mit dem der Priester das Brautpaar aneinanderfesselt – allerdings soll das kirchliche Ritual im Gegensatz zur Magie Geltung haben für ein ewiges Leben zu zweit und unwiderruflich sein.

Erst als ich diese mal verborgene und im nächsten Moment wieder allzu offensichtliche Welt der kirchlichen und nichtkirchlichen Rituale besser kennengelernt hatte, verstand ich, warum Corrado und seine Frau ihrer Tochter Anna, nur ein Jahr alt ist sie geworden, nach dem Tode ein winziges Brautkleid angezogen haben und warum die Nachbarn und Freunde dann mit Süßigkeiten, Konfetti und glasierten Mandeln zum Totenbett des Kindes kamen. Auch Anna sollte ihr Leben ganz gelebt haben. Sie sollte einmal so aussehen, als habe sie sich an einen Mann gebunden. Stellten die Bräute der fünfziger Jahre noch stolz auf dem Hochzeitsbett ihre Morgengabe zur Schau, so lag dieses Kind als kleine Braut auf dem Bett der Eltern, in Erwartung des Bräutigams. Zum ganzen, richtigen, gelebten Leben gehört, dass man getauft wurde und geheiratet hat. Kinder gehören dazu und dass man arbeitet und Geld verdient. Und ein eigenes Haus sollte man haben. Man feiert und macht Politik und einmal, wenigstens einmal im Leben soll *man den Geruch der Heiligen in der Nase gehabt haben.* So erklärt es mir der dicke Ciccarella, von Mann zu Mann. Er ist der einzige Lokalpolitiker, dem es in den fünfziger und sechziger Jahren gelungen ist, für viele Jahre Bürgermeister des unruhigen Ortes zu bleiben. Ciccarella erzählt von seinem Besuch bei Padre Pio, einem Kapuzinermönch, der an den Händen die blutigen Wundmale Christi trug. Padre Pio ist mittlerweile seliggesprochen und genießt einen weltweiten, kirchlich geförderten Kult. Damals lebte der Wundertäter noch, in seinem Heiligtum auf dem Monte Gargano, etwa 80 km von Ripacandida entfernt.

1949 war ich bei Padre Pio … ich war skeptisch, na gut, ich musste mich bekehren lassen. Er wirkte leidend und man roch den Duft, der von diesen Wunden ausging. Das war in einer kleinen alten Kirche. Die Leute waren alle auf den Knien. Ausländer legten die Beichte ab, so dass alle es hören konnten. Sie sprachen in ihren Sprachen, aber Padre Pio konnte sie verstehen und antwortete ihnen. Das war ein großer Mönch im Ruch der Heiligkeit. Aber kulturell betrachtet war er eine Null. Er antwortete auf neapolitanisch. Wenn ihn jemand fragte: »Wann kommt mein Sohn aus Rußland zurück?«, dann hieß es nur: »Der kommt nicht mehr!« Zu mir sagte er: »Du kriegst keine Absolution, bevor du nicht deine Sachen zu Hause in Ordnung gebracht hast, denk mal dran! Zuerst bist du Vater, Ehegatte, arbeitest, dann erst kommt die Politik und das ist es dann.« Da habe ich verstanden.

Ohne Umschweife erklärt mir Ciccarella die Ursache seiner Beschwerden, mit der Freimütigkeit der Menschen, die ihr Leben vollbracht haben und mit der Schamlosigkeit des Gespräches unter italienischen Männern. Als Padre Pio so zu ihm sprach, hatte er keine körperlichen Beziehungen mehr zu seiner Frau. Er hatte sich überarbeitet und war dem Familienleben entfremdet. Nach dieser Ermahnung wurde es besser. Die Impotenz, der Geruch von Blut, die vermeintliche Primitivität des in Italien als eher vulgär verstandenen neapolitanischen Dialektes, all dem steht der Duft der Heiligkeit gegenüber, das Bild der Heiligen Familie und der Tiefblick des ordinären Mönches. *Un' uomo vissuto*, wie man in Neapel sagt, ein *gelebter Mann*, hat Erfahrungen mit beidem, mit dem Ruch des Blutes und mit dem Rosenduft der anderen Welt. Dazu ermächtigt die Erfahrung eines vor 1600 Jahren durchlittenen Martyriums ebenso wie ein solider Ruf als Geisterseher und Lastenträger des Bösen.

Schließlich beten die Mädchen, um einen Mann zu finden, zu den Heiligen; besonders werden dabei die Schutzpatrone der Orte angefleht. Die Heiligen sind die Magier des Himmels, so wie die Magier die Heiligen auf der Erde sind. Jenseits von Eboli, dort wo »Christus nicht hingekommen« sein soll, kann man oft feststellen, dass sich die beiden Welten, die des Himmels und die der Erde, miteinander vermischen. Sie ähneln sich und werden von denselben Men-

schen bevölkert. Dieser grauenhafte Abgrund der Welten, den die vermeintlich Zivilisierteren konstruieren, in guter oder auch in böser Absicht, es gibt ihn nicht. [123]

6. Tod

Nie wieder Abend, nie wieder Morgen,
das Brot ist im Ofen zu Blei geworden.
Vergeblich zirpt die Zikade bang,
im Haus drinnen ist das Feuer ausgegangen.
So schallt der Ruf von Hof zu Hof:
Schwarz ist der Tod, schwarz ist der Tod. [124]

Dieser Ruf verfeinert sich zum Spiel der Glocken, an der Tonfolge können die Menschen erkennen, ob ein Kind beerdigt wird oder ein Mann, eine Frau oder ein Priester. Als ich eines Abends in der *piazza* von Ripacandida unterwegs war, trübte sich die ohnehin schon zum Schwarz der Trauer neigende Menge der Bauern und Pensionäre immer mehr ein und aus einer Gruppe verdunkelter Männer flüsterte und nuschelte man mir zu: *Ein Unglück – ein Unglück ist geschehen. Die Frau von Senator Calice, von Genosse Calice ist gestorben. So heißt es aus Rionero. Es heißt, sie habe sich umgebracht.* Doch schon bald kolportierten die Anhänger der Gegenpartei, dass lediglich eine Witwe gleichen Namens an einer Krankheit gestorben war oder sogar an Altersschwäche. So schnell wie der Geist der Trauer aufgetreten war, so schnell verflüchtigte sich die spontane Gemeinde der Mitleidenden und Wähler der Kommunistischen Partei Italiens wieder. Im Nu domierte in der *piazza* erneut das Alltagsgrau. Hier gab es oft keine freie Wahl zwischen dem Schwarz der Trauer und den Farben der Rebellion oder der Liebe – eine Wahl, die wir in unserem modernen Leben jeden Morgen vor dem Spiegel treffen. Die lukanische Trauergemeinde ist schwarz.
Nirgends wird der schwarze Faden der lukanischen Folklore deutlicher als in den unscheinbaren Bändchen, mit denen man den Toten die Hände in Gebetsstellung auf der Brust

zusammenzurrt und das Kinn hochbindet.[125] Nicht mit dem Ausdruck eines hohlen Schreis, nicht mit zur Geste erstarrten Armen soll der Tote im Grab liegen. In ruhiger Haltung soll er der Wiederauferstehung entgegensehen, tot und doch nicht tot, betend mit geschlossenem Mund im gefassten Gesicht. Das leisten die schwarzen Bändchen, die, heute selten geworden, in der alten Zeit den Leichen Form gegeben haben. Sie wurden zum Vorzeichen des Todes und finden darum heute noch vielseitige Verwendung bei den Magiern, in einer gelungenen Mischung mit Sargnägeln und jener unnachahmlichen Asche, die man nur aus den Knochen der Toten gewinnt.

Gelegentlich schmückten sich Sterbende mit dem Gürtel der Franziskanertracht – einem Strick – oder legten Kleidungsstücke anderer Orden an, denen sie gerne ihr Leben geweiht hätten, z. B. die Skapuliere der Marienbrüder vom Karmelberg. So zusammengebunden werden sie in das letzte Öl gelegt, nicht in der Hoffnung auf Heilung, sondern damit der Herr sie aufrichten kann für das Ewige Leben.[126] Amulette hat man den Sterbenden abgenommen, damit sie, so deutet es Bronzini, den Todeskampf nicht unnötig verlängern. Leider erfahren wir nicht, ob sie zur Grablegung wieder angelegt wurden.[127] Tote Frauen und besonders Mädchen wurden in weiße Fest- und Hochzeitstracht gekleidet, kleinen Kindern legte man ein weißes Hemdchen an,[128] im übrigen wurden die Toten, Männer wie Frauen, nach dem letzten Segen und der letzten Waschung[129], in schwarze Sonntagskleidung gehüllt. In großen Phasen der Trauer, die bis zu vier Jahre anhalten konnten oder sogar ein Leben lang, blieb das Schwarz die Farbe der Hinterbliebenen. Da ältere Menschen oft eine ganze Reihe von Toten zu beklagen hatten, war – und ist vielfach heute noch – Schwarz die Kleiderfarbe der Frauen jenseits der Fünfzig. Denn die Frauen tragen den ganzen Betrieb um die Toten, sie neigen dazu, dieses Mitleid mit den Toten, das man auch Trauer nennt, offen zu zeigen. Bei der Totenwache im Haus und bei der Präsentation der Leiche im Gottesdienst machen die Verstorbenen das letzte Mal *eine gute Figur*. Grabbeigaben[130] begleiten sie auf dem Weg zu einem Leben in der *anderen Welt*: ein Portemonnaie mit einigen Geldstücken; ein Fläschchen mit einem Zettel, auf dem der Name des Toten geschrieben ist, der *Ausweis für die andere Welt*[131], ein Rosenkranz, ein Gebetbuch, vielleicht die Pfeife, Feuerzeug, Zigarren und Wäsche zum Wechseln; der Hut, *sonst kommt der zurück, um ihn zu suchen …* oder auch … *damit er im Jenseits gut dasteht …*,[132] Kamm und Taschentücher; die beste Wäsche. *In der anderen Welt läuft man nicht so herum wie hier.* Auch in den achtziger und neunziger Jahren des zwanzigsten Jahrhunderts hatte sich daran noch nicht viel geändert in Ripacandida.

Sachgemäßer Umgang mit Leichen ist für einige meiner Freunde in Ripacandida ein unerschöpfliches Thema. Der Brauch verlangt, dass Familie, Freunde und Nachbarn eine Nacht mit dem Toten verbringen. Die Leiche liegt aufgebahrt im Bett, die Füße möglichst schon zur Tür gerichtet. Kerzen werden aufgestellt. Die Haustür steht offen und an den Wänden des Sterbezimmers sind Stühle aufgereiht. Hier sitzen die trauernden Nachbarn, Freunde, Verwandte und Gevattern. Einige sind in stummer Verzweiflung befangen, andere halten sich an überlieferte Posen der Pietät. Es gibt Leute, die gänzlich unbeteiligt wirken, andere sind sichtlich von ihren Gefühlen überwältigt. Oft herrscht respektvolles Schweigen, bis sich doch wieder ein Gespräch über banale oder – dem Anlass entsprechend – schaurige Themen entspinnt. Titino ist als Leichengänger bekannt und beliebt. Seine ganze Sorge gilt den Problemen, die besonders bei warmem Wetter durch Leichengase entstehen können. *Da war nur noch ein Sarg voller Schleim und Kram, es war scheußlich …* Aber vielleicht äußert sich in seinen Reden auch eine tieferliegende Sorge um das Aufquellen eines Etwas, das viele Lukaner heute noch allzu gut kennen, auch wenn es anscheinend längst schon der Vergangenheit angehört. Man nennt es den *lamento lucano,* eine höchst lebendige Klage über den Tod.

Frauen erheben sich abwechselnd, nähern sich der Leiche, reißen sich an den Haaren. Voller Verzweiflung zerkratzen sie sich das Gesicht. Dabei beschwören die Klageweiber in lang gezogenen, geradezu virtuos verzierten Tonfolgen die besten Erinnerungen an das Leben mit dem Toten herauf.[133]

Das ist das Klagelied der Lukaner. Sie küssen und umarmen die Leiche. Dann ziehen sie sich zurück und starren ins Leere, der Kopf bewegt sich wie im Takt zu einer Musik, die allein sie zu hören scheinen, ungeordnet fliegen ihre Haare. Rhythmisch wischen sie die Augen aus, um sich in einem Ruck, dem *rupp'* oder *gropp'*,[134] zum Weitersingen aufzuraffen, das von tiefen Schluchzern unterbrochen ist. In den letzten Jahren hat das in dieser Heftigkeit nachgelassen, eigentlich passiert es nur noch, wenn ein ganz junger Mensch gestorben ist und dann fehlen den Beteiligten oft die alten Worte der Fassungslosigkeit. Die Kirche, die seit Jahrhunderten gegen den Brauch ankämpft, begleitet diesen *zivilisatorischen Fortschritt*[135] mit einem ganz eigenen Lied, und das ist ein heimlicher stiller Triumphgesang.
Was wirst du tun ohne den guten Blick deiner Mamma?
Was wirst du tun ohne den guten Blick deiner Mamma[136]
singt eine Tante, sie spricht damit ihre kleine Nichte an, die Tochter der Toten. Die Tante wird in Zukunft die Mutterrolle spielen müssen für das Kind. Die Wiederholung wird zum Rhythmus, die Klage zum Lied. Kinder beschimpfen eine Tote, von der sie sich verlassen fühlen, *oh, grausame Mamma …* Dann beschwören sie die Schönheit der Mutter und beweinen den Verlust. Klageweiber treten auf, Nachbarinnen, die aus Sympathie oder für Geld und gute Worte ihre Rolle spielen und die guten Taten der Toten beschwören, die großen Momente der gemeinsam verlebten Jahre. So wird aus zwei Leben eines und die Toten haben eine Stimme unter den Lebenden. Ein Bauer ist gestorben, am Vorabend hat er aber noch ein Schwein geschlachtet. Jetzt hängt das Fleisch im Keller und der Mann ist tot. Während sie hinter dem Sarg her durch den Ort zieht, singt die Frau des Bauern im schrillen Auf und Ab der Totenklage: *Oh lieber Mann, oh lieber Mann, wer soll denn jetzt das ganze Fleisch essen? Wer, oh lieber Mann?* Hinter ihr gehen die Priester als Anführer des Leichenzuges, und sie antworten der Frau im langgezogenen Wechselgesang der geistlichen Lieder: *Das holen wir uns!* Solche Witze erzählte man sich früher in Rionero. Nicht alle Teilnehmer der Totenwachen und Leichenzüge geben der Trauer durch unmissverständliche Zeichen

Ausdruck. Der Witz über die Schweinepriester lehrt, dass man sich auf diesem Gebiet sehr täuschen kann. Die Frauen der alten lukanischen Trauergemeinde widmeten sich dem Ritus, ob sie dem jeweiligen *morto* nun nahe standen oder nicht. Noch in den fünfziger Jahren waren viele Frauen im Stande, die Trauerreaktion inklusive Tränen zu produzieren, ohne dass ein Toter gegenwärtig gewesen wäre.[137] Das ritualisierte Trauern geht auf antike Vorbilder zurück. Es gibt den Hinterbliebenen Gelegenheit, im Anschluss an die Klageweiber ihrer Wirrnis und Verzweiflung eine Form zu geben. So findet die unermessliche Krise der Trauer und des Mitleides ihren *Horizont*[138], ihre Grenze. Von der tiefsten Stufe mehr oder minder gespielter Verzweiflung arbeiten sich die Klageweiber und die Betroffenen gemeinsam hoch zur kunstvollen Klage, zum Kirchenlied und schließlich zur Totenruhe der Heiligen. Schon auf den antiken Darstellungen von Klageszenen treten Männer kaum in Erscheinung. So habe ich es auch erlebt. Stumm sitzen die Männer bei dem Toten, klamm begleiten sie den Leichenzug. Wenn es darum geht, den Sarg in einer Kapelle einzumauern oder ihm ein Erdgrab zu schaufeln, widmen sie sich verbissen den technischen Einzelheiten, während die Frauen heulen und klagen. Priester sind auch nur Männer, aber sie intonieren die hohen Töne der kirchlich vorgeschriebenen Hymnen. Der Witz über das geschlachtete Schwein spielt auf diese trügerische Nähe von Frauen und Priestern an. Ein richtiger Mann hat das ein für alle mal hinter sich gebracht mit dem Stimmbruch.

Zur Zeit meiner Feldforschung gab es in Ripacandida fast nur noch gesprochene Totenklagen, und meist waren es alte Frauen, die sie leise vor sich hersagten. Aber ich habe auch erlebt, wie die modern eingestellte Tochter einer Geschäftsfrau bei der Beerdigung der kleinen Anna plötzlich geschüttelt wurde von der Trauer. *Compagnia mia, compagnia mia – wo bist du, kleine Begleiterin?* Bei der Beerdigung eines Vaters hieß es *Papa mein, was für ein Schreck, Papa mein …*[139] Einige Trauergäste sprachen nur leise klagend das Wort *travaglion'* vor sich hin, oder wiederholten es in Gedanken, wie sie mir versicherten. Das kommt vom französischen *travail*, Arbeit, Mühe, hängt aber auch zusammen mit *trave*, Stützpfeiler. Einer trage des anderen Last. *In Avigliano oder in Sizilien, das habe ich im Fernsehen gesehen, machen sie einen anderen »travaglion'«. Aber es ist wie bei uns ein Loblied, man spricht Gutes über den Toten. In Ripacandida hat man kein ganzes Lied daraus gemacht. Hier trauert jeder für sich, bis zum letzten Moment des Abgangs sagt man diese Worte ...* Trotz dieser Vereinzelung ist der *lamento lucano* eine gemeinschaftliche Trauerarbeit geblieben. Irgendwo auf dem Weg zwischen den öffentlichen Trauerritualen der Vergangenheit und der modernen Idee vom privaten Charakter des Trauerfalles sind die kleinen Gemeinden Süditaliens an bestimmten Punkten stehengeblieben. Gemeinsam ist ihnen aber noch, dass es einen Stil des Trauerns gibt, für den sie jeweils bekannt sind. *Die machen es so, wir machen es so.* Auch in Deutschland gibt es Methoden, das öffentliche Ereignis der Bestattung und das private Erleben der Trauer miteinander zu verbinden, aber das wird nicht mehr zum Stil bestimmter Landschaften gestanzt. Die rituelle Totenklage ist in Mitteleuropa fast ganz verloren gegangen. Dafür kennen wir das Staatsbegräbnis. Die Italiener haben beides.

Rebellion gegen das Unvermeidliche ist in Süditalien Sache der Frauen. Sie beschwören den Toten, auf seinem Bett zu bleiben, auch wenn die Füße schon in Richtung Tür zeigen, zum Friedhof hin, auch wenn die Leiche längst den *Reisepass für die andere Welt* mit der Hand umklammert.[140] Die Seele des Toten hat die Grenze überschritten, und in sehr unterschiedlichen Ausmaßen und Formen durchwandern die Lebenden nun das Tal der Trauer. Diese Betroffenheit hat ihre Grenzen. Heute noch kennen viele lukanische Gemeinden eine bestimmte Stelle zwischen Mutterkirche und Friedhof, wo der Zug für die meisten Teilnehmer endet. Hier nehmen die Hinterbliebenen Beileidsgesten der Freunde und Bekannten entgegen. Wer nicht zum engsten Kreis gehört, wendet sich dann schon wieder der Ortschaft zu, während eine kleine Trauergemeinde, Verwandte, Gevattern und besonders gute Freunde, den Toten auf seinem allerletzten Gang begleitet. In Pisticci soll diese Stelle noch in den fünfziger Jahren *die Brücke* geheißen haben, obwohl dort gar keine Brücke stand.[141] Auf der *Jakobsbrücke* beginnt in der süditalienischen Folklore die Ablösung der Lebenden von den Toten.[142] In Ripacandida liegt dieser Ort des Abschieds nahe am Ortsausgang, dort, wo früher die Wildnis begann und wo heute die Neubauten stehen. Noch früher, als der Friedhof näher am Ort lag, trennte man sich beim Denkmal für die Kriegsgefallenen. Dann gingen nur noch Verwandte und Gevattern mit und vielleicht die Mitglieder der Totenbruderschaft. In dieser verkleinerten Trauergemeinde redete man sich nun gegenseitig mit *Gevatter* an. Teilnehmer des Leichenzuges, die nur *bis zum Punkt* mitgegangen waren, gingen möglichst nicht direkt nach Hause, aus Angst, den Tod heim zu tragen.[143] Es galt als gute Sache, wenn man sich nach der Teilnahme am Beerdigungszug häufig die Hand reichte, um so die Last oder Verunreinigung der Trauer zu teilen.[144] Vielleicht empfinden Italiener den Handschlag der Deutschen und Amerikaner manchmal auch aus diesem Grund als unangenehm. Hier grüßt man sich eher mit Gesten und Blicken oder mit Umarmungen und Küssen – aber nach der Beerdigung wurde darauf gern verzichtet. Wie ein Schleier hat sich die Angst auf die Haut gelegt, wie ein Zittern aus dem namenlosen Nichts des Todes, in gerechten Portionen wird es in die Hand genommen und umverteilt, bis alle eine große Oberfläche bilden, auf der sich die elektrische Spannung der Trauer verteilt und schließlich verläuft.

Als die kleine Anna gestorben war am *n'zut,* dem plötzlichen *Abgang* der Kleinkinder, hielt der Priester die Eltern des Kindes am *Punkt* an und warf sie aus der Trauergemeinde. Sonst hätten sie den Tod in den Kleidern hängen und könnten keine Kinder mehr bekommen – so erklärten es mir umstehende Freunde. Corrado und Angela durften sich nicht einmal mehr umdrehen. Suor Leonarda von den franziskanischen Schwestern lacht es offen heraus, *Aberglaube!* Derselbe Priester hat Ripacandida jahrzehntelang mit seinen Hasstiraden gegen den *Berührungszauber* gepeinigt. Damit meint er das Anheften von Geldscheinen an die Tragbahre des Heiligen Donatus und andere Annäherungsversuche während der Prozession. Von der Magie der Ablösung scheint Don Peppe mehr zu verstehen als von der Magie der Anbindung. Corrado aber, Annas unglücklicher Vater, wendet sich noch einmal Gino und mir zu, seinen Gevattern: *Jetzt ist sie im Paradies*. Dann geht er seiner Wege. Die bäuerliche Kultur und die moderne Welt haben sich weit voneinander entfernt. Aber eines haben wir mit süditalienischen Bauern noch gemein, dass wir sterben müssen, dass uns nicht wohl ist, wenn wir den Tod eines Zeitgenossen erleben und dass unser Denken, unsere Religion immer wieder um diesen Punkt kreisen. Resignation und Protest, einerseits der Wunsch, den Toten zu behalten und zu begleiten, auf der anderen Seite die Abwendung von den Toten, sind daher nicht nur in Ripacandida wichtig.[145] Die lukanische Totenklage ist eine religionshistorische Rarität, aber nicht wirklich befremdlich für uns. Die Tatsache, dass hier auch von innerlich weniger beteiligten Frauen Trauerreaktionen gespielt werden, mag für Protestanten, Gefühlsschwärmer und Psychologen verwirrend sein. Aus Kriminalromanen können wir lernen, dass auch in der modernen Welt hinter dem Mienenspiel der Hinterbliebenen nicht immer nur die reine Trauer gärt. Nichts wird die Frauen in Ripacandida daran hindern können, in Zukunft ihre Trauerarbeit auf moderne Art zu leisten, stolz und schweigsam wie eine englische Witwe. Vielleicht kehren stattdessen in Mittel- und Nordeuropa mehr und mehr italienische Sitten ein, Küsschen hier und Küsschen da, und ab und an ein paar Tränen.

Noch ist der vielbeschworene *Aschermittwoch* nicht gekommen, das Ende der lukanischen Bauernkultur.[146] Noch bilden die Lehren der Kirche und der Volksbrauch eine Jakobsbrücke zwischen der antiken Welt, dem bäuerlichen Europa und dem modernen Leben. Und mancher Vertreter, manche Vertreterin der Moderne, von denen man es nicht gedacht hätte, haben sich am Ende ihrer Tage auf die katholische Liturgie der Bestattung eingelassen. *Liturgie* verbindet die Menschen und die Zeitalter, es ist der schwarze Faden der Tradition. Das Wort *Liturgie* stammt von *laitos* und *ergon*, die altgriechischen Wörter für *Volk* und *Arbeit*[147] –

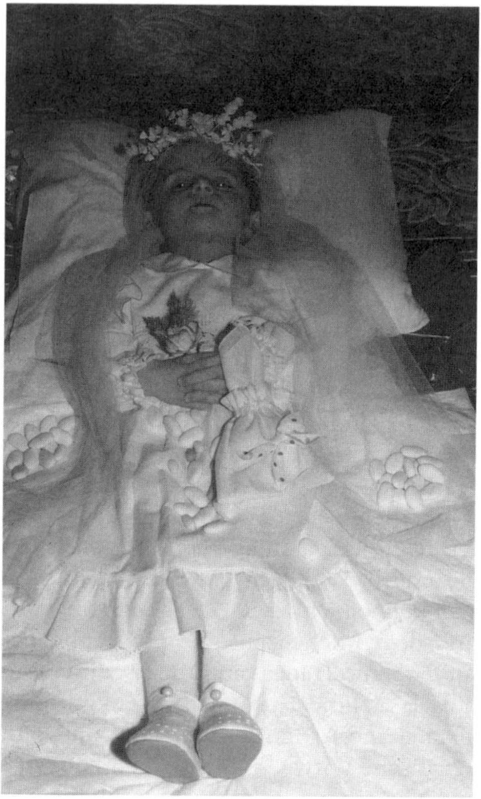

Anna Gioiosa, † Februar 1984

Gemeinschaftsarbeit, Trauerarbeit, Politik im ursprünglichen Sinne des Wortes. Taufend und siegelnd arbeitet sich der Priester mit seiner Gemeinde durch den Fluss der Zeit. Er reguliert die Liturgie, setzt sie in die Tat um, verhindert maßlose Trauer und zwingt auch die, die kein Mitleid verspüren, so zu tun als ob.

Er ... sprengt Weihwasser auf den Sarg: »Im Wasser und im Heiligen Geist wurdest du getauft. Der Herr vollende an dir, was er in der Taufe begonnen hat.« ... Er wirft Erde auf den Sarg: »Von der Erde bist du genommen, und zur Erde kehrst du zurück. Der Herr wird dich auferwecken.«

Der Priester steckt das Kreuz in die Erde oder macht ein Kreuzzeichen über das Grab: »Das Zeichen unserer Hoffnung, das Kreuz unseres Herrn Jesus Christus, sei aufgerichtet auf deinem Grab.«[148]

Die Begegnung mit dem Tod unterlag in der Ära des großen *lamento lucano* einer zeitlichen Ordnung: *Die Anfälle der Klage (nnaccarate) dauern im ersten Monat jeden Tag an; sie werden am dreißigsten Tag nach dem Tod wiederholt, dann am Jahrestag, und immer dann, wenn etwas Außergewöhnliches geschieht, ein unerwarteter Besuch, der Anblick eines Kleidungsstückes, das der Tote getragen hat oder anderes. Man klagt auch an den großen Festtagen. Die Tür bleibt zum Zeichen der Trauer halbgeöffnet, besonders dann, wenn die Prozession des Heiligen am Hause vorbeizieht.*[149] Die Toten kehren wieder, in der Klage, in der kirchlichen Bestattung, in der schwarzen Kleidung und selbst noch in den Trauerbändchen oder -knöpfen, die man sich an die Kleidung heftet. Man muss sich mit ihnen zeigen, auch wenn man die Wohnungstür heute in der Trauerzeit nicht mehr geöffnet lässt, wie es früher zum Zeichen der Rückkehr der Toten geschah. Die Toten von heute melden sich pünktlich und unaufdringlich Jahr für Jahr bei kirchlichen Messen zu Wort, die ihnen gewidmet wurden, und sie werden in den Bildern sichtbar, die auf der Kommode aufgestellt sind oder in einer Ecke des Raumes zusammen mit den Bildern der Heiligen. Die Erzählungen meiner Freunde in der *piazza* bringen tote Menschen in Erinnerung und prägen sie in meine Vorstellungswelt ein, auch wenn ich sie selbst nie gesehen habe.

Das katholische Reglement des Abschieds verlangt die Aufbahrung und den letzten Blick auf die Leiche und ermutigt die Hinterbliebenen. Es ermutigt die Hinterbliebenen, am Grab mitzuschaufeln und den Toten ein Lied zu singen oder auch zwei. Der Tod ist präsent, während er in der modernen Welt auf den ersten Blick eher im Verborgenen zu wirken scheint.[150] Das ist also der vielbeschworene Prozess der Zivilisation, in dessen Verlauf die erregten und breit ausgearbeiteten Brauchtümer zurücktreten zugunsten individueller Trauerhaltungen, stockender Gesänge, asketischer *Abtötung*

Filomena Palottino – Fulminucc', die Blitzfrau, Ripacandida, 1984

des Fleisches und stiller Meditation über irgendwelchen Büchern. Die Geschichte der beiden Weltkriege lehrt, dass diese Dinge auch in Mitteleuropa schnell wieder rückgängig gemacht werden können, aber einen Unterschied macht es schon, ob man in einer expressiven bäuerlichen Kultur lebt oder in einer coolen Welt von Angestellten. So kam es, dass ich bei meiner Feldforschung in Süditalien erstmals in meinem Leben mit menschlichen Leichnamen konfrontiert wurde – bis dahin waren sie unauffällig und diskret an mir vorbei entsorgt worden. Der Zivilisationsprozess, so dachte ich deshalb, ist anscheinend in Deutschland weiter vorangeschritten als in Italien. Lange Zeit habe ich das scheinbar unverkrampfte Verhältnis der Ripacandidesi zu den Toten sehr bewundert und den Niedergang des *pianto*, des lukanischen Trauerbrauchs, hielt ich für einen Verlust. Ich war kein Anhänger der Überlegenheit der modernen Welt über alle anderen Lebensformen, aber ich glaubte an das eherne Gesetz der weltgeschichtlichen Entwicklung auch im Bereich der Kulturformen. Das faszinierende Ritual der luka-

nischen Totenklage hat mir den Blick auf einige andere Bräuche und Vorstellungen verstellt, deren beunruhigende Botschaft ich erst mit der Zeit verstehen gelernt habe. Wenn ich nur auf die Aussagen der Süditaliener höre, muss ich mir eingestehen, dass sie eine mindestens ebenso starke Neigung haben wie wir Mitteleuropäer, die Toten rasch und undramatisch aus der Welt der Lebenden zu verdrängen. Sie scheinen sich vor der Rückkehr der Toten zu fürchten, und als die alten Bräuche abgeschafft wurden, sehnte sich kaum jemand nach der Zeit der schwarzen Klageweiber zurück. Die vermeintliche Nähe zu den Toten ist ein Spiel, hinter dem sich dasselbe Bedürfnis nach Reinigung vom Gefühl des Ekels verbirgt und nach schnellem Vergessen, also das, was man auch bei den modernen Menschen beobachten kann. Darum gibt es eine Art Hausordnung, Regeln für den Umgang mit der Erfahrung des Verlustes von Mitbewohnern:
– im Haus wird das Feuer gelöscht;
– jede Tätigkeit, insbesondere das Kochen, ist einzustellen;
– die Uhren werden abgestellt, Spiegel und Gläser mit Tüchern bedeckt;
– nicht hinlegen! Nur Sitzen ist erlaubt, auch wenn man schläft!

Früher wechselten die Frauen ihr Unterzeug nicht mehr, Männer verzichteten auf die Rasur. Wie die Toten sind auch die Lebenden in der Schwebe. Sie sollen sich nicht selbst betrachten und gefallen, sie sollen nichts Warmes im Bauch haben und sich nicht lieben. Wenn sie sich richtig hinlegen zum Schlafen, sind sie dem Tod zu nahe. Andererseits suchen sie die Nähe des Toten. Nachts, so heißt es, versammeln sich manchmal kleine Trauergemeinden, um diese beunruhigende Gegenwart des Unlebendigen zu erproben. Sie stellen ein Waschzeug auf, oder einen Teller mit ein paar Bissen darauf und der Tote kommt, um sich ein letztes Mal zu waschen, ein letztes Mal mit seiner Familie zu essen. Angezogen von der Wärme und vom Geruch des Essens kommt er ins Haus wie eine Motte oder Mücke im Herbst.[151]

Auch wenn sie den Toten noch einmal sehen wollen – eigentlich soll er nicht mehr wiederkehren. Deshalb wird in

der Zeit der Beerdigung nicht gekocht. Dieses Verbot ist angelegt wie eine Umkehrung mancher Rituale der Patenschaft: Nähern sich die Lebenden mit Hilfe von Likör, großem Essen und körperlicher Nähe einander an, so wird bei den frisch Verstorbenen die körperliche Gemeinschaft abgewehrt. In der nördlichen Basilikata zerschmissen die Verwandten gelegentlich einen Teller, während der Sarg über die Schwelle getragen wurde[152], bei der Beerdigung der kleinen Anna habe ich das noch beobachtet. Dieser Brauch steht einem anderen Brauch gegenüber, der die Menschen veranlasste, nach einem Todesfall die Wohnungstür offen stehen zu lassen. Beim Tellerbrauch wird klar gemacht, dass der Tote doch lieber nicht zurückkommen soll, um aus seinem Teller zu essen. *Sie schmeißen den Teller weg, sie schmeißen den toten Menschen weg. Sie schmeißen sogar sein Unterzeug weg, damit er nicht zurückkommt.* Die selbst auferlegte Ordnung ist schwankend, mal soll der Tote wiederkommen, mal soll er fortbleiben. Darum ist es gut, dass an bestimmten Punkten die Priester ein Machtwort sprechen, das Richtige vormachen und die Grenze ziehen.
In der Zeit des Bauernelends hat man die Trauergemeinde abgespeist mit einem Leichenschmaus. Dabei wurden auch Lebensmittel verschenkt, und manchmal dauerte die Feier bis zu drei Tagen. Einer der Beschenkten und Schenkenden, einer der Tauschpartner fehlt jetzt, ein Loch ist in das Netz der Gegenseitigkeit gerissen, aber die Einladung zum Schmaus macht das wieder wett. Da im Hause des Toten kein Feuer gemacht werden durfte, hielt man diese Essen in den Häusern von Verwandten oder Gevattern ab, so dass weite Teile des Umfeldes einbezogen waren als Einladende wie Eingeladene … Die Trennlinie zum deutschen Leichenschmaus ist fein, aber klar erkennbar, denn in Süditalien würden die nächsten Hinterbliebenen niemals selbst kochen oder mitessen: *Ihr esst nach den Beerdigungen. Deutsche haben keine Trauer. Habt ihr eigentlich gar keine Gefühle?* Das Gefühl, das hier eingeklagt wird, ist keineswegs die Trauer um den Verlust des Nächsten, sondern die Angst vor der Rückkehr der Toten als grausig-selbstverständliche Gäste des Totenmahls. Die einst von den Toten getragenen Bezie-

hungen von Gemeinschaft und Gegenseitigkeit werden weiterbestehen. Aber die Toten selbst sollen hübsch dort bleiben, wo sie sind, herausgeputzt in ihren Gräbern und Fotorahmen.

Die Toten besuchen uns, da gibt es keinen Zweifel. Ich habe von meiner Mutter geträumt. Wir standen vor dem Dreifuß, am Feuer. Es sollte etwas geröstet werden. Sie schaute mich an und sagte: »Du verschwendest hier deine Zeit. Nimm dir einen Fisch, röst' ihn Dir, aber das Ganze kommt auf einen einzigen Teller, einer reicht.« Sie wollte damit sagen: Jetzt geht jeder seinen eigenen Weg, es reicht. Costantina klatscht in die Hände. Mit ihrer kleinen Traumerzählung leitet sie auch das Ende unseres Gespräches ein. Es handelt von einer Toten der wohlwollenden Art. Die tote Mutter warnt vor sich selbst, denn sie und die lebende Tochter sind sich zu nah gekommen im Traum der Tochter. Solche reifen und guten Toten kündigen ihren Kindern auch anderes drohendes Unglück an – wenn die Lebenden nur immer in der Lage wären, die Warnung richtig zu verstehen! Anna träumt. Sie kommt von der Arbeit im Weinberg heim. Auf einmal ist die tote Schwiegermutter im Haus. Sie steht am Küchentisch und stopft Wurst. *Stückchen für Stückchen* schiebt sie das Fleisch in den Darm. Sie macht es unordentlich, Fleisch und Blut landen auf dem Boden. Die Schwiegertochter klagt, *sieh' dir an, was du gemacht hast!* Die Alte antwortet: *Du bist bedient und bedankt!* Wieder fällt ein Stück rohes Fleisch auf den Boden. *Igitt, das ist ja schwarz!* ruft die Schwiegertochter. Das Fleisch ist am Kohlebecken versengt worden. Anna ekelt sich und erwacht. Es ist vier Uhr morgens, die Zeit, zu der die Bauern aufstehen. Bevor die Sonne aufgeht, soll man keinen Traum erzählen, darum sagt sie ihrem Mann nichts. Der Mann entscheidet, dass sie für diesen Tag ausgerechnet zu dem Weinberg ziehen werden, von dem seine Frau gerade zurückgekehrt ist im Traum. Gegen sieben Uhr morgens, die Sonne ist heraufgezogen, erzählt Anna dem Mann den Schwiegermuttertraum. Er versucht es mit einem Scherz: *Wir haben September, da werden doch keine Würste gestopft!*[153] Als sie vom Feld zurückkommen, sehen sie in der Nähe ihres Hauses Blut auf der Straße, dazwischen einige kleine Fetzen Fleisch. Genau um sieben Uhr morgens ist der Bruder von Annas Mann mit seinem Kleinlaster von einem Großtransporter überrollt worden, schwere Verletzungen am Bein hat er davongetragen. Anna schließt: *Ich denke immer wieder über meine Träume nach, piano, piano, das wird bei euch Wissenschaftlern genauso sein.* Ich notiere: *Sie ist in dieser Sache sehr selbstbewusst. Manchmal erzählt sie ihre Träume gar nicht, um das Böse nicht noch näher zu locken. (Unheimliche Stimmung) ... Erstaunt gehe ich fort.* Zehn Tage lang war ich unfähig, die Notizen aus diesem Gespräch aufzuarbeiten – das entnehme ich einer Bemerkung, die ich an den Rand meiner Aufzeichnungen gekritzelt habe. Das Gespräch selbst habe ich über lange Zeit hinweg völlig vergessen, und erst bei den Vorbereitungen für dieses Buch tauchten die Notizen wieder auf. Anna hatte mir ihre Tote zu nahe gebracht, die Schwiegermutter, vor der sie sich ekelt. Ich nehme an, dass ich in diesen zehn Tagen Probleme hatte mit einem Zittern auf der Haut, mit tiefem Ekel, aber ich weiß es nicht mehr.

Ich war *bedient und bedankt*, wie es der Geist von Costantinas Mutter ausdrückte. Ich war gewarnt. Doch wer ist *ich*, wenn ich all das vergessen konnte? Es geht um ein Ich, das sich in die Ichgeschichten der anderen Menschen verirrt hat. Der Tausch mit den Toten begann. Damit verließ *ich*, wer auch immer das sei, die treuherzige Domäne des Heiligenkultes. Doch auch der Weihkelch des Heiligen wies schon diese merkwürdigen Risse auf, durch die man gewagte Blicke in die Welt des Unheimlichen tun konnte. Ich war an den Kreuzweg gelangt mit meiner Forschung, wo man mit den Toten spricht und den Teufel trifft. Plötzlich wurde ich eingeladen, hinter sonst verschlossene Türen zu treten. So machten sie mich zu Zeugen ihrer Gefühlsreisen und Seelenängste.

Ich träumte, dass Papa gestorben war. Ich ging in sein Haus. Dort war ein Raum mit vielen Stühlen. Ich habe mich hingesetzt. Ich sah dort Mamma, die schon lange tot war, und sie schlief mit Papa. Ich schämte mich. Aber ich war auch froh. Mamma sagte: »Auf den pass' ich schon auf.« Da klopft es an der Tür. Sagt die Mamma: »Da kommt der Tod.« Der

Tod ist eine Frau, um die fünfzig Jahre alt, im schwarzen Mantel mit Fischgrätenmuster. Sie bringt einen frischgereinigten Anzug: »Dieser Anzug ist jetzt völlig sauber.« Ich gebe ihr einen 5000 Lire-Schein, dabei soll man dem Tod doch immer nur Kleingeld geben, das hatte ich vergessen. Drei Tage später ist Papa gestorben. Jetzt, wo ich mehr Ruhe habe, träume ich nicht mehr von dieser Frau.
Gegen den Ekel, die Verunreinigung durch die Toten steht die Sauberkeit der chemischen Reinigung. Die Toten treten durch diese Prozesse der Ansteckung und der Reinigung hindurch mit den Menschen in Kontakt, sie lieben und sie warnen. Sie wollen Geschenke tauschen und sich unterhalten, die Wärme des Herdfeuers spüren und der lebenden Körper. In der verkehrten Welt der Toten kommt es zur Ursünde. So wie Eva im Paradies, die unter den Einflüsterungen der Schlange zuviel begehrt, will diese Tote noch etwas mehr haben von ihrem Mann. Wenn die Toten einen erst mal auf diese Weise unter die Fittiche genommen haben, ist das Ende nah. Man soll ihnen nur Kleingeld geben, nichts Großes, sonst ist der Tausch mit den Toten zu sehr im Leben. Nie darf man mit den Toten im Traum etwas essen, das wurde mir immer wieder eingeschärft, schon gar kein rohes Fleisch.

Fleisch	= *Mord … schlechtes Vorzeichen …*
weißes Fleisch	= *Wunder … gutes Vorzeichen*
gekochtes Fleisch	= *Wunder wird gewährt …*
rohes Fleisch	= *Unglück …*
rotes Fleisch	= *Messerstecherei … Mißvergnügen …*
Wurst	= *drohendes Unglück*[154]

Diese Liste haben Volkskundler bei ihren Forschungen in kalabrischen Dörfern und Archiven zusammengetragen. In einem Dorf deuteten die Leute das rohe Fleisch als Anzeichen für ein *sofortiges Wunder*, nicht für *Unglück*. Wenn die Toten nah sind, stehen nämlich auch die Heiligen nicht mehr fern. In Anzi erzählten mir eine Mutter und ihre etwa achtzehnjährige Tochter von einer Madonnenerscheinung und von der Heimsuchung durch den Geist der toten Groß-

mutter. Das ist alles einige Jahre her, aber die beiden Frauen, die längere Zeit in Deutschland gelebt haben, macht es jetzt noch verlegen, dass ihnen so etwas passieren konnte. Aufgeklärte Ablehnung des Geisterglaubens und die Erfahrung widriger oder gefährlicher Traumgeister gehen manchmal Hand in Hand, so dass die kritische Vernunft nicht als Alternative des Denkens erscheint, sondern als magisches Abwehrmittel gegen Geister.
Die Menschen in Lukanien haben ganz und gar kein unverkrampftes Verhältnis zu den Toten. Sie ringen mit ihnen. Diese Lebenden, die mit den Toten ringen, sind anscheinend stärker als wir für das Übernatürliche geöffnet. Aber ihre stillen träumerischen Dialoge mit dem Nichtleben sind uns auch nicht ganz fremd. Wer hat noch nie von einem Toten geträumt? Es kommt darauf an, wie man das bewertet im Kreis der Zeitgenossen. Die lukanische Überlieferung gibt den Leuten von Ripacandida Anlass, die Toten immer wieder ins Spiel zu bringen. Diese gemischten Gefühle werden in den Grabbeigaben deutlich. Man schmückt die Toten für die Wiederauferstehung und rüstet sie für das Leben in einer anderen Welt, die sich in manchem kaum vom Diesseits zu unterscheiden scheint. Damit entledigen sich die Lebenden aber auch gefährlicher Gegenstände, auf deren Spur die Toten wieder in ihre alte Welt zurückfinden können. Die Wünsche der Toten werden erfüllt, damit sie einem nicht auf die Pelle rücken. Costantinas Mann, ein moderner Lehrer, trägt zu unserem Gespräch über die Toten Folgendes bei: *Der einzige Traum, den ich mal hatte, der handelte von Mamma. Sie wollte Hortensien: »Denk' dran, Hortensien, die gefallen mir.« Ich habe es aus Pietät gemacht, nicht aus Aberglauben.* Seine Frau bekräftigt das, biegt es dann aber in eine Richtung um, die Nino wohl als Abweichung vom Dogma der Vernunft kritisieren könnte. *Sie fordern, wenn du dran glaubst. Ich glaube ganz und gar daran. Sie sagen alle Details, hol' das, hol' dies. Die Mutter hat uns gesagt, wie wir die Beerdigung organisieren sollen* – als sie schon tot war! Aberglaube oder nicht, die Toten haben in dieser Gesellschaft eine für den modernen Geschmack höchst beunruhigende Gegenwart.

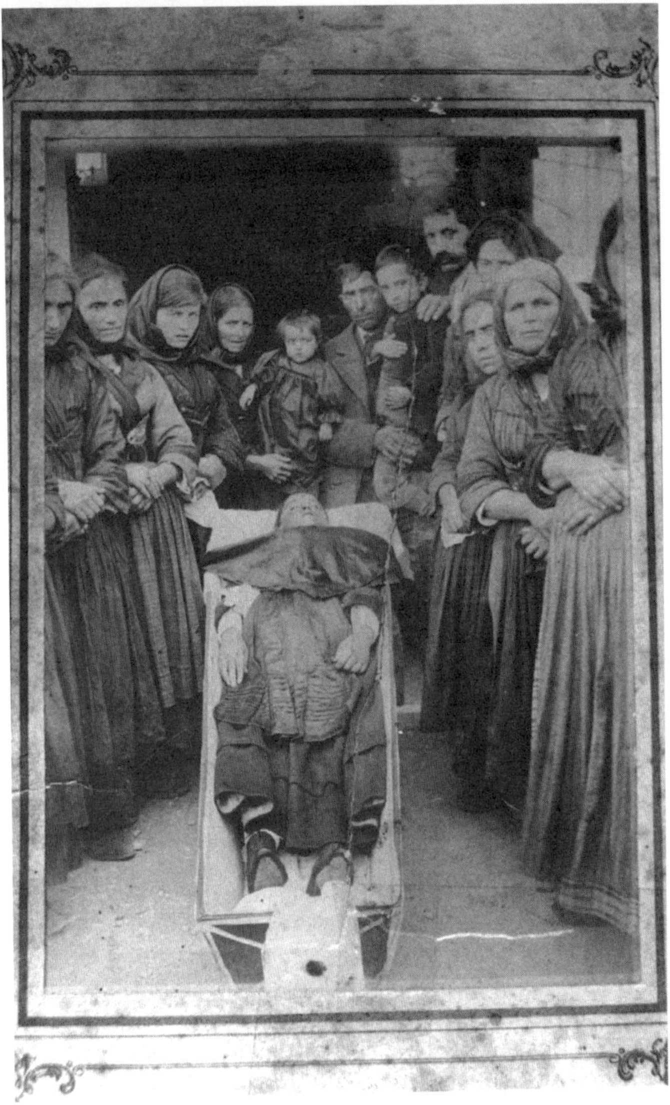

Lamento funebre, Klageweiber am Sarg eines Ripacandidesen, spätes 19. Jahrhundert

Meine Mamma war gestorben. Die beste Wäsche haben wir ihr angezogen ... die übrige Alltagswäsche und den Kamm haben wir in einen Sack getan und begraben. Aber manchmal vergisst man eben etwas. Bei meiner Mamma zum Beispiel haben wir alles in den Sarg getan. Nur das Kopftuch – erst haben wir es benutzt, um die Kinnlade hochzubinden und dann haben wir vergessen, es mitzugeben. Weißt du, wer das geträumt hat? Die Mamma von Pino! Sie ist extra in unser Viertel gekommen, um es mir zu sagen ... Zwei Tage nach der Beerdigung der Mutter ist sie gekommen. Die Mutter hatte (im Traum) zu ihr gesagt: »Filomena, geh zu Nina und sag' ihr, dass sie mir das Kopftuch bringen soll.«
Die Erzählerin hat das Kopftuch schließlich gefunden und zum Friedhof gebracht. Manchmal gehen die Forderungen der Toten sehr viel weiter. Eine wohlhabende Frau aus Ripacandida erzählt mir, dass sie immer wieder von Toten träume. Sie wollen Brot mit ihr essen oder sogar halbrohe Steaks. Ihre Zeit scheint um zu sein, denn die Toten laden sie zum Essen ein. Die Beziehung zwischen dem realen Anlass und seiner rituellen Bearbeitung hat sich ins Gegenteil verkehrt wie bei den Geschichten über Scheintote, die nach der Aussegnung nicht weiterleben dürfen. Die Toten wollten mit ihr essen, leben, und daran erkennt sie, dass sie bald sterben muss. Ein Jahr später, wieder zu Besuch in Ripacandida, stehe ich vor verschlossenen Türen. Sie ist tot.
Trasut' ne poch', komm' über die Schwelle, so laden mich die Bauern abends ein. Ich lebe, aber wie ein Toter ruft auch der Fremde eine Mischung gegensätzlicher Gefühle wach. Manchmal habe ich es eilig, dann muss ich mich an den Häusern vorbeischleichen, um die Leute nicht zu beleidigen. Für die Frauen ist es selbstverständlich, mich einzuladen, denn ihre Männer werden am Abend mit ihnen schimpfen, wenn sie es nicht getan haben. Die Schwelle zum Haus wird geöffnet, weil man sich mit anderen Menschen verbinden will, vor allem mit denen, die etwas gelten. Wenn ich das Angebot annehme, werde ich mitessen müssen, oder wenigstens ein Getränk annehmen. Das ist nicht nur auf dem Lande so.
Mein Freund Franco stammt aus Apulien und lehrt als Pro-

fessor an der Universität Rom. Einmal haben Franco und sein Bruder mich zu einem Ausflug mitgenommen. An dem grauen apulischen Sonnabend führte uns die Fahrerei durch drei Kleinstädte und dort immer zu den ortsansässigen Metzgern. Franco und sein Bruder sind auf der Suche nach Därmen. Nicht irgendwelche Gedärme, sondern die richtigen, die besten, die schneeweiß sind und mindestens sechsmal gewaschen, und ganz frisch. Schließlich lässt uns ein Grobschlächtiger in seinen Metzgerladen, obwohl der Mittag schon vorbei ist, und wir bekommen, was wir suchen: Gedärme, fein aufgewickelt, fettfrei und schneeweiß. Auslöser unseres Ausfluges ist ein Fund, den wir am Abend vorher in einem Winkel des bäuerlichen Hauses, des *trullo,* gemacht haben, den Franco mit der Familie in den Ferien bewohnt. Es ist ein merkwürdiger Elektrogrill aus der Schweiz, bei dem das Fleisch auf drehende Metallstäbe gesteckt wird. Anscheinend ist das Ding nie benutzt worden, aber die Gebrauchsanweisung aus den siebziger Jahren liegt noch bei. Nach stundenlanger Odyssee sitzen wir vor dem Gerät, die Stäbe drehen sich, das Fett tropft von den Gedärmen, und langsam ebbt der Streit zwischen Franco und seiner Frau Milva ab, über unsere sinnlose Umherfahrerei für nichts und wieder nichts und über den dummen Apparat und diesen Unsinn mit den Gedärmen. Milva ist in Rom aufgewachsen und kann dem nichts abgewinnen, aber auch in den besseren Kreisen der italienischen Gesellschaft findet man den einen oder anderen Mann, der sich im Zeichen der Wurst mit Männern befreundet, und die eine oder andere Frau, die sich darüber lustig macht. *Sie teilen sich Würste und andere ekelhafte Sachen,* prustet eine italienische Schönheitskönigin heraus, als sie in der Sonntags-Talkshow gefragt wird, wie ihr Mann denn eigentlich mit ihrem Vater zurechtkommt – die beiden Männer sind etwa gleichaltrig, der Altersabstand zwischen dem traumhaft reichen Ehemann und seiner Ehefrau, die wohl mehr die Schönheit mitbringt als das Geld, beträgt an die vierzig Jahre. In Ripacandida ziehen sich die Männer bei Gelegenheit in kleinen Horden auf die Einödhöfe befreundeter Bauern zurück. *Da wird gegessen, richtig gegessen …* Sie grillen rohe Wurst. Frauen sind nicht erwünscht. Draußen, weiter draußen noch als die Friedhöfe und Kreuzwege, erneuern sie ihre Freundschaften im Zeichen des Halbrohen.

7. Unter die Haut

Ich dachte ohne Worte über die Dinge, mit den Dingen ... Schlange oder Kralle oder Wurzel oder Geierklaue, was auch immer. Ohne etwas deutlich zu formulieren, begriff ich, dass ich den Schlüssel der Existenz, den Schlüssel meines Ekels, meines eigenen Lebens gefunden hatte.[155]

Ohne zu wissen warum, hatte ich eine billige Taschenbuchausgabe von Jean Paul Sartres Roman *Der Ekel* nach Italien mitgenommen. Ich sollte das Fürchten noch lernen. Zunächst lebte ich mit meiner damaligen Frau und unserem Sohn in Siena, wo wir eine Sprachschule besuchten. Eines Nachts werde ich von seltsamen Geräuschen geweckt. In nächster Nähe bewegt sich etwas. Ein Klatschen auf dem Steinfußboden. Ich liege stockstarr. Quälende Minuten, dann wieder ein Klatschen. Es lebt. Licht an, wüst fuhrwerke ich im Zimmer herum. Nach langem Hin und Her entdecken wir unter dem Bett eine Taube, gelähmt vom Sturz gegen die Balkontür, im Todeskampf. Anita muss das Ding mit dem Besen entfernen, ich stehe auf dem Bett, hysterisch, wie die Frauengestalten in Witzblättern: Eine Maus! Ein paar Tage später schreiben wir in der Sprachschule den ersten italienischen Aufsatz. *Während Anita das Ding mit dem Besen hinausbeförderte, saß ich auf dem Bett, voller Ekel, zitternd vor Angst bei dem Gedanken, dass dieses Wesen mich hätte im Dunkeln berühren können mit seinen eiskalten Krallen.* Es war nicht leicht, das zu übersetzen. Ekel heißt *ribrezza*, das habe ich im Lexikon gefunden, und all die anderen Wörter für Abscheu, Grausen, Krallen, Flattern, die ich brauchte für diesen Bericht, *nel buio con delle artiglie gelide*? Mein Italienisch war damals mehr als unsicher. Etwas verstört nahm die Lehrerin meine Stilübung zur Kenntnis. Wenn ich heute daran denke, spüre ich immer noch Sartres *Ekel in den Händen.*[156]

Es sollte schlimmer kommen. Einige Wochen später, schon in Ripacandida, notierte ich hastig in mein Tagebuch: *13. 11. Schlecht geschlafen, dauernd »Eindringängste«.* Erst nach längerem Nachdenken erinnere ich mich an diese rätselhafte und zugleich etwas anstößig klingende Notiz. Als wir noch nicht lange in Ripacandida lebten, wurde ich häufig nachts wach. Ich glaubte zu hören, dass sich im Schloss unserer Wohnungstür ein Schlüssel bewegt, ich vernahm Schritte auf der Dachterrasse und ein seltsames Kratzen an der Tür. Atemlos stand ich im Flur, das Ohr an der Tür, so als wäre dort eine mörderische Gegenwart, getrennt von mir nur noch durch das dünne Holz der Tür. Aber in Ripacandida kamen die Einbrecher in der Mittagshitze und nur, wenn sie durch geduldige Beobachtung sicher sein konnten, dass niemand im Haus war. Meine Einbrecher hingegen, die Einbrecher des Traumes, veranlassten mich, angeekelt *mit* der Tür, mit dem Schloss, mit dem Kratzgeräusch zu denken, als wäre all das ein zwar sehr unerwünschter, aber nicht mehr abtrennbarer Teil meines Selbst. Besuchern aus Hamburg ging es nicht besser. Eines Nachts, ich befand mich wieder einmal auf meinem unseligen Streifzug durch das kleine Haus, musste ich die Entdeckung machen, dass den beiden der Schlafplatz im einsamen Obergeschoss des Hauses wohl nicht recht zugesagt hatte. Mit Matratzen und Bettzeug hatten sie es sich unter dem Küchentisch bequem gemacht.

Nach fünfzehn Monaten Feldforschung waren andere Sorgen an die Stelle dieser Ängste getreten. In der Nacht nach der Beerdigung der kleinen Anna schrieb ich folgendes auf: *Träume, ein gewisser »Mr. Hart« zu sein und mich unter dem Einfluss zweier Männer, Titino und Pietrafesa, in einen anderen zu verwandeln. Höhepunkt des Traumes ist, wie ich brabbelnd, gemischt deutsch-italienisch-englisch sprechend vor einem altmodisch dreigeteilten Spiegel stehe … Ich erwache und habe Angst, Corrados Tochter würde über mich kommen, oder dass ich einen Anfall bekommen würde und anschließend daliegen würde mit so schrecklich-offenen Augen wie das tote Kind. Den Schrei ihrer Mutter gestern werde ich nie vergessen. »Hart« heißt, wenn ich*

Tote und Heilige als Wandschmuck und Altar, Ripacandida, 1998

nicht irre, eines der Opfer von Dracula. Hart? Hark! Harker, Jonathan Harker, oh yes, indeed: Harker! Der unbedarfte Angestellte soll für einen Londoner Immobilienmakler Transsylvanien auskundschaften[157], wird aber vom schwarzen Grafen verstört und gewandelt, gezeichnet für das Leben. *Hart* war weich gegenüber dem Anderen gewesen und musste die Folgen tragen.
Das Fremde ist in mich eingedrungen. Das passiert, wenn kein Psychologe darüber wacht und kein Priester. Für mich ist es gut, denn damals habe ich meinen Beruf daraus gemacht. Ich lernte, selbst darüber zu wachen. Ich habe mich in ein Mischwesen verwandelt, das sich selbst in drei Ausführungen vor dem Spiegel erlebt und keine Sprache mehr findet. Ich bin immer noch hart genug, meinem gebrochenen Spiegelbild ins Auge zu sehen. Seitdem verstehe ich besser, warum Vampire kein Spiegelbild haben und warum es den Tod anzeigen soll, wenn man seinem Doppelgänger begegnet. Immer häufiger erlebte ich während dieser schweren Zeit in Ripacandida meinen Körper als *verrottet*[158], *künstlich* oder *durchlöchert*. In meinen Träumen sprach ich italienisch, um dann wieder hochzuschrecken, weil ich mich selbst nicht mehr verstand. In Italien bearbeitet man

sich gern gegenseitig mit Worten, Gesten und Berührungen. In den zwei Jahren meiner Feldforschung haben wahrscheinlich genau so oft Menschen auf mich eingeredet wie vorher in zehn Jahren. Ich musste mich öffnen, schon mein Ehrgeiz als Feldforscher verlangte das. Dieses Geöffnetsein ermöglichte anderen, in mein Wesen einzudringen. Meine einzige Waffe dagegen war, mich zeitweise zu Hause zu verschanzen in einer trügerischen deutschen Familienidylle – oder das Böse zu beschwören und zu exorzisieren in meinem Tagebuch. So habe ich gelernt, durch Begriffe wie *Religion* oder *Magie* hindurch einen Blick auf die Vertracktheiten des Lebens selbst zu tun. Nach und nach habe ich so gelernt, die Priester weder zu verachten noch zu mystifizieren. Sie müssen diesem Geöffnetsein der Süditaliener Grenzen setzen und sie haben es schwer.

26.3.: In der Nacht erwache ich. Unerledigt sprechen Terremo' und der kleine Koch in meinem Kopf weiter, unaufgefordert, nicht zu bremsen. Sie sagen nichts, sie reden nur, sie faseln auf italienisch fordernd auf mich ein ...

29.3.: ...prompt kommt gegen 4 Uhr, wenn die Müdigkeit ausgeschlafen ist, zur Henkersstunde, der Zustand des »essere agitato da« (Gelenkt-Sein[159]*). Immer spricht der Tag zu viel in mir.*

8.4.: Innen ist ein schwer zu ertragendes Chaos von Sprechern. Sie reden wirr herum. Je mehr Sprecher von außen aufgenommen werden, desto mehr vervielfältigt sich die Reihe der Sprecher. Aber um eine Reihe aus ihnen zu machen, muss ich sie schon vereinheitlicht, zugeschnitten haben. Die abgeschnittenen Gesprächsfetzen liegen neben der Reihe und sprechen weiter vor sich hin. Sie beraten über mein weiteres Schicksal, haben Angst und Hoffnung, wollen mich formen in ihrem Sinn. Das Essen als Bild des Ganzen. Ein Tisch voller halbaufgegessener Nahrung, voller Teller, Brösel, Becher und eine Stimme, die fordert: »Iss!«

Ich hatte wohl die Vorstellung entwickelt, diese Menschen »erledigen« und wissensmäßig »abhaken« zu können. Ängstlich befühlte ich von Zeit zu Zeit meinen Ordner mit Aufzeichnungen, fragte mich, ob er wohl schon dick genug sei. Mit bürokratischen und manchmal auch militärischen Bildern verschanzte ich mich vor dem Ansturm der fremden Umgebung, und darum wollte ich meine Gesprächspartner manchmal nur noch *in's Album ablegen,* wie es 1861–1865 die jungen Offiziere der Nationalgarde mit den lukanischen Briganten gemacht haben.[160] Aber es war geschehen, nicht ich hatte die Lukaner erobert, sondern sie mich, ich hatte mit ihnen gegessen und getanzt und sie waren in mir mit ihrer Rede. Die Angst vor Persönlichkeitsverlust und Fremdbestimmung milderte sich zu der Hoffnung, Resonanzboden für andere zu sein und zu bleiben. Wehrten nicht auch meine Freunde und Bekannten in Ripacandida die Annäherung anderer Menschen ab in ihren Träumen? Allerdings ging es dabei mehr um die Toten als um die Lebenden. Viele erinnerten sich an eine Zeit, als noch häufig in den Stimmen der Toten gesprochen wurde.

Es war 1944. Ein Bruder meiner Mutter ging mit einem Mädchen. Das Mädchen wurde dann von einem auskeilenden Pferd erschlagen. Ich sehe sie noch vor mir, bevor es passiert ist. Einmal holte sie sich bei mir Streichhölzer für ihren Vater, als der auf dem Acker neben unserem gearbeitet hat. Im November war sie tot! Im Februar hat sie sich auf den Onkel gesetzt. Sein Körper war voller Pusteln, die ganze Haut war entzündet. Zwei, drei Tage sprach dieses Mädel durch ihn. Sie hat nach der Mamma gerufen. Dann, mitternachts, machte der Onkel plötzlich »Puh«, und er war befreit. Sie hat auch davon geredet, wie sie mich gesehen hat, auf dem Feld, als sie die Streichhölzer zurückbrachte. Davon konnte der Onkel gar nichts wissen. Sie hat die ganze Begegnung nacherzählt, also wie ihr Vater sagte: »Geh' mir mal ein paar Streichhölzer holen, für meine Zigarette!« und so weiter. Ich blieb davon ganz erschüttert und will nichts mehr über diese Sachen hören. Sie haben den Bruder von Pasquale Gioiosa geholt, den Magier. Als der bloß an die Tür geklopft hat, machte der Onkel sofort wieder Bewegungen, denn das Mädel in ihm hatte begriffen, dass sie jetzt gehen muss. Der Onkel sagte: »Jetzt ist sie in den Weinkeller gegangen!« Da bin ich aus dem Haus, zu unserem Weinkeller und da war ein Feuer zu sehen.

Es gibt Leute in Ripacandida, die erlebt haben, wie sich bei den Erdbeben große Spalten in der Erde auftun, in denen glühende Lava sichtbar wird. Nach Ansicht der Geologen ist das in dieser Gegend nicht möglich, weil die erhitzten Schichten zu tief liegen, es tritt keine Lava aus. Das Beben – gleich ob es sich um die Erde handelt oder den menschlichen Körper – gehört für die Menschen in Lukanien zu einer albtraumhaften Sphäre, die bereits von den schwelenden Feuern der Hölle beleuchtet wird. Es ist die Szenerie der Phlegräischen Felder bei Neapel, es ist die katastrophische Grundlage des Mittelmeerraumes.[161] Der Druck der Weltteile hat hier eine große Narbe entstehen lassen, von unten drängt die Hitze des Bodens dagegen. Das Alte Testament erzählt die Geschichte eines Volkes, das zwischen brennenden Büschen, Feuersäulen und gespaltenen Meeren seinen Weg finden muss. Und man könnte sich lange streiten darüber, wo Ursache und Wirkung liegen, hat das Erdbeben Jesu Tod wichtig gemacht oder hat sein Tod ein Beben ausgelöst als Zeichen der Überwindung des Todes? *Da riß der Vorhang im Tempel von oben bis unten entzwei. Die Erde bebte, und die Felsen spalteten sich. Die Gräber öffneten sich, und die Leiber vieler Heiliger, die entschlafen waren, wurden auferweckt. Nach der Auferstehung Jesu verließen sie ihre Gräber, kamen in die Heilige Stadt und erschienen vielen. (Matthäus 27, 51–53.)*

Wie auch immer, wenn Menschen aus Ripacandida die Bibel lesen, dann erkennen sie vieles wieder, was uns Deutschen zunächst gar nicht so viel sagen kann. *Nicht nur die Toten aus der Umgebung, auch Verwandte setzen sich auf dich. Jetzt erzähl' ich dir mal was. In Atella lebte meine Schwester, die heute in Florenz ist. Sie waren am Ernten, meine Schwester und ihr Mann. Einige Zeit vorher waren ein Onkel des Mannes und seine Frau umgebracht worden. Meine Schwester hatte damals ein Kind. Sie hatten es zum Esel gelegt, ins Heu, und konnten die Stelle nicht sehen, weil da Bodennebel war. Da sind das Kind und der Esel in dem Heu verbrannt. Das hatte sich entzündet, während die Leute ganz in der Nähe arbeiteten. Später haben sich das Kind, die tote Großmutter und der tote Onkel auf jemand anderen gesetzt. Sie haben sich in Gang gesetzt, diese*

Toten, Mamma mia. Das war immer noch während der Ernte, als die Leute auf einem ganz anderen Feld Erntelieder gesungen haben. Da fiel ein Mädchen zu Boden. Die Tote hat gesprochen: »Was ist mit mir heute passiert?«, und dann: »Dem Mädchen tun wir nichts, in einer halben Stunde sind wir weg.« Nahe Verwandte bleiben nicht lange. Aber die Mutter von dem besessenen Mädchen hatte Angst, dass es jetzt so bleibt, dass ihr Kind ruiniert ist. »Mamma mia« hat die Mutter gerufen. Da antwortet das Mädchen auf einmal mit der Stimme der toten Großmutter: »Bist du allein? Wir sind zu dritt, ich, dein Onkel und dein kleiner Neffe, den halte ich auf dem Arm.« Da sagte die Mutter der Besessenen: »Wie kannst du ihn denn tragen, er ist doch ganz verbrannt?« – »Ich habe ihn in meine Schürze gewickelt.« Nach einer halben Stunde waren sie weg. Diese Geschichte ist nicht ohne Widersprüche – wer singt schon Erntelieder, nachdem auf dem Feld der Nachbarn ein Kind verbrannt ist? Was soll der Unsinn mit dem verkohlten Baby in der Schürze, wo das Baby doch jetzt ein Geist ist, unversehrt in seiner übernatürlichen Substanz, fähig zu sprechen und zu tun? Und warum sprach keiner der Besessenen in der Stimme des Esels? Die Botschaft der Toten scheint ohnehin nicht so wichtig zu sein wie die Tatsache der Besessenheit. Die Blitzfrau macht mir vor, wie die Geister im Körper der Besessenen fuhrwerken. Mit starr aufgerichtetem Oberkörper sitzt sie da, die Augen aufgerissen, die Arme angelegt, und sie zittert am ganzen Körper. Die Füße klopfen auf dem Steinfußboden der kleinen Küche einen schrecklichen Takt. Sie ruft mit starrem Blick, *Tu tu tu, bu bu bu!* Solche Aufführungen konnte ich häufiger in Ripacandida erleben, aber bei ihr wirkt das besonders geisterhaft, denn sie hat immer noch hellblonde Strähnen im Haar, blau leuchten ihre Augen im bleichen Gesicht. *Fulminucc',* der kleine Blitz, das ist ihr Spitzname, weil alles an ihr so hell ist. Aber genauso agierten auch manche anderen Alten in Ripacandida, wenn sie mir das Erdbeben vom November 1980 vorspielen wollten, und bei solchen Vorführungen haben sie mir auch von den Feuern erzählt, die man nach dem Beben angeblich in Erdspalten zu sehen bekommt. Ähnlich läuft es auch, wenn sie die Krämpfe der Anfallskranken vor dem Altar des Heiligen Donatus nachahmen. Ich habe in Ripacandida drei oder vier leichtere Erdbeben erlebt und bin dabei immer merkwürdig ruhig geblieben – es war der Ausnahmezustand. Aber bei den Vorführungen von Besessenheit und Beben im Alltag musste ich mich zusammenreißen; es kam so unvermutet. Für diese Menschen schien das Chaos näher zu sein als für Mitteleuropäer. Ich hatte Angst, wie gebannt saß ich da und fürchtete, dass die gute alte *Fulminucc'* gleich mit einer schrecklich tiefen Stimme zu mir sprechen würde, oder in einem noch viel schlimmeren verräterisch hohen Ton, in der Zunge derer nämlich, die hier, in unserer Welt, kein Recht auf Mitsprache mehr haben und nur so tun als verfügten sie noch über eine menschliche Stimme. Und ich stellte mir vor, dass ich die Blitzfrau nicht mehr würde aufwecken können, dass es immer weitergehen würde, *tu tu tu bu bu bu,* mit mir dabei, als gelähmtem Beobachter und Zeugen.

Die Toten rumoren in den Körpern und in den Schränken. Sie zeigen sich in weißen, fast durchsichtigen Körpern, wie wir es aus unseren Kinderbüchern kennen in Deutschland. Sie sprechen Latein und benutzen dazu die Zunge von Menschen, die diese Sprache nie gelernt haben. Manche harren still in ihrem Gastgeber aus, verständigen sich nur durch Zeichensprache und schicken lästige Frager mit einer Handbewegung weg. Der für seine Durchtriebenheit bekannte Bauer Tuccio begann im Jahre 1952, mit der hohen Stimme eines Jungen zu sprechen. Kurz zuvor war das Kind beim waghalsigen Spiel mit einer Handgranate verunglückt – nach dem Krieg gab es überall Waffen. Erst als die Eltern ein paar gute Hosen für Tuccio schneidern ließen, klangen die Anfälle ab. Die hohe Stimme des Kindes hatte es so geweissagt. Ein Kommunist kommentiert diesen und ähnliche Berichte mit folgenden Worten: *Ich glaube nicht an diese Sachen. Ich glaube wohl, dass dir manchmal jemand was Böses will. Jemand schüttet dir was Übles in dein Getränk. Das mit den Geistern ist uns aber nicht passiert und kann uns gar nicht passieren. Das mit den Getränken wohl! Aber warum gibt es heute diese Leute nicht mehr, die solche Zu-*

stände hatten? Weil sie das fingiert hatten! Der hatte das für sich so erfunden, damit es ihm besser geht. Früher gab es das oft.

Das war der Stand der Dinge zur Zeit meiner Forschung. Die Stimmen der Toten, das Zittern, das *tututu* und *bububu*, irrte durch die Reden meiner Gesprächspartner wie heimatlose Geister, die keinen Platz mehr haben in der modernen Welt der Fernsehapparate und Herzoperationen. Mit der Zeit schien mir das Geistergerede trotzdem ganz selbstverständlich. Darum hat es Jahre gedauert, bis ich das Ungewöhnliche dieser Berichte wieder erkennen konnte, bis ich verstand, dass ich seltenen und seltsamen Phänomenen auf der Spur war, einer Art von europäischem Schamanismus. Sie zittern ihre Ängste ab über diesen Geschichten und befreien sich so für eine Zeit von der quälenden Gegenwart ihrer eigenen Sterblichkeit. Angestachelt durch die Erfahrungen von Kriegsgräueln und bäuerlicher Elendskultur hat sich das Totengedenken in Ripacandida und Umgebung noch einmal zur vollen Höhe des Besessenheitskultes gesteigert, in den vierziger und fünfziger Jahren des zwanzigsten Jahrhunderts. In den achtziger und neunziger Jahren konnte man die Besessenheit nur noch äußerst selten beobachten, so selten oder gerade noch so häufig, wie sie heute in traditionalistisch-katholischen Kreisen in Deutschland vorkommt. Berichte über den *irren Geisterseher, der sein Medium zersägte* und ähnliches kann man heute leicht in der italienischen Presse finden. Darum ist es seltsam, dass die italienischen Zeitungen kaum Hinweise auf das massenhafte Auftreten[162] von Besessenheiten im Süditalien der fünfziger Jahre geben – ganz zu schweigen von der soziologischen, ethnologischen und volkskundlichen Literatur. In de Martinos umfangreichem Feldmaterial erscheint der Begriff der Besessenheit als solcher nur selten, als habe der Religionsphilosoph gar nicht so genau wissen wollen, wie verbreitet diese Erscheinung ist. Vielleicht waren ihm diese Zustände zu dicht am katholischen Exorzismus angelehnt und zu sehr politisch von der Kirche ausgenutzt, als dass er sie allzu ernst hätte nehmen können. Andererseits hat der neapolitanische Ethnologe für die breite Palette der Erscheinungen des *essere agitato da*, des *Gelenkt-Seins*, für die seltsamen Albträume, die erregten Formen der Totenklage eine Erklärung gefunden, die man auch für die voll entwickelten Besessenheitszustände heranziehen kann. Die Ursache für jede heftige Form des Gefühlsausdrucks in der Religion sah er im materiellen Elend der Bauern. Man muss ihm dabei auf einer bestimmten Ebene recht geben – seit der Massenemigration der Sechziger und der damit verbundenen drastischen Anhebung des Durchschnittseinkommens ist es vorerst aus und vorbei mit dem Zungenreden. Über die Besessenheit der vierziger und fünfziger Jahre ist mir also nicht viel mehr als das überliefert, was mir die Menschen in Ripacandida erzählt haben, wieder und wieder, ansonsten finde ich nur Schilderungen von Extremfällen. In Lina Wertmüllers Kriegsstück *Liebe und Magie in Mamas Küche* geht es um eine kannibalische Geisterseherin.[163] Das Stück soll auf einem authentischen Fall beruhen und bezieht seinen unheimlichen Charakter gerade aus der Normalität dieser italienischen Mutter, die seelenruhig ihre Nachbarinnen verspeist. Ich lese es als Hinweis auf eine Zunahme trancehafter Kulte um Tod und Identität in Zeiten von Faschismus und Krieg.

Zeitungsberichte aus der späteren Nachkriegszeit informieren über den heute vergessenen Kult des Heiligen Alberto. Der lukanische Lastwagenfahrer Alberto Gonella kam bei einem Unfall zu Tode. Später sprach Giuseppina, seine Tante, in der Zunge des Toten. Giuseppina-Alberto diagnostizierte Krankheiten und machte Andeutungen auf zukünftige Ereignisse. In Serradarce, nur vierzig Kilometer südwestlich von Ripacandida, errichteten Anhänger dem als Heiligen verehrten Alberto in den sechziger Jahren eine Wallfahrtskirche. Täglich trat Giuseppina dort auf, von 10 bis 16 Uhr. Den angereisten Pilgern hielt sie mit seltsam hohler Fistelstimme ihre Sünden vor, den Kranken verriet sie Heilmittel und Gebete. Sie nahm den Exorzismus vor und brachte die Verstockten zum Sprechen. Luigi di Gianni hat damals Dokumentarfilme über diesen Kult gedreht. *Es war sagenhaft*, erklärt mir der italienische Regisseur bei einem Essen in Tübingen, dreißig Jahre später, *überall diese Frauen in*

den schwarzen Kleidern, die immer ein bisschen bucklig wirkten. Ich weiß nicht, warum die Leute heute immer nach Asien oder Afrika reisen müssen, um sich mit diesen Dingen zu beschäftigen – dort in Süditalien gab es alles und es ist noch einiges da, auch heute noch. Luigi hat die Beerdigung der Seherin von Serradarce miterlebt, Anfang der siebziger Jahre. Ein enttäuschter Anhänger hat die Tante des Heiligen Alberto erschossen. Bis heute besuchen am 25. Oktober ein paar hundert Pilger die Kapelle von Serradarce. Wie ein riesiges rotes Spielzeug steht dort auch der Laster, mit dem Alberto Gonella verunglückt ist, auf den Tag genau vor vielen Jahren. Doch jedes Jahr kommen weniger Pilger. Die Priester haben den Kult einfach ignoriert und letztlich damit recht behalten.
Das hat das Volk geschaffen, und wir lassen es uns von niemandem wegnehmen, erklärt die Leiterin des mit Erinnerungsgegenständen, Votivtafeln, Hochzeitskleidern und anderen Angebinden vollgestopften Gebäudes zu Ehren von Alberto Gonella. Bis heute hat kein ordinierter Priester das Haus betreten, in dem das süditalienische Christentum zu seinem Fundament zurückgefunden hat. Hätten sie sich nicht ein Vorbild an Jesus Christus nehmen können? Da … *brachte man zu Jesus einen Stummen, der von einem Dämon besessen war. Er trieb den Dämon aus, und der Stumme konnte reden. Alle Leute staunten und sagten: So etwas ist in Israel noch nie geschehen. Die Pharisäer aber sagten: Mit Hilfe des Anführers der Dämonen treibt er die Dämonen aus.* (Matthäus 9.32–34.)
So ist es, mit dem Zittern treiben sie die Angst aus und mit Gespenstergeschichten gehen sie vor gegen das ungute Gefühl auf der Haut – Wörter und Körper stehen hier in viel dichterer Verbindung als bei Menschen, die sich mit Kriminalromanen und Gespenstergeschichten vergnügen, aber die Ähnlichkeiten liegen auch auf der Hand: Es sind universale Motive. Die Erfahrung der Sterblichkeit und des Ichverlustes einerseits, die Traumatisierung durch Tod und Elend andererseits, treiben uns auf die düstere Seite der Kultur, immer entlang am schwarzen Faden der Tradition, mal um uns zu beleben und zu erfreuen, mal um in die Tiefe

zu fahren und wieder aufzustehen als Mensch, der das neue Leben angezogen hat.
Exorzistische Dramen, wie sie die Menschen aus den vierziger Jahren schilderten, bleiben den Menschen in Lukanien heute weitgehend erspart. Ich fand aber dafür Zeugnisse einer stillen Besessenheit, bei der die Toten auf der Haut bleiben, als würden sie den Weg ins Innere der Menschen nicht mehr finden: Herpes, Gürtelrose, Entzündungen, *fuoc'o mort'*, das Totenfeuer, *vent' trist'* oder *mal'vient'*, der Wind der Trauer, der schlechte Wind. Die Toten hinterlassen ihre Wundmale auf den Lebenden. Es ist ihnen auf eine für uns Außenstehende schwer zu durchschauende Weise gelungen, die Schwelle zu überwinden. Das Leben ist eben eine Krankheit zum Tode, auf der Haut steht es geschrieben, dass wir sterblich sind. Der Gedanke an das Undenkbare, an den Tod, macht uns krank und er ist personifiziert im Gespenst, das zu uns spricht, uns berührt und immer näher kommt. Auch deutsche Warzenbesprecherinnen und Geistheiler beten bisweilen noch so: *Mittel gegen Warzen … Während man zu einer Leiche läutet, steht man an einem fließenden Wasser, wäscht den Teil, wo die Warze ist, und spricht dabei: Jetzt läutet man einer Leiche. Und was ich wasche, das weiche!*[164] Es soll dahin gehen, wo es hergekommen ist. Linda Viertele, *Quartariegg'*, nennen sie eine Frau in Ripacandida. Sie hat mir beizubringen versucht, wie man Hautkrankheiten magisch behandelt. Manchmal, sehr selten, konnte ich das Geschehen sogar von beiden Seiten her verfolgen, in den Schilderungen der Heilerin wie ihrer Patienten. Manchmal, wenn es sich ergab, konnte ich sogar dabei sein. Mein Nachbar Morone, ein fetter massiger Mann in den Sechzigern, hatte betuchte Kinder in Norditalien. Als er an einer hartnäckigen, sehr flächigen Gürtelrose litt, ließen sie ihn in den besten Kliniken behandeln. Aber Morone wurde nicht gesund in Mailand und ging nach Hause zurück. Von Heilerinnen hielt er gar nichts. Nach langem Zögern bat er Linda um Hilfe. Sie strich die rot geschwollene Haut an seinen Hüften mit Olivenöl ein, dann betete sie zu Sant' Antonio, dem Heiligen des Feuers, und bekreuzigte Morones Leib mit einem brennenden Öllämpchen, …

gegen den Toten ... aber er hat mich zu spät gerufen, wenn der Tote frisch ist, kriegt man ihn besser weg. Nach einigen Tagen wurde die Haut besser, nach zwölf Tagen war Morone geheilt. Als ich ihn allerdings zwei Jahre oder drei Jahre später wieder einmal nach seinem Befinden befrage, winkt er ab. *Es ist nach innen gegangen.* Ein Jahr später ist er an einem Leberleiden verstorben. Die Gürtelrose hat ihm in seinen letzten Jahren nicht mehr zu schaffen gemacht.

Lebende tauschen sich mit Toten aus. Sie streiten, sie beschenken sich. Die Toten nähern sich den Lebenden, als Feuer oder als Wind, und heften sich an ihre Haut. Im Traum oder in visionären Zuständen erleben die Lebenden ein Licht, das jenseits der für uns durch Fühlen und Begreifen bestätigten Formen liegt. *Spettro* ist ein italienisches Wort für Geister und Gespenster, *spettrale* heißt in der italienischen Jugendsprache der neunziger Jahre gespenstisch, gut, oder das, was sie bei uns gerne *geil* nennen. Das Spektrum ist in der Sprache der Physiker ein Bereich, in dem die Intensitätsverteilung von Strahlung variiert, was wiederum unterschiedliche optische Eindrücke hervorruft, die Wahrnehmung der Farben. Aber es geht hier nicht um die Wissenschaft von Licht und Ton und auch nicht um das rein Seelische, um Ablösung oder Tabuisierung. Das Unheimliche kehrt in Lukanien nicht nur als neurotische Fantasie an seinen Ursprungsort zurück und schon gar nicht als physische Strahlung oder als fester Körper, sondern in der Form der Naturerscheinung – Wind, Feuer, der menschliche Körper, Pflanzen, Tiere. Daran ist nicht viel Übernatürliches in unserem Sinne des Wortes. Die Toten tragen ihre Leidensgeschichte auf der Haut der Lebenden ein. Geister haben einen festen Platz in der Rede vieler Süditaliener – moderne Menschen müssen ihre Sprache biegen oder dehnen oder auf altertümliche Formeln hin absuchen, bis sie wieder Wörter gefunden haben, mit denen die lukanische Rede von den Toten übersetzbar wird in unsere.

Vielleicht muss man auch nur etwas von der vertrauten Sprache abstreichen, um zum Geisterseher zu werden. *Wenn der Priester bei der Taufe ein paar Wörter zu wenig gesagt hat, dann werden das die, die immer Visionen haben.* Das soll Don Michele gesagt haben, der den Leuten von Ripacandida so lange als Priester gedient hat. Viele Heilerinnen erzählten mir, dass sie selbst oder zumindest andere Heilerinnen in die Christmette gehen und dann im Kopf die auswendig gelernten Heilformeln bewegen, beteiligt und doch nicht beteiligt am Gottesdienst. Nur ein paar Wörtchen mehr oder weniger trennen die Magier von den Priestern. Die lukanische Totenreligion ist in der katholischen Religion verwurzelt und umgekehrt bedienen sich die Priester der Totengeister, denn sie predigen nicht nur die Wiederauferstehung Christi, sondern feiern mit ihren Gemeinden auch die Rückkehr der Toten zu Allerheiligen und Allerseelen. *Wenn du vom ersten auf den zweiten November Kerzen ins Fenster stellst,* das sagen manche Leute in Ripacandida, *kannst du vielleicht die Totenprozession erleben, wie sie durch die Gassen zieht in der Nacht. Aber sieh dich gut vor dabei.*

Neugierige Blitzfrau, immer wieder hat sie es versucht, als sie noch ein Mädchen war. Aber was sie im Sturmbrausen der Novembernacht schon für das Glöckchen gehalten hatte, mit dem die Prozession ankündigt wird, entpuppte sich als eine alte Bimmel, die der Nachbar seinem neuen Esel umgebunden hatte. Ihrem Glauben an den stummen Marsch der Toten tat das freilich keinen Abbruch. Die Geschichten, die ich über die Totenprozession gesammelt habe, beruhen auf Hörensagen. Eine Frau, *die gegenüber von Anita Perretta gewohnt hat,* die hat es gesehen. *Erst kamen die Mädchen in den Kommunionskleidchen, dann die Jugendlichen, dann die anderen Altersgruppen.* Schließlich reihte die Träumerin sich selbst ein, wie unter Zwang. *Da hat sie eine Gevatterin in der Prozession getroffen, die im letzten Jahr gestorben war. Die hat zu ihr gesagt, dass sie jetzt besser verschwinden soll. Die Toten trugen die Sachen, in denen sie gestorben waren, und sie sprachen nicht.* Andere wollen die Prozession in einer Schüssel mit Wasser gesichtet haben. In der Nacht zu Allerseelen stellt man das Becken auf, bei Kerzenlicht, auf die Schulter legt man sich ein weißes Tuch, das in der Oberfläche des Wassers gespiegelt wird. *Dann ziehen die Toten an dir vorbei, allesamt, du kannst sie sehen. Ich zum Beispiel habe Angst davor. Wer den Mut aufbringt, der macht es ... eine Frau, die hier in der Nachbarschaft wohnte, die hat sowas gemacht. Vor ein paar Wochen ist sie gestorben.* Die Schüssel, in der das Wasser bei Kerzenlicht glitzert, scheint in einer Entwicklungsreihe zu stehen, die von den gleißenden heiligen Quellen der Antike, in denen man die Teichnymphen sehen konnte, zu den Kristallkugeln der Hexen führt, zum Schattentheater, zur *laterna magica* und schließlich zum Filmprojektor und zum Fernsehen. Die Geschichte von der Totenprozession war im alten Ripacandida offenbar sehr verbreitet. Allerdings betonten die Erzähler, dass nur wenige die Kraft hatten, dem Anblick des gräulichen Umzuges standzuhalten.

Aus dem Leben von Don Pasquale Gentile, dem mächtigen Priester der zwanziger und dreißiger Jahre, erzählt man sich in Ripacandida heute noch allerhand. *De Peppone, ein Lebender, der hat ihn eingeladen in ein unbewohntes Haus vor dem Ort. Alles war erleuchtet, mit Engelchen verziert. Sie haben gegessen. Beim Eintritt in das Haus war Don Pasquales Gewand am Torflügel hängengeblieben. Am nächsten Morgen haben sie einen Fetzen davon am Tor gefunden.* Die Grenze des Hauses, das Tor gab es wirklich, aber was sich dahinter abspielte, wissen nur De Peppone und der Priester genau. Von diesem Galadiner mit den Toten macht man sich als normaler Sterblicher am besten gar keine Vorstellung. *De Peppone und Don Pasquale sprachen nie darüber. Als ich ihn mal gefragt habe, sagte er bloß: »Wer hat dir denn das gesagt?« Auch Peppones Frau wusste nichts davon.*

Die Prozession ist nach Altersklassen gegliedert und nach Geschlechtern – wie es früher auch im Leben üblich war. Die Toten leben in Ordnungen wie die Lebenden. Es ist die alte kirchliche Ordnung der Dinge. Sie verhindert, dass die Geister durch die Häuser hetzen, wild und ungebändigt. Vergeblich versucht der Priester Jahr für Jahr, diese Ordnung bei den Prozessionen der Lebenden wieder einzuführen, *heute herrscht da nur Durcheinander!* In der Totenprozession bleibt die Gevatterin eine Gevatterin und hilft ihrem Patenkind. Es gibt feine und weniger feine Tote, das kann man an der Kleidung erkennen. Ob fein oder unfein, anscheinend ist es immer gefährlich für Sterbliche, die Toten zu sehen, mit ihnen zu gehen oder zu essen. Nur Priester können dem standhalten und Geisterseher. An all das ist ein Geheimnis geknüpft. Es betrifft die Macht der Kirche über Leben und Tod. Die Blitzfrau versucht mir weiszumachen, dass Scheintote, die nach dem kirchlichen Trauerritual wieder erwachen, auf Geheiß der Priester endgültig beseitigt werden. Und viele meiner Freunde in Ripacandida waren der Ansicht, dass Mordopfer nicht in der Kirche aufgebahrt werden dürfen. *Sie haben kein Recht, in die Kirche zu gehen, verstanden? ... Sie sind nicht von der Kirche, sie gehen mit dem Bösen, demonio ... sind Verräter. Jesus Christus sagt: Du hast hier nicht den Passierschein vom lieben Gott Jesus. Er gibt seine Erlaubnis nur denen, die gut gestorben sind. Weil deine Kerze abgebrannt ist ... dann ruft dich der Herr, wenn deine Zeit abgelaufen ist ... Wenn einer umgebracht worden ist ... sagt Gott: Du hast dich vom Bösen wegbringen lassen, du gehst mit ihm. Meinen Toten gebe ich nicht die Erlaubnis, auf die Leute zu gehen. Es ist eine Sauerei, sich so auf andere zu stützen.*

Linda ließ nicht locker, *... also, in die Kirche lassen sie keinen von denen 'rein. Sachen gibt's, verstehst du das? Ist doch wohl einfach zu verstehen. Und jetzt geh' ich in die Küche Pasta machen ...* Endlich hat sie gemerkt, dass mich das Thema unangenehm berührt. Sie macht sich in der Küche zu schaffen. Beklommen bleibe ich in ihrem dämmerigen Wohnzimmer zurück, umgeben von Kitschfiguren, Kuscheltieren und künstlichen Blumen, Geschenken zufriedener Patienten. Während Linda in der Küche rumort, wird mir bewusst, dass ich Zeuge einer Selektion geworden bin, bei der die Opfer dem Vergessen ausgeliefert werden sollen. Auf Sizilien gab es einen kirchlichen Kult der Opfer von Strang und Guillotine,[165] aber die waren meist nicht so unschuldig wie die Personen in Lindas Geschichten von Unfall und Mord. Unter der Regie der Magierin werden Furcht und Mitleid in Ekel verwandelt und in die Angst vor der Ansteckung durch das Böse. Das konnte ich nicht mit dem

verbinden, was ich für meine Wertvorstellungen hielt. Zugleich musste ich mir eingestehen, dass mir die Bilder von zerschossenen Opfern der Mafia in letzter Zeit nur noch auf die Nerven gegangen waren und dass ich auch einen kleinen Umweg in Kauf nahm, wenn ich bloß nicht noch einmal an der Leiche dieses riesigen Hundes vorbei musste, den sie bei Rionero über den Haufen gefahren hatten und der nun Pflaster rötete mit seinen Innereien. Ich fühlte mich verführt zu einer unverblümt und angstvoll um das eigene Ich kreisenden Sicht der Dinge. Dieses Gefühl kannte ich schon, seit mir die Mütter von San Donato erzählt hatten, was sie für fromme Wünsche hegten gegen ihre behinderten Kinder. Dabei hatte ich noch einige Lektionen in Mitleidlosigkeit vor mir, besonders im Rahmen meiner Assistenzzeit bei *Geistersehern, nigromanti*. In Ripacandida tragen gelegentlich die Opfer Schuld an Krankheit, Unfall und Mord. Aber dann, als *morti,* nehmen sie Rache für die Herzlosigkeit der Mitmenschen. Sie lassen die Häute der Lebenden aufquellen und schamhaft erröten, und wenn es Not tut, verdrehen sie ihnen hier und da das Wort im Mund, so dass es ihnen schließlich im Hals stecken bleibt.
Die Toten, diese besonderen Toten der lukanischen Tradition, sie haben ihre Zeit nicht gehabt. *Sie sterben in Ungnade. Gott nimmt sie nicht auf im Paradies. Sie sind mit dem Bösen … Normalerweise zieht man sich eben mit siebzig oder achtzig Jahren zurück … aber dieser Geist, der geht herum, er ist ein Wind, er stützt sich auf und geht nicht weg. Es ist purer Zufall, auf wen er sich stützt. So fühlen sich diese Geister ruhiger. Sie werden verjagt und stützen sich auf einen anderen. Sie machen dieses Leben, bis der Herr ihre Kerze verlöschen lässt … sie langweilen sich sonst. Sie hängen sich an Tiere, Kinder und so weiter. Auf den Tieren rufen sie dieselben Hautkrankheiten hervor wie auf den Menschen.* Die Last des plötzlichen Todes ist zu groß für eine Kultur des Elends. Auch in der Wohlstandsgesellschaft bleibt es erst einmal dabei, man hat Angst vor den Toten, nur sind hier vielleicht mehr Mittel vorhanden, sie von sich fernzuhalten durch Hygiene, Dienstleistungen des Trauergewerbes und aufwändige Ausstattung der Särge und Gräber.

Die lukanische Lehre vom gelebten Leben hat einen Angelpunkt in der offiziellen katholischen Lehre, das ist die Lehre vom Leben nach dem Tode. Die Theologen lassen diesen Bereich wie absichtlich unerforscht. Paradies, Fegefeuer, Wiederauferweckung zum Jüngsten Tag, Wandeln der Toten auf der Erde – all das ist in der Bibel zu lesen und die theologische Überlieferung in diesen Fragen macht keinen einheitlichen Sinn. Die Lücken dürfen die Laien auffüllen mit ihren Vorstellungen. So verbindet sich die Heilslehre des Christentums leicht mit lokalen Schauergeschichten und Paradiesvorstellungen.[166] *Kat-holos* heißt all-umfassend. Die schlechten Toten sitzen auf der Haut der Lebenden, aber die guten Toten müssen nicht unruhig umherwandern, sondern werden zu Schutzgeistern der Lebenden. Ihre Leiche liegt im kühlen Grab und wird an den Jahrestagen geehrt. Das Grab ist auf dem Friedhof, draußen, wo die Kreuzwege sind und der Wald. Ihr Bild steht wohlverwahrt auf der Kommode. Ihre Seele ist im *Himmel*, im *Paradies*, vielleicht auch im Fegefeuer. Irgendwo warten sie auf den Jüngsten Tag, in ewiger Ruhe, *das ewige Licht leuchte ihnen*.[167] Vito, ein Magier, Postbote der Geister, spielt den Überbringer ihrer Botschaften aus dem Jenseits. Auf kleine Zettelchen schreibt er die Botschaften der Toten an seine Kunden. Er behauptet, dass er sie auf seinem Dachboden empfangen hat mithilfe eines Jungfernpergamentes, auf das Asche ausgestreut ist, die sich unter der fächelnden Hand der Geister zu Buchstaben ordnet. Doch diese friedlichen Toten sind nicht gierig auf die Berührung mit Leben, sie fühlen sich eher belästigt, wenn Vito um Rat bittet. *Du kommst ja immer dann auf mich zurück, wenn es um meine Familie geht, also, hier bin ich und erkläre dir alles*. Ein anderer grantelt: *Mach dich davon, nachdem du mich gerufen hast, und ich werde dir dafür alles sagen*. Die Einstellung der *regulären Toten* zu den Lebenden ist distanziert, aber nicht unfreundlich. Nach einer nicht weiter erklärten Regel sind sie dem Geisterbeschwörer zum Spiel von Frage und Antwort verpflichtet. Manche versuchen, sich mit Zeitdruck herauszureden, sie scheinen irgendwelchen himmlischen Geschäften nachzugehen. Die Angelegenheiten der Lebenden betrachten sie von ihrem Stammplatz in der Höhe aus mit heiterem Desinteresse. Nach den Anweisungen der Toten veranstaltet Vito Exorzismen an den Kreuzwegen der Umgebung. Ich durfte ihn oft dabei begleiten – Friede deiner Asche, Mastro Vito!

Menschen, die verfrüht durch Krankheit gestorben sind, hat Gott zu sich genommen – das ist wieder ein anderer Fall, wie man mir manchmal erklärte. Aber wenn jemand nicht gerade an Altersschwäche gestorben ist, kann er sich leicht in einen gefährlichen Totengeist verwandeln, den *morto ammazzato,* den gemordeten Toten. Er ist noch heiß von der Tat und vom Lebenwollen und Menschen, die mit ihm zu sehr in Berührung kommen, können sich die Haut verbrennen. *Die Toten fühlen sich dann mehr im Kühlen, sie sind ruhiger und zufriedener.* Giuseppina aus Serradarce besaß die Gabe, alle diese Geister im Zeichen ihres heiligen Neffen Alberto zu vereinigen. In der Kühle der von ihren Anhängern erbauten Wallfahrtskirche nahm sie die Austreibung und Umverteilung der Geister vor, selbst besessen vom Geist ihres Neffen. Der Kult um Sant' Alberto und Zi Giuseppina war ein grosser Schritt hin zur organisierten Gegenreligion, seither sind ihn die Heiler und Heilerinnen der Basilikata nicht mehr gegangen, im Gegensatz etwa zu ihren Kollegen und Kolleginnen in Brasilien oder Venezuela. Aber noch während der Zeit meiner Feldforschung richteten sie primitive Mordwerkzeuge gegen die Geister, das Feuer und das heilige Tau. Welcher moderne Priester will diesen schweren Dienst noch leisten, heute, wo dem kirchlichen *Rituale Romanum* mit dem Film »Der Exorzist« ein großer Grabstein gemeißelt worden ist? Vielleicht wird man diese Zurückhaltung einmal für den größten Fehler der Kirche halten. Aber noch gibt es den Exorzismus, schon der lateinamerikanischen und afrikanischen Katholiken zuliebe, noch hat die Kirche sich nicht von ihren eigenen Wurzeln abgeschnitten. Denn so besehen ist das Christentum nichts anderes als eine ins Gute gewendete Besessenheit durch den heiligen Geist.

Alsdann beschütze man sich selbst und den Besessenen mit dem Kreuzzeichen, lege den äußeren Teil der Stola um des-

sen Hals und, nachdem man die rechte Hand auf dessen Haupt gelegt hat, spreche man fest und mit großem Vertrauen das Folgende:
»Seht das Kreuz des Herrn, flieht, ihr feindlichen Mächte. Gesiegt hat der Löwe aus dem Stamme Juda, die Wurzel Davids …
Ich beschwöre dich, du überaus unreiner Geist; jeder Angriff feindlicher Heerscharen, jede Gaukelei möge im Namen unseres Herrn Jesus+Christus von diesem Geschöpf Gottes entfliehen.
Jetzt soll der Exorzist die Stirn des Besessenen bekreuzigen.
Weiche also, im Namen des Va+ters und des Soh+nes und des Heiligen+Geistes: Gib Raum dem Heiligen+Geist, durch dieses Zeichen des heiligen+Kreuzes unseres Herrn Jesus+Christus, der mit dem Vater und eben diesem Heiligen+Geiste lebt und herrscht, Gott, von Ewigkeit zu Ewigkeit.[168]
Kreuz und Wort, Wort und Kreuz, das ist die Austreibung des unreinen Geistes. Mit der Stola wird dem Besessenen das Leben zurückgegeben und der Tote soll dahin verschwinden, wo er hergekommen ist. Wie die priesterlichen Exorzisten halten lukanische Heiler die Wurzel des Guten gegen die Wurzel des Bösen, wenn sie dem Besessenen das Tau entgegenstrecken. Vielleicht wächst die Wurzel des Guten in Lukanien dichter bei der Wurzel des Bösen, als es die kirchliche Lehre vorsieht. Die Wiederholung des Kreuzzeichens macht aus dieser Schrift mehr als eine Gebrauchsanleitung. Wörter und Körper werden gleichermaßen durchkreuzt, der Text und der Leib, die Handlung und die Schrift werden eins. Die Blätter des *Rituale Romanum* sind selbst ein großes Amulett, in rotes Leder gebunden und mit Kreuzen bestickt, etwas für Büchersammler und andere Geheimnistuer. Es ist einer der letzten großen abendländischen Ritualtexte, die noch in Gebrauch sind, was ist dagegen schon die Gebrauchsanweisung eines Kühlschrankes? Das Buch wird zum Gegenstand der Verehrung, wie der Name Gottes zu einem Teil Gottes wird, den man mit dem Kreuz verzieren muss. Die Schriftamulette der Magier in meinem italienischen Dorf halten Schritt mit diesen Praktiken des Tauschs zwischen Bezeichnetem und Bezeichnen-

dem. Ihre Bekreuzigungen gegen den *Erreger des Neides* sind vom kirchlichen Exorzismus übernommen, nur dass es hier nicht mehr um Satan, sondern um eine frei wachsende und schwindende Menge des Bösen geht. Sie glauben nicht an das Böse an sich, sie stellen es sich immer in Beziehung zum Guten vor. Die Psychotherapie der *maghi* soll wie das *Rituale Romanum* den *unreinen Geist* zurückschicken auf *verdorbene Wege* – vernichten soll es ihn aber nicht.
Da kam plötzlich vom Himmel her ein Brausen, wie wenn ein heftiger Sturm daherfährt, und erfüllte das ganze Haus, in dem sie waren. Und es erschienen ihnen Zungen wie von Feuer, die sich verteilten: auf jeden von ihnen ließ sich eine nieder. Alle wurden mit dem Heiligen Geist erfüllt und begannen, in fremden Sprachen zu reden, wie es der Geist ihnen eingab. (Apostelgeschichte, 2,1–4.) Aus der Sicht der Alten von Ripacandida ist der Geist, der sich über die Jünger ergießt, nichts weiter als ein ins Gute gewendeter Frühverstorbener, ein Untoter, der sich feurig auf der Haut der Lebenden bemerkbar macht. Das christliche Ritual orchestriert das Wirrwar äußerer und innerer Stimmen zu einem vielstimmigen Ton. Es ist die Sprache des Mitleides, das wie eine Flamme von Körper zu Körper springt. Es ist eine Passion, der sich die Ripacandidesi eher unwillig unterziehen, wenn sie in Zungen reden, Geistergeschichten erzählen oder wenn ihre Haut sich krankhaft verändert. Dieser Widerwille trägt vielleicht den Stempel des Heidentums. Aber wenn wir bedenken, zu welch barbarischen Taten gelehrte Christen getrieben wurden oder was Humanisten, Atheisten und sozialistische Volksfreunde ihren Mitmenschen angetan haben, dann kann man auch zu der Auffassung gelangen, dass im rituellen Christentum der Lukaner ebenso viel Vernunft steckt wie in jeder anderen Lehre. Da ist ein Wissen über das Böse im Guten und über das Gute im Bösen. Vielleicht wird so etwas den Menschen nur in einem Zwischenbereich der Weltgeschichte bewusst, wenn Menschenleben nicht mehr viel wert sind. Das ist dann die Stunde der kämpfenden Kirche mit ihrer Militanz und ihrer Endzeiterwartung. Phasen des Friedens wird man nutzen, um Atem zu holen für eine weitere große Rede über das absolute Gute und die totale Ver-

nichtung des Bösen – nur damit auch diese große Erzählung in der nächsten Krise wieder Schiffbruch erleidet.
Wenn es ihnen gut geht, sind die meisten Lukaner aufgeklärte Katholiken oder auch Atheisten. Abergläubisch sind dann immer die anderen. *Daran glauben doch nur alte Bauern!* Ich habe den Fehler gemacht, einen Tischler nach Geistergeschichten zu fragen und er meint, ich sei an der falschen Adresse. *Am besten lässt du dir das mal von den Leuten erzählen, die in den Wald gehen zum Holzmachen. Das Maultier ist mit Holz beladen und schafft es nicht mehr. Erst nach dem Kreuzweg wird es wieder leichter. Da gibt es viele Geschichten, wie die von Michele dem Jäger, der im Wald umgebracht wurde, man weiß es nicht recht. Und beim Brunnen auf dem alten Friedhofsweg haben sie einen kalt gemacht – aber kennst du denn gar keinen Bauern, der dir davon erzählen kann?* Dann kann er aber doch nicht widerstehen und vertraut mir einige Geschichten aus den dreißiger Jahren an. Wie ihm als Junge im Wald, gleich beim eisernen Erinnerungskreuz für einen gewissen Faretta, ein seltsam anhänglicher Hund begegnet ist, der immer größer wurde. Im Wald wartet die Versuchung zum Heidnischen, die *tentazion'*, der Teufel. In der Tat können moderne Menschen oft nicht recht nachempfinden, was an der Begegnung mit einem Hund im Wald sein soll, im Zwielicht eines Novemberabends und fern jeder menschlichen Behausung. Aber Kinder kennen diese Stimmung, denn sie sind klein, Hunde erscheinen dann größer, und Kinder brauchen Märchen. Und sie wissen auch schon, dass es gut ist, wenn man irgendwann das Märchenbuch wieder zuklappen kann.
Eine Frau aus Ripacandida will nach Atella gehen, zum Markt der Santa Luzia. Mit ihrem Mann macht sie sich auf den zweistündigen Marsch durch die winterliche Landschaft, der Luzientag wird am 13. Dezember gefeiert. Die Frau ist hochschwanger und spürt plötzlich einen starken Drang zum Wasserlassen. *Soll ich?*, fragt sie. Der Mann: *Zier dich nicht, hier ist bloß Feld.* Kaum ist sie fertig, werden ihre Beine dick. Mühsam schleift der Mann sie wieder heim. *Das kommt vom Laufen in deinem Zustand!*, ruft die Schwägerin, die das Paar begleitet hat. Als sie nach Ripa-

candida zurückkommen, steht die alte Magierin am Fenster und ruft: *Na, was'n los? Komm mal her, lass' mal sehn!* Die Beine sind mittlerweile auf das Doppelte angeschwollen. Die Alte kommt ihnen auf der Treppe entgegen und schaut es sich an. Sie schreit: *Ah, du Tier, was haste getan, wo bist du drüber, du altes Tier?* Dort, wo sie ihr Wasser gelassen hatte, ... *da hatte sich der Geist an mich 'rangemacht.* Sie hat den Platz eines Toten verunreinigt, der dort noch verweste. Nun sitzt er in den Beinen. Neun Tage lang muss sie jeden Tag ihre Strümpfe wenden und nachts in einem zugedeckten Topf ausdünsten lassen. Nur so kann sie nach und nach das Böse wieder aus den Beinen vertreiben. Heute fahren diese Leute mit ihrer erwachsenen Tochter im Auto zum Luzienmarkt nach Atella. Aber wenn die Wirtin von *Alla Valle* mir das Erlebnis im Halbdunkel ihrer kleinen Bar erzählt, dann leuchten ihre Augen.

Die Haut ist hier gefährlich durchlässig für das andere – insofern war mein Traum vom stammelnden Hart als meinem anderen Ich eine Anpassung an die lukanischen Gegebenheiten. Manche Tote sind hier sehr gefürchtet, bloß weg mit ihnen. Aber dann verpassen einem die Toten ihre Denkzettel, sie schreiben ihn direkt auf die Haut. So wird letztendlich doch noch alles auf das Mitleid hin kanalisiert, im Zeichen Jesu Christi mit seinen Wunden und Schwären. Der größte aller Untoten hat nicht in Eboli Halt gemacht, dem Einfallstor in den lukanischen Süden,[169] im Gegenteil, jenseits dieser Stadt hadern sie heute noch viel ernsthafter mit ihm, als wir es in Deutschland zu tun gewohnt sind. *Ramorra nahm die Beine unter die Arme, aber bald hatten sie ihn: »Jetzt machen wir mal einen hübschen Spaziergang durch den Ort«, sagte sein Vater. Er nahm ihn an der Hand. Am Tor füllte sich der Platz mit bewaffneten Männern, sie trugen Äxte und Hirtenstöcke. Schnell machten Vater und Sohn sich davon, verfolgt von wilden Schreien. Mattia, der Jäger, war ihnen schon dicht auf den Fersen. Dann vereinte sich der Lärm der schreienden Männer und zugleich brach aus dem Himmel der Donner hervor. Die Glocken läuteten und die Priester machten sich zur Prozession fertig; sie hatten den silbernen Reliquienarm irgendeines Heiligen dabei.*

Der Vater war nun verschwunden und Ramorra lief und lief. Da riß es ihn herum: Die Straße war voller Schlangen. Er fiel, allerdings nicht auf die Schlangen, sondern auf einen Stein, der mächtig im Weg hervorstand.[170]
Das stammt von Rocco Scotellaro, dem Wunderkind der lukanischen Nachkriegsliteratur. Ramorra ist er selbst, ein süditalienischer Junge, der vor dem Provinzleben flüchtet, vor der Menge. Anstatt im Dorf weiter zu leben, ließ er sich lieber in ein Internat sperren, wo er nun im Schlafsaal brütet, *unter dem roten Nachtlicht … Was suchten seine glitzernden Augen? Es war eine Warnung seines alten Herrn. Immer wenn Ramorra etwas Böses tat, erschien ihm der tote Vater im Traum und starrte ihn mit fürchterlichen Blicken an. »Geh weg, geh weg«, rief Ramorra im Traum, »ich werde es nicht wieder tun!«* Ramorra ist ins Internat gegangen, um dem lukanischen Landleben zu entkommen. Im Traum wird er aus seinem Dorf gejagt wie ein unreiner Geist, er soll bei den Schlangen leben, auf *verdorbenen Wegen*, wie es im *Rituale Romanum* heißt, dem päpstlichen Buch der Exorzismen. Sein Vater, der gute Tote, erscheint ihm im Traum als der Geist eines dieser lebenden Verstorbenen oder wie man sie auch nennt: eines Untoten. Nichts stimmt mehr. Aber Scotellaros Geschichten sind durchlöchert vom Gedenken an die Toten, wie bei meinen lukanischen Bauern und Rentnern.
Am Kreuzweg kann man sich ver(w)irren[171] – so könnte die deutsche Übersetzung des Titels heißen, den Scotellaro seinen Erzählungen gegeben hat. Die ersehnte Befreiung vom Faschismus und von der Enge des Landlebens wurde für den jungen Dichter aus Tricarico bald zur Orientierungslosigkeit. Der Frühvollendete starb einen frühen Tod. *So zerstreut man sich am Kreuzweg, man verliert sich. Einer sagt: »Geh' diesen Weg«, der andere: »… nimm diesen hier.« Und einer bleibt, wo er ist, erstarrt. Er wartet darauf, dass sich die Beine von selbst in irgendeine Richtung bewegen.* Ramorra-Scotellaro ist kein Einzelfall. Ein anderer Held der süditalienischen Literatur, Vitangelo Moscarda, gerät durch die Betrachtung seiner eigenen Nase in die Krise der Ichfindung, verliert sich, wird sich selbst fremd und fällt der Natur

anheim. *Dieser Baum im zitternden Atem seines neuen Lebens. Ich bin dieser Baum. Baum, Wolke; und morgen Buch oder Wind; das Buch, das ich lese, der Wind, den ich trinke. Alles, was draußen ist, immer auf Wanderschaft.* [172] Das stammt vom sizilianischen Literaturnobelpreisträger Luigi Pirandello, der auch ein Stück geschrieben hat mit dem bezeichnenden Titel *Sechs Personen suchen einen Autor*. Auf untergründige Weise ist die lukanische Bauernkultur mit ihren philosophierenden Zeitgenossen verknüpft, mit Sartre, der mit den Dingen denken will, mit einem Ast auf dem Weg, mit einer Schlange. Dabei geht es bei den Bauern wie bei den romanischen Dichtern und Philosophen immer wieder um dieselben biblischen Bilder von Weg und Baum, Wald, Wildnis und Schlange. Die Deutschen, so scheint es, richten es sich schon mal gemütlich ein in diesem menschenabweisenden Wald, die Romanen aber leiden daran, denn sie sind schon länger zivilisiert als wir, auch wenn es manchmal nicht so scheint.

Gelähmt von einer archaischen, in mancher Hinsicht absurden Lebensweise, laufen diese Christen da unten ihrem Tode entgegen, ohne Umwege und ohne sich zu wehren [173], schreibt Bronzini über die Lukaner der Nachkriegszeit. Aber gilt das nicht für alle Europäer nach dem Krieg? Vielleicht waren die lukanischen Bauern nur besser vorbereitet auf die Katastrophe. Was ihren dichtenden und philosophierenden Zeitgenossen in den zerbombten Städten langsam dämmerte, hatten sie es nicht längst gewusst? Sie wussten, dass es gefährlich sein kann, in der Krise konfrontiert zu werden mit seinem eigenen Abbild. Darum hat man früher in Lukanien während der Trauerzeit die Spiegel verhängt.[174] In der Projektion des kerzenbeleuchteten Waschbeckens warf man einen Blick auf die Totenprozession. Den modernen Dichtern aber ist das Leben selbst zum ständigen Wandel geworden, zur Prozession der Sinnlosigkeit. Der Kreuzweg erscheint bei Scotellaro als Bild der Unschlüssigkeit. Für die alten Lukaner aber war das der Ort, an dem sich die Geister scheiden. Linda Viertele, auch eine Altersgenossin von Scotellaro, hat ihr Leben gelebt, im Gegensatz zu dem frühverstorbenen Dichter. Sie sagt: *Das sagen die Alten, die Vor-*

fahren, die Alten der Antike, die sieben Erben ... Wer vom alten Weg abweicht, der weiß, was er hinter sich lässt, aber nicht, worauf er dann stößt ... die Vorfahren, die hatten Salz zu verkaufen, die haben gesagt: Verlass' die alte Straße nicht, ... und dir wird's gut gehen!
Diese alte Straße führt über viele Kreuzwege, jederzeit können wir abweichen vom überlieferten Plan. Neugeborene Kinder werden verkleidet und versiegelt und manchmal gibt man ihnen sogar noch den Namen eines Vorfahren oder eines mächtigen Heiligen. Aber man weiß, dass da draußen noch eine andere Welt ist, als Drohung und Verlockung. Heute ist das die Welt des Fernsehens und der Emigration – früher war es die andere Welt der Toten. Das Tor zu dieser Welt wird fast schon sichtbar, wenn man sich auf der *Jakobsbrücke* vom Sarg eines Mitmenschen verabschiedet. Himmelsleitern tun sich auf, wenn man alten Leuten zuhört oder sich auf das kerzenumstandene Waschbecken konzentriert, diesen Vorläufer des Fernsehapparates, der den Blick freigibt auf die Prozession der Toten. Bei den Erdbeben haben die alten Lukaner sogar erlebt, wie der Höllenschlund vor ihnen gähnte in glosendem Schein. Diese Nicht-Welt der Sinnlosigkeit lassen sie sich von denen erklären, die am besten darüber Bescheid wissen, von den Toten und von den Priestern in ihrem schwarzen Gewand. Beide, die Toten und die Priester, nehmen nicht wie die anderen wirklich am Leben teil – die Priester dürfen sich nicht fortzeugen, die Toten können es nicht mehr. Lukanische Bauern haben vielleicht nicht die Gabe, das Nichts so gelehrt zu beschwören wie ein Intellektueller aus Paris. Aber sie haben es am eigenen Leib erfahren und versuchen das, was ihnen widerfährt, unterzubringen in den Lehren der Kirche, auch wenn es nicht immer ganz passt. Der Intellektuelle verachtet vielleicht die Kirche, weil sie mit Texten hantiert, die von den Naturwissenschaften nicht bewiesen werden können. Dass er selbst einmal tot sein wird, nicht mehr da, und dass er deshalb sein Leben lang gegen die Macht der Dinge anschreiben wird, geht ihm dabei nicht in den Kopf.

8. Grab und Grenze

Im Zeitalter der Fotografie geben die Toten ihr Geheimnis preis. Freundlich schauen sie von Schränken herab oder von Kommoden herauf. Ein Totengesicht baumelt an der Kette, das eine Bäuerin vor dem Busen trägt, weitere Verstorbene lugen verwirrt unter der vergilbten Plastikhülle einer Brieftasche hervor: *Das war sie, Mamma!* Titino ist ein Meister im Präsentieren von Fotografien, denn seine Mutter, eine bekannte Schneiderin, Erzählerin und Heilerin, besaß einen der ersten privat genutzten Fotoapparate in Ripacandida, importiert von Verwandten aus den USA. Geheimnisvoll zieht Titino die Kiste mit den alten Bildern hervor, dann den Fotoapparat selbst, und dann geht es los. *Das bin ich mit siebzehn Jahren, zusammen mit Peppino, wir sind verkleidet, als Frauen, beim Karneval … und das ist Mamma, ja Mamma, war sie nicht eine prächtige Frau?*
Selten konnte ich mir in Ripacandida das zweifelhafte Vergnügen eines Friedhofspazierganges leisten, denn wer sich dort allzu oft blicken lässt, gilt als ein wenig seltsam. Außerdem hatte ich damals selbst noch keine Toten, die ich dort besuchen konnte. War es aber einmal so weit mit dem Spaziergang, schauten mir aus den Gräbern der zwanziger Jahre emaillierte Herren mit Schnauzbart entgegen oder bürgerliche Damen mit Schleier am Hut und ab und zu auch der Dez eines mit der Filzkappe geschmückten Bauern. Die modernen Gräber sind oft mit verglasten Fotografien der Verstorbenen verziert. Das sind die *defunti*, die, die es vollbracht haben, nicht die *morti*, jene Untoten, die bisweilen an den Kreuzwegen lauern und sich in unsere Haut verbeißen. Der stille Kult der Bilder ist im Laufe des Jahrhunderts zu einer Konkurrenz der allgegenwärtigen Heiligenbildchen herangewachsen. Jeder ist nun sein eigener Heiliger, *everybody is a star*. Viele Bilder zeigen die Verstorbenen in aufrechter Haltung, angetan mit ihrer besten Garderobe. Das ist das *gelebte Leben*. Auch von den Unfalltoten gibt es Bilder, aber weil jüngere Menschen nur selten Porträts von sich anfertigen lassen, handelt es sich hierbei oft um Schnappschüsse oder Ausschnitte aus Gruppenporträts und Hoch-

zeitsbildern. Selbst diese Bilder wirken wie Ikonen, weil sie in einem Rahmen aufgestellt werden oder als emailliertes Oval den Grabstein schmücken. Tote mögen manchmal die Ordnung der Lebenden stören, hier aber steht eine lapidare, zur Weihestätte erstarrte Ordnung des Todes der Unordnung des Lebens gegenüber. Die lukanische Totenklage macht die Toten zu Heiligen, in Versform werden die Unebenheiten des Schicksals geschönt. Wenn am Abend von Allerseelen in Ripacandida Hunderte Lichter vom Friedhof herüberflackern, grüßen die Verstorbenen in jene Welt hinein, die sie sonst eher passiv, aber allgegenwärtig aus ihren Bilderrahmen heraus unter Kontrolle halten. Sie kehren wieder, in der Sprache und Dichtung von Abwehr und Beschwörung, im Kult der Bilder oder im Zustand der Besessenheit, der so manchen Lebenden schon gezeichnet hat. In welcher Form das jeweils zum Tragen kommt, scheint von großen kulturellen Traditionen ebenso abzuhängen wie vom Grad an materieller Not und Angst, den menschliche Gesellschaften auszuhalten haben. Aber es sind keine menschlichen Gruppen bezeugt, die dem Gedanken an die Wiederkehr der Toten gar keinen Raum geben. Ausführlich bearbeitete Werkzeuge und gestaltete Gräber geben nach Ansicht der Archäologen den ersten Hinweis, dass Primaten von der Kultur der Affen zur Kultur des Menschen übergetreten sind. Was im Leben einmal als unauflöslich galt, wird zur Erinnerung auf deren Folie die Menschen ihren Alltag ordnen können oder wieder durcheinander bringen. Da dies heute meist im Stillen verläuft, kann der Kult der Bilder auch die unterschiedlichsten Richtungen nehmen. Er kann Tote festbannen, vor deren überspringender Lebendigkeit man sich fürchtet oder er kann gute Geister anregen zur Fürbitte bei Gott, dem sie näher sind als wir. Man kann diese Beziehung aber auch als Seelengedenken und Seelengeleit gestalten, das den Verwandten und Freunden den schweren Weg ins Jenseits erleichtert. Ohne die Priester geht das nicht.

Der Weg zum Grab
Zum Paradies mögen Engel dich geleiten,
die heiligen Märtyrer dich begrüßen

und dich führen in die heilige Stadt Jerusalem.
Die Chöre der Engel mögen dich empfangen,
und durch Christus, der für dich gestorben,
soll ewiges Leben dich erfreuen.[175]

Es gibt eine Grenzlinie zwischen dem Gebet für die Toten und dem Gebet an die Toten. In Ripacandida ist sie nicht immer klar erkennbar. Den Toten bleiben bestimmte Plätze im Reich der Lebenden reserviert, auch wenn ihr Platz nach Meinung der Priester eigentlich im Himmel ist, oder im Fegefeuer. Außerdem sind ihnen bestimmte Zeiten geweiht, bestimmte Tage. *Im Allgemeinen erscheinen hier weder Jesus noch die Mutter Gottes noch die Heiligen, es gibt weder die Ergebung in den Schmerz noch die Hoffnung auf eine überirdische Welt*[176], schrieb Ernesto de Martino über die lukanische Totenklage. Er vermutete darum eine *heidnische Substanz* in jener *geordneten Wiederkehr der Toten*. Diese Substanz können wir heute in der Kur der Hautkrankheiten oder im Aufstellen der Bilder von Verstorbenen vermuten. Doch der Weg der lukanischen Tradition erstreckt sich von den Kreuzwegen, an denen die Geisterseher ihren Geschäften nachgehen, bis zur Via Crucis des Heilands, dem Ursprung aller christlichen Pilgerschaften. Sie kennen beides, Demut und die Rebellion gegen den Tod, das überirdische Leben der Seelen und das Weiterleben der Toten auf der Erde, Heidentum und Christentum und die allumfassende Kirche.
Im Kult der Heiligen werden diese Übergänge und Mischungen kultiviert, auf sehr handfeste körperliche Weise, sowohl von den Priestern als auch von den Laien. Die Opfer der Marter, die Kirchenlehrer und die Entrückten, sie alle haben die Lizenz zu predigen und sie verstehen sich auf die Vergebung aller Sünden im Zeichen der Leiden Christi. Aber sie bedrängen die Menschen auch, wie es sonst die Untoten tun, sie bemächtigen sich ihrer Träume, fordern Geschenke und Dienstleistungen. Das war zur Zeit von de Martinos Forschungen genau so beobachtbar wie heute, nur hat es den neapolitanischen Philosophen nicht ausreichend interessiert oder es war ihm auch zu selbstverständlich. Jeder

katholische Altar enthält Überreste eines Toten, ist ein Grab, auch wenn das vielen Gottesdienstbesuchern gar nicht mehr bewusst ist. Die Bogenform des Unterbaus soll an die bogenförmigen Nischen der Katakomben erinnern, aus denen die Christen seit Jahrhunderten das Knochenmaterial für ihre Altarweihen ziehen. An den Jahrestagen der Heiligen wird das Christentum zum Kult der Gräber. Diese Feste werden nicht am Geburtstag der Heiligen gefeiert, wie man meinen könnte, sondern zur Erinnerung an den Tag ihres Todes, und viele Katholiken können es nicht lassen, bei dieser Gelegenheit die Überreste der noblen Leichen zu berühren. Oft genug handelt es sich um Märtyrer, also vorzeitig und gewaltsam zu Tode gebrachte *morti* im vollen Sinne des lukanischen Sprachgebrauchs. Die Prozessionen der Heiligen sind Leichenzüge, oft wird tatsächlich ein Stück der Leiche mitgetragen, versteckt in Statuen und Reliquiaren. Aus den Gräbern erheben sich die edelsten aller Toten zum Himmel. Ihre Hymnen und die lukanische Totenklage ähneln einander, beide sind Ausdruck des Schmerzes und Lob der überragenden Schönheit und Güte des Toten. Die vertonten Legenden der Heiligen beschwören die Erinnerung an den Toten bis ins kleinste Detail. Was vollzählig ist, das ist auch heil und man kann dieses Ganze den Unbilden des Lebens entgegenstellen.

Auf den Haaren von San Donato,
oh, welche Lilie ist uns geboren,
da ist alles aus Silber und Gold …
Auf der Stirne von San Donato,
oh, welche Lilie ist uns geboren,
da ist alles aus Silber und Gold …[177]

Die nächste Strophe befaßt sich mit der Nase des Heiligen, die folgenden mit Mantel, Bauch, Armen, Brust, Bein und Knien bis hin zu seinen vergoldeten Füßen. Jede mögliche Erfahrung des Ekels vor einem anderen Körper wird in Zuneigung zu diesem lilienhaften Wesen verkehrt. Der Kult der Reliquien geht viel weiter, wenn die Menschen Ampullen küssen, in denen sich das Blut eines Heiligen befinden soll oder eine silberne Röhre, in der unter Glas vermoderte Knochen sichtbar sind, ganz zu schweigen von den Amuletten des Mittelalters, all den Vorhäuten Christi und Eiterbinden der Märtyrer. Das Heilige objektiviert das Ekelhafte. Es ist eine Art von Wissenschaft, wie dieser übernatürliche Körper hier abgesucht und schrittweise in die Realität gestellt wird. Das Niedrigste und das Höchste, das Kleinste und das Größte, Mensch und Gott verbinden sich in diesem Lied zu einem. Das ist nachvollziehbar, eine Art *Drift* des Wissens entsteht[178] – ohne die natürliche Welt gibt es nichts Übernatürliches, ohne körperliche Erfahrung keine Religion, ohne Spekulation wird keine Realität erkannt.[179] Mehr wissen Naturwissenschaftler auch nicht über ihren Gegenstand, der Rest ist den Experimenten überlassen oder der Erfahrung des Wunders, um es katholisch auszudrücken. Technologie funktioniert in einem viel breiteren und hartnäckiger geprüften Ausmaß als die Wunder; doch ein Vorläufer der Technologie dürfte der Kult der Bilder sein[180], zu dem die perfektionierte technische Welt unserer Tage im Zeichen des Internet und der neuen Medien mehr und mehr zurückfindet.

Als vollkommener Körper wird der heilige Bischof besungen, aber manchmal stört ein Misston das Lied. Lange Zeit habe ich über einer Tonbandaufnahme gerätselt, die ich am Donatustag des Jahres 1983 in Ripacandida mitgeschnitten habe. Es sind wüste rhythmische Reden, die eine Gruppe von Frauen an den Heiligen gerichtet hatte. Schließlich wies mir ein alter Bauer den Weg: Wenn man nur auf den Klang achtet, entpuppt sich das seltsame Gedicht als eine Totenklage. Freilich klagten die Frauen nicht nur über den Märtyrertod des Heiligen, sondern sie beschwerten sich auch bei ihm. Er hat sie im Stich gelassen beim Kampf gegen den unreinen Geist. Diese Frauen verstanden sich als Opfer einer sehr wirksamen Hexerei, ihr Fall wurde überall im Land beredet.

Auch wenn sie ein Wunder herbeibeten wollen, gerät ihnen das noch zur Totenklage. Das Gestell, auf dem die Statue des Heiligen in der Prozession getragen wird, nennen sie hier die Bahre, *la bara*. Geld und Schmuckstücke werden an die Bahre und an den Mantel des Heiligen geheftet, man kann diese Dinge als Grabbeigaben betrachten. Alles in allem spenden Pilger und Ripacandidesi Jahr für Jahr im August Hunderte von Millionen Lire, mehrere Hunderttausend Mark. Generationen von Priestern haben versucht, diese Werte in den Besitz der Kirche zu bringen. Es ist ihnen nie ganz gelungen, zu unmittelbar war das Bewusstsein, dass dieses Geld dem Heiligen gehört. So zieht San Donato weiter seine Spur unter dem unfehlbar blauen Himmel Lukaniens, gehüllt in sein goldenes Kleid, an dem die Geldscheine flattern, fleischgewordener Kompromiss zwischen den uferlosen Verschmelzungswünschen der Laien und den Grenzen, welche die Priester ziehen.

Ein großer Heiliger hält sich oft zwei Körper auf einmal. Am Rand der Siedlung das Grab, das Wallfahrtsheiligtum, in dem die Reliquien aufbewahrt werden. Im Zentrum nimmt ein Standbild die Interessen des Heiligen wahr, es ist dort in der Hauptkirche aufgestellt. Von draußen zieht er festlich in den Ort ein, um am Ende der Festperiode wieder seinen Platz an der Grenze der Gemeinde zu suchen. Jedes Jahr am 29. April betritt San Donato die Szene und nimmt Platz auf dem Hauptaltar der Mutterkirche, hoch oben im Ort. Für ein paar Monate teilt er sich dort die Aufmerksamkeit der Ripacandidesi mit der Madonna vom Karmelberg und neuerdings der Maria von Fatima – sowie unbedeutenden Nebenheiligen, um am fünften August, seinem Todestag, wieder in seiner Wallfahrtskirche zu verschwinden, im Tal, unmittelbar vor dem Kreuzweg, wo sich vier Straßen gabeln, nach Ginestra, Melfi, Venosa und Acerenza.

Normale Sterbliche, die ihr Leben gelebt haben, ruhen bis zum Jüngsten Gericht in einem schubfachartigen Grab auf dem Gottesacker. Vielleicht ist ihr Körper auch abgerutscht in die Vorhölle und muss dort ein paar kleinere Sünden abbüßen. Dann gibt es die Frühverstorbenen, Opfer von Unfall, Mord oder Hexerei, deren Körper vielleicht auf dem Friedhof liegen, man weiß es nicht. Ihr Geist jedenfalls irrt umher und sucht Leben, auf das er sich aufhocken kann. Und schließlich gibt es noch die Heiligen. Ihre Seele ist oben im Himmel und setzt sich bei Gott für die Menschen ein, während ihr Körper verteilt wurde auf eine Fülle von Kästchen, Rahmen, Vitrinen und die Sockel der Altäre. Den älteren Menschen in Ripacandida waren diese Beziehungen zwischen den untoten Opfern von Mord und Unfall, den ordentlichen Toten des gelebten Lebens und den frühvollendeten Märtyrern selbstverständlich. Als ich endlich aufmerksam geworden war, bestätigten sie gerne und freundlich das, was mir selbst noch als kühne These erschien. *Der Heilige ist im Himmel. Das Standbild ist eine Abbildung dieser Person wie eine Fotografie. Er ist ein Toter und sie haben ihn abgebildet.* Ein renommierter Geisterbeschwörer steuerte Folgendes bei: *Wir halten zu den Heiligen, sie helfen. Der Heilige sagt immer die Wahrheit, der Tote mal so, mal so. Sie sprechen in unser Bewusstsein hinein, so weißt du immer, was zu tun ist … Du rufst, wen du willst, Heilige oder Geister. Der Heilige ist auch bloß so ein Totengeist.* Die Heiligen sind auch nur Menschen. *Sie freuen sich, wenn du sie besuchst. Du bist ja auch zufrieden, wenn du krank bist und die Leute kommen, um dich zu besuchen … Wenn du die Statue berührst, das ist, als wenn du ein Kind streichelst. Wenn der Heilige in der Prozession vorbeigeht, dann gebe ich ihm ein paar Lire, nicht dem Komitee, sondern für ihn, ganz direkt. Ich habe es eigenhändig dagelassen. Das ist ein sehr gefühlsbetonter Gruß. So kannst du auch ein Kind anschauen oder es ein bisschen streicheln. Mit dem Geld, das du den Heiligen gibst, ist es genauso.* Mit der Totenklage redet man sich die Verstorbenen schön. Die Erinnerung gerinnt zu einem Bild des Wahren-Schönen-Guten. Das kann man sich dann auf die Kommode stellen, mit Spitzen bekränzt, ungefährlich und doch ein Hinweis auf die bodenlosen Abgründe, die sich jenseits des Alltags auftun, zum Tode hin und zum Jüngsten Tag. Aus guten Gründen sind die Statuen der Heiligen in süditalienischen Kirchen oft schwer erreichbar angebracht. Sie würden sonst kaputtgeliebt werden wie bei uns die alten Teddybären. Man behilft sich mit Kusshänden hinauf zum Heiligen in seiner unerreichbaren Höhe.

Als mein Freund Nino den Heimat- und Verschönerungsverein »Pro Loco« gegründet hatte, wollte er eine lebensgroße Fotografie des Standbildes herstellen lassen. Die sollte dann San Donato in der Wallfahrtskirche vertreten, solange das Standbild aus Gips und Holz oben in der Hauptkirche aufgestellt ist. In der ersten Märzsonne ließ Nino den Heiligen auf den Vorplatz des Heiligtums tragen, um ihn mit seiner professionellen Spiegelreflexkamera aufzunehmen. Das erregte Aufsehen in der Nachbarschaft, zumal sich die Sache schwieriger gestaltete als erwartet. *Das Mönchlein, das bei ihm steht, wollte sich nicht fotografieren lassen, der Winkel stimmte irgendwie nicht.* Schließlich gelang es doch, aber das Abbild des Standbildes erregte Streit. *Es kann nur einen San Donato geben!* Schließlich verschwand das Ding wieder. Nino trug seine Niederlage mit Fassung. San Donato hat ihn als Kind vom Stottern geheilt, seine Beziehung zu San Donato, sei er nun ein Traum, ein Standbild oder eine Fotografie, ist nicht so schnell ins Wanken zu bringen.

Diese komplizierten Beziehungen zwischen Körper, Geist und Bild gelten natürlich auch für die einfachen Sterblichen. *Nein, wir sind doch nicht blöd hier. Du tust nur so, als ob du die Abbildung magst, aber du magst die Seele von deinem Opa, der tot ist.* Linda erklärt mir auch, wie man mit Heiligenbildern umgehen soll, die man nicht mehr braucht. Man bekreuzigt sich, sagt ein Vaterunser auf, dann kann man sie verbrennen. Einmal wickelt sie mir Würste in die Zeitschrift eines Wallfahrtsheiligen ein, für die lange Reise nach Deutschland. Ganz nebenbei küsst sie eine Seite, auf der die Fotografie eines Heiligenbildes gezeigt wird, ehe sie das Papier als Verpackungsmaterial wiederverwertet. Die Schubladen der älteren Menschen quollen manchmal über von Heiligenbildchen, Mitbringseln aus lebenslanger Pilgerschaft. Sie konnten nicht zu allen diesen Bildern Andacht halten, aber sie konnten die Bilder auch nicht wegwerfen. Wir modernen Menschen würden vielleicht sagen, dass die Bilder aufgeladen sind. Wir sprechen so, weil wir vieles in technische Begriffe von Kraft und Strahlung fassen müssen. Diese Begriffe sind den Menschen in Ripacandida eher fremd. Die unsichtbaren Kräfte von Steckdosen und Autos haben sie trotzdem oftmals geschickter im Griff als der Normalmensch der Moderne. Bauern, Handwerker und arme Leute müssen eben alles können.

Papst Gregor der Große prägte die christliche Vorstellung vom heiligen Bild mit seiner Überlegung, die Menschen sollten sich Christus gleichzeitig in drei Erscheinungsformen vorstellen, *als Neugeborenen oder als Verstorbenen, aber auch in seiner himmlischen Glorie (aut natum aut passum sed et in throno sedentem).*[181] In diesem Papstwort ist das Problem enthalten, schreibt ein Kunsthistoriker, *man möchte verehren, was man sichtbar vor Augen hat: Aber das kann keine Erzählung sein, sondern nur eine Person. Die Bilder enthalten ein Moment der Erzählung, auch wenn sie keine Erzählung sind.* Die gleichzeitige Teilnahme an der Welt der Lebenden und an der Welt der Toten unterscheidet Gott von den Menschen. Menschen wissen, was Zeit ist, aber sie können mit Gottes Hilfe den Lauf der Zeit aufheben und an ihre Stelle einen Moment der Gleichzeitigkeit setzen: ein Bild, eine Legende lassen die Toten wiederkehren. Der Erzähler einer Legende gibt die Erfahrung des heiligen Lebens weiter an andere; sie teilen seine Erzählung und so wird die Zeit aufgeteilt in unterschiedliche Stränge, die parallel laufen. *Vom Tode,* so schrieb Walter Benjamin, hat der Erzähler *seine Autorität geliehen.*[182]

Der Bericht über die Rückkehr der Toten in die Welt der Lebenden, die Geschichte von der Seelenreise ins Jenseits und die Rituale zur Überwindung des Ekels bilden eine einzige große Erzählung vom Totsein und vom Leben, *die Mutter aller möglichen Erzählungen.*[183] Dieses Gewebe von Reden und Bildern darf nicht ausufern, es muss einen Rahmen haben wie die Fotografien der Toten und der Heiligen, es muss einen Ort haben. Sonst wird das Wortgewebe das gelebte Leben einspinnen in die Begriffe der Zeitlosigkeit und die Menschen lebensunfähig machen. Es kommt auf die Dosierung an. In der frühen christlichen Kirche mussten Bewegungen von Eremiten und Weltverweigerern immer wieder einer strengen Kontrolle unterzogen werden – hätte man sie immer so weitermachen lassen, wäre die Geschichte zum Stillstand gekommen oder hätte sich rückwärts gewendet. Hier liegt das Geheimnis der Priester. Durch schwarze Kleidung und den Triebverzicht selbst zwischen Lebende und Tote gestellt, versetzen sie sich in die Position des Vermittlers zwischen der natürlichen Welt und der übernatürlichen Welt. Mit Hilfe der kirchlichen Dogmatik gelingt es ihnen, die spontane Spiritualität der Menschen zu kanalisieren und zu ordnen, und daraus schöpfen sie ihre Macht.

In Süditalien sind viele Menschen damit beschäftigt, das Totengedenken und die unzähligen Erinnerungsbilder und Geschichten, die sich an die Toten knüpfen, auf einen Punkt zu bringen und dann wieder aufzulösen in neue Varianten. Ihr Ich ist undenkbar ohne die toten Personen, die sich darin abzeichnen, darum ist dieses Ich auch an die Priester gefesselt. Die Priester vertreten die mächtigsten Toten – Jesus, Maria, die Heiligen – im Leben. In Barile konnte man das in den achtziger Jahren an Allerseelen beobachten, auf dem Friedhof. Die kleinen, über die Gräber verstreuten Trauergemeinden versammelten sich am frühen Abend zu einer Lichterprozession im Zeichen der trauernden Mutter Gottes, bleich und in schwarze Spitzen gehüllt. Don Attilio, der Priester, hatte Sinn für den Volksglauben. Er nannte die Gespenstergeschichten und Heiligenlegenden, die in seiner Gemeinde kursierten, *Erzählungen im Umfeld der katholischen Religion*. Ihm war nicht wichtig, immer im Einzelnen nachzumessen, wie weit sich diese Nebenflüsse der großen Erzählung schon vom Zentrum der kirchlichen Lehre entfernt hatten. Er konnte es aushalten, wenn sich die Grenzen zwischen den Personen verwischen, hier die Heilige Jungfrau, dort die tote Mamma, hier die Lebenden, dort die Toten, hier körperliche, dort spirituelle Liebe.

Ein junges Paar, Gerardo ist 26 und Maria ist 27 Jahre alt. *Als sie sich das erste Mal trafen, schien es wie die Begegnung zweier Feuer zu sein, die sich gegenseitig angefacht haben …*[184] Sie hatten schon viel gelitten und geliebt in ihren jungen Jahren und fanden sofort Gefallen aneinander. Gerardo war *außer sich, schwebend, fortgerissen von der Ekstase*. Sie wurden zu Feuern, die den Himmel von Ripacandida blutrot gefärbt haben, als sei ein großer Brand ausgebrochen.[185] Beide neigten zu heftigen Gefühlserlebnissen und drastischen Tagträumen. Maria schrieb: *Ich fühlte*

Sankt Gerhard Maiella in Ekstase vor den Karmeliterinnen von Ripacandida

mich, als ob er mir den Speer direkt ins Herz stieß, wieder und wieder; er jagte ihn mir bis in die Eingeweide, und dann kam es mir so vor, als hätte er mir die Eingeweide mitsamt seinem Speer aus meinem Körper herausgezogen ...[186] Der andere ist diesmal aber nicht Gerardo, sondern der Cherubim, der Engel. Gerardo Maiella war Mönch im Redemptoristenorden, Maria Araneo lebte im Kloster der Unbeschuhten Theresianerinnen zu Ripacandida. Wir schreiben das Jahr des Herrn 1752.

Es war zur Zeit der bourbonischen Könige von Neapel, als

es noch kein Einheitsitalien gab, zur Zeit der Gegenreformation. Mit Blut und Herz wurden die Menschen an eine für uns heute seltsam brünstig und zugleich plüschig wirkende Religion der fröhlichen Skelette und flatternden Engel gebunden. Es ist die Welt des Barock, die wir heute kaum mehr verstehen können und eines Tages vielleicht wieder allzu gut verstehen werden. Gerardo und Maria waren frei, weil sie sich hatten einsperren lassen. Die Ekstase des Mönchs fand vor einem großen Gitter statt, hinter dem Maria und ihre Freundinnen hockten, zumeist schweigend und tief verschleiert. Selbst das war nur durch einen Sonderdispens der Ordensoberen ermöglicht worden. Marias ekstatische Liebe galt Gott und jene *Personen*, die ihr im Herzen wühlten, in den Eingeweiden, in Haut, Knochen und Fleisch, waren gleißende Engelserscheinungen, und schließlich Jesus Christus persönlich, dem sie sich als *Braut Christi* verschrieben hatte, mit Haut und Haar. Mit IHM fühlte die Nonne sich unlösbar verbunden. *Darum kommt es mir so vor, als würde ich mich selbst anbeten. Dann löse ich mich von der Vorstellung, dass ich mich selbst verehren würde, um mit vollster Seele seine Göttlichkeit anzubeten. Und es erscheint mir, als würde ich meine eigene Seele anbeten. Also, mein eigener Körper erscheint mir als der des menschgewordenen Jesus Christus; die Seele dieses Menschen erscheint mir als meine eigene Seele, und sie gehört mir doch nicht selbst …*[187] Diese Sätze waren an Sant' Alfonso gerichtet, Erneuerer der süditalienischen Theologie und Gründer des Ordens, aus dem auch Sankt Gerhard hervorgegangen ist. Der Brief der kleinen Nonne aus Ripacandida scheint ihn verwirrt zu haben. Aus sicherer Entfernung antwortete er, nach langem Zögern, … *gebt Ruhe; die Unruhe nützt nur dem, der seinen Willen gegen Gottes Willen setzt.*[188] Gleichwohl verglich der Ordensgründer die seherische Fähigkeit der Nonne zur Entgrenzung des Ich mit den Ekstasen der Heiligen Theresa von Avila. Der Bischof von Melfi aber, seelsorgerisch zuständig für die unruhige Nonne, scheint sie ein Leben lang mit bürokratischen Kontrollen verfolgt zu haben. In Ripacandida nannten sie die Priorin des Karmeliterklosters schlicht *la veggente*, die Hellseherin. Sie soll die Fähigkeit besessen haben, ihre Mitmenschen auf Verborgenes anzusprechen.[189] Im Gegensatz zu vielen männlichen Ekstatikern ihrer Zeit ist Maria Araneo nicht selig und nicht heilig gesprochen worden. Sankt Gerhards Leichnam bildet heute den Mittelpunkt der großen Wallfahrtskirche von Materdomini, Weltzentrum des Ordens der Redemptoristen. In den Ghettos der Dritten Welt sind diese Mönche geachtet als Brüder der Arbeiter und der Armen. Schwester Maria aber liegt in einer Nische aus Stein und Schutt in der verlassenen Klosterkirche von Ripacandida.

Zeitgenossen von Gerardo und Maria waren Voltaire, der die Dummheit ausrotten wollte und Diderot, der bewiesen hat, wie bequem es sich mit ihr leben lässt, oder auch Lamettrie, der verfressene Materialist. Nicola Valletta tat damals in Neapel das Seine, indem er versuchte, aus dem Glauben an den bösen Blick eine Wissenschaft zu machen.[190] Wie so viele Menschen des achtzehnten Jahrhunderts begehrten Maria Araneo und Gerardo Maiella nicht einander als Personen. Sie suchten eine übermächtige Erfahrung, zu der sie sich durch den anderen hindurch aufschwingen wollten: *Gefährliche Liebschaften*. Den Franzosen ging es bei ihren erotischen Intrigen um die gesteigerte Wahrnehmung der Freiheit. Die liebenden Lukaner aber erstrebten die völlige Auflösung des Ichs im Sturm der hereinbrechenden Gefühle ... *verschiedene Personen agierten auf eine bestimmte Weise in mir, so dass sie meine Haut, mein Fleisch und meine Knochen heimsuchten, in mir drin, als wenn viele Blitzschläge meine Haut, die Knochen mitsamt dem Fleisch verzehren würden ...*[191] Einmal bezeichnet Gerardo sich als *negromante*, als Geisterseher, der in den Seelen seiner Mitmenschen operiert.[192] Besessenheit und Erotik waren für ihn ein Als-Ob, Mittel zum Zweck. *Verwundert euch nicht, dass ich euch so gefühlsbetont schreibe. Der einzige Grund dafür ist, dass ich euch Schwestern als wahre erwählte Bräute Jesu Christi schätze. Stets mit euch im Verkehr zu sein, führt mich zur rechten Anbetung. Das einzige, was mich aber wirklich tief im Herzen berührt, ist, dass ihr Bräute für mich die Gottesmutter darstellt und er-*

innert.[193] Sie mag Braut sein, Mutter, alles, nur nicht seine Braut. Gerardo war sich der lästerlichen und lustbetonten Dimensionen seines Katholizismus bewusst, aber er verstand es, seine Gefühle kultiviert im Rahmen des Kirchlichen unterzubringen. Mit der jüngsten Nonne in Marias Kloster scherzte der Asket, kündigte ihr an, er werde sie heute Nacht in der Kammer besuchen – was dann auch geschah, allerdings nur in der Form einer mystisch leuchtenden Erscheinung ohne Fleisch und Blut.[194]

Die Passion der Lukaner steht gegen die Revolution der Franzosen, Marquis de Sades reale Rutenstreiche gegen Maria Araneos übernatürliche Qualen. Die Franzosen wollten die Natur zur Richtschnur des menschlichen Handelns machen, während Gerardo, Maria und viele ihrer lukanischen Nachfahren bis heute die äußere Natur bloß als Gleichnis für ihre inneren Zustände ansehen. Wir sind weit entfernt von Sartre, der nur noch *mit* den Dingen denken will, nicht mehr über sie. Als Gemeinsamkeit bleibt die Auflösung des Ich – mal hin zu Gott, mal hin zu den Dingen der Welt. Die karmelitischen Nonnen des achtzehnten Jahrhunderts verschließen sich dem Leben, um das Ewige Leben zu gewinnen. Die Existenzialisten des zwanzigsten Jahrhunderts, Nachfolger der Aufklärer und Rationalisten, fühlen sich in die Welt des Realen eingeschlossen und suchen den Weg hinaus.

Die wenigen Ausländer und Norditaliener, die ich in Ripacandida beobachtet habe, waren stets tief beeindruckt von den flammenden Sonnenuntergängen, die sich am westlichen Horizont über den gewaltigen schwarzen Zacken des Monte Vulture abzeichneten. Auch unser heiliges Paar hat dieses Bild erlebt, aber es galt ihnen nur als Ausdruck ihrer inneren Zustände. Manche Ripacandidesi wissen heute, dass ein Deutscher gern *schöne Sonnenuntergänge* sieht und manchmal sehen sie so etwas auch im Fernsehen. Aber als ich dort lebte, hat niemals jemand von sich aus zu mir über die barocken Himmelsdramen gesprochen, die sich Abend für Abend über dem Vulture abspielten. Ich stand mit meiner Begeisterung allein.

Hin und wieder öffnen sie in Ripacandida das Grab der wundertätigen Äbtissin Maria Araneo. Die Nonne Maria gilt als heiligmäßig, weil sie in unzähligen Bußübungen ihrem Vorbild, der ekstatischen Sankta Theresa von Avila, nachgelebt hat. Die Wand wird aufgeklopft, der Sarg wird hervorgeholt, geöffnet und der Leichnam den Lebenden gezeigt. 1982, im Gedenkjahr für Theresa von Avila, war es wieder an der Zeit, die Leiche der karmelitisch-theresianischen Schwärmerin aus dem Keller zu holen. *Komm', wir gehen die suora schauen,* sagen die neuen Freunde in *piazza* zu mir, *es ist der letzte Tag, sie wird wieder eingemauert.* Ich lebe damals erst wenige Wochen in Ripacandida und weiß nicht, was mich erwartet. Treppab geht es in einen staubigen Keller, wo Don Peppe gerade Weihehandlungen vor einem alten Sarg vollzieht. Die Nonne ist ein verkrümmter Leib, unter der pergamentenen Haut zeichnen sich die Knochen ab. Die Tote sieht aus, als würde sie heute noch Zeugnis ablegen von der Erscheinung des Cherubim, der ihr mit seinem Speer die Innereien aus dem Leib gezogen hat. Gräulich grinsend liegt sie in ihrem Sarg, die vertrockneten Hände zusammengelegt. Mit Mühe erinnere ich mich heute, beim Schreiben, an diesen Anblick und in meinen Aufzeichnungen klafft dazu eine verräterische Lücke. Meine Haut reagiert gereizt auf den Staub des engen Raumes und, wie ich mir einrede, auf winzige schmierige Leichenpartikel in der Luft. Sarg und Priester sind umgeben von Frauen in frömmlerischen Posen, schon stehen im Hintergrund Männer bereit, welche die Nonne nach einigen Wochen der Ausstellung wieder einmauern sollen. *Hast du gesehen, Thomas,* wispert mir ein Maurer zu, *sie ist noch ganz, ein Wunder!* Er nennt die Nonne *Santa Teresa,* denn all das priesterliche Gerede der letzten Wochen über Santa Theresa, Suor Maria, diesen Mönch aus Muro Lucano und wie sie alle hießen, all das hat die Leute verwirrt. Eine Schüleraufführung, bei der eines der schönsten Mädchen von Ripacandida Sankta Theresa von Avila in göttlicher Trance darstellte, trug nicht gerade zur Klärung bei. Die Feier des Theresenjubiläums und die damit verbundene Exhumierung der Karmelitin verstanden sie als die Heiligsprechung der hellseherischen Wundernonne. *Nur durch das Gebet! Mit zwölf Jahren hat sie angefangen, und um eine Heilige zu werden, reichte das Gebet.* Der Priester hat Geldspenden gesammelt und davon ein neues Karmeliterkleid gekauft, schwarzbraun, mit dem großen Kreuz vor der Brust. Wie bei einer früheren Exhumierung im Jahr 1869 sollen auch 1982 Reste des alten Gewandes, Haare und manches andere Gebrösel aus dem Sarg von den Leuten als Reliquien mit nach Hause genommen worden sein. So offen ihr Körper für die Erfahrung Gottes gewesen war, so fein versiegelt, gereinigt, verkleidet und geweiht mauern die Ripacandidesi den Körper von Maria Araneo wieder in die Wand. Alle meine Versuche, dem Gespräch über das *Wunder der konservierten Nonne* naturwissenschaftliches Niveau zu verleihen, scheiterten kläglich. Ich versuchte es mit pädagogisch geschickt plazierten Äußerungen über die Mumien der alten Ägypter und mit Hinweisen auf die erstaunliche Haltbarkeit gegerbter Tierhäute, vergebens. Ripacandida ist bekannt für seine extrem trockene Luft – auf seinem Fels liegt das Städtchen stets im Wind. Die Frauen stopfen im Dezember Würste, man braucht sie zur Konservierung nur unter die Decke zu hängen. Schon die Römer haben aus Lukanien Dauerwurst als Proviant für ihre Soldaten bezogen, die *lucaniche.*[195] Dem Leib der armen Maria ist nichts anderes widerfahren als den Würsten. Die Leute waren von ihrem Wunder nicht abzubringen, andererseits beschrieben sie es mit einer Nüchternheit, zu der ich, der ich doch ihr Aufklärer sein wollte, wohl nicht in der Lage gewesen wäre. *Sie fühlt sich an wie Starkgummi, alles ist erhalten, trockenes Fleisch. »Hör' mal, Don Peppe«, habe ich ihm gesagt, »du musst mich sie anfassen lassen.« Sie war blond, alles völlig erhalten, alles vertrocknet … Sie fühlt sich an wie Starkgummi.* Meine Bemerkungen über Mumien und Luft waren trockene Theorie, denn in der verlassenen Nonnenkirche, das wissen alle in Ripacandida, herrscht eine geisterhafte Unruhe. Manchmal geht es heftig her. Anwohnerinnen wollen durch die Fenster hindurch eine fremde Nonne beobachtet haben, andächtig kniete sie vor dem Altar der verschlossenen Kirche.[196] Morgens, mittags und nachmittags soll Gemurmel aus der Bethalle dringen, dann heißt es: *Die Nonnen beten wieder das Ave Maria.*

Manchmal werden Orgeltöne vernommen, Wortfetzen und Klagelaute. *Ich bin ganz allein,* seufzt eine Stimme, und eine andere antwortet: *I wo, warum?* Als in der Kirche noch Messen veranstaltet wurden, gab es häufiger Streit zwischen dem Priester und den Ministranten – wieder fehlten Hostien im Behälter. Diese Hostien sollen von den Geistern der Nonnen verschlungen worden sein, in ihrer anhaltenden Gier nach dem Leib Gottes. Ob sie sich nach dem Genuß des Leibes Christi auch so frisch und kühl gefühlt haben werden, wie Untote, die den Lebenden auf die Pelle rücken?

Im Jahr 1866 hat der neu gegründete italienische Staat die Güter der Karmelitinnen von Ripacandida eingezogen. Daran erinnert ein historischer Roman, *Die Erbschaft der Priorin.* Viele Menschen in Ripacandida besitzen dieses Buch, aber wenige haben es gelesen, denn es ist sehr dick. Außerdem wissen die Leute auch ohne Buch, was damals passiert ist. Nicht als Mystikerin des Glaubens ist *die Nonne* in das Gedächtnis der Ripacandidesi eingegangen, sondern als Opfer des Unrechts der Vertreibung. Manche wollen aus der stillgelegten Nonnenkirche den Hall von Schüssen gehört haben. Bürgermeister Virgilio, der die Enteignung des Klosters vorgenommen haben soll, streift ruhelos umher. *Sein Bruder ist im Elend geendet. Er wanderte ins Gefängnis.* Auch die späteren Besitzer des pompösen, mitten in der *piazza* errichteten Palazzo Virgilio waren vom Unglück verfolgt. *Der jetzige, der Dritte, ist taub. Er macht den Notar, seine Frau und seine Tochter sind krank. Dieser Dritte, er hat sich den Palazzo gekauft und jetzt hat er nichts als Streit mit seinen Mietern.* Es sind nur ein paar Schritte vom Palazzo Virgilio zur alten Nonnenkirche. Das *Erbe der Priorin* ist ein Bild des Unrechts, das der Norden am Süden begangen hat. Heute diskutieren italienische Politiker heftig über Föderalismus und neue Wirtschaftsregionen. In Ripacandida hört sich das anders an, es klingt nach dem fernen Echo von Schüssen und nach dem Klagelied der vertriebenen Nonnen, an der Grenze zwischen den Zeiten, ganz dünn im Ton und doch klar zu verstehen.

9. Religion, Realität, Wissen

Es soll Kinder geben, die sind bei der Geburt nicht so nackt wie die anderen. Sie tragen ein *Hemdchen* und darum gelten manche Regeln nicht für sie. Sie können fliegen. Sie haben der bloßen Natur etwas voraus, und wenn es nur ein feines dünnes Hemdchen ist oder ein Amulett auf Zwirn oder aus Metall. Sie sind unverwundbar und später, wenn sie einmal tot sind, leben sie vielleicht weiter und schlüpfen anderen Menschen unter die Haut, die damit wieder so etwas wird wie ein Hemdchen für sie. Menschen können andere Menschen anziehen auf diese Weise, im doppelten Sinne des Wortes, sie sind miteinander vermengt und austauschbar. Rituale vollziehen die natürlichen Vorgänge des Geborenwerdens und Sterbens nach, als Taufe des Kindes und als *lamento* der Trauergemeinde. Durch geordnete Nachahmung[197] von Lebensprozessen entsteht eine gewisse Ordnung des Lebens. Die Menschen brauchen diese Verdoppelung ihrer Natur durch die Kultur, ohne die Rituale verlieren sie die Orientierung. Darum ist es ihnen auch bis zu einem bestimmten Punkt gleichgültig, ob Priester und andere Spezialisten aus der Religion und der Magie der kleinen Leute ihre Macht ableiten oder nicht: Ein Kind ist geboren und es muss durch die Taufe und viele andere Rituale befestigt werden, ein Mensch ist gestorben und die Trauernden brauchen den kleinen Tod des Bestattungsrituals und der Begegnung mit den Geistern. Aber warum ist das in Süditalien heute noch viel stärker zu Ritualen ausgearbeitet als in Mitteleuropa? Welche Rolle spielt die wirtschaftliche Entwicklung dabei und wo hat auch das wieder seine Grenzen? Der Mensch, das wissen wir, ist nicht so stark seiner Umwelt verhaftet wie das Tier. Darin gründet die Macht der Phantasie – aber wie weit kann sie uns leiten oder verleiten? Ist es völlig beliebig, welche Rituale, Vorstellungen, Wahnbilder und Glaubensbekenntnisse bestimmte Menschengruppen miteinander teilen? Mit meinen Beschreibungen der Riten im Lebens- und im Jahreslauf habe ich versucht, den schwarzen Faden der Tradition in Lukanien herauszuarbeiten. Jetzt gilt es zu überdenken, auf welche Weise diese

Lebenskunst mit dem Lebensstil der Menschen dort zusammenhängt, mit der Landschaft, mit der wirtschaftlichen Situation und mit der Politik, der Macht, die sie prägen und von der sie geprägt werden.

Haben Süditaliener mehr Grund sich zu fürchten, in einer Welt der Erdbeben und Erdrutsche, der Überschwemmungen und der Dürren[198], der schwachen Staatsgewalt und der starken Bösewichte? Gelehrte und Politiker streiten schon lange über die süditalienische Kultur. Folgen wir den Aussagen der Süditaliener und Süditalienerinnen, mit denen ich darüber sprechen konnte und deren Praktiken ich miterleben durfte, dann hat das alles, der magische Schutz der Kinder, der böse Blick, die geheime Elite der Hexen und Mahre, auch mit Besitz zu tun, mit Wegnehmen und mit Zufügen, also mit Armut. So besehen war es sicherlich nicht falsch, dass Ernesto de Martino, der bedeutendste Ethnologe Süditaliens, in den fünfziger Jahren die Ansicht vertrat, wenn es allen Menschen in Süditalien materiell besser ginge, würde auch die Magie ihren Platz räumen und einer vernünftigeren und weniger aufgeregten Sicht der Dinge Platz machen.[199] Die Parole hieß zunächst einmal: *Elend führt zum Aberglauben.*[200]

Die Kinderamulette und der Aberglaube vom Hemdchen, das unverwundbar macht, Furcht und Liebe im Angesicht von Heiligenstatuen aus Pappe und Holz, all das ist zunächst nichts anderes als eine düstere Begleiterscheinung der Armut, der Kindersterblichkeit des Südens. Ich habe keine statistischen Daten darüber für Ripacandida, aber die vielen kleinen alten Kreuzchen auf dem Friedhof dort sprechen ihre eigene Sprache. 1955, als ich geboren wurde, starb im lukanischen Montegrano noch jedes fünfte Kind vor Vollendung des ersten Lebensjahres.[201] 32,7 % der Männer und 62,4 % der Frauen hatten keine Schule besucht, nur 3,2 % der Bevölkerung hatten auf einem Gymnasium oder sogar auf einer Universität Wissen über ihre Rechte und Pflichten in der italienischen Gesellschaft erworben oder über das System von Naturwissenschaft und Technik. Das Einkommen einer vierköpfigen Landarbeiterfamilie lag bei 482,22 Dollar im Jahr, das entspricht vielleicht 2500 Euro zu Beginn des dritten Jahrtausends; die vier in arbeitsfähigem Alter befindlichen Mitglieder dieser Durchschnittsfamilie waren in diesem Durchschnittsjahr zusammen nur 385 Arbeitstage beschäftigt. Die minimale Morgengabe einer lukanischen Braut, ihre einzige Sicherheit in einer Welt ohne nennenswerte Kranken- und Sozialversicherung, entsprach damals 362 Dollar. Auch Bauern mit kleinem Grundbesitz und kleine Staatsangestellte konnten sich das kaum noch leisten, darum heiratete man spät. Süditalien hatte die Entwicklung von der Agrarwirtschaft zum Industrieland nicht mit vollziehen können, zugleich war der Norden schon lange eine Lokomotive der kapitalistischen Weltwirtschaft. Was im Hochmittelalter und noch im siebzehnten Jahrhundert eine reiche Landschaft gewesen war, fruchtbar, gesegnet mit handwerklicher Begabung und bäuerlichem Fleiß, das war im neunzehnten Jahrhundert bestenfalls ein Obstgarten Europas, im ungünstigsten Fall sein Armen- und Totenhaus. Ein System politischer Paten regierte das Land, und man ließ es geschehen, denn Heirat und Geburt der Kinder boten Anlass genug, sich ernsthafte Gedanken zu machen über den Schutz der jungen Familien, ihr Fortkommen in einer Landschaft der Arbeitslosigkeit und Minimallöhne, der Auswanderung und der Erdbeben, der bestechlichen Richter und herrschsüchtigen Landbesitzer. Und die Ehen mussten halten, denn man konnte nicht wieder und wieder die Morgengabe zahlen, und sie mussten sich aufeinander verlassen können, Mann und Frau, bei der Feldarbeit, oder wenn der Mann im Gefängnis war oder auf Wanderarbeit in Deutschland. Können wir uns das Elend noch vorstellen? Man spricht gern von der Katastrophe, von der vorzeitlichen Katastrophe in Atlantis, aber die Legende von Atlantis scheint aus dem Mittelmeerraum zu stammen, wo vielfältige landschaftliche Nischen ständig ihre Katastrophen produzieren: Überschwemmungen und Dürre, Erdbeben, Vulkanausbrüche und Erosion.

Gott ist fern. Nah sind Schlamm, Steine, wüste Gelände, rissige Wände. Als Schatten heben die Menschen sich von den Wänden ab, in schwarze Tücher gewickelte Frauen, Männer in fadenscheinigen Jacken, verdreckte Kinder. In

lumpenbedeckten Betten liegen drei, vier, fünf Menschen zusammen und versuchen, Schlaf zu finden. An der Wand sammeln sich Tropfen, werden zu Rinnsalen, Risse tun sich auf. Die Unruhe der Menschen wächst, ein Mann sucht die Wände ab und man merkt, dass die ganze Behausung in ihren Grundfesten bebt. Im nächsten Bild sehen wir den Mann in einer von Schlammfluten durchfurchten Landschaft. Er hilft, einen anderen zu bergen, der vom Erdrutsch erfasst worden ist – doch der ist tot, alles vergebens, ein Albtraum. Dann sehen wir kaum mannshohe Behausungen in San Cataldo bei Potenza, in einer Schlammlandschaft, Menschen, die zusammen mit Ziegen und Hunden in Höhlen leben. Hilflos wandert die Kamera die Wände hinauf und hinab, kann dem Elend einer ohne Beistand gebärenden Frau in ihrem kargen Bett nicht standhalten. *So lebt man, so stirbt man im Süden.* Einer der Filme zeigt, wie Menschen in prähistorisch wirkenden Ritualen ihre Körper an den Wänden einer Katakombe reiben, sich im Staub und Sand ihres Heiligen wälzen, der selbst nichts weiter zu sein scheint als ein Stein. Trance und Melancholie, unterbrochen von wildem Geschrei, Krämpfe und Schläge, heisere Selbstbezichtigungen, hervorgestoßen von geborenen Opfern, die nicht einmal mehr sich selbst schaden können vor lauter Schwäche. Sie rutschen auf den Knien, übergeben sich, weinen oder verfallen in einen seltsamen wachen Schlaf. Der Heilige ist eine lebende Frau, sie spricht mit der unnatürlich hohen Stimme der Toten. Und nochmals krampft das Leben gegen die Wände, wenn sie in Lumpen losziehen, die zuckenden Kranken dabei, Verblödete stieren in die Kamera, ziehen durch die weißgekalkten Straßen eines Elendsortes. Unbeirrbar mit maskenhaftem Gesicht verfolgt der Heilige seine Bahn über dem elenden Volk. Es ist der Heilige der schlägt.
Als Luigi di Gianni begann, diese Bilder aufzunehmen, hatte er gerade sein Diplom an der Filmhochschule in Rom gemacht – das war im Jahr 1954. Sein Zeitgenosse Federico Fellini sollte bald in Rom *La dolce Vita* drehen, das süße Leben der Reichen im amerikanisierten Rom, und Pier Paolo Pasolini führte der Welt das neue Elend in den Hoch-

haussiedlungen der Vorstädte vor. Aber Luigi ging mit dem Ethnologen Ernesto de Martino auf eine Reise in die Vergangenheit. Was er in Süditalien mit der Kamera notierte, stand in grellem Kontrast zum Leben im amerikanisierten Rom jener Jahre. Seine Filme sind oft sprachlos, fast ohne direkten Kommentar, aber stets begleitet von quälend schriller, nur nach größtem Widerstand in Harmonien übergehender Jazzmusik, die einem noch tagelang im Ohr klingt – Musik als Versuch, Resignation und Hass, Schönheit und Jammer dieser Landschaft in eine Harmonie zu bringen. Heute unterrichtet Luigi junge Dokumentarfilmer an der Akademie, die er vor über vierzig Jahren verlassen hat. Er ist mit sich im Reinen, aber reich ist Luigi mit seinen Filmen nicht geworden. Seine Erinnerungen, seine Erfahrungen, die Kunstszene in Rom und die Bauern im Süden, es passt nicht zusammen und es passt schon gar nicht zum Rom späterer Zeiten, herausgeputzt für das Jubeljahr 2000. Seine Filme sind in schlecht gepflegten Kopien über verschiedene Depots verteilt, manches ist vielleicht schon verschwunden.[202] Flaue Videoaufzeichnungen wandern von Hand zu Hand, unter Filmkennern werden sie geschätzt als bizarres Lexikon europäischer Armut. Heute können wir in diesem Verzeichnis europäischen Elends Bilder aus dem Kosovo oder aus Rumänien nachtragen, wobei noch zu klären wäre, ob jemand in der Lage sein wird, die Menschen in diesen neuen Katastrophengebieten so kraftvoll zu skizzieren, wie Luigi di Gianni es mit den Süditalienern getan hat.
Vor langer Zeit haben die Leute Luigi di Gianni aus ihrem Dorf hinausgeprügelt, aus San Cataldo, weil sie nicht wollten, dass er der Welt ihr Elend zeigt. In anderen Gemeinden wurde er verehrt als Freund des Volkes. Heute freuen sie sich sogar in San Cataldo, wenn Luigi erscheint, die lebende Erinnerung an das Früher, das sie selbst nicht mehr verstehen. Sie leben nicht mehr in der Welt von *la miseria,* aber immer noch geht hier schief, was schief gehen kann. Ist daran eine aus der Elendszeit ererbte Mentalität schuld?[203] Warum leben die Heiligenkulte weiter in Süditalien, obwohl dort die medizinische Versorgung dichter und vielleicht manchmal auch besser ist als in Deutschland, und obwohl die Ar-

beitslosigkeit nicht viel niedriger ist als bei uns? Warum konnten die Kulte alle Modernisierungen überstehen und leben nun sogar in touristischen Zentren und Großstädten weiter, wenn auch in veränderter, mal üppigerer und mal bescheidenerer Form?[204] Warum gibt es heute, allen Ankündigungen Ernesto de Martinos zum Hohn, lange nach dem Umschwung zum Wohlfahrtsstaat und zur Konsumgesellschaft in Italien, wohl um die hunderttausend bis hundertfünfzigtausend Magier, mehrheitlich im Norden?[205] Viele dieser Magier und Magierinnen der Städte sind offiziell registriert und bei der Steuerbehörde angemeldet. Sie behaupten nicht, dass sie fliegen könnten, und die unappetitliche Sache mit den Totengeistern und dem Speichel haben sie etwas in den Hintergrund gedrängt, aber sie legen die Tarotkarten und sprechen von altägyptischen Geheimnissen, sie haben astrologische Wahrsagemaschinen gebaut aus Computern und ihren Kunden verkaufen sie exorzistische Sprays. Auch als de Martino schon die Verankerung der Magie in ewigen Rhythmen der Natur zu sehen glaubte, verband er auch in unveröffentlichten Aufzeichnungen diese Überlegungen mit politisch korrekten Zaubersprüchen: *Kann es eine Lebensordnung geben, in der die Erfahrung der Geschichte dem Menschen keine Angst macht und er seine rationale Kompetenz entwickelt, ohne weiter magisch-religiöser Schutzmaßnahmen zu bedürfen? Mit Sicherheit ja, wobei das Hauptkettenglied, von dem ausgehend man die Abhängigkeit lösen wird, in der politischen und sozialen Reform liegt* ... Die Modernisierung, von der de Martino sich das Ende der Magie versprach, hat anscheinend nur zur Modernisierung der Magie geführt. In den verschwiegenen kleinen Dörfern, in denen ich meine Forschungen durchführe, ist dieser Wandel noch entsprechend langsamer verlaufen oder hat andere Wege genommen als in den Städten. Wenn es eine politische und soziale Reform der Welt geben soll, so können wir schließen, dann wohl nur mit Hilfe der Zentrierung aller Kräfte und Haltungen des Menschen, auch jener, die mit der Magie in Verbindung gebracht werden.

Ehre und Schande[206], darauf haben vor allem britische und amerikanische Ethnologen des Mittelmeerraumes die Traditionen der Lukaner reduziert, so als ginge es den Menschen des Südens nur um ihre engste Bezugsgruppe und um symbolische Werte der Intimität, um die Unversehrtheit der Frauen, die Absicherung ihrer privaten Sphäre. Wenn materialistische Analyse versagt, dann soll das Zauberwort Mentalität erklären, warum in den Riten der Patenschaft immer wieder der tiefe Ekel gegen die Familienfremden überwunden werden muss und warum die Bestattung der Toten für Lukaner die Frage aufwirft, ob dieser Körper noch dazugehört zu ihrer kleinen Körperschaft oder nicht. Heute noch sprechen viele Soziologen von einer *familistischen Mentalität,* zu der natürlich auch die Magie und der Kult der Heiligen beitragen sollen: Die katholische Volksreligion und der sie begleitende Aberglaube, aber auch andere mittelmeerische Religionsformen wie der fundamentalistische Islam erscheinen so als Auswüchse einer angstvoll auf den Schutz des Einzelnen und seiner unmittelbaren Verwandten bezogenen Tradition. Früher, in den fünfziger Jahren, klang das vielleicht manchmal seltsam – als wenn man einen inneren Drang und eine Tradition bemühen müsste, wenn es einfach darum geht, dass die Menschen zusammenhalten auf der untersten Ebene der komplizierten sozialen Struktur einer zerrütteten und korrupten Gesellschaft der Armut. Aber heute hat sich das Blatt gewendet, und die Mentalitätsforscher können beanspruchen, dass sie gegenüber Fortschrittsoptimisten wie de Martino zunächst einmal Recht behalten haben, denn trotz Massenemigration und europäischen Subventionen halten die Menschen aus dem Mittelmeerraum zäh an ihren Kulten und magischen Techniken fest, auch wenn diese im Einzelnen vielleicht einen Formwandel erleben unter dem Einfluss des Fernsehens und städtischer Sitten.

Doch auch die Mentalitätstheorie hat ihre Tücken. Der amerikanische Soziologe Banfield nannte es den *amoralischen Familismus* der Süditaliener. Melancholie, Passivität und Verschlossenheit sind die Folge. Ohne wirklichen Kontakt zu den Süditalienern, die er erforschte, ständig beschäftigt mit der Ausarbeitung von Text- und Interviewvorlagen für seine Mitarbeiter, war Banfield nicht aufgefallen, dass die Melancholiker und Egoisten, die er beschrieb, Tag für Tag in der *piazza* untergehakt umhergehen, über alle Probleme sprechen und auf gegenseitige Hilfe sinnen, dass ihre Frauen sich beim Brotbacken abwechseln oder beim Kinderhüten und zusammensitzen beim Nähen der Aussteuer für ihre Töchter. Auch das Gemeinschaftserlebnis der Prozessionen und Pilgerschaften, die seelische Lastenverteilung der Trauerrituale und die stille Prozession der Patenkinder am Palmsonntag zu ihrem *compar'* hat Banfield nicht wahrgenommen. Zur Stärkung des Gemeinsinns empfahl er den kleinen Gemeinden die Gründung von Fußballmannschaften. Es hätte den Soziologen in seiner Heimat Chicago eine halbe Stunde Fahrt mit dem *Blue Island Train* gekostet, dann hätte er Menschen kennen lernen können, die mit der süditalienischen Mentalität großgeworden waren und sich in den USA problemlos in eine Welt der Gemeinschaften und Korporationen integriert hatten. Viele Lukaner von Blue Island waren Ende der fünfziger Jahre, als Banfield sein Buch veröffentlichte, gewerkschaftlich organisierte Eisenbahner, zugleich hielten ihre Frauen als moderne Katholikinnen ein reiches Gemeindeleben aufrecht. Selbst der Statue des kränklichen Donatus von Ripacandida haben die Italiener von Blue Island noch einen kantigen Zug um den Mund verpasst. Heute wohnen die meisten italienischen Einwanderer nicht mehr im ärmlichen *downtown* um die Donatuskirche herum. Sie sind in bessere Nachbarschaften verzogen, nach Chicago, oder haben sich mit den alteingesessenen deutschen Einwanderern auf dem Hügel von Blue Island vermischt, unter der Führung eines Bürgermeisters namens Hauschild. Aber Banfield schrieb: *Auch wenn alle diese von mir vorgeschlagenen Maßnahmen aktiv und effektiv durchgeführt würden, würde sich doch die wirtschaftliche Lage des Dorfes kaum verändern … vielleicht würde so das Gefühl der Erniedrigung, die schwere Melancholie – la miseria – etwas zerstreut werden … Auch unter besten Umständen wird die Natur zwei, drei, vier oder mehr Generationen brauchen, bis die sozialen Bindungen wieder hergestellt sind, die seit einem Jahrhundert oder länger geschwächt und ausgetrocknet worden sind.*[207]

Man sollte die Süditaliener nicht unterschätzen. Ihre Realität ist weder die der Apostel des Sozialismus noch die der Beschwörer uralter Traditionen. *Wenn die uns als Süden nicht mehr haben wollen, dann werden wir eben unabhängig, dann werden wir der Norden von Afrika sein, und dann wollen wir mal sehen,* so verkündete es mir vor kurzem stolz der Barbier von Ripacandida. Durch die Politik der Freundschaften und Patenschaften ergatterten Millionen von Menschen in den sechziger bis achtziger Jahren staatliche Anstellungen, Frührenten und Krankenpensionen – dass es dabei oft nicht mit rechten Dingen zuging, ist ein offenes Geheimnis, und ob es einer Bevölkerung auf die Dauer gut tut, ohne Arbeit zu Geld zu kommen, sei dahingestellt. Der Staat beließ es dabei, man wollte Ruhe haben im Süden. Wir können diese Politik der Stütze, des *assistenzialismo,* ablehnen und verdammen. Aber die Pensionen und Renten konnte der Süden dem Norden letztlich nur durch den Arbeitseinsatz seiner Emigranten abringen und durch die Drohung mit dem Kommunismus. Der Süden ist nicht passiv, er ist anders. Durch Zynismus, Familismus und Herumlungern allein ist der neue Wohlstand nicht entstanden. *Wenn sie uns unseren Lohn zahlen, arbeiten wir bis zum Umfallen* – aber auf den Lohn konnte man lange Zeit nicht vertrauen. Als in den neunziger Jahren des zwanzigsten Jahrhunderts endlich die große Mafia von Rom und Brüssel ein wenig aus dem Gleis geriet, sind überall in Lukanien die neuen Industrieansiedlungen aus dem Boden geschossen wie hässliche, aber kostbare Pilze. Viele junge Leute sind heute als Arbeiter bei FIAT in San Nicola bei Melfi beschäftigt. Die jungen Mädchen müssen auf dem Weg zur Nachtschicht allein mit dem Auto herumfahren oder stehen im Dunkel der Dörfer und warten auf ihren Zubringerbus. Niemand stört sich daran im Zeichen von *Ehre und Schande,* denn alle wissen, dass es gut ist für das Land. Es stört auch niemanden, dass sie damit nicht einmal 1000 Euro pro Monat verdienen, aber das steht wieder auf einem anderen Blatt.
Potenza, die Provinzhauptstadt Nordlukaniens, ging 1994 durch die europäische Presse, weil der Direktor einer Schule

Jugendlichen verboten hatte, auf dem Pausenhof Händchen zu halten. Es war eine kleine Episode in der riesigen Erzählung vom Untergang der Scham, der Familie, der Alten Welt. Der Direktor zog nämlich den Kürzeren. Die Schüler der ganzen Region versammelten sich knutschend und lärmend auf den Schulhöfen, bis er sein Verbot zurückgenommen hatte. Massenhaft begehrten die Schüler gegen die *Jurassic School* auf, gegen die *Dino-Teacher*, die Talk Shows des Fernsehens standen ihnen zur Seite und selbst die *New York Times* brachte eine Notiz über die Rebellion von Potenza. So endete eine mittelalterliche Tradition der staatlichen Aufsicht über die Unschuld der Frauen. In den neunziger Jahren habe ich erlebt, dass sich junge Leute in Ripacandida im Sommer immer häufiger unüberwacht auf einer eigenen *piazzetta* versammeln, der *kleinen piazza*, beim Donatusheiligtum, dort, wo sie schon von den Nonnen liberal und freundlich erzogen wurden. Väter und ältere Brüder konnten sich mit ihrer Kritik der *piazzetta* nicht durchsetzen. Die Karaoke-Generation[208] fordert ihr Recht auf unabhängige Freizeitgestaltung, *Everybody is a Star*. Und wenn die Stars sich nicht ganz wohl fühlen, schleichen sie mit Mamma und Papa zur Heilerin oder zum *mago*.
Das Problem des Verhältnisses von Mentalität zu materiellen Faktoren ist am Schreibtisch nicht zu lösen, es ist die Frage von Huhn und Ei.[209] Ich halte mich darum lieber an die Vorstellung, dass Kultur ein Werkzeug ist, das seinem Werkstoff immer wieder angepasst werden muss, ohne gleich seine Grundform zu verlieren – das sprichwörtliche *uralte Beil, bei dem zweimal die Scheide ausgewechselt werden musste und dreimal der Schaft.* Der Werkstoff, den das Werkzeug bearbeitet, ist das Leben selbst, der Rhythmus von Geburt und Tod. Das Werkzeug ist die Vorstellungswelt des Menschen, die dem natürlich Gegebenen ständig etwas Neues hinzufügt, rituelle Nachahmnung, Benennungen, Bedeutungen, Legenden.[210] Der Werkstoff formt das Werkzeug und umgekehrt. Insofern widerspreche ich hier den Materialisten ebenso wie den Mentalitätstheoretikern, aber auch jenen Denkern, die meinen, dass Rituale und jede andere Form von Kultur nur Leerformen sind, die vom Men-

schen ständig seinem politischen Willen gemäß eingesetzt und dabei vollkommen umgeformt werden.[211] *The politics of...,* so beginnen heute die Titel vieler ethnologischer Bücher; es geht um die Politik, die man mit den Menschen machen kann und mit den Dingen, um das menschliche Interesse, um die Macht, die Menschen und Dinge angeblich erst ins Leben ruft. Aber das Leben ist nicht bloß ein Werkzeug, sondern auch ein Werkstoff, ein rohes Material, das erst einmal da sein muss, ehe man Politik damit treiben kann. Rituale sind keine leere Form, sie basieren auf den Rhythmen der Natur und den Reflexen der lebenden Wesen. Wenn man Politik mit etwas machen will, muss auch etwas anderes als Politik vorhanden sein, mit dem man dann Politik machen kann Die Erhaltung und Erzeugung des Lebens, der eigentliche Lauf des Lebens, das ist in sich nicht von engen Interessen gesteuert, sondern der große geheimnisvolle Auftrag aller Lebewesen. Das Lebenwollen ist keine Politik, sondern geht der Politik voraus. Wenn das Schiff der Gesellschaft wirklich in Seenot ist, im Moment des Untergangs, dann muss die Machtgier zurückstehen hinter dem *Frauen und Kinder zuerst.* Das ist der Nullpunkt der menschlichen Gesellschaft, der Abgrund, an dem entlang unsere Vorfahren balancieren mussten und an dem wir modernen Menschen auch bisweilen stehen. Genforscher haben diese frühen Menschen am Abgrund treffend »Adam« und »Eva« getauft, denn von ihnen scheinen fast alle Menschen abzustammen. In der Klemme, im Fall der Katastrophe geht es nur noch um die Fortzeugung der menschlichen Rasse als solcher – *Frauen und Kinder zuerst.* Irgendwo wird schon noch ein Mann überleben, aber zur Fortsetzung der Menschheit bedarf es vor allem einer Mutter, die eine Tochter in sich trägt. Dann muss ein Erzeuger neuen Lebens hinzukommen, und dann kann das Leben wieder mehr werden und schließlich kann mit dieser neuen Ansammlung von Menschen wieder Politik getrieben werden.

Es war einmal eine Frau, die hatte eine Tochter, welche an einen Mann aus einem fremden Stamme verheirathet war. Es war Winter und in beiden Dörfern herrschte Hungersnoth. Da dachte die Mutter, ich will meine Tochter besu-

chen, sie ist wohl nicht so arm, wie ich jetzt bin, und sie ging auf dem Eise den Fluss hinab. Sie wusste nicht, dass in dem Dorfe, in dem ihre Tochter lebte, auch Mangel und Noth herrschte. Zu gleicher Zeit beschloss die Tochter, ihre Mutter zu besuchen, da sie hoffte, jene werde wohl versorgt sein, und ging auf dem Eise den Fluss hinab. Sie hatten ihre Heimath an demselben Tage verlassen, und als sie zwei Tage lang unterwegs gewesen waren, sahen sie einander und erkannten sich bald gegenseitig. Da wussten sie sogleich, dass beide in gleicher Noth waren und fingen an zu weinen.

Die Indianerfrauen wandern durch die menschenleere Landschaft an der Nordwestküste Amerikas. Sie fallen immer weiter zurück auf das Stadium der prähistorischen Sammler, ernähren sich von Hagebutten und Rinde, übernachten unter einem provisorischen Dach aus Zweigen. Ihr einziges Gegenüber sind die Natur und das Übernatürliche, und die menschliche Gesellschaft scheint nur noch aus ihnen zu bestehen.

Nach kurzer Zeit hörten sie einen Vogel singen: »ho, ho«, und sie begannen zu beten und opferten ihm rote Farbe, Adler-Federn und Cederbast, wie er für den Tanzputz gebraucht wird. Sie warfen dies alles in's Feuer und beteten: »Jetzt, jetzt speise uns!« [212]

Der Vogel heisst Hadsenas und ist ein Himmelsbote, so erzählten es die Tsimshian-Indianer von der Nordwestküste Amerikas ihrem Ethnologen Franz Boas aus Berlin vor über hundert Jahren, und bald erscheint aus dem Nichts ein Mann, der die Frauen mit Wildfleisch versorgt.

Nach einiger Zeit zeigte er sich auch der Mutter und heirathete die junge Frau. Sein Name war Ho. In einer Nacht erzählte er seiner Frau, dass er selbst der Vogel sei, dem sie geopfert, und dass er Mitleid mit ihnen gehabt habe. Nach kurzer Zeit gebar die Frau einen Knaben. [213]

Dieses Kind, Asdiwal, wächst unnatürlich schnell, buchstäblich »großgezogen« von seinem seltsamen Vogelvater, der ihn mit magischen Jagdgeräten versorgt und mit vielen anderen Gaben. Ausgerüstet mit seinem Bogen, Pfeilen, einem Stab, seinem Kragen und seinem Mantel *und einer*

Matte, die er um seinen Leib band[214], seinem Hut und seinen Schneeschuhen, wird Asdiwal viele Tiere erlegen, viele Stammesgenossen zu Festen einladen, viele Freunde finden und oft verraten werden. Er wird viele Namen annehmen, viele Kämpfe überleben, viele Frauen heiraten und er wird erst sterben, als er eines seiner himmlischen Jagdgeheimnisse verraten hat – jeder Politiker kennt die Kunst des Schweigens, und es ist das Ende, wenn er anderen preisgibt, aus welcher Sparte des Lebens und aus welchem Ritual er seine Macht bezogen hat. Im Schutz der magischen Jagdwerkzeuge steht Asdiwal da, gehüllt in die Matte, die ihn fast unverwundbar macht, aber hinter ihm steht eine Mutter, und wenn sie sich nicht aufgerafft hätte an einem Tag der Not, dann wäre gar nichts aus ihm geworden.

Die Praktiken und Rituale der Lebenserhaltung sind der Politik vorgelagert, darum ist es wichtig, immer noch einen gewissen Unterschied zwischen Werkzeug und Werkstoff im Auge zu behalten, zwischen dem Gegenstand des Politischen und der Politik selbst. Rituale und Erzählungen vom Übernatürlichen, Träume, Bilderkulte und Besessenheit formen einen eigenständigen Bereich der Begegnung zwischen Krankheit und Heilung, Reife und Wiedergeburt, Leben und Tod, einen Bereich, in dem sich nur das eine menschliche Interesse nach Leben und immer mehr Leben realisiert. Dieser Bereich menschlicher Unabhängigkeit scheint letztlich der Natur doch näher zu stehen als der Kultur, aus ihm leiten sich die wie immer gewendeten, verbogenen und gebrochenen Interessen der Macht erst ab.

Menschen müssen sich mit den Unbilden ihrer Landschaft ebenso auseinandersetzen wie mit den Schicksalen des Weltmarktes. Dabei stehen ihnen ererbte kulturelle Werkzeuge ebenso zur Verfügung wie neue Erfindungen oder Dinge, die sie von anderen Gruppen übernehmen. Und manchmal stehen sie auch einfach nur hilflos da und wissen nicht mehr vor und nicht mehr zurück. In jedem Falle sind es Körper, durch die alle diese Erfahrungen hindurchgehen. Der Mensch ist ein Filter, der sich selbst begradigt und neu einstellt, von Zeit zu Zeit. Aber was wird da gefiltert? Nur in diesem Sinne ist das Maß des Menschen der

Mensch selbst, in einem körperlichen Sinne. Es ist keine bloß akademische Frage, wie wir Menschen jeweils unsere kulturelle *Bastelei*[215] hinbekommen. Alle Menschen sind in Not, irgendwo haben wir alle uns verlaufen, irren mit unseren Körpern in der Landschaft umher, und die drängende Frage ist immer wieder, wie und unter welchen materiellen Bedingungen wir für uns eine neue Welt zusammenzimmern sollen, können, dürfen. Was wir dabei zur Verfügung haben, sind die Trümmer der alten Welt, die Erde, die Landschaft und wir selbst mit unseren zitternden, schluckenden, spuckenden Körpern. Bittere Wahrheiten!

Wir werden den Realitäten des Religiösen nicht gerecht, wenn wir den schwarzen Faden der lukanischen Tradition als Aberglaube abtun oder als bloßen Ausdruck der schrecklichen Armut, der materiellen Not des Südens. Selbst die modernen Menschen, die Nordamerikaner und die Deutschen, fallen immer wieder auf die katholischen Bilder zurück, im Urlaub, beim heimlichen Kerzenstiften in italienischen Kirchen oder wenn sie Stunden damit verbringen, die Kunstfertigkeit zu bewundern, die eine Madonnenstatue hervorgebracht hat. Ich ziehe es daher vor, die folklorischen Überlieferungen, die Amulette und die Heiligen, die Besessenheiten und die Patenschaften der Lukaner als Erfahrungen zu betrachten, als Experimente mit Körper und Seele. Ich betrachte die sogenannte Volksreligion der Lukaner als eine Art Wissenschaft, auf deren Grundlage sich erst so etwas entwickeln kann wie das kirchliche Dogma, die Experimente der Techniker und die Maßnahmen der Politiker. Die Menschen, bei denen ich meine Forschungen angestellt habe, selbst tastend und experimentierend zwischen Religion und Realität, diese Menschen versuchen, mit einem überlieferten Kapital an Vorstellungen und Bildern der Realität gerecht zu werden und so gestalten sie die Zukunft mit, auch für uns moderne Menschen.

Dieser Zusammenhang zwischen Sein und Schein wird nirgends deutlicher als im Zentrum des christlichen Glaubens, im Bild der Dreifaltigkeit und der Dreiheit von Vater, Mutter und Kind. Auch hier, im *Mysterium des Glaubens* fußt alles auf dem Übergang im Lauf des Lebens. Es geht um Verbindungen und Trennungen zwischen Verwandten. Bilder der Heiligen Familie werden in jeder katholischen Kirche gezeigt: Eine Taube oder ein großes Auge versenken den feinen goldenen Strahl des Wortes in Marias Körper; Josef und Maria auf der Flucht nach Bethlehem; Maria und Josef haben ihr Kind in eine Krippe gelegt, die Tiere im Stall schauen freundlich dabei zu – als sei dieser Mensch und Gott in Wahrheit noch einer von ihnen; von ferne nähern sich freundliche Fremde, die Hirten und die Heiligen Drei Könige, die Hirten gehen in Lumpen, die Könige in prächtigen Gewändern; Maria trägt das Kind auf dem Schoß, ihre Mutter Anna steht hinter ihr; Josef trägt das Jesuskind auf dem Schoß obwohl er nicht sein Vater ist; Maria und Josef begleiten den halbwüchsigen Jesus in den Tempel, wo er frühreif mit den Pharisäern hadert; ein verwilderter Mann im Fellkleid, Johannes der Täufer, tauft Jesus an einem Fluss, von ferne schaut Maria dabei zu, manchmal hat auch ein goldenes großes Auge aus den Wolken heraus die Szene ins Visier genommen; Jesus hat Freunde gefunden, sie essen und trinken gemeinsam und sie wandern umher im Land; Jesus hilft Kranken, Nutten und Polizisten und er berührt sie dabei, als wären sie seine Geschwister; Jesus wird gequält und neben seinen Feinden stehen Freunde und Verwandte; Maria kniet am Kreuz; Maria entdeckt, dass das Grab leer ist; Maria steht allein in ihrer Trauer um den Sohn, auf der Hand eine weiße Taube; Jesus thront im Himmel und segnet Maria; Maria schwebt in den Himmel, um neben ihrem Sohn zu sitzen; Jesus und die Taube des Heiligen Geistes schweben ruhig, umgeben von einer goldenen Aura; der Heilige Geist als glänzender Vogel lässt Jesus und Gottvater erstrahlen.

Wie in der lukanischen Folklore treffen in diesen Bildern Lebende und Tote zusammen, natürliche und übernatürliche Personen, Fremde, Freunde und Feinde. Man sieht einen Vater, der kein Vater ist und einen Sohn, der zugleich der Vater ist und eine Mutter, die nicht befruchtet wurde. Man kann darin sehr viele unterschiedliche Alltagserfahrungen unterbringen[216] – aber was im Einzelnen dort erkannt werden soll, muss immer wieder neu in christlichen Gruppen verhandelt werden. Die Bilder der Heiligen Familie sind auch eine Theorie über die Realität der Süditaliener und vieler anderer Menschen, aber sie lassen sich nicht auf einfache Schlagwörter bringen wie *Ehre* oder *Elend*. Die Fülle des Lebens wird zusammengefaltet zur Dreifaltigkeit. Philosophen und Physiker studieren heute fasziniert stoffliche und geistige Falten, weil sie eine Oberfläche verkürzen und dennoch enthalten. Aber auch die Menschen früherer Zeiten wussten, dass der einzelne Mensch geborgen ist im Mantelwurf der Heiligen Jungfrau. Johannes Paul I., der heute schon fast vergessene 90-Tage-Papst, hat diesen Gedanken erneuert: *Gott ist Vater und Mutter zugleich*[217], die Harmonie vereint die Gegensätze, ohne sie aufzuheben, und Spiegel dieser Einheit in Zweiheit ist das Dritte, das Kind. Der Sohn, der sein eigener Vater ist, der Vater, der kein Vater ist und die Mutter, die nicht befruchtet wurde, werden zu einem Körper gefaltet, das zeigen die frühchristlichen Mosaiken ebenso wie die Kitschpostkarten, die man in den Kirchen kaufen kann. Das haben die Gnostiker schon so gesehen, Anhänger eines mittelmeerischen Spiritualismus. Sie prägten zunächst das Christentum, wurden aber später aus der Kirche vertrieben.[218] Das Christentum wirkt nur wie ein festes unveränderliches Weltbild, wenn wir es durch die Verlautbarungen der Botschafter des Vatikanstaates und ihres Gottkaisers hindurch betrachten. Für die Leute von Ripacandida sind Priester wichtig, keine Frage, aber die Leute haben die christlichen Bilder auch zu einem Werkzeug gemacht, das immer wieder den Bedürfnissen des Lebens angepasst wird.

Diese lukanische Theorie des Lebens hat auch ihre Praktikerinnen und Technikerinnen. Die Arbeit an der Überlieferung und Umsetzung übernehmen insbesondere die Frauen. Sie stellen der Bibel und den vatikanischen Gesetzestexten mündliche Traditionen und persönliche Notizen entgegen, und sie haben daraus etwas Eigenes erschaffen, eine Subkultur des Lebenswillens und der Immer Währenden Heiligen Hilfe. Hausfrauen besitzen dort oft ein Heft, in das sie Kochrezepte, Adressen emigrierter Verwandter und vielleicht die Lottozahlen eintragen – manch eine hat auf diese

Weise auch Zauberformeln festgehalten. Einige können sogar noch alles auswendig hersagen. Oft haben sie mir dieses Wissen geschenkt. Ohne große Umstände wurden mir die Formeln diktiert oder ich durfte sie aus den Heften abschreiben. In einigen Fällen musste ich den Frauen dafür etwas schenken, *sonst wirkt es nicht, ich habe auch was geschenkt, als ich es gelernt habe.* Lucietta schaut mich prüfend an. Ihr Gesicht und ihre Augen sind rot angelaufen, ihr dunkelrotes Haar ist von weißen Strähnen durchzogen. Sie ist am Ende des Weges angelangt, liegt mit schwerer Diabetes im Bett. Sie sagt mir den Spruch vor, den ich bei der Übergabe des Wissens beten soll, zu drei Paternostern, Ave Maria und Gloria Padre.

Jesus Kind mein,
das soll mein Geschriebnes sein,
das ist, was ich mache,
und dann ist es DEINE Sache.

Sie weiß all das von ihrer großen, strengen Schwester, einer gefürchteten Magierin mit dem Beinamen *Diarora,* die Teufelin. Obwohl sie Schwestern waren, musste sie der Teufelin etwas schenken für die Gabe der Heilung. Eine andere Frau erzählt, sie habe die Sprüche von einer alten Bekannten gelernt, während der Weihnachtsmesse.[219] Die Alte verriet es jedem, der es wissen wollte. Die Schülerin selbst hat es dann ihrer Tochter beigebracht, *einfach so,* ohne das Weihnachtsritual, und sie fand auch nichts dabei, mit mir darüber zu reden. Viele Frauen freuten sich, dass ihr Wissen in *das Buch* kommen würde. Heute noch warten sie darauf und ich kann nur hoffen, dass sie mit meinem Buch zufrieden sein werden. Ich fürchte, mit einem Besuch und einem Schwätzchen könnte ich sie mehr erfreuen.
Gib, dass alle, die Anteil erhalten an dem einen Brot und dem einen Kelche, ein Leib werden …[220] Das vierte Hochgebet ist den Priestern vorbehalten. Laut sprechen sie es der Gemeinde vor, bis vor nicht allzu langer Zeit im unverständlichen Latein. In der Basilikata haben sie schweigsame Konkurrentinnen. *Frauen, die helfen* (donne, che sap'n

aiutar') oder auch *fattucchiere* (Macherinnen). Sie experimentieren mit der katholischen Methode, deuten die Bilder der Heiligen Familie und der Märtyrer um in ihrem Sinne, vermischen sie mit Krankheitsbildern und Naturbeobachtungen und mit magischen Akten, die wiederum nicht selten den Ritualen der katholischen Messe nachgebildet sind. *Incantar'* nennen sie das, beschwören, bezaubern, eigentlich besingen wie *belcanto*, der Operngesang. Freilich tragen sie ihre Lieder schon lange ohne Melodie vor, eigentlich soll man sie gar nicht hören. Die Heilerinnen murmeln oder sprechen in Gedanken, während sich die Patienten darauf verlassen, dass das, was an ihnen geschieht, schon etwas Rechtes bringen wird. *Wenn du heilst, musst du etwas sagen, das hilft. Sonst geht die Krankheit nicht weg,* erklärt mir eine Heilerin, eine andere sagt, *sie murmeln, damit du es nicht verstehen kannst. Sie sind eifersüchtig, wollen es den anderen nicht verraten.* Viele Frauen sollen ihr Geheimnis mit ins Grab genommen haben, auch diese Freiheit gehört dazu auf den selbstbestimmten weiblichen *Lebensreisen*[221], von denen hier die Rede ist.
Es ist weibliches Wissen, fast nie haben sie es von Männern gelernt. Die wenigen männlichen Heiler haben ihre Formeln meist von Großmüttern gelernt oder von Tanten. Die Sprüche sind kein großes Geheimnis, aber sie gehören den Frauen. *Ich habe die Sprüche einfach im Kopf. Ich spreche sie nicht aus. Man soll sie nur zu Weihnachten weitergeben.* Zu guter Letzt sagt sie mir die Formeln doch gleich auf, ohne dass ich gedrängt habe. Die Wirtin von Alla Valle hat es von der alten Heilerin gelernt, dieselbe, die sie einmal am Luzientag mit geschwollenen Beinen erwischt hat und meinte, das käme vom Pinkeln auf freiem Feld. Sie hat das Wissen nur selten benutzt, am ehesten noch, als ihr Sohn klein war und kränkelte. *Was willst du machen, Geld hatten wir keines, der Doktor und die Medizin waren teuer.* Eine Frau wird sehr oft von Nachbarinnen oder Freundinnen zum Heilen gerufen. Sie erzählt: *Meine Söhne hatten immer den bösen Blick abgekriegt. Das war die Schwiegermutter. Immer wenn ich auf dem Land gearbeitet habe, hatte sie die Kleinen und hinterher waren die am Heulen. Als ich*

schon mit dem dritten Sohn immer wieder zur Heilerin angerannt kam, der heulte immer, ich war 27 Jahre alt, also da meinte die: »Lern' es doch selbst!« Und sie brachte es mir bei ... Hundertprozentige Heilung gibt es nicht, aber sehen wir mal, ob es klappt ... Ich habe es auch meiner erwachsenen Tochter weggemacht, in der Schweiz. Die andere Tochter hat es gelernt, für alle Fälle. Sie arbeitet als Bankangestellte in Mailand. Ich stelle mir diese Tochter vor, adrett im Kostüm, am futuristischen Schalter des *Banco di Napoli*. Aber so verwunderlich ist es auch wieder nicht, dass sie lukanische Zauberformeln weiß, denn ihre Kolleginnen beschäftigen sich vielleicht mit der Astrologie, der Parapsychologie oder gar mit der Pyramidologie. Wie wird man wohl eines Tages die Heilkunst nennen, von der hier die Rede ist, vielleicht Lukanologie? Eine junge Frau erzählt mir, dass sie noch nicht so weit war in diesen Dingen, als die Mutter es ihr angeboten hat. Als sie dann selbst zur jungen Mutter mit heulenden Kleinkindern geworden war, hat sie ihre Meinung geändert. Aber jetzt stellte sich die Mutter quer: *Du hast es nie lernen wollen, warum interessiert es dich plötzlich?*

Das Geheimnis gibt seinen Besitzerinnen und Besitzern ein wenig Macht. Compar Mario aus Ginestra erzählt mir, dass er es jetzt an seine Enkelin weitergibt. Da fährt eine alte Nachbarin auf, die bisher still in der Ecke gesessen hat: *Und mir hast du es nicht geben wollen!* Dann sagt sie zu mir: *Er hat es immer ganz klein bei sich behalten und nichts verraten!* Und dann streiten sie sich noch eine Weile.

Bis in die sechziger Jahre hinein konnten viele Menschen in Ripacandida nicht lesen oder schreiben. Das Schreiben eröffnet einen neuen Strom der Überlieferung, der auch in mein Buch mündet, und nach der Veröffentlichung wird dieses Wissen breiter zugänglich, aber vielleicht auch ein bisschen mehr verfestigt sein, als es eigentlich nötig ist. Auch darüber werden die Frauen hinwegkommen, wenn es sein muss. Wenn ein schreiendes Kind beruhigt werden muss oder ein furchtbares Jucken auf der Haut, werden sie das Buch des Deutschen einfach vergessen oder sie werden es anwenden, wenn es bis dahin eine italienische Übersetzung gibt, und dabei werden sie es verändern in ihrem Sinne. Ältere Quellen des Wissens wurden bei meinen Forschungen nur selten sichtbar, auch sie sind schnell vergessen. *Mein Großvater hatte ein Buch, in dem diese Sachen standen. Nach und nach hat er es mir beigebracht. Die Frauen geben es dann weiter, wenn sie am Schwatzen sind.* Bücher sind Männersache. Die Patienten wissen oft nicht, was gegen ihre Krankheit vorgetragen wird. Die Heilerinnen denken, es sei zeitloses Wissen, von den Alten der Urzeit, den ganz alten, den *vecchi antichi*. Aber in einigen Fällen scheint das Geheimnis sang- und klanglos aus einem gedruckten Buch mit Kräuterrezepturen und frommen Formeln entnommen worden zu sein.

In den Rezeptsammlungen der Frauen geht es nur selten um die Krankheiten, die in erster Linie heute in Lukanien durchlitten werden. Da sind keine Formeln gegen Diabetes. Vielleicht liegt das daran, dass diese Krankheit von Laien nicht ohne weiteres als einheitliches Bild erkannt werden kann. Es bedarf der chemischen Untersuchung des Blutes, um ihr auf die Spur zu kommen. Es gibt aber auch keine magischen Kuren gegen die verbreiteten Kreislaufleiden, gegen innere Krankheiten und gegen den Krebs. Hier zu improvisieren, Neues zu erfinden, bleibt ganz bestimmten Personen vorbehalten, den *maghi,* von denen ich später berichten werde. Die Medizin der Frauen beharrt auf bestimmten Krankheiten, teilweise sehr alten Krankheiten, von denen einige heute sehr selten geworden sind. Das könnte ein Hinweis darauf sein, dass diese Heilkunst einmal in der mittelalterlichen Tradition, der mönchischen Medizin z. B., entstand, und seitdem von den Frauen der Bauern und Tagelöhner weitergegeben, angewendet und erneuert wird. Manchmal ist die Sprache der Sprüche tatsächlich lukanischer Dialekt, manchmal wurden die Formeln auch ins Hochitalienisch modernisiert. Heute ist diese Heilkunde mehr als das, was sie vor Jahrhunderten gewesen ist, heute ist es auch eine Art politisches Bekenntnis zum Wissen der Vergangenheit, wenn man Magie anwendet – und die Reichweite der Magie ist geringer geworden, die Bandbreite der Therapien verkleinert, denn heute muss sie sich das Feld des Heilens mit

der überaus erfolgreichen naturwissenschaftlichen Medizin teilen, die nun auch Lukanien flächendeckend versorgt.
Die Heilerinnen behandeln sichtbare Beschwerden wie die Hautkrankheiten und die Folgen des bösen Blickes oder Störungen, hinter denen sich eine Vielzahl von Krankheiten verbergen können, vor allem akuten Schmerz. Diesen Brüchen mit dem normalen Körperempfinden werden Bilder der himmlischen Harmonie, der Dreifaltigkeit und der Heiligen Familie entgegen gesetzt. Die Kunden der Heilerinnen kommen, wenn die Haut rot angelaufen ist und juckt, oder wenn sie seltsame Pickel und Wunden haben oder einen Schmerz, bei dem der Kopf zu zerspringen scheint.

Du eingefleischte Hautkrankheit,
auf dieser Seele hast du dich erbaut,
das Ekzem, das werde mehlig
auf dieser Seele selig.
Im Namen des Vaters, der Dreifaltigkeit und von St. Rochus.
Jesus Christus, lass sie von diesem verdammten Ekzem genesen.

Wenn Kinder Kopfweh haben oder in unerklärlicher Weise aufgeregt und überdreht sind, kann es eine der magischen Krankheiten sein, böser Blick zum Beispiel – die neidischen und bewundernden Blicke, Gesten, Wörtchen der Familienfremden haben das Kind beängstigt oder sogar zur Raserei gebracht, so dass es totenbleich liegt oder krebsrot herumschreit und nicht mehr zu beruhigen ist.

Drei haben dich verhext,
das Auge, die Liebe und der Gedanke,
Helfen werden dir Drei,
Der Vater, der Sohn und der Heilige Geist,
die drei Personen der Dreifaltigkeit.

Manche leiden an Schmerzen von Augen, Hals, Bauch, Zähnen, ohne dass der Arzt genau sagen kann, welche Krankheit die Ursache ist. Und da sind wieder andere, die meinen, die Ursache ihrer Leiden zu kennen, aber es sind Krankheiten, die in keinem modernen medizinischen Lexikon vorkommen: Das Totenfeuer, das *Fuoc' o mort'* verbrennt die Haut, der böse Wind, *mal vient'*, hinterlässt seltsame Pickel, der böse Blick, *mal' uochh*, entlädt sich wie ein Gewitter im Kopf, als furchtbarer Schmerz oder als große Erregung. Dann gibt es noch die Bogenkrankheit, eine Art Gelbsucht, *male d'arc'*, in deren Verlauf sich die Haut in den Farben des Regenbogens bis hin zum Gelb verfärbt.

Ich grüß' dich Heil'ger Bogen
du bist hoch und schön gezogen,
wer ohne Gruß zu dir gerannt
wird von der Farbe übermannt.

Man glaubt nämlich, dass Menschen, die gegen den Regenbogen gepinkelt haben, an einer Form von Gelbsucht erkranken können – das ist die Farbe, die über sie kommen wird. Keine Tat bleibt ohne Folgen, auch nicht das Pinkeln auf freiem Feld, wo es angeblich keiner gesehen hat. Erscheinungen der Natur mischen sich mit menschlichen Gefühlen, schriftliche Überlieferungen mit persönlichen Erfahrungen – in unseren naturwissenschaftlichen Labors geht es nicht anders zu, denn auch die moderne Naturwissenschaft wird von Menschen gemacht.[222] Das Denken der *Frauen, die helfen* kreist um ein Böses, das unabwendbar wiederkehren wird, es ist einfach da und wird sanft hin- und hergeschoben. Mal bekommt es den Namen eines Menschen, mal bleibt es draußen in der Natur, mal ist es des Teufels und muss durch den Vater, den Sohn und den Heiligen Geist ausgetrieben werden, mal ist die Heilerin selbst im Verdacht, das Übel auslösen zu können.

Guten Morgen, Gevatter Holz,
Splitter hast du genug und Splitter hast du geschenkt,
ich schwöre dir bei meinem Stolz,
mit Feuer wirst du nicht versengt.

Wenn ich es recht sehe, arbeitet die deutsche Tablettenmarke *Spalt* mit derselben Vorstellung. Der Schmerz spaltet den Kopf wie ein Splitter. Der Schmerz ist *zum Zerspringen, als würde der Kopf platzen*. Die Bitte an das Holz gehört zum Früher der Bambusfackeln und der Hochzeitsklötze, welche die Freier vor der Tür des Mädchens abgestellt haben. Die Krankheit wird zum Gevatter, der Freier zum Klotz am Bein. Wenn man Wesenheiten schon durch Umbenennung verändert, dann kann man auch mit ihnen verhandeln und auf ihre Wandelbarkeit hoffen. Schonung wird versprochen, ein Opfer, damit das Böse nicht weiter wächst wie das Holz im Wald und erträglich bleibt wie der wölfische Gast der Familie, den die Kinder zugleich lieben und fürchten.

Manche Praktiken weisen tief in die Abstammungsgeschichte des Menschen zurück. Um zu erkennen, ob es wirklich um den bösen Blick geht, wird Kranken die Stirn abgeleckt. Das tun auch die Tiere bei ihren kranken Artgenossen, vor allem Herdentiere verwalten ihre Körperflüssigkeiten gemeinsam. Uns Menschen mit unserer Betonung der Einzigkeit des Einzelnen kann das ekelhaft erscheinen, es sei denn, es geht um die Verschmelzung der körperlichen Liebe mit ihrer Küsserei. Schmeckt es salzig, war es der böse Blick. All die Zaubersprüche nutzen also nichts, wenn die gesprochenen oder geschriebenen Zeichen nicht begleitet werden von der machtvollen Sprache des Körpers. Hier findet jede Magie ihre Bestätigung. Entweder es klappt oder es klappt nicht. Das ist kein finsterer Aberglaube, sondern Erfahrung und Wirkung und all das, was wir modernen Menschen unbeholfen *Psychosomatik* nennen. Ungeschickt ist dieses Wort, denn es stellt die beiden Mächte im menschlichen Leben nur nebeneinander, Körper und Geist, ohne zu sagen, wie sie aufeinander reagieren. Der Begriff erklärt ebenso wenig wie das Wort *Beschwörung,* aber man muss den Süditalienern zugute halten, dass sie die Sache mit einer gewissen Bescheidenheit einfach so benennen, wie sie aussieht, ein Besingen, ein *incanto,* und das war's, oder auch nicht und dann muss man es eben noch einmal versuchen. Körper handeln im Raum, sie geben und nehmen Gesundheit, Freude, Trauer, Hass ... Eine bleiche, blonde Frau ist eingetreten. Sie mustert uns mit kühlen Blicken und lässt sich ungefragt auf einen Stuhl nieder, der die ganze Zeit unbesetzt geblieben war. Dena ist um die vierzig Jahre alt und Lehrerin, aber sie arbeitet auch als Heilerin und trägt deren schwarzes Tuch. Sie wird von einer leicht verheult wirkenden Nachbarin meiner Gastgeber begleitet. Ja, sie haben es gerade getan. Von einer alten Frau hat Dena das gelernt. Zu der ist sie immer mit den Kindern gegangen, wenn die Kopfschmerzen haben. Sie glaubt nicht richtig daran, aber es muss sich wohl doch eine Art *Fluidum* dabei übertragen. Die Kundin bestätigt das: *Ich habe so gelitten, noch vor einer halben Stunde, zum Sterben hat der Kopf mir wehgetan und jetzt bin ich befreit.* Mit einem triumphierenden und zugleich zweifelnden Ausdruck wendet Nino sich zu mir, unser Gastgeber. Er wirkt, als wolle er sagen: *Da hast du es, Fremder.* Als ich aber versuche, mit der Patientin über die Einzelheiten zu sprechen, versinkt er vorsichtshalber wieder in seinem Sessel. Kopfschmerzen habe sie gehabt ... und wie hat sie die Heilung erlebt, was ist da passiert? *Ich habe es nicht wahrgenommen.* Aus der Tiefe des Sessels kommt Ninos Stimme: *Ich bin's gewesen!* Alle lachen – außer Dena. Sie nimmt die Herausforderung an. Bisher haben wir über das Unheimliche geredet, aber es blieb bei den Anekdoten und beim Für und Wider. Magie als innerer Vorgang ist nicht zur Sprache gekommen, nur die Angst war zugegen, unausgesprochen. Angetrieben von der Eigendynamik der Rede haben wir uns am schwarzen Faden der Tradition entlang getastet, ohne zu wissen, wo wir die Grenze des Gespräches setzen sollten. Die Beschreibung der Magie war technisch und äußerlich. *Erst hat die Kundin geweint, dann die Heilerin, und jetzt ist der Anfall vorüber.* Doch jetzt sitzt die Magie mit im Raum und spricht.

Ich kann es immer noch nicht richtig glauben, aber jetzt geht es mir schon besser, nachdem ich erst das Ganze auf mich gezogen hatte. Ja, wenn man heilt, fließen Tränen. Während man beschwört, fließen bei der Patientin die Tränen. Und dann leide ich, ich werde nicht belohnt, sondern ich werde belastet ... Nein, ich fühle mich nicht so wohl, mit dieser Sache auf dem Magen. Auf dem Magen? Es geht doch um den Kopf? Ich besitze nicht mehr die Geistesgegenwart, danach zu fragen. Erstmals habe ich die bittere Wahrheit aufblitzen sehen, dass Magie etwas mit einfachen körperlichen Tatsachen zu tun haben kann, mit der Verwandlung des Körperlichen in das Seelische und umgekehrt, aber ich bin noch nicht so weit, es zu verstehen. Ich bin erschöpft und zugleich aufgeregt von der Unmittelbarkeit des Geschehens. Vor mir sitzt die bleiche Dena, die den Schmerz auf sich genommen hat. Ihre Patientin, die eben noch an Migräne litt, hat rote Wangen. Denas Skepsis gegenüber dem eigenen Tun verstärkte nur die Glaubwürdigkeit. Sie ist zur Gewährsfrau geworden, in einem besonderen, die herkömmliche Bedeutung des Wortes übersteigenden Sinne.

So werden auch viele andere Heilerinnen der Heilung gewahr, die sie auslösen. *Sie schwitzt, sie fühlt unsere Schmerzen, im Rücken, im Kopf. Sie nimmt unsere Schmerzen auf sich,* sagen die Patienten über eine bekannte Heilerin. Lucietta erzählt, die alte Heilerin in ihrem Lotterbett: *Wenn mir die Lizza kommt, das Gähnen, dann spucke ich auf den Boden. Das ist das Böse. Wenn die Lizza nicht kommt, ist es was anderes gewesen.* Es geht um das Gähnen und um Speichelfluss, um eine seltsame Art sehr feuchter Rülpser, wie sie die Besessenen der abendländischen Tradition nun mal gelegentlich hören lassen.[223] Diese *lizz'*, der Speichel, beginnt zu fließen, nachdem die Heilerin den Kranken die Stirn abgeleckt hat, um zu wissen, *was es ist.* Maria Catena aus Rionero erklärt weiter: *Dir fließen die Tränen. »Bei dir geht's vorüber, bei mir kommt's wieder«. Die weinen, aber heftig, wenn der böse Blick abflaut.* Der böse Blick muss *fallen*, wie der Speichel oder die Tränen. Sie heilen, *bis die lizza kommt.* Es ist Mitleid im wahren Sinne des Wortes. Die Heilerinnen schwitzen und spucken, sie weinen mit ihren Kunden und nehmen den Schmerz auf sich. *Die Patienten kommen bleich, die Heilerin hat rote Backen. Nachher ist es dann umgekehrt.*

Das hat auch schon de Martino beobachtet, mein berühmter Vorläufer im lukanischen Feld, ohne die christliche Botschaft des *Eine trage der andern Last* darin zu erkennen und ohne die körperliche Grundlage der Zauberei im Einzelnen zu deuten. *Im Verlauf des Aufsagens versinkt die Heilerin in einen kontrollierten seelischen Trancezustand; in dieser Verfassung identifiziert sie sich mit der Klientin und nimmt deren Zauber auf sich: Sobald sie in Trance fällt, muss die Heilerin gähnen, sobald sie sich in die Patientin hineinversetzt und deren Bezauberung erleidet, muss sie weinen; gähnt und weint sie nicht, so bedeutet das, dass sie keinerlei Zauber erfahren hat ... Das Gähnen und die Tränen sind also die Anzeichen des Zaubers.*[224] Den Schmerz und den Speichel erwähnt de Martino nicht bei seiner Beschreibung schamanischer Rituale im lukanischen Colobraro der fünfziger Jahre und der körperliche und seelische Zusammenhang des Heilens tritt bei ihm immer wieder zurück hinter die Würdigung der gesellschaftlichen Ursachen des Aberglaubens im Bauernelend des Südens.[225] *Eine trage der andern Last,* wir haben es hier mit einer eingeständigen christlichen und magischen Theorie des Körpers zu tun, deren Überleben in der modernen Welt nicht allein mit den materiellen Verhältnissen erklärt werden kann. Eine Folkloristin aus der albanischen Minderheit in Süditalien, Angela Rosati Anastasia, nennt die Sache ohne Umschweife beim Namen: Die Heilerinnen nehmen den Kranken den Schmerz ab und müssen deshalb weinen. Diese Amateurforscherin hat selbst einige *Fattucchiere* in ihrer Verwandtschaft und kennt die Sache aus eigener Erfahrung.[226] *Eine trage der andern Last,* die Heilerinnen weinen und speicheln, weil sie die Schmerzen der Kranken auf sich nehmen, sie spucken und gähnen aber auch, weil sie dabei in einen außergewöhnlichen Zustand der Auflösung des Selbst geraten, der an die Beschreibungen von Trancen und Besessenheiten außereuropäischer Kulturen erinnert. Zugleich gemahnt die Flüssigkeit auf ihrem Gesicht die Patienten aber auch an die heiligen Taufwasser, mit denen sich Christen die Sünde wegwaschen wollen. Auf wieder einer anderen Ebene geschieht bei all dem Heulen und Gähnen auch etwas mit dem Blut im Körper, alle Flüssigkeiten scheinen in Bewegung geraten zu sein. Darauf werde ich noch zurückkommen, aber fürs Erste reicht es zu wissen, dass die Magie eine Vermischung der Substanzen ist, mit der eine neue

Ordnung der Dinge geschaffen wird. Der Bruch erzeugt die neue Ordnung, wie beim Heiligen der schlägt und dadurch die Liebe unter den Menschen wieder herstellt, und der umhergeht mit seinem zerbrochenen Gral, aus dem der Wein trotz allem nicht tropft.
Aus der Sicht eines Buchgelehrten ist das Gerede und Gerangel um Speichel und Tränen erschreckend oder auch unwichtig. Zauberformeln und Geheimnistuerei kommen uns interessanter vor, weil das auch eine Substanz der akademischen Welt bildet. Aber wer weint noch in der modernen Welt? Die Heilsamkeit von Speichel und Tränen ist eine peinliche, eine bittere Wahrheit, auch für die Lukaner selbst. Diese Peinlichkeit findet ihren Ausdruck in der Bemühung, sie irgendwie appetitlicher zu gestalten. In vielen Gegenden Italiens ist eine Zeremonie gegen den bösen Blick verbreitet, die das Fallen der *lizza* auf diskrete Weise durchspielt, ohne Speichel, mit Wasser, Öl und einem sauberen Teller. Man gießt Wasser in den Teller und lässt dann Öltropfen hineinfallen – formen sich große Kreise, war es der böse Blick und man schüttet die Flüssigkeit vor das Haus. Wer als Erster vorbeikommt, nimmt den Blick an sich und muss nun daran leiden. Der Patient, für den die Heilerin das Öl hat tropfen lassen, ist geheilt.[227] Die Lastenverteilung und das Fallen der Flüssigkeit sind einander gleichgesetzt wie bei dem anstößigeren lukanischen Ritual. Das erinnert an die Entwicklung der Tischsitten, auf die wir Europäer uns so viel zugute halten, vom Essen mit den Händen und freien Speicheln geht es zum Umgang mit Teller, Messer, Gabel und Serviette.[228] Doch auch bei der zivilisierteren Version des Rituals der *lizza* bleibt es so: Der Gefühlsüberschwang ist eine Menge, eine Flüssigkeit, die zwischen Menschen hin- und hergeschoben werden kann, eine kann sie der anderen abnehmen, der Körper ist kein festes Behältnis mit klaren Grenzen, die Grenzen zwischen den Menschen sind vielmehr fließend, und so stehen sie ja auch am Sonntag beieinander in der Messe, die Körper verschwommen, vereint zum großen Körper Christi.
Verwandte Vorstellungen sind auch im Alltagsbrauch der Deutschen nachweisbar. Wir klopfen auf Holz und sagen *toi,*

toi, toi. Das Gute, das uns widerfährt, soll *unberufen* bleiben, halten soll es. Das Klopfen vergewissert uns des Guten, vielleicht ist es auch ein stummer Dialog mit dem Geist der Dinge, die wir besitzen. *Toi, toi, toi,* viele wissen es nicht mehr, das ist das Spucken. Das Böse, das man aufgenommen hat im Wort des Schmeichlers, sein Schleim, wird wieder hinausbefördert: *toi, toi, toi.* Berufen ist das alte deutsche Wort für übermäßiges Lob oder Selbstlob, nur nicht auffallen, *beschrei's nicht!* Das ist der böse Blick. Auch bei uns waren die Gefühlshaushalte der Menschen einmal auf diese Weise verkoppelt und auch wir versuchen, heute nichts mehr darüber zu wissen, bis uns doch wieder die alte Angst vor dem Verlust beschleicht und vor der Krankheit, und wir klopfen auf Holz, nicht auf Metall und schon gar nicht auf Plastik. Animalisch wirkt diese Heilkunst, das Lecken, Speicheln, Streicheln, Schütten und Klopfen. Aber dann fassen sich die Heilerinnen wieder und nehmen die würdevolle Haltung des Priesters ein. Die Familie, deren Unverletzlichkeit sie wiederherstellen müssen, genießt den Schutz der Hölle wie des Himmels, der Tiere wie der Heiligen. Weihevoll bekreuzigen sie die Kranken, gehen ihnen taufend über die Stirn, segnen sie und halten dem Bösen all die heiligen Gegenstände entgegen, derer sie habhaft werden konnten. Das Weihwasser mischt sich mit dem Speichel und den Tränen, so dass wir nicht mehr wissen, was den Vorrang hat. Zivilisation und Vorgeschichte werden gleichermaßen bemüht, zum Gesundmachen. *Sesam öffne dich!* Sie versuchen es gar nicht erst mit kitschigen Gesten oder irgendwelchen Toren zur Unterwelt, Hauptsache, der Speichel fließt, die Tränen, Hauptsache, der Kopf tut nicht mehr weh. Das glückt ihnen, das ist ihr handfestes Christentum. Gebundensein und Entbundensein, Ich-sein und Du-sein werden zu einem. Ohne die Tat ist das Wort nichts, darin liegt das Geheimnis der lukanischen Heilkunst. Die Heilerinnen wissen, wo alles seinen rechten Ort hat, wo das Böse hingehört und das Gute. Das ist wie bei der neapolitanischen Weihnachtskrippe. Nebeneinander zeigt sie Paläste und Hirtenzelte, Könige und Stalltiere und in der Mitte das Kind. Irgendwo entdecke ich in diesem Gewimmel auch einen fet-

ten besoffenen Wirt in seiner Taverne, eine Bettlerin, die ihr Kind stillt und einen Metzger, der stolz seine Würste zum Himmel reckt mit blutigen Händen.
Die Strategie der Ver- und Entmischung wird nirgends deutlicher als bei den *maar.* So werden in Lukanien manchmal die Heilerinnen genannt, aber auch die Hexen und die Männer, die nackt in den Wolken fliegen, weil sie die erntereifen Felder zerstören wollen mit einem kräftigen Hagelschauer, und man nennt gelegentlich auch ganz seltsame blasse Damen so, die nachts heimlich in die Häuser eindringen, man weiß nicht wie, um dort in den Speisekammern zu rumoren. In den fünfziger Jahren des zwanzigsten Jahrhunderts hat Ernesto de Martino in Lukanien Geschichten über die *maar* gesammelt. Mahre nannte man früher auch in Deutschland den Quälgeist des Albtraumes, den *Nachtmahr*. In Lukanien waren das – in einem manchmal schon undefinierbar gewordenen, allenfalls durch de Martinos Forschungen datierbaren Früher – jene Leute, die nachts verdächtige Spuren hinterlassen im Haus anderer Leute, die dort umhergehen, obwohl sie in diesem heiligen Bezirk der Familie nichts zu suchen haben. Wenn die Hausbewohner am Morgen erwachen, sind sie zerkratzt und haben blaue Flecke, ihre Haare sind verknotet und ihre Kleidung ist am Boden verstreut. Manchmal sind sie sogar gefesselt. Einige leiden auch an seltsamen Lähmungen, die im Laufe des Tages vergehen. Der Maultiertreiber Vincenzo La Rocca erzählte[229]:
Als ich noch jung war, machte ein Bauer meiner Schwester den Antrag. Er gehörte zur Unterwelt. Eine Brautwerberin, die auch eine Mahr ist, rief meine Schwester zu sich und zeigte ihr Ringe und Armreifen und anderen gestohlenen Schmuck, um sie zu überzeugen. Als meine Schwester nach Hause kam und ich von der Sache erfuhr, habe ich sie verprügelt. In der Nacht aber setzte sich die Mahr auf meinen Magen und redete aus meinem Mund. Der Mund redete und ich konnte nichts dagegen machen, bis meine Mutter kam und ihn schloss, wie man es bei Toten macht. Einige Minuten lang blieb ich dann auch wie tot, und als ich wieder zu mir kam, konnte ich erklären, dass sich Rosa Matera auf

den Mageneingang gesetzt hätte und dass ich deshalb nicht hätte antworten können.

Es geht um nächtlichen Diebstahl und um Magenschmerzen, um die Macht des Goldes und um die Besessenheit der Armen. Am hellichten Tag mimen die Mahre den harmlosen Nachbarn, bei all ihrem Geld und Gold. Die *benandanti,* die Gutgeher des sechzehnten Jahrhunderts, lieferten sich nachts auf den Feldern Gefechte mit Vertretern des Bösen, und manchmal sind sie anschließend in Gasthäuser eingedrungen, und wenn sie dort kein Wasser fanden zum Trinken, haben sie die Fässer ausgesoffen oder hineingepisst oder sie zerschlagen.[230] In Lukanien geht es heute noch manchmal um Kinder, die heimlich nachts um die Speisekammer kreisen und die man festbinden muss, damit sie nicht alles auffressen, ihre Konkurrenten aus der Wiege werfen oder in lähmenden Szenen des Inzestes ihre Geschwister berühren. Hinter den seltsamen Geschichten über Werwölfe, *schöne Damen,* fliegende Schamanen und all die anderen Wesen, die vor Jesus geboren wurden, tun sich die Realitäten des Lebens im alten Lukanien auf.

Die Mahre, so hat es de Martino noch gehört, kommen nachts, als Albdruck und Poltergeist, aber tags sind es angesehene Leute, denen man die Macht über Zauber und Gegenzauber zutraut, Heilerinnen und Heiler.[231] Damals schloss sich der Kreis vom Bösen zum Guten noch mehr. Wer gut gehen konnte in der Nacht, während sein Körper im Bett lag, der konnte auch gut tun am Tag, seinen Körper einsetzen gegen den bösen Blick und andere Schmerzen. Wer mit dem bösen Wind und den Geistern Umgang hatte – oder Geist *war,* Wind *war,* Werwolf *war,* von Zeit zu Zeit, der konnte auch die Geister und Winde und Hunde zurückkommandieren. Sie wanderten in Zeit und Raum, wie sie wollten. Für sie gab es kein Früher, sondern nur ein Jetzt. So wird die weltliche Macht zur Naturgewalt und die Herrschaft des Menschen über den Menschen zur göttlichen Hierarchie. Wer sich heute an diese Vergangenheit erinnert, formt die Zukunft mit. Die Geschichten über Geister, schöne Frauen und Werwölfe werden so lange angepasst, bis sie doch wieder am modernen Denken haften bleiben wie eine Klette. Das Reden über diese Dinge muss etwas Unbestimmtes haben, sonst greift es neue Befindlichkeiten nicht mehr auf. In Ripacandida herrscht heute der Streit der Meinungen.

Hexerei – das ist, wenn die mit der Stimme des anderen reden …
Ja, die Frauen, die mit ihren Wörtern helfen, das sind die schönen Frauen, ach, all die guten Dinge, die sie tun, es ist eine wunderschöne Sache.
Das sind uralte Bündnisse, vom Urmenschen her, ererbtes Zeug.
Ich glaube nicht dran, und wenn diese Hexen kommen, dann können sie was von mir erleben, ich habe immer mein Gewehr dabei.

Vom Teufelspakt bis zur häuslichen Psychotherapie durch mütterliche Figuren reicht das Spektrum, vom Unglauben bis zur puren Angst dessen, der einen Mitmenschen auf einmal in der Stimme eines anderen sprechen hört. Die meisten Bedeutungen in diesem großen Spektrum zieht ein Wort zusammen, eine Vorstellung, die dieses Draußen der Straße, der Wälder und Felder, der Lüfte und Meere zielbewusst gegen die Familie stellt, gegen das Haus, wo sich alle um die Krippe versammelt haben – nur um zu zeigen, dass beides, das *Draußen* und das *Drinnen,* eigentlich eines ist und dass jede festgefügte magisch beschützte Einheit sich irgendwann in ihr Gegenteil verkehren muss, damit das Leben weitergehen kann.
Das Wort *ma'ar* habe ich selbst in Ripacandida nie gehört, aber ein paar Jahre vor mir hat der Dialektforscher Rainer Bigalke aus Münster es dort noch als Bezeichnung für *Hexe* notiert.[232] Als ich in Ripacandida arbeitete, wussten einige Leute noch zu berichten, dass Heiler früher manchmal *masciare* genannt wurden.[233] In derselben Zeit haben die Leute im *Sannio,* einer Lukanien benachbarten Landschaft, meiner Kollegin Mariella Pandolfi[234] von den *maani* erzählt. *Maan* – das erinnert in der Tat an die Ahnengeister der alten Römer, die *Manen.* Bei ihren *Seelentouren* im Banne der

maan erbrachen die Verhexten des Sannio Unmengen von Haaren mit Millionen eingeflochtenen Knoten – die *maani* hatten ihnen auf den Magen geschlagen mit einem Gespinst. Ähnliches hat mir einmal eine Frau aus Palazzo San Gervasio berichtet. Die Mahre waren früher eine Macht, und die Leute von Ripacandida arbeiten daran, dass die Erinnerung daran nicht ganz untergeht, obwohl sie das Wort selbst aus irgendwelchen Gründen nicht mehr hören wollten oder nicht mehr aussprechen konnten.

Maar könnte sprachgeschichtlich durchaus mit *Märchen* zusammenhängen, und beides könnte vom Bild einer ungeheuren erdrückenden Masse kommen: das Meer, das Meer der Wörter und das Meer der Wesen und Sachen, Märchen und Mahr, die erdrückende Macht der Toten vergangener Zeiten. Das könnte also wieder von *morto* herstammen, vom Toten und vom Sterben, *morire,* denn es geht um das, was die Deutschen früher den Albdruck genannt haben, um das Luftabklemmen und Ersticken in der Nacht.[235] Wie das Wasser im Meer, wie eine Unmenge feiner Haare oder Spinnennetze, sammeln sich die Geschichten aus der Vergangenheit an und drücken den Menschen nachts die Brust. Das ist größer als der einfache Mensch ertragen kann, es ist das Über-Natürliche. Aus diesem Mehr des Meeres kommen auch all die Nixen, Teichfeen und schönen Lauen der eurasiatischen Folklore, und der Mensch darf ihr Geheimnis nicht lüften.[236] Mahre vermögen mehr als der Alltagsmensch und nachts, wenn alle schlafen, vermehren sie ihr Vermögen. Mahre sind darum auch Sinnbilder der weltlichen Macht, der besitzenden Klassen, der Adeligen und reichen Bürger. Sie sind vom Stamme Nimm und wollen mehr. Im Mittelalter nannte man die obere Schicht der lukanischen Gemeinden *maiores,* die Überwiegenden, die Stärkeren. Sie standen im Gegensatz zu all den *coloni, esuli, mercenari, schiavi*[237], den Landarbeitern, Flüchtlingen, wandernden Händlern und Sklaven, die wohl meist umsonst ihr Glück in der Basilikata versucht haben. Wenn man *maiores* auf Italienisch spricht, heißt es dann nicht *maggiori,* und im Dialekt klingt das vielleicht auch wie *masciar', magar, ma'ar?*[238] Die *maiores* wurden auch *bonihomines*[239] genannt, *die guten Männer.* Das hört sich fast an, als seien damit die Gatten jener *schönen Frauen, belle donne,* gemeint, von denen mir die Alten manchmal etwas zuraunten, wenn sie über nächtliche Geisterbesuche sprachen, *Frauen die helfen.* Aber man kann auf dem Rücken des Wortes Mahr noch einen ganz anderen Ausritt in die Sprachgeschichte unternehmen. Bronzini führt das Wort *masciare,* Magierin, Heilerin, auf die *Megäre* zurück[240], die *Missgönnende,* eine Rachegöttin der antiken Welt. Aber das kommt auch nur wieder von *mega,* groß, übergroß wie das Meer, denn die Megäre überschätzt und übertreibt den Reichtum der Menschen, die sie misstrauisch belauert und für ihren Egoismus bestraft. Es ist das Über-Natürliche, mehr als die Realität und indem wir es benennen, wird es real.

Man soll sie nicht befragen, sie tragen keine Namen. Besitz ist das Tabu der bäuerlichen Gesellschaft, und die wahrhaft Besitzenden bilden eine Klasse für sich, die man nicht beneidet und nicht in Frage stellt. Der böse Blick findet nur unter Menschen statt, die gleichermaßen wenig besitzen.[241] Besitz ist boshaft, beruht auf Schaden, das war alte Lehre, die sie mir immer wieder zu vermitteln versuchten. Man hat uns das Gold gestohlen und unsere Hefe wächst nun im Haus der Diebe heran. Gegen Reichtum an sich hatten sie vielleicht nichts einzuwenden, aber gegen das Wegnehmen und Beherrschen. Man nimmt sich ein Recht, auch wenn man es nicht hat. Macht ist allgegenwärtig. Wahrscheinlich wollen alle Menschen einmal etwas vollständig besitzen, weil sie sich sonst schwach fühlen und an ihren nahen Tod denken müssen. Es ist die Welt von Grimms Märchen: das Haus im Wald, wo der Reisende ein Fingerknöchelchen in der Suppe entdeckt, oder die Geschichte von Hänsel und Gretel. Das, was für mich eine rein seelische Realität darstellt, ist anscheinend für meine Gesprächspartner in Ripacandida weiterhin Teil dieser einen Welt, in der sie und ich leben, gleichzeitig und immer auf der Suche nach einem Gegenüber im Strom der Zeit. Wenn ich während der ersten Monate meines Aufenthaltes in Ripacandida mit jüngeren Leuten oder mit meinen Beamtenfreunden in der *piazza* über die wunderlichen Kompanien der Mahre sprechen wollte, antworteten sie meist schroff, dass es *diese Dinge* heute nicht mehr gibt. Ihre Macht äußerte sich gerade in der Ablehnung der Mahre, während manch andere Macht auch heute noch auf deren unheimliche Gegenwart in Lukanien baut. Mit der Zeit mussten meine feinen Freunde dann verärgert oder amüsiert feststellen, dass ich eine Heilerin nach der anderen herausfand, einen Magier nach dem anderen entdeckte und kennen lernte. Mancher Freund hatte anscheinend wirklich nichts von ihrer Existenz gewusst, andere hatten nichts wissen wollen oder wissen sollen. Es gab aber auch eine Phase, wo ich selbst die deutlichen Hinweise nicht zur Kenntnis genommen habe, die Freunde mir auf seltsame alte Damen gaben oder auf geisterfreundliche alte Herren. Ich war selbst noch nicht so weit, mich der Macht zu stellen.

Die alten Magier, so erzählen mir einige Leute mehr oder weniger zögernd, haben noch mit den Toten geredet. *Heilige* waren das, nichts will man auf diese Leute kommen lassen. Andere Gewährsleute ergehen sich in dunklen Andeutungen über dämonische Mächte und die Strafe Gottes. Anfangs habe ich diese Reden in einem Wechselbad der Gefühle erlebt, und mir bleiben nur Bruchstücke der Erinnerung: Knotenknüpfen bei Mitternacht, Beschwörungsformeln gegen Hunde, die gar keine waren, und eine Frau, Rosa Chizz', die mit ihrem Messer herumfuchtelte, um *bösen Mäulern* die Zungen herauszuschneiden. Heute geht niemand mehr mit der Bambusfackel durch die Nacht, kaum einer sieht sich im Wald den Hunden ausgesetzt. Wenn man der üblen Nachrede aus dem Wege gehen will, kann man für eine Zeitlang auswandern, zu den Verwandten in Deutschland oder Amerika. Und es gibt auch keine Bauern mehr, die im Gewittersturm vor ihren kargen Feldern knien und beten. *Am 13. Juni wird nicht geerntet, am Fest des Heiligen Antonius. Einer wollte es trotzdem machen. Da kam der Hagel, Wolken. Sagt sein Tagelöhner: »Komm' mal mit, padrone.« Da zog der padrone einen Kreis und aus den Wolken fiel ein Priester. Das erzählen sogar die Leute aus Bari, aus Apulien.* Man kann dieselbe Sache aber auch von der anderen Seite her betrachten: *Mein Großvater war Hirte, der wusste, wie man sowas macht. Ein Freund von ihm hatte draußen auf dem Land ein Häuschen. Aber der Freund war gar nicht da, nur seine Hose und seine Jacke. Der Opa wusste schon darüber Bescheid, der Kerl ist nackt aus dem Hagelschauer geflitzt. Die Leute machen solche Sachen!* Landarbeiter fordern *Padrone, tu' doch was!* Der Herr und Patron über Grund und Boden spricht ein Machtwort und lässt den Übeltäter aus allen Wolken fallen. Man nimmt ein Messer mit schwarzem Griff, zieht einen Kreis und steckt es mit der Spitze nach oben in den Boden – und bald ist Schluss mit dem Sturm. Wenn der fliegende Hexer Pech hatte, liegt er nun nackt auf dem Messer in seinem Blut. *Ab und an ist doch noch einer da, der weiß, wie man es tut, Leute wie Linda Viertele, die hat einen Säbel von der Front, ein Bajonett. Sie hat die Sachen, die helfen. Die hilft auch mit den Toten.* Linda widerspricht: *Nein, das mit dem Wetterzauber ist eine religiöse Sache, nicht sowas ... Der alte Priester, Pasquale Gentile, soll gesagt haben, wer seine Seele verlieren will, der verliert sie auch.* Aber einige sagen gerade diesem Priester nach, dass er selbst manchen Sturm verursacht haben soll.[242]

Sie wohnen in der Nachbarschaft, aber du kannst sie nicht sehen, wenn sie kommen, wie ein Wind, ein böser Wind. Eine Frau hatte ihr erstes Kind gehabt. Einmal abends ging das Kaminfeuer hoch und rumorte wie sonst was, »bumbumbum«, Geräusche! Das Kind war verschwunden, am nächsten Morgen haben sie es unter dem Kornspeicher wiedergefunden. Sie gehen in compagnia, wie ein Wind, der Körper liegt zuhause. Von der Sorte Frauen gab es in diesem Ort hier wirklich eine ganze Menge. Heute ist nichts mehr los, ich weiß auch nicht warum ... Sie werden wie Wind und legen los, streunen die Nacht über herum. Die sind in der Heiligen Nacht geboren. Große alte Landbesitzer hier, wie die Familie Alamprese, die gingen nachts und haben Gold geklaut und Hefe, wenn sie wächst, und dann haben sie Gold drunter gemischt.

Der magere Alte aus Ginestra schweigt und schaut stolz vor sich hin. Wieder einmal ist es ihm gelungen, die Botschaft der alten Zeit in einem dieser jungen Kerle zu verankern, in mir, seinem Ethnologen. So wird man reich. Man nimmt den anderen das Gold weg, aber nicht nur Gold, sondern auch alles andere, was wächst, Kinder, Hefe, und der Reichtum vermehrt sich. Das ist die mittelalterliche Zinstheorie: Geld verleihen ist des Teufels.[243] *Unrecht Gut gedeiht nicht,* heißt es manchmal, aber gedeiht es nicht in einigen Fällen allzu gut? Endlich hatte ich verstanden. Es ging hier immer auch um den Unterschied zwischen der Wirtschaftsform der Gegenseitigkeit im Tausch und der Ökonomie der Aneignung von fremdem Eigentum: Feudalismus und Kapitalismus. Nach langer Beschäftigung mit dem Phänomen der Geister und Hexen war ich am Ziel. Ich hatte nur das Hexerische in den Geschichten über die Toten und die feinen Leute nicht richtig erkennen können. Unser hoch beladenes deutsches Wort Hexe hatte mir das Verständnis der Geschichten meiner Gewährsleute eher erschwert als erleichtert. Was mir dieser magere alte Bauer aus Ginestra bot, war völlig überraschend, der Hexenflug als Diebestour. Hier, bei dem alten Bauern, blieb alles in einem seltsamen Schwebezustand zwischen Scherz und Ernst, und ich war eingeladen, etwas anderes als das bloße Grauen vor dem Tode hinter seiner Gruselgeschichte zu vermuten. Trotzdem musste ich mich vergewissern, ob auch die ganze Bandbreite der klassischen Hexenvorstellungen vorhanden war, und das ist die Frage nach dem magischen Flug.

Ich: *Gehen sie auch aus dem Ort 'raus?*

Der Bauer: *Unter Wasser und unter Wind, unter dem Nussbaum von Benevent'!*

Benevent ist der Brocken oder Blocksberg der Italiener. Nachts versammeln sich die Hexen und fliegen nach Benevent. Lange Zeit, als alles schon christlich war, dauerte hier die Herrschaft ungetaufter Langobarden weiter, und in der Antike soll es eigentlich *Malventum* geheißen haben, böser Wind.[244] Es muß aber nicht immer um verruchte Plätze gehen, es gibt auch Menschen, die das nach innen gewendet erleben, als Flug durch den inneren Raum. In diesem Gegensatz wiederholt sich der Widerspruch zwischen einer körperlichen, fast beliebigen Theorie der Hexerei als universalmenschlicher Eigenschaft und einer historischen Sicht,

die kulturgebundene Konzepte des Bösen voneinander unterscheidet.
Ich: *Du hast alle diese Veränderungen gesehen, das elektrische Licht, die Autos. Glaubst Du, dass die Magie darüber verschwinden wird?*
Der Magier: *Nein, das sind Sachen, die mit den Autos nichts zu tun haben – das kommt vom Hirn.*
Bell' donn'[245] nennt ein Alter die Luftgeherinnen von Ginestra, *schöne Frauen.* Aber gemeint sind auch die Hexen. Es ist eine Frage der Perspektive, böser Wind ist guter Wind, schöne Frauen sind böse Hexen, und Nachtmahre machen die Leute gesund. *Die sind am 24. Dezember um Mitternacht geboren, die sind vor Jesus geboren. Wenn sie einmal im Haus sind, dürfen sie alles essen, aber wenn sie aus der Küche 'rausgehen, lassen sie das Essen fallen und hauen ab.* Sie sind vor Jesus geboren, aber nicht gegen ihn. In Süditalien hat die Inquisition nicht so perfekt funktioniert wie in Spanien und protestantische Hexenjäger gab es schon gar keine. Hier leben die Hexen neben Jesus oder vor ihm. Aber auch im Land der Hexenjagden, bei den Deutschen, gibt es weiter Geschichten vom Sieg der Kultur über die Natur. Kinder brauchen Märchen, Erwachsene brauchen Geschichten – zum Beispiel die von den Genen, die unsichtbar in uns wirken, um Fettsucht, die Bluterkrankheit oder Genialität zu wecken, oder die vom Nachbarn, der nachts in Gestalt eines Windes durch das Schlüsselloch fährt, um die Kinder anzutatschen und unsere Hefe aus der Küche zu stehlen. Das sind Geschichten, aus denen wir lernen können, wie unweigerlich uns der Verlust droht. Den Tod müssen wir mit allen anderen Menschen teilen. Alle Geschichten von der Macht leiten sich aus der einen Geschichte vom Tod ab und der Tod ist gewiss. Darum ist den Menschen die Macht schwer abzugewöhnen.
In kleinen ökologischen Nischen an den vulkanisch zerzausten Küsten des Mittelmeeres – nirgends auf der Welt sind diese Nischen so zahlreich und so stark miteinander verbunden[246] – wurden einige Vorfahren der Menschen, die wir heute Italiener nennen, vom Römischen Reich und seinen Nachfolgern zusammengeführt, damit sie immer neue

Karte des 18. Jahrhunderts: Vulkanische Nischen der Basilikata

Eroberungen[247] erleben und dann immer wieder den Zerfall aller staatlichen Strukturen. Es ist die Gesellschaft des ständigen *Schiffbruchs*[248], die Kultur des *Kaputten*[249], von der wir hier reden, Selbsthilfe, gegenseitige Hilfe ist hier angesagt und natürlich auch der gesunde Egoismus des *Familis-*

mus. Von Erdbeben geschüttelter Vulkanboden ragt in das Mittelmeer hinein und bietet den Menschen fruchtbares, aber unsicheres Land. Bergketten und Absenkungen durchlaufen das Land, alles wirkt vernarbt und kleinteilig gegliedert. Die Bewohner dieser Landschaften behelfen sich mit seltsamen Konstruktionen. Die starre Organisation großer Stämme ist schon zu kompliziert für dieses Patchwork von landschaftlichen Nischen, die Kleinfamilie dominiert: Hier braucht es die Paten und die Heiligen, um Menschen zusammenzubringen zur gemeinsamen Aktion. Sie werden geachtet und verehrt wie die Ahnenbilder, welche den Zusammenhalt der Stämme garantieren sollen, aber der Zusammenhang der Nischen und Seilschaften ist in Süditalien brüchig und der Staat andererseits nicht so machtvoll wie bei uns. Selbst ein so traditionsreicher Staat wie der italienische wird im Ernstfall anscheinend vor allem durch äußeren Druck zusammengehalten, von den Amerikanern, von den Deutschen als mächtige Gegenüber, vom Vatikanstaat, den es beherbergt als moralische Ordnungsmacht, aber auch wie ein großer Parasit. Italiener müssen immer wieder genau überlegen, ob oder wie sie dem Ekel standhalten und sich einem Paten anschließen oder einem Patron, der ihre Wählerstimmen einheimst und ihre Unterstützung, oder ob sie sich nicht lieber mit einer bunt aufgeputzten Puppe behelfen, bei der ein paar Kerzen genügen und ein liebes Wort. Ihre Religion ist darum immer großartig einfach, heimatlos und Heimat versprechend für alle – und dabei in peinlichster Weise auf Personen bezogen, auf Sachen und bestimmte Orte in der Landschaft. Auf den Wortreichtum des Vatikans, seine Angebote an Bildern und Gebäuden und Menschen in flatternden schwarzen Gewändern haben sie sich ihren eigenen Reim gemacht. In einem Meer von Wörtern und Bildern praktizieren sie die Auflösung des Bösen im Guten und errichten immer neue Ordnungen, immer neue Familien für immer denselben Körper, der immer wieder schwitzt und zittert, speichelt und schmerzt. Im Zeichen der Mahre, im albtraumhaften Handeln der magischen Sitzungen und Redereien, bei Prozessionen und Gottesdiensten sind die Entscheidungen und Zwänge ineinander aufgehoben, und so entstehen kleine Spielräume und Tröstungen angesichts des Elends. Darum wird es kein Ende der Magie geben. So lange es Menschen gibt, die leiden und die sich eine leidlose Welt der *Vermögenden* vorzustellen in der Lage sind, und so lange es Menschen gibt, die leben und dann sterben müssen. Schöne Reden, Traumbilder und einfache körperliche Spiele bringen den Trost. Auf dieser Ebene haben Menschen in Süditalien die Chance behalten, etwas zu bewirken mit anderen, zu manipulieren, während verwöhntere, modernere Leute wie wir Deutschen meist so tun, als wollten wir bloß noch nachdenken über den Sinn, nicht mehr handeln. Wir suchen die Schuld oder den Sinn oder die Quelle der Kreativität in uns selbst. Man sagt, es sei *Kitsch, was die Italiener glauben.* Man versteht nicht, *warum die katholische Kirche noch diese Macht über die Menschen haben kann, ausgerechnet, wo es denen doch so schlecht geht.* Dabei übersehen wir, dass diese kitschigen Italiener heute weltweit führend sind in dem, was man Stil nennt. Sie *glauben* nicht, sie tun es einfach. Mit ihren Familien und Gevattern bevölkern sie alle Kontinente und in ihren besten Restaurants wird immer noch das gute Essen der feinen Welt gekocht, während viele andere Kulturen gerade das Kochen verlernen. Sie können auf etwas zurückgreifen. Dieses Etwas liegt in den Archiven der Allerheiligsten Katholischen Kirche ebenso begraben wie in den seltsamen Schrebergartenkolonien, welche die erste Generation der italienischen Gastarbeiter sich an den Rändern der deutschen und schweizerischen Großstädte gebaut haben, und wenn abends im Fernsehen Italiener Fußball spielen, lassen ihre Kinder, die längst deutsche oder schweizerische Gastronomen sind oder Mechaniker, noch einmal die rotweißgrüne Flagge wehen über den Tomatensträuchern und Basilikumstauden der kleinen Gärten.

In Ripacandida haben sie den Spaß am Katholizismus behalten. Alte Frauen drängen an mir vorbei, *ah, die Messe fängt an, wie schön.* Es ist die Schönheit der Plastikblumen, der herzigen Jesusbilder und der treuherzigen Toten im Fotorahmen. Ihr Gott ist ein Untoter, und manchmal auch eine Frau, eine Taube, ein Klumpen Schnee, der im Ofen schmilzt oder ein sanfter Schlag mit dem Bambusbüschel. Sie drängen an mir vorbei. Dabei müssen sie vielleicht an unsere Gespräche über das Verbotene denken, aber jetzt beschäftigt sie vor allem, ob der Priester endlich einmal wieder eine schöne Messe zustande bringen wird. Stolz richten sie sich auf, die Hand um das Portemonnaie geklammert, die Christmette beginnt, und einige von ihnen sprechen vielleicht im Stillen ein paar Zauberformeln nach, um sie frisch zu halten in der Erinnerung. Der Segen des Priesters soll auch diese Wörter streifen, es kann nicht schaden. Oder doch? Mein ethnologischer Vorfahr Georg Simmel war der Ansicht, dass die gegen uns gerichteten vernichtenden Kräfte aus den tiefsten Schichten unseres Selbst entspringen.[250] Was zuerst wirkt wie eine Krippe, ein Schutz für den schmalen Strahl des himmlischen Lichtes im Leben der Menschen, das kann zur grausamen Ausstellung des Gefangenen werden, verraten am Kreuz. Von der Krippe zum Kreuz, das Leben selbst ist die Quelle des Lebens und damit Quelle des Todes. Menschen brauchen Reinigung und Erneuerung und sie brauchen Mächte, an denen sie sich messen können, eine künstliche Verdoppelung des natürlichen Lebens, Märchen, Rituale und Theorien. Aber muss diese Macht immer so erstarken, dass sie schließlich das Leben hemmt? Muss Reinigung gipfeln im Wahn der Reinheit? In Süditalien habe ich es anders erlebt, und all die Neuen Menschen, die sich heute für überlegen halten gegenüber Katholiken und anderen altmodischen Leuten: Sie werden erst noch beweisen müssen, dass sie so gut die Balance zu halten verstehen wie der Heilige der schlägt und alle, die ihm folgen. Wie das im Einzelnen funktioniert, auf Seiten der Magier wie der Priester, der Frauen wie der Männer, der Alten wie der Jungen, werde ich in den folgenden Teilen des Buches genauer untersuchen – dort geht es erst um die Magie der Mütter, dann um die Macht der Männer und dann um politische Macht, die aus der lukanischen Lebenskunst gezogen werden kann. Und zum Schluss werde ich Spuren der Vergangenheit sammeln, und wenn ich auch keine Geschichte der Magie und der Religion und schon gar keine Geschichte der Realität dieser Menschen in den letzten Jahrhunderten schreiben kann, so werde ich doch ungefähr die Ausmaße des Werkzeugkastens ermessen können, die Dimensionen der Lebenskunst, um die es uns hier geht. Vielleicht gewinnen wir damit auch einen Ausblick auf Dimensionen des Lebens selbst, die in der modernen Welt ihren festen Platz suchen, noch irren sie bei uns als UFOs umher oder als Computerviren. Aber diese Neue Welt der Amerikaner, der Autos und der genetisch manipulierten Gemüse ist ja noch jung. Sie wird noch viel lernen.

II. MAGIE

10. Linda, die Frau die hilft

Der Anfang meines Lebens in Ripacandida war ein *Angang,* wie man es früher in Deutschland nannte, wenn unangenehme Dinge bevorstanden.[251] Im steilen Aufgang zur *piazza,* dort, wo die Männer gehen und reden, hat sich Tag für Tag der Schuster in Reithosen und schwarzen Stiefeln aufgebaut, um mich fröhlich zu begrüßen, *Heil Hitler!* Freundliches Bitten half nicht, er dachte, ich würde mich nur zieren. Bei den Alten ging damals die Vorstellung um, ich sei ein deutscher Spion. Vielleicht glaubte der Schuster, er könne sich auf diese Weise am besten mit dem neuen Europa arrangieren. Außerdem war er als Faschist bekannt. Also musste ich ihn eines Tages zusammenbrüllen, ich musste im Stil eines deutschen Offiziers gegen mein Offiziers-Image anbrüllen, und dann war Ruhe. Aus der Rolle des Deutschen war ich damit erst recht nicht heraus. Es war die Zeit, in der mich ein christdemokratischer Basisfunktionär in die Grottenwohnung bat, die der Bauerngewerkschaft als Büro diente. Er verkündete mir, Hitler habe die Juden nur vergast, weil sie Wehrdienstverweigerer waren, allesamt. Ich versuchte, wissenschaftliche Neutralität zu wahren oder was ich dafür hielt. Aber die blicklosen Blicke der Hungerskelette von Auschwitz erlaubten mir nicht zu schweigen, und wieder gab es Streit. Im Streit über Faschismus und Massenmord wurde ich zum Mitglied der Gesellschaft von Ripacandida und so habe ich gelernt, was Reden mit Politik zu tun hat und dass beides mehr mit Magie zu tun hat als ich mir hätte träumen lassen. Bald war ich bei Peppino eingeladen. *Der ist einer von uns, roba nostra.* Zielsicher hat der Kommunist den Linken in mir erkannt, der ich damals vielleicht noch war. Wir blieben Freunde bis zu seinem frühen Tod, und die Freundschaft hält über seinen Tod hinaus. Wenn ich in Ripacandida bin, gehe ich bei seiner Frau Angela vorbei, ich treffe seinen Sohn Donato und wir sprechen über Valeria, die mit meinem Sohn Simon zur Schule gegangen ist und heute anderswo verheiratet ist. Die Rechten haben mir diese Freundschaft nicht übel genommen. Mit Freunden auf beiden Seiten war ich vollgültiges Mitglied der Gesellschaft von Ripacandida. Der rechte Bauernfunktionär, der in den Juden Wehrdienstverweigerer sah, entpuppte sich als Peppinos Bruder. Auch sie lebten im historischen Kompromiss.

Im Haus von Peppino und Angela habe ich das lukanische Gastmahl kennen gelernt. Das ist wahrhaftig ein mächtiges Essen. Manchmal musste ich unter irgendeinem Vorwand vor die Tür gehen, nach überbackenen hausgemachten Nudeln, nach dem gekochten Rindfleisch, gegrilltem Schweinefleisch und dem in der Soße gesottenen Meerschweinchenfleisch, nach Salaten und dreierlei Gemüsen, nach Käse und Wein und Reden und Reden, nach all dem war mir nicht mehr ganz richtig im Kopf. Wenn wir alle nicht mehr konnten, warf Peppino triumphierend Walnüsse auf den Tisch, *esst, wenn ihr könnt!* Das Innerste war nach außen gekehrt, es fehlte nur noch, dass wir gemeinsam alles wieder erbrochen hätten, um dann weiter zu essen, wie es die alten Römer getan haben. Ich war im Kern der Bauernkultur des Ortes angekommen, auch wenn es dort anders herging, als ich es vielleicht erwartet hatte, viel politischer, viel weniger magisch und doch in selbstverständlicher Weise religiös. Wir sprachen über alles Innere und Äußere, außer über Sex, denn ein Gespräch darüber ist nur unter Männern oder unter Frauen möglich, nicht in gemischter Runde. Wir sprachen natürlich auch über meine Forschungen – aber unter Freunden. Peppino und Angela schlugen mir vor, eine Frau kennen zu lernen, die *mehr über diese Sachen weiß als die anderen.* Da ich mich damals mit den Spitznamen immer noch nicht gut auskannte, verstand nicht gleich, dass es sich bei dieser Frau um die legendäre *Quartariegg'* handelte, *Viertele,* von der mir die kleineren Heilerinnen immer wieder erzählt hatten.

Linda ist hell, in jeder Beziehung ein heller Mensch, mit weißen und blonden Haaren. Sie hat ganz und gar wache Augen, ohne Farbe, einfach hell. Den Namen Linda hat sie selbst ausgesucht für dieses Buch, weil er an eine Koseform ihres wahren Namens erinnert, mit der sie als junges Mädchen in Rionero angeredet wurde, und weil Linda amerikanisch klingt. Linda liebt Amerika, Kanada, Toronto, alle ihre Kinder leben dort. Damals, als wir uns kennen lernen, fehlen ihr schon einige Zähne. Sie spricht laut und herausfordernd durch die Zahnlücken, trägt Hosen und pafft Zigaretten ... *was geht's mich an, was die anderen sagen ... hä?* Mit Peppino lacht und erzählt sie in einem fort, die beiden mögen sich. *Linda, du schwätzt, ach, was für ein Geschwätz ...* Angela beobachtet das alles mit mildem Witz.

Unehrliche Berufe haben früher in ganz Europa die Magier hervorgebracht, die Schinder, die Scharfrichter und das älteste Gewerbe der Welt. Man hat mir erzählt, dass *Viertele* im Krieg ein Soldatenliebchen gewesen sein soll, in Rionero. Von dort hat sie sich herausgerettet nach Ripacandida, in die Ehe mit einem älteren Witwer. Wie auch immer, sie hat ihm fünf Kinder geboren und den alten Anastasia gepflegt, ihm die Felder bearbeitet und das Haus gemacht, bis er Ende der siebziger Jahre starb. Die Kinder wanderten nach Toronto aus und Linda machte weiter, als Bäuerin, Krankenpflegerin, Heilerin und Hexenbannerin. Heute lebt sie teils in Toronto, teils in Ripacandida, immer noch kommen die Kunden gerannt. In Toronto arbeitet sie nicht, fährt lieber mit ihrer Schwester übers Land und mit neuen Freundinnen, *zu den Niagarafällen und überall hin.* Ich brauchte eine Weile, bis ich verstand, was sie meinte mit den *Neigahfohs,* denn das hatte ich ihr nicht zugetraut. Aus der *Gefühlsreise*[252] der Mahre, der Magierinnen, ist ein reales postmodernes Reiseleben geworden, ein Nomadenleben wie meines auch. Die alte Olivenaxt von Lindas Mann, Abzeichen und Waffe der Bauern, packe ich bei jedem meiner Umzüge sorgsam ein und wieder aus, sie hat einen Ehrenplatz in meinen Wohnungen. Linda hielt es für richtig, mir dieses altertümliche angedunkelte Gerät zu schenken bei einem unserer vielen Abschiede in Ripacandida.

Einige alte Leute im hintersten Winkel des Ortes, im *Cantone,* hatten das Gerücht aufgebracht, ich sei ein *deutscher*

Spion. Von der europäischen Waffenbrüderschaft und von der NATO wussten sie nicht viel, auch wenn die Antennen auf dem Vulture unübersehbar herüberwinken nach dem Felsenei von Ripacandida. Linda hat mich in Schutz genommen, das sei keine Gastfreundschaft. Dann war Ruhe. Sie wusste, was wir zu tun hatten, die Frau mit dem *unehrlichen Beruf* und der *deutsche Spion: Schreib das auf, du musst es genau aufschreiben, hast du mich verstanden?* Ich habe alles aufgeschrieben. Mit Entsetzen notiere ich bei unserem ersten Treffen ihre große Rede über das Massaker von Rionero – 1943 hatten versprengte deutsche Truppen und italienische faschistische Fallschirmjäger siebzehn Bürger des Ortes getötet. *Wenn die Leute auf deutsche Soldaten schießen, was sollten die denn dann tun? Wehren mussten die sich!* Das galt wohl dem Deutschen in mir, aber zugleich war es ein Bekenntnis gegen den historischen Kompromiss all der Kräfte, die sich nach dem Kriege als Antifaschisten bezeichnen konnten. Sie gehört nicht dazu, aber die Kommunisten Peppino und Angela sind ihre besten Freunde.
Ich habe es von der Mamma und der Oma in Rionero gelernt. Ich mach' nicht wie der Priester immer dasselbe, bei mir haben die Sachen ihren eigenen Sinn. Man lernt das, wenn man ein bisschen tut und denkt. Zu mir ist sogar der Neffe eines Arztes gekommen. Ich kann diese pomadigen Typen nicht leiden. Die machen mich nervös. Das Gesetz ist gegen die Praxis. Ich frage, ob ich dabei zusehen darf. Sie beugt sich vor und pafft mir ins Gesicht. *Ja, und ich komme dann in den Knast. Da war mal so eine, die hat mich immer wegen dem Totenfeuer gerufen. Ich habe gesagt, »Ich kann nicht zu dir nach Hause kommen, sonst werfen sie mich in den Knast.«* Zwischen Priester und Arzt, zwischen Freiheit und Knast verrichtet sie ihr Werk. Sie ist unterwegs, sie sitzt auf dem Hag, sie fliegt umher wie ein Nachtmahr, unter Wasser und Wind geht es bis nach Benevent, an der nördlichen Grenze Lukaniens, und immer weiter – so redet man zu ihrer Zeit noch von den Hexen. Ihre Kunst stammt aus der Tradition der *Frauen, die helfen,* aber sie hat die Stoßgebete gegen den bösen Blick, die kleinen Taufen und Exorzismen gegen das Bauchweh zu einer eigenen Kunstform ge-

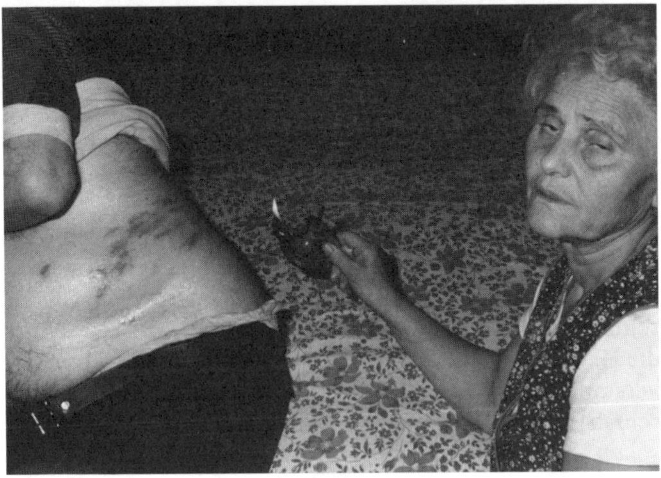

Trance und Heilung: Linda behandelt Morones Gürtelrose, 1984

macht und zu einer Wissenschaft. Ich schreibe es auf und werde ein Teil dieses Lebens jenseits der offiziellen Gesellschaft. Wir einigen uns darauf, dass ich mit Kunden zu ihr kommen kann, die ich selbst kenne und um Erlaubnis gefragt habe, und dass sie mir über andere Kunden erzählen wird. Ich verspreche Linda, dass ich ihr helfen werde, wenn es einmal zu Problemen mit der Staatsmacht kommt. Sie fürchtet den Neid der Ärzte. Lindas Haus im Cantone von Ripacandida ist sehr alt und wirkt wie eine schmale, hohe mittelalterliche Festung. Im ersten Geschoss ist es fensterlos. Man muss klingeln, eingelassen werden, das riesige Holzportal und die steilen Stufen überwinden, dann ist man bei Linda und keiner kann hören, was dort oben geredet wird. Für Linda ist die Tradition eine mächtige Waffe, geheimgehalten und gepflegt, angeknüpft an schwarze Nabelschnüre der Überlieferung, sorgsam in Ölpapier verpackt wie die angedunkelten Zaubersachen, die sie eines Tages unter dem Bett hervorzieht und herzeigt, damit ich sie fotografieren kann für mein Buch. Ihre Methode baut auf den

Spruchsammlungen und Heilpraktiken der anderen Frauen auf, gewiss, aber sie hat ein besseres Gedächtnis und sie versteht mehr von Krankheiten als die anderen.
Meinem Nachbarn Morone ist nach der ersten Behandlung mit dem Antoniuslämpchen nicht ganz wohl. Der sture und stämmige Bauer hätte im Alltag mit der lebhaften Linda ungern mehr gesprochen als unbedingt nötig. Aber sie hat ihm den Leib mit Olivenöl massiert und ist dann mit dem Antoniuslämpchen über seine Gürtelrose gegangen, und der Deutsche hat es fotografieren dürfen, denn unter Nachbarn schlägt man sich nichts ab. Als ich sehe, wie das Feuer über die Haut geht, habe ich diese Dinge vielleicht das erste Mal verstanden: *Es ist wie ein Exorzismus!*, rufe ich, und Linda schnarrt ungerührt hinter ihrer Zigarette hervor: *Genau, sie sehen das Licht und machen sich davon!* Plötzlich gibt es einen dumpfen Knall, wir fahren zusammen, Linda, Morone und ich, als hätten wir etwas Unrechtes getan. Aber das sind nur Pino und die anderen Jungs, sie haben den Fußball gegen Morones Tür geschossen, wahrscheinlich ist mein Sohn auch dabei. Später sitzen wir da und Linda erzählt über das Reden in fremden Stimmen, über Träume von rohem Fleisch und über die Toten, die Öl, Brot und Pasta haben wollen. Der grobe Morone wird blass und blasser, da beruhigt sie ihn. *Ich bin katholisch, ich glaube an Gott und an die Heiligen*. Morone ist Kommunist, aber vielleicht will er es jetzt wirklich wissen. Die Heilerin lässt dem Ungläubigen nur eine kurze Pause bis zur nächsten schwarzen Attacke … *Zu meiner Arbeit braucht es Mut. Ich habe keine Angst. Mamma hat sogar mal eine Frau behandelt, die hatte achtzehn Leute drauf. Sie hat die Kameradenwaffe mitgebracht und eine Schere. Da waren sogar welche bei, die aus unserem Ort stammten, aber es gab auch Ausländer, die sprachen so schlipsch schlapsch, englisch oder deutsch, man hat nix verstanden, hä? Danach gehen sie weg. Weißt du, was einer gesagt hat? Wir sind von den Deutschen erschossen worden. Drei von uns sind bei der Finanzpolizei und eine Französin ist auch dabei. – Die Toten setzen sich auf die Schultern. Aber nur einer war gut, der hat erzählt, wie er heißt und so weiter …* Tief seufzt Morone

unter der Last der schwarzen Folklore. Er hat den Krieg mitgemacht, und vielleicht denkt er an ganz andere Dinge als ich, wenn von deutschen Soldaten die Rede ist und von Französinnen.

Es ist Linda, die mir erklärt, worum es geht, wenn die Frauen ihr Kind dem Heiligen Donatus vorwerfen, erst mit diesem Wissen werde ich von den Frauen selbst ernst genommen und sie erzählen mir mehr aus der schlimmsten Zeit ihres Lebens, die Zeit mit dem kranken Kind. Beharrlich kommt Linda bei all dem immer wieder auf das Geheimnis der Totenseelen zurück. *Die Frau mit den roten Flecken war wieder da. Sie wollte wissen, wer es ist. Ich habe ihr gesagt: »Der Junge auf dem Heu. Aber auch die Kinder von der Handgranate. Die waren auf der Pelle. Sie haben sich draufgestürzt und ich habe das gewusst.« Die Ärmste, sie hat geweint und geflucht und je mehr sie geflucht hat, desto mehr Pickel hat sie gekriegt ... Die Frau hat von ihrer toten Schwester geträumt und sie gefragt: »Wohin des Wegs?« – »Sei bloß still, du, wo du doch lieber etwas einkaufen gehen solltest, für die beiden Mädchen, die neulich gestorben sind ...«*

Als Linda vom Weinen und Fluchen der Frau erzählt, muss ihre Enkelin Maria Lisetta lachen, acht Jahre ist sie damals alt, und schließlich prusten wir alle drei, gnadenlos. Die Kranken nehmen den sündhaften Charakter der Toten an, man muss sie verachten. In der schwarzen Linda-Welt von Unfall, Mord und Pech sind sie für den Rest ihrer miserablen und schattenhaften Existenz gezeichnet mit dem Kainsmal des Bösen. *Sie schaffen es nicht mehr aus eigener Kraft weiterzukommen, sie bleiben auf der Straße hängen. Es ist wie eine Erholung für sie* – wenn sie einen einsamen Wanderer finden, auf den sie sich hocken können. Ich frage: *Wieso müssen die Menschen unter dem Totenfeuer leiden? Haben Sie eine Idee, warum?* Linda antwortet: *Da ist keine Idee dran, oder Schuld. Das sind einfach die verbrannten Toten, der Tote, den Gott nicht zu sich nimmt, weil er mit seinem Leben noch nicht am richtigen Punkt angekommen ist. Der lässt sich dann vom Teufel den Kopf verdrehen und geht zu dieser Frau ins Haus.*

Das Wort »Idee« hat Linda nicht gefallen. Die Frau ist eine Kundin, die Linda geheilt hat, *jetzt ist sie sehr, sehr zufrieden.* Aber wer ist dieser Tote? *Ein Alter, der verbrannt ist … dieser Mann da, weißt du, der letztes Jahr im August auf seinem Feld verbrannt ist, Zi Tuccio d'Urso. Der war auf der Frau … Auch der, der sich neulich aufgehängt hat, wird auf die Leute gehen. Aber der zeigt sich noch nicht, der hat sich noch nicht vom Körper gelöst.*

Der Selbstmörder, von dem hier die Rede ist, stammt aus Ripacandida, hat aber jahrzehntelang bei der Münchener U-Bahn gearbeitet. Als Rentner war er zurückgekehrt und hatte eine unglückliche Figur gemacht. Eines Morgens fand man ihn in seiner Garage, aufgehängt. Ich hatte mich sehr von ihm ferngehalten, vielleicht war dieser Mann ein unangenehmer Spiegel meiner selbst. Die seltsame Sache mit dem verbrannten Mann ist nicht weit von unserem Haus passiert, an einem helllichten Tag im Juni. Er hat sich beim Abfackeln eines geernteten Feldes verbrannt, so hieß es. Weizenfelder entzünden sich leicht, besonders zur Erntezeit, wenn das Wetter sehr trocken ist. Dann kommt auch der Tag des Heiligen Antonius, der 13. Juni. An diesem Tag soll man nicht ernten, und wenn das Korn noch so gut steht, denn der Heilige mag nicht, wenn an seinem Tag gearbeitet wird. Und er ist der Heilige des Feuers.

Linda ist keine Systematikerin und keine Dogmatikerin. Meine Frage über die Idee war ungeschickt gestellt. Sie hat mich prompt missverstanden[253] – aber das hat auch wieder seine Richtigkeit, denn Ideen entpuppen sich in Lukanien oft als Geister, deren Berührung den Menschen schmerzhafte Zeichen auf der Haut hinterlässt. Wenn Linda über die verbrannten Toten im Allgemeinen spricht, ist sie bald wieder beim Einzelfall angekommen. Aus *die* wird *der.* Wäre sie die Vertreterin eines Denksystems, hätte sie begierig eine Verbindung hergestellt zwischen dem Brandtod auf einem Weizenfeld im Juni, nicht, wie sie sagt, im August, und dem Feuer, das die Toten und der Heilige Antonius auf der Haut verursachen können. Sie denkt aber an einzelne Menschen und Fälle und ist nicht auf der Suche nach einem System. Die Legenden behaupten nebeneinander ihre Rechte. Linda

hat den Überblick über ihre Umgebung, einschließlich der Toten, aber besser als die anderen Menschen weiß sie es auch nicht.
Erzählung und Beschwörung, Diagnose und Heilung verbinden sich in unendlicher Folge, wie der Zyklus der Jahreszeiten. Vom menschlichen Pflügen und Ernten führt er zum Winter, wo Gott die Erde rein und weiß mit Eis und Schnee bedeckt und ihr Wasser gibt. Der Mythos führt zum Ritual, und das Ritual bringt Erfahrung, bringt Wissen. So stecken die Menschen in Ripacandida jedes Jahr einen Bezirk ab, in dem die Regeln des Übernatürlichen gelten. Das ist gegen die schmerzhafte Willkür der Natur gerichtet, aber doch in Übereinstimmung mit ihr. *Ara*, das Umpflügte, nannten die alten Römer den Altarbezirk, in dem sie Geschenke für eine unsichtbare Macht ablegten, damit diese vielleicht ihr menschliches Gesicht hervorkehrt und sich gnädig zeigt.

Ich hab' im Garten gesetzt ein heilendes Kraut,
das haben sie mir aus Rom gebracht.
Unter Schweiß hab' ich es im Garten gebaut,
mit meiner Hacke hab' ich die Erde bereit gemacht.
Die Augen von Santa Lucia sind nun wieder gesund,
nun sieht Santa Lucia die Welt wieder bunt.

Probleme auf der Person nennt Linda die Sache mit den Geistern manchmal nüchtern. Als es noch viele Esel und Maultiere im Ort gab, hat sie den Schmieden und Tierärzten Konkurrenz gemacht und brachte die kranken Tiere wieder in Ordnung. Das bestätigten mir alte Bauern, von denen die Heilerin freilich keine so hohe Meinung zurückbehalten hat wie diese von ihr. *Das Pferd hatte Totenfeuer. Der Tierarzt sagte: »Das ist eine Bronchitis.« Aber das Pferd machte solche Bewegungen.* Linda macht den Rhythmus der Besessenen nach und scharrt dabei mit dem Fuß wie ein Pferd. *Der Besitzer sagte zu mir: »Wenn du es bitte heilen würdest …« Ich sagte: »Ich habe Angst es zu tun.« Sie holten den Doktor, der nichts fand. 5000 Lire hat er genommen. Dann habe ich es geheilt … Einen Eimer Kastanien hat er mir dafür gegeben, nicht mehr. Den Eimer hätte ich ihm ins Gesicht schmeißen sollen.*

Aus der seltsamen, gleichwohl in Ripacandida recht verbreiteten Vorstellung, dass Ärzte und Priester sich auf undurchschaubare Weise die Macht über Leben und Tod teilen, hat sie viel weitergehendere Überlegungen abgeleitet. Kliniktote werden bei Linda zu Sündern und Weggenossen des Teufels, ärztliche Instrumente zu Mordwaffen, Ärzte zu Tätern: *Da war ein Arzt in Potenza, der einen Jungen operiert hat. Die Eltern hatten zugestimmt, »Wenn es wichtig ist!« Der Junge ist gestorben. Das hat mir seine Kusine erzählt, die im Irrenhaus als Krankenschwester arbeitet. Der Arzt war dann aufgedunsen, rot. Seit der Arzt diesen Jungen umgebracht hatte, war er immer rot, wie eine Maske das Gesicht, Risibola! Jetzt ist er immer nur zu Hause. Es geht ihm schlecht. Wenn er nicht was tut, wird sich der Junge nicht zurückziehen. Wie ein Sünder, der seine Strafe abbüßt. Das ist wie ein Tausch. So kommt man nicht ins Paradies. Er hat es ja nicht aus Bosheit getan, aber er hat ihn umgebracht. Das ist dann die Gegenleistung, aber wie!*

Diesmal hält mir Linda ihren Vortrag ausnahmsweise auf Hochitalienisch. Auf ihre Tätigkeit als Hilfskrankenschwester im *Cantone* von Ripacandida ist sie sehr stolz. Da verpasst sie den Leuten die Spritzen, die ihnen die Ärzte verordnet haben und kassiert 500 Lire dafür. Einmal hat sie eine Frau zu einem Krebsspezialisten in Termoli vermittelt, und zwar im letzten Moment. Sie lehnt das Wissen der Ärzte nicht ab, aber sie fühlt sich den Medizinern auch nicht unterlegen: *Oft haben die Leute Geister auf der Pelle sitzen, ich hätte helfen können, aber sie bringen die in die Klinik und dann ins Irrenhaus.* Sie hat den Zwiespalt des Arztes verstanden, der heilen kann oder auch töten, und sie versteht sich darauf, Vor- und Nachteile der modernen Medizin abzuwägen. *In Deutschland schicken sie alle Besessenen ins Irrenhaus und dann wird nichts draus … Die Toten sind ein Ventil, das ihr nicht habt.* Aus solcher Erkenntnis heraus fürchtet sie die Rache der Ärzte.

Unsere Gespräche über die Heilung von Menschen gehen tiefer in die medizinischen Details, als ich es von anderen

Heilerinnen gewohnt bin. *Rote Flecken auf der Haut, das ist das Totenfeuer oder böser Wind,* sagen die Heilerinnen, aber bei Linda heißt es: *Böser Wind, das sind viele kleine Pickelchen. Das Totenfeuer ist ein ganzer Hautstreifen, der rot angelaufen ist, verstanden?*[254] Rote Flächen konnten auch die Risibola sein, eine starke Hautreizung (Erisypel), oder das Totenfeuer, aber wenn bei rot gereizten Flächen im Verlauf der Behandlung *Pickelchen draus werden, dann haben sie es kapiert, dass sie sich jetzt davonmachen müssen.* Dann war es also der Wind. Und die Bogenkrankheit unterscheidet sich von der Hepatitis[255] dadurch, dass die Bogenkranken keinen roten Urin haben. Bei Alberizia, einer anderen magischen Krankheit, ist die Leber entzündet, aber der Kranke wird nicht richtig gelb. Auch Maria Lisetta, Lindas nun schon zehnjährige Enkelin, hat bereits gelernt, die Zeichen auf der Haut zu deuten. *Also, bei der Frau, das war Totenfeuer, große rote Stellen, als wenn sie geschlagen worden wäre, alles ein bisschen aufgequollen, man kann das gut sehen. Richtig,* trompetet Linda dazwischen, *rote Flächen auf der Haut, am Rumpf, als wenn dich eine Wespe gestochen hat, aber ohne den Pieks in der Mitte. Dann verformt es sich immer weiter. Also, überlegen wir mal: Wenn es nun bei der Frau zurückkommt, muss man es noch mal an neun Tagen tun. In dem Fall müsste ich morgen wieder anfangen. Und neun Tage muss sie dann ihre Kleider anbehalten, wenn sie dann am neunten Tag die Kleider wechselt, wenn sie sich wäscht und frische Sachen anzieht, dann ist sie gesund.*

Es war nicht schwer, diese Symptome im medizinischen Lexikon wiederzufinden. Bandförmig am Rumpf auftretende Hautreizungen geben Hinweise auf *Zoster (griechisch Gürtel, Band) … Herpes zoster, Gürtelrose, Ignis sacer (Antike); neurotrope Viruskranheit durch Reinfektion m. Varicella-zoster-Virus bei Teilimmunität (Inkubationszeit 7–14 Tage) … treten keine Hämorrhagien, Ulzerationen od. Nekrosen auf … heilt der Z. innerhalb von 2–3 Wochen narbenlos ab.*[256] Diese Beschreibung mag sehr gelehrt sein, aber sie ist weniger verständlich als das, was Linda mir in ihrer Küche erzählt hat.

Eine Nervenentzündung, verursacht von einem Virus, der heimtückisch im Körper überwintert, führt zu den Hautrötungen. In der Antike nannten sie es das *heilige Feuer*, vielleicht weil der Virus ohne äußerlich erkennbaren Grund große Zeichen auf der Haut hinterlässt, die dann wieder verschwinden. Später wurde die Krankheit mit dem unberechenbarsten aller christlichen Heiligen in Zusammenhang gebracht, Sankt Anton, der in der Wüste schmort und der Belagerung durch die Dämonen widersteht. Die Krankheit klingt oft spontan nach drei Wochen ab, einige Tage nach dem Ende von Lindas heilendem Neuntagegebet. Triumphierend sprechen Ärzte davon, denn sie glauben, hinter einen Trick der Magier gekommen zu sein, abwarten, beschwichtigen, die Symptome klingen dann von selbst ab. Aber das ist nicht immer so, *Herpes Zoster* kann auch bleiben und schließlich das Körperinnere angreifen, und dann hilft keine Beschwichtigung mehr.
Das Feuer geht *in die Knochen, man stirbt verbrannt*, Linda weiß das ebenso wie die Mediziner. Was vielleicht mit einem Bläschen im Mundwinkel begonnen hat, kann nun übel ausgehen. Mickrig und ergraut steht Hermann plötzlich vor mir, ich hätte ihn im Gewimmel der großen Tagung fast übersehen, denn er bewegt sich schwerfällig und verschwindet fast im Hin und Her der aufgeregten Kolleginnen und Kollegen. Das Herpesvirus hat sich im Körperinnern breit gemacht, und das hat ihn fast das Leben gekostet. Das unheimliche Totenfeuer entpuppt sich als eine von unseren Medizinern beschriebene Krankheit. Die Ärzte kennen die Gefahr, die von diesem Virus ausgeht. Sie haben Schwierigkeiten mit der Vorstellung, dass dieses Feuer durch die Seelen von Erhängten und Verbrannten ausgelöst wird. Aber viel mehr als die Heilerinnen haben sie nicht zu bieten, wenn es um die Therapie geht: man wartet den ersten Schub ab, drei Wochen, und hofft auf spontane Besserung. Wenn es dann schlechter wird, ist der Gedanke an den Tod im Raum. Einer meiner Schulfreunde arbeitet als Arzt in einer norddeutschen Klinik. Er erzählt mir von einem Patienten, den sie dringend operieren mussten. Aber der Mann hatte eine große Entzündung auf der Haut, die musste erst vergangen

sein. Als gar nichts mehr fruchtete, die Operation war seit Monaten überfällig, haben sie die Sache einer Warzenbesprecherin überlassen, und die hat das Problem in ein paar Tagen erledigt, *Warze, Warze, weiche, geh' auf eine Leiche ...*[257] Der Patient konnte operiert werden und weiterleben oder weitersterben, wie man es nimmt.

Alle Heilmethoden haben ihre Grenzen. Linda grübelt. *Das ist eigentlich kein richtiges Totenfeuer. Aber die Frau fühlt sich nicht wohl ... sie ist verhext. Jetzt kann man es noch erledigen. Außerdem gebe ich ihr eine Einreibung mit.* Möglicherweise handelte es sich bei dieser Patientin um einen Fall von tief gehendem Nesselfieber *Urtikaria profonda*, das in seiner Flächigkeit an die Gürtelrose erinnert, aber kein Virus zum Auslöser hat. In Lindas Worten: *Wenn beim bösen Wind die Pusteln herauskommen, wissen die Geister, dass sie jetzt gehen müssen.* Sie ist sich ihrer Sache nicht sicher. Doch dann findet Linda zur Gewissheit zurück wie jeder gute Praktiker, und sie versucht, mich und damit auch wohl sich selbst zu überzeugen: *Man sieht doch die aufgeschwemmten Stellen, tiefrot. Die Körpermilch läuft daran herunter. Ohne die Waffe kann man da nicht arbeiten, die Kameradenwaffe braucht es jetzt, die Waffe, die viele Menschen getötet hat. Der Vater hat sie mitgebracht aus dem ersten Weltkrieg, damit wir damit heilen können. Hoffentlich holt mir die Polizei nicht eines Tages dieses Ding aus dem Haus.*

Ihren Ruf verdankt sie nicht den feinen Diagnosen, die helfen nur ihr selbst, sich im Labyrinth der Krankheiten zurechtzufinden. Ihren Ruf verdankt sie ihrer Tatkraft und ihrem Heilerfolg. Lindas Wohnung ist mit Kitschkram vollgestopft, den dankbare Patienten angeschleppt haben. Sie nimmt nicht viel, umgerechnet 250 Euro, das war die höchste Summe, von der ich weiß, für eine sehr langwierige Behandlung. Ich werde in den nächsten Kapiteln noch von ganz anderen Summen berichten, wenn es um männliche Heiler geht. Obwohl ihr Wissen das der anderen Frauen weit überragt, ist sie bei der Kultur der kleinen Geschenke und der nachbarlichen Hilfen geblieben. Wenn es nach ihr geht, soll die Familie Tag für Tag ihren Horizont wiederfinden, der nichts weiter ist als ein Dach über dem Kopf, und dann soll jeder wieder seiner Wege gehen, in Frieden und ohne viel Nachdenken über Medizin, Religion oder Politik.

Gegrüßt seist du, Maria, am Abend,
der Herr gesegnet sei.
Er macht ein Ende allen Mühen
und versammelt unter dem Dach
die Familie nach der Arbeiterei.
In dieser Ruhestunde
macht er gnadenvoll die Runde,
Macht ihm ein bisschen Platz
Mit diesem schönen Satz …
Ave Maria …

Lindas Zaubersachen sind dunkel, abgenutzt, und es sind Dinge dabei, die ich bei meinen Forschungen noch nicht zu Gesicht bekommen hatte. *La lascia* – ich hatte nur davon gehört, nicht mehr an die Existenz dieses Faserbündels geglaubt. Das *Tau* ist ein dicker Strang aus braunen und schwarzen Haaren, *Härchen von unschuldigen Tieren, von den Kleinen, die noch nichts miteinander getrieben haben.* Linda besitzt die *arma camarata*, ein altes Bajonett, angedunkeltes Metall, dem man die Mordtaten anzusehen meint. *Mit der Waffe kannst du den Toten Angst machen. Sie fürchten sich vor der Waffe, sie fürchten zu sterben … in ihrem Körper sind sie gestorben. Aber die Seele lebt und kriegt einen Schrecken, wenn sie die Waffe sieht.* Lindas Lämpchen gegen das Antoniusfeuer sieht nicht so verdächtig nagelneu aus wie die Lämpchen der Heilerinnen von Ginestra. Zwei kleine goldene Ringe gegen die Hautreizung der *risibola* und ein Hufeisen ergänzen die Sammlung, und schließlich kommt noch ein kleiner Besen zum Vorschein, *der wird den Kindern in der Taufnacht unter das Bett gelegt, gegen die unsichtbaren Hexer. Arma camarata* ist aber auch eine schwarze alte Eisenschere, *damit wir die Würmchen abschneiden können.* Würmer sollen nämlich die Ursache für Magenschmerzen bei kleinen Kindern sein, den armen Würmern. Da klopft und klingelt es stürmisch unten

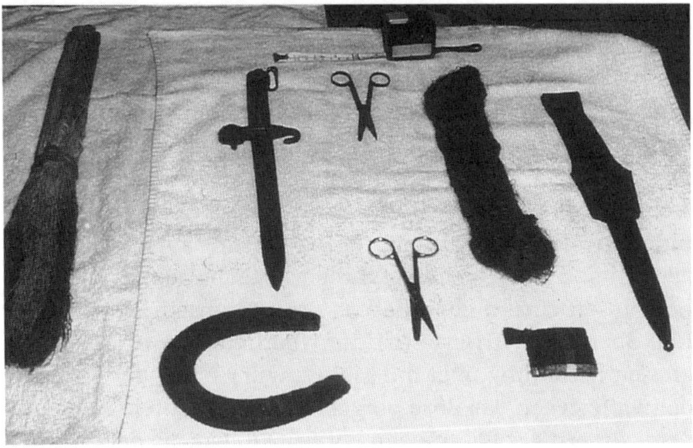

Die Zaubersachen von Linda Quartariegg', Viertele, Heilerin in Ripacandida, verstorben 2001

an der Tür, eine Kundin fragt an, ob sie heraufkommen kann. *Nein, heute nicht, wir haben hier zu tun. Die hat hier gerade noch gefehlt.* Ich sitze nicht mehr im Zuschauerraum, sondern bin in die Gänge und Garderoben hinter der Bühne geraten, dorthin, wo das Phantom der Oper sein Unwesen treibt. Hier unterliegt alles Lindas Willkür und meinen Deutungskünsten. Einmal preist sie mir die Schere als Werkzeug gegen die eingebildeten Würmchen an, schnipp schnapp, das klingt lustig, doch dann hat das schwarze Ding wieder seine düstere Dimension: *Diese Schere ist nicht aus Stahl, nein, nein, sie ist dunkel. Das hier ist eine Schere, die menschliches Blut gekostet hat. Sie hat getötet. Kameradenwaffe. Die hat mir eine Krankenschwester verschafft. Sie arbeitet in der Klinik, wir standen gut mit ihr als Traupatin. Mit der Schere ist getötet worden. Die Operation ist misslungen, und das ist so gut wie umgebracht.* Das Hufeisen ist gebogen und darum gut gegen die Bogenkrankheit, aber es soll auch das Bauchweh bekämpfen, wenn es auf dem Bauch lastet. Bei der dritten Besichtigung der Sachen, mehr als ein Jahr nach dem ersten Gespräch, ist ein kleiner schwarzer Spaten dazugekommen, *gegen die unsichtbaren Geister. Je unsichtbarer, desto schlimmer. Wenn die bösen*

Geister rausgehen und sich auf nichts mehr stürzen können, dann erkennst du sie daran, dass du mit ihnen reden kannst. Der Spaten soll die Geister wohl an den Spaten erinnern, mit dem der Totengräber das Grab schaufelt, auf dem Friedhof, wo sie eigentlich hingehören.

Der Bestand des magischen Wissens ist so wandelbar wie die sichtbare Erscheinungsform der Geister. Die Erklärungen erneuern sich, mal wird härter in Richtung auf eine schwarze Religion der Geister argumentiert, mal das Ganze zur harmlosen christlichen Beschwörungskunst frisiert. Letztlich aber konzentriert sich die Überlieferung in der einen großen Erzählung über die Mahre, wie sie mit der Kameradenwaffe gegen das Böse vorgehen und die Totenseelen aus den Körpern der Besessenen vertreiben, wie sie dem *gebundenen Blut* ihrer Patienten auf die Sprünge helfen. Ähnliche Erzählungen sind auch durch die Forschungen von Mariella Pandolfi im Sannio Beneventino, von Elsa Guggino auf Sizilien, Douglas Holmes im norditalienischen Friaul oder von Papàs Antonio Bellusci bei der albanischen Minderheit in Kalabrien dokumentiert[258] – und wenn Heinrich Heine in den *Memoiren* seine Erfahrung mit der christlichen Magie des frühen neunzehnten Jahrhunderts im Rheinland beschreibt, dann geht es auch wieder nur um Hinrichtungswerkzeuge, mit denen gegen die Verhexung der Zeugungskraft, des männlichen Blutes vorgegangen wurde.[259] Es ist eine alte Kunst, die immer wieder gut im Rahmen des Christentums gedeihen konnte, denn die grundlegenden Bilder, die Ergießung der Geister über die Menschen und ihre Vertreibung, das Schweben und Schweifen irgendwo zwischen Himmel, Wasser und Erde, das Blut, die Marter und die gemeinsame Last, all das wird schon in der Bibel erzählt, auf der Grundlage mittelmeerischer Überlieferungen. Aber Linda ging in ihrer Erzählung sehr weit, sie ließ mich einen inneren Zusammenhang dieser Dinge erkennen, der sich von den Tränen und dem Speichel bis zu den Kameradenwaffen und zum Mitleid spinnt, immer am schwarzen Faden der Tradition entlang. Das ist den wissenschaftlichen Büchern mit ihren gewundenen Erklärungen von *Geistervorstellung* und *Krise* nicht wirklich gelungen und so bleibt die *Magie* oft seltsam fremd – nur bei Heine ist es nicht so, denn er hat geahnt, wie wichtig die Magie auch nach der Aufklärung bleiben würde. Wer das weiß, der spürt sie in den grossen Sichtungen der Weltliteratur wieder auf, bis sie uns wieder selbstverständlich wird und zum Teil der Gegenwart.[260]

Der Spaten stammt aus den Grabenkämpfen des ersten Weltkrieges, verkündet Linda stolz. Geister werden auf der Haut sichtbar, und dann, wie im Negativ, in Form der gegen sie gerichteten Werkzeuge. Es geht um die Toten und um das Bild des Todes. Sie sind in verschiedene Bilder gestaffelt, sich steigernd und gegenseitig ergänzend.

- Unsichtbare böse Geister;
- Untote, schon lange nachalternd, die ihr Unwesen treiben;
- fremde Tote, auch solche, die fremde Sprachen sprechen, *Schlippschlappsch, deutsch oder polnisch oder so.*
- Tote aus dem Ort, frisch vom Teufel versucht oder aus freien Stücken durch die Lüfte fahrend.

Und dann ist da noch dieser Anhauch aus dem geheimnisvollen trüben Nichts, der böse Wind, der sich aufmacht, Körper und Seelen der Lebenden zu erobern. Er hinterlässt Zeichen auf der Haut, wie mit Geheimtinte geschrieben. Die Patienten werden zu Tafeln, auf denen Linda Zeichen entziffert, tilgt, vielleicht auch selbst schreibt. Es liegt an ihr, ob sie diese Dinge auseinander hält oder nicht. Als ihr Komplize habe ich den Zugang zu den Kunden verloren. Kaum jemals hat sie mir *Leute vorgestellt*, wie wir es immer wieder besprachen. Die Kunden sind froh, wenn Linda den Kampf gegen das Böse aufnimmt, *auf dem Körper*. Sie wollen den Deutschen nicht dabeihaben. Anfangs glaubte ich, es würde vielleicht keine Kunden geben. Aber jedesmal, wenn ich zu Besuch war bei Linda, sind Leute gekommen, die sie dann wieder weggeschickt hat. So ging es bis zu ihrem Tode und vielleicht sogar Jahr für Jahr heftiger. Es heißt, dass die Heilerinnen und Magier im Alter immer besser werden.

Die Toten – was sollte das in meiner Sprache bedeuten? In düsteren Momenten begann ich, eine schwarze Totenreligion zu vermuten, Zeremonien, befleckt vom Blut menschlicher oder tierischer Schutzgeister. Wie war Linda an die *jungfräulichen Haare* gekommen? Die bange Frage stellte ich mir als Deutscher, denn Deutsche lieben manchmal Tiere mehr als Menschen.

– »*Linda, es ist immer etwas wie ein Opfer dabei, wenn es um die Schere geht, oder das Tau ...*«

– »*Ja, bei der Schere ... ist schon wahr ... beim Spaten, beim Tau, tja, da ist immer etwas, was gegen diese Sache wirkt.*«
Das Schicksal der Tiere interessierte sie nicht. *Diese Sache,* das waren die Geister. Alles führte zu ihnen hin[261], aber an ein ernsthaftes religionshistorisches Gespräch über *Opfer, Seelenglaube, Animismus* war nicht zu denken – allenfalls über Spiritismus setzte sie sich hin und wieder gerne mit mir auseinander. Das wissenschaftliche Interview wurde zum Unterricht in einer gefährlichen Kunst. Rau hallt Lindas Stimme im Bogengewölbe ihrer alten Wohnküche wider, wenn sie mich darauf vorbereitet, mit den unsichtbaren Bewohnern der Kranken zu verhandeln. *Gewisse Leute rücken dir auf die Pelle! Wenn du nicht mit der Waffe kommst, kommen sie und wollen dich umbringen. Hast du verstanden, wie das ist? ... Aber ... Du siehst nicht den Toten ... Du siehst diese Lebende, die aufsteht und dir auf die Pelle rückt und dich umbringt.*

Vom Zuhörer und Forscher soll ich zum Mittäter werden. *Je mehr du praktizierst, desto mehr kapierst du. Jetzt musst du es tun, jetzt. Ich kann dir nicht so viel erklären, wie das wahre Leben (vit'a vit') ist. Nachher kennst du es dann. Sie können dir alles erklären, alles, alles, alles, wenn du sie abfragst. Einmal bin ich gegangen um einem zu helfen ... und so ... und die hat mir dann alles, alles, alles gesagt. Sie sagte mir, wo sie gestorben ist, was er macht, was er gemacht hat, wie sie gestorben ist, wie sie nicht gestorben ist, sie hat mir alles gesagt.* Diese Frau, so erfahre ich es später von ihr, hat in ihrer Verwirrung die Heilerin bis zur Bewußtlosigkeit gewürgt. Und in dem Moment hat Linda alles verstanden. Fahrig flitzt Linda zwischen den dampfenden Töpfen und dem Wohnzimmertisch hin und her. *Das Essen ist gleich soweit, jetzt muss ich mich mal drum kümmern, anstatt ständig dieses Zeug zu erzählen.* Als ich ihr sage, dass es mir nicht um die Töpfe zu tun ist, sondern um das, was sie mir da zu sagen hat, lacht die alte Frau erleichtert und setzt sich wieder zu mir. Das besorgte Hausfrauengesicht ist abgefallen wie eine Maske, an seine Stelle tritt ein straffer, sicherer Ausdruck. Sie wird ernsthaft, weil sie ernst genommen wird und weil sie wirlich etwas zu sagen hat. Das *incantar'*, die lukanische Zauberkunst, ist mehr als der christliche Krankensegen der *Frauen, die helfen*.

Ich habe nie mit den Toten gesprochen. Deshalb erklärt sie mir die Sache bei jeder Begegnung aufs Neue. Sie hat scheinbar vergessen, dass ich alle diese Reden schon kenne. Linda klagt, *niemand will es lernen, alle haben sie Angst, mit den Geistern zu reden.* Ohne den Geist und die Geister der lukanischen Überlieferung, ohne Umkehr des Laufs der Zeit im Gespräch mit den Toten ist diese Form der Heilung nicht möglich. Heilung ist Neuordnung der Vergangenheit und ihre Wiedereinsetzung in die Rechte der Gegenwart. Auf dieses Fundament können die Lukaner sich stützen, wenn nichts mehr geht – so, wie sich die Toten auf die Lebenden stützen, afrikanischen Ahnen gleich. Einer auf die Schulter des anderen gestellt, zieren sie eine Häuptlingshütte, wie der Stammbaum einer Philosophenschule, eines Königshauses, einer Firma, der in der Eingangshalle des Institutes, des Palastes, des Haupthauses ausgestellt wird. Die Stationen der Tradition sind unterschiedlich wie die Individuen einer Ahnenreihe. Vielleicht wird man später einmal die verschiedenen Kulturen nur nach dem Ausmaß unterscheiden, in dem sie der Vergangenheit Rechte einräumen und die Toten sprechen lassen. Auf den Schultern von Riesen stehen wir.

Ich befrage dich im Namen der Heiligsten Dreifaltigkeit: »Wer bist du?« – »Ich bin der und der.« Also sage ich: »Das hier ist nicht dein Haus, du kannst nicht auf diesen Menschen gestützt bleiben.« Also müssen sie verschwinden. Ich bin hier mit dem Spaten oder dem Tau, und die müssen gehen, weil sie Angst haben. Ich beschwöre sie, hau ab! So gepflegt wie zu Beginn dieser Aussage wird es nicht immer zugehen, eher schon so drastisch wie am Schluss. Ich besitze die Tonbandaufnahme eines Gespräches mit Linda, in der sie weiter geht, hastig, in gepresstem Ton, fast angstvoll, mundartlich, so dass es auch für manche Einheimische nicht immer verständlich sein dürfte. *Also, da ist diese Frau, die hat drei Knoten gemacht … mit diesem canapiell' wie wir das nennen … ein schwarzes Band. Sie macht drei Knoten und gibt es uns in die Hand. Die ist verzaubert (n'cantat'), ich habe nicht verstanden, was die uns gesagt hat und halte diese Knoten in der Hand … und sie kommt zu mir. Ich sage, was ich sage, ich sage: »Du musst diese Knoten auflösen«. Sie soll die nicht binden, sie soll den Zauber auflösen. Aber diese Frau hat's gemacht, verstehst du? Also, sie hat uns die fattura in die Hand gegeben und die Frau hat den Knoten gebunden gesehen. Sie kommt zu mir und sagt: »Wenn ich diese Verhexung auflösen soll …« Dann hat sie mir diese Formel in die Hand gedrückt, gegen die Verhexung. Und anstatt dass sie nun weggeht, nachdem sie ihren Kram erledigt hat, mache ich die Hand auf, und die Knoten waren alle gelöst. Aber sie war jetzt gebunden. Die Knoten waren geknüpft und sie hat uns verhext. Da ist uns dann einer auf die Pelle gerückt, Spiritismus und so. Sie hat die Hexerei gemacht, mit dem Knochen des Toten, zu Mehl gemahlen, dann machen sie's in die Knoten. Die haben sich angebunden, während sie mit uns sprachen. Die sind uns dann auf die Haut drauf, sie haben das Blut angezogen und sind uns aufs Leben gestiegen. Wenn jemand vorbeikam, spürte er die Schauer über beide Schultern. So wie es heißt: »Madonna mia, ich fühle mich so schlecht«, und dann, nach und nach, sind sie gestorben.* Wer Hexe ist, wer Opfer, hier wird es nicht mehr deutlich. Es geht um eine Frau aus Turin, die von ihrer Tante mütterlicherseits verhext worden ist, aus Neid auf den schönen Lebensmittelladen. Der Mann hatte in Ripacandida zu tun, und da hat Linda ihnen geholfen, *böser Wind, wie man sagt, aber anders. Die Tante hat es nicht selbst getan, sie hat es machen lassen. Du gehst hierhin, tust jenes, ohne es zu sehen …* Harmlosere Geschichten, auf dasselbe Band erzählt, waren deutlich besser zu verstehen.

Wenn der böse Blick so etwas ist wie ein Katzenjammer nach einer stürmischen Bekanntschaft, unwillkürlich entstanden und behebbar durch ein paar Streicheleinheiten, dann ist das hier etwas völlig anderes. Es geht um die planvoll ins Werk gesetzte Erweckung eines Toten. Vom Staub oder Mehl wird er zum Fleisch und rückt den Opfern seiner Auftraggeber auf den Leib – das Blut, das er dazu braucht, holt er sich von ihnen. Das ist die *fattura*, das Gemachte, im Gegensatz zum Geschehen des bösen Blickes. Heilerinnen, die Mahre, treten mit Hilfe der Toten über die Landschaft hinweg in Duelle ein. Sie sind gutböse, je nachdem erscheinen sie als *Frauen, die helfen* oder als Hexen. Wer sammelt mit Bedacht die Knochen auf dem Friedhof, um einen Angriff zu wagen? Wer hat sich nur gewehrt und löst die Knoten wieder auf, die andere geknüpft haben? *Wenn du dieser Person hilfst und siehst, dass es nicht klappt, weil das zu stark ist, wenn du es nicht schaffst, diese Person wieder in Ordnung zu bringen, dann begreifst du, dass es eine schwierige Sache ist.* Diese Toten sind *impertinent*, im offenen Streit muss man sie austreiben und begraben. Die Heilerin tritt als Blitzableiter und Vermittlerin in Erscheinung, mal höflich, mal drohend, mit Feuer und Schwert. *Das Lämpchen schmeißt die Person 'raus. Sagt die: »Warum?« Ich sage: »Ich will dich nicht quälen, aber du lässt diesen Menschen leiden.«*

Schwarze Frage gegen schwarze Antwort, Feuer gegen Staub, Sargnagel um Sargnagel. Die Toten können nichts dafür. Sie wollen sich ja nur ausruhen und ein bißchen Kraft sammeln auf dem Körper eines Lebenden. Aber wer hat sie zu dieser und jener Person geschickt und geleitet? Wie kommt man bestimmten Leuten auf die Spur? Die Knoten im Bändchen weisen den Weg. *Das schwarze Band mit neun Knoten mache ich ...* aber gleich ist Linda wieder bei den anderen, den Bösen angekommen: *... nach neun Knoten binden sie dir die Hexerei an. Sie sagen immer ihre Sprüche auf. Sie binden dein Blut fest. Ich nehme nur das schwarze Band, nicht das weiße. Ich mache keine bösen Sachen.* Zauber, so scheint es, wird in böser Absicht bewerkstelligt, mit einem weißen Band. Das schwarze Band aber, das vielleicht einmal die Kinnladen der Toten zusammenhielt, soll den Zauber lösen. Nie habe ich solche Bänder bei Linda zu Gesicht bekommen, entweder, weil sie die Dinger so schnell wie möglich wieder aus dem Haus haben will, nachdem ihre Patienten sie angebracht hatten, oder weil es sie nicht gibt und das Gerede von Bändern nur ein Bild sein soll für Lindas Fähigkeit, das Böse zu manipulieren. Linda sortiert in schwarz und weiß, aber in Wahrheit sind auch ihr die Fronten undeutlich. Die Vorstellung von weißen und schwarzen Bändern habe ich jedenfalls bei den anderen Heilerinnen nie gehört und auch nicht bei den männlichen Magiern. Es ist eine verkehrte Welt, in der sich Knoten von selbst auflösen und Tote wieder lebendig werden, darin sind sich alle einig. Gegenzauber wird zum Zauber, und weit entfernt voneinander lebende Menschen fechten Kämpfe miteinander aus. Linda gibt sich als reine Praktikerin und zugleich als bekennende Christin. Aber mit ihrem Gerede löst sie bei einzelnen Kunden und bei Zuhörern ein trancehaftes, seltsames Erleben aus. Gefühle werden zu Gewalten, den Menschen stockt das Blut. Eine alte Frau in einem versteckten Gässchen wacht über alle diese Dinge. Es ist die Welt der Zaubermärchen, wo unschuldige Kinder bösen alten Weibern zum Opfer werden. *Endlich kam es zu einem kleinen Hause, da guckte eine alte Frau; weil sie aber so große Zähne hatte, ward ihm angst und es wollte fortlaufen. Die alte Frau aber rief ihm nach: »Was fürchtest du dich, liebes Kind? Bleib bei mir; wenn du alle Arbeit im Hause ordentlich tun willst, soll dir's gut gehen. Du musst nur Acht geben, dass du mein Bett gut machst und es fleißig aufschüttelst, dass die Federn fliegen, dann schneit es in der Welt; ich bin die Frau Holle.«*[262]

Linda ist nicht naiv und ihre Kunden sind kein kindisches Völkchen. Aber der Rückfall oder Rückgriff auf kindliche Haltungen gehört zum Leben, es sind keine absoluten Werte, sondern Phasen des Lebens, in die wir alle verfallen. Linda versteht es, dabei die Nerven zu behalten. Nur für sich selbst reserviert sie streng das absolut Gute, die anderen können bei ihr weinen und toben. Die Beschwörung des Bösen nimmt manchmal drastische Formen an. Wer kämpft, wird seinem Gegner ähnlich. *Gennaro di Barino, vom Ponte della Vianura, hat solche Sachen gemacht. »Lass uns Nägel aus den Gräbern am Kreuzweg vergraben.« Wenn die Geister hier weiter wollen, können sie nicht mehr. Der Tote muss ein Verbrannter sein oder ein Mordopfer. Jesus Christus hat uns ein langes Leben gegeben. Du hast dich vom Dämon ködern lassen. Du hast dich in den Sumpf fallen lassen. Jesus Christus schickt dich zur Hölle. Leck mich am Arsch.«* Niemals würde sie am Kreuzweg Sargnägel oder Mehl aus Totenknochen vergraben, damit es jemandem schlecht geht. Aber sie erläutert mit erschreckender Sachkunde, wie das funktioniert. Die vier Nägel müssen mit den Köpfen zur Mitte des Kreuzweges liegen und mit der Spitze zu den einzelnen Wegen hin. Die Geister kommen auf den Wegen und verletzen sich an den Nägeln, so wie sie sich an der Antoniusflamme verbrennen oder an der Kameradenwaffe schneiden. Linda benutzt dieselben Zaubersachen wie die, die mit dem Teufel im Bunde stehen. Das ist eines ihrer Rezepte für Hemdchenamulette gegen Hexerei und Besessenheit:

Drei Sargnägel,
drei Nägel vom ersten Beschlagen des Pferdes …
drei Stückchen von der lascia
dreimal Blei zum Beschlagen,
drei grimere, *die dünnsten Haare des Pferdes,*
drei schwarze Bändchen überkreuz.

Vom Schreibtisch her betrachtet, fällt mir auf, dass diesem *Hemdchen* noch etwas von seiner alten Aufgabe anzuhaften scheint, die dem Besitzer das Fliegen möglich macht. Der Pferdefuß, das schwere Eisen auf der einen Seite, auf der anderen feine Bändchen und Härchen, kaum greifbar, schwebend. Selbstgemachte Spazierstöcke der alten lukanischen Art zeigen als Griff ein Pferd oder einen Vogel – der Wanderer soll schweben und trotzdem Kraft haben. Und alles muss doch auch haften wie angenagelt, angebunden mit Stricken der Leidenschaft, um dann wieder frei fliegen zu können, auf den Schwingen der Seele. Wer zuviel mit Knotenmagie experimentiert und mit der *fattura,* der wird freilich auch *schnurstracks vom Teufel abtransportiert*. Fliegen ist keine

Errungenschaft der Moderne. Die Schamanen sprechen davon. Prähistorische Felszeichungen zeigen Menschen mit Flügeln, und in Europa hat man jahrhundertelang darüber gestritten, ob Hexen oder Luftgeherinnen eigentlich von einem Dämon gehoben oder getragen werden, ob sie aus eigener Kraft unterwegs sind – oder ob sie sich das alles nur einbilden im Rausch.[263]
Linda behandelt nur die *Probleme auf der Person*, sie kümmert sich nicht um das Fliegen und die *fattura*, nein, und sie macht auch keine Knoten – oder bloß Knoten in das schwarze Bändchen, nein, in das weiße nicht, *das sind alles Bosheiten, böse Sachen, die die Menschen umbringen … die sind dämonisch, und der Dämon hat Jesus Christus verraten. Meinen Toten erlaube ich nicht, auf die Personen zu gehen, es ist böse, wenn man sich so auf mich aufstützt. Zuviele Kränkungen, da kann einem keiner mehr helfen. Du wirst eine Beute der Verzweiflung. Dann hängen sie sich auf oder werfen sich in einen Brunnen. Sie schaffen es nicht mehr, weil der Dämon darauf besteht, dass auch sie sterben müssen. Deshalb will Gott nicht, dass du das Unsichtbare auf der Pelle hast und damit in die Kirche gehst, Gott will es nicht und darum helfen sie dir gegen die Besessenheit. Hast du begriffen, was es alles gibt? Kann leicht passieren, hast du mich verstanden.* In gewisser Hinsicht gelten diese Mahnungen ihr selbst, denn Linda gestaltet ihr Leben an der Grenze von Religion und Magie, von Demut und Machtausübung. Allerdings ist sie nie die Beute der Verzweiflung geworden. *Grenzgänger*[264] – wer von all den wilden jungen Leuten, die seit Jahrzehnten Europa heimsuchen, hätte wohl gedacht, dass dieser Ehrentitel auch auf eine alte Bäuerin zutrifft, mitten in einem süditalienischen Dorf?
Wieder einmal belehrt mich Linda über den Inhalt des *abitino*. Seit der letzten Lektion in dieser Sache hat sich die Zusammensetzung etwas verändert, dafür fallen die Erklärungen diesmal umfangreicher aus:
Sargnägel, von sechs Toten. Das ist gegen die unsichtbaren Geister, die greifen die Person an. Die bleiben dann hängen … weil die Nägel aus Eisen sind und weil sie Angst kriegen.

Viele Sachen aus Eisen, Blei. Das Blei ist auch ein Eisen, das können sie nicht überall hinbewegen.
Das Tau (la lascia). Das ist von allen kleinen Tierchen, die ohne Bosheit sind. Es wird aus Haaren gemacht, das Tier lebt dabei. Man nimmt keine Haare von toten Tieren, denn wenn das Tier tot ist, verliert es die ganze Kreislaufkraft des Blutes. Es sind Haare von jungen Pferden, Kühen, Eseln, Katzen, Ziegen. Wir nennen das ein jungfräuliches Tau. Denn das sind alles Tiere ohne Urteil, ohne Bosheit … ihr Blut ist dem Blut der Toten überlegen … ein Tier nach dem anderen wird da aufgetragen, dann machst du die Geisterjagd und sie können nicht mehr gegen dich kämpfen … alles ist da drin (in den Haaren), *das Blut der Tiere.*
Das Schnelle und das Feste, das Flüchtige und das Massige, alles verbündet sich gegen die Geister. Das *gebundene Blut* der Verhexten muss wieder in Gang gebracht werden mit dem leichten Blut der Jungtiere. Es ist gebündelt in der Leine, die ihren Namen vom Lösen hat: *Laxare, Laxheit, Lachen, lacrima,* die Träne die frei fällt, *lacerna,* der offen wehende Mantel der Römer. Wer Fieberträume erlebt hat, wird vielleicht nachempfinden, wie das gemeint ist, denn da geht es oft genug um Schweben und Stocken in einem, um Schwere und Auflösung des Körpers, um einen dumpfen Rhythmus, das Pochen des Blutes mischt sich mit einem luftigen Reißen und Hüpfen, als wolle die Seele schon weg aus dem Körper.
Wie kommt sie denn bloß zu Sargnägeln? *Ich lauf' doch nicht selber 'rum für diesen Kram … Wir packen eine Menge in das Säckchen, nicht bloß Jesus Christus, Sankt Anton und Sankta Luzia, wie die Nonnen.* Die Kunden müssen alle Bestandteile selbst beibringen, wenn sie sich an diesem albtraumhaften Spiel beteiligen wollen. Sie verhandeln mit Friedhofswärtern, halten bei einem wissenden Schmied Rücksprache, gehen beim Bauern auf die Suche nach Pferdehaar. *Der Kram muss drin sein, sonst kann man nicht arbeiten. Ab und an muss das Beutelchen neu mit schwarzem Band angezogen werden.* Trockene Anweisungen, die Kunden handeln. Sie sind nicht nur den Totengeistern unterworfen, sondern auch Linda. Manchmal treibt die Magierin

Scherze mit ihnen. Eine Verwandte ihres Mannes musste sie wegen Hautrötungen an einer peinlichen Stelle behandeln. Dazu benutzte Linda das Antoniuslämpchen. *Als ich so drübergehe, hab' ich sie verbrannt. Die Ärmste hat nichts gesagt, sie hat sich geschämt, wegen der Schande. Nächstes Mal holen wir gleich die Feuerwehrleute. Kann ja alles passieren, aber das ist schnell gelöscht, spritzspritzspritz, hahaha.* Einer anderen Kundin hat sie im Spaß die Kameradenwaffe gegen die Scham gedrückt: *Friss, du hast auch was hervorgebracht*! Linda weiß ganz genau, dass das Tau aussieht wie ein Schwanz, und sie macht es mir an Maria Lisetta vor, beide können sich kaum halten vor Lachen. Linda ist ein Mann. *Frauen sind schlechter, schamhafter ... die heulte wie ein Kind, im ganzen Körper hat sie das gemerkt. Es bringt mich zum Lachen, aber es tut mir auch in der Seele leid, die so heulen zu sehen ... gelitten hat sie, da war Ausschlag noch und noch, Hitze, das brennt ... sie fühlen sich schlecht und wollen sich ausziehen, ohne Scham. Wenn es Männer sind, sage ich »sachte, sachte«, aber sie wissen schon, dass man sich ausziehen muss.*
In der neuen Basilikata fahren sie in ihren großen Autos vorbei an den Fabrikneubauten, auf lichtdurchfluteten Straßen. Aber in der Unterwäsche haben manche stolzen Fahrer und Fahrerinnen ein kleines Ding versteckt, in schwarzes Garn gewickelt. Es ist ihr Schutz, ihre zweite Haut, ihr Hemdchen. Sie sind angezogen, angebunden an eine seltsame Dynamik von Anziehung und Widerstand. Dahinter stehen finstere Geschichten von Ehefrauen, Müttern und Geliebten, von Vergewaltigern, Vätern und impotenten Ehemännern, von Hexern und Heilerinnen, die in dunklen Winkelgässchen wohnen und zu denen man sich nach Anbruch der Dunkelheit heimlich schleicht. Ist aber nicht jeder Mensch auf der Welt in diese Dinge verwickelt, zumindest mit den Gedanken? Manche spielen dann wirklich mit Nägeln und Bändchen, andere betrinken sich und werden sentimental. Wohl dem, der überhaupt etwas gegen seine Fesseln zu unternehmen versteht. Wissen die Kunden, welche Bedeutung die Sachen in ihrem Hemdchen haben? Auch Linda kommt gelegentlich in Verlegenheit, wenn sie es erklären soll, die

ersten Hufnägel des Pferdes, *wahrscheinlich, weil sie das Pferdchen nageln, sie sind stärker als die anderen.*
Manchmal stellt sie auch *Antihexerei-Tütchen* her, *borselline anti-fattura.* Den werbeträchtigen hochitalienischen Namen hat sich Linda wohl allein ausgedacht. Zum Blei kommen hier drei Weizenkörner, drei Salzkörner, drei kleine Kreuze. Die modernisierten Hemdchen tragen stärker an der christlichen Symbolik: Früher gab es in der Kirche geweihtes Salz, dazu kommt das Kreuz und Weizen, wie er vor Ostern in Töpfen gesät und als Bild der Wiederauferstehung hingestellt wird. Heiligenbildchen sind nicht dabei, wohl damit keine Verwechslungen mit den *abitini* aufkommen, welche die Nonnen in San Donato für die Kinder nähen. *Die mache ich für alle, die mich darum bitten. Sie legen das an und kommen nie wieder. Ich habe Teresa ein Beutelchen gemacht, die unter der Konditorei wohnt, sie hat Gentile gesehen, den Selbstmörder, mehrmals. Auch die Frau vom Friedhofsgärtner hat ihn gesehen.* Ripacandida ist voller lebender Toter, man muss sich vorsehen. Wenn ich mit Teresa oder anderen Kunden darüber sprechen will, herrscht großes Schweigen. Auswärtige Kunden bestätigten mir mehr oder weniger deutlich, dass Linda etwas für sie getan hat. Aber nach einiger Zeit ist auch bei ihnen Scham vorherrschend, Scham über die Verzweiflung, in der man sich befand und über den merkwürdigen Versuch, mit irgendwelchen komischen Sächelchen von dieser Alten etwas bewirken zu wollen – und doch, manchmal hat es gewirkt.
Weißt du, wie das geht mit der fattura? Weißt du, das ist so mit der fattura: Sie holen sich die Knochen vom Friedhof, Knochen von Leuten, die umgebracht worden sind. Die Leute von der Friedhofsverwaltung wissen, wo man die kriegt, wo die Toten liegen, die schlecht gestorben sind, nicht wahr? Man verbrennt den Knochen mit Spiritus im Feuer, dieses Pulver, man macht eine Art Mehl daraus. Wenn das passiert ist, gibst du Flüssigkeiten dazu und verpasst das Ganze einem Menschen. So wie der Tote gestorben ist, muss der dann auch sterben. Wenn sie es acht Tage lang machen, heißt's: »Zauber zum Tod, nach acht Tagen Wirkung tut.« … Tag für Tag trocknet und trocknet dich der

Zauber, das Blut vertrocknet in dir, das Fleisch vertrocknet und am Ende musst du sterben. Wenn sie dir aber einen Radau machen, dann verkommst du, verkommst du, und wenn's fertig ist, geht's nicht mehr weiter, und du stirbst ebenfalls, nicht wahr? Auch darüber weiß sie bestens Bescheid. Letztlich liegt für Linda der Unterschied zwischen Christen und denen, die des Teufels sind, in Büchern begründet – wer von der Bibel abweicht und zur Magie ein anderes Buch zu Hilfe nimmt, der ist in der Hand des Teufels. Aber was in der Bibel steht, hier in Ripacandida, bei ihren Kunden, das bestimmt sie, denn schließlich übernimmt sie auch die Verantwortung. Ich habe wunderbare alte Teufelslegenden bei ihr sammeln können, manchmal aber auch zu Andeutungen abgeschliffene Texte über eine schwarze Religion, ein schwarzes Buch, ohne dessen verborgene Existenz das Gute des Christentums nicht sein kann. Auch Linda braucht das Gegenbild des schwarzen Kults. Es hilft ihr bei der täglichen Entscheidung, welchem der endlos kindlichen, hasserfüllten Wünsche ihrer Kunden sie nachgeben soll und welchem nicht: *Ein Junge hatte ein Buch. Er hat es genommen. Das Buch hat geantwortet und sprach: »Befehlt!« – »Ich will eine Brücke von Capua bis nach Rom, mit Steinen vom Grunde des Meeres!« Der Teufel hat die ganze Nacht geráckert. Dann sind sie ermüdet. Das Buch hat nie mehr gesprochen.* Die Geschichte vom bösen Buch hat ihre Pointe verloren, denn eigentlich sollte der Teufel wohl im letzten Moment daran scheitern, eine Brücke vom heidnischen Capua ins Heilige Rom zu schlagen. Capua liegt gleich bei Benevent, wo sich die italienischen Hexen treffen. Hier hat Kaiser Friedrich II. von Staufen das Grenztor errichten lassen zwischen seinem Reich und dem Land des Papstes, und die Päpste mussten ihn exkommunizieren, wieder und wieder, als Teufel in Menschengestalt. Aber Lindas Teufel wird einfach nur müde, und dann sagt das böse Buch keinen Ton mehr. Wahrscheinlich war mit dem mittelalterlichen Heidentum in Capua und Benevent auch nicht viel mehr los. Linda spielt mit dem Gedanken an laue Teufel und schwache Tote, die sie befehligen kann. Auf der anderen Seite entpuppen sich einige ihrer schwärzesten

Handhabungen, das Tau aus den Haaren unschuldiger Tiere, das Hemdchenamulett mit den Sargnägeln, als kleine Nebenstrophen im großen Choral vom einen Gott und seiner allein selig machenden Kirche: Der Haarzopf wird gehandhabt, wie der Priester seine Stola benutzt. Um die Brautpaare zu segnen, fesselt er sie mit seiner Stola aneinander. Später, viel später, wenn die Liebe verraucht ist, werden sie zur Heilerin gehen, damit die Sache noch einmal neu besiegelt ist mit einem schwarzen Tau.
Wissend gehen die Kunden auf Lindas Vorschläge ein oder drängen sie zu weiterem Gewühl in Knochen, Staub und Sargnägeln. Man kann es ihnen nicht verübeln, ihre Kinder sind krank, sie haben Angst. Sind sie geheilt, erscheinen sie würdevoll gewandet zur Hochzeit der gesunden Kinder, hören die Messe, singen mit und loben den Herrn, bis der Priester seine Stola um die Hände des Paares schwingt. Auf Linda angesprochen, wollen sie diese Frau aus Ripacandida am liebsten nicht mehr kennen. Scheel und versonnen ist der Blick, mit dem die Wirtin von Alla Valle schaut, als ich sie nach der *fattura* frage. Ja, das Kind ihrer Schwägerin *hatte sowas*, dann wechselt sie erleichtert zu weiteren Berichten über Geisterbegegnungen, darüber spricht sie lieber. *In Neapel*, seufzt die Blitzfrau, *ja, da gibt es viele, die das machen. Ich habe es in Contursi gelernt, im Heilbad, von den Neapolitanerinnen. Aber ich weiß nicht mehr, wie es geht*. Santuccio, der alte Magier, den ich seit einem halben Jahr ethnographisch belagere, zeigt mir stumm mit bedeutungsvollem Blick den Wecker, in dem sein Stubenschlüssel eingeschlossen ist. Wie es dazu kam, er weiß es nicht. Erst wenn das Ding wieder heraus ist, kann er über *fattura* reden. Wieder einmal ist der Forscher abgewimmelt, aber vielleicht hat Santuccio mir mit der seltsamen Schlüsselgeschichte besseren Einblick in sein inneres Uhrwerk verschafft, als mir die Teilnahme an seinen Zeremonien geboten hätte. Larotonda, zu Gast mit seiner Frau bei Linda, weiß gar nicht, was die beiden da im Nebenzimmer jetzt machen. *Das ist sehr alt, aber auch real.* Die Frau hat es halt gewollt, *wenn man eine Wirkung sieht, ist es wahr.* Dann kommt Linda aus dem Zimmer. Während die Frau sich anzieht, er-

klärt die Heilerin dem Begriffsstutzigen umständlich, wie er zu Friedhofsnägeln und all dem kommt: *Ja, du musst sie eben aus den Sarglatten ziehen.* Ich begleite die beiden auf der Treppe, wo sie aufgeregt mögliche Schuldige diskutieren, Menschen, die diese mächtige Hautentzündung im Genitalbereich der Frau verursacht haben könnten. Die Frau wird zu genau mit den Namen, der Mann unterbricht sie, *ich will doch lieber nur einen Hinweis …* Ist das Angst vor Konflikten, Scheu mir gegenüber oder Rücksicht auf die Beschuldigten? Hexerei, allzu ernst genommen, kann in körperliche Gewalt umschlagen, in Blutfehden, auch darum muss das Reden mit den Toten eine heimliche Sache bleiben.

Und dann die Zweifler, meist Männer in den Vierzigern oder Fünfzigern. Ich rede mit Perrettas Frau und seiner Mutter über Hexerei, aber der Bauersmann begleitet unser Gespräch mit immer lauter werdendem Gebrabbel und schließlich bricht es aus ihm heraus: *Glaube ich nicht, Quatsch!*, und dann: *Ich glaube nicht daran. Und mich greift auch keiner an, den würde ich sofort umbringen.* Ganz anders die, denen die finstere Stunde geschlagen hat, wie sie auf keinem Zifferblatt vorgesehen ist. Das Kind ist krank, es wird sterben. Man ist krank, im Kopf, im Bauch, im Bein drängt der Schmerz. Das alltägliche Gerede ist übertönt, alles erscheint grau in grau, man fristet seine Zeit in einem Verlies, in einer Gruft, der Tod hat uns den Arm auf die Schulter gelegt. Vielleicht gibt es das Übernatürliche nicht, aber da ist etwas Übermenschliches, der Schmerz der Verzweiflung und die Verzweiflung des Schmerzes. Die verfinsterte Welt lässt uns böse werden. Hinterhältig starrt mich die Frau an, die sie trotz ihrer mindestens 200 Kilo Körpergewicht zärtlich Antonietta nennen. Sie geht nie aus dem Haus. Ihr Mann muss den Haushalt führen. Sie sitzt in der Mitte, böse kommandiert sie herum. Als sie achtzehn Jahre alt war, ist ihr der erste Säugling gestorben, dann, in der Folge, Jahr für Jahr, starben fünf Kinder an der Leukämie. Zwischen 1950 und 1955 ist das mit vielen Babies passiert in Ripacandida. Niemandem scheint das aufgefallen zu sein, oder sie wollen eben nicht davon reden. Man wird wohl nie erfahren, was sich damals im Wasser oder in der Luft des Ortes getan hat. Aber Antonietta hat den bösen Dom des Todes und der Schmerzen nie mehr verlassen. Giftzwerge und aggressive Schläger, keifende böse alte Frauen, alle haben sie ihre Erfahrung mit dem unsichtbaren Schleier gemacht, der sich über Ebenen und Hügel legt und ihnen die Farbe nimmt. Wo es doch in Ripacandida ohnehin so wenig Farben gibt, die dunklen Gemäuer der alten Häuser, die weißen kahlen Wände, das stumpfe Dunkelgrün der Wiesen und Olivenbäume, das blasse Gelb des sonnenverbrannten Weizens, darüber der mal stahl- mal blassblaue Himmel, manchmal rot angelaufen wie die geheimnisvolle *risibola*, er erinnert an die große Liebe zwischen der Nonne und dem Mönch, Maria und Gerardo. Irgendwo blinkt ein Heiligenbildchen in Gold und Silber oder eine Zeitschrift, die sie in Mailand drucken, mit grellen Bildern, und das matte Leuchten der Fernsehapparate erhellt diese fahle Welt mit Quiz-Shows und nackten Frauen. Ich frage Rosa und ihren Mann über die Magier aus. Hoffnung glimmt in ihren Augen, vielleicht ist der Deutsche selbst ein Magier, vielleicht kennt er welche und bringt sie her, bessere Magier als die, die sie schon alle besucht hat, vielleicht kann der Deutsche für sie beten. Ihr Kopf ist seltsam, strahlt und schmerzt. In der Psychiatrie in Potenza haben sie Epilepsie diagnostiziert. Ich soll helfen. Ich habe das nie gekonnt.

Ziellos wandere ich über den Geusenfriedhof in Köln. Es ist dunkel. Dreißig Meter über mir liegt mein Sohn hinter boshaft leuchtenden Fensterreihen. Sie haben ihn an Schläuche angeschlossen, Maschinen bewegen sein Blut und seine Haut wölbt sich, wie angepustet vom bösen Wind, als loses Tuch über einem schmerzhaften Wulst von Innereien. Er schwebt zwischen Himmel und Erde. Im Wissenschaftlerton diskutiere ich mit den Ärzten die Diagnose. Mehr gelingt mir nicht mehr. Mein Sohn kann sterben. Verzweifelt klammere ich mich an alles, was im Strom von Zeit und Raum an mir vorüberläuft; vierzig Tage sind es jetzt, dass er krank ist. Das ist die Trauerzeit im Mittelmeerraum, heute wird es besser werden. Vierzig Grad Fieber und vierzig Tage, und wenn ich die Ziffern meiner neuen Telefonnummer zusammenrechne, ergibt das Vierzig. Aber die Fetische von Angst und Erinnerung machen nicht bloß Mut: Ein schwarzer Strick baumelt an einem Baum und läßt mich an alles denken, was ich über die Toten in Lukanien gehört habe. Auf dem Weg zur Klinik sehe ich eine vertrocknete, breitgetretene tote Taube auf der Straße. Dann passiere ich ein recht gut erhaltenes Taubenskelett, dann eine frische Taubenleiche, gerade eben könnte sie gestorben sein, wie mein Sohn. In der Mauerritze eines Grabes auf dem Geusenfriedhof schimmert es weiß. Zum Vorschein kommt ein Briefumschlag, was für eine unvermutete Ansprache in dieser Situation. Er trägt den Aufdruck der nahegelegenen Kinder- und Jugendpsychiatrie und enthält die Fotografie eines Grabes vom Geusenfriedhof sowie eine Karteikarte mit einem großen Tintenkreuz. Noch jemand geht hier den Weg des Rückschritts zu den Toten, wenn auch nicht so gekonnt wie die alten Lukaner. Oder ist es ein gefährliches *Gemachtes, fattura*? Ich bin nicht allein, aber ich bin mir auch nicht sicher, ob ich mir diese Gesellschaft wünsche. Das Foto behalte ich, aber ich lege dafür ein Dreikönigsblättchen aus dem schwarzen Steindom hinein. Am nächsten Abend habe ich auf dem Geusenfriedhof meine lukanischen Zauberwerkzeuge verbrannt. Seitdem habe ich Lindas Schwanken zwischen Gut und Böse und die Verzweiflung ihrer Patienten etwas besser verstanden. Seitdem kann ich darüber schreiben. Bis dahin bin ich entweder in ihrem Gerede versunken oder habe mich erschreckt abgewendet. Ich kauere im Schatten des Klinikberges in einem gemieteten Zimmer und haue in die Tasten, schreibe alles auf, was ich einst im Schatten des Monte Vulture erfahren habe. Beim Schreiben wird mir klar, dass ich mein Wissen vergessen habe, vor allem, was Lindas Gratwanderung zwischen Schwarz und Weiß angeht. Verwirrt starre ich auf Karteikarten, mein eigenes Gekrakel, aus dem mir ihre Stimme entgegenhallt, sie spricht von Toten, von dem hässlichen Mehl, das sie aus Knochen zubereiten, von der Kameradenwaffe. Ich habe alles vergessen. Die Magier in Lukanien berühren ihre Kunden auf eine Weise, die von außen nicht gut erkennbar ist, aber wohl sehr tief in sie hineinreicht. In dieser europäischen Landschaft, die sich wie alle anderen vordergründig dem Guten verschrieben hat, geben sie den boshaftesten Berechnungen der Verzweifelten, dem Todeswunsch der Gekränkten einen geheimen Raum und nehmen ihnen das Ganze schließlich wieder ab wie ein schwarzes Paket, das nun ins Nichts transportiert wird oder zu anderen Menschen. Sie werfen es irgendwo auf einem Kreuzweg oder in ihrer eigenen Seele ab.

Linda wollte einen großen Magier aus mir machen. Das Wissen der Bücher hätte sich mit dem Erfahrungswissen verbunden. Ich hätte es geschafft, wenn ich im Süden geblieben wäre. Magier ist dort mittlerweile ein angesehener Beruf mit Steuernummern, Ehrengerichten und staatlichen Kontrollen. Auch ein Nervöser und Ängstlicher wie ich könnte sich dazu bekennen. Vor meinen Kunden könnte ich den Deutschen spielen. Die Deutschen sind viel wert in der Welt der Magie. Ein seltsamer Dr. Fritz geistert durch lateinamerikanische Trancekulte und Heilrituale, Adolf Hitler wird in südostasiatischen Séancen beschworen und um altes tibetisches Wissen befragt. In deutschen Universitäten kommuniziert man auf andere Weise mit Meistern, die tot sind oder weit entfernt. Ein dunkler Schein läuft über Gudruns blasse Wangen, wenn sie mir von den ungeheuren Möglichkeiten der Computer erzählt, man kann schließlich alles zählen, also auch alles ausrechnen, die Seele des Menschen genauso wie seine Ernährungsgewohnheiten. Mein Kollege Gottfried will eine Methode ersonnen haben, mit der er tief in die Zentren der Entscheidungsprozesse anderer Menschen eindringen kann. Er ist nur nicht in der Lage, uns die Sache richtig zu erklären, anscheinend funktioniert das bloß als Einbahnstraße, aber großartige Ergebnisse sind zu erwarten. Ganz anders meine Freunde Ernst-Günther und Meinhard, auf den Schultern von Riesen des Wissens wollen sie stehen und dadurch weiter sehen als die anderen Menschen, tiefer hinein in das Buch der Geschichte. Darum beschäftigen sie sich hauptsächlich mit dem Geist der toten Völkerkundler, die sie für ihre Vorfahren halten. Unsere Chefin hält mir einen langen Vortrag darüber, dass ich meine Habilitationsschrift ordentlich schreiben soll, denn ich würde mir doch wohl auch wünschen, dass dieses Buch noch in zweihundert Jahren in den Regalen steht und dass die Leute dann sagen: *Das ist das Standardwerk über süditalienische Religion.* Ich soll dauern, sie bietet mir eine Karriere als akademisches Gespenst an, zum Lohn und Dank dafür, dass ich mich jahrelang als guter Geist ihrer Bürokratie erwiesen habe. Ich weiß nicht, ob dieses Buch noch in zweihundert Jahren von Interesse sein wird. Aber ich weiß, dass ich Jahre dafür gebraucht habe, die groben Denkenschablonen und den schlechten Schreibstil wieder los zu werden, die eine frühere Version dieses Buches zur erfolgreichen akademischen Abschlussarbeit gemacht haben.

Berlusconi hat mir drei Männer geschickt. Ich verstehe im ersten Moment nicht, was Linda mit dem oberkellnerhaften Politiker und Medienmogul gemein haben soll. *Ja, er hat mir drei Männer geschickt, die sollten mich abfotografieren.* Nach und nach begreife ich, Luigi di Gianni hat sie besucht mit seinem Filmteam, der Nestor des süditalienischen Dokumentarfilms – drei Männer vom Fernsehen, und das Fernsehen gehört Berlusconi, dem Medienzaren, der heute, zehn Jahre nach diesem Gespräch, Italien als Ministerpräsident regiert. Als ich einige Zeit später meine Bekanntschaft mit Luigi wieder auffrische, sagt er: *Jetzt verstehe ich, was die Frau gemeint hat, mit diesem »Thomas«, immer wieder »Thomas«.* So sind wir uns durch Lindas Vermittlung nähergekommen. Vor fünfzwanzig Jahren, als ich begann, Bücher über Süditalien zu lesen, habe ich Luigi im Hamburger Dammtorkino nach einer Vorführung angesprochen. Und wenn nächstes Jahr nichts dazwischenkommt, werden wir einen Film machen über die Frau Holle von Ripacandida, über Linda und ihre Kolleginnen. So schließt sich ein Kreis, es ist der Kreis der Forschung, die im Rhythmus des Lebens verläuft und nicht versucht, das Gegenteil daraus zu machen, ein Leben, das der Wissenschaft angepasst wird.[265] Der Kreis meiner Freundschaft mit Linda aber hat sich auf andere Art geschlossen. Ich bin kein Magier geworden, sondern ihr Verwandter. Da alle ihre Kinder in Toronto leben, ist es leicht für sie, eine Art deutschen Sohn zu haben. Ich rufe sie an, selten, und sie erkennt mich sofort, wir werfen uns akustische Kusshände zu, und wenn ich in Ripacandida bin, schenkt sie mir selbstgemachten Käse und Wurst und gibt mir gute Ratschläge: *Wenn du ein Haus kaufen willst, geh erst mal hin und sage gar nichts, lass die reden. Wer zuerst seinen Preis sagt, ist schwächer dran ...* Ich sehe sie zu selten, und wenn ich sie sehe, ist unsere Forschung in der Wohnküchen-Arche jedesmal ein bisschen mehr in Vergessenheit geraten, und manchmal muss ich gegen sie angröhlen, um sie daran zu erinnern, dass ich doch alles gesehen, alles miterlebt habe, dass sie mir lieber etwas Neues erzählen soll. Dann zeigt sie mir Videos, Linda im Jogginganzug, Linda beim Picknick mit ihrer dicken Schwester, beide vor den Niagara-Fällen und Maria Lisettas Heirat mit einem fixen, reichen, jungen Mann in Toronto. Das Bajonett und die schwarze Schere hat sie zu Hause gelassen, in Ripacandida, *was soll man machen, sie nehmen mir die Sachen weg bei der Kontrolle auf dem Flughafen, sind ja schließlich Waffen. Linda, fahr wohl, die letzte große Reise hast Du antreten müssen im Jahre 2001. Und ich konnte Dich nicht begleiten auf Deinen Gang.*

11. Frauen, Männer, Bücher

Ginestra, *Xhinestre,* hier sind die Ortsschilder zweisprachig, denn die Bewohner des Dorfes flohen im fünfzehnten Jahrhundert von Albanien über die Adria nach Italien und sprechen heute noch die Balkansprache. Christlich-ländlich, festfreudig und trachtentragend präsentieren sich ihre Nachfahren heute, der Übertritt vom albanisch-orthodoxen zum katholischen Kult geschah bereits im 17. Jahrhundert. Das Bewusstsein, zu einer vom italienischen Staat anerkannten nationalen Minderheit zu gehören, unterscheidet sie ein bisschen von ihrer romanischen Umgebung. Während die Frauen von Ripacandida im Beisein ihrer Männer oft eher schweigsam sind, dürfen die Frauen von Ginestra in der Gegenwart ihrer Männer Witze reißen und sich sogar über ihre Männer lustig machen, ohne dass es als Fehlverhalten gilt. Die Mutter meines Freundes Michele stammt aus Ginestra. Sie hat mir erzählt, dass es sie auch bei den Albanern gibt, die *Frauen, die helfen*. Mit Michele und Gino fahre ich in den Nachbarort. Wir besuchen Fiorina Petagine, von der es heißt, sie wüsste am besten über die albanische Tradition Bescheid. In der Tat, Fiorina hat Erfahrung mit Albanologen und Mundartforschern. Sie verfügt über ein riesiges Repertoire an Liedern, Geschichten und Sprüchen im Dialekt der Albaner von Ginestra. Sie führt uns ihr albanisches Kostüm vor, erzählt und singt und macht Witze über ihren Mann. Hier geht es zu wie beim Tag der offenen Tür in einem Freilichtmuseum der bäuerlichen Kultur. Das Ganze hat etwas auswendig Gelerntes an sich, es ist eine Aufführung, die sie schon oft geprobt hat. Als wir nach den Frauen fragen, die helfen, führt sie uns zu einer Nachbarin, denn das ist nicht mehr ihr Ressort.

Diese Nachbarin heißt uns willkommen und erklärt mir dann in aller Ruhe, wie man den bösen Blick heilt. Sie spricht, als sei das eine große Selbstverständlichkeit. Dann lässt sie andere Heilerinnen holen, und bald ist die Küche voller Frauen. Fröhlich zieht jede ihr rostiges Messer oder einen alten schwarzen Revolver aus dem Tuch, das ist gegen den bösen Wind, und das Tonlämpchen gegen das Totenfeuer. Von Büchern der Magie ist hier nicht die Rede, nein, es ist ganz christlich, was sie machen und uralt, es ist der Brauch, eine schöne Sache, wunderschön. Sie brauchen keine Bücher, denn sie haben sich selbst ein System zurechtgelegt. Sie ahmen die Haltungen nach, in denen Kranke mit einem Revolver bekreuzigt werden, ich soll es ruhig fotografieren. Zum Schluss schleppen sie uns noch zu einem alten Mann. Er wird als besonderer Experte angekündigt. Zi Tuccio zeigt, wie man einen Drudenfuß, den magischen Fünfstern, mit Kohle auf einen Ziegel malt und dann einen Abdruck auf den Hals macht – gut gegen Halsschmerzen! Viel mehr gibt es dann nicht mehr zu sagen. Mit besten Grüßen an die Kusinen und Gevatterinnen in Ripacandida werden wir verabschiedet.

Etwas verdutzt laufe ich mit Gino und Michele zum Wagen, wir setzen uns , ziehen die Türen zu und fahren los. Ich fühle mich nicht so aufgeräumt wie die munteren Damen, die uns

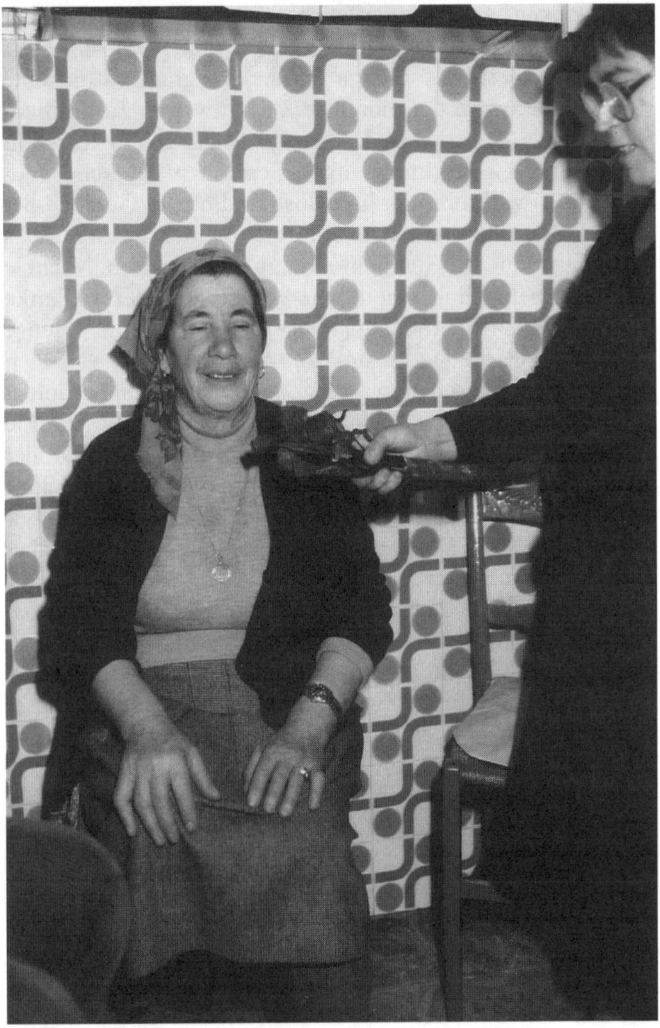

Magie in Ginestra: Frauen zeigen uns, wie man die Toten austreibt, 1984

eben in Ginestra verabschiedet haben. Auch Gino ist in seltsamer Stimmung. Gelegentlich hat er schon von *diesen Dingen* gehört. Seine Mutter ließ ihn als Kind zu einer *alten*

Frau bringen. Aus meinen Forschungen über die Magie hat er sich immer herausgehalten. Aber die Frauen von Ginestra haben uns jetzt *diese Dinge* erklärt, als ginge es um eine Autowerkstatt, in der man alte Karren wieder zusammenflickt. Gino ist irritiert. Da kann man ja gleich Kurse in lukanischer Geisterkunst organisieren, für deutsche Touristen. Das vollkommen harmlose und offene Gerede über Geister und Gefühle hat uns durcheinander gebracht. Das ist nicht meine Magie, meine Magie ist verborgen. Michele schweigt beharrlich. Vielleicht gefällt ihm der Gedanke nicht, dass der Schmerz für diese Frauen zu einer Menge geworden ist, die sie herumkommandieren, wie es ihnen gefällt. Wer wegschaffen kann, der kann auch herholen. Schweigsam treten wir die Rückfahrt über die dunkle Schlaglochpiste nach Ripacandida an, um dort bei der nächstbesten Bar abzusteigen, unten in San Donato. Lange stehen wir an dem blitzenden Metalltresen herum und teilen uns ein Bier. Wir sprechen über Fußball, kein Wort über die seltsamen Hexen von Ginestra.

Ich war dem Echo meiner Wissenschaft begegnet, von Albanologen und Mundartforschern[266] geschulten Informantinnen, die ihre Geschichten über Feuer, Wind und die Kameradenwaffe systematisch geordnet und zusammengefasst haben und nun wieder und wieder erzählen, im Zeichen des Nationalstolzes der albanischen Minderheit. Auch die Heilerinnen in Rionero und in Ripacandida verknüpfen ihre Rituale mit christlichen Gebeten und geben sich sehr fromm. Aber sie wissen, dass die Magie nicht bloß in Formeln und Handlungen gründet, es gehört mehr dazu. *Das drückt den Willen Gottes aus. Vor allem musst du dich konzentrieren, Jesus Christus, hilf mir! Es braucht eine gewisse Konzentration.* Wozu noch konzentrieren, wenn es allein um den Willen Gottes geht? Dabei bleibt offen, um wessen Willen es letztlich geht. Anita Perretta faltet die Hände und schaut mich duldsam an: *Nächste Frage?* Eben hat sie vom Willen Gottes gesprochen, dann klingt es wieder so, als habe sie esoterische Bücher aus Deutschland gelesen: *Ja, es gibt Leute, die haben die Worte, aber nicht die Kraft. Und es gibt welche, die haben die Kraft, aber die wissen die Worte nicht.*[267] Das Wort *Kraft, forza,* habe ich in unsere Unterhaltung eingeführt, von sich aus sprechen die Heilerinnen nicht von Kraft oder Energie. Ein anderes Mal benutzt Anita Perretta das Wort *virtù*, um die Wirkung der Formeln zu begründen, das bedeutet wohl so etwas wie *innerer Wert, Wirkung, Macht*. Es macht ihr nichts aus, mal meine Kraftwörter zu benutzen, mal kirchentreu zu sprechen und dann das antike Zauber- und Heldenwort *virtus*[268] zu erneuern. Tugend, Einklang mit sich selbst und allem, was stark macht, das ist ihr Ziel. Sie wartet weder passiv auf einen Gott, noch glaubt sie, die Krankheiten ihrer Kunden mit einer magischen Technik in den Griff bekommen zu können. Sie hat es auch nicht nötig, auf der Suche nach der Wahrheit der Magie in der Welt umherzureisen.

Ähnlich erging es mir mit meiner Fragerei bei Lucietta. Die alte Frau hätte es spielend mit einem religionswissenschaftlichen Seminar aufnehmen können. Statt auf einem Besenstiel ritt sie gerne auf dem Unterschied zwischen Religion und Magie herum. *Die sind nur dazu da, die Gnade der Heiligen zu ersuchen, diese Sachen, aber man muss die genauen Worte wissen, sonst wirkt es nicht.* Die herkömmliche wissenschaftliche Definition von *Magie* ist: Ausübung von Zwang gegen übernatürliche Mächte.[269] *Religion* nennen manche Forscher im Gegensatz dazu die demutsvolleren Formen der Kontaktaufnahme mit dem Übernatürlichen. Da Christen stets mit der Frage beschäftigt sind, was sie sich ihrem HERRN gegenüber eigentlich herausnehmen können, hat das Studium der *Magie der Naturvölker* und ähnlicher Erfindungen ganze Generationen von Gelehrten erhitzt.

Aber bei Lucietta würden sich die Theoretiker von Religion und Magie die Zähne ausbeißen. Für die Alte gingen magischer Zwang und religiöse Demut in eins. Mit diesen Begriffen kam ich bei ihr nicht weiter. Langsam fiel ich den alten Damen in Ripacandida mit meiner Fragerei zur Last. Eines Tages nahm Linda mich beiseite und klärte mich auf: *Die Geister, du darfst die Geister nicht vergessen, den ganzen Kram machen wir nur wegen der Geister. Sie sitzen auf der Haut und »tack« ist es passiert. Hast du mich jetzt ver-*

standen? Vergiss die Geister nicht, oder du hast es nicht verstanden!
Im Bild des *morto* haben die lukanischen Heilerinnen und Magier all ihr Wissen zusammengezogen, ihre Naturbeobachtungen und ihr Wissen über Krankheiten, ihre christliche Demut und ihren Stolz auf das geheime Wissen, die okkulten Bücher, aus denen einige ihrer Sprüche und Handreichungen abstammen mögen und die Gebete der Priester, die sie nicht immer so verstehen, wie es der Kirche lieb wäre. Und gegen den *morto* steht der *maar*, worunter mal eine Heilerin verstanden werden kann, die den Leuten hilft, mal eine Hexe, die nachts in den Speisekammern der anderen Leute kramt und mal ein Schwarzmagier, fernab von Ripacandida, der die Krankheiten seiner Mitmenschen ausbäckt in einer schwarzen Pfanne. Im Zeichen der Krankheit, dieses kleinen Todes, ordnen sie ihre Erfahrungen und Wünsche, und das nicht immer nur demütig, sondern auch auf diese fordernde, bestimmende Weise, die wir *magisch* nennen. Das Wesentliche ist dabei das körperlich erlebte und praktizierte Mitleid, die Beschwörung eines Horizontes der Gnade, der sich unfehlbar über das menschliche Leiden erhebt. Die anderen Formen des Wissens, die Formeln und Gegenstände gruppieren sich locker um diesen Mittelpunkt des Totengedenkens, und letztlich ist es den Heilerinnen vielleicht auch gleichgültig, was sie da alles benutzen, Hauptsache, die Kirche kann nicht behaupten, sie wären keine Christinnen mehr.
In Ripacandida, Rionero, Barile und Atella habe ich mehr als fünfundzwanzig solcher Frauen kennen gelernt. Sie wussten von der Macht der Toten, auch wenn sie nicht immer so eindringlich darüber sprachen wie Linda, hatten dabei aber keinesfalls so einhellige Meinungen über Sinn und Form wie die Heilerinnen von Ginestra. Von der Wirksamkeit ihrer Methoden waren sie gleichwohl überzeugt. *In der Nacht kommt dir ein großer Kopfschmerz. Jetzt gehst du noch öfter als vorher zum Doktor. Aber in Wahrheit sind es immer nur diese Frauen, die gegen den bösen Blick helfen können.* Und Lucietta kommentiert von ihrem Krankenbett her: *Ohne das stirbst du eben.* Selbstbewusst vergleichen

sie ihre Praktiken mit denen der Mediziner. Sie stellen die lukanische Heilkunde als eine Art Notversorgung neben das Tun der Ärzte, überlebenswichtig in einer Gesellschaft, in der es nicht immer für alle zu Essen gab und manchmal wenig mehr als das und bloß noch ein Eckchen in einem Zimmer, in dem sie sich mit vielen anderen zum Schlafen einpferchen ließen: *Geld gab's damals keines, was sollten wir machen, manchmal musste man noch den Apotheker bestechen, damit man an das richtige Medikament 'rankam.*
In den fünfziger Jahren soll es in Ripacandida einen Mann gegeben haben, der verstand sich darauf, bestimmte Krankheitssymptome zu simulieren. Er ging damit zu den Ärzten und ließ sich behandeln. Nach und nach sammelte er medizinisches Wissen, um es dann samt der verordneten Medikamente für wenig Geld an die wirklich Kranken weiterzugeben. Von ihm ließen sich die Leute von Ripacandida kurieren und sparten so die Arztkosten. Medizinisches Wissen gleich welcher Art war kostbar, und es gab Heiler wie Donato Musto, von dem es heißt, dass er sogar Krebs mit Zaubersprüchen und Mistelmedikationen behandelt habe.
Wenn ich in Ripacandida oder in Rionero nach Zaubersprüchen fragte, erzählten die Menschen meist erst einmal von Kräutern und anderen materiellen Behandlungen. Ein Kraut (*cirtsogg`*) so bitter wie das Eichenblatt (*cirts*), hilft gegen Ischias. *Es ist so bitter, dass man kotzen muss.* Gegen Warzen wendet man nicht nur Zaubersprüche an, sie werden auch abgebunden und ausgesengt. Weithin bekannt ist die *stuppat'*, eine Mischung aus geschlagenem Ei und Matratzengras, die man bei verknacksten Knöcheln aufträgt. Das durften aber nur zwei *unschuldige junge Mädchen* tun, und manchen Heilerinnen sollen auch dabei wieder die Tränen gekommen sein. Diese spirituelle Seite der materiellen Medizin haben sie mir zunächst verschwiegen. Die materielle Medizin ist nicht deutlich von der magischen Medizin getrennt. In früheren Zeiten, *als es noch nicht so viel Geld gab,* hat der materielle Aspekt vielleicht sogar überwogen und ich werde im Kapitel »Bittere Wahrheiten« zeigen, dass auch die spirituellen Techniken eine materielle Basis hatten und haben. Manche Heilerinnen hantierten früher schon, zu

Anfang und in der Mitte des 20. Jahrhunderts, mit verrußten Öllämpchen oder reckten die Kameradenwaffe gegen das Böse, aber manche waren auch fähig, Zähne zu ziehen und Spritzen anzusetzen – Linda tat das bis in die späten achtziger Jahre als eine Art Hilfs-Krankenschwester.
Mit einem Röhrchen bliesen sie heilenden Rauch in das Ohr, und sehr gerühmt wurde *der Spanier*, ein Knocheneinrichter hoch in den Bergen bei San Fele. Man wusste sich zu helfen. *Diese Art der Medizin kommt vom Elend ... die Familien waren arm, die padroni waren reich.* Die wissenschaftliche Vernunft hat Naturerkenntnis und Religion voneinander getrennt. Als Spaltprodukt blieb die Magie zurück, die sich mal in die tiefen Wasser der Weltreligionen zurückzieht, mal als fundamentalistisches Strohfeuer in die Geschichte eingeht. In Lukanien ist die Magie meist geheim, weil die Priester und Schulmeister ihre Doppelherrschaft angetreten haben, aber dort, wo die Folklore zum Merkzeichen der Gruppe geworden ist, in Ginestra, konnten die Frauen ihr Wissen ungeniert vor sich hertragen – freilich hatte die Magie dort auch etwas von ihrer Bedeutsamkeit für die Beteiligten verloren. Diese Gegensätze sind wahrscheinlich sehr alt, Mythos und Entzauberung, geheime Wirksamkeit und öffentlicher Kult.[270] Die Dinge nüchtern zu betrachten ist kein Vorrecht unseres Zeitalters, und es gibt auch heute noch geheime Beschäftigungen mit dem magischen Rückschritt in die Zeit. Der Individualismus der Trance, das seltsame Erleben der Verhexten oder der Opfer des bösen Blickes, entzieht sich dem Wandel der öffentlich gepredigten Weltanschauungen. In diesem vom Schweigen, von Formeln, von Ritualen und vom Körper geschaffenen Spannungsfeld sind alle Formen des Einwirkens auf Mensch, Natur wie Geisterwelt, miteinander in Verbindung gesetzt, sei es nun als Gartentipp oder als Medikament aus der Apotheke, als Kochrezept, als Zauberformel, mit der das Holz angeredet wird oder als Flehbitte an die Heiligen und die Dreifaltigkeit. Natürlich weiß man in Ripacandida seit langem, dass die moderne Medizin überlegen ist, wenn es um Infektionen geht oder um schwere Brüche, um Geburten und Krebs. Aber es gibt auch Bereiche des alten Wissens,

die noch immer wichtig sind als praktische Hilfe ebenso wie als Ausdruck einer Kritik an der übermächtigen Technik der modernen Welt. *Die Alten wussten viel. Morgens lugten sie mal aus der Tür und wussten, was heute für Wetter sein wird. Das ist Weisheit aus Erfahrung.* Und ist die magische Medizin nicht ähnlich materiell und natürlich wie diese Wetterkunde? Der Gefühlsüberschwang des Neiders hinterlässt den Beneideten mit einem Gewitter in Kopf und Magen. Handgesten und Amulette zeigen die Verlaufsbahnen der Störung mit technischer Genauigkeit. Gegen die bedrohliche Öffentlichkeit der Blicke errichten die Mütter einen Schutzraum. Die wichtigsten Mittel dieser Heil-Kunst wurden der Kinderzeit des Individuums und der Gattung Mensch entlehnt: das Ablecken und Anfassen, das Besprechen, der Fluss des Speichels und der Tränen. Sie *hat die Hand drüber geführt*, sie *hat die Hand drüber gehalten* (passat' la man'). Sie hat den Schmerz der andern auf sich genommen, die Last. Das kann jeder Mensch unmittelbar verstehen, vielleicht sogar manches junge Tier noch, das sich den Blicken seiner Genossen ausgesetzt fühlt und dabei zwischen Ich und Du unterscheiden lernt, um dann in den Schutz der Mutter zurück zu flüchten.

Auch für die Bogenkrankheit gibt es so eine technische Erklärung auf der Grundlage von Erfahrungen, die jeder Mensch machen kann. Die Gleichsetzung des himmlischen Regenbogens mit dem funkelnden Strahl des Urins ist einleuchtend, wenn man die Bilder eine Weile auf sich wirken lässt. Es tropft schließlich auch aus dem Himmel, wenn sich der Bogen zeigt. Wer im hohen Bogen gegen den Regenbogen uriniert, soll wegen seiner Respektlosigkeit verdorren und vergilben, das himmlische Wasser bleibt ihm verwehrt. Das ist die Konsequenz der Bilder, die in den Formeln und Handlungen gegen das *male d'arco* angelegt sind. Leichen, Totengeister, Plätze, an denen Menschen gestorben sind, werden häufig in unklare Beziehungen zum Urin und zur Haut gesetzt. Um das besser zu verstehen, muss man wissen, dass der Urin in der Medizin des achtzehnten Jahrhunderts, die noch von der Alchemie geprägt war, eine besondere Rolle gespielt hat. Das Wissen über selbstentzündliches Feuer, über den selbsttätig leuchtenden Phosphor und die glühenden Stickstoffe des Urins wurde von Alchemisten mit Beobachtungen zusammengedacht, die man schon in der Antike über die Elektrizität der Haut angestellt hatte. Hinter dem Feuer des Phosphors und dem Funken des Magnetismus vermutete man gleichermaßen die chemischen Salze, welche die Leuchtkraft und Substanz des Lebens auszumachen schienen. Anstatt in Demut um das Licht des ewigen Lebens zu bitten, versuchten die Alchemisten, den Mächtigen ihr Wissen um die Essenz des Lebens zu verkaufen oder ihre eigene Macht mit der Arbeit in den Labors zu mehren. Sie wollten sich und andere unsterblich machen, so wie es bei uns heute die genetischen Schwärmer wollen oder die Fitnessapostel.

Raimondo de Sangro, Graf von Sansevero, Alchemist, Adliger und Ethnologe, entdeckte bei seiner Suche nach ewigem Licht und Leben im Jahre 1756, *dass die Salze der Knochen, der Haut, der Finger- und Zehennägel, der Haare, des Blutes, des Fettes, des Urins, der Exkremente oder anderer Körperteile … sich sofort entzünden*[271], wenn sie aus den Grüften *wieder an die Luft gelangt sind*[272]. Diese Salze wurden damals mit Alkohol als Lösungsmittel behandelt. Wenn ein Körper zu stark mit Alkohol, Phosphorsalzen und Ähnlichem traktiert worden war, konnte er sich selbst entzünden. *So hatte eine arme Frau in der Stadt Paris*, das behauptet Sangro in einer seiner seltsamen Schriften, eine Frau, *die seit drei Jahren keine Nahrung hatte zu sich nehmen wollen als Aquavit, in ihrem Körper ein solch gewaltiges Feuer empfangen, dass sie, die eines Abends auf einem mit Stroh gestopften Sessel eingeschlafen war, am nächsten Morgen mitsamt dem Stuhle verbrannt aufgefunden wurde, und es war nur ihr Schädel übrig geblieben und das äußerste Ende der Finger.*[273] Lukanische Heilerinnen würden dazu vielleicht sagen: Das Totenfeuer ist nach innen gegangen. Das kommt davon, wenn man es nicht ausreichend mit dem Öllämpchen und mit Gebeten an St. Antonius bearbeitet hat. Das Feuer *verzehrt* den Körper, wenn es nach innen dringt. Für lukanische Diener des Grafen Sansevero mag der Gedanke von Interesse gewesen sein, dass sich in den Leichen eine leuchtende Essenz sammelt, die man auf andere Körper übertragen kann. Allerdings hätte sie an der alchemistischen Lehre vielleicht weniger die körperliche Unsterblichkeit interessiert. Sie suchten Heilung durch Sühne am Totengeist. Einem Toten soll man besser nicht auf den Kopf pissen, sonst kommt das verderbliche Feuer der Toten. Jenseits der Grenzen unseres Wissens fegt ein kalter Wind herbei und bringt uns den Tod, ohne dass wir den Grund erfahren werden. Dem stellen sich die Heilerinnen entgegen, in der Hand ein Knäuel Filz und eine Flamme oder ein rostiges Bajonett, im Kopf die Schönheit der Reime.

Viele lukanische Traditionen scheinen auf alchemistischen Schriften und mittelalterlichen medizinischen Traditionen zu beruhen. Zum Beispiel heißt die Tollwut der Hunde heute noch bei den Tierärzten mit ihrem griechischen Namen *Hydrophobie*, die Wasserscheu. Im Mittelalter hat man sich viele Gedanken dazu gemacht: Tollwütige Tiere sind wasserscheu, so hieß es, weil ihnen das Wasser aus dem Maul schäumt. Ein anderer medizinischer Name der Tollwut ist aber auch *Lyssa*, wohl von *lysis*, Lösung, Auflösung des Körpers im Fieber. Hier besteht vielleicht ein Zusammenhang zur *lizza*, die den Heilerinnen aus Mund und Augen rinnt, weil sie die Erregung und den Krampf ihrer Patienten auf sich genommen haben. War es einmal so gedacht, dass die Mahre selbst die Krankheiten waren? Dann wären die Heilerinnen Lebende und Tote zugleich wie die Heiligen. Dann würde das Segnen und Taufen der Heilrituale einfach bedeuten, dass diese seltsamen Zwitterwesen den Kranken als Patenkind in ihre himmlische Verwandtschaft einbinden und darum in Zukunft verschonen müssen, oder dass sie die Kranken als eine Art Priester der Zwischenwelt in ihre Gemeinde aufnehmen.

Das Böse beweist sein Gutes in einer Schöpfung, die beides voraussetzt. Heilige kriechen aus ihrem Waldversteck oder erheben sich aus den Grüften, um den Vorwurf der Kranken auf sich zu nehmen. Sie können den Menschen aber auch die Krankheit bringen, so dass ein anderer Heiliger als Heiler einschreiten muss. Von den Kreuzwegen her recken auch die Toten ihre dürre Hand nach den Lebenden. Die indischen Anhänger der gutbösen Göttin Kali oder die Gefolgsleute des afrikanischen Donnergottes Xango, der schlägt und schenkt wann er will, würden nichts Besonderes dabei finden. Aber den Vertretern der allein selig machenden Kirche oder den Anhängern von *Gesundheit für alle im Jahre 2000* muss es doch seltsam erscheinen, dass hier das Böse gut sein kann und das Gute böse. Das Jahr 2000 ist nun auch schon wieder Vergangenheit. Und mitten in der Gesellschaft des Gutmenschentums stehen heute die schwarzen Götter der Vergangenheit wieder auf, in der Massenproduktion von Horrorfilmen und schwarzmetalligen Musikvideos. Das ist eine seltsame Welt.

Gelehrte Literatur und mündliche Überlieferungen stehen in ständigem Austausch. Die Erfahrungen der Menschen, die den Mechanismus des bösen Blickes erlebten und fürchteten, werden beschrieben und diskutiert von Menschen, denen diese Erfahrung nicht mehr selbstverständlich ist – trotzdem, gerade deswegen haben sie Angst, und das rückt ihre Erfahrung schon wieder in die Nähe des Denkens der »Abergläubischen«.[274] Zwischen beiden Positionen gab es eine Vielzahl von Kompromissen: *Ich glaube nicht daran, aber es gibt ihn,* sagen die gebildeten Neapolitaner, denn auch sie fürchten den Blick und wollen ihn abwehren. Zugleich nehmen sie sich das alte Recht der Stadtbürger heraus, die *alten Weiber auf dem flachen Lande* für ihren Aberglauben zu verachten. Jeder braucht seinen Barbaren, den er verachtet und zugleich seine eigene kleine Barbarei, die er trotzig gegen die Welt der Vernunft richten kann.

Seit dem sechzehnten Jahrhundert werden Anleitungen zur schwarzen Magie gedruckt, alchemistische Handbücher, Leitfäden zur Beschwörung von Geistern: der *große Albert* aus Frankreich, die italienischen *Bücher von St. Pantaleon,* die *sechsten und siebenten Bücher Mosis* in Deutschland.[275] Später kamen Leitfäden der Freimaurerei hinzu, der Astrologie, der Theosophie und des Okkultismus, der Parapsychologie und schließlich die naturwissenschaftlich-magischen Schriften des *New Age.*[276] Auch die süditalienischen Bauern haben sich aus diesem Fundus bedient. Der Weg der Übertragung ist heute oft nicht mehr im Einzelnen nachweisbar,

und noch schwieriger und unübersichtlicher wird es, wenn wir versuchen, in Erfahrung zu bringen, was wohl umgekehrt aus der populären Tradition in die gelehrten Bücher gewandert sein mag.[277] Mönche sollen in ihren Klöstern magische *Überschussbücher* bewacht haben, aus der biblischen Überlieferung ausgeschlossene Beschreibungen von *Moses' magischer Geisterkunst.*[278] Die biblische Erfahrung der Feuersäulen und brennenden Büsche, die Begegnung der Hebräer mit der Magie der Ägypter, all das wird von den Bauern verkleinert zu ihren magischen Heil- und Kochrezepten.[279]
In Ripacandida wusste man von diesen Büchern, wollte sie mir aber nicht zeigen, oder man konnte es gar nicht, weil sie mehr in den Vorstellungen der Erzähler existierten als in ihren Kommodenschubladen. *Rutilio Benincasa* soll ein Hausbuch im Stile des deutschen *Sechsten und Siebenten Buch Mosis*[280] heißen, aber ich habe es nie zu sehen bekommen. Einmal erwischte ich die Hebamme des Ortes mit einer *smorfia* aus Neapel, einem Verzeichnis von Traumsymbolen, aus dem sie Lottozahlen herausdeuten kann. Sie teilt sich das abgenutzte Buch mit einigen Nachbarinnen, aber als Besitzer ist auf dem Umschlag ein *Errico Martino aus Oppido Lucano* eingetragen. Ein seltsamer Zufall, denn das lukanische Oppido ist für seine Zauberer berüchtigt. Als ich schon bezweifle, dass es in Ripacandida wirklich Zauberbücher gibt, zeigt mir der Magier Santuccio Henri Durvilles *Gebete und Geheimnis.* Es ist die italienische Übersetzung eines christlich-magischen Segensbuches aus Frankreich. Der alte Santuccio praktizierte weiß Gott einiges mehr, als in diesem harmlosen Buch verzeichnet ist. Ich habe es hastig in einem stickigen Keller in Rionero kopieren können, den sie zum Copyshop umgebaut hatten, gierig blätterte ich die Blätter durch, sobald ich das Original pflichtschuldig bei dem schlauen Alten abgeliefert hatte. Durville, der christliche Okkultist aus Frankreich, leitet sein Buch mit einer nicht enden wollenden Wiedergabe der kirchenoffiziellen Litanei ein. Dann präsentiert er seinen Lesern zahme Tagesgebete und langweilige Erörterungen über die Heilgabe der Könige und die heilerischen Kräfte

der siebten Söhne und Töchter, die heilende Kraft der Zahl Sieben und den Heiligen Karfreitag, das Heil, das von der Kirche ausgeht und immer wieder das Heil der Könige, ihrer Münzen und Wappen. Es ist eine rohe Vorform dessen, was die Annalen der aufgeklärten französischen Geschichtsschreibung schließlich in Form von Marc Blochs Buch über die *wundertätigen Könige*[281] adeln sollte. Durvilles Buch aber ist gegen die Aufklärung und gegen die französische Republik gerichtet, nicht als politische Schrift, sondern so, wie alte Bauern und Bäuerinnen in der Vendée oder in der Bretagne heute noch manchmal vom Katholizismus schwärmen und von den Königen. Man kann sich von diesen stolzen und kantigen Alten zwar nicht recht vorstellen, dass sie jemals selbst bereit gewesen wären, einem Adeligen die Hand zu küssen. Aber ihr Gerede reicht noch allemal dazu, einen modern eingestellten Gast aus Paris in Unruhe zu versetzen, bis beide, Gast und Einheimischer, sich am schwarzen Faden der Tradition entlang immer tiefer verirren in die Welt des Abgründigen.[282]
In der Mitte des Buches angekommen, schwenkt Durville von der Demut zu magisch-drängenden Formulierungen über. Zunächst geht es um materielle Mittel: die reinigende Kraft von Feuer, Salz, Kreuz, Kampfer, Weihrauch und Lorbeer wird beschworen. Es folgen Anleitungen zur Vertreibung der bösen Geister aus Leib, Haus und Hof. Rituale der bäuerlichen Kultur erscheinen neben den religiösen Überlieferungen der alten Römer, Chinesen, Ägypter und Inder. Auch die *Primitiven*[283] werden nicht vergessen. Durville setzt die Erscheinung der Geister mit einem Feuer gleich – das passt nun endlich zur lukanischen Gruselfolklore. Die Geister wirken in Form von Verbrennungen und Magenleiden auf die Lebenden ein. Kabbalistische Machtwörter und Siegel sollen die hitzigen Geister wieder abkühlen. Durville beschreibt die Herstellung von Amulettsäckchen mit christlichen Symbolen, Kuren gegen das Geisterfeuer und gegen einen magnetischen Hauch, der das Böse bringt.

Geheimnis, mit dem man die Hautkrankheiten heilt, die Tumore und besonders die Skropholose:

1. Der Heiler soll die kranke Stelle mit der rechten Hand berühren und sagen: Ich heile dich.
2. Er zeichne das Zeichen des Kreuzes so, dass es die kranke Stelle umgibt und spreche dabei die Wörter, die gewöhnlich das Kreuzzeichen begleiten: Im Namen des Vaters, des Sohnes und des Heiligen Geistes.
3. Der Kranke vereinige sein Herz mit dem des Heilers, um am Ende des Ritus gemeinsam das Sonntagsgebet zu sprechen.[284]

Geister gehen auf die Haut, die Kranken werden berührt und die Herzen vereinigen sich im Kampf gegen den Schmerz. Das ist wie in Lukanien. Insofern bin ich bei meiner Feldforschung einem Okkultismus, einer magischen Heilkunst und einer Variante des Christentums begegnet, die ich schon von zu Hause kannte. Was ich aber vermisse beim Durchblättern von Durvilles Buch, das sind die derben bäuerlichen Zaubersprüche, die sich direkt aus der mittelalterlichen Mönchsliteratur zu nähren scheinen, die handfeste Praktik des Speichelns und Streichens, die Rede an den Holzsplint im Kopf und die dämonischen Heiligen als Krankheitsbringer. Aus diesem Buch können Heiler und Heilerinnen in der Basilikata eine gewisse Bestätigung ziehen, amtlich-christlich gewissermaßen, aber ich habe niemals beobachtet, dass daraus Rezepte für den alltäglichen Gebrauch abgekupfert wurden. Santuccio benutzte es, um vor mir als gelehrter Magier dazustehen, aber seine Zauberformeln standen nicht in diesem Buch geschrieben.
So murmelt heute noch manche Heilerin in Ripacandida von Santa Lucia, die auf einem Hügel saß, oder von der Muttergottes auf ihrem Stein, die heilt ganz fein und kann so Vorbild sein für uns daheim. Vorbilder für solche Sprüche können wir in alten Schwarten finden, nicht aber in okkultistischen Büchern des 19. und 20. Jahrhunderts.
Im *Straßburger Blutsegen*, einem der frühesten Dokumente deutscher Sprache, heißt es: *Dummkopf saß auf einem Berg, im Arm ein Kind und das war dumm. Dumm hieß der Berg und das Kind hieß Dumm: Das Sankt Dumm versegne diese Wund'.*[285]

Die Geschichte von Sankt Dumm soll fließendes Blut zum Stocken bringen. *Stupeo* ist das lateinische Wort für *Stocken, Aufhalten*. Die Bilder werden verdichtet, von der Stockdummheit des *Stupidus* zum Stocken des Blutes. Leider kommt Prof. Dr. Gerardus Van der Leeuw in seinen *Beiträgen zur religiösen Seelenforschung und Seelenführung* nicht umhin festzustellen, dass der Spruch bei der Übertragung vom Lateinischen ins Althochdeutsche sehr gelitten hat.

Aus dem Worte entsteht eine Erzählung vom stupidus, der dann ... im Althochdeutschen zu einem tumbo wird, ohne dass der Beschwörer sich im mindesten bewusst ist, dass sein Spruch unterwegs das Wortspiel stupeo-stupidus verloren hat.[286]

Unbewusst und ungelehrt handelt *der Beschwörer*. Bei derlei Sorglosigkeit im Umgang mit Sprache stockt dem Gelehrten das Blut. Die Bauern wollen ernten, essen und gesund sein, selten widmen sie sich sprachhistorischen Studien. Im Übrigen dürfte *der Beschwörer*, wie ihn Van der Leeuw nennt, oftmals eine Frau gewesen sein, die zwar des Lesens und Schreibens nicht mächtig war, sich aber darauf verstand, das Böse abzuwischen und den Menschen ihre Sünden zu verzeihen.

Es braucht halt irgendeine Regel, eine Tradition, wenn man heilen will, so sagt es eine Heilerin zu mir.

Die Heilkunst der *Frauen, die helfen* entstand im Kontakt mit den gelehrten Überlieferungen und gegen sie, misstrauisch beobachtet von Priestern und Ärzten, erforscht von Schullehrern und Folkloreforschern. Eines haben diese Männer gemein, sie glauben, den Trost nicht nötig zu haben, den die Frauen geben können.

Aber das kann sich schnell ändern. Immer wieder erzählen mir die Heilerinnen und die Magier triumphierend von Ärzten, Priestern und sogar von hohen Militärs, die ihre Hinterzimmer aufsuchen, weil sie der Verzweiflung nicht hatten standhalten können über die Krankheit eines Kindes oder den Tod, der die Hand auf ihre Schulter gelegt hat. Diese Frauen sind wahllos in der Wahl ihrer Mittel, denn der Zweck heiligt die Mittel. *Die mythische Tatsache, deren Kraft angewendet werden soll, entsteht mithin selbst erst aus der Anwendung*, das erkannte selbst Professor Gerardus Van der Leeuw.

Anita Perretta wispert mir zu: *Mit diesen Sachen musst du in der Christnacht drei Messen hören. Während er den Kelch oder die Hostie hochhält, muss man's aufsagen. Das hat mir eine alte Nachbarin verraten: »Hör dir drei Messen …«* Eine andere erzählt: *Du musst es für dich aufsagen … zur Mitternacht musst du in der Kirche sein, um diese Sachen aufzusagen, aber auch am Morgen um sechs und wenn alle am Mittag gehen. Aber du darfst nicht das Vaterunser sagen oder das Ave Maria. In deinem Kopf musst du diese ganzen Dinge wiederholen, verstehst du mich?* Lucietta hingegen meinte, dass man es nur vor der Messe tun könne, *sonst wird es noch zum Volkslied*, weil alle die Wörter hören können. Die Formeln werden *erneuert, während das Jesuskind geboren wird*, so drückte es die Wirtin vom Valle aus. Die Verse erneuern sich in den murmelnden Frauen und das ewige Kind erneuert sich in der Gemeinde, die Heilerinnen frischen ihr Gedächtnis auf und markieren ihre Position am Rande der christlichen Welt. Sie sprechen nicht das nach, was die Priester ihnen vorsprechen, aber das, was sie sprechen, ist auch ganz und gar nicht gegen die christliche Religion gerichtet, im Gegenteil, es ist eine Fußnote zur Botschaft von Taufe und Erneuerung.

Magische Mobilmachung des christlichen Götterhimmels[287] hat Ernesto de Martino das genannt. Tatsächlich, sie führen Krieg gegen die Totengeister, *Auge um Auge, Zahn um Zahn.* Die Heilerinnen leiden mit ihren Patienten, bis ihnen Speichel und Tränen im Gesicht stehen, und manchmal schwenken sie alte Kriegswaffen gegen das Böse. Aber das Alte Testament steht neben dem Neuen, zur Mobilmachung kommen das Mitleid und die Sehnsucht hinzu, und dann ist der Krieg schon wieder vorbei. Diese Frauen haben aus der Heilsbotschaft ein Kochrezept gemacht oder eine Anleitung zur *vendetta*. Gerade dadurch sind sie zum Scharnier zwischen Welt und Gott geworden. Auch wenn sie keine Zähne mehr haben oder aufgequollen sind von der Diabetes, es sind die *schönen Frauen*, schön wie die *Befana*, das ist die Fee, die den italienischen Kindern am Dreikönigstag heimlich die Geschenke ans Bett bringt, wenn ihre Eltern noch nicht zum Kult des Weihnachtsbaumes übergetreten sind. Diese Frauen wissen um ihre Besonderheit und gestalten ihre Rolle aus der Alltäglichkeit heraus manchmal zu außergewöhnlichen Schauspielen. *Ich kann nicht geheilt werden, ich heile,* sagt die kranke Lucietta. Einige Heilerinnen tragen bedeutungsvolle, auf Magie hindeutende Spitznamen: *maldit'*, die Verdammte, *la diarora*, die Teufelin.

Anita Perretta, die jüngste Heilerin, die ich kannte, war die Älteste von zweimal sieben Geschwistern, Durville hätte vielleicht seine Freude daran gehabt. Nach dem Tode der Mutter wurde sie zum Mittelpunkt einer unübersichtlichen Familie. Die meisten Geschwister mussten Ripacandida auf der Suche nach Arbeit verlassen. Nur Anita war geblieben und die Geschwister kamen zurück, um sich bei der Schwester Wein, Wurst, Brot und gute Ratschläge abzuholen oder auch ein Heilritual.

Die braungebrannte, etwas hagere Frau ist in meine Erinnerung eingeschrieben wie eine Ikone. Ich sehe sie wieder vor mir, im gleißenden Sonnenlicht an der Mauer der Marienkapelle, ernst und kraftvoll, in schwarze Tücher gehüllt. Zusammen mit anderen Frauen rodet sie den Boden beim alten Friedhof, der in einen Park umgewandelt werden soll, eine Arbeitsbeschaffungsmaßnahme der italienischen Regierung. Anita Perretta hat mich zu ihrem Arbeitplatz mitgenommen, weil sie dort die großen mittelmeerischen Mohnpflanzen entdeckt hat. *Das ist keine Droge, wir haben es früher den Kindern gegeben, als Saft, damit sie schlafen, wenn wir auf dem Feld ackern müssen.* Die anderen Frauen stehen in einer Reihe und schauen dabei zu, teils belustigt, teils beunruhigt, denn immer eifriger reißt Anita die Stauden aus. *Ich muss arbeiten, die Arbeit muss getan werden* ... Das gilt mir, sie will vor dem *signorino* als ernsthafte Arbeiterin dastehen. Der Übereifer steht aber vielleicht auch für die Überforderung, der sich diese Mutter ausgesetzt sehen muss, diese große Schwester, Familienheilige und Heilerin in einem. Wenige Wochen später ist Anita Perretta an einer schweren inneren Krankheit gestorben. Sie hinterließ drei Kinder, ihre Geschwisterschar, ihren Mann,

ihre Nachbarn und ihren Ethnologen in völliger Ratlosigkeit.
Die Grenzen der Belastbarkeit oder was Heilerinnen alles können sollen: Buchstabenorakel über Heiratspartner und Kinder; Wahrsagung des Geschlechts ungeborener Kinder; Traumdeutung. Man kann sich ausmalen, was für Konflikte bei der Deutung von Träumen auf Lottozahlen entstehen. Manchmal wird den *schönen Frauen* auch nachgesagt, dass sie das Wetter beeinflussen können oder *fattura* bewirken, das *Gemachte*, die *Quittung*, die das Böse auf andere Menschen lenkt, Hexerei. Manche weigern sich, die *fattura zu machen*, denn *ich glaube selbst nicht dran, und gesund wirst du auch nicht davon …* Andere, die vielleicht noch Kraft zur Erweiterung ihrer Einflussbereiche in sich spüren, bleiben bei geheimnisvollen Andeutungen, die zum Weiterfragen einladen. *Wer's glaubt …* Heilerin sein heißt, die grenzenlosen Erwartungen der Menschen zurückzuspiegeln und zurückzuspielen. Wo die Grenze liegt, muss immer wieder neu verhandelt werden.
Maria Catena und ihre Tochter habe ich in heftigem Streitgespräch über die Hexerei erlebt. Die Tochter wollte zwar die Tradition der magischen Heilkunde weiterführen, aber nicht die *fattura*. Während die schwach und verbraucht wirkende junge Frau mit ihrer Mutter hadert, schaut diese unverwandt mit hellblauen Augen vor sich hin, ein Standbild, ein Emblem der Vergangenheit, ein Abbild der rüden Manipulationen am Seelenleben des Mitmenschen, zu denen manche Heilerinnen durchaus fähig sind. Dann aber lenkt sie ein: *Ich kann es, die fattura, aber meine Tochter will das nicht und darum tu' ich es nicht mehr.* Als ich sie später frage, wie sie es denn aushält, die Schmerzen ihrer Mitmenschen auf sich zu nehmen, zieht sie theatralisch ein deutsches Medikament aus dem Kühlschrank hervor, Spalttabletten gegen den Kopfschmerz. Die Ehemänner halten oft Distanz zu diesem Treiben, sie *glauben nicht dran*. Manchmal berufen sie sich dabei auf die Lehren der kommunistischen Partei. Anitas Mann war Kommunist und obendrein sehr einsilbig. Sie war stolz darauf, dass sie ihn dann doch einmal bei schweren Kopfschmerzen behandeln durfte – mit

Erfolg. Die Erbinnen, die diese Tradition fortsetzen sollen, schwanken zwischen Selbstzweifel und dem Wunsch, heilsame Macht über Menschen auszuüben. Der Traum vom Heilen mischt sich mit der Furcht vor der Rache der Geister. Maria Lisetta, die heute in Kanada lebt, Jura studiert und einen reichen Mann geheiratet hat, wollte als Zwölfjährige unbedingt die Nachfolgerin ihrer Großmutter werden, der berühmt-berüchtigten Linda Viertele. Später wurde sie zu ihrer Mutter nach Kanada zurückgebracht, nachdem sie einige Jahre bei der Großmutter in Ripacandida gelebt hatte. Als ich sie ein Jahr später in Ripacandida beim Donatusfest treffe, frage ich natürlich, ob sie immer noch Nachfolgerin der Großmutter werden will. Ein listiger Blick aus Mandelaugen beantwortet meine Frage schon, und dann heißt es wie beiläufig *nein, ich will es nicht mehr tun, es ist riskant. Und ich bin jetzt schließlich eine andere Person.*

12. Vito und die Geister

Vito wirkt klein, schmalbrüstig, verdrückt und seltsam uninteressant. Er möchte wohl gerne wie ein britischer Offizier aussehen, mit Schnauzbart und starrem Blick. Später sollte ich erfahren, wo er britische Offiziere gesehen hat. Mit Lomonache lungerte Vito manchmal auf der *piazza* der alten Männer herum, unterhalb der richtigen *piazza*. Freilich hält er sich dort seltener auf als die anderen Rentner, mit irgendetwas ist er noch beschäftigt. Manchmal komme ich an den beiden vorbei, und weil ich den listigen uralten Lomonache mag, nehme ich Vito in Kauf. Sie schlagen mir vor, dass wir einen Ausflug auf das freie Feld hinaus machen sollen, zu Lomonaches Weinberg. Da würde mir Vito von den Geistern erzählen. *Komm mit, heute kommst du mit, du hast es uns versprochen!* Bald sind wir im Feld. Um uns her ist es fahlgelb und flaschengrün. Das Licht und die Luft nehme ich auf wie ein warmes Bad. Aus der ersten Sonnenhitze des Jahres ziehen wir uns bald zurück in die matte Atmosphäre einer Feldhütte aus Lehm, Stroh und Holz. Licht dringt durch alle Ritzen und sprenkelt die Wände.

Zwischen Strohballen mache ich es mir auf einem alten Sattel aus Holz bequem. Ich atme den starken Duft des Weizendrusch. Die beiden Alten öffnen eine Flasche Wein. Es ist Mai, seit sieben Monaten lebe ich in Ripacandida, und in diesen sieben düsteren Monaten habe ich gelernt, lukanischen Karneval zu feiern, *in piazza* den Herrn zu markieren, den Dialekt zu verstehen und mit Heilerinnen zu sprechen. Und ständig frage ich mich, wie ich diese Bruchstücke des lukanischen Lebens in ein System übersetzen soll, in eine wissenschaftliche Darstellung. Schon wenige Wochen später werde ich Ärger mit den akademischen Betreuern in Deutschland bekommen, weil mein Zwischenbericht nicht systematisch aufgebaut ist. In Ripacandida habe ich von diesen Nöten niemandem erzählt. *Nun also, sage mir, was du zu wissen begehrst, immer nach deinem Programm, nach den Regeln, die dir deine Akademie aufgetragen hat.* Der sonst so verdrückte Vito hat sich in der Haltung eines Offiziers vor mir aufgebaut. Er spricht gemessen und würdevoll. Er hat den Nerv getroffen und mich an meine Geldgeber erinnert. Richtig, ich habe einen Auftrag. Ich versuche mich zu wehren, so gut es geht. Fest und vernehmlich verlange ich von dem selbsternannten Magier zu wissen, was seine Techniken seien, und vor allem, was er denn eigentlich für Fälle behandelt habe, wie er geheilt habe, in welcher Verfassung die Leute seien, die zu ihm kämen, ob überhaupt Kunden zu ihm kommen. In der Rolle des Inquisitors befrage ich den Hexer, der es gewagt hat, mich auf die Gewalten anzusprechen, denen ich selbst unterworfen bin. Was Vito vielleicht als Versuch meinte, die gegenseitigen Interessen abzustecken, weckt bei mir Widerstand: *Die Fragen stelle ich!* Der Alte lässt sich nicht beirren. Er übergeht meine Fragen, und während Lomonache mit glänzenden Augen von seinem Strohballen zu ihm aufschaut, markiert Vito den Standort des Vito Gioiosa im Leben.

Also ... ich habe mit deinen Landsleuten gekämpft, der Krieg von 1940, mit der Achse Berlin-Rom. Ich habe während des Krieges viele Menschen kennen gelernt, die geheilt haben nach ihren Kriterien. Bei mir war es allerdings so: Mein Onkel, der jetzt tot ist, war ein Heiler, aber er ist arm gestorben. Ohne Geld. Er hatte viele Bücher, und mir hat er einen Talisman gegeben. Er war der Bruder meiner Mutter. Er hat mich so angeschaut und dann gesagt: »Du bist ein guter Junge, dir kann ich vertrauen.« Er hat sich mir anvertraut und er hat mir den Talisman gegeben, den er seinen Kindern nicht gegeben hat. Aber ich hätte damals gar nicht so viel darauf gegeben, wenn es mir dann nicht eines Tages passiert wäre. Ein Junge ist zu mir gekommen, der war von den Geistern angegriffen, von den weltlichen Geistern der Mordopfer. Dieser Junge ließ die Stimme des Toten vernehmen, nicht mehr seine eigene … Mit meinem Talisman allein konnte ich ihm nicht helfen, dazu brauchte es auch die Fastengelübde.

Viele Bücher – ich war nicht hier, um aus vielen Büchern wieder ein Buch zu machen. Erst als ich später Linda kennen lernte, habe ich Vitos Reden besser verstanden und meine Suche nach den echten Heilern eingestellt, den bücherlosen, den primitiven. Was dann für meine Forschung übrig blieb, war immer noch exotisch genug. Vito konnte ein Schlüsselerlebnis mit einem Besessenen vorweisen, das ihn zum Heiler gemacht hatte, genau wie Linda. Nachdem sie die Feuerprobe der Dämonenaustreibung überstanden hatten – Vito als Versager, Linda fast erdrosselt von ihrer furiosen Kundin – konnten sie zu christlichen Magiern heranreifen.

Ich habe das Fastengelübde abgelegt. Das, was ich erwählte, darf ich nicht essen. Es geht um alle Tiere, die mit der Weihnachtskrippe zu tun haben. Ich bin ein gläubiger Katholik. Auch wenn Gott, um es mal so zu sagen, existiert oder nicht existiert, in dieser Religion ist Gott und ich bin sein Anhänger. Ich habe die Pferde genommen, esse sie nicht, sie stellen die Heiligen Drei Könige dar … Ochse, Kuh, Esel darf ich nicht essen. Die Kinder der Kuh darf ich, aber die Kuh nicht, das Lamm ja, das Kalb ja, aber das Schaf nicht. Ich habe das Gelübde abgelegt, ich habe gesagt, jetzt muss ich heilen, aber mit dem Glauben … das habe ich in mir selbst gelesen, so, wie man in den Büchern liest. Auch in den Büchern kann man lesen, dass es der Gelübde bedarf, damit man das Heilen hinbekommt oder sonstwas. Ich heile die Menschen im Namen Gottes und der Allerheiligsten Dreifaltigkeit. In diesem Namen, mit diesem Gelübde löse ich die üblen Anwürfe ab, ich heile die Leute und sie gehen beruhigt nach Hause ... Dieser Junge ... suchte Hilfe, wollte sich befreien. Aber ich habe es nicht geschafft, denn ich habe 50 000 Lire von ihm verlangt. In dieser Zeit waren das, oh Gott, soviel wie heute 500 Mark oder ich weiß nicht wieviel.

Katholisch überformte Magie diagnostiziere ich im Stillen. Wie ein Heiliger hat Vito erst gefehlt und dann bereut, und sich aufgemacht, die anderen Sünder zu heilen. Dann kann er seinen Platz im Lichtdom des Glaubens einnehmen: Vito, Bauer und Heiler in Ripacandida, Lukanien, vormals Kämpfer auf der Achse Berlin-Rom, nunmehr Christ und Mitglied der Bruderschaft von der Heiligen Krippe. *Das Lamm ja,* so etwas sollte mir später bei Linda wieder begegnen, mit ihrem heiligen Tau: *nur die unschuldigen jungen Tiere ...* Aber in diesem Moment draußen auf dem Feld habe ich die Zusammenhänge noch nicht verstanden, was geht mich das Gerede dieses alten Mannes an, wo ich doch die rohe richtige Magie der Lukaner finden werde? Mitleidlos überhöre ich die Botschaft. Gezeichnet vom Krieg hat Vito gelernt, sich in das Zeichen der Krippe zu stellen, Raum und Zeit zu überwinden. Er hat seine Begierden gemeistert und isst nur noch das, was ihm gehört. Darum lässt er die Kranken zu sich kommen, mit roten Beulen auf der Haut oder mit Depressionen oder seltsamen Schmerzen, oder weil es ihnen hundeelend geht und sie wissen selbst nicht, warum. Eine alte Tradition der deutschen Geistesgeschichte hinderte mich daran, Vitos neugeschöpftes Christentum ernst zu nehmen. Im Süden sucht und findet man das Heidentum. Es ist derselbe alte Fehler, die lange Tradition abenteuerlicher Fantasien der Christen über den *anderen Gott.* Ich konnte nicht glauben, dass ich es hier mit einem klassischen lukanischen Heiler zu tun hatte. So ein Heiler musste ein Heide sein, kein wirklicher Christ. Ich konnte mir nicht vorstellen, dass Vito eine breit gefächerte Kundschaft versorgte, bis nach Neapel hin, bis Bari im Osten, im Süden bis nach Kalabrien – aus dem Norden, von Benevent her kamen sie seltsamerweise nie, vielleicht, weil dort andere Bergmagier herrschen.

Ich verstand nicht einmal, dass Vitos Einleitungsrede zumindest eines der Rätsel hätte lösen können, die sich mir seit meiner Ankunft in Ripacandida stellten: Wie kam es, dass immer wieder Autos von auswärts, aus dem Umfeld von Bari, Avellino, Neapel den knappen Parkplatz vor unserem Häuschen besetzten, im toten Winkel, weit entfernt von der Landstraße und von der *piazza*? Das ging gegen meinen Ordnungssinn und gegen jede Vernunft, außerdem war es eine Mühe, immer wieder einen neuen Parkplatz für mein eigenes Auto zu finden. Die Lösung war einfach: Von meinem Haus führte ein beschwerlicher, aber kurzer Weg zur Behausung von *Zi Vito* und *Zi' Giuseppina*, Onkel Veit und Tante Josefina. Dieser Weg bestand vor allem aus einer steilen schmalen, endlos langen Treppe, einer der unheimlichsten Orte in Ripacandida. *Früher,* so erzählte es mir ein Alter, *als wir noch mit Bambusfackeln gingen in der Nacht, denn elektrisches Licht gab es keines, da hat hier einer nachts ein Brautpaar gesehen, aber die waren riesig groß*. Über diese Treppe der Schatten und Geschichten konnte man von unserem Haus aus schnell und unbeobachtet zum Behandlungszimmer des Mannes aufsteigen, den sie den Magier nannten und ich wusste nichts davon. Nach einem langen Gespräch mit Linda habe ich dann doch den schwarzen Faden der lukanischen Tradition in Vitos Erzählungen erkannt. Belehrt und bekehrt mache ich mich auf zu Vitos Praxis – weit ist es ja nicht, und ein großer Wagen aus Matera hält den Parkplatz vor unserem Haus besetzt. Ich klopfe, *komm 'rein*, heißt es, aber als ich die Tür öffne, falle ich über eine Gruppe von fünf, sechs Personen, die sich direkt hinter dem Eingang versammelt haben. Zwei Männer in gebückter, fast kniender Haltung halten ein Sieb, wie man es für die Auslese der Weizenspreu benutzt, als Griff dient ihnen eine Schere, deren Spitzen in die Holzfassung des Siebes gebohrt sind. Vito steht dabei. Hier wird ein Orakel veranstaltet. Die Männer halten die Scherengriffe nur mit den Fingerspitzen, das Sieb pendelt im Luftzug aus der halbgeöffneten Tür. Der Wind sagt ja, sagt nein, und so neigt sich das Sieb. Der Wind, das sind die Stimmen der guten Toten, das Sieb ist ein Ohr.[288] Drei Frauen schauen dabei zu.

Vito und Kunden beim Orakel: Mein erster Besuch in der Praxis des Magiers, 1983

In der Praxis des Magiers ist das Regelwerk des Alltagslebens außer Kraft gesetzt. Darum ist es auch nichts Besonderes, wenn auch noch ein *deutscher Professor* dazu kommt, der *bloß mal zuhören will.* Freundlich werde ich aufgenommen – jedenfalls scheint mir das so. Ein Freund von Vito, der auch als Schlepper für seine Praxis tätig ist, hat die Handwerkerfamilie aus Südlukanien mitgebracht. Es geht um den Sohn der Familie. Vor einigen Monaten hat er geheiratet, seitdem leidet er an der Bauchspeicheldrüse. Der Übergang vom Kind im Haus zum Vorstand einer neuen Familie hat nicht richtig geklappt. Vito kennt die medizinischen Tücken der Pankreasdrüse, weiß um die Gefahr. *Bauchspeicheldrüse ... das kann übel enden, mit Diabetes und allem ...Wollen mal sehen ... das Sieb soll sich zu mir drehen, das soll dann »Ja« heißen.* Es bleibt Vitos Deutungskunst überlassen, ob das Ohr ein Ja oder ein Nein gehört hat. *Darf ich das fotografieren?* Vito freut sich, *na klar, das ist kein Problem.* Zum Sieb spricht der tote Großvater des jungen Mannes. Vito hat den Toten vorgeladen.
Zambrotti – Johann! Im Namen von Sankt Peter und Paul

befehle ich dir zu erscheinen, im Namen von Sankt Peter und Paul, schickt mir Zambrotti, Johann. Hier ist dein Sohn und dein alter Freund, sie wollen dir ein paar Fragen stellen ... Lassen wir doch das Geschwätz sein, sag mir einfach ... Ist es eine Krankheit, die durch bösen Willen entstand? Wenn sie ihm etwas Böses gemacht haben, will ich den Grund wissen! Du musst uns sagen, was wir tun sollen, wie wir uns davon befreien sollen. Die Tür knarrt. Der Ethnologe knipst. Sachte schaukelt das Sieb im Wind. *Was hat er denn gesagt?* fragt eine Frau in die Stille hinein. *Völlig klar, es ist böser Wille dahinter.* Die Frau schluchzt. Nun kommt sie mit ihren Fragen an die Reihe, und erhält dieselbe Antwort. *Malfatto, tutto malfatto.* Es ist alles böser Wille. Das Unglückswort *fattura* vermeidet der Heiler vom Berge. Jetzt weint auch der Familienvater. Das Orakel ist schnell beendet, weitere Fragen werden auf dem Notizblock einer Renault-Vertretung notiert, mit der Vitos Sohn, der Karosseriebauer, geschäftliche Beziehungen unterhält. Vito sammelt die Zettel ein. Er wird sie mit Hilfe der Pergamente beantworten. *Sankt Peter ist der Schutzherr der Schlüssel, er empfängt die Toten im Himmel und er lässt sie auch mal gehen. Sankt Paul steht treu zu Jesus, und der passt auf Peter auf.* In der himmlischen Bürokratie hat es Vito bis zum Postboten gebracht, durch den Dienstboteneingang schlüpft er hinein. Manche seiner Kunden können nicht schreiben. Dieser Postbote befördert nicht nur die Briefe, er schreibt sie auch und mimt den Absender. Auf einmal ist er nicht mehr der Bauer, sondern der Gelehrte. *Gott oder dem Heiligen Donatus oder der Dreifaltigkeit kannst du nicht befehlen nach deinem Willen. Ich, wer bin ich schon? Du, wer bist du? ... Nein, wir müssen es unter uns ausmachen und deshalb können wir nur den Toten rufen. Aber die Heiligen, Gott, die kann ich nicht befehligen.*

Nur wenn die Bittsteller ihr Formular korrekt ausgefüllt haben, besteht eine Chance auf Anhörung. Vito schickt mich mit Zambrottis Frau und der Frau des Freundes aus Südlukanien *in piazza*. Wir sollen beim Tuchhändler Unterhosen für den Sohn kaufen, damit Vito sie *bearbeiten* kann, oder auch *überarbeiten, lavorar' sopra,* er benutzt das Wort

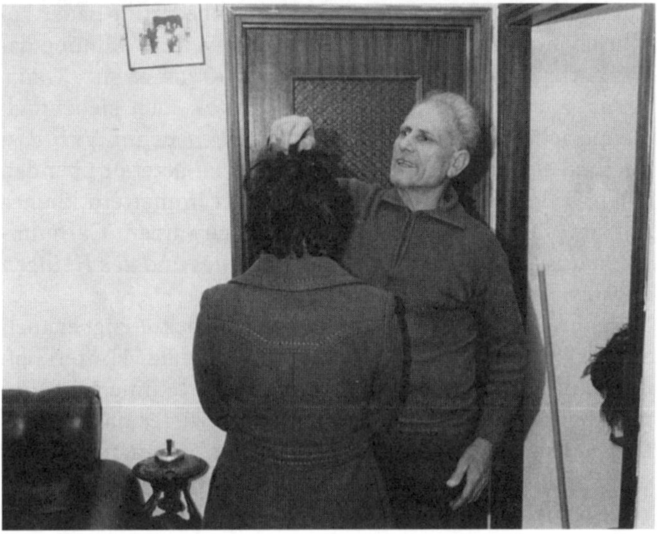

Vito erteilt einer Kundin eine Abreibung, 1984

für körperliche Arbeit. Vito will nicht selbst zum Tuchhändler gehen, sonst gibt es wieder Gerede. Dass es stattdessen Gerede über mich geben wird, scheint ihm zu gefallen. Ich kenne die Familie des Tuchhändlers gut, habe den Kindern ein paar Mal bei den Hausaufgaben in Englisch geholfen. Der Vater ist recht erstaunt, dass ich ihm Kundschaft aus Potenza bringe. Später scherzen die Leute im Wartezimmer: *Vito, mach die Tür hinter dir zu …*, denn er verschwindet mit den Unterhosen und dem Begleiter des Handwerkerehepaares in einen Nebenraum. Aber man kann sowieso alles sehen. *Komm mal her, Thomas, ich zeig' dir das jetzt*, setzt er zurück, *ich bete es extra laut für dich, damit du mitschreiben kannst.* Giuseppe, der Begleiter, steht im Halbdunkel des Flures, gleich neben dem holzgeschnitzten Standaschenbecher, der mit afrikanischer *Airport Art* verziert ist – das Mitbringsel eines weitgereisten Kunden. Vito bekreuzigt den Freund neunmal auf den Unterarmen, dem Gesicht, der Schädelplatte, am Hinterkopf, auf Brust und

Rücken oder, wie es mir einmal ein unbedarfter Bauer beschrieb, ein Nachbar Vitos, der keine weitere Ahnung davon hatte: *Kreuz, Kreuz, Kreuz, Kreuz, Kreuz, Kreuz, Kreuz, Kreuz, Kreuz.* Manchmal macht Vito es auch siebenmal, Hauptsache ungerade. Die *Sieben Hilfen* nennt Vito das. Dreimal sieben oder dreimal neun *Hilfen* betet er über den edlen Teilen des Körpers und hat dabei immer ein kleines seltsames Ding in der Hand, das mit schwarzem Garn umwickelt ist. *Im Namen Gottes, des Sohnes und des Heiligen Geistes, beschütze diese Seele.*
Manchmal, so habe ich es später gesehen, bekreuzigt er auch Schädel, Stirn, linke Schläfe, rechte Schläfe, Hinterkopf, Bauch, Rücken und Hände. Unter die Gürtellinie geht Vito nie, aber der ganze übrige Körper wird gewissermaßen abgerieben. Das kleine schwarze Ding ist der Talisman, den ihm sein Onkel vermacht hatte, sein Hemdchen. Das Gebet geht gelegentlich auch etwas länger.

Löset sie, diese Seele,
von allen Kräften des Bösen
und lasst alles Böse
vergehen
bei Giuseppe Perretta.

In Wahrheit sagt Vito die Verse nicht so laut, dass die Leute alles verstehen können. *Na, wie war's?,* fragt Zambrotti. *Seltsam, ein Schauder auf meiner Haut,* meint Perretta, das ist der Mann, der sie herbegleitet hat, und dann ist er ganz still. Es heißt, er wolle auf diese Weise das Rauchen aufhören. Die Leute haben ihre Tränen schon wieder vergessen. Wir verabschieden uns voneinander wie alte Freunde. Eine Woche später treffe ich Vito zur selben Stunde, am selben Ort. *Heute hat es Nebel, da kommt keiner.* Als ich sage, ich sei froh, bei seinen Patienten als eine Art Assistent durchgegangen zu sein, gibt er mir einen Dämpfer: *Ach, ich hatte denen nur gesagt, der arme Kerl, der ist aus Deutschland gekommen, nun lasst ihn mal.* Zwei Wochen später treffe ich Zambrotti mit seinem kranken Sohn und der Schwiegertochter wieder bei Vito. Sie ist das blühende Leben, er wirkt

seltsam blutleer und schwach. *Schauder, Schweiß und Kälte* will der Vater diesmal bei der Abreibung mit den *Sieben Hilfen* gespürt haben. Das sind Zeichen der Lösung von den Geistern, meint Vito. In einem unbeobachteten Moment sagt der Vater zu Vito und zu mir, dass die Schwiegertochter Schuld sei, aus ihrer Familie käme der Neid. Vito widerspricht, es könnten genauso gut andere sein, und beendet das Gespräch mit Versprechungen und Regeln: *Es ist eine Verfehlung … was da passiert. Wenn alles gut geht, wenn es dir gut geht, dann brauchst du nicht mehr zu kommen. Du kommst nur noch einmal Montag, dann machen wir noch zwei andere Arbeiten. Dann hast du 90 Tage Zeit. Wenn es dir schlecht geht, kommst du in der Zeit zurück, immer Montag, Mittwoch oder Freitag. 90 Tage bleibt die Arbeit offen, dann verliert es seinen Wert.* Jetzt erst fällt mir im Wohnzimmer ein Bord auf, das vollgestopft ist mit schwarzen Bändchen, Taschentüchern und Zettelchen. Das sind Arbeiten, die gerade ruhen. Vito bebetet noch eine Unterhose und hält Reden über seine früheren Fälle. Der Vater des jungen Mannes lädt Vito und mich nach Hause ein: *Da wird richtig gegessen …* Wir sind niemals hingefahren, es war uns zu weit.
Alle werden voreinander bloßgestellt und müssen hergeben, was sie haben, nur der Heiler hält sich bedeckt und murmelt seine Sprüche. Dafür präsentiert er sich im Namen der Patienten bei höheren Mächten. In Vitos Reden erschien ich manchmal als *Patient aus Deutschland,* häufiger als Gelehrter, der aus Deutschland angereist ist, um seine Heilkünste zu studieren. Letzteres bin ich ja auch, aber bei Vito hörte sich das ganz anders an: *Unser Professor ist doch wohl auch der Meinung, dass es sich hier um Geister handelt, nicht wahr, Thomas⸮!* Ein paar Tage später zeigt er mir überraschend das Blatt mit den Fragen von Giuseppe Perretta. Ich habe noch nicht verstanden, dass schamloses Reden über die Geheimnisse der Kunden zu Vitos Wirken gehört. Eine Gemeinde von Wissenden soll entstehen, Menschen, die sich untereinander erkennen, weil ER ihnen voneinander erzählt hat und weil sie alle gereinigt werden vom großen Vito. Am liebsten wäre ihm, wenn wir auch noch Kunden seines

Sohnes würden – bei dem Spenglergesellen gibt es immer wieder ganz erstaunlich preiswerte Gebrauchtwagen zu kaufen, und nicht selten wandelt sich das Gespräch über die Geisterwelt in eine Informationsveranstaltung zum Autokauf.
Der Versand von Briefen der Toten an die Lebenden erfolgt auf gewundenen Wegen. Die Leute geben Vito ihre Zettelchen mit Fragen. Vito sagt ihnen, dass er die Fragen auf ein Jungfernpergament schreibt und Asche darüber streut. Er lässt das Jungfernpergament auf seinem Dachboden ruhen, so heißt es, nah zum Himmel. Beschwert von Steinen liegt es da, ausgerollt. Über Nacht steigen die Toten vom Himmel herab. Es sind gute Familientote, die ihr Leben gehabt haben. Sie müssen nicht auf dem Boden kriechen, wie ein Untoter, der sich aufstützt bei einem Lebenden. Sie steigen herab und ordnen die Asche zu Schriftzeichen. Am nächsten Morgen braucht Vito das nur abzuschreiben. Nach ein paar Tagen überreicht der Postbote der Ahnen die Briefe der Toten ... *meine Frau hat Angst vor den Geräuschen da oben, manchmal hört man da Geräusche. Ich sage: »Lass' mal, der Geist muss im Namen von Sankt Peter und Paul antworten, weil ich das Gebet gemacht habe, sie sind gezwungen zu kommen und auf meine Fragen zu antworten.«*
Giuseppe, der eigentlich bloß das Rauchen aufhören will und andere Leute zum Heiler begleitet, stellte seiner Großmutter in Kinderschrift folgende bange Fragen:

1. Ich will wissen, warum es mir seelisch so schlecht geht, vor allem frühmorgens, und warum ich nicht der Dinge sicher bin, die ich tu' und warum ich Angst hab', aus dem Haus zu gehen.
2. Ich will wissen, ob meine Familie es schaffen wird, in Würde zu leben.
3. Du musst mir eine Medizin raten, damit ich nicht mehr leiden muss.

Die Antwort ... mal sehen. Vito steigt umständlich über eine Ausziehleiter auf den Dachboden, und meine ethnologische Begehrlichkeit wächst ins Unermessliche. Vito kommt mit einem Stapel bekrakelter Blätter wieder herunter, wohl hundert oder mehr Stück, ins Unreine verfasste Botschaften der Toten, die er noch einmal abzuschreiben pflegt. Die Kunden bekommen nur die Reinschrift. Freundlich überlässt er mir die Texte zwecks Kopie und Analyse. Aber niemals wird er mich einen Blick in diesen Raum werfen lassen. Erst kürzlich konnte ich nicht widerstehen und habe Tante Giuseppina doch noch einmal gefragt. *Ja schade, so viele Sachen hatte er da oben, aber es ist alles weg, verbrannt, direkt nach seinem Tod haben wir alles verbrannt, ach Vito! Sie haben ihm Böses angetan, diese böse Frau.*

Jungfernpergament Perretta, Giuseppe

Mein Sohn, es tut mir leid, dass du mich diese Dinge fragen musst. Ein Mann wie du, impulsiv, aber letztlich auch dickköpfig, ist diesen Übeln leicht unterworfen. Befrei deinen Kopf von den großen Unternehmungen, die du erträumst. Begnüge dich mit der Gnade des Familienlebens und hör auf, in den Himmel klettern zu wollen, ohne dass du die richtige Leiter dafür hast. Du leidest nicht an Angst, sondern an einer Depression, und die kommt von deinen erotischen Träumen. Die Familie wird sich mit anderen Gefühlen Ehre machen als den deinigen, und keiner von ihnen wird es mit deinen Problemen zu tun bekommen. Das Medikament, nach dem du mich fragst, ist in Wahrheit dein guter Wille zur Überwindung aller deiner Krisen. Sagen wir es einmal so, zum Schluss: Du bist nicht krank, sondern nur traurig. Du musst das mit den Frauen sein lassen. Wenn du mit deiner Frau vereint bist, wirst du auch keine Angst mehr haben, denn dann wird dein Blut besser fließen.

Das ist unter anderem ein ziemlich sexueller Typ, meint Vito, *der verdreht sich den Kopf bei den Frauen.* Die guten Toten sind schamlos wie die Untoten, die Magier auch. Die guten Geister bedienen sich derselben Mittel wie die bösen Geister, sie schreiben auf die Haut. Die einen schreiben mit Feuer, die anderen mit Asche. Es liegt bei uns, die Spuren zu entziffern. Was in der Wissenschaftswelt hochtrabend

Semiotik (Deutung), *interkulturelle Kommunikation* (Austausch) oder *Hermeneutik* (Verstehen) genannt wird, war auch das tägliche Brot des himmlischen Postboten. Es gibt keine direkte Kommunikation mit dem Anderen, sondern nur den Austausch von Zeichen, und die Zeichen müssen vieldeutig sein, sonst tragen sie zu wenig Botschaft und werden zu Signalen wie der drohend aufgeblähte Kehlkopfsack eines Orang Utan oder die rote Schwanzflosse eines neonleuchtenden Fischleins im Ozean. Die Welt der missverstandenen, immer neu verstandenen und immer neu gesetzten Zeichen kreist um ein Nichts, aus dem wir Erkenntnis gewinnen. Dieses Nichts kann die Festplatte eines Computers sein oder ein Buch aller Bücher, in dem angeblich alles steht und deshalb letztlich gar nichts. Es kann der Ton einer Trommel sein, der sich vielversprechend oder drohend über einer Savanne dehnt, aber es kann auch ein alter Dachboden sein, aus dem ein Zauberer Briefe der Toten an die Lebenden hervorkramt. Der menschliche Wille ist wie ein Sieb, das zum Orakel umgewidmet wurde, er flattert im Wind wie ein Hemdchen, das uns trotzdem schützt und wärmt. Doch der Wind ist real. Mit Hilfe von Bildern und Zeichen schaffen wir uns ein Gegenüber. Selbst wenn er oder sie nicht antwortet, können wir wenigstens uns selbst in ihm erkennen. Im Anfang war das Wort. Heute nennen sie das *Kreativität* (Schöpfung), *Medialität* (Vermittlung) oder *Virtualität* (Wirkung), aber an der Sache selbst hat sich seit der Höhlenmalerei nicht viel geändert. Und so steigen wir weiter in die Höhle oder auch in die Höhe, zu außerirdischen Intelligenzen, zu theoriegeleiteten Forschungsprojekten oder einfach nur auf Vitos Dachboden.

Der ist bloß zu sehr auf eine Sache fixiert, der ist dabei ein bisschen, sagen wir mal, perplex geblieben. Der ist selbst zu mir gekommen und sagt, es sind die Geister. Aber das sind nicht die Geister, da ist nichts, keine schwarze Magie und keine Geister. Um seinen Sohn zufrieden zu stellen, sagt er, trinkt er Knoblauchaufguss. Denn der Knoblauch aktiviert die Erinnerung. Der Knoblauch reaktiviert, wie der Efeu, das sind auch Drogen, sagen wir es mal so, aber die reinigen das Blut. Ich habe dem gesagt, er soll mal kommen, damit ich ihm noch andere Sachen gebe, aber der hat mich nicht mal bezahlt. Patienten behielten bei Vito niemals Recht. Hinter der *fattura* stecken die Geister, hinter den Geistern die mangelnde Zirkulation des Blutes, hinter dem gebundenen Blut eine Fixierung des Geistes, von selbst entstanden, einfach so. Wenn aber jemand mutlos und abwesend wirkt, kann es schon *malfatto* sein, Schadenzauber ... Was die Kunden vorbringen, wird umgetauft und dann durch Abreibungen vom Körper gelöst. Beim Lesen der Briefe und der Aufzeichnungen[289], die ich bei Sitzungen mit mehr als vierzig Patienten gemacht habe, muss ich einsehen, dass dieser Mann über eine enorme, mir damals unzugängliche Bandbreite an Diagnosen und Behandlungsmethoden verfügte. Mal ordnet er die Schicksale einer Familie schematisch wie ein Psychologe in Vergangenheit, Gegenwart und Zukunft und regt sie an zum Zusammenhalt im Zeichen des Erlebten. Mal spricht er im Einklang mit den Toten, dann lässt er die Toten in ihren Briefen wieder schlau gegen den Heiler sprechen – und so kann Vito mit zwei Stimmen auf die Auftraggeber einreden. Psychologen nennen das die *Doppelbindung,* in der mütterliche Erzieher ihre Kinder festhalten: *Sei ganz spontan, geh deinen Weg, mach dir keine Gedanken über uns, tu so, als wenn wir gar nicht da wären ...* Das scheint aus den süditalienischen Wohnküchen zu stammen, von alten Frauen, denen die Söhne jeden Tag einen Anruf machen müssen, und sei es von Sidney oder Chicago aus – aber es ist in allen christlichen Familien so angelegt, die Italiener, *Mamma mia,* haben nur in ganz besonderer Weise einen Kristallisationspunkt ihrer Kultur daraus gemacht. Die Bindungen, die Vito lösen soll, sind meist diesem Schema der überaus engen Hassliebe zwischen Mutter und Sohn oder auch Vater und Tochter zuzuordnen. Die katholische Magie versucht auch gar nicht, diesen geöffneten und zugleich gebundenen Menschen zu verändern – er soll nur das Spektrum seiner Bindungen ändern, nicht deren Beschaffenheit. Das wird vom Heiler hier in körperlichen *Abreibungen* aufgebaut, wie sie auch Mütter ihren Kindern verpassen. Unter diesem Gesichtspunkt kann man kaum noch Marc Blochs These zustimmen, dass die heilsame Berührung durch Magier, Könige oder Heilige keine körperliche Wirkung hatte und nur auf der Ebene der Symbole und Machtinteressen stilisiert wird, um Untertanen und Klienten zu täuschen.[290] Der Gründer der historischen Anthropologie schrieb, dass *heutzutage* niemand mehr an die körperlichen Wirkungen *glaubt,* die mit der mittelalterlichen Magie verbunden waren und bemerkt nicht, dass er damit selbst in ein Glaubensargument verstrickt ist, in seinen Glauben an die Höherwertigkeit naturwissenschaftlich-medizinischen Wissens, den er hochhält, ohne sich mit den körperlichen Tatsachen der alten europäischen Volksmedizin im Einzelnen vertraut gemacht zu haben.[291]

Es gibt zwei Sorten von Gespenstergeschichten. Häufig werden die Leser oder Zuhörer mit einer Serie unerklärlicher Ereignisse in Spannung gehalten, bis sich nach und nach herausstellt, dass hier wieder einmal der Geist der Vergangenheit in der Gegenwart wirkt. Die Toten wollen, dass die Lebenden etwas für sie tun, ein letzter Segen, ein Stoßgebet und man findet den verborgenen Schatz. Aber es gibt auch Gespenstergeschichten, bei denen von Anfang an klar ist, dass es hier um Geister geht. Ihre Existenz wird vorausgesetzt. Die bange Frage, wie sich die Lebenden dem Einfluss der Toten entziehen sollen, schafft eine verborgene Spannung, eine von der Gegenwart der Vergangenheit ausgefüllte lähmende Atmosphäre. Manchmal ist diese Spannung so schwach, dass sich herausstellt: Es gibt in Wahrheit keine Gespenster. Auch das kann unterhaltend sein. Vito inszeniert mit seinen Kunden beide Erzählformen auf packende, lebensechte Weise.

Mal widerspricht er, *nein es ist keine Hexerei, was ihr da habt*, und rät zum Arztbesuch – nur um sich dann von seinen Patienten nach und nach davon überzeugen zu lassen, dass vielleicht doch Geister ihre fahlen Händchen im Spiel haben könnten. Zu anderen Patienten spricht er offen, fast grob von der Macht der Toten. So rüttelt er sie auf aus Lähmung und Verzweiflung und lenkt auch diese Bewegung wieder in den sicheren Hafen der Therapie. Mal schiebt er die Diagnose mehr ins Körperliche, *mangelnde Zirkulation*

des Blutes, mal mehr ins Seelische: *fixiert, perplex, hat zu viel über die eigenen Gedanken nachgedacht.*
Bei Leuten aus dem Mittelstand spielt er den groben Bauernmagier, um dann wieder bei den Bauern den gelehrten Deuter geheimer alter Bücher und schwer entzifferbarer Dokumente zu mimen. Sein Verhalten steht jeweils spiegelbildlich zu dem der Kunden und zielt auf eine mittlere Ebene der Ansprechbarkeit und Öffnung, nach außen hin, zur Realität, wie nach innen hin, zu den Abgründen der Seele. Er ist Geistmittler und Darsteller der Toten, selbst ein Besessener. Vitos wichtigstes Werkzeug bei diesem Spiel ist seine Herrschaft über die Zeit. Einmal heißt es *Geduld, Geduld, nach und nach wird die Wirkung schon kommen, neun Tage ... drei Monate ... neun Monate nach der Behandlung ...* dann tönt er wieder *sofort wird sich die Sache lösen, ich nehme das in die Hand, zack, hepp, auf, los geht's.*
Es ist eine Strategie der systematischen Er- und Entmutigung.[292] Ziel ist ein bestimmtes Mittelmaß aus religiöser Demut und magischer Selbstüberschätzung. In andere Begriffe gebracht – Ausgleich zwischen Idealisierung elterlicher Größen und selbstbezogenem Größenwahn – entspricht das den Therapiezielen langwieriger psychoanalytischer Behandlungen.[293] Oft ermahnt der Magier seine Kunden, dass sie sich nicht zuviel Hoffnungen auf Erfolg im Leben machen sollen. Mir schreibt er im Namen meiner Großmutter: *Du wünschst dir, dass deine Persönlichkeit respektiert und geachtet werde, auch wenn du in deiner Arbeit nicht sehr begabt bist. Was soviel bedeutet, dass du ganz gute Aussichten hast, mit deinem ganzen Unternehmen Schiffbruch zu erleiden.* Er hat sich sein Bild von mir gemacht und ist wohl zu dem Schluss gekommen, dass ein Magieforscher nicht viel wert sein kann, wenn er unfähig ist, seinen eigenen Nachbarn als Magier zu erkennen. Andere Briefempfänger werden zur Aktivität angehalten: *... tritt resoluter auf, dann wirst du auch eine Stelle kriegen. Angebundenes Blut* attestierte er oft, Blut, das man befreien müsse, und rät den Kunden gerade darum, sich eng an ihre Ehepartner und an ihre Blutsverwandten anzuschließen. Die Familie ist durch unrechte Beziehungen geschwächt und

muss wiederhergestellt werden – aber wer ist *die Familie* bei einem jungen Mann, der frisch verlobt ist oder bei einem alten Ehepaar, dessen Kinder verheiratet sind und ausgezogen? Umgepolt werden die Menschen je nach Familie, die sich ihnen bietet, die den Magier beauftragt, und immer soll das tote Blut wieder in Bewegung gebracht werden durch den Anschluss an den Blutstrom eines anderen. Einmal versucht Vito, mit Hilfe des schwarzen Bandes einen Mann zu seiner erwachsenen Tochter zurückzubringen – der Vater hat die junge Frau vernachlässigt, weil er nach dem Tode der Mutter neuen Lieben nachgeht. Erotische und familiäre Anziehung scheint letztlich auf derselben Ebene stattzufinden. Ein Psychoanalytiker hätte seine Freude an diesen Briefen, auch wenn ihn der direkte Umgang mit dem Magier vielleicht zur Verzweiflung gebracht hätte, denn die Deutungen, die andere geben, nimmt Vito niemals an, das ist das Prinzip seines Handelns.
Schattenhaft zeichnen sich im Gerede und Geschreibe des Magiers seine Feindinnen ab, vor allem die *Santora* aus Oppido, dem alten Hexenort. Auch Vito ist *doppelt gebunden*, an diese anderen Magierinnen nämlich. Die *Santora* ist wiederum mit dem Pilgerbruder aus Cancellara verbunden, der jedes Jahr in Ripacandida so freudig sein Lied für den Heiligen Donatus singt – als Gespann sind die beiden so etwas wie ein Prominentenpaar der lukanischen Folklore. Zu dunklen Zwecken verbrennen sie, so sagt man, auf irgendwelchen einsamen Kreuzwegen zwischen Cancellara, Oppido und Ripacandida den Kram, über dem sie *gearbeitet haben*. Vito weiht mich ein. *Das Motiv der Santora ist klar, sie will die ganze Welt mit Füßen treten.* Sie will über allen stehen, wie der Mahr in seiner Gewitterwolke, heimlich lehrt sie Anhängerinnen die schwarze Kunst. Rustikale Gestalten bevölkern die Vorstellungswelt der Kunden: die Hexe aus dem verrufenen Oppido, der verräterische Pilgerführer und Vito, der Bergmagier, der es ehrlich meint mit den Leuten. Wenn sie selbst aus bäuerlichem Milieu sind, können sie sich in diesen Gestalten wiedererkennen, während betuchtere und vornehmere Klienten sich in Vitos Wohnzimmer fühlen müssen wie auf einer Reise in die

Unterwelt – oder wie in einem Heimatfilm der fünfziger Jahre, der unmerklich abgerutscht ist zu düsteren Bildern und Themen.

Eine Tote schreibt an ihre Tochter: *Ich habe dir schon alles gesagt. Dieser Mann, Vito, von dem du mir sagst, dass er ehrlich arbeitet, kann in seinem Alter nicht gegen Maria Concetta und jene Santoro antreten, um sie in bösen Taten zu übertreffen. Der arme Kerl ist noch nicht so weit wie sie, er kann nur eingreifen und ihre Vorbereitungen mit ein bisschen Geduld behindern. Ich will, dass du ihm vertraust.* Als ich ihn kennen lerne, ist Vito noch keine sechzig Jahre alt. Er wirkt etwas älter und spricht ohne Unterlass mit heiserer Stimme über Geister und Kräuter, Hexen und Wahn. Sein Ruf als Magier vom Berge ist erst im Entstehen. Nebenbei bietet er den Kunden die Dienste seines Sohnes als Automechaniker an. Nie habe ich einen wirklich erfolgreichen Magier gesehen, der jünger als fünfzig Jahre gewesen wäre. In diesem *unreifen* Stadium ist Vito umso mehr auf die Volksmedizin angewiesen. Er versteht es wunderbar, Kunden aus den umliegenden Provinzstädten mit derbsten bäuerlichen Rezepten in Schrecken zu versetzen. Schmerz, das ist kein Problem, man berührt die Körperpartie einfach mit einer schwarzen Nacktschnecke, dann schlägt man mit dem armen Tier in der Hand das Kreuzzeichen und vergisst nicht, dazu einige mehr oder weniger christliche Wünsche zu murmeln. Anschließend lässt man die Schnecke in der Glut des Kamins verdorren. Man kann dazu auch die Wurzeln oder Stämmlinge von Pflanzen nehmen, die noch nicht ausgeschlagen haben: *So wie du austrocknest, soll das Böse vergehen* … Eine seiner Patientinnen nennt die schwarzen Schnecken die *Seelen im Fegefeuer*. Das ist gut beobachtet, schließlich kleben sie am Boden, wie man sich das von den umherirrenden Seelen vorstellt, und dann erleiden sie die Höllenqualen des Feuers. Andere Kunden sind nicht so kundig und sehen sich nur mit einem alten Herrn konfrontiert, der damit droht, ihre nackte Haut mit einer schwarzen Nacktschnecke zu besudeln. Gegen Zahnweh soll man gekochten Efeu nehmen, zur Beruhigung gibt es Arnika, Johanniskraut oder den Extrakt aus Schlafmohn. Vom Mohnrausch sprechen auch viele andere Bauern noch, *aber das hat nichts mit der Droge zu tun, die sie heute in Mailand nehmen. Es ist nur dieselbe Pflanze.* Junge Männer, so schlägt Vito vor, könnten Mädchen den Mohntrank als Liebesfilter einflößen *und dann werden sie mit ihnen machen, was sie wollen.* Er spricht auch von Krankheiten, die durch große Würmer im Körper verursacht werden, Würmer, wie sie sich vielleicht wirklich irgendwann über unseren Leib hermachen werden, tief unten in den Gräbern. Abreibungen mit Knoblauch oder Olivenöl können da helfen. Gegen die Bronchitis aber ist ein bitterer Weidenextrakt gut, und bei entzündeten Augen pustet man mit einem Holzflötchen warmes Öl in den Spiegel der Seele.

Man konnte, man konnte, Vito tat es eigentlich nie, aber er kannte alles und konnte alles. Ich musste feststellen, dass er sich gründlich umgesehen hatte bei den Heilerinnen, genau wie ich. Einmal, als er sehr müde und gereizt war, benutzte er auf einmal nicht mehr die gespreizten Bezeichnungen *Lösen, Heilen, gebundenes Blut* und so weiter, sondern nannte die Sache nach Ripacandideser Art beim Namen: *n'canta'*, beschwören, bezaubern, besingen. Er war stolz auf die *Medizin ohne Ärzte,* wie sie die Frauen praktizieren. Aber letztlich mündeten alle seine Redereien in immer dieselben Taten, die Taten eines *mago*, wie die Leute das mit Deutlichkeit nennen, nicht einer *Frau, die hilft.* Linda lebt auf der Grenzscheide zwischen *Frau, die hilft, fattucchiera* und *mago*, aber Vito hat niemals die Alltagsheilkunst der Lukaner wirklich praktiziert, diese Frauensache. Er ist gleich ganz groß eingestiegen in Sachen Geister. Mit dem Talisman seines Onkels in der Hand löst er das Blut seiner Kunden. Sie schreiben ihre Fragen in den Zettelblock der Renault-Vertretung und nehmen vielleicht noch Unterzeug und Taschentücher mit, die er für Angehörige oder sonst wen bearbeitet hat, ob diese nun wollten oder nicht. Verstärkt wird das noch durch die Arbeit mit dem Fallstrick der lukanischen Tradition, dem *lacio*. Bei Vito gibt es kein urtümliches Tau aus Haaren unschuldiger Tiere, *la lascia*, sondern ein einfaches, bescheidenes schwarzes Band, *il lacio*, wie man es den Toten um den Kopf bindet, damit die Kinnlade nicht so unschön nach unten klappt und aussieht, als habe dieser Mensch geschrien im Moment des Todes. Die Patienten müssen Bändchen kaufen gehen, Knoten hineinschlagen und sie besprechen.

Hund, du Hund,
bevor Gott geboren war,
da warst du schon da.
Hundeauge, Katzenauge,
das macht vier Augen,
die mögen sich nicht anschauen,
Sowieso und Sowieso, die sollt ihr mir trennen.

Dreimal müssen sie sich dem Blick der Hunde stellen, am Kreuzweg, im Nichts, Montag, Mittwoch und Freitag nach Sonnenuntergang. Nachdem die Leute sich ein Leben lang vor dem bösen Blick geschützt und ihr Haus gegen die Hunde dort draußen verbarrikadiert haben, holen sie nun die Meute auf einmal ins Haus, um das Böse auf andere loslassen zu können. An drei aufeinander folgenden Tagen, Montag, Mittwoch und Freitag, laden sie das Böse in ihr Haus, um es nach außen umzuleiten. Dann fahren sie in die Berge, schleichen sich zu Vitos düsterer Wohnung, nachdem sie ihr Auto an der Mauer geparkt haben, beim Haus des Deutschen, denn der weiß nicht, wie man sich dagegen wehrt. Sie geben Vito das Band und vielleicht noch Kleidungsstücke von den beiden Personen, die getrennt werden sollen. Er geht damit, so wird er es den Kunden jedenfalls später berichten, in die Kirche, wie die Heilerinnen zur Christmette gehen, und sagt dort, indem er still einen Knoten zieht:

Ich bin nicht gekommen
um die Messe zu hören,
sondern ich bin gekommen,
um Sowieso von Sowieso zu trennen.

Und dann muß alles eine Weile ruhen. Vito arbeitet nur montags, mittwochs und freitags nach Sonnenuntergang.

Nach drei Knoten im Hause Gottes geht er mit seinen Bändern zum Kreuzweg, der Wohnstätte der Untoten.

Hier auf diesem Kreuzweg,
wo sie vorbeilaufen,
die unsichtbaren und die sichtbaren Geister,
die guten und die bösen,
trennt mir Sowieso von Sowieso!

Wieder ein Knoten, und wieder und wieder, bis die Toten schon unten an der Tür des Hauses stehen, noch ein Knoten, da schlägt die Tür auf, jäh werden wir aus Vitos umständlicher Beschwörung des Beschwörers gerissen ... herein kommt kein Hexer und kein Toter, sondern Antonio, Sohn des Vito und der Giuseppina, seines Zeichens Spenglergeselle. Ich kenne Antonio schon lange, wir haben uns immer gut verstanden. Aber im Moment habe ich gar nicht mehr daran gedacht, dass Vito einen Sohn hat, vielleicht fühle ich mich selbst schon als der Hexersohn. Der wahre Hexersohn trägt einen verschmierten Overall. Er betreibt eine Karosseriewerkstatt unten in San Donato, bei den Neubauten. Was die Magie angeht, *mit dem ganzen Kram will er nichts zu tun haben*. Grinsend schleicht Antonio an uns vorbei, *Ciao, Thomas ...* Vito macht ungerührt dort weiter, wo er unterbrochen wurde, *Und nun beginnt die Arbeit des Hexers.*
Vito ist nicht bloß der eine Vito, es gibt einen, viele, hunderttausend Vitos. Er ist Bauer, Kämpfer auf der Achse Berlin-Rom und Exorzist, er ist Magier und Hexer. Als Hexer geht er mit seinen Bändeln auf den Dachboden, durch den auch die Prozession der Toten ihren Weg nimmt, wenn Sankt Peter und Paul sie wieder einmal aus dem Himmel gelassen haben oder der Teufel aus der Hölle. Dort oben legt er die schwarzen Seile auf einem Pergament aus, in das sich die Toten einschreiben. Es ist das Jungfernpergament, von dem man früher sagte, dass es aus den Häutchen der entjungferten Mädchen gemacht wird. Die Spannkraft des Pergaments überträgt sich auf das Band, und das Band wird nach neun Tagen und Nächten wieder an den Kreuzweg gebracht und dort verbrannt, damit die Spannung für immer bleibt und sich so

richtet, wie es die Toten geraten haben. Die Spannkraft des gerollten Papiers ist Ausdruck der fächelnden Macht der Toten. Und der Hexer betet sein schwarzes Gedicht:

Allapé pallapé
Mach dass die beiden sich jetzt direkt trennen
und dass ihre Ehe entschworen wird.

Das ist eher was für Hexer, oder? Dabei schaut Vito zur Decke, als ginge ihn das alles nichts an. Tatsächlich, es ist ein Rezept der schwarzen Magie, vorgebracht vom christlichen Onkel Vito. Ich habe ihn unterschätzt. Ehen, christliche Ehen sollen auseinander gebracht werden. Wie geht das alles zusammen? Es gibt kein System. Vito, der von meiner Verzweiflung nichts zu bemerken scheint, wiederholt die Formel in beschwörendem Ton, wie der Magier in der billigen Vorabendserie des Fernsehprogramms, *Separraaaaate ... Treeeennt sie!!!* Er weiß nicht, was *Allapé pallapé* heißen soll. Und ich habe einige Zeit gebraucht, es in Erfahrung zu bringen. Mit diesem Ruf, der vielleicht so viel heißt wie *Hier beginnt Satans Reich*, begrüßt Pluto die Jenseitsreisenden Dante und Vergil in der Hölle.[294] Irgendwoher weiß Vito, welche Schwelle zu welchem Abgrund hier beschrieben wird. Doch das ist jetzt noch nicht so wichtig, es hat Zeit, ich muss schreiben, jetzt, wo es endlich geht, nach all den Jahren der Unsicherheit über die Botschaft des Vito.
Es gibt kein System, aber eine Praxis. Vito schreitet zur Tat. Wir befinden uns auf einem abendlichen Feldweg, der von einer schmalen Asphaltstraße gekreuzt wird. Der Magier kniet nieder und kramt mit den Bändchen herum. Im Zwielicht flackert ein Feuerchen auf. *Hast du es gehört, der Vogelruf, das war die Seele des Toten.* Damit ist das Problem an einen von denen abgegeben, die an der Erde kleben wie Nacktschnecken und warten, dass jemand vorbeikommt, an den sie sich heften können. Das *lacio* hat sich von den Ahnen zu den Kunden geschlängelt, direkt in ihr Haus. Dort wurden Hund und Katze beschworen, die Wesen des *draußen*. Dann ging es weiter zur Kirche und auf Vitos Dachbo-

den, ein offener und ein geheimer Ort, wo die Wünsche verhandelt werden. Und dann ins freie Feld, wo man wieder auf einen Toten trifft, aber einen der dritten Art, und nun muss das Band unsichtbar gemacht werden wie der Tote. Durch das Verbrennen wird der Knoten unauflöslich, denn es gibt ihn ja nicht mehr, ein unsichtbares Pfand. Der geheime Wunsch wird weit nach außen gewendet, so dass jeder ihn aufpicken kann. Er wurde nicht ausgesprochen und schon gar nicht verwirklicht, aber er wurde an die Welt weitergegeben. Durch viele Hände muss das schwarze Band gehen, bis der Wunsch zu seinem Ziel gelangt, ohne dass die bösen Absichten erkennbar werden oder zu handfesteren Formen von Gewalt sich wandeln. Wir sprechen hier von Familienkonflikten in einer Gesellschaft, die den Begriff der Blutrache kennt. Es geht um Mord. Die Hunde und Katzen, die Kirche, der Dachboden und der Kreuzweg stellen sich zwischen den verbotenen Wunsch und seine Ausführung. Dafür steht Vito, der Magier. Nun ist Ruhe und die Kunden können friedlich ihrer Wege gehen, denn sie haben wieder Hoffnung. Und wenn es nicht geklappt hat, wird man es wieder versuchen, mit einem anderen Band, mit einem anderen Magier vielleicht. *Pazienz'*, seufzen die Patienten, *Geduld*. Der erste Sturm der Gefühle ist abgelöscht wie das Feuerchen, das Vito hastig am Kreuzweg entfacht hat.

Bei unserer legendären Fahrt nach Melfi habe ich Vito einen ganzen Tag in Aktion erlebt. Erst treffen wir auf freiem Feld einen derben rothaarigen Metzger von der Grenze zu Apulien. Er will mit dem schwarzen Band eine frühere Geliebte zurückgewinnen. Dann fahren wir nach Melfi, wo Vito im Neubauviertel die Wohnung einer mürrischen Geschäftsfrau ausräuchert. Er benutzt dazu Weihrauch, von *irgendwoher*, und wedelt die Rauchschwaden mit einem Handtuch durch die Wohnung. Die Frau behandelt ihn schlecht, zum Schluss will sie die versprochene Summe nicht zahlen. Dann besuchen wir Zigeunerinnen, die in Wohncontainern aus der Erdbebenzeit wohnen. Der Sinn des Besuches ist unklar. Vito tritt hier gewissermaßen galant auf, *Fräulein oder Frau, ich weiß ja gar nicht, wie ich Sie anreden soll*, aber bald mündet das in einen Strom von Gespenstergeschichten, verbunden mit einer schnellen Abreibung aus Bekreuzigungen auf Kopf und Oberkörper. Eilig machen wir uns auf den Weg nach Hause, es ist schon spät. In der chromblitzenden Bar von San Donato teilen wir uns ein Bier. Vito kauft etwas Fleisch und wir verziehen uns nach Hause, zu Tante Giuseppina: *Wir haben gearbeitet und wir haben gefastet, jetzt dürfen wir auch feiern.* Ich trinke seinen schlechten Malvasierwein. Vito besteht darauf, dass er neben all dem immer noch ein Weinbauer sei, aber der Wein gelingt ihm nicht gut, er hat andere Sachen im Kopf. An diesem Abend habe ich das erste Mal diesen seltsam fauligen Geruch in seinem Haus nicht mehr wahrgenommen. Oder ich konnte ihn sogar mit einigen Gerüchen meiner Kindheit verbinden, aus den Küchen meiner Großmütter. Ich wunderte mich auch nicht mehr über die Unordnung und den Schmutz überall, der so untypisch ist für einen süditalienischen Haushalt und über den seltsamen billigen Nippes, den Vitos Kunden angeschleppt haben. Wir haben uns aneinander gewöhnt.

In der Vito-Welt werden Gefühle zu Geschichten. Ich frage: *Hast du denn gar keine Angst, wenn du diese Sachen machst?* Vito antwortet: *Ich, och, nein, nein, gar nicht. Einmal haben sie mich aus dem Bett geprügelt, die Geister, mich und meine Frau, obwohl wir getrennte Bettgestelle hatten, eins wie's andere haben sie uns zu Boden geschickt. Einmal haben mich die Geister auch mit Wasser übergossen … und dann bin ich mal mit dem Wagen auf einem Erdrutsch hängengeblieben, der Motor ging aus und ich bin nicht weiter 'runtergepurzelt. Danach musste ich mir den abitino machen. Und so habe ich keine Belästigungen mehr erlebt.* Wie sollte ich wissen, was Vito mit Bedacht für seinen deutschen Gast inszenierte, was er im Gespräch erfand, und was wirklich als magische Routine gelten konnte? Wahrscheinlich liegt die Wahrheit, wie bei allen menschlichen Handlungen, irgendwo zwischen Ritual, Theater und spontanem Geschehen. Vito verfügte über eine ungeheure Bandbreite von schwarzen Geschichten, die sich bei näherem Hinsehen als Nebenformen der einen großen Erzählung vom bösen Geist enthüllen. Nach Ansicht einiger Bibel-

kundler soll der historische Jesus Christus auch nur ein einfacher palästinensischer Heiler gewesen sein, der mit seinen Kunden, Freunden und Verrätern über das Land zog – und mit seinem Ethnologen.[295]
Wenn die Ahnen in ihren Briefen Charakterschilderungen ihrer fragenden Verwandten entwerfen, ist das meist astrologischen Handbüchern entnommen. Mir fällt nach einiger Zeit auf, dass Vito stets die Geburtsdaten seiner Opfer notiert, ohne weitere Begründung. Die Leute machen mit, weil sie gewohnt sind, durch Name, Vorname und Geburtsdatum identifiziert zu werden, vielleicht glauben sie sogar, dass der Magier diese Grunddaten braucht, um die toten Verwandten aufzufinden im Meer der Seelen. Vito hat dadurch Gelegenheit, sich einen astrologischen Reim auf diese Kunden zu machen, ohne ihnen gegenüber jemals auch nur das Wort Astrologie in den Mund zu nehmen. Illusionen verhelfen den Illusionen zu mehr Realität, es ist wie bei Qesalid, dem skeptischen Lehrling der Schamanen, der am Ende ein großer Schamane wird, obwohl er weiterhin selbst nicht an den Schamanismus glaubt.[296] Aber dann weicht der Therapiekünstler auch wieder vom astrologischen Schema ab und kommt zu immer neuen Diagnosen und Charakterisierungen. Geheimnistuerisch zeigt Vito mir ein Päckchen Tarotkarten, die er wohl von irgendjemandem aus einem neapolitanischen Papierladen mit esoterischer Abteilung hat mitbringen lassen. Aber als er merkt, dass ich davon etwas verstehe, sind die Karten für immer verschwunden.
Ich muss die noch taufen, wenn die nicht getauft sind, haben sie keine Wahrheit.
Was bleibt sind Belege für eine heroische Anstrengung im verdorrten Lukanien, Spuren einer Begegnung mit dem Übernatürlichen, einer Inszenierung, deren Kern wir nicht ohne weiteres ausmachen können. Der wahre Kern des Evangelium Vito sind die Taten, die Szenen im Behandlungszimmer, die Abreibungen und Austreibungen. Deswegen kamen die Kunden. Greifbare Zeugnisse seines Wirkens sind die Briefe der Ahnen, die Vito aus Astrologiebüchern und eigenen Beobachtungen zusammenkupferte. Die vom Zwielicht erfüllte Welt der Dachböden und Kreuzwe-

ge sondert handfeste Unterpfänder einer Berührung mit den Toten ab, nicht nur Briefe, sondern auch schwarze Bänder, neun oder sogar achtundvierzig Mal verknotet, bebetetes Unterzeug und Taschentücher, und, als Steigerung all dieser Dinge, *abitini*, die Hemdchen. Das war sogar eher zuviel Realität. Die Bänder wurden auf dem Kreuzweg verbrannt und auch die Pergamente, so hieß es immer, waren nach sechs Monaten fällig. Schon nach der ersten Sitzung mit den Ahnen taugten sie nicht mehr viel. Die Kraft, die sie an die Bändchen abgaben, wurde immer weniger. Aber Vito ließ die Pergamente weitere sechs Monate liegen, *weil ich fürchte, der Kunde könnte zurückkommen, noch mal kommen … so heißt es auch in diesem Buch.*

Ich verbrenne dieses Pergament,
brenne,
alles Böse, das die Person Sowieso auf das Pergament geschrieben
und gelitten hat.

Die Knochen der Toten, das Bändchen, das Pergament – sie brennen unwiederbringlich. Am Ende der Behandlung wird der alltägliche Lauf der Zeit wieder hergestellt. *Das ist es. So wie die Pergamente brennen, so verbrennen die Leiden. Und die Asche, das ist wieder so eine Sache, die Asche lässt man auf einem Kreuzweg über Land, am besten wenn es trocken ist, damit der Wind sie dahin trägt, wo sie wollen. Du kannst es auch in der Stadt an einer Kreuzung machen, aber sie sehen dich und dann musst du doch wieder zum Kreuzweg auf dem Land gehen … Die Asche wird schwarz … sie ist schwarz … Was sollst du machen, du machst dir noch die Hände schmutzig dabei … so ist das alles.* Es ist wie das Atmen oder das Essen, es ist der Rhythmus des Lebens selbst, sei es nun zum Schein oder als wahres Sein. Das ist die Theorie: Die fächelnden Hände der Toten zeichnen sich ab auf Haut, Herz und Kopf der Kunden, vermittelt durch die Spannung des Pergamentes, den Wind im Orakelsieb, den Knoten im Band und Vitos knistrige Bekreuzigungen. Es ist der Blick des Schreibunkundigen auf die Welt der Literaten. Papier ist der Träger einer geheimen Botschaft, ist Ausweis, Urteil, amulettwertiges Siegel – nicht aber der Träger eines Textes, den man ohne weiteres lesen kann. Das erinnert an Büchersammler, die an ihren Büchern riechen, sie befühlen und sich Aufzeichnungen machen über ihre sinnlichen Erfahrungen mit irgendwelchen alten Schwarten. Vito hätte es nicht so ausgedrückt wie ich, aber es geht auch seinen Aussagen nicht zuwider, wenn ich vermute, dass dieser Anhauch aus einer anderen Welt nach der Anziehung und Behandlung durch Vito wieder auf den Weg geschickt wird. Er wendet sich anderen Menschen zu, als heilende oder zerstörerische Kraft. Letztlich ist das die Hand Gottes, der seine *devoti,* wie sie mir gerne erklärten, *mit dem Bambusbüschel schlägt,* schwach, aber nachhaltig. Es ist die Kraft der Reue, darum geht es, und die Reue kommt mit dem Strom der Zeit, den Vito auf seinem Dachboden umzukehren versteht. Wer die Kraft zur Reue hat, das können wir von den Süditalienern lernen, der braucht die rohe Gewalt nicht mehr. Viele Generationen mussten hier schon mit der Erkenntnis leben, dass die Botschaft der Reue aus einem Buch kommt, das sie nicht selbst geschrieben haben. Aber heute können sie meist schreiben und lesen, was sie wollen. Oft genug bleibt es trotz der neuen Freiheit bei einer Auseinandersetzung mit dem einen Buch der Bücher beziehungsweise seinen endlosen Fortsetzungen in Zeitungsberichten über Familiendramen, *fotoromanzi* und den *telenovele* des Fernsehens, oder auch in Dantes »Göttlicher Komödie« und astrologischen Ratgebern. Die Wechseldeutigkeit und Umkehrbarkeit von Gefühlsregungen ist nicht nur in den Praxen der Psychoanalytiker Gesprächsthema, sondern genau darum geht es auch bei den Gebeten, die in düsteren bäuerlichen Behausungen gemurmelt werden. Sie wissen, was sie können, auch wenn sie vielleicht nicht immer wissen, was sie wissen. Auf dieser Ebene kann ich Vitos Welt verstehen. Auf einer anderen Ebene bleibt sie mir verschlossen.

Als wir uns etwas besser kannten, habe ich Vito immer wieder bedrängt, mich mehr wissen zu lassen über die Vorgänge auf seinem Heiligen Dachboden. Durch alle Enthüllun-

gen und Enttäuschungen hindurch konnte ich mich nicht von der Fantasie lösen, dort sei der Altar einer schwarzen Gegenreligion zu finden. *Schau mal, die Sache mit dem Glauben ist doch so: Du darfst nicht glauben, dass es alle wirklich tun. Ich habe das Fastengelübde abgelegt, ich rufe, aber wie die Ausbeuterei der anderen funktioniert, habe ich dir auch erklärt. Da ist das Pergament, das sind die Toten, du tust etwas Asche drauf und findest die Schrift des Toten darauf wieder. So ist das, und wenn du die Toten verstehst, dann verstehst du's … und so kannst du es übersetzen, das von den Toten … Naja, schau mal, manchmal … oder so, machen wir es jetzt mal anders, du wirst doch nicht wiederkommen, oder, wirst du wiederkommen? Also, in einem Jahr oder zwei wirst du kommen, und wenn du kommst, zeige ich dir alles, persönlich. Du wirst deinen abitino haben und du wirst deinen Toten rufen und wir werden deinen abitino ausprobieren mit diesem Toten, den du rufen lässt. Wenn er gut ist, wird er dir ein Sätzchen sagen, und wenn er nichts taugt, wird er es auch tun. Du kannst es auf Deutsch machen …*
Ich habe ihn nie mehr gefragt. Wenn uns modernen Menschen die Berichte vom Dachboden als Scharlatanerie erscheinen, so sollten wir bedenken, dass sich trotz alledem in Vitos Handeln auch ein höherer Zusammenhang der Wirkungen abzeichnet. Die biblische Überlieferung von der Wiederkehr der Toten steckt den Kunden des Magiers in Fleisch und Blut und ist ihnen auf die Haut geschrieben. Vito gab sich mehr Mühe damit als der unglückliche nuschelnde Dorfpriester von Ripacandida. Immer wieder versuchte der Magier, die körperlichen Beschwerden seiner Patienten sprachlich auszudeuten und, im Gegenzug, das Wort auf das Fleisch zu übertragen. Dieser Zusammenhang der Wirkungen ist *von Gott gehalten,* so heißt es in den *Dreizehn Worten der Wahrheit,* dem Text, den Vito in die Talismane seiner Patienten steckt. Die Wissenschaftler sind in diesem Punkt auch nicht weiter gekommen. Sie nennen es *Psychosomatik,* und das beantwortet nicht die Frage, ob ihre Behandlungstechniken mehr Hand und Fuß haben (oder mehr Geist) als das Heilungsspiel, das Vito in seiner Praxis

aufzuführen gewohnt war. Aber auch Vito ist sich der Wirkungen nicht sicher, ist ein Forscher, wie all die Ärzte, Genetiker und Psychotherapeuten auch. Misstrauisch gegen die Wirkung seiner Taten, befragte er die Patienten, nachdem er ihnen die Sieben Hilfen auf den Körper gebetet hatte: *Hast du etwas gemerkt? Merkst du nichts, keine Gänsehaut?*

Der *abitino* kann zu einer Person werden, mit der man spricht. Katholiken wissen, dass nicht nur das Äußere das Innere spiegeln kann, sondern umgekehrt auch das Äußere auf das Innere einwirkt. Sie kleiden ihre Kinder in den Mantel des Märtyrer-Bischofs und hoffen, dass sie dadurch so stark werden wie San Donato. Und ist das Amulett aus Vitos Werkstatt einmal angekleidet worden, ist es behütet und angesprochen, dann entfaltet das kleine Ding aus seiner Inschrift heraus ein Eigenleben. Das geschieht auf demselben Weg, auf dem die Toten zu Zeichen auf der Haut werden oder sich in der Asche des Pergaments über die Leiden ihrer Nachfahren auslassen. Das ist christliche Magie oder magisches Christentum, seit sich vor langer Zeit ein paar Juden und Römer versammelten, um ihre Schuld am Tod eines unbedeutenden Dämonenaustreibers zu bekennen. Mit ihrem Speichel machten sie sein Wort zu Fleisch und Blut, kauend gaben sie dem Toten neues Leben in ihren Körpern, Tränen der Reue bedeckten ihre Gesichter und so wurden sie zur ersten von zahllosen menschlichen Gemeinden, die sich heute noch versammeln im Zeichen des frohen Leichnams.

Der Unterschied zwischen Magie und Religion ist Vito gleichgültig. Aber er ordnet seine Arbeit als Götterbote nach heiligen und unheiligen Tagen. Montag, Mittwoch und Freitag, sonntags nie und der beste Tag von allen, der wirksamste, ist der Karfreitag. Anhand eines Sonnenkalenders achtet er penibel darauf, dass seine Therapien in der düsteren Wohnung, die nie einen Sonnenstrahl gesehen hat, auf keinen Fall vor dem astronomischen Sonnenuntergang einsetzen. Die magische Arbeit selbst ist nach heiligen Zahlen geordnet, sieben Abreibungen oder neun, neun Knoten, drei Pergamente für den Talisman, dreimal wird die Anrufung wiederholt beim Bekreuzigen der Patienten. Der Heiligen

Zwölf setzte er eine Dreizehn auf wie Sankt Antonius, der die Fischlein aus dem kochenden Wasser springen lässt. An ungeraden Tagen, flüsterte Vito mir heiser zu, kann man nicht nur Bindungen lösen, sondern auch andere Menschen anbinden: *Ich binde dir Blut, Nerven und Knochen … Du greifst Blut, Nerven und Knochen an, mit einem schwarzen Band, das du gekauft hast, ohne es messen zu lassen.* Wo Ordnung ist, da ist auch Unordnung, und was eben noch im Namen des wiederauferstandenen Menschensohnes geschah, vollzieht sich nun im Namen anderer Toter, die nicht zur Ruhe gekommen sind. Am Kreuzweg, sagt Vito, betet er dieses Gebet:

Vater, Sohn und Heiliger Geist.
Ich rufe den Toten Bettechino Canio. Im Namen von Bettechino Canio befehle ich dir im Namen deines freien Willens, dich auf deine Landsmännin Marghella Margherita zu setzen. Ich tue dies nach deinem Willen und nach dem Willen von Agostino …

Agostino, das ist der derbe rothaarige Schlachter aus Apulien, dem wir in der Nähe von Ripacandida auf einem Feld begegnet sind, bei unserem Ausflug nach Melfi. Auf diese Weise soll er seine Margherita zurückgewinnen – übrigens eine verheiratete Frau mit vier Kindern. Wer hier wem befiehlt und wer hier nach wessen Willen handelt bleibt unklar. Die Beantwortung der Frage ist ins Unendliche verschoben, denn jeder ist jedem zu Willen, nur Margherita ist nicht mehr dem Agostino willig, das ist das Problem. Der Tote meldet sich mit einem leichten Pfeifen und die Séance am Kreuzweg ist beendet. Vito bindet und er löst, *nach seinem Willen,* nach dem Willen der Auftraggeber, der Toten und natürlich nach dem Willen Gottes. Ob Gott wirklich will, dass eine verheiratete Frau heimlich mit einem Schlachter schläft, darüber macht Vito sich keine Gedanken.
In gewisser Hinsicht steht Vitos Denken dem Buddhismus nahe: Der Mensch ist dem ewigen Kreislauf von Geburt, Tod und Wiedergeburt ausgeliefert, und trotzdem kennt seine

Seele nicht die Zeit, denn innen wird wiedergeträumt, wiedererinnert, bereut und bearbeitet. Die Hoffnung der orangenen Mönche und Rotmützenlamas, dass sie aus all dem eines Tages ins Nirwana aussteigen könnten, teilte Vito allerdings nicht. Er schützt sich und andere mit dem Hemdchen, *e basta*! Mit den Unterpfändern seiner Kunden treibt er schicksalhafte Spiele. Aus Mondsilber und Asche weiß er *filtri* zu mischen, Liebeszauber, der im Kaffee oder in der Pastasoße verabreicht wird. Er hat auch schon *filtri* aus dem brechbitteren Eichenkraut[297] hergestellt, damit kann man das Blut binden und lösen – sagt Vito. Er ist ein zweifelnder Zauberer, und die Formeln, die er mir diktiert, wirken nicht auswendig gewusst, sondern werden, wie ich nach und nach feststelle, beim Reden spontan aus einer Reihe hochtönender Phrasen immer neu zusammengestellt. Der Grundpreis einer Behandlung inklusive Abreibung und Pergamentbrief liegt bei 23300 Lire (heute vielleicht so viel wie 20 Euro). Manchmal wird es bäuerlich – kleinlich: 23300 für das Pergament plus 300 Lire für ein Totenlichtchen, *weil ich den Toten belästigt habe, nach der Behandlung soll er eine Kerze kriegen, wenn er geantwortet hat.* Jedes Bebeten, jede Aktion am Kreuzweg, jeder Totenbrief kosten 23300. Bei dem reichen Caputo nimmt er für *das Pergament* 46300 Lire, einen anderen Kunden kosten drei Stück 40000, dann steigt der Preis weiter auf *50, 51 oder 60000 Lire*. Manchmal gibt es auch Pauschalpreise, ein Talisman oder eine ganze Arbeit mit dem Bändchen für *300000 oder 400000 Lire, alles in allem, oder eben so viel, wie du geben willst.* Im ganzen Monat Februar 1978, das verzeichnet eine Bilanz, die durch Zufall zwischen die Totenbriefe geraten ist, hat Vito aber nur 144700 Lire eingenommen, rund 150 Euro. Penibel lädt er mich nach einem Hausbesuch zum Kaffee ein, denn sie haben ihm 25000 Lire gegeben, statt 23300, er konnte nicht wechseln und hat den Überschuss nach langem Hin und Her als Trinkgeld im wahren Sinne des Wortes akzeptiert. Manchmal finde ich auf seinen Notizzettelchen auch merkwürdige krumme Zahlen: *Dritter Freitag, Ehemann und Ehefrau Palazzo San Gervasio. Letzte Arbeit mit dem Bändchen 157300 Lit.* Vielleicht hat er in diesem Falle der Versuchung nicht widerstanden und seine selbst gesetzten Maßstäbe verschoben, denn durch 23 300 ist der Betrag nicht sinnvoll teilbar. Aber auch das hat wieder Grenzen. Ein Mann, erzählt Vito, habe einmal zwei, drei, vielleicht sogar zehn Millionen Lire geboten, wenn seine Frau totgezaubert würde. *Er wollte die bösen Geister. »Wenn das Begräbnis gelaufen ist, komme ich mit dem Geld.« Ich habe ihm gesagt: »Geh' zu einem anderen, Todeszauber mache ich nicht, mir tun die Kinder leid.«*

Als Vito einmal kurz auf der Toilette verschwindet, macht mich Tante Giuseppina mit ihren Überlegungen zum Problem der ausstehenden Rechnungen bekannt: *Wenn sie dich nicht bezahlen, vergiss es, die müssen dann sterben*. Sie beobachtete das ganze Treiben im Wohnzimmer mit Distanz, außerdem verwaltete sie, wie so viele süditalienische Frauen, die Kriegskasse der Familie. Es ist kaum zu bezweifeln, dass sie ihre Ansichten über säumige Zahler den betroffenen Kunden gelegentlich oder auch ungelegentlich mitgeteilt hat. Die moderne Marktgesellschaft war damals in Ripacandida noch nicht ganz angekommen, aber mit ihrer Magie reagierten die beiden auch auf den Markt. Jeden Tag stellten sie sich die Frage, wo die Welt der Gefühle, der Reue, der Familie, der Freunde endet und wo Rechnung und Bezahlung ihren Anfang nehmen. Vielleicht hat sich so auch das Morden der Mafia gewandelt in den letzten fünfzig Jahren: Aus der alttestamentarischen Idee der Blutrache[298] wurde der Dienst an einem Gott des Geldes und der Gewalt, der keinen Aufschub duldet, eine blinde Schuldknechtschaft, wie man sie sich im Mittelalter vom Teufel höchstpersönlich ausgemalt hat.

Von mir wollte Vito gar nichts haben, aber wenn ich ihm etwas gegeben hätte, dann hätte er es auch genommen. Gerne nahm er ein Anerkennungsschreiben meiner *Akademie*, das ich ihm auf Briefpapier der Zeitschrift *Ethnomedizin* verfasst habe. Ich ließ es rahmen und er hängte es im Wohnzimmer auf, das mit dieser neuen Dekoration ein bisschen mehr den modernen Magierpraxen glich, die man in der Fernsehwerbung der lokalen Sender betrachten konnte, geschmückt mit Diplomen der Magiergewerkschaften und

Hohen Schulen, mit gefälschten Doktorurkunden und echten Steuerlizenzen. Ich sollte der Apostel des heiligmäßigen Vito sein. Gemeinsam mit mir wollte Vito seine Praxis ausdehnen auf bisher unbekannte Gebiete. *Lass uns in diese Schatzhöhle bei Melfi gehen, ich habe es noch nie gemacht, aber ich weiß die Worte, wir werden reich ...* Ich war skeptisch und hatte außerdem ein wenig Angst. Einige Zeit vor meiner Feldforschung war ein reicher Mann aus Rom in einer Höhle bei Ripacandida aufgefunden worden, entführt und dann umgebracht. Als würde er selbst nicht an den Schatz glauben, hat Vito nie darauf bestanden, diese Höhle mit mir zu besuchen. Auf der anderen Seite musste er im Umgang mit mir seine Rolle als Heiler vergrößern und kultivieren, denn ich bestand darauf, etwas Ordentliches geboten zu bekommen.

Einmal macht Vito eine Vorhersage über das Verhalten einer Person. *Wie kannst du das wissen?,* fragt die Kundin, und ich dränge nach mit weiteren Fragen zu den Quellen seiner Inspirationen. Vito aber lässt sich nicht darauf festlegen, er sagt uns nicht, ob die Stimmen von außen kommen oder von innen: *Ich fühle es in mir, denn das sind die anderen* (Toten), *und die sagen es meiner Mamma.* In der Öffnung zur Mutter, in der Heiligen Familie liegt die Inspiration. In der Familie sind die einzelnen Personen getrennt und doch nicht getrennt wie in der Heiligen Dreifaltigkeit. Glaubte Vito an die Spannkraft der Pergamente, die sich auf schwarze Bänder und auf Talismane überträgt? Glaubte er, was er sagte, wenn er sich von Dämonenbeschwörern und Schwarzmagiern abgrenzte, und gleichzeitig versuchte, Menschen aneinander zu binden oder voneinander zu trennen? Glaubte er, dass Konflikte zwischen Menschen zu einer Gänsehaut werden konnten, die er in seinem Flur aus den Körpern der Patienten lockte? *Es war aufgeladen, jetzt ist es gelöst.* Glaubte Vito an die Reinigung der Menschheit durch Heilkunst im Namen der Dreifaltigkeit? Ich weiß es nicht. Aber er spielte ein seltsames Spiel zwischen den Ahnengöttern der Vergangenheit und den Fetischen der Zukunft.

Wissenschaft war ihm dabei nicht fremd. Bei einer gemeinsamen Autofahrt entwickelt Vito plötzlich die These, dass es wohl doch mehr um *unsichtbare Mikroben* gehe als um *bösen Wind*. Sie stecken das Blut an, dann fängt die Haut an zu jucken, dann fliegen Hautteilchen zu den anderen Menschen und sie stecken sich wieder an. *Böses Blut, angehäuft, verdickt ... Ja, man muss immer neu überlegen, neu anfangen, überdenken. Wenn es nicht funktioniert, hilft etwas anderes. Sie kommen zu mir deswegen. Die anderen Magier sind doch bloß Ausbeuter.* Seine *Zubereitung gegen Gliederschmerzen* entpuppte sich bei näherem Hinsehen als die Rheumasalbe eines britischen Pharmakonzerns. Ein anderes Rezept stammt nicht aus den klassischen Zauberbüchern oder aus der Tradition der *Frauen, die helfen*, sondern aus den Giftküchen der Renaissance: *Du darfst es nicht mal aufschreiben, wer weiß, was damit passiert. Du nimmst ein Glas, zermahlst es mit einem Hammer und dann gibst du es der Person in einer Suppe. Der hat noch sechs Monate zu leben. Mit diesem Glas stirbt man. Die Gedärme fallen aus, sie verwickeln sich miteinander und es gibt keinen Professor auf dieser Welt, der in der Lage wäre, das zu heilen.*

Ich schreibe es trotzdem auf, mit gemischten Gefühlen, gerade so wie Vito selbst gegen die Versuchung ankämpft und sich dann doch wieder zu schwarzen Taten treiben lässt. Dabei weiß er um seine Verantwortung. Immer wieder habe ich miterlebt, dass er seinen Kunden Hexereiängste auszureden versuchte. Sie wollten ganz bestimmte Personen für ihren Zustand verantwortlich machen, Vito widersprach ihnen und zog das Ganze ins Unverbindliche. *Ich habe da doch Zweifel. Aus vielen Gründen führen Anklagen, Streitereien und direkte Anklagen nicht zum Ziel.* Es ging ihm aber auch nicht um eine vernünftige Erklärung *dieser Dinge*. Nachdem Vito mir das materielle Rezept zum Mord mit Glasmehl erklärt hatte, ließ er direkt die Beschreibung eines spirituellen Anschlages folgen. Für ihn schien beides auf derselben Stufe der Wirksamkeit zu stehen. Man konnte genauso gut ein Stückchen Haut von einem überfahrenen Tier nehmen, eins von diesen Tieren, die schon lange plattgefahren in der Sonne auf der Straße liegen. Daraus wird ein Mehl gemahlen, das ist Todeszauber. Das war vielleicht sehr

unhygienisch, aber nicht unbedingt tödlich, nach naturwissenschaftlichen Kriterien betrachtet. Wenn ich Vito auf Widersprüche zwischen Wollen und Können oder zwischen guter und böser Absicht ansprach, konnte er wütend werden: *Ich will es nicht, ich will es nicht, ich will es nicht. Schlussendlich ist da die dämonische Versuchung. Es macht keinen Eindruck auf mich und ich will es nicht machen. Ich will im Guten leben.*
Magier gibt es in jeder Gesellschaft, im Windschatten jeder religiösen, technischen und sozialen Ordnung. Gnade der Gesellschaft, die sie aus dem Schatten heraustreten lässt in das Licht der Öffentlichkeit, herrschen lässt, mächtiger sein lässt, als sie ohnehin schon sind. Sie haben vielleicht eine persönliche Moral, aber ihr Beruf bringt es mit sich, dass sie sich als Werkzeug verstehen. Mit großer Macht ausgestattet, sind sie doch nur Werkzeuge des Willens anderer. Letztlich kann niemand darüber verfügen, was aus seinem Willen gemacht wird, aber im Falle der Magier tritt das schneller zutage als bei anderen Menschen. Die Geschichte des guten politischen Willens, das Schicksal der testamentarischen Verfügungen und die Folgeabschätzung der modernen Technologie sprechen eine deutliche Sprache. Die Geschichte der Mitleidlosigkeit und des Spezialistentums muss noch geschrieben werden, und vielleicht wird man dann klarer sehen, wie die Entwicklung vom Magier zum Techniker verlaufen ist und was die Schöpfer unserer heutigen modernen Welt gemein haben mit Bauern, die Experimente an schwarzen Schnecken und Sargnägeln veranstalten, ihr eigenes Handeln durchschauend und doch nicht frei in ihren Entscheidungen. Vito wusste den Lauf der Zeit umzukehren, denn er befehligte die Toten. Aber er konnte noch nicht einmal sicher sein, ob die Kunden bei diesen haarsträubenden Ritualen wirklich eine Gänsehaut erlebt hatten oder ob sie ihm die Rechnung bezahlen würden. *Uralt muss die Erfahrung sein, dass die symbolische Kommunikation mit der Gottheit durchs Opfer nicht real ist … Etwas von solchem Trug … ist seit je am Ich zu spüren, das sich selbst dem Opfer des Augenblicks an die Zukunft verdankt.*[299] Hier liegt, bei vielen Ähnlichkeiten, der Unterschied zwischen

Magie und Technik – bei der Technik kann man darauf rechnen, dass es klappt und muss sich nur vor dem Moment fürchten, wo das Gestell doch einmal versagt. Bei der Magie hoffen alle, dass es klappt, und manchmal scheint es gut zu gehen.

Schließlich haben wir uns miteinander vertraut gemacht. Aber als es so weit war, konnte ich die Augen vor einer Tatsache nicht mehr verschließen. Aus meiner Sicht hat Vito schwerkranken Menschen oft nicht deutlich genug zum Arztbesuch geraten. Er machte ihnen zu viele Hoffnungen auf eine von den Ahnen vermittelte Heilung. Vito hat bald bemerkt, was ich bemerkt hatte und nahm entsprechende Wendungen in seine Reden an die Patienten auf. Ich weiß nicht, ob er sie auch gebrauchte, wenn ich nicht dabei war. Ein Kranker lädt Vito zum Hausbesuch, er wohnt in Barile. Kurz entschlossen fahre ich mit Vito hin. Der etwa sechzigjährige Mann kann seine Beine nicht mehr richtig gebrauchen, und ihn quält ein unerträglicher Juckreiz. Die Ärzte behandeln ihn mit einer Unzahl von Medikamenten. Einige Tage vor dem Besuch des Magiers haben sie eine Diabetes bei ihm diagnostiziert. In gewichtigem Ton liest Vito dem Analphabeten einen Brief seiner toten Mutter vor: *Geh zum Arzt und lass dich untersuchen, sonst ist morgen alles meine Schuld … Fattura ist es nicht … vielleicht war's der böse Wind? Gut wäre es, wenn du zum Arzt gehst oder zu den Heilern (fattucchieri), bevor es für immer auf dir hängen bleibt, solltest du dich untersuchen lassen. Kreuzwegzauber und so weiter kostet! Erstmal zum Arzt!* Im Original des Briefes, das Vito mich später unvorsichtiger Weise einsehen lässt, war nur von Heilern die Rede, nicht von Medizinern. *Lass dich untersuchen,* heißt es dort vage, den Rest hat Vito in meiner Gegenwart dazu erfunden. In meinem Beisein fassen der Kranke und der Heiler den Plan einer parallel gehenden Behandlung: die Ärzte gegen die Diabetes, Vito gegen die seltsamen Hautbeschwerden. Wenig später wird der Mann von seinem Sohn in ein Krankenhaus in Turin gebracht. Nach kurzer Zeit stirbt er dort an einem unerkannt gebliebenen Krebs, ein Opfer provinzieller Kurpfuscher mit und ohne ärztliches Diplom. Ich fühle mich schuldig. *Wäre er mal früher gekommen ...*, sagt Vito. Tieftraurig sitzen wir zusammen. Dann wird der Magier wieder munter. Er schwärmt von dem Schatz, den wir gemeinsam heben sollen, irgendwo zwischen Barile und Melfi in einer Höhle. Von der Höhle hat ihm ein Verwandter des Toten erzählt, deswegen kommt er jetzt darauf.

Vitos Stärke lag in der Hoffnung, die nach der Konfrontation mit dem Unausweichlichen weiterflackert. Als ich ihn nach dem Tod der kleinen Anna traf, es war das erste Kind, das ich tot gesehen habe, fühlte er sich wohl an das Wüten des Kindstodes in seiner eigenen Familie erinnert. Fünf Kinder hat Giuseppina verloren, nur der Spenglergeselle Antonio war ihnen geblieben. Aber dann kam, was kommen musste, wenn auch mit gepreßter Stimme: *Gold, Silber und Eisen, in einem Löffel aufgelöst und Baff! die Sache ist geheilt.* An solchen Tagen trennten wir uns im Unfrieden.

Solange der Frieden, die Ruhe in der Familie da ist, solange kann gar nichts passieren. Verloren steht diese Äußerung über den Frieden der Familie auf einer Karteikarte in meiner Hand, verblasst, krakelig, schon wieder übersetzungsbedürftig für mich, obwohl ich es selbst geschrieben habe, vor langer Zeit ... Ich? Ich war 27 Jahre alt, als ich in unserem zugigen Häuschen am Ortsrand von Ripacandida Notizen über Vito angelegt habe. Jetzt lese ich sie wieder mit vierzig Jahren, behelfsmäßig untergebracht in einer Studentenwohnung in Köln, im Schatten des Bettenhauses der Universitätsklinik, weil ich jeden Tag meinem Sohn beistehen muss, auf der Intensivstation. Aber er wird gesund werden, zumindest meinen das jetzt die Ärzte. Nach drei Monaten Operationen und Therapien aller Art vertrauen sie auf *die Selbstheilungskräfte* des Körpers. Auf dem Geusenfriedhof zu Köln lasse ich meinen Talisman zurück, elf Jahre nachdem Vito ihn mir feierlich überreicht hat. Aber dafür wird es dieses Buch hier geben. Im Jahre 1986 ist Vito Gioiosa, Bauer aus Ripacandida, unfreiwilliger Kämpfer für die Achse Berlin-Rom, Heiler, Postbote Gottes und Prior des Ordens von der Heiligen Krippe unerwartet an einer Thrombose verstorben – die Zigaretten, *Nazionali* ohne Filter! Gino hat es mir am Telefon gesagt, als Vito schon begraben war. Es gab nichts mehr zu tun. Dabei wollten wir doch noch zum Fest von Sankt Veit nach Avigliano fahren. Und wir wollten uns bei seinen Kunden in der Schweiz umsehen und in Berlin, bei den lukanischen Gastarbeitern, die er am Telefon behandelt. Und dann wollte ich ihm Deutschland zeigen. Jetzt werden wir gar nichts mehr zusammen machen, jetzt steht alles bloß noch in diesem Buch.

13. Die Verhexten

Schwarz ist der Mann gekleidet, und er hat den weiten dunklen Mantel der Schäfer über den Schultern. Auf seinem dicken Bauch baumelt eine goldene Uhrkette, und daran ist ein kleiner Trinknapf aus Ton befestigt, wie man ihn früher benutzt hat. Nacht für Nacht steht der Mann vor Rosas Bett, nah bei der Toilettentür. In der dritten Nacht hat er eine Totenbahre mitgebracht. *Du musst mit mir kommen.* Er schlägt sie, *du musst mit mir kommen.* Das Mädchen liegt im Bett und rührt sich nicht mehr. Rosa magert ab, sie ist bleich und still. Ständig sieht sie den Mann mit der goldenen Uhrkette vor sich. Als nichts mehr ging, hat Rosas Mutter bei Vito angerufen. Der Magier am Telefon: *Hört auf zu heulen, heute abend komme ich und verjage alles.* Vito erzählt diese Geschichte mit vielen Einzelheiten, es bleibt sein größter Fall. Es war ein Freitagabend und das Haus in Venosa war voll mit Leuten. *Ich sage: »Rosa, erhebe dich und geh' in's Bad.« Da sehe ich im Schatten an der Wand, dass mir der zukünftige Schwiegervater des Mädchens einen Vogel zeigt. Er glaubte nicht an den Quatsch, das hatte er schon gesagt. Aber Rosa stand auf und wusch sich. Ich sagte zu Rosa: »Du stehst auf und gehst, direkt zur Dreifaltigkeitskirche, auf der Stelle! Und nach dem Essen machst du einen Spaziergang in piazza. Habt keine Sorge, es ist nichts!« Da rief der Verlobte des Mädchens: »Kommst du wirklich? Und machst du dann einen Spaziergang mit mir?« Neun Freitage musste ich hin. Am dritten hat er es noch mal gemacht, ist er ihr noch mal erschienen. Dann bin ich mit Rosa zum Kreuzweg gegangen. Sie hat den Mann nicht mehr wiedergesehen. Da, auf dem Kreuzweg holt man sie und jagt sie davon. Hier treffen sie aufeinander, sie schlagen Kopf an Kopf.*

Zwölf Jahre später besuchen wir zusammen die Eltern von Rosa. Die Mutter erzählt: *Sehen Sie mal, mein Mann war damals in der Schweiz. Er kam immer nur Ostern. Die zukünftige Schwiegermutter hat das Mädchen zum Essen eingeladen. Mein Mann sagte: »Essen wir mal bei denen.« Dann ist er wieder losgefahren. Da hat sie wieder angefragt: »Willst du mit uns essen?« Das Mädchen sagte, »Nein, mein Papa ist fort und deshalb bleibe ich bei meiner Mamma!« Dann hatte sie eine Erkältung, es ging ihr sehr schlecht. Ich wollte nicht, dass sie zur Schule geht, »pass' auf dich auf«, sagte ich. In der Pause kam sie nach Hause, um sich noch ein frisches Taschentuch zu holen, aber dann ist sie gleich zu Bett gegangen. Abends um neun oder zehn kam der Verlobte und hat sie geweckt. Und seitdem sah sie immer diesen alten Mann bei der Toilettentür, mit der Uhrkette. Seitdem sie bei der Schwiegermutter gegessen hatte, ging es ihr schlecht. Der Arzt hat das nicht verstanden und hat ihr nur eine halbe Injektion gegeben. Die Tante meinte schon: »Da wird jemand was gemacht haben!« Onkel Michele, ein Verwandter, hat sie dann zu Zi Vito gebracht, und der hat angefangen zu helfen, mehr als ein Jahr lang ... Nein,* fährt Vito dazwischen, *neun Freitage habe ich gemacht und die drei Weihnachtsnächte und Karfreitag und den Freitag vor Maria Himmelfahrt. Das sind die heiligen Nächte.*

Wenn ich damals dagewesen wäre ..., droht der Vater des Mädchens, *ich war gegen die Ehe, nicht wegen dem jungen Mann, aber wegen dieser Familie.* Ich kann Vito überreden, mich zu den Schwiegereltern zu begleiten. Nun *böten* wir wirklich, wie es das alte deutsche Wort für Zauber und seine Auflösung sagt, wir spielen den Boten zwischen den Parteien, auf den Spuren der schwarzen Botschaft, der *ambasciatura,* die Vito vor elf Jahren zwischen den beiden Familien umhergetragen hat. Allen Widerständen zum Trotz haben Rosa und ihr damaliger Verlobter geheiratet. Sie wohnen bei den Schwiegereltern, in Notbehausungen, die

nach dem Erdbeben von 1930 errichtet wurden, kleine Häuschen an einer staubigen Ausfallstraße. Rosas Mann, ein etwas unbedarft wirkender junger Lastwagenfahrer, ist sichtlich und rührend um seine Frau bemüht. Dieses Paar, die Schwiegereltern, eine Schwester des jungen Mannes und die beiden Enkel leben auf engstem Raum zusammen. Rosa ist etwas untersetzt, hübsch, eine schüchterne junge Frau. Im Blick hat sie diesen gewissen Witz, den man bei Menschen beobachten kann, die viel durchgemacht haben. In der tristen Umgebung ist ihre Schwiegermutter eine imposante Erscheinung, breit und groß, mit einem Busch weißer Haare über dem merkwürdig gelblichen Mondgesicht. Sie arbeitet als Heilerin und war schon bei Vitos berühmtem Onkel in Behandlung, das muss in den vierziger Jahren gewesen sein, als sie noch ganz jung war. Sie begreift schnell, *dass ich das lernen will* und behandelt mich darum als Lehrling. Mit Vito bespricht sie Magierprobleme, Fälle, gewissermaßen unter Kollegen. Vito ist ungewöhnlich ruhig und mir fällt auf, dass er nichts von den Getränken und Speisen annimmt, die immer wieder von Rosas Schwägerin angeboten werden.
Als Rosa selbst von ihrer Besessenheit erzählt, kommt nur eine neue Einzelheit hinzu, ein Detail, das ihnen vielleicht zu selbstverständlich ist, als dass sie es hätten erwähnen müssen. In ihrer Krisenzeit vor zwölf Jahren hat Rosa in Zungen geredet, sie hatte eine andere Stimme. *Nein, es war kein Verwandter von mir. Ein Verwandter hätte mir nie den Sarg ans Bett gestellt. Ich war damals frisch verlobt. Sein Großvater hatte immer eine hohe Stimme gehabt, diese Stimme hatte jetzt ich. Ich hatte die hohe Fistelstimme seines toten Großvaters.*
Die Schwiegermutter, Heilerin und Hexe, schaut verfinstert und Rosa wird wieder schüchtern. *Na ja, ich verstehe das auch nicht wirklich …* Da hakt Vito ein, *neunmal musste ich hin, neun Freitage*. Erleichtert stürzt sich die Runde in das Rätselraten über Termine, wann dies geschehen ist und wann jenes, nein, da war ja erst die Verlobung, an Weihnachten, ja, es war im April, genau, Rosa war damals siebzehn Jahre alt. Rosa verstummt. Die Schwiegermutter und Vito sprechen über andere berühmte Kranke und ihre Heiler.

Rosas junger Mann hat die ganze Zeit gar nichts gesagt. Als die Schwiegermutter erfährt, dass ich auch Fälle von bösem Blick und Ähnliches dokumentiere, trägt sie in seltsam überdehntem Ton ihr eigenes Erlebnis vor: *Es ist schwer, da zu helfen … Eine Gevatterin kam, sagte zu meiner Jüngsten: »Wie schön dieses Kind geworden ist!« Das Mädchen ging schlafen, aber um vier Uhr am nächsten Nachmittag war sie noch nicht wach geworden. Eine Frau hat sie dann vom bösen Blick befreit, mit den Woooorten Gooottes! Das Kind hat den Kopf vor- und zurückgeschleudert und ist wieder wach geworden.* Unvermittelt schaue ich mich bei den anderen um. In ihren Blicken lese ich nur ein Wort: *Hexe!* Fast schon hastig machen wir uns auf den Weg. Ich habe die Blicke wohl richtig gedeutet, denn als wir wieder im Auto sind, wird Vito grimmig: *Führ' dir mal den Zustand dieser Leute vor Augen. SIE hat einen Damenbart. Da ist nichts, aber auch gar nichts Vertrauenswürdiges an ihr. Zweitens: SIE ist eine Wahrsagerin und überträgt das Unglück. Das was SIE sich wünscht, passiert. Deshalb ist der Vater des Mädchens so sehr gegen diese Frau. Und SIE ist immer noch sauer. Ja, das ist schon alles sehr kompliziert! Die denken, sie wären uns überlegen, mir und auch dir, aber wenn's schief läuft, kommen sie und lassen sich behandeln. Pina, die* (andere) *Tochter der Frau, ist schlimmer als ihre Mutter. Sie hat uns Kaffee angeboten. SIE ist faltig, hat die Räude auf der Haut, so sind die! Sie zieht einen an. Ich gehe niemals hin, denn sie binden einen. Dem Mädchen, Rosa, geht es schlecht zwischen Schwiegermutter und Schwiegervater. Deshalb hat der Vater seinen Ausbruch gehabt. Obwohl er krank war, ist er aufgestanden und hat sich mit uns ausgesprochen. Er will sich immer noch rächen. Nur mit mir spricht er so offen. Ich tröste ihn dann und sage: »Du darfst SIE nicht umbringen …« Das kommt mir gar nicht fein vor … Nur wegen mir haben die heute so offen geredet.*
Ich versichere Vito, wie wichtig er für meine Forschungen ist. Aber dann gebe ich doch meinen Gefühlen nach und frage: *Ist es unabsichtlich, oder sind die wütend, wenn sie hexen?* Vito zieht an seiner Bauernzigarette. *Das ist keine Wut, SIE wollen nur ein Ziel erreichen, es ist Kampf. Heute*

benehmen sich alle gut in Venosa. Der Schwiegersohn ist nicht böse. Es ist alles wegen der Mutter, die mir wirklich nicht gefällt. Die war boshaft, die habe ich schon so kennen gelernt, als ich noch ein kleiner Junge war. Rosas Mann ist respektvoll und alles, es fehlt an nichts. Es ist eine Disharmonie des Blutes.

Dann entlässt mich Vito mit den üblichen Ermahnungen nach Hause. Ich soll alles genau aufschreiben für meine Akademie, und vorsehen soll ich mich bei Männern ohne Bart und bei Frauen, die zu viele Haare im Gesicht stehen haben. Der Todeswunsch, die Todesangst, wilde Gefühle, schlimme Weiber, die Toten auf der Haut, SIE – was bei uns, in Deutschland, auf lähmende Familienstreitigkeiten, Einweisungen in psychiatrische Anstalten oder auch in rassistische Ausbrüche übergeht, bei Vito ist es immer knapp bis unter der Gürtellinie zugelassen. Immer sind es die schwächsten Glieder, die Krisenhaften, die jungen Mädchen, die den Konflikt dramatisch leben müssen. Ist die Krise vorüber, kommt man wieder zusammen, mehr oder weniger friedlich. Ich nenne das für mich den Burgfrieden. Rückblickend verdichten sie das Erlebnis des Absturzes zur Banalität: *Sieh' dich vor bei Frauen mit Damenbart* ... Keinen Gedanken verschwendet Vito auf den Widerspruch, dass es bei seinen Erzählungen um eine Frau geht, *der immer gelingt, was sie will,* und dass ausgerechnet diese Frau gezwungen ist, mit ihrer ungeliebten Schwiegertochter auf engstem Raum zusammenzuleben. Vielleicht glaubt Vito gar nicht an Hexerei oder Ähnliches, aber er weiß, wie wichtig ein *sfogo* sein kann, die Entladung des offenen Gespräches. *Sfogo,* so nennt auch Linda einmal die Hexerei. All das Gerede über Damenbärte, bösen Blick, Gift im Essen und Blut im Kaffee dient der Entlastung. Die böse Schwiegermutter versteht es vermutlich bestens, sich gegen die Widerstände ihrer Zeitgenossen zur Wehr zu setzen.

Bei diesen erbitterten Streitereien ging es fast immer um den engeren Kreis der Familie – auch modernen Menschen sind solche Probleme mit Schwiegermüttern und Eltern nicht fremd. Es ging um diese seltsame Ablösung zwischen Menschen, die eigentlich aneinander gebunden sind, doch auf

einmal sind sie getrennt und zittern vor Wut und Ekel, wenn nur der Name des anderen fällt.
Für hexerische Familienkonflikte gab es in den achtziger Jahren in Lukanien eine eigene Öffentlichkeit, hergestellt durch Tratsch und Mitleid, Parteinahme und Neugier. Wie es heute darum steht, kann ich nicht sagen, denn es bedarf ständiger Aufmerksamkeit und Teilnahme, um sich in dieses schüttere Netz von Beziehungen verwickeln zu lassen. Man sprach darüber, zu meiner Zeit, und nach und nach wurde ich in das Gerede mit einbezogen, denn man wusste, dass ich bei der Heilerin Linda, bei dem Magier Vito und bei vielen anderen Spezialisten meine Erfahrungen machte. Im Laufe der Zeit hat Vito mir aus seiner Praxis eine Fülle von Fällen beschrieben und ich konnte in seinem magischen Postamt mit Verhexten sprechen, aber es geschah auch, dass Verhexte mir in anderen Situationen von ihrem oder von anderen Fällen erzählten und so versuchten, mich einzubeziehen in das Drama von Rache und Heilung. In der überwiegenden Zahl der insgesamt über sechzig kleinen Personengruppen, mit denen ich auf diese Weise Berührung hatte, ging es um den Besitzneid, den zurückgekehrte Wanderarbeiter bei ihren Verwandten erleben mussten, um problematische Eltern-Kind-Beziehungen, um Partnerprobleme. Diese Probleme wurden in einen hexerischen Zusammenhang mit körperlichen Leiden gestellt, vor allem Dauerschmerz in Kopf oder Magen, Apathie, chronische Erkrankungen, Abmagerung, Lähmungen oder Geistesstörungen.[300] Und immer wurde heftig und deftig gestritten und geschimpft, drastisch gedroht oder wenigstens resigniert genörgelt, vor Verwandten und Leidensgenossen oder aber vor Personen, die man wie mich als mögliche Helfer betrachtete. Heilerinnen wie Linda oder die Frauen aus Ginestra nehmen diesen Impuls auf, indem sie das Netz der schwierigen Beziehungen um den düsteren Bund mit den Toten bereichern und sich selbst als Priester oder Mahr oder Ersatzmutter anbieten, welche die beschädigte Person neu taufen und wieder an das Leben anbinden – *re-ligio,* das Wort soll ursprünglich nichts anderes bedeutet haben als *Wiederanbindung*. Magier wie Vito gehen weiter, indem sie den an

ihrer familiären Umgebung Leidenden die *doppelte Anbindung* an Totengeister bieten – und damit eine Anbindung an sich selbst, die verborgenen Heiler-Heiligen der bäuerlichen Welt. Wenn das alles versagt, kann man es noch mit den Heiligen versuchen, die unverbindlich-harmlos als Puppe und Legendenerzählung zur Verfügung stehen, andererseits in den Beziehungen zu ihren *devoti* stärkste Abhängigkeit verursachen können, obwohl sie doch auch nur lebende Tote sind wie alle anderen auch.
Gib's ihnen, lass sie deine Krankheit kriegen, die waren es, sie haben diese üblen Sachen 'rausgelassen. Während der Prozession hat die junge Frau den Heiligen nicht mehr in Ruhe gelassen. Am nächsten Tag ist sie das Gesprächsthema in unserem kleinen Ort. Kaum einer konnte es noch ertragen, den Heiligen stundenlang im Beisein dieser schreienden Frau durch die Hitze zu begleiten. Sie hat noch manches andere geschrien, sie hat San Donato ausgeschimpft, weil er ihr nicht hilft gegen dunkle Mächte. Die Anführerin der kirchenfrommen und nicht ganz armen alten Damen ist empört: *Für so etwas ist der Heilige aber nicht da!* Im nächsten Atemzug erklärt sie mir, dass ich nach all der vielen Arbeit für den Heiligen und seine Wunder doch langsam auch einmal etwas von ihm verlangen könnte. Wo ist die Grenze zwischen dem demütigen Wunsch und der Aufhetzung zum Bannfluch, zwischen Magie und Religion? In der träumerischen Welt der nachmittäglichen Erzählungen fallen diese großen Worte nicht sehr ins Gewicht, allenfalls ein Machtwort ist noch gefragt, aber das muss es dann auch ganz schön in sich haben.
Die Bauern am Ponte della Vianura, einem bäuerlichen Viertel in Ripacandida, haben Verständnis für die junge Frau und ihre Beschimpfungen. Die Familie ist mit Freunden der jungen Frau verwandt, *aber nur ein bisschen*. Der Störenfried der Prozession kommt aus Venosa, weit außerhalb der Stadt lebt sie jungverheiratet mit ihrem Mann und dessen Brüdern auf einem gutgehenden Hof. Ihr Problem soll eine Verwandte sein, die nie ihre Wohnung verlässt, auch nicht, um zur Kirche zu gehen. SIE hat das junge Glück verhext und seltsame Freundinnen haben ihr dabei geholfen. *Das sind*

wirklich ein paar feine Damen, so mokieren sich die Frauen am Ponte della Vianura über SIE, ihr Mitgefühl gilt der jungen Geschlechtsgenossin, die den Heiligen angeschrien hat. Die Frauen am Ponte della Vianura sind Kommunistinnen, und natürlich gehen sie aus dem Haus, zum Beispiel um auf den Feldern zu arbeiten. Die *feinen Damen*, die feenhaft-zweideutigen *belldonn'*, gehen scheinbar gar nicht aus dem Haus, aber dann rumoren sie auf einmal nachts bei fremden Leuten in der Küche, wenn es keiner merkt, und am nächsten Tag fehlt da so einiges. *Sie wollte ein Tonkrüglein, da hat sie mich gesehen, und bei mir ging's kalt hinunter. »Tagchen, Tagchen«, hat sie gesagt, »wenn dein Sohn einmal heiratet, muss er sterben.« 30000 Lire und sieben Liter Öl haben wir für die Sache gegeben.* Die Hexen sind auf der Suche, und um sie loszuwerden muss man etwas hergeben. Die Hexe bekommt nichts davon, aber der Magier. Eigentlich sind sie alle von einer Sorte, Hexen, Magier, die *feinen Leute* eben, oder, wie man sie früher nannte, die Mahre. Manchmal stehlen sie nur, um zu töten. Ein Mann starb, nachdem sie sich sein Portemonnaie geholt hatten. *Warum machen sie das?*, frage ich perplex, gefangen in der Erzählung, und die alte Großmutter mischt sich ein: *Aus Neid, um zu töten oder um den Tod zu verlängern!* Es geht um nackte Bosheit, das ist schon mehr als Neid.
Ich will die Frau kennen lernen, die den Heiligen beschimpft hat. Also fahre ich nach Venosa. Auf der herbstlichen Fahrt über verschlammte Straßen peinigen mich ängstliche Überlegungen. Die Frau die schreit vor dem Heiligen der schlägt gehört zur Familie Cacciatore und lebt mit ihren Verwandten außerhalb der kleinen Stadt im Grenzgebiet von Apulien und Lukanien in einer Schlammlandschaft, aus der eine große graue Kirchenruine ragt, aufgelassen seit langer Zeit. Nach einigem Suchen biege ich auf den großen, ungepflasterten Hof ein. Moderne Ackerbaugeräte und Erntemaschinen stehen im Schlamm. Die Frauen kommen mir entgegen, Mariarosa, die den Heiligen beschimpft hat und ihre Schwester. Ich berufe mich auf den Bauern vom Ponte della Vianura, der mit ihr verwandt ist. Ich schenke ihnen Fotos von Mariarosas Kind, aufgenommen im Sommer, als sie es in

Verhexte Pilgerin vor dem Heiligen der schlägt, 1983

den goldweißen Bischofshabit von San Donato gehüllt und nach Ripacandida gebracht hatten. Erst zögern sie, dann fängt Mariarosa an zu erzählen, im Stehen, im Schlamm des Hofes. Die Männer kommen hinzu und wir stehen lange da und sie erzählt. Ihr Kind ist jetzt geheilt. Darum ging es ihr bei der Pilgerfahrt zu San Donato, aber letztlich hat nicht der Heilige, sondern eine Heilerin die Sache in den Griff bekommen. Sie lebt auf einem Aussiedlerhof in den höchsten Gipfeln des lukanischen Appenin. Ich habe schon oft von dieser Bergmagierin gehört. *Es gibt also nichts weiter zu berichten*, sagen die Frauen. Ich bitte sie, mich in das Haus zu lassen, damit ich es aufschreiben kann. Ich erkläre ihnen, wir hätten in Deutschland vergessen, wie das wäre mit der Hexerei und wir müssten es wieder verstehen, um uns selbst besser zu kennen. Das interessiert die Frauen, wobei ihnen gleich ist, was mit den Deutschen passiert, sie wollen wissen, ob ich ihnen helfen kann, denn sie haben weiterhin Probleme mit IHR. *Wissen Sie denn, wie man hilft?* Mariarosa will mir gleich eine Verwandte als Patientin andienen, aber wie üblich zögere ich. Ich biete an, die Verwandte zu Santuccio zu bringen, auch Zi Ton genannt, ein Heiler aus Ripacandida, den ich inzwischen kennen gelernt habe. Nein, da waren sie schon, er hat geholfen, aber nicht sehr. Von Vito halten sie gar nichts, er ist zu jung dafür. Aber sie sind gepackt, der schwarze Faden zieht uns in die Tiefe und sie lassen mich in ihr Haus.

Ich sitze mit Mariarosas Mann allein, weil die Frau einen Kräuterbitter holt für uns Männer. Verlegen spreche ich mit ihm über den Neubau, in dem wir uns nun befinden, *wann habt ihr das gebaut?* Sie haben das Haus vor einem Jahr gebaut, in drei Monaten haben sie es hochgezogen, antwortet er stolz. Ich sehe einen großzügig gestalteten Kamin. Ich bin bei Großbauern zu Besuch, diese Art zu leben kenne ich aus dem kleinbäurischen Ripacandida kaum. *Dann*, sagt der Mann in die Stille hinein, *dann haben SIE es gestört*. Plötzlich hielt ein neuer Boden nicht, er musste nochmals eingezogen werden, für 900 000 Lire. Ich weiß nicht, was ich dazu sagen soll, und wir schweigen. Die Frau kommt mit dem Amaro zurück. Ich fühle mich wie auf einem verminten Gelände. In Ripacandida würde ich jetzt fragen, ob der Nebel die Olivenernte geschädigt hat, aber hier habe ich Angst, als Schadenszauberer dazustehen, als Träger der schwarzen Essenz von Neid und Not. Und wenn ich mich allzu verständnisvoll nach den Schäden erkundige, welche die schwarze Magie angerichtet hat, werde ich vielleicht wieder für einen Heiler gehalten.

Die Großmutter kommt mit dem einjährigen kleinen Mädchen von Mariarosa hinzu, *benedica,* sage ich, *du seist gesegnet,* die Schutzformel gegen den bösen Blick, damit sie nicht denken, ich könnte das Kind schädigen. *Nein, nein, unsere Oliven sind geerntet,* setzt der Mann das Gespräch fort, dann herrscht Schweigen. Aber plötzlich gibt er sich einen Ruck. *Die da … SIE haben nicht einmal ein Dach über dem Kopf, um sich zu beschützen, immer haben SIE unser Geld genommen, aber sie haben nie etwas daraus gemacht.*
Und mit einem Mal reden sie alle auf mich ein, sich ergänzend, sich unterbrechend. Sie erzählen mir die Geschichte ihrer Familie. In den zwanziger Jahren bewirtschaftete ein Mann dieses große und fruchtbare Gelände vor den Toren von Venosa. Er hatte zwei Söhne. Sie übernahmen das Land und bearbeiteten es gemeinsam. Ein Bruder starb und hinterließ eine Tochter, Domenica, die Mutter von Mariarosa. Der andere Bruder hatte auch eine Tochter, Donatella. Die beiden Frauen haben sich von Kindheit an nicht gut miteinander vertragen, aber der Patriarch hielt auch nach dem Tode seiner Söhne die Familien der Enkelinnen zusammen. Als er starb, begann der Streit, und die Farm wurde zwischen den Schwestern geteilt. 1959 starb eine Tochter von Domenica. 1960 war sie selbst krank, dann war Mariarosa krank, ihre andere Tochter. Mit Sorgfalt zählen auch die jungen Leute Daten auf, an die sie sich nicht selbst erinnern können. Sie sprechen die Erinnerungen von Domenica nach, der Mutter, in deren Zeichen sie sich auf diesem Land versammelt haben. Ruhig war das Leben der Familie nur, als Domenica 1962 bis 1964 nach Deutschland ging, nach Neuwied am Rhein. In den siebziger Jahren war die Landwirtschaft so heruntergekommen, dass nur Domenica mit den Töchtern in Venosa leben konnte, ihre Söhne mussten emigrieren. Auf der anderen Seite des Erbteils blieb Donatella mit einem kranken Mann und drei kleinen Kindern. Dann wendete sich das Schicksal, Mariarosa heiratete einen Bauernsohn aus der Umgebung, und das junge Paar konnte einen von Mariarosas Brüdern zur Rückkehr aus der Emigration bewegen. Der brachte seine junge Frau mit, und auf einmal waren diese jungen Leute da, eine neue Generation

von Investition und Arbeitskraft. Auf Donatellas Seite aber mussten die Eltern immer noch das Land bestellen, um Kinder zu ernähren, die nicht zum Familieneinkommen beitrugen.[301] Nur ein gerade mal zwanzigjähriger Sohn versuchte, den kranken Vater zu ersetzen.

1980 ist eine Schwester von Mariarosa an Leukämie gestorben, 1982 konnte ihr Sohn wegen einer Nervenlähmung nicht mehr laufen. Der Junge hieß Donato und war dem Heiligen geweiht, der Kinder schlägt und heilt. Darum hat sie beim Heiligen herumgeschrien. Ein paar Monate später ist sie gestürzt und musste in die Klinik. Ob ich jetzt verstehe? *Wer zählt die Toten, die das alles gekostet hat? Sechs, sieben Monate lang haben sie sich gequält, die Mamma, als sie krank war, das Mädchen, ich selbst. Wir haben das dieses Jahr erst richtig verstanden. Meine Schwester hat die Tante schon mit 13, 14 Jahren gehasst und wollte sie töten. Anna Pace aus Rionero hat es uns dann erklärt … vor mehr als zwanzig Jahren haben wir um das Land gestritten. SIE hat immer gewusst, was wir hier unter uns beredet haben. SIE hat etwas an sich, sie spricht von den Toten. SIE hat zum Beispiel auch gewusst, dass unsere Dreschmaschine nicht mehr funktioniert … im Haus können wir uns von ihr fern halten, aber die Weinberge liegen einer neben dem anderen. SIE setzt ihre Stöcke und macht einem Angst: »Die Oliven sind gut, oder sind nicht gut dieses Jahr, das ist mir beim Essen nicht gut bekommen, dies und das …«*

Ich hatte richtig verstanden, als ich mein *benedica* murmelte. Eine Heilerin hat ihnen beigebracht, ihre Leiden in den Begriffen der Hexerei zu verstehen, eine andere hat dann das Problem gelöst. *Sie schwitzt und sie spürt unsere Schmerzen, im Rücken, im Kopf.* Der junge Mann macht dazu die Geste des Schweißabwischens. Er respektiert die Arbeit der Heilerin. In manchen Zauberformeln wird der Magier zum *Bruder* des pflügenden Bauern. Auch diese ungelehrte bäuerliche Kultur hat ihre Geistesarbeiter, oder man sollte besser sagen: sie tun eine Geisterarbeit, nicht nur Feldarbeit. Die Mutter fährt fort: *Sie nimmt unsere Schmerzen auf sich. Die Tante sagte: »Ihr werdet nicht gesund«. Sie hat Mariarosa geküsst, als sie ein Mädchen war, als sie im*

Krankenhaus lag. Die sehnige, kraftvolle Frau zittert jetzt selbst vor Erregung. *Sie hat diese Sachen gesagt!* Aufgeregt kontrollieren sie meine Aufzeichnungen, ich soll möglichst unleserlich und auf deutsch mitschreiben, SIE könnte es sonst erfahren. Auch der *dottore* aus Ripacandida steht aufseiten der Hexer, Vitos Bruder, ein sehr berüchtigter Heiler aus Ripacandida. Sie kennt alle Magier, die ich kenne und noch einige mehr, und sie hat es mit allen versucht. *Santuccio ja, der andere nicht!* Der Venosiner Krieg teilt die ganze Landschaft in magisch verminte Zonen.

Einmal hatten sie ein Familienfest, natürlich ohne SIE. Alles war schon vorbereitet für den nächsten Tag, aber nachts fanden sie Schlangen im Haus. Anna Pace, die Heilerin aus Forenza, hat ihnen erzählt, dass diese Art Leute immer dienstags und freitags fliegen. Auch die gefürchtete Tante ist so eine unruhige Frau. *Die fährt immer so viel 'rum. Fünfzehn Cousinen hat sie. Überall ist sie unterwegs. Ihr Mann ist krank und kapiert das alles nicht. Die Söhne hat sie auf ihrer Seite. Nur einer wollte nicht, der ist dann gestorben.* Ihre eigene Familie tyrannisiert sie, eine Tochter will schon gar nicht mehr zu Besuch kommen, ein Sohn ist schlecht verheiratet. Der Kontrast zum Gerede der Leute am Ponte della Vianura in Ripacandida ist groß: Angeblich treiben in Venosa eingeheiratete Frauen ihr Unwesen, Frauen, die keine Landarbeit tun und nicht aus dem Haus gehen wollen. Bei den Leuten in Venosa entpuppt sich die Hexe als Blutsverwandte, die zu viel draußen umhergeistert. Jeder hat die Hexe, die er verdient.

Nach und nach wird mir klar, dass ich das Haus der hexerischen Verwandten bei der Anfahrt gesehen habe, es steht in einer Entfernung von vielleicht hundert Metern dem Haupthaus gegenüber. Eine Fotografie dieser beiden Häuser würde sich gut eignen zur Illustration des Kapitels über *Hexerei* in einem *Lehrbuch der Völkerkunde*. Das Haus der Tante ist winzig und verfallen. Kaputte alte Traktoren und Erntegeräte rosten im Garten. Vor der Tür steht ein blasser junger Mann, den ich nach dem Weg gefragt hatte, wortlos zeigt er auf den gut ausgebauten Bauernhof der jungen Leute, vor dem die modernsten Großgeräte blitzen. Das muss der Sohn gewesen sein, der im Haus der Tante den Vater ersetzt. *Besser, dass du SIE nicht getroffen hast, sie hätte dir alles aus der Nase gezogen in deinem Unwissen.* Hexerei hat viel mit Information zu tun, aber sie denken nicht daran, dass es auch Information, Kommunikation gegen den Strom der Verdächtigungen geben könnte. Nur die Heiler können den Strom der Wörter umkehren und damit auch den Lauf der Ereignisse. Deshalb schreit Mariarosa den Heiligen an. Seit sieben Jahren geht sie zum Fest nach Ripacandida. Diesmal hat sie bis zum Ende der Prozession gewartet mit ihrem Geschrei, damit sie nicht vorher schon weggeführt wird. Der Priester hat zu ihrer Mutter gesagt, sie soll doch in die Sakristei gehen damit. Aber die beiden Frauen haben den Raum nicht gefunden. Um deutlich zu machen, dass ich nicht der Ansicht des Priesters bin, erzähle ich von einer Frau, die letztes Jahr beim Rochusfest in Tolve schreiend zu Boden stürzte. Der Priester ließ sie von den Carabinieri aus der Kirche schleppen. Ich erzähle, dass ich dieses Verhalten der Priester grausam fände. Mit solchen Geschichten markiere ich mein Verhältnis zu den Priestern. Diesmal hat meine Strategie jedoch nicht die erwünschte Wirkung. Die Mutter fährt auf: *War die Frau klein und dick, und fehlten ihr zwei Finger an der rechten Hand? Das war bestimmt SIE, die macht immer so etwas. Sie ist auch zur Madonna gegangen, weinte da 'rum. SIE macht das, aber es ist nicht wahr, es ist gekünstelt, damit niemand merkt, dass sie diese Sachen tut. Sie macht immer auf Jesus Christus, zugleich spricht sie mitternachts mit den Toten.* Was Mariarosa richtig macht, aus echtem Gefühl heraus, ist bei IHR nur gekünstelt und bemäntelt die geheimen Aktivitäten dort draußen in dem kleinen Bauernhaus. Die Großfamilie aus Venosa beschäftigt mittlerweile Kirchen und Behörden, landauf, landab. Einmal haben sie die Polizei gerufen, SIE hatte ihnen ein Pulver ins Essen gegeben. *Das gibt's doch nicht,* soll der Polizist gesagt haben. Schlau meldeten sie Minderheitenrechte an, als Anhänger der schwarzen Folklore: *Wir glauben aber dran!* Prompt zog sich der Polizist auf die Position der multikulturellen Toleranz zurück: *Gut, das ist für euch, die ihr dran glaubt, das ist nichts für uns, die wir nicht dran*

glauben. Er ist nie wieder gekommen, aus Angst, wie die Cacciatores meinen.
Die verhexte Familie kann ihren wirtschaftlichen Erfolg anscheinend nur aus diesem Hass heraus genießen. Die Heilung kam mit Anna Pace und Vincenza Carnevale. Sie haben ihnen beigebracht, hemmungslos zu hassen. Im Gespräch befangen, sehe auch ich die Familie Cacciatore nur als armselige Opfer und erkenne nicht, wie gut es ihnen im Verhältnis zu den Verwandten ergangen ist. Mariarosa erzählt, was Zi Vito aus Ripacandida sie bei der ersten Begegnung in seinem Wartezimmer gefragt haben soll: *Habt ihr denn Land?* Sie sehen das als Zeichen dafür, dass er ein Geldschneider ist. Später begreife ich, dass er den Kern der Sache erkannt hatte. Vielleicht waren Vitos Versuche, SIE zu bremsen, gerade deshalb erfolglos. *Leider stirbt SIE nie mit all diesen Sachen. Die hatten sogar einen schweren Unfall, aber es ist keiner verletzt worden. Wenn sie schon ankam, ging es uns schlecht. Nach den ersten Worten dreht sich uns der Kopf. Der Gedanke ist noch da, aber im Kopf dreht es sich …* Zuviel Klarheit trägt nur zur Verwirrung bei, Hilfe bietet allein die hasserfüllte Abfuhr der Gefühle.
Früher war SIE oft bei ihnen, wollte immer Geld, mal 10000, mal 15000 Lire. Ohnmächtig, wirr im Kopf vor gestauter Wut, haben sie es gegeben. Die böse Tante forderte, appellierte an die Reue der vom Leben Bevorzugten, wie ein Bettelbruder auf Walze. Einmal, ein einziges Mal hat Mariarosa *einen von denen* mit der Pistole bedroht. Das war einer von ihren Anhängern, SIE hat nämlich überall Leute. SIE hat eine Schwägerin in der Stadt, in Venosa, die macht *es* auch. Daneben wohnen welche von UNS. Die beiden Parteien reden nicht mehr miteinander, seit Jahren, höchstens mal so, von Balkon zu Balkon. Der magische Krieg weitet sich aus. Bei einer Cousine, die es mit Domenica hält, sind alle Schafe gestorben. Selbst in Ripacandida, am Ponte della Vianura, hat der Fall die Bauern in Aufregung versetzt. Jede Mannschaft hat ihre Anhänger, ihre *tifosi*. So nennt man in Italien Fußballfans, aber das Wort heißt eigentlich *die Angesteckten*, von *tifo*, das ist der *Typhus*. Der Fall wirkt ansteckend, vielleicht auch weil es um eine neue Generation

von Großbauern geht, inmitten der Krise der süditalienischen Landwirtschaft. Während alles unter der Zerstückelung der Äcker durch Erbteilung leidet, wird hier ein gemeinschaftlicher Weg beschritten, zurück zu den Großbetrieben der Römerzeit.

Irgendwo auf dem Lande, dort wo keiner mehr hinkommt, in der Nähe der verfallenen Klosterkirche, steht ein Neubau neben einer verfallenen Hütte, Neid gegen junges Glück, Zusammenarbeit gegen Bosheit, Erbrecht gegen das Naturrecht junger Familien auf ihre Entfaltung. Diese Familie verkörpert ein soziales Drama mit allen Höhen und Tiefen. Der Ausgang ist glücklich, jedenfalls scheint es so, als wir diesen Nachmittag miteinander verbringen. Doch das Gespräch quält mich mehr und mehr. Ich stehe auf dem Grat zwischen Hexengläubigem und Mit-Verhextem. Müssen die Magier manchmal so sehr schwitzen, weil sie diese Spannung aushalten? Unter Druck neige ich zu Vereinfachungen und naivem Gerede. Ich frage die Mutter: *Aber ihr seid doch zusammen aufgewachsen?* Ich meine die beiden feindlichen Kusinen. Domenica ist geduldig mit mir. *Ja, aber das Land war wenig, das hat die Erbteilung gebracht. SIE wollte alles haben. SIE hat auch den Führerschein, ist immer unterwegs. DIE wird noch verrückt über all dem. Als Kind war sie nicht so. Mit 18, 20 Jahren wurde SIE so, mit der Erbschaft.* Bei all diesen Redereien schauen uns die tote Schwester von Mariarosa und das tote Baby blass und ernst aus ihren Fotorahmen zu. Kaputte Autos, tote Kinder und verrecktes Vieh säumen den Weg dieser Bauern. Ich kann diesen Weg nicht mitgehen. Ich muss die Teilnahme verweigern, damit bei dieser Forschung noch etwas von mir übrig bleibt. Ich will nicht noch stärker *gepackt*[302] werden. Die Verhexten von Venosa begreifen diese Grenzziehung, wollen aber weiter meine Unterstützung. Sie suchen einen Kompromiss. Beim Abschied wendet sich der junge Mann an mich, Mariarosas Mann. Mit dieser hübschen und fleißigen Frau mit ihrem schönen Hof hat er auch einen Krieg übernommen, den er nicht angefangen hat. *Ihr, die Ihr ein Wissenschaftler seid, wir, die wir Analphabeten sind, sagt uns: Kann das Gesetz denn hier gar nichts tun?* Ich gehe.

Am Gartenzaun begegne ich einem seltsamen alten Mann. Bleich und grußlos dreht er mir den Rücken zu. Erst jetzt wird mir bewusst, dass Domenica auch einen Mann haben muss, Mariarosa einen Vater. Ich habe ihn stillschweigend unter die Opfer der bösen Tante verbucht. Seine Geste wirkt hilflos. In dieser Familie haben die Frauen die Oberhand, mit ihrem Lamento und ihrem ekstatischen Hass. Er kann sich wahrscheinlich nicht einmal in der nächsten Bar blicken lassen, ohne dass dort ein paar alte Kommunisten Witze reißen über den seltsamen Fall.

Müssen Süditaliener so denken und empfinden, wenn sie viel Unglück erlitten haben? Ist diese Kultur eine Einbahnstraße, die ihnen die Umkehr zu einer entspannteren Sicht der Dinge unmöglich macht? Müssen unglückliche Süditaliener, wenn sie nicht mehr so denken und empfinden wollen, zu einer lichteren und menschenfreundlicheren Form des Christentums konvertieren, oder besser gleich zum Rationalismus der modernen Welt? Aber was würden sie gegen ihren Hexenglauben eintauschen? In der rationalen Welt wird auch immer wieder umgedacht, wird die Grenze zwischen der natürlichen und der übernatürlichen Welt immer wieder neu gezogen. Was gestern noch spinöses Gerede über feinstofflich-homöopathische Wirkungen war, an jeder ärztlichen Logik vorbei, kann heute bei den Krankenkassen abgerechnet werden. Was eben noch dem Bereich des *Aberglaubens* angehörte, wird nun zur *Psychosomatik* erklärt, und wer weiß, vielleicht verbirgt sich sogar etwas *Genetisches* dahinter.

Familien … deren Existenz als geschlossene Einheiten jüngere Mitglieder in ihren Entwicklungsmöglichkeiten einschränken, brechen unter dem Ansturm intriganter Hexereibeschuldigungen zusammen.[303] Der englische Völkerkundler und Religionstheoretiker Ioan Lewis spricht hier nicht von Lukanien, sondern über ländliche Gegenden in Afrika. Glücklicher Lewis, der das in seiner britischen Gelehrtenwohnung schreiben kann, in aller Ruhe. Glücklicher Hauschild, der den Nachtmahr des Gepackt-Seins gebannt hat, indem er Lewis zitiert. In den fünfziger Jahren des zwanzigsten Jahrhunderts, als ich ein Kind war und Lewis ein junger Mann, war Hexerei auch in den ländlichen Gebieten Englands und Deutschlands noch sehr im Gespräch.[304] Ich bin Ioan Lewis in Neapel begegnet, bei einer Tagung. Da sich die italienischen Kollegen mal wieder untereinander so viel zu erzählen hatten, haben wir uns als Außenseiter einander angeschlossen, gemeinsam spazierten wir umher in Bildergalerien und alten Gassen. Mit seinen grauen Löckchen und dem strahlenden Blick sieht Ioan ein bisschen aus wie Johann Wolfgang von Goethe. Ein Leben lang hat er über Geister und Hexen geforscht, freundlich erkundigt er sich nach dem Stand meiner Forschungen. Sein wichtigster Beitrag zur Diskussion über Hexerei und Besessenheit besteht in der These, dass Frauen in besonders elenden und unterdrückerischen Verhältnissen durch private Magie und öffentliche Kulte ein Ventil für ihre unterdrückten Gefühle finden. Es ist Anfang Dezember, trotzdem ist der Himmel von Nepael wie leergefegt und es wird so warm, dass wir die Mäntel ausziehen können. Schon flitzen Eisverkäufer mit ihren Karren an uns vorbei und die ganze Stadt gerät in fröhliche Aufgeregtheit. Als wir in einer Bar pausieren, überreicht der Besitzer uns nach einigen Minuten eine Bleistiftskizze, auf der Ioan sehr gut getroffen ist. Es ist eines der ältesten Cafés der alten Stadt, nicht weit von der Universität und der Straße von Sankt Blasius zu den Buchhändlern. Der *Barista* liebt es, berühmte Gäste auf diese Weise einzufangen, jetzt erst entdecken wir an den Wänden eine Fülle mehr oder weniger witziger Skizzen und Karikaturen. Ioan gefällt das alles sehr, und aus diesem Hochgefühl heraus beginnt er auf einmal mit einer umständlichen Erzählung über Menschen, von denen er sich sein Leben lang verachtet und verfolgt gefühlt hat, gemeine und boshafte Menschen ohne einen Funken von Mitleid. Es sind seine Kollegen, die bekannteren britischen Ethnologen seines Alters, mit denen er verbunden ist in lebenslangem Hass.

Hexenvorstellungen sind universell, selbst Theoretiker der Hexerei können ihnen verfallen – unterscheiden sie sich von den Menschen der abergläubischen Gesellschaften nur durch die freie Wahl auf diesem Gebiet? Gibt es in der lukanischen Teilgesellschaft der Bauern und Rentner keine Variationen

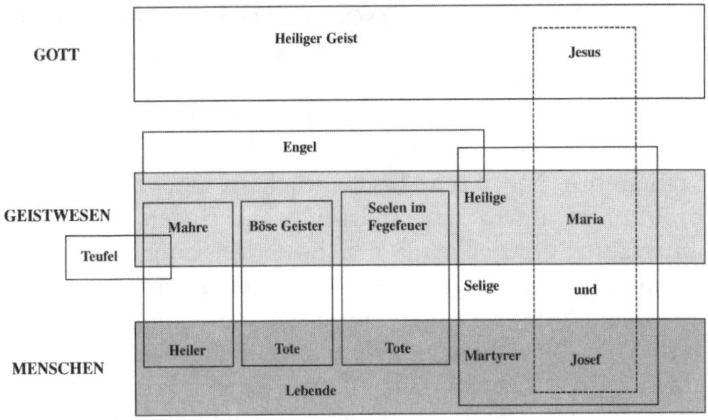

Menschen, Mahre, Heilige, Dreifaltigkeit und Heilige Familie

und keine Entscheidungen? Zunächst einmal, soviel ist klar, musste ich die Einbahnstraße fahren und für mich so tun, als seien Heiligenkult, Aberglaube und Hexerei der einzige Weg des Denkens für die Menschen in meiner neuen Umgebung: Ohne die schleichende Parteinahme des *Gepackt-Seins* hätte ich von meinen Gewährsleuten nichts erfahren. Ich hätte auch gar nicht verstehen können, was sie mir da, teils in Andeutungen, teils in brutaler Offenheit, mitzuteilen versuchten. In Vitos Praxis galt ich wechselnd als eine Art Assistent oder als objektiver Zeuge. Man war schon damit zufrieden, wenn ich *diese Dinge* nicht verdammte wie ein Priester oder Lehrer. Ich ging ihnen nicht mit unnötigen Erklärungen auf die Nerven. Auch ohne meine Deutungen wussten sie sehr genau, wen sie nicht ausstehen konnten. Ich hätte an ihren Vorstellungen nicht viel ändern können – es sei denn, ich hätte angefangen zu praktizieren, *Praktiziere, praktizieren musst du …* Erst als zwölf Jahre später mein Sohn fast gestorben ist, habe ich einige Praktiken aufgegeben, das Sammeln schwarzer Fäden und Bänder auf meinen Wegen, die rituelle Verfluchung von Widersachern und vor allem das Spiel mit dem Hexereiverdacht. Indem ich so redete, als ob ich Hexen für eine Realität hielte, konnte ich meine Gelehrtenfreunde in Schreckstarre versetzen. Es gibt doch nichts Aufregenderes, als die gewohnte

Bahn des Denkens zu verlassen. Aber zu guter Letzt war der Umschwung von der Verzauberung zur Ernüchterung genauso wichtig für mich wie diese Aufregung. Die lukanischen Verhexten lernen das auf eine vertrackte Weise, meist nach langen Querelen mit ihren Heilern, nach seltsamen Szenen mit bebeteten Taschentüchern und nächtlichen Kreuzzügen am Kreuzweg. Irgendwann finden einige von ihnen zum Burgfrieden mit dem Bösen. Die aufgeregten oder auffällig regungslosen Verhexten werden dann wieder blass und unauffällig. Sie treten zurück in die Reihen der Nichtverhexten. Sie werden vielleicht noch mal versuchen, durch einen Spalt im Fensterladen die nächtliche Prozession der Toten zu schauen, aber mehr ist dann nicht mehr drin. Lehrer, Priester oder Paten aus der Oberschicht werden ihnen beibringen, dass Magie etwas Rückständiges ist. So werden die früheren Verhexten zu den Leuten, die mir sagen: *Nein, das hat es früher hier mal gegeben, das gibt es nicht mehr, wir sind hier doch nicht in Afrika.* Für sie selbst stimmt, was sie da behaupten. Sie haben Afrika hinter sich gebracht. Sie bedenken nicht, dass auch die Afrikaner immer schon dieses *Afrika,* diese *primitive Welt,* hinter sich lassen, immer wieder, sonst wäre Afrika nicht die Wiege der Menschheit geworden, sondern ihr frühes Grab. Menschen können in einer *primitiven,* tiernahen Welt nicht überleben. Aber das Früher kommt auch immer wieder neben dem Heute zu seinem Recht, und manchmal schneller als man es sich träumen lässt.[305]
Die Menschen im Burgfrieden haben mir viel erzählt. Vielleicht geschah das in der stillen Hoffnung, in diesem fremdartigen Zuhörer jemanden zu finden, der das empfindliche Gleichgewicht an der Grenze zum Bösen noch ein Stückchen weiter zu ihren Gunsten verschiebt. Immer war bei diesen Erzählungen Besessenheit im Spiel. Hexerei ist letztlich eine Form der Besessenheit: Man erkennt seinen Feind und meint, ihn in sich zu spüren, als Fremdkörper, als Stimme aus dem Grab.[306] Rosa, Mariarosa, Giulio, aber auch eine Familie aus Genzano, die einen schlimmen Konflikt durchlebt hatte, berichteten übereinstimmend davon. *Der Rekord* – so viele Arbeiten mit dem schwarzen Band wie für

diese Familie aus Genzano hat Vito in keinem anderen Fall abwickeln müssen, siebenundzwanzig Mal hat er sich für diese Leute zum Kreuzweg aufgemacht. Nach vergeblichen Versuchen mit anderen Magiern waren die gutbetuchten Bürgersleute mit ihren Problemen bei Vito gelandet. Nervenzusammenbrüche hatte es schon gegeben, bei Sohn und Tochter, *nervosismi*, abgemagert waren die Kinder, aßen nicht. Den jungen Mann, damals 18 Jahre alt, mussten sie *nach Hause tragen wie ein kleines Mädchen*. Leute aus der eigenen Familie haben das veranlasst ... *um zu zerstören, nur um zu zerstören. Er war ruiniert ... er war tot*, bestätigt Vito. Auch die Tochter, damals frisch verheiratet, wurde von den Schwiegereltern belästigt, mit Hilfe einer *dritten Person. Es fing schon an, als ich mit ihm verlobt war, ich schnappte nach Luft und die Beine gehorchten mir nicht mehr. Sie haben schon um mich geweint, als wenn ich tot wäre. 20 Kilo hatte ich abgenommen*. Als wir die Leute in Genzano besuchen, begrüßt die junge Frau den Magier mit dem Kuss der Dankbarkeit. Dabei ist sie mit dem jungen Mann verheiratet, dessen Mutter damals alles heraufbeschworen hat. Um des lieben Friedens willen neigt sie zu einer vorsichtigen Deutung der Dinge: *Ich denke, es war irgendetwas mit den Nerven, eine Nervenkrise*. Auf dem Höhepunkt der Ereignisse hat ihr Vater den Schwiegersohn alttestamentarisch aufgefordert, von seinen Eltern zu lassen und zu seinem Weibe zu stehen: *Eines Abends hat es mir gereicht. Und ich habe zu meinem Schwiegersohn, der er ja heute ist, gesagt: »Mein Junge, ja, bleib weg von denen, geh weg, bleib weg von diesem Haus.« Wir hatten nämlich alle kapiert, dass er, na ja ... mit diesen Dingen nichts zu tun haben wollte*. Junge Menschen verbinden sich miteinander und darüber zerreißen ihre alten Familien, bis alles wieder zu einem gewissen Zusammenhalt gerät, im Zeichen der Enkel oder des gemeinsamen Besitzes – eine brüchige Brücke wie der zerbrochene Messkelch des Heiligen Donatus, der dennoch den Messwein hält. Diesem Heiligen werden schließlich auch die seltsamsten Geschenke gemacht, zur Erinnerungen an schlimme Zeiten: Haarbüschel, wie sie manchen Verhexten auch aus dem Mund quellen mit

Millionen teuflischer Knoten darin, oder das Unterzeug von Frauen und Männern, das in irgendwelchen Nebenzimmern bebetet wurde. Andere haben die Verantwortung für den Burgfrieden an die Geister und ihre Beschwörer abgetreten. Zehnfach vernäht und ummantelt, enthält das schwarze Amulett die Absage an alle Sorgen, die man sich machen musste. Aber es erinnert auch an diese Zeit der Unruhe und bereitet die Menschen vor auf künftige Stürme des Lebens, und wenn es wieder so weit ist, wird man sich warm anziehen müssen.
Menschen im Burgfrieden, mit oder ohne Erfahrung in den Hinterzimmern der Heiler: Pina, der alle fünf Kinder gestorben sind; Bruno, dem die Mafia sein Kirmeskarussell weggenommen hat und der seitdem tatenlos zu Hause sitzt; Emmanuela, die mit 25 Jahren Witwe wurde und danach vielleicht nie mehr zärtlich mit einem Mann gewesen ist; Freunde aus der *piazza*, die Jahre und Jahre gewartet haben, bis sie heiraten konnten. Manche betrachten die Forschungen ihres Freundes und Nachbarn aus Deutschland mit Unverständnis, soweit sie die Hexen betrifft, für sie gilt die Einbahnstraße der Hexereivorstellungen nicht, sie denken nicht am schwarzen Faden der Tradition entlang und gehören trotzdem zur süditalienischen Kultur. Manchmal habe ich den Eindruck, dass es sich ohnehin um ein Land im ewigen Burgfrieden handelt, Rechte und Linke, Arm und Reich, Abergläubische und Aufgeklärte. Die Politiker wechseln die Fronten in erstaunlichem Tempo und die anderen tun es ihnen nach, im ewigen Burgfrieden machen sie weiter, und über allem schwebt der Papst in seinem gläsernen *Papamobil: Pace e bene,* Frieden und Wohlgefallen für alle …
Diejenigen aber, die gerade den Part des *Abergläubischen* übernommen haben, sind umso mehr auf die magische und geisterfürchtige Deutung von Streit, Unglück und Krankheit fixiert. Als ich von der Krankheit erzähle, an der mein Sohn fast gestorben ist, meint Liana, die immer ein bisschen streng ist: *Na, vielleicht ist es euch eine Lehre für die Zukunft, durch diese Dinge lernt man, sein Verhalten zu ändern.* Was ich ändern soll, sagt sie mir nicht. Zi Giuseppina treffe ich auf der Straße, seit zehn Jahren ist sie nun schon

Vitos Witwe. *Hättest du dem Kleinen nicht helfen können?*, fragt sie bestürzt und wischt mit der Hand ein Kreuzzeichen durch die Luft, wie es die *fattucchiere* beim Besprechen tun. *Nein*, sage ich, *es war mehr … medizinisch.* Und Canio, der seinerzeit aus seiner seelischen Not heraus dem Priester so gerne zur Hand ging, ist jetzt bei einem Okkultisten aus Potenza in der Lehre. Da ist ein Schild an seiner Tür: *Astrologo – Mago*. Frank und frei wie immer spricht der massige Mann aus, was er denkt: *Magie, das gelingt nur Leuten, die verrückt sind. Und ich bin eben verrückt.*

Jeder Mensch hat sein eigenes Unglück und muss entscheiden, ob er die Schuld bei sich, bei anderen, bei Gott oder beim Teufel sucht, oder bei gar niemandem.[307] Der Körper des Menschen spricht keine eindeutige Sprache. Wir können nicht zugleich der Körper sein und in ihn hineinschauen, in den Körper hineinhorchen und ihm Ausdruck verschaffen. Der Körper des Menschen nutzt sich ab mit der Zeit und wir können letztlich nichts dagegen tun. Nur Götter, Magier und Dichter haben das Vermögen, diesen Verfall rückgängig zu machen, auf irgendeine Weise. Vito, Linda und all die anderen Magier, die ich mit der Zeit kennen gelernt habe, versprechen ihren Kunden nicht viel. Aber sie versuchen den Vorgang des Verfalls wieder zurückzurollen zu einem brüchigen Gleichgewicht zwischen Gegenwart und Vernichtung. Ob die Ursachen mehr im Bereich des Seelischen oder des Körperlichen liegen, darüber dachten diese Heiler nicht nach. In einem aber waren sie sich einig mit ihren Patienten: Was verschluckt ist, muss wieder ausgeworfen werden, der verschlossene Boden des Schweigens muss wieder aufgebrochen werden. Es wird Zeit, der Mehrdeutigkeit des Körpers einen Entschluss entgegenzustellen, sonst gibt es keine Erneuerung, keine Gesundung.

Ein Ackerbauer hat gepflügt im Grund
tat Feuer und Wasser in der Erde Schlund.
Sankt Antonius hat es angezündt',
und Jesus hat die Flamme ertränkt,
so mächtig ist keiner
wie der allmächtige Gott und der ist Einer.

Linda liest die Zeichen auf der Haut der Kranken, Vito liest die Schrift, die ihre Ahnen auf dem Pergament hinterlassen. Beide kommen zum selben Schluss: Tote haben ihre feurigen Hände im Spiel, teils angelockt durch böswillige Lebende, teils aus dem Nichts heraus, von irgendwem Besitz ergreifend. Der Einzelne ist nichts ohne den anderen. Diese Erkenntnis öffnet uns auch für die Toten, deren Einfluss dann wieder aus dem Körper ausgeschieden werden muss. Die Magier und *fattucchiere* versuchen, diese Öffnung zu kontrollieren. Man versiegelt die, die gerade allzu sehr von der panischen Furcht vor ihren Mitmenschen und den bösen Geistern aufgerührt wurden. Wer aber schon in die dumpfe Resignation des Bindezaubers verfallen ist, der wird aufgerüttelt, damit er den schwarzen Knoten des Bösen verbrennt. Ob es um handfeste Diagnosen auf der Haut geht oder um verschrobene Begrifflichkeiten – *Fixierung des Geistes – jemand hat etwas gemacht* – immer entsteht ein von machtvollen Bildern markiertes Spielfeld. Auf diesem Feld begegnen wir einer lieben Verwandten, der noch nachgetrauert wird, aber auch der dicke böse Mann mit der Uhrkette ist erschienen, aus dem Nichts, und bald wird er sich als der Großvater des Bräutigams erweisen. Ein Untoter tritt auf, von dem alle gerade sprechen, weil er auf schreckliche Weise umgekommen ist, und da spricht auch ein Kind, das in der Klinik die Operation nicht überlebt hat. Die Toten sind sinnlicher Eindruck, Geruch und Gefühlsstimmung, Herkunft und Fähigkeit, Schrecken und Vertrautheit. Sexuelle Verklemmungen pubertierender Jugendlicher oder die Frustrationen eines jahrzehntelangen Ehelebens können in diesen wirren Sinneseindrücken gespiegelt werden, aber auch kompliziertere Verhältnisse finden ihren Ausdruck: Versponnenheit und Geisteskrankheit, seltsame, kaum erklärliche Verdrießlichkeiten, Handlungen, die man eigentlich gar nicht tun will, die aber auch nicht im Sinne eines unbewussten Handelns zu verstehen sind, falsche Entscheidungen, scheinbar unumkehrbare Situationen, missliche, seltsame, von keinem Arzt erklärliche Zustände von Körper und Seele, und letztlich die Angst, die abgrundtiefe Angst, die jeden Menschen packt, wenn er sich selbst im Spiegel

des Todes betrachtet. Ein Atemzug, ein Augenaufschlag, vorbei, unwiederbringlich vorbei, ein, aus geht der Atem, und das war es, das ist es. Ängste sind in den Praktiken der Magier ebenso aufgehoben wie kompliziertere und für uns weniger verständliche Erfahrungen. Insofern bildet die lukanische Volksmedizin eine Form des Wissens[308], die man ebenso ernst nehmen sollte wie die moderne Seelenkunde oder das biomedizinische Wissen über den Menschen. Die Patienten suchen ein Gleichgewicht zwischen den wirren Signalen des Körpers und der Aussenwelt. Die lukanische Totenbeschwörung nimmt unter den psychologischen Wissensformen eine Sonderstellung ein, weil sie zwischen Geister- und Seelenvorstellungen schwankt, weil sie das Seelische in der menschlichen Umwelt verankert und im Körper.
Unwillkürliche Körperreaktionen sind Ausgangspunkt, Gegenprobe und Ausdruck der Behandlungen, die den Menschen auf dem Umweg von hexerischem Gerede zum Zustand des Burgfriedens führen sollen oder zu noch besseren Formen der Harmonie mit sich und ihren Nächsten. Manchmal muss ein Kunde in Vitos Behandlungszimmer gähnen oder niesen. *Du wirst zu sehr beneidet, darum musst du jetzt aufstoßen.* Manchmal stellt sich heraus, dass seine Patienten Kopfweh haben. Zusammengenommen sind das die Folgen des bösen Blickes: Gähnen, Aufstoßen und Kopfweh. Nach der Abreibung der *Sieben Hilfen* wollen einige Anhänger des Bergmagiers eine Gänsehaut gespürt haben, ein Schaudern, kalten Schweiß. Und einem läuft im Gespräch mit dem kleinen grauen Mann ein Schauder über den Rücken. *Also, ich hab' Bauchweh, ich hab' Kopfweh, ich habe Röntgen gemacht, nichts ist dabei 'rausgekommen. Stellen Sie sich vor, Zi Vito hat gesagt, dass es der Neidblick ist.* In sich uneindeutige körperliche Reaktionen werden durch magische Diagnosen und Praktiken zu Wörtern und Sachen gemacht, zu Amuletten und Formeln. Durch diese Relaisstationen der menschlichen Energien hindurch verwandeln sie sich wieder zurück in körperliche Tatsachen: eine Gesundung oder tödliche Gewalt oder einer der merkwürdigen Zwischenzustände, mit denen die Menschen im Burgfrieden zu leben verstehen. Manchmal lud Vito mit

seinem eigenen kleinen Talisman, einem Geschenk seines berüchtigten Zauberer-Onkels, die *abitini* seiner Kunden wieder auf. Er legte seinen Ober-*abitino* ein Weilchen mit den kleinen Unter-*abitini* der Patienten zusammen. *Brigo* nannte er die *Hemdchen* auch, ein altmodisches Wort für *Wirkung, Erledigung, Attacke* oder auch *Mordanschlag*. Einmal fand ich bei Vito auf dem Esstisch ein Zettelchen:

Brigo a vita	*150 000*
Filtro e lavori	*80 000*
Laci due	*70 000*
	300 000

Lavori, Arbeiten, das sind die Abreibungen, *laci,* Bänder, das ist der Knotenzauber. *Brigo a vita – Amulett für das ganze Leben* könnte das heißen, aber auch: *Anschlag auf das Leben.* Seelenruhig saugt Vito an seiner Zigarette aus geheimen Restbeständen der bäuerischen Traditionsmarke *Nazionali.* Seit einem Jahr sind diese Zigaretten wegen zu hohem Teergehalt aus dem Verkehr gezogen. Das mit dem Zettelchen? Das war *der Mann aus New York, ein Italoamerikaner*. Er wird von seiner Frau betrogen, will aber aus Pensionsgründen keine Scheidung, sondern einen magischen Mord. *Ich soll sie umbringen.* In diesem Moment wurde mir das erste Mal bewusst, wie weit ich mich von der durch Rechtsnormen und Versicherungen geprägten Welt mittelständischer Familien in Deutschland entfernt hatte. Wochenlang haderte ich mit meiner Rolle als Assistent des Magiers. Dann wurde mir klar, dass das Wort *brigo* eine Fülle von Bedeutungen hat. *Sbrigarsi* heißt auch *sich beeilen, eine Sache durchdrücken.* Viele Italiener sind Tag für Tag unterwegs, um irgendetwas durchzudrücken. Das *Hemdchen* hilft dabei, im Guten wie im Bösen. Ich weiß nicht, ob Vito manchen Kunden weiszumachen versuchte, dass er in der Lage sei, Menschen magisch zu töten. Jedenfalls ist der Italoamerikaner auf seiner Rundreise zu lukanischen Traditionsheiligtümern und Heilern nicht mehr nach Ripacandida zurückgekehrt. Die Rechnung blieb unbezahlt und von einem *brigo*-Mordanschlag war nie mehr die Rede.

Aber der Gedanke war Vito auch nicht fremd, sonst hätte er nicht mitspielen können bei meinen Fragen.

Stoßweise bringt eine junge Frau Berichte über ihren Leidensweg mit einem prügelnden Ehemann hervor, rhythmisch bewegt sie dazu ihren Oberkörper vor und zurück. Sie hat eine gute Ausbildung als Betriebskauffrau, findet aber keine Arbeit. Jetzt will sie mit Hilfe des Magiers den unheilvollen Einfluss des Mannes brechen, auch wenn sie sich dafür in die Macht anderer Männer begibt – der Magier und sein Assistent stehen bereit. Sie schluchzt: *Ich bin in deiner Hand.* In der Aufregung hält sie mich für den Magier. Dieses Missverständnis klärt Vito schnell. Er baut sich vor uns am Tisch auf und ruft: *Das löse ich, die Arbeit der Lösung übernehme ich, die beschütze ich, diese arme Dame. Heute abend noch fängt die Arbeit an …* Sie gibt sich unentschlossen und wirr: *Ich mache hier ein bisschen und da ein bisschen, ich fühle mich nicht gut, ich lasse alles wieder sein. Immer wenn es drauf ankommt, etwas zu tun, dann geht es mir schlecht und ich lass es sein.* Sie weint wieder. Mein Sohn, damals sieben Jahre alt, zutraulich hat er mich zum Onkel Vito begleitet hat, schaut verstört. Er wird nie wieder mitkommen. Und Vito dröhnt mit hohler Stimme: *Aber mit dem Talisman machst du den Weg frei, und hopp!* Vito bietet sich als Bezugsperson an, will eine neue *doppelte Anbindung* schaffen, welche die alten Zwänge ersetzt. Im Grunde will er eine Gemeinde aufbauen zur Verehrung des Heiligen Veit, und sie sollen auch noch ihre Gebrauchtwagen bei seinem Sohn kaufen, dem Spenglergesellen Antonio, und sie sollen seine Freunde bleiben ein Leben lang. Aber das gelingt nur ganz selten, zu groß ist das Angebot der Magier, zu groß die Entscheidungsfreiheit in diesem offenen Feld der Gefühle und Gewalten und die Magie selbst zielt auf Entbindung und nicht auf Anbindung. So ist der Magier bloß eine Relaisstation, die im Glücksfall dabei behilflich ist, die wirren körperlichen Erfahrungen der Verhexten umzuschalten, und wenn sie dann davon frei sind, wollen sie gerade mit dem, der ihnen geholfen hat, nichts mehr zu tun haben, denn er erinnert sie nur an die Zeit, in der ihr Leben

am schwarzen Faden der Tradition gehangen hat. Das ist die Tragik des Magiers.
In Vitos Praxis reden sich die Kunden entweder in Rage oder sie erfahren eine seltsame Anwandlung von Müdigkeit. Sie beschreiben sich als vergiftet, geschwächt oder sie sind bis aufs Blut gereizt durch heimliche Gegner und Neider. Da meist mehrere Grüppchen von Besuchern in Vitos Wohnzimmer auf die Behandlung warten, begegnen sich diese gegensätzlichen Gefühlshaltungen dort manchmal in fast schon komischen Kombinationen. Die laute Klage einer Frau über die Macht der Toten weckt einen jungen Mann aus seinem Dämmer, der sich der *ligatura* ausgesetzt fühlt, dem Bindezauber. Nun gestikuliert er mit, und krankhaft röten sich seine Backen. Es ist die Atmosphäre der Totenwachen, nur dass hier nicht den Frauen allein die aufgeregte, verzweifelte Rolle zufällt und die Männer nicht immer stehen bleiben beim dumpfen Schweigen der Resignation. Einzelheiten des Schadenszaubers kommen meist nur in härtestem Dialekt zur Sprache, die Kunden fallen zurück in die Geschichte, in ihre Lebensgeschichte, in die Geschichte ihrer Familie, in die Geschichte der lukanischen Lebenskunst. *Sie haben alles zerschnitten, mit der Schere, auch den Verlobungsring,* so beginnt eine der düstersten und seltsamsten Geschichten, die ich mit meinem Tonbandgerät aufgenommen und später entziffert habe. *Am Baum gegenüber vom Haus haben sie es fest gemacht, ein Bündel, ekelhaft.* Alptraumhafte Erlebnisse und Erzählungen lösen den Rückschritt in kindliche Ekel-Welten aus. Die Fahrt zu Vitos Haus in den Bergen, der bäurische Dialekt, das enthemmte Reden über Hexen und Tote verstärken die Atmosphäre des Grauens, der Heimlichkeit und des Allzu-Vertrauten. Der Rückschritt wird durch körperliche Erlebnisse bestätigt, wie wir sie alle in der Kindheit und Jugend erlebt haben: Schweißausbrüche, Schaudern, Gänsehaut, Übelkeit, unwillkürliches Zucken und Schreckhaftigkeit, erregte, zappelnde Bewegung des Körpers – oder das ganze Gegenteil, träumerische Abwesenheit, als ginge der Blick nach innen, Langsamkeit der Bewegungen, stiller Krampf, dumpfer Verschluss der Wahrnehmung nach außen. Vito macht immer

dieselbe Geschichte daraus, die Aufgeregten beruhigt er mit Gerede und Berührungen, die apathischen Patienten aber weckt er auf, indem er mit seinen Gespenstergeschichten das zuckende Grauen des Nichts beschwört.[309]
Langsam gewöhne ich mich an die erregten Szenen wie an die Momente der Dumpfheit und betrachte das Ganze als eine Art Schreibbüro der Toten, wo Geheimnisse der Astrologie, Buchmagie und der lukanischen Gruseltradition gegen die Leiden der Kunden verrechnet werden. Brav gehe ich fast jeden Montag, Mittwoch und Freitag zu Vito, um ihm zu assistieren, Kunden auszufragen und ihren Kummer auszuhalten. Auch wenn äußerlich Ruhe herrscht, tun die Geister der Vergangenheit ihre Wirkung, knapp unter der Oberfläche des Gesprächs. *Schiffbruch der Persönlichkeit*, nannte Ernesto de Martino[310] diese Mischung von keuchend hervorgestoßenen Geständnissen und übermäßigem Gähnen, dumpfer Entpersönlichung und erregtem Aufschrei der Besessenheit. Vito zieht all das mit seinen quälerischen Austreibungsriten ins Beherrschte und Harmonische hinüber. Manche seiner Kunden verharren in finsterstem Todeswunsch gegen die mutmaßlichen Verursacher, aber niemals kommt es zur vollen Entfaltung dessen, was mir *Fulminucc'*, die Blitzfrau, einst so wirklichkeitsnah vorgespielt hatte, klapp, klapp, klapp, die Füße hopsen auf dem Steinfußboden, *tututu, bububu,* ich sehe noch ihre dicken Knie tanzen, der starre Blick, der verzerrte Mund, und ich höre noch wie sie spricht, in der unnatürlich hohen, schwachen, aber durchdringenden Stimme des Toten.
Ich nenne das *die stille Besessenheit der Wohlstandsgesellschaft und ihren Discount-Magier Vito*. In der Tat ist das Phänomen der offen sichtbaren Besessenheit seit der großen Auswanderungswelle und wirtschaftlichen Verbesserung in den sechziger Jahren sehr selten geworden, so selten wie bei uns in Deutschland, wo sich die Öffentlichkeit nur noch hin und wieder über katholische Exorzisten erregt. Aber unter der glatt geputzten Oberfläche der achtziger und neunziger Jahre gärt weiter die Bereitschaft zu traumhaftem Erleben und nachtwandlerischem Handeln, zur religiösen Aufgeregtheit und zum Rückschritt in die Vergangenheit. Vito er-

innerte sich und andere gerne an die großen dramatischen Szenen von Besessenheit und Austreibung, die man früher überall in der Basilikata miterleben konnte. Dadurch stand er im Gegensatz zu vielen anderen Menschen, mit denen ich über die fünfziger und sechziger Jahre sprach. Auch Linda und die Blitzfrau erzählten mir freigiebig von ihren Erinnerungen an Zitterer und Zungenredner. Wenn sich andere gute Bekannte noch einmal an diese verwirrenden Szenen erinnerten, geschah dies eigentlich nur mir zuliebe und widerwillig.

Das Andere fährt heute nicht mehr in den Körper wie ein Blitz, sondern es lagert sich auf der Haut ab oder es wird nach und nach mit der Nahrung aufgenommen, in Spaghettisauce, Kaffee und Coca Cola. Was belebend wirken sollte, schwächt nun und ruft letztlich die klassische Apathie der Verhexten hervor, die immer seltener vom Ausbruch der Wut unterbrochen wird. Die Verhexten verhandeln nicht, sie sind verhandelt, *agitato,* wie Ernesto de Martino[311] es nannte. Geblieben ist die Suche nach einem Horizont, der sich wie ein lukanischer Wintermorgen auf die zerklüftete Landschaft des Lebens legt. Die Zeiten der großen Besessenheitskulte sind vorbei. Nicht weit von Ripacandida und Venosa, in Apulien, feiern sie heute noch die Reste eines Trancekultes, bei dem die Besessenen mit Tanz und farbigen Bändern, schriller Musik und körperlicher Nähe so lange angeregt und dann wieder abgeregt wurden, bis sie zu sich kommen konnten. Eine musikalische Gattung und ein Tanz verdanken diesem Kult ihren Namen, Tarantella. Heute wird die Tarantella, nach einer langen Reise durch die Welt der Opern- und Konzerthäuser der Welt, in Italien auch wieder gerne gespielt, als Ethno-Pop und Weltmusik.[312] Früher verhielt es sich damit so: Menschen glaubten, von der Tarantel gebissen zu sein, von einer Art Spinne oder Skorpion. Sie mussten nun diese Verletzung, diese Krankheit, diese Besessenheit in seltsam traumwandlerischen Bewegungen abtanzen. Dabei wurden sie von Musikkapellen mit schrillen Klängen unterstützt, der Tarantella, welche die Geiger gewissermaßen an den Nerven der Besessenen aufspielten. Der Kult der Tarantelbesessenen von Galatina in

Apulien ist fast ausgestorben, und in Lukanien gibt es das schon lange nicht mehr.[313] Aber man kann dieses *es* sofort wiederfinden, in der katholischen Religion mit ihren farbig und musikalisch gestalteten Messfeiern und in den Praktiken der Heiler und Magier und in korrektem Exorzismus, den Priester nach dem *Rituale romanum* durchführen. Und wenn *es* eines Tages ganz verloren ist, wenn die Tradition ganz zerbrochen ist? Dann müssen die Jungen und Mädchen eben zur *Trance session* gehen in den Discotheken von Melfi, Potenza und Venosa, oder zur *Goa-Party* mit *DJ Mago*, und danach zum *chill out* in der *Strega Lounge*, und dort können sie so lange mit Körpern, Farben, Tönen spielen, bis ihnen wieder wohler ist.

Eines ist geblieben, bei all dem Wandel: die Sphäre der Familie – und ihr mehr oder weniger lautes Echo in den Krämpfen derer, die an der Familie krank werden, und der Nachhall all dessen im Tarantella-Pop und anderen wilden nächtlichen Tänzen der Kinder – wenn der Morgen graut, werden sie brav wieder nach Hause gehen zu ihren Eltern. Wieder und wieder verhilft die Heilige Familie Süditalienern ins Leben und darum machen sie dann auch selbst wieder weiter mit der Familie. Die Kirche stützt das alte Bild, *Vater, Mutter, Sohn,* aber auch die Linken und die Akademiker, Filmstars und Künstler führen ihr Leben viel stärker am Bild der kleinen Familie entlang als es in anderen Weltgegenden üblich ist. Wenn Italiener ins Ausland gehen, dann gilt das erst recht, dort sind sie für ihre Familien berühmt[314]. Wenn es finanziell unsicher wird und die Modernisierung zunimmt, bilden sie wenigstens noch Paare ohne Kinder. Aber der italienische Kindermangel scheint nur eine Phase gewesen zu sein und im Süden haben sie ohnehin weitergemacht mit dem Verloben und Trauen, Kinderkriegen und Taufen.[315] Ob es immer gleich ein *amoralischer Familismus*[316] sein muss, mit dem sich die Italiener plagen, oder einfach nur die Familie, das ist schwer zu sagen. Jedenfalls kann man sich vorstellen, warum die allgegenwärtige Heilige Mutter[317] ihr Gegenbild immer wieder selbst hervorruft – wer schafft es schon, stets ordentlich und fleissig zu sein, stets seine Mutter nur zu lieben und zu ehren?

14. Bittere Wahrheiten

Reisende verirren sich in der Altstadt von Neapel gelegentlich zur Capella Sansevero.[318] Sie werden diesen Besuch nicht so bald vergessen. Die Bildwerke der Kapelle zeigen ausschließlich Menschen, die kurz davor sind, vom Leben verlassen zu werden oder, umgekehrt und schlimmer, von menschlichen Wesen, die aus dem Reich des Todes ins Leben zurückkehren wollen, obwohl sie dort nichts mehr zu suchen haben. Im Zentrum der Kapelle liegt eine äußerst lebensechte Darstellung Jesu Christi, nach der Kreuzabnahme aufgebahrt. Meisterhaft ist das dünne Leichentuch aus Marmor nachgebildet, darunter leuchtet der Körper des frischen Toten hervor und man meint, im weißen, kalten Stein ein Zittern zu spüren, ein Atmen, die Verheißung eines Lebens, das es nicht geben kann, wenn einer schon tot ist. Der Gründer der Kapelle hieß Raimundo Maria De' Sangro, Fürst von Sansevero (1710–1771), und ist uns in diesem Buch schon als Experimentator mit Schwefel und Körperfeuern begegnet. Er liebte es, das Blut seiner Mitmenschen ins Stocken zu bringen, sei es durch grausame Spiele mit den Armen von Neapel, sei es durch Experimente mit ihren Körpern. Es war die Zeit der barocken Bilder, der Aderlässe und der ersten Versuche mit der Elektrizität des menschlichen Leibes. In der Krypta der Kapelle werden zwei anatomische Figuren gezeigt, minutiöse Darstellungen des menschlichen Blutsystems an lebensgroßen Figuren eines Mannes und einer Frau. Der Legende nach sind diese Figuren nicht aus Wachs und Draht, sondern entstanden aus Menschen von Fleisch und Blut, Bedienstete des Grafen, denen er das Blut zu Stein verwandelt hat mit einem Gift.[319] Einige raffinierte Kräuteranwendungen und Giftrezepte aus den umfangreichen Schriften des Grafen verraten ihren Ursprung aufgrund der Wahl der Wörter. Sie fallen vom Italienisch der Gebildeten jener Zeit zurück auf den Dialekt, stammen aus den apulischen Kinderjahren des Fürsten, aus seiner Lehrzeit bei Heilerinnen und Hirten auf den Landgütern der Familie Sansevero.[320]

Die volkstümliche Kur gegen die Hexerei ist Teil einer Kultur der Angst vor dem Tode und vor der Verunreinigung durch Gifte. Das verbindet die ländliche Lebenskunst der Lukaner des zwanzigsten Jahrhunderts mit der Sterbekunst der Gelehrten des Barockzeitalters. Gifte und Geschenke sind in der Sprachgeschichte Europas schwer auseinander zu halten, den Engländern und den Deutschen haben sich diese Wörter jeweils in das Gegenteil gewendet.[321] Es ist die Atmosphäre des Giftmordes. Diese alte Kunst stand im Barock noch einmal in hoher Blüte. Ein Fremdkörper macht sich breit im eigenen Leib, unkontrollierbar, es sei denn, man bricht ihn wieder heraus. Lukanische Mütter fürchteten früher, dass ihre allzu begehrlichen Gedanken an bestimmte Nahrungsmittel oder anderes als Feuermale auf der Haut ihrer Kinder sichtbar werden: *la voglia*, das *Begehren*, nennt man heute noch in Italien das Muttermal. Zwei Wesen haben auf die Dauer keinen Platz in einem einzigen Körper. Sind sie in einem Körper zu leben gezwungen, im Falle der Schwangerschaft oder der Besessenheit, wird dieses Nebeneinander leicht gefährlich. Es muss gebrochen werden.

Aus den Experimenten der Psychologen ist bekannt, dass Begehren oder Übelkeit sich für lange Zeit einprägen können in den Wahrnehmungsapparat. Man gewöhnte Hunde an eine bestimmte Nahrung, deren Anblick und Einnahme mit einem Klingelzeichen verbunden war. Nach einiger Zeit speicheln sich die Tiere schon gierig ein, wenn sie nur diesen Klingelton hören.[322] Andererseits kann der Genuss eines verdorbenen Lebensmittels lebenslange Aversionen gegen einen bestimmten Geschmack oder Geruch hinterlassen. Es macht einen Teil der Individualität von Menschen aus, ihrer körperlichen Geschichte, dass sie bestimmte Dinge oder Personen nicht riechen können. Begehren, Angst und Ekel stehen in enger Beziehung. Spuren der Individualität haften hier direkt auf einfachsten körperlichen Tatsachen, und von dort aus zieht uns der ganze Faden der lukanischen Überlieferung in die Tiefe. *Die Kunst ... befreit innerhalb der sinnlichen Sphäre zugleich von der Macht der Sinnlichkeit*, schrieb Hegel in einem Absatz, der sich mit der Frage befasst, ob bei einer kulturell kodierten Totenklage, wie ich sie noch in Süditalien beobachten konnte, das *Innere* des Menschen wirklich zur Geltung kommt oder ob das Ganze dann eine künstliche Vorführung ist.[323] Die Wahrheit liegt, wie so oft, in der Mitte: Das Biologische, das *Innere,* ist nicht bestimmend, aber es bildet die Grundlage und bleibt nicht unbeteiligt.[324] Die lukanischen Magier und Heilerinnen verstehen auf ihre Art viel von diesen Dingen. Sie wenden den Ekel gegen den Ekel. Die Heilerinnen lassen Schleim und Tränen über Kinn und Backen laufen, wenn ihre Kunden sich über schlechte Gefühle beklagen oder innere Schmerzen. Dann sagen sie, dass sie nun alles auf sich genommen hätten. Sie schicken ihre Kunden auf die Friedhöfe, damit sie sich dort Sargnägel besorgen. Die Kunden müssen ihre Unterwäsche mitbringen, damit der Magier sie bebetet und befingert. Danach werden sie in einer dunklen Ecke von ihm abgerieben. Einmal stiftete Vito in meiner Gegenwart eine betrogene Ehefrau dazu an, ihrem Mann Menstruationsblut in den Kaffee zu mischen. Aber der hat das Zeug im Badezimmer wieder erbrochen. Daraufhin redete Vito der Besitzerin einer Café-Bar aus derselben Stadt zu, sie solle diesem Mann bei der nächsten Gelegenheit eine Coca-Cola der ganz besonderen Art einschenken. Zur Zeit der großen Hexenhysterie in Europa war immer auch von Giftmischerei die Rede, vom schwarzen Menstruationsblut, das dem Opfer in einem unbedachten Augenblick beigebracht wurde.[325] Hexerei ist eine körperliche Tatsache.[326] Aus dem Schweigen der Unterdrückung heraus suchen die Frauen nach einem *Weg*[327], der sie aus der Rolle der bösen Mutter führt, und immer trägt eine der andern Last.

Es liegt im Blut. Kaffee wirkt belebend. Außerdem wird man dazu eingeladen. Aber im schäumenden Kaffee kann Staub verborgen sein, aus den trockenen Knochen der Toten. Der Staub bindet das Blut fest. Im vollen Blut müssen die Tierhaare stehen, aus denen das heilige Tau geflochten wird. Linda nennt ihres beschönigend *la lascia vergine,* das jungfräuliche Tau, aber bei nüchterner Betrachtung ist das nichts weiter als ein behaarter Stengel oder Knüppel, der uns an die blutroten Hörnchen erinnert, die vor dem bösen Blick schützen sollen und an ihre altrömischen Vorbilder, die

männlichen Glieder aus Kupfer oder Ton.[328] Der Knüppel soll Menschen wiederbeleben, die von vertrockneten Toten besessen sind. Außerdem benutzt Linda die blutbefleckte Kameradenwaffe und die Schere, *die menschliches Fleisch gekostet hat.* Vitos *Jungfernpergamente,* auf denen er die Botschaften der Toten empfängt, wecken ebenfalls die Vorstellung von frisch pulsierendem Blut. Wurden sie nicht früher aus den befleckten Häutchen junger Frauen gefertigt? Mit der Arbeit über den knisternden Pergamenten und mit seinen Abreibungen schützt Vito die Kunden gegen körperliche Schwäche. Sie leiden an *mangelnder Zirkulation des Blutes,* ihr Blut ist *gebunden.* Die Opfer des bösen Blicks gehen mit einem Gefühl der Blutarmut im Gehirn einher, schreckliche Schwäche oder Unruhe haben sie erfasst und sie sind leichenblass. Die Heilerin nimmt das auf sich, dann fließt ihr der Speichel das Kinn hinunter, *la lizza.* Die Heilerin wird blass, ihre Kunden jedoch haben wieder rote Backen.
Blut ist Leben, trocken ist der Tod.[329] *Die Geister machen das, weil sie sterben. Dort draußen lassen sie ihren Geist fahren, die ersten Blutstropfen fallen auf die Erde. Dort fährt der Geist aus ihnen heraus. Dann ist es so mit ihnen: Sie langweilen sich, wenn sie immer da draußen herumsitzen müssen, so wie du hier immer herumsitzt auf deinem Stuhl. Also machen sie sich auf den Weg. Das ermüdet sie aber auch, und so setzen sie sich auf einen Menschen. So sind sie zufrieden. Sie fühlen sich ruhiger, einfach frisch. Nun gibt es Leute, die gehen auf den Friedhof und holen sich da die Knochen von den Toten, die von den Leuten, die umgebracht wurden, die Toten, die einen üblen Tod hatten, nicht wahr? Sie holen sich diesen Knochen und verbrennen ihn auf der Spiritusflamme. Das wird zu einer Art Mehl verarbeitet, pulverisiert. Nachdem du das gemacht hast, tust du es in Flüssigkeiten und bringst das bei jemandem an. So wie jener gestorben ist, stirbt nun auch dieser … Wenn sie es dir acht Tage lang machen, heißt es: »Der Toten Zauber wirkt in acht Tagen sauber«. Wenn sie dir eine richtig wirksame Fattura versetzt haben, die dich Tag für Tag vertrocknet, dann trocknet dir das Blut im Körper, das Fleisch ver-*

trocknet, alles, und am Schluss musst du unausweichlich sterben.
Das Leben austrocknen heißt, es rückgängig zu machen. Aus dieser alten europäischen Überlieferung heraus konnte der Vampirglaube entstehen, aber auch die Lehre vom arteigenen Blutstrom und von den Rassen und mancher andere blutige Exorzismus des Bösen.[330] Verhextsein heißt: Das Blut ist angebunden, es ist belastet mit etwas Trockenem, Zähem. Der junge Mann ist blass und schwach und sein Knüppel versagt. Die junge Frau träumt von einem längst verstorbenen Bösewicht an ihrem Bett, der sie mit gräulicher Kastratenstimme auffordert, in die Gruft mitzukommen. Tatenlos, geschwächt, abgemagert bleibt sie im Bett und rührt sich nicht mehr. *Fixiert, perplex* und unlebendig reagieren auch die anderen Opfer der Hexerei. Die Heilerin muss das Blut wieder lösen, mit dem Heiligen Tau. Vito wird mit seinen Abreibungen aktiv. Er betet:

Dass Gott dich befreie von der Wiederholung all dieser bösen Leiden,
auf dass Gott dich endgültig heile,
auf dass Gott dir Blut, Nerven und Knochen löse.

In den Praktiken der Heilerinnen und der Magier in Lukanien beobachte ich eine existenzielle, auf das Grundlegende reduzierte Form von Lebhaftigkeit und kleinen Toden. Diese Tradition lebt weiter, auch heute noch, obwohl die Menschen nicht mehr durch Hunger, Malaria und tierisches Schuften in Haus und Feldern auf den Nullpunkt gebracht werden, so, wie Ernesto de Martino es noch beobachtet hat: *Die Totenklage nimmt, insbesondere in den unteren sozialen Schichten, extreme Formen an. In ihrer radikalsten Form weist sie den charakteristischen Gegensatz von Abwesenheit und krampfhafter Entladung auf: das individuelle Bewußtsein verlöscht, und die seelische Energie entlädt sich als rein mechanische Energie in den Zuckungen.*[331] Aber der zuletzt genannte Rückschritt in die Natur geschieht den Besessenen der fünfziger Jahre ebenso wie den Verhexten, die ich dreißig Jahre später in den Praxen der Heilerinnen und Magier beobachtet habe. Es waren nicht immer bloß die unteren sozialen Schichten, die sich auf diese Weise von ihren Dämonen befreiten. Es geht weiter, wenn auch in diskreter und modernisierter Form, obwohl mittlerweile niemand mehr in Süditalien so bedrängt leben muss wie die Bauern der fünfziger Jahre. Das Zittern und das Erstarren, der Ekel und die Angst gehören zur grundlegenden seelischen und körperlichen Ausstattung des Menschen. Löst man hochgestochene Begriffe wie Atom oder Logik aus den philosophischen Schriften der alten Griechen heraus, bleibt eine Lehre vom Leben übrig. Sie beruht auf dem Gegensatz zwischen pulsierender Lebendigkeit und der schrecklichen Trockenheit des Todes.[332] Das ist der *Urgegensatz des Lebens*[333]: Ein gespannter Muskel sondert Feuchtigkeit ab, Entspannung sorgt für die Aufnahme von Flüssigkeit. Pulsiert der Muskel frei, sind Feuchtigkeit und Trockenheit im Lot, aber bei dauernder Verspannung vertrocknet das Leben. Der Tod ist ein Krampf. Menschen können im Gegensatz zu Tieren Einfluss auf diese instinktiven Abläufe und körpereigenen Prozesse nehmen, aber das geschieht in engen Grenzen. Rhythmen der unbelebten Natur und der Stoffwechsel des organischen Lebens liegen den Ritualen der Kultur zugrunde. Das Dasein geht aus dem Nichtsein hervor und seine nachdenklich gewordene, kreative und variantenreiche menschliche Form wird sich nie völlig verselbständigen können. Dass wir unser Leben unabhängig von der Natur gestalten könnten oder sollten, ist ein Widerspruch in sich. Leben ist Leben, auch wenn es sich selbst reflektiert.[334]

Wenn moderne Mediziner von *Nervenzusammenbruch* sprechen oder von *seelisch bedingten Kreislaufstörungen,* wissen sie oft nicht genau, was sie eigentlich damit meinen. Die Psychosomatik der Angst ist ohne Anker. Angst kommt von *angustia,* Enge. Aber was ist zuerst da, die Wahrnehmung von Angst oder die körperliche Reaktion der Beengung? Wie hängt beides zusammen?[335] Das Zusammenspiel körperlicher und geistiger Kräfte konnte bisher weder von Natur- noch von Geisteswissenschaftlern erklärt werden. Vielleicht sollte man auf das Wissen der Lukaner zurückgreifen. Es stützt sich auf die Beobachtung des Stoffwechsels im Menschen ebenso wie auf die Erkundung der Tauschbeziehungen zwischen den Menschen. Was den Stoffwechsel angeht, so hat die klassische Psychosomatik ähnliches bei sogenannten Kirchenohnmachten studiert und bei hysterischen Anfällen.[336] Überatmung und das Zurückhalten des Atems – beides Zeichen der Erregung – binden das Blut fest und lassen die Gedanken im unterversorgten Hirn ruhelos um wenige Ideen kreisen, bis alles im Nebel der Ohnmacht oder des Krampfes versinkt. Man kann an solchen Zuständen sterben, es ist einer der wenigen Beweise für die Macht der Seele über den Körper in einer Welt, die ständig die Macht des Körpers über die Seele beschwört.[337] Verhexte beschreiben mir, zeigen mir, wie der Tod ihren Atem anhält, wie er ihr Blut zum Stocken bringt, wie sie sich gewürgt fühlen von einer höheren Macht. Der mitfühlende, nach außen gerichtete (sympathische) und der von der Außenwelt abgewandte eigensinnige (parasympathische) Teil des Nervensystems blockieren sich gegenseitig.[338] Das Atmen hört auf, das Denken. Dieser Körper kann an keinem Tausch mehr teilnehmen, das Essen wird verweigert, im Gegenteil, man versucht, sich Entlastung zu schaffen, lässt Wasser und Kot, Speichel fließt, Schweiß steht kalt auf der Haut, der Mageninhalt wird erbrochen. Angst kommt von *angustia*, die Enge. Ein Teil des Nervensystems ist gegen den anderen aufgebracht, ein Körper gegen den anderen. Die Luft reicht nicht zum Atmen für beide.

Eine Frau sitzt im Stuhl vor dem Altar und spricht mit schrecklich hoher Stimme. Es ist die Stimme ihres Neffen, aber der ist schon lange tot. Ein Mann sackt vor diesem lebenden Standbild zusammen, denn Tante Giuseppina hat ihm seine Leiden vorgerechnet und seine geheimen Sünden. Der Mann erbricht sich, neben ihm betet eine Frau frenetisch, auch sie muss würgen. Es ist der Tag von Sant' Alberto, dem toten Lastwagenfahrer. Als Luigi di Gianni in den fünfziger Jahren seine Filme drehte, konnte man diese körperlichen Erscheinungen der Besessenheit noch beobachten.[339] Der Speichel läuft ihnen am Kinn herab, den Besessenen, den Gesundbetern, den Schläfern und den Zitterern vor San Donato. Speicheln und Erbrechen kann Ausdruck

starker seelischer Erregung sein. Lähmende Umnachtung, Wellen von Hitze und Kälte, Schweißausbrüche, Herzjagen oder Pulsverlangsamung sind Symptome der Angst, vor allem geht es aber um eine ungesteuerte, nicht mehr den normalen Körperrhythmen entsprechende Variation dieser Grundformen. *Mir ist es heiß und kalt den Rücken hinuntergelaufen.* Das sind die *Schauder*, nach denen sich Vito bei seinen Patienten so angelegentlich erkundigte.[340] Verlangsamt oder überbeschleunigt, dem Kollaps nah, müssen die Verhexten den Schiffbruch all ihrer Bemühungen um Harmonie akzeptieren. Wenn sie das überstanden haben, sind sie ernüchtert. Sie sehen die Dinge mit anderen Augen, lassen einen Menschen doch noch in ihre Familie hinein, gegen den sie sich lange gewehrt haben oder sie vertreiben einen anderen, der schon allzu viel Zeit vampirhaft sein Unwesen treibt in ihrer Umgebung. In Lukanien ist Hexerei eine Kultur der körperlichen würgenden Angst, wo *einem das Blut in den Adern stockt*. Die Schreckstarre kann zur Depression werden, wörtlich *Unterdruck*. Wie gelähmt sehen die Opfer ihrem Tod entgegen.[341]
Es ist das Geheimnis der Medusa, ein altes Wissen um die Körperlichkeit der Angst und die Chance ihrer Überwindung durch die Magie. Als *meistabgebildeter Gegenstand der antiken Kunst*[342] schützte das Bild der Gorgo Medusa, eine Frau mit Raubtiermund und Schlangenhaaren, das zerbrechliche Geschirr der alten Welt vor dem Neidblick. Häufig finden wir die Gorgo auch auf den Kampfschilden der Männer.[343] Es ist eine vom Guten zum Bösen übergewechselte geflügelte Meergöttin, die schließlich so gefährlich wird, dass sie von einem mythischen Helden geköpft werden muss. Das abgeschlagene Haupt oder sein Abbild sendet den bösen Blick aus gegen den bösen Blick. Der Blick der Gorgo Medusa lässt das Blut der Menschen versteinern. Stocksteif stehen sie da. Immer wieder versuchten die griechischen und römischen Künstler, das grauenhafte Bild durch hübschere Gesichter zu ersetzen, die *liebliche Medusa*. Es ist ihnen nie ganz gelungen, und noch auf den Ornamenten der europäischen Prachtbauten des Jugendstil taucht SIE wieder auf, mit Reißzähnen und wirren Haaren,

fischschwänzig, mit Löwenklauen und Fledermausflügeln. Es ist der Mahr. SIE ist böse geworden, weil ihr eine Nebenbuhlerin einst die Kinder weggenommen hat. Jetzt nimmt sie, was sie kriegen kann.

Goethe hat angesichts der Medusa die Nachtseiten der Antike verstanden, *Welch eine Wonne, welch ein Leiden!*[344]*… Zwiespalt zwischen Tod und Leben, zwischen Schmerz und Wollust …*[345] Er ließ sich vom Bayernkönig einen Abguss der römischen *Medusa Rondanini* verehren. Zeitlebens empfahl der Dichterfürst seinen Mitmenschen, sich nach einem kurzen Blick in den Abgrund schnell wieder dem Wahren-Guten-Schönen zuzuwenden.[346] Das ist nicht bloß irgendein Dichterkram – es wirkt, denn es steckt auch uns im Blut, im Körper. Wir wissen heute vielleicht mehr über die Einzelheiten des körperlichen Vorganges, aber wie man das stockende Blut beeinflussen kann mit Bildern und Worten, das wissen wir dafür nicht mehr so genau, wie es unsere Vorfahren einst wussten. Heute versuchen wir, uns der Angst mithilfe der grausigen und schönen Bilder aus den elektronischen Medien zu entledigen – geradeso wie die Magie der Lukaner Ersatzfamilien aufmacht für die Verhexten und Ersatzbindungen zu den Heilerinnen und Magiern. Wie eine zusätzliche Dimension unseres eigenen Körpers leiten Apparate und Fantasiebilder unsere Spannungen auf sich und schicken sie auf den Umweg durch die Maschine oder durch das Ritual[347], und wenn das Blut dann immer noch nicht richtig pulsiert, dann helfen vielleicht noch Herzmittel oder Potenzpillen.

Diese körperliche Begründung der Hexerei ist in den Schriften von Ernesto de Martino vorformuliert. Er spricht vom Blut und vom Binden und vom Lösen.[348] Allerdings meint der Philosoph aus Neapel damit nur, dass das Blut für Süditaliener ein Bild des Angstanfalls darstellt. Die Bauern glauben demnach fälschlich, dass ihnen *… das Blut nicht ungehemmt in den Adern fließen kann. Kopfschmerzen, Schläfrigkeit, Erschöpfung, Schwäche und Hypochondrie* sind lediglich *Begleiterscheinungen des Zaubers*[349], den de Martino vor allem als symbolischen Vorgang und seelischen Zustand versteht. Dass diese körperlichen Erfahrungen mehr als eine Begleiterscheinung sein können, dass sie die körperliche Grundlage jeder Erfahrung von Angst und Ohnmacht bilden, hat der Ethnologe und Philosoph nicht erkannt. Das erklärt auch seine unvorsichtige Vorhersage, dass mit dem Ende des süditalienischen Bauernelends die Tradition der Magie zugrunde gehen würde. Doch die körperliche Grundlage bleibt, und so haben sich lediglich einige Formen der Magie verändert, die Leitvorstellungen aber bleiben dieselben: Angsterlebnisse, Todesangst und ihre Aufhebung durch das Streicheln und Besprechen, das Speicheln und Beschwören. In den vierziger Jahren erzählte eine Bäuerin de Martino im Gespräch über die Totenklage, dass ihr und ihren Genossinnen *die Tränen leichter kommen, weil wir eben die Kaffern sind.*[350] Heute ist das Leben in Lukanien leichter geworden, oft geht es auch ohne Tränen. Aber wenn die Leute Schmerzen haben oder sich ängstigen, dann gehen sie zu den *Frauen* und zu den Magiern, und dann muss es düster werden, und manchmal müssen auch wieder mal die Tränen fließen und der Speichel, damit das Leben wieder leichter wird.

Die Hexerei ist eine Wissenschaft ganz eigener Art. Vergebens hat mir das der letzte Erbe der alten Magie in Ripacandida signalisiert. Es war der Sohn von Zi Francí. Nach diesem Magier wurde ich oft gefragt, wenn ich älteren Leuten in anderen Ortschaften der Basilikata erzählte, dass ich in Ripacandida wohnte. Zi Francí ist schon in den vierziger Jahren hochbetagt gestorben, aber sie konnten sich nicht vorstellen, dass dieser Mann wirklich tot sei. Es war Zi Francí, der einst seinem Neffen Vito gewisse Künste anvertraute, und Vito führt mich zum Sohn des Altmeisters. Wir kommen in ein abgelegenes, weiß gekalktes Gässchen, das mir noch nie aufgefallen ist. Der Sohn des Magiers lebt in einer niedrigen Wohnung zu ebener Erde. Wie in allen alten Bauerngassen ist der öffentliche Raum hier nicht deutlich von den privaten Wohnungen abgegrenzt. Menschen, die früher ohnehin zu sechs, sieben, zehn Leuten in einem kleinen Haus leben mussten, scheint diese Abgrenzung nicht so wichtig sein. Die Tür steht auf, das Haus ist innen so gekalkt wie außen, ein Tisch, ein Stuhl, ein Bett, eine Kleiderkiste,

eine Brotkiste, ein Ausguss, basta. Alles wirkt extrem karg, als wolle man zeigen, dass hier weder Geld noch der Wille vorhanden sind, die private Umgebung mit persönlichen Gegenständen zu markieren und zu schmücken. Diese Hütte im ärmlichen *Olmicello*-Viertel am düsteren westlichen Abhang von Ripacandida ist die einfachste Behausung, die ich in Lukanien gesehen habe. Ich fühle mich in die Vergangenheit versetzt, in ein römisches Kolonistenhaus, wie man sie in Pompeji ausgegraben hat. In dieser spartanischen Umgebung empfängt mich ein sehr alter Mann, einfach in Schwarz gekleidet. Er ist fast schon durchscheinend mager. Er sitzt auf einer Bank aus gekalktem Lehm und hält einen Stengel vertrocknetes Kraut in der Hand. Das will er mir schenken, gewissermaßen ein Gruß aus der Vergangenheit. Das Kraut hat mit dem Wirken seines Vaters zu tun, es heißt *ghinella*. Nicht einmal die bittere Malve ist so gut wie *ghinella*, und mehr kann er mir gar nicht dazu sagen, nur eins noch: Es ist wirklich furchtbar bitter. Das war es schon, der Erbe der alten Magier von Ripacandida hatte seine Audienz beendet.
Ich war tief enttäuscht, denn ich hatte gehofft, einen Blick in die Abgründe der alten Magie zu tun. Das Wort *ghinella* habe ich in meinen Kräuterbüchern nicht gefunden. Den Stengel habe ich auf Pappe aufgezogen und dann vergessen. Erst als ich nach Jahren über die Magier zu schreiben begann, ist es mir wieder eingefallen und ich habe ihn hervorgekramt. Bei näherer Betrachtung kann es sich bei diesen dürren Stengeln, die so viele Jahre auf ihre Entzifferung gewartet haben, nur um das Tausendgüldenkraut handeln[351], *Centaurium umbellatum*, ein äußerst bitteres Enziangewächs, daher vielleicht *ghinella*, von *genzano*, Enzian. Das Tausendgüldenkraut wirkt fiebersenkend, früher galt es als Ersatz für das Chinin.[352] Es wurde also als Mittel gegen die Malaria verwendet. Passive bleiche Menschen, denen sich häufiger der Magen umdreht, waren bis in die vierziger Jahre des zwanzigsten Jahrhunderts hinein in Süditalien oftmals nichts anderes als Malariakranke. *Mala aria* heißt *schlechte Luft*. Ein lukanischer Arzt hat um die Jahrhundertwende medizinische Folklore gesammelt, in der die Malaria mit

mal vento gleichgesetzt wird, dem bösen Wind.[353] Die Totengeister des bösen Windes dringen, so hieß es früher, manchmal als feine Mücke ins Haus[354] – es gab, kurz gesagt, ein gewisses Wissen darüber, wie die Malaria zustande kommt: In der schlechten Luft der Sümpfe steigen Mücken auf und stecken die Menschen an mit ihrem Stich. Ripacandida wird heute noch oft für seine frische Luft gelobt und war weitgehend malariafrei – es liegt zu hoch für die Mücken. Und gerade hier, am malariafreien Ort, haben berühmte Magier das medizinische Wissen umgearbeitet und modernisiert. In der Zeit des Faschismus, als die Sümpfe trockengelegt und Wasserleitungen gebaut wurden, nach der Vertreibung der Seuche aus Italien, mußten sie der Idee vom bösen Wind einen neuen Sinn geben, vielleicht wurde sie darum noch dichter an die Praktiken zur Heilung der Verhexten gebunden. Dem bäuerlichen Bild der Malaria blieb nichts übrig als der Rückzug in die Geisterwelt. Wenn die Vorstellung vom bösen Wind überleben sollte, musste sie in den Bereich des Exorzismus überwechseln, denn die Malariakranken konnten nun nicht mehr als lebende Beweise herhalten für Hexereitheorien.
Gegen die Malaria sah die alte lukanische Volksmedizin den Gebrauch von Bitterkräutern vor. Ihre Säfte ziehen die Gefäße zusammen, dann lässt vielleicht das fieberhafte Pulsen des Blutes nach. Neuere Studien zeigen, dass Bitterkräuter vielleicht auch noch in einer bis heute nicht wissenschaftlich im Einzelnen nachvollziehbaren Weise auf den Malariaerreger einwirken. Mein Tübinger Kollege Prof. Dr. Lutz Heide hat in Zusammenarbeit mit der »Aktion natürliche Medizin in den Tropen« sehr alte Rezepte der chinesischen Volksmedizin studiert und forscht nun über eine preiswerte Therapie der Malaria mit Hilfe des *Chinesischen Beifuss (Artemisia annua)*. Diese Pflanze enthält neben ätherischen Ölen und Flavoniden einen Bitterstoff, das *Artemisin. Es führt im Malariaerreger zur Freisetzung von Sauerstoffradikalen, die den Erreger schließlich abtöten.*[355] Man kann die bittere Medizin aber auch einfach als Brechmittel benutzen, das den Körper während des Fieberanfalles entlastet. *Die Bitterstoffe reizen die Nerven der Geschmacksknospen auf*

der Zunge und unterstützen dadurch ... die Bildung von Magensäften ...[356] Ein alter Apotheker empfiehlt das Tausendgüldenkraut deshalb auch als Heilmittel gegen die *psychogen bedingte Eßunlust junger Mädchen*, die Magersucht.[357] Im Zeichen der Winde und Bitterstoffe nimmt medizinisches Wissen immer neue Gestalten an, es bedient die unterschiedlichsten Wünsche nach Wirkung, und das Gift kann auch immer zum Gegengift werden.

Auch das bitter schmeckende Johanniskraut war den Verhexten wichtig. Die Wirkungsweisen dieser weltweit verbreiteten Heilpflanze erinnern sehr an die lukanischen Lehren über den Zusammenhang zwischen Haut, Speichel und Geistern. *Die ganze blühende Pflanze wird arzneilich genutzt. Sie enthält u.a. ein ätherisches Öl, Hypericin, Gerbstoffe ... Hypericin fördert den Speichelfluß; es ist aber auch gefährlich, da es Menschen und Tiere gegen Licht sensibilisiert ... Wegen seines Aromas, des harzigen Duftes und des bitteren Geschmackes wurde es auch schon in der Likörindustrie verwendet.*[358] Johanniskrautöl bringt den Speichel zum Fließen und soll Brandwunden heilen oder auch Sonnenbrände und andere Zeichen auf der Haut.[359] In Deutschland nimmt man heute *Viviplus*, ein Extrakt aus den Blüten und Blättern der vielseitigen Pflanze. Der Beipackzettel des rezeptfreien Medikamentes erinnert noch an das Gerede der Menschen, die ich in den Häusern der Magier und der Heilerinnen als Verhexte kennen gelernt habe. Viviplus hilft bei ... *Beschwerden unterschiedlicher Art, denen keine körperlichen Ursachen zugrunde liegen, z.B. Gereiztheit, innere Unruhe, Überempfindlichkeit, Konzentrationsstörungen, Entscheidungsunfähigkeit, Kloßgefühl, Schlaf- und Appetitstörungen, nervöse Magenbeschwerden, Schwindelgefühle, Unausgeglichenheit, Begleiterscheinungen im Klimakterium, Müdigkeit, sexuelle Funktionsstörungen ... und nervöse Unruhe.* Auch bei seelisch bedingten Schweißausbrüchen und Kreislaufproblemen scheint das Hypericin heilsam zu sein, als gallentreibendes, reinigendes Mittel und immer wieder zur *Beruhigung des nervös überreizten Magens.*[360]

Als Geisteswissenschaftler war ich wie verhext von dem

Gedanken, dass Magie und Religion geistige Tatsachen sind und hatte darum übersehen, dass die Geister für Süditaliener auch eine körperliche Tatsache sein können. Viele Magier verkaufen oder verschenken Heilkräuter an ihre Kunden, lange Zeit habe ich das nur ganz am Rande beachtet und notiert. Die kräuterkundliche Seite des Heilens hielt ich für eine Fassade, hinter der sich die Seelenkämpfe der Verhexung verbergen. Die Heilerinnen und die Magier hatten verstanden, was mit mir los war, sie versuchten, mir die Sache zu erklären, aber ich hörte nicht zu. *Das Kraut reinigt, es geht ja schließlich bloß um einen Fall von Neid. Ich gebe keine Antibiotika, ich gebe die bitteren Kräuter … und nehme nichts dafür.* Die Behandlung der Verhexten mit Tees aus Bitterkräutern und die Behandlung junger Drogensüchtiger mit Auszügen von Efeu und Mohn standen für Vito gleichberechtigt neben den magischen Anwendungen. Johanniskraut wurde nicht nur von den Magiern, sondern auch von vielen anderen Menschen in Ripacandida als Alltagsmedizin empfohlen, zur Reinigung und Beruhigung. Und sie kannten eine Fülle weiterer Bitterkräuter, den Rosmarin, das Eichkraut, *erba cirtsogg'*, und besonders die Malve, die gut ist *gegen alles*, weil sie so bitter schmeckt.[361] Für Vito und seine Kolleginnen besteht keine klare Trennlinie zwischen den chemisch nachweisbaren Wirkungen der Kräuter und den aus unserer Sicht rein seelischen Wirkungen der Gebete und Zauberhandlungen. Das technische Denken, die Aufklärung haben Natur und Geist getrennt, als Spaltprodukt ist die Magie übrig geblieben. Weder ein moderner Naturwissenschaftler noch ein moderner Psychologe kann sie ganz und gar mit seinem speziellen Wissen verstehen oder erklären.

Johanniskraut macht die Haut sonnenempfindlich und regt den Speichelfluss an. Sonne wie Wasser werden ausgetrieben. Vielleicht kann das die trockenen und feuchten Anteile der Kranken wieder ins Gleichgewicht bringen. Die von einem italienischen Kräuterkundigen aus unterschiedlichsten Quellen zusammengestellte Legende dieser Pflanze beschreibt solche Übergänge zwischen Unordnung und Neuordnung zuletzt in kosmischen Dimensionen. *Wer nach*

Sonnenuntergang auf das Tüpfel-Johanniskraut ... tritt, wird auf ein magisches Pferd gerissen, das mit ihm um den Himmel bis zum Sonnenaufgang herumrast, um erst dann den erschöpften Reiter wieder abzuladen. Dieses Kraut ist aber sonst so heilkräftig, dass sein anderer Name »Gottes Güte« ist. Johanniskraut war schon im klassischen Altertum ein geschätztes Heilmittel. Dioskurides verwendete es als Arzt in der römischen Armee sehr viel und auch den germanischen Stämmen war es geläufig. In England heilte man damit den Wahnsinn, in Russland gab es Schutz gegen Tollwut und die Brasilianer kannten es als Gegenmittel bei Schlangenbissen. Johanniskraut wurde immer dann gegeben, wenn es galt, Irrsinn zu heilen, vor allem, wenn man annahm, dass der Patient von einem Teufel besessen sei. Johanniskraut wurde im Mittelalter jeweils am Vorabend des Johannistages, also am 23. Juni, gesammelt und im Hause zur Abwehr böser Geister aufgehängt. Sicherlich hat das rote Öl, das beim Zerreiben aus der Pflanze austritt, die Assoziation zu christlichen Tugenden geweckt. Es symbolisiert das vergossene Blut Christi und wird dadurch zu einer Waffe gegen den Teufel. Man sagt, dass am 29. August, dem Tag, an dem Johannes der Täufer enthauptet wurde, blutrote Flecken auf den Blättern des Johanniskrautes erscheinen.[362] Am Tage des Paten aller Paten wird Gottes Güte ausgeteilt. Das gute Blut des Herrn soll den Speichelfluss anregen und die Gedärme durchpflügen in all seiner reinigenden Bitterkeit. Auf dieser märchenhaften Ebene ist das Johanniskraut mit dem Tausendgüldenkraut (*centaureum*) verwandt, das, vom Hundertsten (*centum*)[363] ins Tausendste gedacht, seinen Namen einem Pferdewesen verdanken soll, dem Zentauren, halb Mensch, halb Tier. Der Zentaure soll die heilende Wirkung des Krautes entdeckt haben, irgendwo an der Grenze von Natur und Kultur.[364] Wenn wir unseren Ursprung im Chaos und im Reich der Tiere und Pflanzen verstanden haben, uns selbst identifizieren mit dem Tiermenschen und seiner Pflanze, dann können wir zu einem sinnvollen Ausgleich der *Urgegensätze* des Lebens gelangen und gesund werden.[365]

Johanniskraut und Enziangewächse, das Tausendgüldenkraut, die Malve und viele andere Bitterkräuter bilden heute die Grundlage der zahllosen italienischen Bitterliköre. Zur Verdauung werden sie getrunken. Die Farbe der Liköre schwankt zwischen Rot und Schwarz, fast immer ist sie mitbestimmt vom leuchtenden Rot des Hypericin, gemischt mit dem Schwarz der Essenz vom Wermut, dem Dunkelrot der Malve. Auf welchem langen Wege ist dieses Blut Gottes in die Bitterliköre gelangt? Wie gelangt dieses Schamanenkraut, das einen um die Welt reiten lässt, in die Abfüllanlagen der Schnapsproduktion? Und was hat das noch mit dem Speicheln und Ausscheiden des bösen Blutes zu tun und mit der Heilung der Verhexten? Die Antwort finde ich in medizinischen Abhandlungen der Vergangenheit. Aus der magisch-medizinischen Literatur sind Rezepte für Liebeszauber überliefert, man nimmt Menstruationsblut und andere seltsame Dinge, die heimlich ins Essen oder in Getränke gemischt werden.[366] Als Gegenmittel empfahl der deutsche Arzt Heinrich Henckel in seinem 1690 veröffentlichten Traktat über die erotische Magie eine Fülle von Brechmitteln, ein anderer zeitgenössischer Autor riet zum Trinken von warmer Pferdepisse.[367] Herauswerfen muss man den Zauber, und zwar mithilfe von bitteren und gerbenden Stoffen, die den Speichelfluss anregen – sonst droht *Dollsucht mit Hertzens-Angst*. Ein Barockmagier war der Ansicht, dass die Opfer des Liebeszaubers *nicht allemal die verlangte Liebe, sondern vielmehr eine Schwermuth, Raserey, Dollsucht mit Hertzens-Angst, Abnehmen der Glieder* sowie Krämpfe (*Contractur*) durchleben müssten, allesamt Übel, die nur durch Brechmittel *auf das Schleunigste heraus geworffen* werden können.[368] In ihrer Unverblümtheit trifft diese medizinische Sprache unmittelbar auf die Verhexten zu, denen ich 300 Jahre später in Lukanien begegnet bin.

Oft wurden die bitteren Kräuter mit Zucker zu einem Sirup angerührt, damit man sie überhaupt schlucken konnte. Die alten Römer sprachen darum schon davon, dass man den Wermut des Wissens mit dem Honig der schönen Beredsamkeit mischen müsste.[369] Was erst mit Honig, dann mit dem aus der Neuen Welt importierten Zucker angesetzt wurde, hat man über kurz oder lang zu Likören weiter entwickelt. Viele unserer heutigen Rauschgetränke sind nichts anderes als späte, abgemilderte Formen der alten Kotzmittel und Brechtränke, mit denen man einst den Teufel aus dem Leib geworfen hat. In seinem 1635 veröffentlichten Traktat *Über die magischen Krankheiten ... und die Hexe vom Nussbaum in Benevent* beschreibt der Beneventiner Arzt Pietro Piperno ausführlich, wie man die schädlichen Folgen der Hexerei mit Brechmitteln heilt.[370] Womöglich hielt Piperno sich in dieser Frage für besonders kompetent, weil er selbst aus dem sagenumwobenen Hexenort Benevent kam. Der Stich auf dem Titelblatt seines Buches zeigt die Hexen von Benevent unter dem Nussbaum, diesem Brocken oder Blocksberg der Italiener. Als Auslöser für das heilsame Erbrechen empfiehlt er Extrakte aus Nieswurz, Brechnuss, Johanniskraut und vielen anderen Pflanzen, die Bitterstoffe enthalten.[371] Vielleicht war der famose Nussbaum von Benevent, unter dem sich angeblich die Hexen versammeln, selbst ein Produzent solcher Bitter- und Gerbstoffe, denn in Nussbaumblättern und in Nüssen sind sie reichlich vorhanden. Die christlich-alchemistische Medizin jener Zeit war äußerst einfallsreich, wenn es darum ging, eine Substanz zu finden, mit der man den Menschen zum Erbrechen bringen kann. Im Mittelpunkt ihrer Bemühungen stand der Versuch, das Fleisch von körperlichen und seelischen Verunreinigungen zu befreien, von den Schäden, die hervorgerufen werden durch *Blick, Kuss, Blümchen, Früchte oder andere essbare Dinge*[372] – so hat es der große süditalienische Renaissancedenker Tommaso Campanella erkannt.

Bleichen Gesichts ... die Augen verdunkelt, haben einige ständigen Kopfschmerz, andere haben den Frosch im Hals, anderen schmerzt der Magen ... Manche Verhexte haben ein Gesicht von dunkler Farbe wie die Zeder, einen gezwungenen Blick, all ihr Fleisch ist gebunden und ihre Säfte sind vertrocknet ... Manche ... meinen, einen Bissen in der Kehle stecken zu haben oder einen Knoten, der dort hinauf- und hinabwandert, oder ihnen ist die Blutskraft zur Fortzeugung gebunden. Wieder andere empfinden eine Störung des Magens, so dass sie durch Erbrechen alles wieder hin-

Der Hexenflug auf dem Traktat des Beneventiner Mediziners Piperno, Benevent 1635

ausschicken an Nahrung, was sie empfangen. Wieder anderen weht im ganzen Körper mal ein höchst eisiger Wind, mal eine feurige Flamme.

Das schrieb der Italiener Florian Canale[373] zu Beginn des siebzehnten Jahrhunderts die Verhexten. Man vergleiche seine Schilderungen mit den Anwendungsgebieten von *Viviplus*, das die jungen Leute aus der Techno-Generation heute in Deutschland so gerne am Morgen einwerfen, um sich von den Aufregungen ihrer nächtlichen Trancetänze zu befreien. Doch im siebzehnten Jahrhundert gab es eine Reihe weiterer Körperzustände, die diesen jungen Deutschen eher fremd sein dürften. Unter Canales Verhexten muss man sich zunächst Malariakranke vorstellen, mit ihrer gedunkelten Gesichtsfarbe. Hinzu kommen Menschen, denen ein *essbares Ding*, ein enthemmter Blick oder ein falscher Kuss den Kopf und den Magen verdreht haben. Das war eine Erfahrung, die seinerzeit viele Süditaliener machten. Damit wurde die Malaria zum Modell für alle anderen bösen Einflüsse aus dem Totenreich. Bald tritt aber eine neue Differenzierung ein. Die Krankheit und der Tod machen die Menschen gleich, aber die Heilmittel sind getrennt in die der Armen und die der Reichen. Der süditalienische Arzt Piperno empfiehlt seine Brechkur besonders als Heilmittel *für die Armen*.[374] Den vor Hunger Lechzenden und Irreredenden dieser Zeit hat man eine sagenhafte Welt der Heilkräuter und Gräser vorgesetzt, kostenlose Nahrungs- und Heilmittel, an denen sie ihre Begierden stillen sollten. Geld war keines da und auch kein Weizen für die Armen. Die Reichen ließen sich derweil ihre Medikamente in Sirup einlegen, und sie experimentierten mit magisch-medizinischem Naschwerk zur Verlängerung des Lebens.

Wenn eine Schwangere aus Versehen in die Spur eines Wolfes getreten ist, so wird sich das Kind dieser Frau später häufig übergeben müssen. Diesen rätselhaften Aberglauben soll es noch in den fünfziger Jahren in der Basilikata gegeben haben.[375] Die Volkskundler sprechen in diesem Zusammenhang sogar von *Bulimie*, was eine weitere eigenartige Verbindung zwischen den jungen Wohlstandsbürgern des zwanzigsten und den hungernden Landleuten des achtzehnten Jahrhunderts herstellt – eine Art Rache der Vergangenheit an der Gegenwart. *Im Übrigen soll man, damit die Hexen nicht ins Haus kommen, dafür sorgen, dass immer ein Mitglied der Familie die Beine übereinander gekreuzt hat und dass hinter der Eingangstür der Besen steht, mit etwas*

Dreck drauf, oder Spinnweben oder einem Stück Fischernetz. Dahinein wird sich die masciara verwirren, die Megäre. Wenn es ihr aber gelingt, durchs Schlüsselloch ins Haus zu kommen, wird sie die Kinder verknotetes Haargewölle schlucken lassen, was sie dann zum Brechen bringt oder ihnen Bauchschmerzen macht.[376]

Moderne Süditaliener erzählen ähnliche Geschichten, wenn sie sich verhext fühlen, verknotete Haare mussten sie ausspucken und anderes seltsames Zeug.[377] Die Kunden der Heiler, die ich in Ripacandida kennen gelernt habe, klagten häufig über Schluckbeschwerden. Wenn man auf trockenem Kram herumkaut, wird einem schlecht, man würgt und der Körper entledigt sich des Ungenießbaren in einer Ekelreaktion, im Erbrechen. Vielleicht war das neurotische Zwirbeln und Kauen der langen Haare früher viel weiter verbreitet als heute, in der Zeit der modischen Schnitte – zumal bei problematischen jungen Frauen, den klassischen Verhexten. Erst bei der Hochzeit ließen sich die Bräute ihre langen Zöpfe abschneiden, und manchmal haben sie dann das Haar dem Heiligen anheim gestellt als Votivgabe.[378] Haare sind magisch, sie bilden eine Aura um den Kopf und manchmal scheint unser Umgang mit Haaren versteckte Gedanken und Gefühle auszudrücken.[379] Das Kauen und Kotzen der Haare erinnert an die Verhaltensweisen kranker und nervöser Katzen oder Hunde. Für Menschen kann das Herumkauen auf Haaren gefährlich werden: 1999 berichtete der Londoner *Mirror* über den Tod einer Britin, die anscheinend seltsam auf ihre Haare fixiert war. Eines Tages wurde die Friseurin mit schweren Bauchschmerzen in eine Klinik eingeliefert, sie starb, und bei der Obduktion fand man einen 25 cm dicken Haarball im Magen der jungen Frau.

Wie sich später herausstellte, hatte Rachel Haigh sich schon als Kind angewöhnt, das lange Haar in den Mund zu stecken Weil sie an Haarausfall litt, müssen größere Mengen des Haupthaares in den Verdauungstrakt gelangt sein.[380]

Haar und Speichel, das Innere des Magens und das Äußere der Haut, der Haare – die schreienden und tobenden kleinen Opfer des bösen Blicks werden zum Wolf, sie gehen nachts bepelzt umher, *geboren vor Jesus*. Die Grenzüberschreitung des Neidblickes hat sie angesteckt. Deshalb fließt den Heilerinnen der Speichel, wenn sie diese Krankheit auf sich nehmen und heilen sollen. *Wenn mir der Speichel kommt,* erklärt mir Lucietta, *spucke ich auf den Boden und das Böse ist am Boden.* Zur Zauberei muss man einen *Magen aus Eisen* haben, sagt Carlos Castaneda.[381] In manchen lukanischen Dörfern soll es früher eine Zeremonie gegen den bösen Blick gegeben haben, bei der die unruhigen Kinder vor einem offenen Backofen geschwenkt wurden, oder man hat sie sogar in den erkaltenden Backofen geschoben. Dazu hieß es: *Bitterwolf, sei satt, der Ofen genug Brot für dich hat!*[382] Der Werwolf, *lupo mannaro – lupus homo – Mannwolf,* wird umgedichtet zum *lup'amar*, zum bitteren Wolf. Bittersein heißt gierig sein, so dass einem das Wasser zum Mund hinausschießt wie dem tollwütigen Wolf. Andererseits sind die Kinder in diesem Ritual dem Ofen ausgeliefert, der mit offenem Rachen auf sie wartet. So werden heute noch die Kinder, die nichts taugen, die nicht richtig reden oder gehen können, dem Heiligen Donatus vorgeworfen. In Italien wie in Deutschland kennen wir den Begriff des *Wolfshungers, fame da lupo.* Ein Bitterkraut, das man früher auch dem Bier zusetzte, wird in Italien *Wolfskraut* genannt, *erba luppolo.*[383] Die Rituale gegen die Hexerei und den bösen Blick beleuchten eine märchenhafte Welt. Lechzend belauert der Wolf aus dem Unterholz heraus das Leben der Satten und der unschuldigen Kinder. Die bittere Medizin lässt die Kunden der Magier in Kinderwelten zurückkehren, wo die Hexe mit dem Knusperhäuschen Hänsel und Gretel zu seltsamen Spielen verlockt und am Ende ihre Sünden im großen Backofen büßt, oder wo die Großmutter das Rotkäppchen angeifert, denn in Wahrheit ist sie der Wolf. Die Rituale der Heilerinnen, denen die *lizz'* am Gesicht hinunterfließt, erinnern uns an die Zeit, in der es noch den *Wolfshunger* gab.[384] Dann wird es Zeit, wieder erwachsen zu werden. Nun ersetzt ein bitterer Drink, kerzengerade stehend in der Bar eingenommen, die heftigen Szenen der Kindheit, das Erbrechen und das Außer-Sich-Sein. Schutz und Vermehrung von Blut und Boden interessieren uns jetzt mehr als die simplen Begehrlichkeiten der Kindheit. Bis wir dann irgendwann im

»Ich finde Dich, Hexe!« Likörreklame

Alter wieder unser Brot besabbern, als sei die Zwischenzeit des Erwachsenseins nur ein seltsamer Traum gewesen.
Die Brechmittel haben sich im Laufe der Jahrhunderte zur Leckerei des Likörs entwickelt, aber es bleibt ein bitterer Nachgeschmack. Zucker und Alkohol sind im Zeitalter der industrialisierten Nahrungsproduktion keine Kostbarkeiten mehr. Aber bei übermäßigem Genuss hat der Alkohol immer noch die altbekannte Wirkung. Das Wort *Likör* stammt von *liquirizia*, die *süße Wurzel*, aber oft genug sind es bittere Wurzeln und Blätter, die zu dem verarbeitet werden, was wir heute einen Likör zu nennen gewohnt sind. Mit dem Nussbaum von Benevent machen sie Werbung für einen der bestverkauften Kräuterliköre Italiens, der leuchtend gelben *Strega di Benevento*. Die Herstellerfirma sponsert den bedeutendsten italienischen Literaturpreis, den *Premio Strega*. Strega, das heißt Hexe. Das zauberische schöne Wort steht immer noch in Verbindung mit dem heilenden Kraut, auch wenn sie in der Form des Likörs und des Literaturpreises im Laufe der Geschichte weit auseinandergedriftet sind. Ein weniger bekannter *amaro*, der pechschwarze *Argentarium*, wirbt mit dem Hinweis auf die Zeit,

als Zaubersprüche und Kräuter in der Medizin der Mönche gleichberechtigt nebeneinander standen: *Herbis et non verbis* – nicht durch Wörter, sondern durch Kräuter sollt ihr gesund werden.[385] Wie selbstverständlich bietet eine auf Tourismus und Journalismus eingerichtete *neue Hexe*, Angela Maria Zucchetto aus Badalucco im Triora-Tal (Ligurien), in ihrem Ladengeschäft ausgerechnet eine Reihe von magischen Likören an.[386] Eilig, stehend nehmen die Menschen in den Bars ihren *amaro* zu sich oder den bitteren *Campari* oder sogar einen deutschen *Jägermeister*. Es soll kein Genuss sein, sondern das Gläschen soll den Körper reinigen, so, wie der ebenfalls in medizinischen Dosen verabreichte Kaffee dann das Blut wieder in Wallung bringen soll. Darum kann man in italienischen Bars zur Enttäuschung deutscher Touristen oft nicht Platz nehmen. Wirklich gegessen und getrunken wird zu Hause, in der Bar geht es um das Einnehmen von Medikamenten, die einen über den Vormittag bringen sollen. Die Rezepte sind ebenso geheim wie die Zaubersprüche gegen den bösen Blick. Fünfmal im Jahre treffen sich Angehörige der Familie Underberg, um nach einem Geheimrezept den Sud für ihren Kräuterbitter anzulegen, der dann in alle Welt verkauft wird. Merkwürdigerweise wird das Rezept immer noch in einem Kloster aufbewahrt, und ein Mönch ist dabei, wenn sie den Kessel beheizen. *Fernet Branca* ist vielleicht der bitterste aller Bitter, *man sagt, er habe magische Kräfte in sich*[387] – so weit wären Vito oder Lisa in ihrer Selbstanpreisung wohl nicht gegangen. *It's magic!* wirbt auch *Coca-Cola*, der meistverkaufte Durstlöscher der Welt, erfunden von einem amerikanischen Apotheker, der mit den schwarzfarbenen Auszügen von Bitterkräutern experimentierte. Die Ursprungs-*Coca-Cola* sollte der Appetitabregung dienen, Magensäfte wurden in Gang gesetzt. Das Rezept ist bis heute geheim.

In der lukanischen Hexereilehre können wir den Nebenzweig eines Geflechts von Praktiken erkennen, das schon die Ärzte der Antike, des Mittelalters und des Barock gekannt haben. Erbrechen und Bitterkräuter stehen für die Verkettung seelischer Prozesse mit körperlichen. Sei es nun Malaria oder böser Blick, Migräne oder der Fluch der Mutter

– dass Seelisches im Körperlichen und dass Körperliches im Seelischen sich äußert, war und ist den Heilern und Magiern nicht fremd. Die Entscheidung über das Angsthaben, das sagen uns die lukanischen Magier und Heilerinnen, kann von einfachsten körperlichen Zuständen beeinflusst sein. Aber dann ist auch wieder wichtig, welchen Küsschen oder Wörtchen wir uns ausgesetzt haben oder was wir sonst so zu uns nehmen. Ein Spruch, ein Trunk kann alles umstürzen. Wir sind weit entfernt von einer Welt des Glaubens an technische Machbarkeit, der Mensch erscheint hier zerbrechlich, gebrechlich, wie ein Betrunkener, der jede Fassung verloren hat. Der Körper ist das Einzige, was uns wirklich macht, und doch können wir ihn niemals kontrollieren. Wort und Kraut, vergifteter Körper und ängstlicher Geist geraten in unauflösliche Verbindungen, die eine brüchige Harmonie möglich machen. Bei Süchten scheint es genauso zu gehen, nur dass hier das Pendel in die Gegenrichtung ausschlägt und jede Kontrolle durch den Willen versagt.

Ein Ackerbauer hat gepflügt im Grund,
tat Feuer und Wasser in der Erde Schlund.

Feuer wird ausgespuckt und wieder verschluckt. Es geht um das Land der Vulkane. Wenn man die lukanische Medizin nicht als geheimnisumwitterte Magie betrachtet, bleiben nackte Tatsachen und bittere Wahrheiten. Nirgends habe ich erwachsene Menschen – bei aller Zurückhaltung und Gesittung – so deutlich und undramatisch über ihre Ängste und deren körperliches Gestell sprechen hören wie in Süditalien. Das italienische Wort für Erbrechen, *il vomito,* kommt vom lateinischen *vomer* – der die Erde auswirft, der Pflug. Der Wortschatz des Erbrechens, *Vomitiv, vomito, vomitare* hat in den romanischen Sprachen denselben Wortstamm. Der *Vomero* ist eine Auffahrt zum Vulkan Vesuv in Neapel. Vielleicht erklärt sich damit eine weitere rätselhafte Zeremonie aus den unteren Schubladen der lukanischen Gruselfolklore, die Sache mit dem Pflug. *War der Todkranke ein Bauersmann, dessen Kampf mit dem Sterben sich allzu lange zog, dann machte sich in den Vorstellungen der*

Frauchen die Überlegung breit, dieser Sterbenskranke könne in seinem Leben einmal eine Pflugschar gestohlen haben. Darum ringt er nun mühsam nach Luft mit großem Gerassel. Flugs machte man sich daran, aus Stöckchen und Hölzchen ein Pflügchen zu bauen. Das steckte man unter das Kopfkissen, damit das schreckliche Schnarchen abklingt und der Todeskampf verkürzt wird.[388] Das Sägen und Röcheln ist gebrochen, frei schwebt die Seele zum Himmel empor, was eben noch nach Luft rang, wird nun von Luft getragen. Der letzte Umbruch geschieht im Zeichen des magischen Pfluges, erst wenn er wieder zusammengesetzt ist, kann der Todkranke endlich sterben, erst wenn das Verbrechen am Pflug gesühnt war, darf man teilnehmen an der großen Umwälzung. Dann wird die Erde für den Toten aufgerissen, das war es, Asche zu Asche – wenn nicht ein feiner Mehlstaub wieder aufsteigen würde, die Seele als hauchfeines Flügeltierchen durchs Schlüsselloch geflogen käme und der Kreislauf der Umbrüche einen neuen Anfang nimmt.
Heute kotzen es die Verhexten nicht mehr heraus wie in den fünfziger Jahren oder wie es die jungen Deutschen manchmal tun, in irgendwelchen körpertherapeutischen Gruppen. Aber letztlich gibt es in Lukanien weiterhin eine Nachfrage für subtile Seelenspiele mit dem Übelfühlen und Übelwollen. Ist das Böse einmal herausgeworfen, dann können die Beziehungen in der Familie neu geordnet werden oder zumindest auf einem bestimmten Stand befestigt. Gut kommen dabei die Menschen weg, die es schaffen, sich zum richtigen Zeitpunkt von ihren Eltern zu trennen, sich neu zu binden, eine Familie zu gründen und eines Tages die Kinder gehen zu lassen und dann in Ruhe zu sterben. Es ist die Kultur der Waage und des Pfluges, der Wahrung alter Rechte im Neuen und der Balance zwischen Lebenslust und Todesangst. Die Heiler bieten sich dafür als Relais an, als Station der Übertragung von Gefühlen, der Verstärkung, Abschwächung und Neuorientierung seelischer Kräfte.[389] Sie streicheln und strafen, schimpfen und füttern ihre etwas groß geratenen Kinder und sie halten sie fest, wenn im Ausbruch das Innerste preisgegeben wird, so dass der Körper droht, in Stücke zu gehen und man alles versuchen muss, einen

neuen, wenn auch brüchigen Halt zu finden. So besehen ist die lukanische Magie geschichtslos[390] – sie mag ihre Formen verändern, aber die historischen Rückstände wandern durch den Gesamtkörper der Überlieferung hindurch und werden wieder ausgeschieden, so wie diese Magie selbst den Menschen hilft, ihre Erfahrungen zu verdauen und zu einem Gleichgewicht zurückzufinden. Eins bleibt: Liebesmagie und Exorzismus, Binden und Lösen des Blutes, Auffressen und wieder Auskotzen. So einfach ist das. Es geht um Unterbrechung und Neuordnung der bodenlosen Beziehung zwischen Körper und Geist. Irgendwo muss der hastig aus Stöckchen und Holzresten zusammengeflickte Pflug ansetzen und die Erde aufbrechen, dann kommt die Reinigung und dann der Neuanfang.

Das gilt für den menschlichen Körper und für die menschliche Seele, aber es kann auch auf den Lauf der Zeit übertragen werden, so, wie ich ihn im ersten Teil des Buches geschildert habe. Es ist eine Kultur, die im Zeichen der Vegetationszyklen von Nutzpflanzen entstanden ist – ein Rhythmus, dem sich auch der moderne Mensch noch nicht ganz entziehen kann. Das überirdische Heilsgeschehen wird auf das kleinste Maß heruntergerechnet, zu Feiern im Jahreslauf und sonntäglichen Messen. Bauern lassen gerne die Kirche im Dorf, aber das heißt nicht, dass ihr Leben keine Wechsel bringt oder keine Abwechslung. Das Leben beginnt im Schoß der Familie, mit Geschenken aus Gold und Geld, im Schutz der Paten und Heiligen wandert es bis zur Krise der Auflösung und Neugründung, wenn die Kinder ihre Eltern verlassen und sich verloben und verheiraten. So werden neue Familien gegründet, die wieder zerfallen müssen, und die alten Eltern bleiben zurück, bereiten sich vor auf den letzten Gang. Im Hochsommer stellen die Leute von Ripacandida ihre gesunden Kinder in das Licht des Heiligen, aber die Kranken werfen sie ihm vor im Zwielicht des Altarraumes. Dann, am anderen Ende des Jahres, im dunklen Winter, feiern sie die Wiederkehr des Lichtes, das göttliche Kind, heimlich murmeln dabei die Heilerinnen ihren Schatz aus gesundmachenden Formeln herunter. Dem folgt die Ausgelassenheit des Karneval, aber in der Fastenzeit wird die magische Harmonie wiederhergestellt im Zeichen des Osterlamms. Auf und ab geht es, und wenn das Leben oder das Jahr zu ruhig werden, muss die Kultur dabei helfen, die Menschen anzuregen, und wenn die Menschen zu aufgeregt sind, im Krisenfall, dann muss die Kultur, müssen die Mitmenschen den Aufgeregten wieder beruhigen. So soll es immer weitergehen, im Lauf des Lebens wie im Jahreslauf, Zittern, Werfen, Kotzen, Verhexen, Enthexen, Sich-binden, Sich-lösen, Geborenwerden und Sterben. Die bäuerliche Kultur ist weder bruchlos noch übertrieben harmonisch, denn die Menschen müssen sich mit diesen Rhythmen immer neu arrangieren, den Burgfrieden finden mit sich selbst und den anderen. Manchen gelingt es niemals in ihrem Leben, niemandem gelingt es ganz. Immer wieder stehen die Menschen vor der Aufgabe, Ekel in Zuneigung zu verwandeln, das Zittern zu beruhigen, sich nach außen zu öffnen, ohne ihr Selbst ganz aufzugeben.

Man sprach, man sang, das Herz war erhellt,
und wieder haben sie an San Donato verteilt.
Beim Singen hat er die Herzen erhellt,
den Bettlern haben sie einen Tisch hingestellt.

So heißt es in der Legende von San Donato, wenn Mann und Frau endlich mit einer Stimme singen. Sie geben der *compagnia* der Bettler ein Essen aus und geben sich selbst her für die Anhängerschar des Heiligen. Und wenn es sie reut, können sie sonntags in die Kirche gehen und den vertrockneten süßlichen Körper des größten aller Dämonenbeschwörer zu sich nehmen, vermischt mit einem Schluck bitteren Weines. Das versiegelt sie, so kann man hoffen, gegen all das andere, was noch in ihr Innerstes drängt oder von Innen heraus – aber Vorsicht ist weiter geboten, und deshalb werden beim Mittagessen danach die Speisen übersichtlich auf den Tellern geordnet: Hier das gebratene Fleisch, dort das gedünstete Gemüse, unvermischt und unvergiftet, nur den reinen Weizenteig soll die rote Soße berühren, aber das sieht dann schon wieder so aus wie ein ganzes rohes Stück Körper, aus weißem Fleisch und rotem Blut.

III. MACHT

15. Das Geschlecht der Magier

... Komm doch mit, ich will dich mal jemandem vorstellen. Nino aus Rionero lädt mich zum Sonntagsspaziergang ein. Wir gehen zu einer alten Hofgutanlage, die heute zwischen Apartmenthäusern eingezwängt ist. Schließlich stehen wir vor einer rissigen Holztür, neben der frische Reisigbündel lehnen. Eine ältere Frau im Hauskittel lässt uns ein, ich schaue in ein zerfurchtes Gesicht und strahlend klare Augen. Freundlich weitergebeten, durchqueren wir eine nach Kaffee duftende Wohnküche und stehen auf einmal in einem unmöblierten hohen Raum mit Bogengewölbe. Diese Bauweise findet man in vielen Häusern von Rionero, ein altmodischer Schutz gegen Erdbeben, der die privaten Zimmer wie Kapellen wirken lässt. Heute, erklärt mir Frau Nardozza, bewahrt ihr Sohn hier seine Bücher aus der Studienzeit auf, Haushaltswissenschaft. Hoch über den langweiligen Büchern hängt ein naiv gemaltes Ölgemälde. Zwei nackte Männer in freier Landschaft, einer kniet, einer steht. Am Horizont dämmert die Sonne. Der Stehende drückt dem anderen eine schwere Offizierspistole ins Genick. Er trägt einen deutschen Stahlhelm. Hier hat Giovanni Nardozza *die Geister beschworen,* erzählt uns die Tochter. *Die Decke war mit Sternen ausgemalt. Er hatte den Spiegel ... die Leute kamen: »Lasset mich wissen.« Denen stand die Kotze im Mund*[391]*: »Ich habe das Feuer.« Dafür machte er gewisse Dinge, ein Pulver aus gekochtem Essig, und aus war's damit. Immer dachte er nach, immer las er, Romane, von Fürsten und Schlangen, Drachen und Rittern. Er wusste alles. Ein Mädchen kam, das hatte heimlich Liebe gemacht mit einem Verwandten, sie hatte ein Kind von ihm. Alle Geister hatten sich auf sie gesetzt, um die Ehe zu stören. Sagt er: »Ah, ha, ha, ha, ha, du hast diese Ravioli damals gegessen!«* Auf einmal zieht ein leises Zittern durch den Körper der Frau und sie lässt die hohe Stimme klingen, mit der ihr Vater

gesprochen haben soll, wenn es wieder so weit war: *»Ah, hahahah! Da kommt ja Scatorchia, der hat diese Makkaroni gegessen, und mir hat er nichts davon abgegeben!«* Das Gerede der Frau bringt in mir eine schwarze Saite zum Klingen, mein Hals ist wie zugeschnürt. Frau Nardozza spricht weiter, sie ist in Fahrt gekommen. Bittere Medizin mussten die Kunden ihres Vaters nehmen, um die Geister zu bannen. *Die machten dann den Kreuzweg und alles, mit dem Messerchen hat er sie berührt, machte Kreuze, an drei Abenden mussten sie das Pulver nehmen und sie kriegten einen abitino.* Gegen das Jahr 1970 hat der italienische Volkskundler Luigi Lombardi Satriani die kleine Kapelle besucht. Der alte Nardozza lebte noch, hatte aber angeblich kaum noch Kunden, aus Altersgründen. Er zeigte dem Forscher sein Laboratorium und erklärte ihm die Technik. Lombardi schreibt: *Das soll wie die Kapelle eines mysteriösen Kultes wirken, in dem christliche und esoterische Elemente zusammengeflossen sind mit Sternensymbolen und katholisch-liturgischen Phrasen, mit der »Göttlichen Komödie«, Dante ist zweimal abgebildet und vieles andere, in einer Mischung, die, bevor sie auf die Wände dieses merkwürdigen Raumes gemalt wurde, schon im Bewusstsein von Zi Giovanni und seinen Landsleuten vorhanden gewesen sein muss.*[392]
Buchwissen und die ekelzitternden Beschwörungen der *Frauen die helfen*, die Mentalitätsgeschichte der Leute von Rionero und die gelehrte Tradition der italienischen Kultur, das alles war wohl auf den Gemälden der kleinen Kapelle vermischt. Heute sind die Wände der Kapelle weiß. Leider hat Lombardi Satriani die Malereien nicht fotografieren können. Zi Giovannis Nachfahren und die alten Kunden sind heute noch stolz, wenn sie von dem Magier erzählen. Das war keine Sekte und kein esoterischer Kult, sondern eine Ausweitung und Steigerung der lukanischen Magie. In Nardozzas Kapelle leuchteten sechzehn Lichter für sechzehn Geister. *Er hat die Toten gerufen, tocktocktock haben sie geklopft. Er hat ihnen Zeichen gegeben. »Jetzt geben sie das Zeichen!« In der Waschschüssel sah er sie, dann ist er zu Boden gefallen, gezeichnet vom Erdbeben. Pünktlich um Mitternacht sind sie wieder gegangen. Am Festtag der Mär-*

tyrer war es voll hier, der Altar voller Geschenke und er hat Kerzenspenden angenommen für die Märtyrer.

Am 16. September 1943 ließ die deutsche Wehrmacht auf dem Rückzug vor den alliierten Truppen in Rionero in Vulture sechzehn Bürger des Ortes exekutieren – ein deutscher Soldat war beim Requirieren von Hühnern am Arm verletzt worden, die Repressalie folgte auf dem Fuß. Eigentlich sollten es siebzehn sein, die Unglückszahl der Süditaliener, aber Stefano Di Mattia wurde von den Leichen seiner Schicksalsgenossen bedeckt und überlebte.[393] Nachdem der deutsche Kommandant seinen Mordbefehl erteilt hatte, haben deutsche und italienische Soldaten einen langen schwarzen Tag lang im Ort die Opfer zusammengesucht. Denunzianten liefen zur Kommandantur, konkurrierende Familien zeigten sich gegenseitig an, und die Mitglieder der faschistischen Partei hatten an diesem Tag vorsichtshalber immer ihren Parteiausweis parat, wenn sie auf den Straßen von Rionero unterwegs waren. Nach und nach wurden linke Lokalpolitiker und Gewerkschafter zur Hinrichtung bestimmt, aber auch unpolitische Bürger, sogar Kinder wurden so zum Opfer der Racheaktion. Nardozza, 1888 geboren, war Sozialist, angeblich ein Mitbegründer der Sozialistischen Partei in Rionero und bestimmt kein Freund der Deutschen. Sein Enkel, der Polizeibeamte Santoro in Rionero hat mir erzählt, dass Nardozza in der Nacht nach der Repressalie an der Bewachung der Leichen teilgenommen haben soll – sie durften nicht gleich beerdigt werden. Als die Deutschen abgezogen waren und die italienische Republik wiederhergestellt, hat er dann den sechzehn Märtyrern ein Heiligtum eingerichtet. Das Blut dieser Toten, ihr Geist war über ihn gekommen, denn er stand ihnen nahe nach dem gewaltsamen Tod. Seit dieser Nacht lebte Nardozza im Zeichen der Unterwelt.

Kaum war's gesprochen, als das dunkle Land
So heftig bebte und ich erschrak,
daß ich's noch heut nicht ohne Angstschweiß denke.
Ein Sturm, geboren aus dem Weh der Erde,
erzeugte Wetterstrahl und rotes Licht,
das jegliches Empfinden mir benahm,
und wie vom Schlafe trunken sank ich hin.[394]

Dante Alighieri, der im Bildprogramm von Nardozzas Kapelle *zweimal abgebildet* war, hat uns die Reise in die Unterwelt beschrieben. Er führt durch eine von Erdbeben und Erdrutschen gezeichnete Landschaft, schwüle Schwaden dringen aus dem Boden wie man es heute noch auf den flegreischen Feldern bei Neapel beobachten kann. Es ist die unruhige Mittelmeerwelt mit jener charakteristischen Vielfalt unterschiedlich katastrophischer Nischen[395], die ihre Bewohner gelegentlich schwanken lassen und beben und fallen. Dantes Bericht über die Höllenfahrt gilt als das erste große Werk italienischer Dichtkunst. *Dann ist er zu Boden gefallen, gezeichnet vom Erdbeben* – fast in den Worten des Dichters erzählt Nardozzas Tochter, wenn sie über die Trancen ihres Vaters spricht. Das Erdbeben ist die Ekstase und die Ekstase ist das Erdbeben, innere Welt und äußere Welt werden eins. Das rote Licht ist der blutige Dunst, in den bei würgender Atemnot die Welt getaucht zu sein scheint, der Blutschleier, der sich in den Augen dessen bildet, der kurz vor dem Ersticken steht.
Beinahe siebenhundert Jahre trennen Nardozzas Trancen von Dantes Höllenfahrt und Seelenbeben.[396] Der Weg zum Reich der Toten führt durch die bebenden Landschaften der Oberwelt, dann durch den zitternden Körper, dann durch das Nichts der Ohnmacht. Beben, Klopfen, Schwitzen, Frieren, Klappern und Trommeln begleiten die Begegnung mit der Welt der Geister, nicht nur im Italien des vierzehnten und des zwanzigsten Jahrhunderts, sondern auch bei Jägern, Sammlern, Bauern und Hirten auf der ganzen Welt – und in den Horrorfilmen der modernen Zeiten ist es auch nicht anders. Mündliche und schriftliche Überlieferungen scheinen sich zu überschneiden und dabei immer auf ein und demselben körperlichen Geschehen zu haften. Der Weg nach Innen führt zu den Toten, und wer ihn gegangen ist, der kennt das Mitleid. Es ist der weibliche Weg der Ohnmacht und der Anverwandlung. Auch auf dem Weg von einer Hölle in die andere verfällt Dante noch einmal dieser Erfahrung der Schwäche, auf dem Weg von einer Hölle in die andere. Er ist den Geistern von Francesco und Paola begegnet, sie haben ihm von ihrer tragischen Liebe erzählt. Vom Mitleid

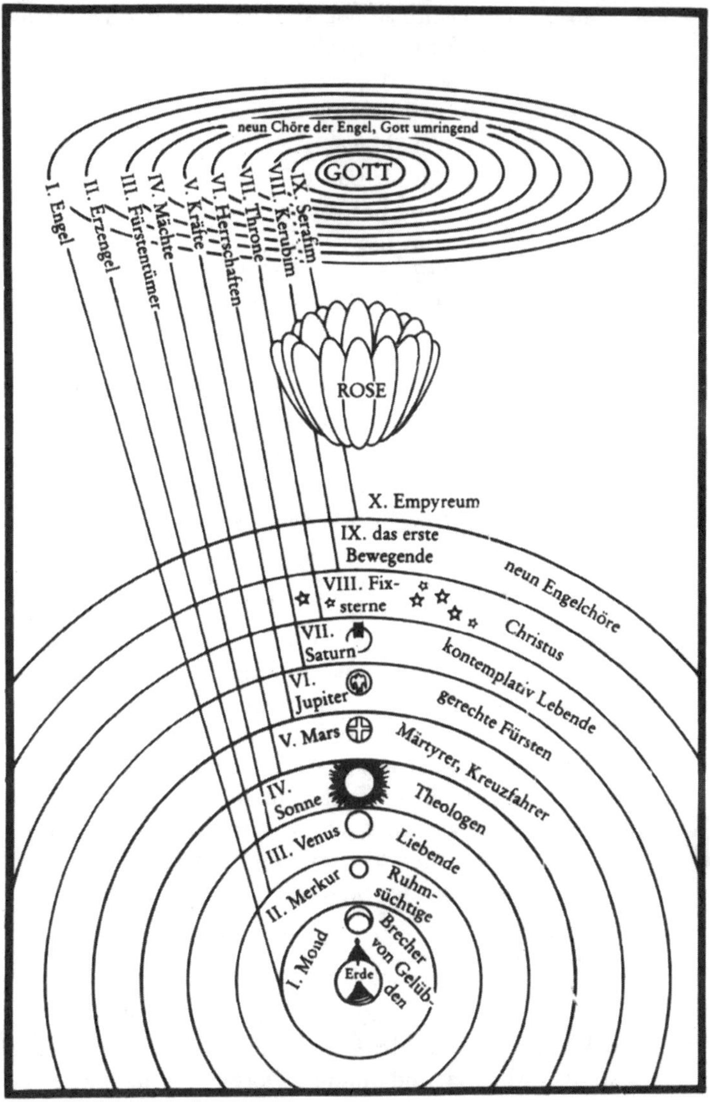

Dantes Weltbild

geschüttelt fällt Dante zu Boden und tritt so den Weg in die nächste Kaverne der Unterwelt an.

Indes die eine Seele so erzählte,
hört` ich die andre weinen, dass vor Schmerz
der Sinn mir schwand, als ob ich sterben müsste,
und wie ein toter Körper sank ich hin.[397]

Eine trage der andern Last und wenn die Heilerin in Lukanien den Schmerz ihrer Patientin auf sich genommen hat, dann ist sie bleich. So durchzittern auch die Schamanen des Himalaya ihre seelischen Erdbeben, wenn die Seele ausgefahren ist und der Körper sich den Göttern und Totengeistern geöffnet hat. Die Toten sprechen mit den Zungen der Lebenden, es ist die Sprache des Mit-Leidens, der Empfindlichkeit. Begleitet von Schutzgeistern, unter dem dumpfen Beben der Trommeln, dringen sie in unbekannte Regionen des Bewusstseins vor, um die verlorenen Seelen zurückzubringen. Das *Erdbeben*, das Zi Giovanni mit den Geistern erlebt, erinnert an die feurigen und eisigen Körperzustände, welche die Kunden der Magier von Ripacandida bisweilen erleben, bis hin zu dem grausigen Moment, wo sie gar nicht mehr sie selbst sind und zu sprechen beginnen in der fremden, seltsam hohen Stimme des Toten oder dem Tode nah sind, ganz nah. Bei ihrem ersten Auftritt in der Rolle der Heilerin wurde Linda von einer Kranken bis zur Bewußtlosigkeit gewürgt. Sie verstand das als Initiation in die Rolle der Vermittlerin zwischen Gesundheit und Krankheit, zwischen Leben und Tod: *Ich habe dabei alles gelernt.* Sie stand außerhalb von Zeit und Raum, sie war tot. Als der Tod überwunden war, besaß sie die Gabe, die *Spuren*[398] der Erfahrung anderer Menschen in ihrem eigenen Erleben und Weltbild zu verankern. Jetzt baut sie für ihre Patienten ein unsichtbares Gebäude der Erinnerung, bevölkert von Totengeistern, Verhexten und Mahren. Dort erhält die Magie ihre Geschichte zurück, sie findet eine Sprache, einen Ort, an dem sie sein kann. Bei den Frauen hat die Verfestigung und Verflüssigung des Bösen ihren Anfang genommen. Frauen bluten und geben Milch, sie füttern die kleinen Kinder[399], und irgendwann haben die Leute im Mittelmeerraum verabredet, dass nur die Frauen weinen sollen beim Anblick der Toten, die Männer müssen es sich verkneifen – oder haben es die Männer allein entschieden?[400] *Frauen fühlen, Männer handeln*[401] – ist das unabänderlich und in unseren Körpern vorgegeben? Frauen bluten und gebären, müssen sie darum auch immer weinen und heilen? Es gibt Gegenbeispiele. Die Sammlungen sehr alter Amulette der Antike zeigen männliche und weibliche Geschlechtsteile in gleicher Zahl als Mittel gegen den bösen Blick.[402] Doch nach und nach werden die Frauen zum Kristallisationspunkt des Bösen gemacht. Am Anfang steht vielleicht eine Schwäche der Männer gegenüber der doppelten Befähigung zu gebären und zu töten, Bewunderung gemischt mit Angst. Noch in Lindas Erzählung sind die Männer anfällig für den Liebeszauber, die Frauen nicht. Doch im Verlauf einer aus unzähligen kleinen Handlungen zusammengesetzten Geschichte des Alltages, die sich viel langsamer entwickelt als die Weltgeschichte, entsteht die Vision von der einen großen hexerischen SIE, die alles durchtränkt mit ihrer Bosheit.[403] Dieser Prozess scheint mit der Rationalisierung einherzugehen, welche die Weltreligionen den vielen lokalen Kulten der Stämme und Dörfer der Frühgeschichte gebracht haben. Die großen Religionen müssen sich dabei immer wieder der lokalen Herausforderung durch verstreute Ahnenkulte, Vegetationsriten und Heilpraktiken stellen – ihren wahren Feind aber versuchen sie als Gegenbild ihres einheitlichen Gottes zu schaffen, als eine alles durchdringende Gegenwart, die für männliche Priester anscheinend immer wieder weiblich sein muss: Lilith und die Hexen der Frühen Neuzeit in Europa, der Kult der Isis, die Göttinnen der Gnosis und der manichäischen Kulte des Mittelalters, die magische Geschlechtsumwandlung der Alchemisten.

Ganz im Stile der Priester von Hochreligionen, die altes Wissen aufnehmen, vergrößern, rationalisieren und zugleich die klein gebliebenen, aber in mancher Hinsicht viel tieferen, reicheren lokalen Kulte bekämpfen, stellen sich die männlichen Magier dieser einen SIE entgegen, der sie doch aber ihr Wissen über Heilung und Heil verdanken. Diese SIE wird

zur realen Gegenspielerin, zu Marietta aus Foggia, Anna Pace aus den Aviglianeser Bergen, eine weitere berüchtigte Marietta, Erzfeindin von Vito dem Magier, Linda aus Ripacandida und die übrigen bekannteren Heilerinnen der Landschaft. Seltsam an dieser sauberen Trennung von schwarzer und weißer Magie, männlichem Buchwissen und weiblicher Hexerei bleibt, dass sich die selbst ernannten Magier immer wieder rückversichern müssen bei *Frauen die helfen.* Ohne weibliche Erfahrungsseelenkunde gibt es keine übernatürliche Praktik jenseits der kirchlichen Zeremonien. *Pratichi tu, Mach du das erst mal wirklich,* so schnauzt Linda mich an in ihrer Wohnküche, und sie meint dieses Würgen, die Erfahrung des Todes, die Fahrt in die Unterwelt. Resigniert stellt sie fest, dass keine junge Frau, nicht mal ein junger Mann, das ohne weiteres noch über sich ergehen lassen will, und darum fürchtet sie um die Fortsetzung ihrer Tradition. *Die wollen es lernen und denken, es reicht, wenn man den Spruch herbetet, aber man muss es erlebt haben, praktizieren musst du!*
Die Männer nehmen es den Frauen ab. Wenn die Magie wichtig wird, wenn man damit Geld verdienen kann, kommt ihre Autorität ins Spiel. Auch Vito hat eine Einweihung zum Schamanen gehabt, eine Fahrt in die Unterwelt und dann konnte er heilen. Versteckt in dieser Aussage ist auch wieder Dantes Höllenfahrt unter der Führung von Vergil. Aber den Vito musste seine eigene Mutter an die Hand nehmen und wirklich gewürgt wurde er nicht, es ist alles bloß ein Traum. *Aber in der Nacht kam meine Mutter im Traum und sie führte mich ins Paradies und in die Hölle. Ich habe viele Menschen gesehen, die leiden und meine Mutter sagte mir, dass ich das nehmen soll, was mir gehört, nicht das, was den anderen gehört. Das, was den anderen gehört, ist Antoniusfeuer, damit meine ich etwas Verdorbenes, nicht gut zu gebrauchen. Das hat mir meine Mutter gesagt, die mich in die andere Welt gebracht hat: »Iss deine eigenen Sachen, denn die Sachen der anderen sind Antoniusfeuer. Also, du sollst nicht stehlen. Du sollst den anderen nicht ihr Brot wegnehmen. Du musst dich bezahlen lassen, ja, aber nur so viel, wie dir zusteht.« Ich arbeite. Ich bin*

kein Magier. Ich werde es dir vorführen: Mein Haus ist voller Leute, die beruhigt von dannen zieh'n.

Ich bin kein Magier, damit meint Vito, der sich sonst auch mal gerne *mago* nennen läßt, dass er so viel wert ist wie die *Frauen die helfen,* und dass er kein Trittbrettfahrer der alten Heilkunst ist wie die Leute, die im Fernsehen um Kunden werben, posieren im ägyptischen Priestergewand, mit Tarotkarten und astrologischem Gerede. Doch warum spricht er dabei vom *Antoniusfeuer,* das ihn bestrafen würde, wenn er seine Kompetenzen überschreitet und mit Hilfe der Magie Menschen ausbeutet? Sant' Antonio ist der Heilige der brennt, er ist der Heilige des Errötens und der Scham. Er hat Gott die Dreizehn Gnaden abgerungen, die Überlieferung des alten Italien weiß viel davon zu berichten.[404] In seiner Wüsteneinöde hat der heilige Klausner das Feuer überwunden, und die komplizierte Geschichte der Auffindung seines Grabes in einem seltsamen System unterirdischer Kavernen liest sich wie die Schilderung einer schamanischen Reise in die Unterwelt.[405] Antonius ist der Heilige der Unterwelt und der untergründigen Gefühle. Auch Linda verbindet seltsamerweise die Erzählung von ihrer Einweihung mit Geschichten von dem Wüstenheiligen. Aber in ihrer Erzählung wird Sankt Anton nicht zum Apostel einer Moral des Heilens, sondern es geht um seine Nützlichkeit für die Frauen. *Eine Frau war unfruchtbar und hat Sankt Anton um ein Kind gebeten. Sankt Anton hat ein Wunder gemacht, einen Sohn hat er ihr geben sollen. »Aber du«, sagt Sankt Anton zu der Frau, die nicht gebären kann, »du willst das Kind nicht wirklich haben, denn dich quält dein Mann.« Jesus Christus hat darum das Kind umgebracht. Sankt Anton hat seinerzeit nur zwölf Gnaden gemacht. Aber dieses Kind wollte noch eine Gnade. Sankt Anton bittet um die Dreizehnte Gnade. »Nein«, sagt der Herr, »das kann ich dir nicht geben, dieses Kind ist verurteilt, es kommt ums Leben.« Mit der Hand hat Sankt Anton Wasser verbrannt. »Meister«, bat er, doch der Herr wollte nicht. Beim dritten Mal hat es geklappt, Sankt Antonius hat die Dreizehnte Gnade gehabt, denn er hat mit der Hand das Wasser verbrannt, da kamen schon rote Fischlein rausgesprungen.*

»Halt ein, Antonius«, ruft der Herr, »die Gnade hast du mir abgerungen.« Seitdem hat Sankt Anton die Dreizehn Gnaden, und das Kindchen steht immer bei ihm. Als es noch klein war, hat Sankt Donatus das Kind geheilt von den Krämpfen, Sankt Donatus konnte ebenso für das Kind kämpfen, nun steht es auch bei ihm.[406]

Dieser Heilige fährt mit seiner Hand über das Wasser oder über das Haar eines Mannes, so, wie die Heilerinnen ihre Hände über die Körper der Kranken fahren lassen. Seine Hand bringt das Wasser zum Kochen, bis die roten Fische herausspringen, gerade so, wie sich bei der Heilung des Antoniusfeuers die Pickel lösen von der Haut. Dabei geht es immerhin um die Frage, welche Kinder leben dürfen und wie viel Macht Frauen über ihre Frucht haben sollen. Die Tauben gurren und die Meerschweinchen quieken. Linda hat ihre Käfige an der Wand ihrer Wohnküche aufeinander getürmt, so dass es mich an die Arche Noah denken lässt. Das Feuer im offenen Kamin ist fast niedergebrannt und die Pastasoße fängt schon an, etwas brenzlig zu duften. Nach einer Weile beginnt Linda wieder zu reden, es sind mittelalterliche Scherzgeschichten, halb noch in Reimform, von *Sante Mangion'*, dem Heiligen Fresssack, der den Leuten ihr Essen wegnimmt. Das reimt sich auf *Sante Antuon.*[407] Auf die Dauer ist hier nichts heilig.

Vito ist da etwas pathetischer. Wenn er einen neuen Kollegen weiht, ein neues Kind aufnimmt in seinen Kult des Heiligen Dachbodens, erhält der Neuling unter hoch gespanntem Gerede und vielen Ritualen einen Talisman, dicht vernäht. In komplizierten, wochenlang wiederholten heiligen Abreibungen wird der neue Magier mit seinem *Hemdchen* verbunden. Respektvoll habe ich mein Amulett jahrelang mit mir herumgetragen, aber eines Tages musste ich der Magie der Wissenschaft folgen und habe es aufgemacht, und wieder bin ich Sankt Antonius begegnet, dem Heiligen des Ekels vor dem Diebesgut, dem heißen Heiligen der Scham, dem es gelingt, Gott neben seinen guten zwölf Gaben noch eine dreizehnte abzutrotzen, denn die Dreizehn ist die Zahl seines Tages, am dreizehnten Juni feiert man den Heiligen Antonius. Im nüchternen Schein meiner Schreibtischlampe

Die Dreizehn Worte Der Wahrheit, Erarbeitet Über Neun Jungfernpergamenten

Im Namen Gottes und der Allerheiligsten Dreifaltigkeit beschwöre ich alle Leiden und Gefahren der Person Thomas Hauschild, geboren am 16. 10. 1955. Dargestellt von den drei Freitagen mit Jungfernpergament als Leibwache. Es folgen die Dreizehn Worte der Wahrheit, damit Thomas zufrieden gestellt sei in allem und für alles. So stellen sich die zwölf Apostel dar

– + – + – + – + – + – + – + – + – + – + – + – + –

und schließlich das Herz Unseres Herrn Jesus Christus +
Dieser Zwang überträgt sich exklusiv auf die oben genannte Person.

Zum Ersten: Ein einziger Gott die Welt erhält.
Zum Zweiten: Die Sonne und der Mond werden vom Himmel aus durch Gott erhalten.
Zum Dritten: Das sind die Patriarchen Joseph, Jakob und Abraham.
Zum Vierten: Das sind die Evangelisten, Lukas, Johannes, Sankt Markus, Matthäus.
Zum Fünften: Das sind die fünf Wundmale Jesu.
Zum Sechsten: Das sind die sechs Hahnenschreie am Morgen.
Zum Siebten: Das sind die sieben Magier[408] von Bethlehem, als Jesus Christus geboren wurde.
Zum Achten: Das sind die acht Archen Noah, die in See gestochen sind, als die Welt unterging.
Zum Neunten: Das sind die neun Scharen des Engels der Apokalypse.
Zum Zehnten: Das ist der Zehnte.[409]
Zum Elften: Das sind die elf Jungfrauen, die vor Jesus Christus das Evangelium gesungen haben.
Zum Zwölften: Das sind die zwölf Apostel, die ausgegangen sind, um mit Jesus zu essen.
Zum Dreizehnten: Wir stehen in Verbindung, wir stehen mit Gott und gegen die Ängste, das Unglück, den Streit, die Ungnade, den bösen Blick, Zufälle und Unfälle, und gegen die sieben Krankheiten: böser Wind, böse Gedanken, Iettatura[410], Bindezauber, Fattura, Neid und Gerüchte und viele andere Leiden, welche die Person Thomas Hauschild nicht will und die ihm fern stehen sollen, Hundert Meilen und Hundert Schritte, damit selbiger sie beschützt mit der Wirkung der Lebensrettung.
Mach, oh Herr und Höchstes Wesen, aus meinen eigenen, hier schon geschriebenen Worten, dass seine Wünsche werden freundlich angehört und erhört.
Ich schließe im Namen des Vaters, des Sohnes und des Heiligen Geistes.
Gioiosa Vito, gegeben am 23. 3. 1985

lese ich, was Vito, der nun schon ein paar Jahre selbst nicht mehr lebt, vor Jahren notiert hat für mich, in ordentlichen Lettern, mit dem Kugelschreiber auf einem kleinen Blättchen Papier.
Es sind *Die Dreizehn Gnaden des Heiligen Antonius*.[411]
Man kann die Dinge der Welt nach ihrer Größe ordnen – oder nach Alter, Farbe, Buchstabenfolge, Zahl – Hauptsache, es ist irgendeine Ordnung da. Die wahre Lebenskunst besteht darin, für den Notfall geordnetes Wissen zur Verfügung zu haben. Es muss dann neu gemischt und wirksam gemacht werden, eine neue Gestalt bekommen. Deshalb wird der Heiligen Zwölf der Ordnung noch eine unordentliche Dreizehnte Gnade zugesetzt, sie steht mit ihrem Namen für das Ganze. Die innere Ordnung der willkürlich beigeordneten Zahlen ergibt einen fassbaren Gegenstand – getauft und in Leder oder Garn gekleidet, begleitet er das Leben des neuen Magiers wie ein seltsames Püppchen. Mithilfe dieser kleinen Seelenmaschine zieht sich das All in einem Punkt zusammen, auf dem wir Platz nehmen können und das Durcheinander um uns her in aller Ruhe betrachten. Nur Gott verfügt über die ordnenden Worte, die Gnaden. Nur Sankt Antonius, dem Patron der Hölle, konnte es gelingen, IHM auch noch die überzählige Dreizehnte Gnade abzuluchsen – bis der Alte sie ihm vielleicht doch wieder entzieht. Der Sieg über das Böse ist so vielfältig, dass wir ihn willkürlich nach Zahlen aufreihen können wie in dem alten lukanischen Gebet von den Dreizehn Worten der Wahrheit, das heute fast vergessen ist und deshalb nur noch in den Schriften der Folkloreforscher vorkommt, und als eine Art Flaschenpost der Religionsgeschichte in den Talismanen, die Vito seinen Kunden verpasst hat und auch mir.
Linda macht sich manchmal lustig über den Heiligen, den sie untergründig mit dem Gang durch die Höllenfeuer verbindet und mit der Befähigung zum Exorzismus des Bösen. Aber gegen das *Antoniusfeuer,* gegen Hautrötungen, praktiziert sie mit ihrem altertümlichen *Antoniuslämpchen* und vertreibt so die roten Wundmale. Vito hebt die Dreizehn Gnaden des Heiligen pathetisch in die Höhe und verleiht mir seinen Talisman – aber er vergisst eines: *Praktizieren*

musst du! Seine Vorstellungen von Erfahrung und Praxis sind etwas vage, während Linda durch die Praxis zum Heilen gekommen ist. Beide lehren, dass man sich als Magier oder als Heilerin nicht am Besitz seiner Patienten versündigen soll. Man soll nichts unrecht Erworbenes essen, denn das ist ein heiliger Ekel, Mitleid und Scham, aber dieser Ekel kann wiederum gegen die rote Haut der Scham gekehrt werden, das ist der Exorzismus des Bösen durch das Böse. Vito spielt den gelehrten Magier, Linda *die Frau die hilft,* und beide haben sie, obwohl sie die Bibel nicht lesen, der christlichen Tradition eine Initiation in die Unterwelt abgeluchst. Bei Dante beginnt der Höllentrip, als er in unwegsamem Gelände einem Luchs begegnet, dem heiligen Spürhund, der großen Katze, und dann wackelt die Erde und sein Körper zittert im Leid. Der Luchs der männlichen Magier in Süditalien war oft genug eine Frau, eine Mutter oder Tante – durch sie sind die Männer auf die Spur des Übernatürlichen gekommen, Frauen haben den Männern den schwarzen Faden der Tradition in die Hand gegeben, aber hinterher ist das schnell vergessen.
Manchmal, sehr selten, sprach Vito über die Geschichte der Magie. Sie kommt aus dem Osten, aus Singapur, sie kommt von den Vorfahren, den Alten der Antike, die haben schon immer mit Kräutern praktiziert, denn damals *gab es ja keine Ärzte.* Die einen heilen mit den Worten Christi, die anderen *machen auf Hexer,* übernehmen den Part des Hexers, denn sie sind *vor Jesus geboren.* Sein Onkel Franz, der alte Hexer, hat ihm vom ersten Magier der Familie erzählt, von *einem Donato Summa, mago,* der soll wegen der Beteiligung am Brigantenaufstand der 1860er Jahre im Gefängnis gesessen haben – ich finde diesen Mann nicht in den Akten und historischen Berichten. Und früher, noch viel früher, da gab es den Magier *Pietro Baialardo* in Ripacandida und seinen Freund *Gennaro Baffari.* Die Archive geben auch zu diesen Namen nichts her. Nach dem Untergang des Römischen Reiches, im historischen Zwielicht zwischen Antike und Mittelalter, soll Ripacandida von einem Kapitän Ennio Valerio Baffari neu gegründet worden sein.[412] Diesem Nachnamen begegnet man in der Geschichte von Ripacan-

dida immer wieder, auch im Zusammenhang mit dem einzigen bisher überlieferten Prozess der Inquisition, bei dem es um Leute aus der Stadt am weißen Fels ging.[413] Der Name Baialardo aber taucht in der Geschichte der spanischen Literatur wieder auf. Den Spaniern des 17. und 18. Jahrhunderts galt ihre italienische Kolonie als Heimat der Magie: Baialardo, oder spanisch Bayalarde, heißt in einem populären Theaterstück von Juan Salvo y Vela der Magier von Salerno, *el mágico de Salerno,* – Salerno lag für einen Reisenden damals, um 1715, einen oder zwei Tagesritte von Ripacandida entfernt und das Stück wird auch im Königreich Beider Sizilien gespielt worden sein, nicht nur im spanischen Mutterland. Der spanische Volkskundler Julio Caro Baroja[414] erkennt in Baialardo-Bayalarde den mittelalterlichen Gelehrtenmagier Pierre Abaelard wieder, so schließt sich auch hier der Kreis zwischen mündlicher und schriftlicher Überlieferung.

Schwärmerisch spricht Vito von Baialardo und Baffari, diesen seltsamen Mischwesen aus Literaturgeschichte und lokalem Gedächtnis. Sein eigener Vorfahr Donato Summa, der Brigant, soll auf ihren Spuren die Kunst der Totenbeschwörung gelernt haben. Es ist eine Geschichte von Gründern und Rebellen, von Männern. Aber wenn Vito mal müde ist, spricht er nicht mehr vornehm von Jungfernpergamenten, Magiervorfahren, hoher Magie, sondern nennt das Heilen wieder *n'cantar,* besingen, beschwören – so bezeichnen auch *die Frauen die helfen* ihre Kunst, das Gesundmachen mit Versen.
Die Magie hat eine Geschichte, obwohl sie selbst die Geschichte des Unglücks ungeschehen machen wollen. Während Vito auf manche seiner Kunden einen hochgelehrten Eindruck zu machen versuchte, gaben sich die Magier, von denen er sein Geschäft gelernt hat, eher als bäuerliche Praktiker. Zi Francí stand einer ganzen Sippe von Heilern vor, die den politischen Kult des sozialistischen Magiers Giovanni Nardozza aus Rionero nicht mitgemacht hätten. Die Beschwörungspraktik der alten Ripacandideser Magier hat etwas Zeitloses und Unpassendes im Land der ersten FIATs und der großen Auswanderung nach den USA. Es ist auffäl-

lig, dass diese Männer niemals im Zusammenhang mit der für ihren Ort so wichtigen Donatusverehrung gearbeitet haben, der Heilige der schlägt und heilt kommt in ihren Beschwörungen nicht vor – ganz anders beim nahen Wallfahrtsheiligtum der *Gekrönten Muttergottes von Apulien* zu Foggia. Die Schwarze Madonna von Foggia ist eine der größten Wallfahrten Italiens. Bis in die siebziger Jahre hinein konnten die Pilger ihren Besuch bei Maria durch einen Ausflug zu *Marietta* ergänzen. Diese Heilerin lebte in der kleinen Siedlung hinter dem Heiligtum. Dort behandelte sie die Kranken mit handfesteren Methoden, als es im Wallfahrtszentrum üblich war bei den Priestern und Mönchen. Die Magier von Ripacandida jedoch gaben sich kirchenfern und verschlossen. Die Abgelegenheit des Ortes mag dazu beigetragen haben. Die meisten ihrer Kunden kamen nicht aus Ripacandida, sondern aus den umliegenden Gebieten, oft aus Kleinstädten oder aus der Provinzkapitale Potenza. So wurde die Fahrt zum Magier selbst eine kleine Wallfahrt, über Land und Berge, zum rustikalen Angelpunkt der schwarzen Überlieferung.
Die Essenz der lukanischen Zauberkunst hat mir der Sohn des Onkel Franz vorgeführt, verrätselt in Form eines Stängels vom Tausendgüldenkraut. Er selbst wollte aber kein Magier werden. In vergangenen Jahrhunderten mag es eine Erbfolge des Wissens von Vater und Mutter auf die Kinder gegeben haben[415], aber auf die Söhne oder Töchter von Magiern und Heilerinnen übt der Heilerberuf heute keine große Anziehungskraft mehr aus. Die Magierkinder verweigerten sich durchweg, und oft ging und geht die Tradition auf Neffen und Nichten über. Vito versuchte vergebens, seinen Sohn zu überreden, der zog ein unsicheres Dasein als Spengler vor. Vito selbst, sein Bruder, von dem gleich noch die Rede sein wird, und sein Cousin Antonio di Sabato, genannt *Zi Ton* oder *Santuccio*, haben alle drei in schwer nachvollziehbarer Weise das Handwerk von ihrem dämonischen Onkel übernommen. Der Sohn des Alten ging dabei leer aus und das war, wie er mir sagte, auch sein Ziel. Zi Vito soll *es* der Alten mit einem Talisman übergeben haben. Sein Bruder, der *dottore*, schwieg sich in dieser Sache aus, aber die

Leute behaupteten, er besäße eine heilkräftige alte Münze oder Medaille vom bösen Onkel. Zi Ton erzählte, er habe dem Onkel das Geheimnis in einer geradezu biblischen Situation entrissen, als dieser betrunken war.

Im Gegensatz zum armen Veit genießt Zi Ton einen düsteren und großartigen Ruf. Manche der *Frauen die helfen* halten ihn für höchst fähig, andere, wie die gesprächige Wirtin vom Valle-Viertel, verstummen, wenn die Rede auf ihn kommt. Und ihr Mann setzt hinzu: *Diese Dinge gibt es wohl, aber es gibt sie nur, wenn du verwirrt bist.* Besser hätte ein Wissenschaftler den seltsamen Zusammenhang zwischen Realitätswahrnehmung, Seelen- und Körperzuständen auch nicht beschreiben können. Sie ziehen keine Grenze zwischen Naturwissenschaft und Geisterkult, aber eines wissen sie: Mit dem, was Zi Ton da tut, wollen sie nichts zu tun haben. Eigentlich sei Zi Ton sehr gutmütig, heißt es in einer anderen Familie. Seine finanziellen Forderungen an die Kunden gelten als gemäßigt: *Er nimmt, aber nur das Übliche.* Linda behauptete, Zi Ton oder *Santuccio,* der kleine Heilige, wie sie ihn auch nennt, sei einmal zu ihr gekommen und habe ihre Zaubersprüche wissen wollen. Vielleicht hat er versucht, bei den Frauen eine Art Weiterbildung zu machen.

Zi Ton ist massig, bäuerlich, schweigsam. Sein Anblick berührt mich, obwohl ich zunächst nicht viel Gutmütiges an ihm entdecken kann. Ich bin mit seinem Schwiegersohn Rudolfo bekannt, und eines Abends hat der mich zum Haus des Alten geführt, am entlegensten Ende des Ortes, im *Cantone.* Das war der Beginn eines monatelangen Versteckspiels. Ich habe zusammen mit Zi Ton und seiner Frau unzählige Vorabendserien konsumiert, dagegen ist meine Ausbeute an Geschichten der dritten Art in diesem Falle kaum der Rede wert. In meiner Not habe ich Zi Ton vorgemacht, ich wollte das Zaubern von ihm lernen. Vielleicht war ich mir auch selbst nicht mehr sicher, was ich eigentlich von ihm wollte. Ich hatte das Gefühl, an der Schwelle des Geheimnisses angelangt zu sein. Er beließ es bei Kräuterrezepten und bei Durvilles Buch über christliche Magie. Mit Büchern kannte er sich aus, ein italienisches Kräuterbuch

habe ich selbst bei ihm in Gebrauch gesehen. Außerdem hatte er die Titel anderer Bücher parat, *Das Wörterbuch aus dem Mohnland* und der *Grimoire von Papst Onorius dem Großen*, eines der berüchtigtsten Bücher der Totenbeschwörung. *Aber man kann es nicht aus diesen Büchern allein lernen?* Er nickt nur, ja, so sei es, manches habe er auch von seinem Onkel gelernt und von dessen schlimmer Frau, die alles wusste, aber selbst nichts tat. Wieder ist die Frau eine Quelle des Wissens, wird aber nicht in der Rolle der großmächtigen Magierin aktiv, der Mann muss es tun. Ich dränge weiter, doch auf einmal hebt Zi Ton den alten Küchenwecker an sein Ohr, dreht ihn, dass es rasselt und fängt wieder an mit der Geschichte vom vermaledeiten Hausschlüssel. Die Geister haben ihn mit ihren *scherzi* in die Uhr eingeschlossen. Sie bringen regelmäßig die Küche in Unordnung, es sind andere Mahre aus der Umgebung. Er kann nichts machen, hat alles vergessen, kann nichts mehr sagen, bis dieser Schlüssel wieder heraus ist. Es ist ein Petrusschlüssel, ein Schlüssel zum Himmelreich, der mir den Zugang zum Reich der Toten versperrt.
Doch der berüchtigtste Magier ist Santuccios Vetter, Vitos Bruder. Den redet man nicht mit *Onkel* an, sein Spitzname ist *dottore.* Der *dottore* ist unbeliebt, wenn nicht gefürchtet. Alle kennen ihn, alle wissen, warum er immer am Ortseingang steht, scheinbar lässig, aber doch nur in gespannter Erwartung der Ratsuchenden, die hier vorbeikommen müssen, wenn sie mit dem Auto nach Ripacandida unterwegs sind, auf der Suche nach einem Magier namens *dottore*, Neffe des legendären Zi Francì. Von seinen drei Töchtern ist eine mit dem Sohn eines einflussreichen Mannes verheiratet, *in piazza* herrscht darum Ruhe, was den *dottore* angeht. Seine andere Tochter lebt als Nonne in Norditalien – so gibt es keinen Ärger mit dem Priester. Das ist viel für einen Mann, der nach Auskunft seiner alten Nachbarn einmal *bitterarm* gewesen sein muss und der, nach Übereinkunft seiner Anhänger wie seiner Gegner, des Lesens und Schreibens nicht mächtig ist. Der *dottore* spricht nicht mit mir, er gibt keine Geschichten über Schlüssel zum Besten, er spricht einfach nicht.

Auf Dauer hält in Süditalien kein Geheimnis. Durch Patienten des *dottore,* Überläufer, die ich in den Wartezimmern anderer Magier kennen lerne, und durch Freunde in Ripacandida habe ich mit der Zeit recht genau in Erfahrung bringen können, was sich in dem unscheinbaren Häuschen des Doktors tat. Ein Totenkopf – nach Aussagen mancher Zeugen war es einer dieser kitschigen Totenkopf-Aschenbecher, die man gelegentlich auf Jahrmärkten kaufen kann – ein Kruzifix und ein Buch schmückten den Schreibtisch im Behandlungszimmer. *Ich glaube nicht daran,* berichtet ein junger Mann, der seine Frau dorthin begleitet hat, *ich hatte keine Angst, aber was war das für eine seltsame Atmosphäre ...* Die Frau des Magiers hat *Zeichen gemacht, geflüstert, die Geistergeräusche gemacht.* Auch hier half die Frau. Möglicherweise versteckte sie sich dazu manchmal hinter einem Vorhang. Schließlich kommt der Heiler zum Schluss: *Schlimm, schlimm, Fattura, nichts zu machen ...* Für seine Behandlungen qualifiziert sich der Doktor durch den Besitz einer alten Münze, *so ein altes Fünflirestück mit einem Teufel drauf.* Das erinnert an die legendäre *Cinque gran'*-Dublone aus der Zeit des bourbonischen Königreichs Beider Sizilien, mit der alte Heilerinnen manchmal noch ihre Kuren durchführen sollen. Ich habe diese Münzen leider nie zu sehen bekommen. Andere schmückten das aus, die Münze sei *ein dämonisches Ding, er hat einen Pakt mit seinen Genossen.* Der Doktor gilt als grausam. *Zu allen sagt er, dass es Todeszauber wäre,* klagt sein kleiner Bruder Vito, *und dabei kann er nicht mal lesen. Einmal hat er mich gerufen, damit ich ihm sage, wie man den abitino macht, vor fünf, sechs Jahren. Er macht die abitini einfach mit einer Zeichnung, als wäre es gar nichts. Die Zaubersprüche stehen da gar nicht drauf.* Das ist nicht die korrekte Magie, wie sie Vito in seinem schwarzen Schreibbüro kultiviert. Ein Informant behauptet, der *dottore* habe seine Formeln von der Nonnen-Tochter, in den religiösen Orden weiß man schließlich über so etwas Bescheid. Den Ruf des *dottore* als Dompteur der dämonischen Mächte hat das ganze Gerede aber nur noch verstärkt. Der Doktor ist ein Bild primitiver Rohheit, die sich geheimer und verfeinerter Überlieferungen bedient.

Kein Gerede über Geistesfixierung oder Blutzirkulation, es geht um Todeszauber: *Komm schon her, mach flott, die Sache eilt!,* tönt er am Telefon. Vom Besuch der Ärzte rät er mit Härte ab. Es heißt, er habe eine Ausbildung in Oppido Lucano gehabt, wo die Magier noch wüssten, wie man sich in ein Tier verwandelt.

Mit seiner schwarzen Kunst hat der *dottore* so viel verdient wie ein Arzt mit gut gehender Praxis. Schon in den sechziger Jahren soll der Eintritt in seine Geisterbahn fünfzehn- bis zwanzigtausend Lire betragen haben, damals etwa das, was heute 100 Euro sind. *Der nimmt Geld, richtiges Geld.* Zu meiner Zeit nahm er *pro Freitag* 300000 Lire, damals 225 Euro. Eine Frau erzählt mir, wie sie in kurzer Zeit fünf Millionen Lire bei ihm losgeworden ist. Zum Schluss hat er noch eine massive Goldkette von ihr verlangt. Bei anderen heißt es, dass er solche Goldketten gleich am Anfang verlangt. In einem anderen Fall ist von neun Millionen Lire die Rede. Vitos bescheidene Abrechnungen gewöhnt, hielt ich diese Aussagen für sehr übertrieben, bis mich Gino viele Jahre nach meiner Feldforschung aus Italien anrief. Die Carabinieri hatten auf den Konten des *dottore* über zweieinhalb Milliarden Lire beschlagnahmt, damals mehr als eineinhalb Millionen Euro. Wer weiß, welche Stütze in diesem kleinen System der Macht gebrochen war, wer weiß, wen der *dottore* verärgert hatte in diesem Land, in dem ein ehemaliger Staatspräsident jahrelang unter der Anklage der Beihilfe zum mafiosen Mord vor Gericht erscheinen musste und ein ehemaliger Ministerpräsident mit seinen Schweizer Konten nach Tunesien verschwinden konnte, unbehelligt, um von dort aus weiter mit dem Handy in die italienische Politik einzugreifen bis zu seinem friedlichen Tod.[416] Viele Menschen wussten Bescheid über das Treiben des *dottore,* seit vielen Jahren, aber zu Anzeigen war es anscheinend vorher nicht gekommen.

Der *dottore* wurde festgenommen und dann haben sie noch einmal große Mengen Bargeld aus dem Haus getragen, in Säcken, insgesamt wohl dreihundert Millionen Lire. Alles in allem waren das schon fast zwei Millionen Euro. Im Haus soll es nach faulendem Geld gestunken haben. Eine Nachbarin erzählte mir viel später, dass der *dottore* und seine Frau die Geldsäcke ständig mit Desinfektionsmitteln behandeln mussten. Viele wussten davon, aber anscheinend hat niemand je gewagt, diesen reichen Haushalt zu bestehlen. Der *dottore* soll seinen drei Töchtern mehrere Eigentumswohnungen und Häuser gekauft haben, die konnte man nicht mehr beschlagnahmen. So ist alles wieder zurückgegangen an die Frauen. Es kam nicht zum Prozess, denn bald darauf verstarb der Magier. Seine Frau geisterte noch eine Weile durch den Ort. Sie galt als geisteskrank. Mitten in der Mittagshitze, wenn sich niemand aus dem Haus wagt, transportierte sie nach alter Bauernart auf dem Kopf ein Bündel Feuerholz aus den Gärten nach Hause. Sie hat gebüßt und ist zurückgefallen in den Ursprung, in die Armut. Aber auch als sie reich waren, hatten die beiden offensichtlich nicht viel anzufangen gewusst mit ihrem Geld. Nach der Verhaftung des *dottore* wurde Ripacandida in allen großen italienischen Zeitungen vorgeführt, es war das erste Mal seit dem königstreuen Räuberaufstand von 1861, aber der Tonfall hatte sich kaum geändert: Lukanien, Ripacandida, Ort der Primitivität.[417] Manchen Magiern muss das recht sein, denn Zi Ton, Zi Vito und der *dottore* sehen sich in einer Ahnenreihe mit dem Briganten Donato Summa. *Der war zu allem fähig … der hat sich für den König geschlagen, für Francesco I., und ist deswegen eingesperrt gewesen.* Aus der Zeit des Aufstandes von 1861 ist allerdings nur ein Brigant Nicola Summa bekannt, genannt Ninco Nanco, aus Avigliano. Wie soll ich wissen, ob er hier zu einem Donato aus Ripacandida umgedichtet worden ist, oder ob es diesen Summa aus Ripacandida wirklich gegeben hat? Räuber, Rebell und Zaubermeister – die Verbindungslinie liegt im Verbotenen und im Töten und in der Anmaßung einer Macht, über die man in Wahrheit nicht verfügt. Die Geschichte der gerichtlichen Verfolgungen von Magiern aus Ripacandida zieht sich vom inquisitorischen Verfahren gegen den Heiler Prale im Jahre 1695, von dem noch die Rede sein wird, bis zu dem legendären Briganten und Magier Summa, der 1865 eingekerkert worden sein soll. Den vorläufigen Endpunkt bildet die Verhaftung des *dottore* im

Jahre 1987. Die Anklagen beziehen sich auf den Wahn der Hexenjäger, auf die rationalistische Philosophie des modernen Nationalstaates und auf die Steuerfahndung der Wohlfahrtsgesellschaft. Jetzt verstand ich Vitos ständiges Ringen um Ehrlichkeit, Durchschaubarkeit und Christlichkeit seiner Praktiken bis hin zum merkwürdigen Problem der Pergamente, die angeblich auf dem Dachboden reiften. Er musste sich gegen den reichen Bruder abgrenzen. Beide Brüder waren Schwindler, aber jeder auf seine Art und Vito war ein ehrlicher Schwindler.

Nach dem Tode des düsteren Zi Francì entwickelten sich die Methoden seiner drei Neffen in eine konventionelle und in eine extrem schwarzmagische Form weiter, Zi Ton auf der einen, der *dottore* auf der anderen. Vitos Praktiken waren im Verhältnis dazu modernistisch. Er bediente sich psychologischer und medizinischer Vokabeln und verzichtete weitgehend auf einen Begriff wie *verhext*. Außerdem hielt er sich an gewisse Keuschheitsgebote in Sachen Geld, die auch Zi Francì schon befolgt haben soll. Vielleicht aus diesem Grund schickte der letzte lebende Sohn von Zi Francì, Donato der Nichtmagier, Hüter des Geheimnisses vom Bitterkraut, die Leute wohl eher zu Vito, wenn sie sich bei ihm nach einem schwarzen Erbe seines Vaters erkundigten. Nach außen markieren diese vier Nachfahren von Zi Francì ein Geschlecht von Schwarzkünstlern. Durch sie hat Ripacandida in Lukanien heute noch einen gewissen Ruf als Stätte ländlicher Zauberkunst. Es gehörte sogar noch ein weiterer Nachfahre dazu, ein Bruder von Zi Ton namens Pino. Die Vettern behaupten, er habe die Bücher des Onkels geerbt. Pino lebt in Modena. Ripacandida hat er fluchtartig verlassen, so heißt es, nach einem Sprengstoffanschlag auf das Haus eines seiner Feinde. Diese Sprengstoffaffäre stärkte nur den Ruf der schwarzen Vettern und Brüder. Auch Vito, Bruder von der Heiligen Krippe, kam nicht dagegen an. Er war der Jüngste, sein Erfolg war der geringste, selbst ich nannte ihn im Stillen den *Ausverkaufs-Magier*.

Diese männlich orientierte Abstammungslinie verläuft zweimal über die Mütter. Außerdem soll die Frau des alten Zi Francì an den Beschwörungen beteiligt gewesen sein,

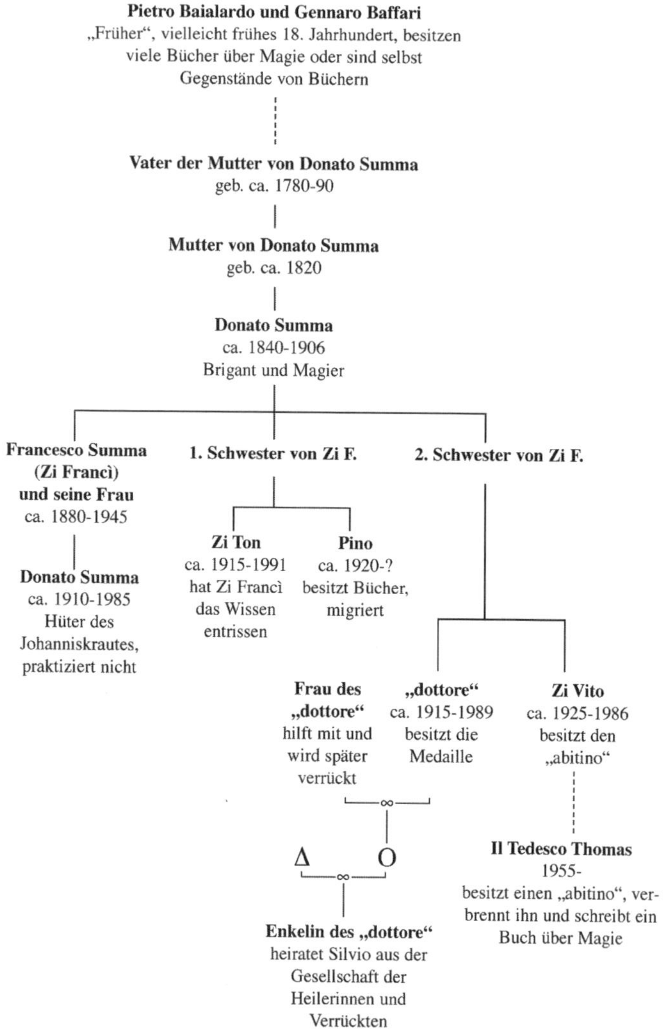

Das Geschlecht der Magier

vielleicht auf dieselbe Weise wie die Frau des *dottore*. Vito brüstete sich gegenüber Lisa, Lucietta und anderen Heilerinnen als *mago*, der die Säfte und Stimmungen der Men-

schen nach einem bestimmten System reguliert, nach einer überlegenen Methode, die nicht mehr viel mit den Sprüchen und Gesten der Frauen zu tun hat. Aber seine Praktiken stammen weitgehend von den Heilerinnen: böser Blick, Hexerei, Exorzismus der toten Seelen und heilende Berührung. Manchmal ließ er selbst die hochtrabenden Vokabeln beiseite und nannte seine Heilkunde mit den Worten der Heilerinnen *n'cantar'*, die Beschwörung. Einmal hat Zi Ton mir angekündigt, er wolle mir nun sein Wissen vererben. Ich erhielt einen Zettel, auf dem seine Frau drei Sprüche notiert hatte, die kannte ich schon von den Heilerinnen.
Vito erbte den Talisman des Donato Summa. Aber wenn er von der *Kraft* spricht, die man zum Umgang mit den Geistern braucht, dann leitet er sie von seiner Großmutter ab und von seiner Mutter, die ihn träumerisch in die Unterwelt geführt und mit den Regeln des feurigen Antonius bekannt gemacht hat. Ob das alles wirklich so erlebt wurde, scheint mir einerlei, die Erzählungen für sich genommen handeln jedenfalls konsequent immer wieder von der Übernahme der Kraft durch die Männer. Auch bei dem Briganten und Magier Donato Summa, so erzählte es mir Vito, soll die Übertragung der *forza* von der Mutter weitergegeben worden sein, die wiederum die Tochter eines berühmten Magiers gewesen sei. Neben die offizielle männliche Abstammungslinie der Magier kann man also eine weibliche Linie von Abstammungen und Anheiratungen stellen. Mit der Kraft dieser weiblichen Linie hielt Vito sogar dem Blick einer Frau mit missgebildetem Auge stand, eines seiner schrecklichsten Erlebnisse. Wiederholt erzählte er mir von dieser seltsamen Probe. Sein Bruder, der *dottore*, hat dem Blick der Frau mit dem kaputten Gesicht nicht standhalten können, aber er, Vito, Magier in Ripacandida. Das Mitleid der *Frauen die helfen* verkehrt sich in männliche Standhaftigkeit, aber immer noch geht es um das beschädigte Leben und, so besehen, weiter um die alles erweichende Kraft des Mitleides. *Im Kern macht die forza den Magier aus, die Kraft, die unsichtbar im Körper steckt wie die Bücher in ihren Verstecken. Das Buch muss man zu befehligen wissen. Wenn du es nicht mehr befehligst, dann bringen dich die*

Geister um … Die Bücher sind hier, in Ripacandida. Sie sind in irgendwelche Wände eingemauert, um sie zu verstecken. Wenn man sie ins Feuer wirft, brennen sie nicht.

Zu *Magiern* wurden diese Männer anscheinend durch Befähigung, Ausbildung, Abstammung und den Besitz alter Zauberinstrumente – und durch die Bücher. Linda, die sich genauso mit Trance, Besessenheit und der Schwarzfärbung alltäglicher Ereignisse auskannte, wird dadurch in den Augen der Leute längst noch nicht zur *maga*. Ein *mago* ist ein Mann. Andererseits kann niemand bestreiten, dass Linda genauso begabt in diesen Dingen ist wie Zi Ton oder der *dottore*, und dabei vielleicht sogar ehrlicher als beide zusammen. Auch in anderen Gemeinden der Basilikata gibt es berühmte Heilerinnen, Anna Pace und Vincenza Carnevale zum Beispiel, aber auch sie werden nicht Magierinnen genannt. Dahinter zeichnet sich eine Wechselwirkung zwischen männlicher magischer Untergrundliteratur und weiblicher volksmedizinischer Überlieferung ab. Buchwissen wird in letzter Instanz höher bewertet als mündliche Überlieferung. Aber beide Techniken von Körper und Seele, die alltägliche Praktik der Frauen und die okkulte Tradition der Magier, sind im schwarzen Faden der lukanischen Tradition verwoben. Sie gründen letztendlich ebenso in der Bibel wie im Erfahrungswissen der Heilerinnen. In der alten süditalienischen Folklore galt sogar manchmal ihr Menstruationsblut als heilsam[418], und auf jeden Fall war es gut, wenn die Heilerinnen ihrem Speichel und ihren Tränen freien Lauf ließen, damit das Böse weitertransportiert werden konnte zur nächsten Station.

Männer sind weltweit rituell damit beschäftigt, sich von den Eindrücken der Menstruationen zu reinigen, die sie bei den Frauen beobachten.[419] Also hat man den freien Fluss von Speichel, Tränen und Blut zu dem weit verbreiteten Ritual verfeinert, statt Speichel und Tränen nur Tropfen von Öl in einen Teller fallen zu lassen – die Augen, die Kreise, welche diese Tropfen im Wasser auf dem Teller bilden, sind der böse Blick, und der wird dann vor die Tür geschüttet. Angesichts dieser Verfeinerung vom Blut zum Öl und von der Rotznase zum Teller können sich auch die männlichen Magier mit

ihren Methoden brüsten, auf trockenem Buchwissen aufgebaut, das Böse verfestigend in einzelnen Feinden. Aber im besten Falle bieten sie unter großem Brimborium zu guter Letzt das an, was sie ihren Müttern und Tanten abgeschaut haben. Der Fluss der Überlieferung weiblichen Wissens ist unregelmäßig über die menschlichen Landschaften verteilt, wie ein aus Rinnsalen zusammengesetztes Flussdelta. Die Männer-Magier errichten aus der Erfahrung der Frauen einen geradlinigen Kanal der Weitergabe von Büchern, Titeln und Weihen, und mit diesem Geheimnis kann Geld gemacht werden, viel Geld.
Neben der Sippschaft von Zi Francì gibt es in Ripacandida noch ein anderes Geschlecht von magisch begabten Menschen. Sie machen kein so großes Geheimnis aus ihrem Wissen und geben es gegen geringe Bezahlung weiter. Diese Sippe ist vom Ruch der Geisteskrankheit umwittert, was nur dazu beiträgt, ihren Ruf als Heilerinnen zu mehren. Es ist die Familie um Lucietta, die rothaarige Alte, die mir von ihrem Lotterbett aus gegen ein kleines Geschenk die Geheimnisse der Heilerinnen verraten hat. Ihre sehr viel ältere Schwester, *la Diarora,* hat es seinerzeit an sie weitergegeben. Diesen Beinamen kann man als mundartliche Abwandlung des Wortes *diavola* lesen, Teufelin. *La Diarora* war nicht nur *fähig* und *wusste alles,* sie nahm auch kein Geld, nur kleine Geschenke, und kümmerte sich sehr um ihre Patienten. Canio ist mit ihr verwandt, mein verrückter Nachbar. Heute wirbt er zeitweise mit einem Schild an der Tür: *Astrologo – Mago.* Dann hängt er es wieder ab und marschiert mit vergrämter Miene in der Prozession. Canio gilt als geistesgestört und spielt klug mit dieser Rolle: *Nur ein Verrückter kann so viel Erfahrung mit Gott machen und zum Magier werden, hier steht es alles geschrieben, in diesem Buch über Sankt Franziskus, das ich dir aus Assisi mitgebracht habe.* Wahn, Zauber und Heiligkeit liegen in Lukanien dicht beieinander. Lucietta weist immer gerne darauf hin, dass nicht nur Canio, sondern auch ihr Bruder schwachsinnig sei. In der Tat, er lungert vor dem Haus und liebt es, ihren Kunden auf die Nerven zu fallen – eine Art Aushängeschild der verrückten Heilerin, auch er mit roten

Haaren. Eine andere Schwester, die niemals heilt, stellt sie mir als *die Mutter von Carlo Perretta* vor, weil das ein Mann von Einfluss ist. Sehr zufrieden ist sie auch mit der Ehe ihres Sohnes, denn der hat eine Enkelin des *dottore* geheiratet. Einmal ist die junge blasse Frau dabei, als Lucietta mir ihre Familienverhältnisse darlegt. Ganz bezaubert entwirft sie mir ihre Zukunft als Nachfahrin der Mahre. Einige Jahre später gesteht mir die Tochter des *dottore* kleinlaut, dass *es* ihr doch mehr Angst gemacht habe als erwartet, dass sie *es* nun lieber doch nicht mehr lernen will.
Hier bilden Männer bloß die Verbindung zwischen Frauen, und über einen Mann, der selbst nicht praktiziert, ihren Sohn, hat Lucietta sogar eine Brücke vom Geschlecht der *Diarora* zum Geschlecht des *Zi Francì* geschlagen. Das Geschlecht der *Diarora* beruft sich nicht auf eine Abstammung von dämonischen Figuren der fernen Vergangenheit, sondern auf die Gleichzeitigkeit von Wahn und Heilung. Es prunkt auch nicht mit magischen Büchern, sondern mit ertauschten Formeln der mündlichen Tradition. Es ist auf Frauen konzentriert und nicht auf Männer. Die Kunden kommen blass und gehen wieder mit roten Backen, Reichtümer werden aber keine gemacht. Gegen die Erben des Donato Summa erheben sich in zwei Generationen machtvolle

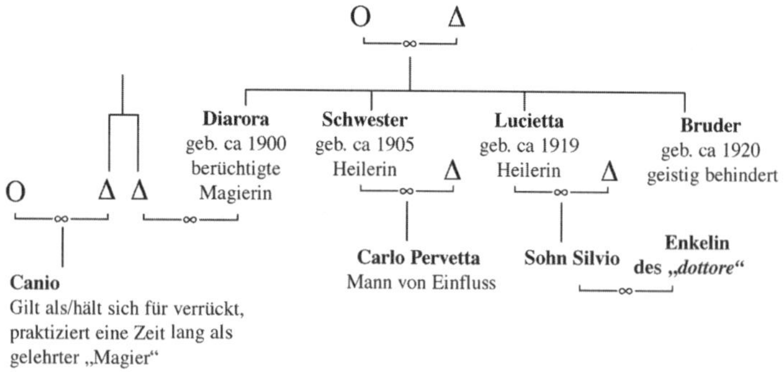

Die Gesellschaft der Heilerinnen und Verrückten

Frauenfiguren: *Zi Francì* musste sich in den dreißiger und vierziger Jahren gegen die *Diarora* behaupten, der *dottore* in den sechziger bis achtziger Jahren gegen Lucietta. Daneben gibt es noch Linda, die wieder einer ganz anderen Tradition entstammt, weil sie aus Rionero zugewandert ist. Die Frauen können auf der Ebene der höheren Magie begabt, *capace*, sein, oder *valente*, vermögend. Aber gerade das verhindert, dass sie im Urteil ihrer Zeitgenossen zu wirklich bedeutenden Magierinnen werden können. Erst wenn eine Frau zu den höchsten Spitzen vorgedrungen ist, wie Linda oder die *Diarora*, nimmt man sie als Totenbeschwörerinnen ernst. Doch das bleiben Einzelfälle. Unter deutschen Wissenschaftlern soll es sich bei der Teilung der Macht mit ihren weiblichen Kollegen ganz ähnlich verhalten.
Der Schiffbruch des *dottore* hat auch die Tradition der Magier von Ripacandida gebrochen. Es ist noch kein Nachfolger in Sicht, bald zehn Jahre nach dem Tod der letzten großen Vertreter. Vielleicht bedarf es aber nur einer Unterbrechung, damit sich neue Talente herauskristallisieren, die in den vorhandenen Genealogien Platz nehmen oder sich eine eigene schaffen. In den fünfziger Jahren muss die magische Tradition in Ripacandida auch schon einmal erlahmt sein, denn aus dieser Periode erzählen mir die Menschen mehr über die Besessenheit als über deren dramatische Heilung durch die Magier. Zi Vito hielt seine Traditionslinie für verloren. Sein einziger Sohn wollte das Wissen nicht haben, und so ermunterte mich der Magier immer wieder, alles aufzuschreiben. Er sei der letzte seiner Zunft, dann würde es wenigstens als Buch weiterbestehen. Den Spruch, der im *abitino* geschrieben steht, wusste er nicht mehr richtig auswendig. *Ich erinnere die Dreizehn Worte der Wahrheit nicht mehr … leider … die Alten wussten das … Du musst mal den Priester fragen.* Ich war erstaunt, suchte ich doch immer noch nach der wahren schwarzen Überlieferung des magischen Wissens. Um meinen Talisman hinzubekommen, muss er es noch einmal aus irgendeinem Buch abgekupfert haben. *Das ist ein Talisman, der mir von meinem Onkel geblieben ist. Ich habe ihn nie geöffnet, weiß nicht, was da drin ist … Willst du ihn fotografieren? Ich habe ihn sogar*

frisch eingekleidet, aber ich habe nie gesehen, was da für eine Madonna drin ist … ach nein, da werden andere Sachen drin sein, wie sie die Alten gemacht haben, die Madonna nicht. Weißt du, was es wahrscheinlich ist? Wahrscheinlich, denke ich mal, werden kleine Ringe drin sein, aus Silber, kleine Goldkörnchen dazu, antike Wirkungen, die bestätigen sich, die sind wirksam, vor allem bei geschwächten Menschen … Hast du es dazu geschrieben? Du musst es dazu schreiben, sonst weißt du hinterher nicht, was es ist … In der Tat sah das Ding so unbedeutend aus, dass man kaum erraten hätte, welche Rolle es bei der Errichtung der Figur *Zi Vito, Magier aus Ripacandida,* spielte. Vito meinte vielleicht, dass in diesem Beutelchen jenes Gold und Silber steckt, das schon die Drei Heiligen Könige als Segensgeschenk zur Krippe trugen, unter ihrem Stern. Seinen unmagischen Sohn hatte er mit Silber, Gold und Eisen gerettet, außer diesem einen sind alle Kinder von Vito und Giuseppina früh gestorben. Auch Zi Giuseppina ist vor ein paar Jahren gestorben, und so kann ich sie nicht mehr mit der Frage quälen, ob sie Vitos Talisman denn wirklich verbrannt hat, damals, nach seinem plötzlichen Tod.
Die Ausrüstungsgegenstände der Frauen sind manchmal wohl ebenso alt wie die der Männer. Aber es sind Gebrauchsgegenstände. Wenn sie verloren gehen, kann man sie neu verfertigen wie das Tau aus den Matten oder Tierhaaren, oder kaufen, wie das Antoniuslämpchen. Irgendwer wird einem vielleicht auch noch einen Dolch aus der Asservatenkammer des Gerichts besorgen oder eine Schere aus dem Operationssaal. Das Wissen und die Zaubermittel der Frauen sind leichter zugänglich als die der Männer. Dafür fehlt aber das System, das die Männer ihren Kunden vorgaukeln, das Wissen ist zersplittert in eine Vielzahl kleiner Ratschläge, wie wir sie auch in Deutschland noch kennen. Kinder beruhigt man mit einem *Heile, heile, Segen …,* Knoblauch ist gut zur Reinigung der Gedärme, und den Schluckauf heilt man durch Erschrecken. Ist das nicht ebenfalls ein Exorzismus der bösen Geister, die uns aufstoßen und stammeln lassen in seltsamen Tönen? Wenn jemand aus der Ferne an dich denkt, dann saust es dir in den Ohren,

Das blutige Hemd des Heiligen Padre Pio, aus dem Wallfahrtsmuseum in San Giovanni Rotondo

und ein Bitterschnaps zur rechten Zeit kann den Magen wieder ins Lot bringen – unberufen, toi, toi, toi! In diesen Kleinigkeiten liegt Macht verborgen, aber Männer bemerken das meist erst, wenn das Bedürfnis nach einer neuen Magie turmhoch angewachsen ist.

Warum entwickelt sich das Wissen der Frauen nicht zu einer eigenständigen Religion, zumindest wenn es dann in den Händen der Männer gelandet ist? Den Fundus dieser Religion würde der Kult der Toten bilden, verbunden mit der Idee, dass es die Möglichkeit zur *Gefühlsreise* gibt und die Mahre, zum Übernatürlichen geadelte Menschen oder vermenschlichte Dämonen. Sie schweben über dem Land, denn sie sind frei und ihnen gehört alles, was sie nachts in den Küchen ihrer Mitmenschen finden können. Aus dem dunklen Gewölk eines Gewittersturmes heraus schauen sie über das Land, und sie wissen, wo unter der Erde die Schätze versteckt sind. Wer es wagt, sich ihr *Hemdchen* anzuziehen, dem wird es vielleicht schlecht ergehen, wie dem Zauberlehrling, aber vielleicht wird er auch unermessliche

Schätze finden, aus dem Nichts geformt, aus der Reue und dem Hass seiner Kunden, wie es noch dem *dottore* geschehen ist in Ripacandida.
Einmal noch hat diese Überlieferung in Lukanien zur Gründung einer neuen Kirche geführt. Es war die in den sechziger Jahren des Zwanzigsten Jahrhunderts aktive Gemeinde von Sant' Alberto, dem toten Lastwagenfahrer und seiner besessenen Tante. Jahrelang hat Tante Giuseppina mit merkwürdig singender hoher Stimme ihre Anhänger aus dem körperlichen und seelischen Zusammenbruch herausgeredet und neu angebunden an die Welt. Ich werde im Heiligtum von Sant' Alberto von einer der Mitgründerinnen der Bewegung herumgeführt. Sie lässt kein Blatt vor dem Mund: *Die Priester lassen sich hier nicht blicken. Hier ist noch nie ein Seelsorger hingekommen. Aber sie werden kommen, ich weiß es genau. Die Schöpferkraft des Volkes hat dieses Heiligtum hervorgebracht, das Volk kann man nicht besiegen.* Hunderte von Taufkleidchen, Hochzeitskleidern und Votivtafeln sind aufgehoben im Heiligtum des Alberto. Sie haben sogar Krankenzimmer untergebracht in ihrer selbst gebauten Kirche, damit die siechen Pilger dort einen Platz finden können wie im Großklinikum des Heiligen Padre Pio in San Giovanni Rotondo auf dem Monte Gargano. Den kennt man jetzt in der ganzen Welt, auch, weil er sich seine Wunderheilungen von Ärzten bestätigen lassen konnte, die in seinem Heiligtum angestellt waren, und weil er immer in engem Kontakt mit der Kirchenführung geblieben ist bei allen Extravaganzen, die sich sonst zugetragen haben mögen am Gargano. Alberts Kult fußt auf Besessenheit, das konnte die Kirche nicht ertragen, Padre Pio aber zeigt blutige Stigmata auf seinen Händen, nicht mehr, die Geister sprechen nicht mit seiner Zunge, sondern sitzen nur auf seiner Haut. In der katholischen Kirche soll nur das Papstwort Geltung haben, keine neuen Geister. Alberts Gemeinde schrumpft und altert. Die Kraft der Frauen allein vermag nicht, diesen Kult weiter zu tragen. Die Mächte der Ordnung haben gesiegt. Schweigsam haben Staat und Kirche ihre Schläge gegen den jungen Heiligen und seine Prophetin geführt und die schwarze Bruderschaft der Priester wieder eingesetzt in

ihre Macht.[420] Das Seltsame daran ist, dass sie ihren alten Gegenspielerinnen immer ähnlicher geworden sind. In schwarze Röcke gewickelt stehen sie der Gemeinde vor und schwingen ihre Zaubersachen, ein beschwichtigendes Wort auf den Lippen oder einen Spruch der Hoffnung und wunderschönen Gesang.

16. Können Priester fliegen?

An den Hängen des Vulture haben wir nach wildem Spargel gegraben und uns dann Mineralwasser aus der vulkanischen Quelle in große Kanister abgefüllt. Es ist dunkel geworden. Auf dem Rückweg erscheint uns schon von ferne Ripacandida im letzten Glanz der Abendsonne, wie ein Guckkasten, der aus einer düsteren Ausstellungshalle hervorleuchtet, eine strahlende Krippe, die man durch einen Spalt im Fensterladen erspäht. Während wir weiter mit dem Wagen durch das Dunkel ziehen, beginnt Rocco zu erzählen. *Mein Großvater hat das erlebt. Er war am Vulkansee auf dem Vulture, auf der Alm, wie wir die Stelle nennen, Monticchio. Er suchte nach Trüffeln. Da sah er auf einmal einen Mönch am Seeufer, den kannte er aus Rionero. Der stand über das Wasser gebückt und schöpfte und schöpfte, wutsch, wutsch, das Wasser flog. »Was machst du da, Gevatter?« – »Ich will nach Calitri, zu einer Hochzeit, und heute abend muss ich wieder zurück sein!« Calitri liegt fünfzehn Kilometer von Rionero entfernt, auf der anderen Seite des Vulture, und Autos gab es damals noch keine! »Komm schon,« rief der Mönch, »komm mit …«, und weiter ging es wutsch, wutsch, mit dem Wasser, bis eine kleine Wolke da war. Mein Großvater war entsetzt und trat zurück, da schwang sich der Mönch auf die Wolke und flog in Richtung Gipfel davon. Ein paar Tage später hörte der Großvater in Rionero, dass bei einem großen Hochzeitsessen in Calitri ein Unwetter niedergegangen war, Tische und Bänke hätte es zerschlagen, das Mahl lag auf der Wiese verstreut und es gab nichts mehr zu essen.* Ich kenne solche Geschichten aus volkskundlichen Büchern, aber es ist das erste Mal, dass jemand sie mir

Dalmatikflügel und »Halfter« des Priestergewandes, Abbildungen aus den Schriften von Pater Josef Braun

erzählt, einfach so. *Das ist aber eine schöne Geschichte,* sage ich. *Ja,* erwidert Rocco in das Dunkel hinein, *und sie ist absolut wahr.*

4 flügel zu Priestergewändern vermeldet das Inventarbuch der Pfarrkirche in Elbing aus dem Jahre 1544, dann wieder *8 paar flügel ... mit übergulten spangen und knöpfen ... schwartze flügel mit leberchen ...*[421] *Leberchen* nannte man ovale oder dreieckige Troddeln, die auf dem Rückenteil der Priestergewänder angeheftet waren. Auch die Ärmel der Dalmatik, des reich verzierten priesterlichen Obergewandes, wurden sehr weit getragen, manchmal aufgeschlitzt, und das große Hemd war in der Form eines weit geschnittenen Schulterkleides gehalten, dem Poncho ähnlich. Auf den

Altartreppchen sollten die Priester mit riesigen Hemdsärmeln und Schulterflügeln wippen und federn, als hätten sie vor, sich in die Lüfte zu erheben. Man nannte diese Flügel auch *scapularibus*, Schulterstücke.[422] Im Danziger Dom konnte man solche seltsamen Hemdchen aus ferner Zeit noch zur Zeit der Wende zum zwanzigsten Jahrhundert besichtigen, wer weiß, wo sie heute abgeblieben sind nach all den Kriegen.[423] Joseph Braun, zu jener Zeit eine Art Modepapst des Vatikan, bezeichnet die Flügel als unnötigen Firlefanz. Aber er hat den Priestergewändern vergangener Zeiten in all ihrer Pracht mehrere umfangreiche und sorgfältig recherchierte Werke gewidmet.

Die Priester der alten Zeit, in ihren wippenden und flatternden Gewändern, wussten anscheinend noch, was für eine seltsame Show die Gemeinde von ihnen erwartete und sie stellten sich modisch darauf ein. Dabei hatten die Schnitte ihrer Gewänder ursprünglich auch einen praktischen Sinn. Die ersten Mönche nach der Regel des Heiligen Benedikt schürzten ihre weiten Blusen bei der Landarbeit mit Schulterbändern, *Skapuliere* genannt.[424] Was erst ein praktisches Lederband gewesen ist, ähnlich den Hosenträgern der nordamerikanischen Landarbeiter, wurde nach und nach zum Sinnbild mönchischer Keuschheit. Auch wenn die Mönche keine Landarbeit mehr taten, legten sie dieses Halfter an, es mag ihnen wie ein unauflösliches Zaumzeug erschienen sein, das sie mit Jesus Christus verband. *Sie haben Christus angezogen*[425], das Halfter und der Gürtel stehen für den heiligen Schutzmantel der Unberührbarkeit, den sie bei der Weihe anlegt haben und nie wieder ablegen wollen. Die Scham sitzt im Hemd und die Schulter trägt das Hemd, und darum bindet man die Schulter fest, mit einem Strick, der den Körper auch in seinen unteren Regionen mit breitgeformten Troddeln und Endstücken bedeckt und den man am Gürtel befestigt. *Scapolo* nennt man in Italien die alten Junggesellen, auch das kommt von diesem *Skapulier*. Laien dürfen die Mönche nachahmen, in Maßen, versteht sich. Sie tragen ein feingesponnenes Skapulier heimlich unter dem Hemd, geradeso wie die Kunden der Magier von Ripacandida ihre *abitini* mit einer Sicherheitsnadel unter den Ärmeln befestigen. Damit sind wir wieder beim Hemdchen angelangt und bei den seltsamen Stricken, mit denen in Lukanien Magie getrieben wird. Verstehen kann man das wohl nur, wenn man der Überlieferung einer Landschaft am anderen Ende des Mittelmeerraumes nachgeht.

Wüste breitet sich aus in Palästina. Elija, der hausierende Prophet, schwatzt in Hungerzeiten einer Frau das letzte Brot ab. Jetzt kann sie ihrem Sohn nichts mehr zu essen geben und beklagt sich bitter. Elija betet, und die Krüge in dem armseligen Haushalt füllen sich mit Mehl und Öl, immer wieder, bis der erste Regen fällt und die Hungersnot vorüber ist. Durch diesen und andere kleine Erfolge bestärkt, arrangiert der Prophet auf dem Gipfel des Berg Karmel einen Wettstreit mit seinen großen Gegenspielern, den Priestern des Baal. Das erinnert an die europäischen Gutgeher, die auf den Bergen mit den Schlechtgehern zusammentrafen, um einander zu schlagen, über den Ausgang der Ernte zu streiten und wüst zu feiern.[426] Mit Brandopfern wollen die Baalspriester ihre Macht demonstrieren, verzückt hinken sie um einen riesigen Scheiterhaufen, was wohl bedeutet, dass sie sich in Trance befanden oder in einem heiligen Rausch. Aber der fremde Gott lässt das Opfertier nicht anbrennen, der Altar bleibt kalt. Nun erbaut der Prophet seinen Altar für den Herrn Zebaoth, den einzigen Gott. Er lässt den Altar mit Wasser übergießen, um es dem Feuer schwer zu machen. *Da fiel das Feuer des HERRN herab und fraß Brandopfer, Holz, Steine und Erde und leckte das Wasser auf im Graben.* Elija hat das Feuer vom Himmel geholt. Die Baalspriester haben verloren. Elija lässt sie auf der Stelle hinrichten. Noch dreitausend Jahre später wird ein Gottesmann stolz auf diesen Mord sein. Karl Barth schreibt: *Kein gefährlicherer, kein revolutionärerer Satz als dieser: dass Gott einer, dass Keiner ihm gleich ist!* Und weiter heißt es: *Wird dieser Satz so ausgesprochen, dass er gehört und begriffen wird, dann pflegt es immer gleich 450 Baalspfaffen miteinander an den Leib zu gehen. Neben Gott gibt es nur noch seine Geschöpfe oder eben falsche Götter und also neben dem Glauben an ihn Religionen nur als Religionen des Aberglaubens, des Irr-*

glaubens und letztlich des Unglaubens.[427] In Lukanien wird dieser Drang nach absoluter Reinigung der Welt ersetzt durch einen beständigen Kleinkrieg gegen das Böse, durch den Rhythmus von magischem Schutz und ekstatischer Öffnung nach außen.

Nach dem Feuer wird Elija das Wasser bewegen. Wasser bedeutet Fruchtbarkeit für das Land. Ahab, der König Israels, hat anscheinend die Macht der alten Könige über das Wetter verloren. Elija schickt ihn nach Hause zum Essen. *Während Ahab wegging, um zu essen und zu trinken, stieg Elija zur Höhe des Karmel empor, kauerte sich auf den Boden nieder und legte seinen Kopf zwischen die Knie. Dann befahl er seinem Diener: Geh hinauf, und schau auf das Meer hinaus! Dieser ging hinauf, schaute hinaus und meldete: Es ist nichts zu sehen. Elija befahl: Geh noch einmal hinauf. So geschah es siebenmal. Beim siebten Mal meldete der Diener: Eine Wolke, klein wie eine Menschenhand steigt aus dem Meer herauf. Darauf sagte Elija: Geh hinauf und sag zu Ahab: Spanne an, und fahr hinab, damit der Regen dich nicht aufhält. Es dauerte nicht lange, da verfinsterte sich der Himmel durch Sturm und Wolken; und es fiel ein starker Regen. Ahab bestieg den Wagen und fuhr nach Jesreel. Über Elija aber kam die Hand des Herrn. Er gürtete sich und lief vor Ahab her bis dorthin, wo der Weg nach Jesreel abzweigte.* (1.Könige 18.41–46.) Siebenmal muss er seine Anrufungen wiederholen, wie ein Magier. Dann ist Elija besessen von der Hand des Herrn und der Heilige Gürtel lässt ihn laufen wie im Flug, schneller als Ahab mit seinen Pferden.

Der hausierende Prophet ist am Ende seiner Wunder- und Gewalttaten angekommen. Er verabschiedet sich von seinen Jüngern und geht mit seinem Gefährten Elischa über den Jordan. *Hier nahm Elija seinen Mantel, rollte ihn zusammen und schlug mit ihm auf das Wasser. Dieses teilte sich nach beiden Seiten und sie schritten trockenen Fußes hindurch.* (2. Könige, 2.8.) Das ist die Stunde des Abschieds. *Während sie miteinander gingen und redeten, erschien ein feuriger Wagen mit feurigen Pferden und trennte beide voneinander. Elija fuhr im Wirbelsturm zum Himmel empor.*

Elischa bleibt in Trauer zurück. *Mein Vater, mein Vater! Wagen Israels und sein Lenker! Als er ihn nicht mehr sah, fasste er sein Gewand und riß es mitten entzwei. Dann hob er den Mantel auf, der Elija entfallen war, kehrte um und trat an das Ufer des Jordan. Er nahm den Mantel, der Elija entfallen war, schlug mit ihm auf das Wasser und rief: Wo ist der Herr, der Gott des Elija? Als er auf das Wasser schlug, teilte es sich nach beiden Seiten, und Elischa ging hinüber.* (2. Könige 1.11–14.)
Feuer fällt vom Himmel und Wasser schwebt nach oben. Manchmal wird aber auch Regenwasser aufgefangen und dann von unten erhitzt. Die Kochkunst war vielleicht die erste Kultur des Menschen. Tiere können nicht kochen, aber Gott hat nicht nur mit Wasser gekocht, als er das Meer vom Himmel trennte und die Erde schuf. Wer das kann, der kann auch fliegen. Für uns Alltagsmenschen wird es immer ein Rätsel bleiben, warum sich eigentlich das schwere ruhige Wasser gelegentlich zur heftig bewegten Wolke verdünnt, oder warum tonnenschwere Flugzeuge über Flüsse und Meere fliegen, als wären sie ganz leicht. Von der ersten Gemüsesuppe bis zum Hexenkessel und bis zur Rakete gehört das Kochen zu den großen Geheimnissen. Kinder wissen das und vor allem die Frauen. Spät erst haben Männer die Dampfkraft technisch zu nutzen gelernt und sie dürfen sich deshalb einbilden, sie wüssten genau, womit sie es zu tun haben. Die erste Eisenbahn wurde in Deutschland noch der *Feurige Elias* genannt, zur Erinnerung an den Propheten. Aber bald hat man die Alten ganz vergessen, wenn es um diese Dinge ging. Ihnen war es nicht um Technik zu tun, sondern um Kultur. Heute wollen die Techniker noch aus dem Wasser und aus der Luft selbst das Feuer schlagen. Aber werden wir dabei erleben, was die Anhänger des seltsamen Elija erfahren haben? Werden wir begreifen, wie man Feuer und Wasser vereinigt und dadurch schneller läuft als ein Wagen und sich in den Himmel erhebt? Erfahren wir von den Technikern, wie man mit Hilfe eines Mantels ein Ich verfertigt, das im Himmel gleichermaßen angebunden ist wie auf der Erde und deshalb weiß, die Wasser zu scheiden? Und die Techniker dürfen die Gegenfrage stellen: Warum müssen dafür 450

Baalspriester sterben? Geht es nicht auch ein bisschen friedlicher? Gleichwie, für katholische Christen können diese Geschichten heute noch wahr werden, auch ohne Technik.
In einem vor wenigen Jahren veröffentlichten katholischen Andachtsbüchlein sind Menschen abgebildet, die von der Erde in den Himmel schweben, der Heiligen Maria entgegen. In den Händen halten sie seltsame Bändchen, an denen Vierecke aus Stoff oder Pappe befestigt zu sein scheinen. Das Büchlein wurde von der Skapulierbruderschaft des Karmeliterordens veröffentlicht, einer Organisation für religiöse Laien, die sich durch besonders innige Marienfrömmigkeit auszeichnet und merkwürdigen Vorstellungen über die schützende Wirkung von Stoffstückchen anhängt. Vom Berg Karmel in Palästina herab soll die Gottesmutter im Jahre 1251 dem Oberhaupt des Ordens erschienen sein, Sankt Simon Stock. Die Jungfrau gab dem Mönch ein Schulterband, wie es damals die Ordensleute trugen. *Nimm hin, geliebter Sohn, dieses Scapulier deines Ordens, ein Abzeichen meiner Bruderschaft ... wer in diesem Gewande stirbt, wird das ewige Feuer nicht erleiden.*[428] Das Skapulier ist aus zwei Stoffecken gefertigt, die durch schmale Stricke miteinander verbunden sind und so über die Schulter gelegt werden, dass die Stoffecken auf der Brust und auf dem Rücken liegen. Am Tage des Jüngsten Gerichts lässt die Königin des Himmels und der Meere alle Skapulierbrüder und -schwestern wie Wolken in den Himmel schweben, ohne dass sie vorher in der Hölle brennen müssen – so wie die alte irdische Maria einst von Engeln zum Himmel aufgehoben wurde, und ihr Grab war leer.
Der Orden des Sankt Simon Stock war bei den Kirchenführern seiner Zeit umstritten. Von den Karmelbrüdern forderte er ein entsagungsvolles Leben in der Abgeschlossenheit der Klostermauern, der Vatikan aber wollte durch weltgewandte Priester seine Macht verstärken. Mit der Gründung einer weltweit Laien offen stehenden Bruder- und Schwesternschaft vom heiligen Schulterhalfter öffneten sich die Karmeliterklöster wie vom Vatikan verlangt nach außen, ohne dass die Mönche ihre strengen Praktiken im Inneren des Ordens aufgeben mussten. Mit dem Schulterhalfter schufen

sie sich einen weltlichen Arm, eine Armee von Laien, die ihren Idealen nacheifern. Die Marienfeier der Karmeliten am 16. Juli gehört zu den großen kirchlichen Festen, viele Päpste und spätere Heilige gehörten der Bruderschaft an.[429] *Göttlicher Mantel, himmlisches Kleid* schwärmen sie, *unzerstörbares Schutzschild, heiliges Zeichen und unbefleckbares Schild, das unser Herz wappnet und schützt.*[430]

Das Halfter steht für das keusche Hemd der Mönche und für den Schutzmantel der Heiligen Jungfrau. Die weltlichen Mitglieder der Bruderschaft tragen es versteckt unter ihrer Alltagskleidung. Heimlich schnüren sie sich ein. Aus der Keuschheit leiten die Träger des heiligen Hemdchens eine *sichere Garantie* ab, *auf unsere ewige Errettung,* das Skapulier ist ihnen ein *begehrtes Pfand des Schutzes vor dem Höllenfeuer.*[431] Das ist eine offizielle Lehre derselben katholischen Kirche, die den Magiern vorwirft, sie wollten Gott zu etwas zwingen. Die Karmeliten sehen sich immer wieder genötigt, ihre Skapuliere zu erklären. Das Hemdchen soll nicht als Amulett benutzt werden, das den Aberglauben schürt, warnt Pater Juan de la Cruz Brenninger, es sei nur ein Zeichen, mit dem wir uns des übernatürlichen Lebens vergewissern.[432] Seit wann ist ein Pfand nur ein Zeichen für etwas und kein handfester Beweis bestimmter Rechte? Pfandleiher wären da anderer Meinung.

Das mystische Schulterhalfter ist vielleicht neben dem Rosenkranz der am weitesten verbreitete Fanartikel der katholischen Welt. Es wird nicht gerne hergezeigt, gehört es doch zu den intimen Kleidungsstücken. Seefahrer haben die Laienbruderschaft und die Laienschwesternschaft vom Heiligen Halfter seit dem dreizehnten Jahrhundert weltweit verbreitet. Keuschheit war eines ihrer Probleme. Maria, die vom Karmelberg in Palästina aus den Lüften steigt, wird zur *Stella Maris,* zur Madonna der Meere. Über den Wassern scheint sie auf wie ein brennender Stern, Feuer und Wasser vermischend.

Deine jungfräulichen Hände triefen von Segen; wohlan, strecke sie aus über uns alle und lass deinen Gnadensegen immerdar auf uns niederfließen …

Träger der Skapuliere des karmelitischen Laienordens, in den Himmel schwebend

Quelle lebendigen Wassers, bitte für uns!
Hafen der Schiffbrüchigen, bitte für uns!
Leuchtender Meeresstern, bitte für uns![433]

So lautet eine Skapulierandacht der dreißiger Jahre des zwanzigsten Jahrhunderts, in der aufgeregten Sprache jener Zeit. Bis zur Erfindung der modernen Astronomie und Navigation war die Seefahrt, vor allem die nächtliche Seefahrt, eine Reise, bei der die auf einem Holzkasten versammelten Männer ihren angestammten Weltraum verloren. Sie gerieten unter andere Himmel, und das Wasser konnte den Platz tauschen mit der Luft über ihnen, zum Sturzbrecher werden, der die Nussschale umherschleuderte zwischen Himmel und Hölle. Damals nannte man Wolken *Himmelsschiffe* und die Menschen sichteten Seeschlachten zwischen den Wolken, dort, wo man heute die fliegenden Untertassen erspäht. Aus unmessbaren Abgründen heraus fühlten sie sich bedroht von dämonischen Wesen, Meeresfrauen, wie die Seefahrer sie vielleicht immer schon gefürchtet haben.[434] Diese Frauen wollen die Männer von ihrem Holz herunterholen und in die Tiefe ziehen, zurück in das heilige Fruchtwasser der großen Mutter. Das Meer ist die Welt der Mahre.

Gesegnetes Erdreich, bitte für uns!
Geheimnisvoller Brunnen, bitte für uns![435]

Manchmal nähert sich das Gute dem Bösen an und umgekehrt. Es ist die siebte Weltreligion der Totenkulte und magischen Flüge. Schweben, Geschütztsein, Auserwähltsein, Unendlichsein im Meer – große Gedanken und Gefühle werden zum kleinen Trost, ein Halfter von Stoff und Schnur, das uns an den Körper erinnert und an die Mutter. Himmel und Erde verbinden sich zu einem Gott, der weder Mann noch Frau ist, *er ist Vater; mehr noch, er ist Mutter.*[436] Die Heilige Mutter der Wasser schwebt wie eine Wolke und nimmt den vom festen Grund entbundenen Seemann unter ihren Mantel. Mit IHR fahren die Menschen in das Nichts von Zeit und Raum, sie schweben und haben doch einen

Grund unter den Füßen, so wie die Heilige Jungfrau selig lächelnd auf der Sichel des Mondes balanciert. Es ist ein schöner Gedanke, dass man sich unter ihrem weiten Mantel verstecken könnte, selbst wenn man dafür vom Skapulier eingeschnürt wird und auf andere Hautkontakte verzichten soll. Noch in den siebziger Jahren des zwanzigsten Jahrhunderts wurde die Madonna vom Karmelberg auch in Ripacandida als Meeresgöttin verehrt. Die Angehörigen der Marienbruderschaft schoben die luftige Erscheinung der Heiligen auf einem Schiff durch das Meer der Pilger. Das Schiff war aus Laubholz und Pappmaché gebaut, traurige Reste hat mir Rocco Labriola noch Anfang der achtziger Jahre vorgeführt. Er war der letzte Sakristan der Madonnenkirche, in der seit einigen Jahren kaum noch religiöse Feiern stattfinden. Das Schiff ist gestrandet, andere Kulte sind an die Stelle der Marienfeier von Ripacandida getreten.

Oh allerseligste, unbefleckte Jungfrau. Zierde und Glanz des Karmel, du blickst mit besonders gütigem Auge auf den, welcher mit deinem gesegneten Kleide bekleidet ist; blicke auch auf mich und umhülle mich mit dem Mantel deines mütterlichen Schutzes ... Dein heiliges Skapulier sei mir ein Schutzkleid in allen Nöten der Seele und des Leibes.[437]

Der Kult des Heiligen Schulterhalfters wurde in Ripacandida vom Orden der Barfüßigen Theresianerinnen verbreitet, die dort bis Ende des neunzehnten Jahrhunderts in einem Konvent nach strengster Regel lebten. Ihr Orden ist aus dem Karmeliterorden hervorgegangen, als nochmals verschärfte Variante, in den Zeiten der großen Inquisition. Als man den Konvent der Theresianerinnen um 1900 aufgelöst hat, wurde das Marienkirchlein von einer machtvollen Laienbruderschaft weitergeführt, bis in die fünfziger Jahre hinein. Neben dem allgegenwärtigen Kult des Heiligen der schlägt, bestimmte die Marienverehrung das religiöse Leben des Ortes. Das Standbild der *Madonna del Carmine* zeigt sie in der Vision des Heiligen Simon Stock. Von Engeln getragen, reicht sie uns das Skapulier herab, und auch das

Jesuskind in ihren Armen hat solch ein Schulterstück dabei. In diesen Bildern von flatternden, fliegenden Menschen kann man Spuren schamanischer Berufungserlebnisse und hexerischer Ausfahrten erkennen, Bilder von Menschen, die manchmal wie alle anderen am Boden haften und dann wieder nachts über die Ebene streifen in ihrem Zaubermantel. Die vor- und nichtchristliche Welt kennt allenthalben schwebende, verschwommen sichtbare, dann wieder in aller Klarheit erscheinende Schutzgeister. Im Namen der Ahnen zeichnen sie die Menschen mit Narben oder stellen sie in den Schutz der Abzeichen, Wappentiere und Trachten. Im sechzehnten und siebzehnten Jahrhundert hat die europäische Gesellschaft versucht, diese Kulte zu vernichten, aber ausgerechnet unter dem weiten Schutzmantel der allumfassenden Kirche sind sie wieder nachgewachsen. Heilerinnen und ihre Kundinnen wurden verbrannt und jeder, der auch nur entfernt mit ihnen zu tun gehabt hatte, konnte auf dem Scheiterhaufen landen. In dieser Zeit ist der Kult der allmächtigen, vor Gnaden triefenden Göttin der Meere zu seiner wahren Größe herangewachsen, ja gerade die schlimmsten Feinde der Frauen mussten sich aus dunklen und verwirrten Antrieben heraus umso inniger dem Kult der Heiligen Mutter widmen. Auch der Traum vom Fliegen hat sich als unüberwindbar erwiesen, das können wir nicht nur auf jedem noch so mittelmäßigen Flughafen beobachten, sondern auch in jeder noch so unbedeutenden katholischen Kirche. Wie sollte es auch nicht so sein, wo dieser Traum schon in der biblischen Tradition seine Spuren hinterlassen hat. Erst mit dem Niedergang der Kreuzzüge hat der Karmeliterorden sich im Abendland ausgebreitet. Orientalisches Wissen um das Fliegen und den heiligen Mantel der Schamanen verband sich im Heiligen Land mit der Vorstellung von einem formlosen, geschlechtslosen, aber willensstarken Gott, der aus den Wassern aufsteigt, allgegenwärtig wie der erste Tau am Morgen oder wie ein Gespinst aus feuchter Luft, zart gefärbt vom Schein der Morgenröte.
Hunderte von Anwälten, Adligen, Ärzten, Ordensbrüdern und Geschäftsleuten des Jahrhunderts der Rationalität haben minutiös beschrieben und bezeugt, dass der Mönch

Die Heilige Maria vom Karmelberg. Andachtsbild aus dem Ripacandida der sechziger Jahre des 20. Jahrhunderts

Giuseppe die Fähigkeit besaß, sich beim Gottesdienst in die Luft zu erheben. Mit ihren Aussagen und Unterschriften erreichten sie die Heiligsprechung dieses Mannes. Im Übrigen soll er ein sehr naiver Mensch gewesen sein, dem es erst nach mehreren Anläufen gelang, die für die Aufnahme in den Kapuzinerorden erforderliche Bildung nachzuweisen. Heute wird Sankt Joseph von Copertino als Schutzpatron der Studenten und Schüler verehrt, aber das Rätsel seiner

Leichtfüßigkeit ist ungeklärt.[438] Priester erheben sich mit flatternden Ärmeln, purpur, smaragdgrün, weiß oder gold leuchten ihre Gewänder. Sie stehen über der Gemeinde, ihre Füße sieht man nicht, sie schweben. In der Hand halten sie den lebenden Beweis für die Existenz Gottes auf Erden, kostbar in Bergkristall und Silber gefasst.

Heilig, heilig, heilig
Gott, Herr aller Mächte und Gewalten.
Erfüllt sind Himmel und Erde
von deiner Herrlichkeit.
Hosanna in der Höhe.
Hochgelobt sei,
der da kommt im Namen des Herrn,
Hosanna in der Höhe.[439]

Früher wussten die Priester noch mehr vom Fliegen. Als Don Peppe einmal in den vierziger oder fünfziger Jahren Don Pasquale Gentile besuchte, seinen Onkel, Priester in Ripacandida, tobte über der Gemeinde ein Sturm. Don Pasquale blieb ganz ruhig, öffnete ein Fenster, breitete die Arme aus und das Wetter hatte ein Ende. So erzählt es Don Peppe noch zu Beginn der achtziger Jahre. Aber auch ein alter Bauer vertraut es mir mit bedeutsamem Gesichtsausdruck an: *Einer hat mal am Antoniustag geerntet, am 13. Juni. Auf einmal hagelt es. Der Mann macht Wetterzauber. Da fällt ein Priester aus den Wolken, plumps.* Aus allen Wolken fallen die Sturmleute und Priester, wenn einer das Messer mit dem schwarzen Handgriff hat, einen Kreis damit zieht und es dann in der Mitte des Kreises aufstellt mit der Spitze nach oben. Der Sturmmacher stürzt zu Boden und bleibt nackt auf dem Messer liegen, tot.[440] Mit Kreisen und Schwertern werden in der magischen Untergrundliteratur die abgefallenen Engel beschworen. Das Messer ist uns schon aus den Ritualen der bäuerlichen Heilerinnen bekannt, als Waffe gegen die Totengeister. Am schwarzen lukanischen Gewitterhimmel schweben schwarze Mahre, mit ausgebreiteten Ärmeln und starrem Gesicht, geradeso wie Elija, der im Wetter gen Himmel fährt auf einem feurigen Wagen. Will man ihrer

habhaft werden, müssen sie an einem Platz auf der Erde festgesteckt werden wie die zagenden Seelen der Untoten, die im Dreck auf einen Menschen warten, auf den sie sich hocken können. In solchen Wechseln zwischen Entwurzelung und Verankerung entfaltet sich auch die Macht der katholischen Kirche. Sie ist universal, doch überall errichtet sie neue Kathedralen, Kopien des einen Zentrums in Rom, mit dem Petersdom und der Sixtinischen Kapelle. Auch die Religion des abgelegenen Lukanien können wir nur verstehen, wenn wir eine Reise in dieses Zentrum unternommen haben.
Sooft es mir möglich ist, schaue ich mir die schwebenden Leiber an, auf hohen Wänden. Um sie richtig zu sehen, muss ich den Kopf in den Nacken werfen, bis auch mir schwindelt und ich nicht mehr weiß, was meine Füße tun, dort unten, ob sie umherstolpern oder vielleicht schon die Berührung mit dem Boden verloren haben. Ich sehe dort oben den ersten Menschen, nackt erhebt er sich aus dem Lehm, selbst fast noch Lehm und doch, er schwebt. Gott erscheint ihm aus den Lüften, getragen von guten Geistern, sein Mantel ist zum Segel aufgebläht. Ich sehe die Vertreibung des erdenschweren Urelternpaares aus dem luftigen Paradies – nun müssen sie sich kleiden, dicht vermummen in Hemden und Mäntel wie die Propheten und Sibyllen, die an den Wandnischen kleben, als hätten sie trotz ihrer Kleiderlast fast kein Gewicht. Am gemalten Himmel sehe ich die Erde, als würde ich über ihr schweben. Sie ist von der Sintflut bedeckt. Moses, der Stifter der Alten Religion, fliegt über mir, unter mir, in weit aufgeblähte, segelartige Tücher gehüllt, verkündet er das Gesetz. Aus höchsten Lüften heraus sehen Propheten und Sibyllen dabei zu, sie haben das alles gewusst. Seltsame Wesen stehen ihnen bei, nackte Kerle mit bronzefarbener Haut, *menschenfremde Gestalten*[441] mit außerirdisch langen Ohren, schwerelos, schwindelfrei und seltsam ungeschlechtlich, in Posen der Raserei und Verzückung. Es sind die Engel vor dem Fall, Dämonen, Kräfte, die weder gut noch böse sein können. In der Höhe jonglieren sie mit Hammelschädeln, an denen wieder Szenen aus der Schöpfungsgeschichte befestigt sind, geradeso wie manch-

mal Werbesprüche in riesigen Lettern auf Plastik oder Leinen über den Stränden und Stadien der Freizeitgesellschaft vorüberrauschen als Drachenschwanz kleiner Flugzeuge. Die bronzenen Kerle recken sich über den Propheten und Sibyllen, als ob der Untergrund seinen Anfang nähme in den Spitzen des Himmels.

Die Wandmalereien in der Sixtinischen Kapelle erzählen vom Schweben. Die Kapelle ist in den Vatikanstaat eingelagert wie die Großwabe der Königin in einen Bienenstaat. Hier werden die Päpste gewählt, hier werden sie betrauert nach ihrem Tode. Den Kopf nach oben gereckt stolpern jedes Jahr Hunderttausende von Menschen durch diesen Saal, die hoch angebrachten Deckenfiguren betrachtend so gut es eben geht. Auf die Dauer muss ihnen das Gemälde als vertracktes Zickzack erscheinen. Kerzengerade und mit zurückgebogenem Kopf staksen wir umher, angereist aus aller Welt, um das zu erleben. Manche haben sich am Rand des Geschehens auf Holzbänke fallen lassen, erschöpft, wie in Trance, oder aber nervös an ihrer Fotoausrüstung herumnestelnd, als ob sie mit irgendwelchen Knipsereien dem Geheimnis der Hauskapelle Christi auf die Spur kommen könnten.

Benommen schwanke ich auf das Meisterwerk zu, als riesiges Wappen erhebt sich das Fresko vor mir. Michelangelo soll den Auftrag zu diesem Bild nur widerstrebend angenommen haben. Der größte Spötter Italiens, Pietro Aretino, zeigte den Maler bei der Inquisition an, weil zu viele Nackte auf dem Bild zu sehen seien und seltsame Botschaften. Also wurden den schwebenden Menschen Schamtücher angemalt und Hemdchen. Später wollten die Päpste das Bild ganz abschaffen. Heute ist das *Jüngste Gericht* von Ruß und Schweißfilm, von Schamtüchern und Schimmel befreit. Es lohnt sich, genau hinzusehen. Gegen alle Tradition christlicher Malerei ist Jesus hier weder als strahlender Sieger dargestellt noch als Dulder am Kreuz. Er ist der göttliche Beweger. Auf der linken Seite steigen die Toten aus ihren Gräbern zu ihm auf, damit er sie richte. Die Guten bleiben im Kreise der Schwebenden, die Schlechten werden auf der rechten Seite hinabgestoßen zum Tor der Hölle, wo der finstere Fährmann wartet. Über Jesus tragen Engel das Kreuz von Jerusalem und die riesige steinerne Martersäule in absolute Höhe, ein Triumph über jede irdische Schwere. Maria aber hat sich von Jesus abgewandt, sie kann das Urteil nicht mitansehen. Um Mutter und Sohn strahlt eine goldblaue Aura.

Selig, wer sein Gewand wäscht: Er hat Anteil am Baum des Lebens, und er wird durch die Tore in die Stadt eintreten können. Draußen bleiben die Hunde und die Zauberer, die Unzüchtigen und die Mörder, die Götzendiener und jeder, der die Lüge liebt und tut. (Offenbarung, 22.12–15.) Die Nacktheit unterstreicht das historische Drama der Seelenwahl. Aber Michelangelo hat der radikalen Szene einen Nebensinn gegeben, eine Milderung, wenn man es so sehen möchte, so wie in Ripacandida auch die Hunde und die Zauberer einen Platz am Rande der Gemeinde behalten dürfen, am Kreuzweg, der das Draußen mit dem Drinnen verbindet. Im offiziellen vatikanischen Prospekt heißt es, dass *die Figuren der Apostel, Heiligen, Märtyrer, Propheten, Engel und Verdammten, Dämonen und Auferstandenen* um den unbewegten Beweger … *wie in einem weiten Strudel herumkreisen.*[442] Der kirchentreue Verfasser muss beim Schreiben noch ein wenig von dem Taumel übermannt gewesen sein, der uns so leicht beim Betrachten dieser Bilder befällt. Auch einem professionellen Kunsthistoriker ist es aufgefallen: *Sein rechter Arm ist erhoben, weist aber nach links und zwingt dort in dem fürchterlichen Kampf zwischen Engeln und in den Himmel Aufstrebenden diese strudelnd in die Tiefe. Auf der anderen Seite bewirkt seine fast ruhige linke Hand einen Sog, der mit gleicher Gewalt die Leiber der Erwählten nach oben zieht.*[443] Das Strudeln setzt sich in der unteren Hälfte des Bildes fort. Unter Jesus schweben Posaunen blasende Engel, links von ihnen entfleuchen die auferstandenen Körper aus ihren dunklen Gräbern, rechts von ihnen werden die Verdammten grausam hinabgestoßen und hinabgezogen in die Hölle. Der höllische Fährmann prügelt die Toten mit seinem Ruder nach rechts in die Richtung des Infernos. Aber nur durch einen schmalen Streifen blauen Wassers und Himmels ist sein Boot von einem weiteren

Höllenloch in der Mitte des Bildes getrennt, es ist ein kleiner Hügel, hat also Anteil am Oben wie am Unten, und er ist aufgerissen, so dass man darin einen rot lodernden Raum erkennen kann. Charon prügelt die Toten fort von diesem Höllenhügel, auf den weiter rechts gelegenen wahren Höllenschlund zu. In diesem mittleren Hügel sieht man einen Körper, der in Flammen zu stürzen scheint, die Arme angstvoll hochgerissen. Dann sehen wir zwei braune Wesen, den bronzenen Kerlen mit den Hammelschädeln ähnlich. Sie haben sich nach links gewandt, dem Friedhof zu, aus dem die Körper zum Himmel aufsteigen. Bei genauerem Hinsehen kann man erkennen, dass sich die Engel sehr anstrengen müssen. Sie versuchen, die Körper der Auferstandenen zu Jesus hochzuheben, aber die Teufel halten sie im Erdreich zurück. Es ist das Purgatorium, die Vorhölle. Ihre Bewohner schwanken zwischen der endgültigen Verdammung und der Erhebung in den Himmel, bis das Jüngste Gericht das endgültige Urteil bringt.
Was sind das für Tote, die schon fast in der Hölle stecken und dann doch wieder auffahren zu Jesus? Entweder erstreckt sich unter dem Boot des Charon die Hölle bis hinüber zu den Friedhöfen. Dann laufen Seele und Körper des Menschen in einem ewigen Kreislauf um, im Strudel, von der Hölle zum Himmel und wieder hinab. Dann dirigiert Jesus Christus nur etwas, was sich ohnehin schon dreht wie eine Nabe im Rad, im ewigen Geschäft der Wiederkehr von Gut und Böse. Oder es gibt zwei Höllen, eine für die Toten vor dem Jüngsten Gericht und eine für die endgültig Verstoßenen. Dann wäre zu fragen, wer hier vor Jesus Christus, ohne ihn, die Entscheidung über den Einzug in diese Vorhölle getroffen hat. Welche Toten dürfen friedlich auf dem Friedhof ruhen, während andere den *Läuterungsberg* besuchen und dort Sünden abbüßen, schon vor dem Letzten Tag? Der schmale helle Spalt zwischen dem dunklen Boot des Charon und dem grünen Hügel versinnbildlicht das Mysterium der christlichen Religion. Sie gibt über die Zukunft der Toten bis zum Jüngsten Gericht nur wenig Auskunft und konnte sich deshalb umso besser mit den Jenseitslehren der heidnischen Völker verbinden, die heute in immer neuen ge-

heimnisvollen Aufstellungen das bilden, was man so gerne das christliche Abendland nennt.

Hält das stand, was er aufgebaut hat, so empfängt er Lohn. Brennt es nieder, dann muss er Verlust tragen, er selbst aber wird gerettet werden, doch so wie durch ein Feuer hindurch. (1. Korinther 3, 14.) Auf diesen rätselhaften Satz vom reinigenden Feuer baut die mittelalterliche Vorstellung vom *Fegefeuer*. Vor dem Ende aller Zeiten büßen dort die Toten ihre Sünden ab, um sich gereinigt zu Gott zu erheben, wenn die Posaune ertönt. Weiter heißt es: *Wißt ihr nicht, dass ihr Gottes Tempel seid und der Geist Gottes in euch wohnt? Wer den Tempel Gottes verdirbt, den wird Gott verderben. Denn Gottes Tempel ist heilig, und der seid ihr.* In jedem Mensch steckt Gott. Die Rede vom Körper als Tempel befeuert heute die Fitnessbewegung und das Bodybuilding. Man muss nur das Fett verbrennen, um auf den wahren Adam zu kommen. Der Mensch ist eine vorübergehende Behausung der Seele und die Seele ist ewig, hat Anteil an Gott und kann darum gar nicht ewiger Verdammnis zufallen. Lukanische Heilerinnen würden das vielleicht auch so sehen. Wie tief ist Gott selbst in das Fleisch hinabgestiegen, und wie abhängig ist er darum von menschlichen Ritualen, von unserer Magie? Wie abhängig sind beide, Gott und Mensch, von einem universalen Strudel des Werdens und Vergehens, in dem wir irren und sündigen und Gutes tun oder nicht wissen, was wir tun? Michelangelos *Jüngstes Gericht* lässt wie jedes Meisterwerk mehrere Deutungen zu. Man kann es mit dem Blick des Priesters betrachten, dann gehen in diesem himmlischen Theater die schlechten Seelen nach rechts ab in die wahre Hölle und die Guten fahren von ihren Gräbern auf in den Himmel, wo sie für immer bleiben. Aber ein *Strudel*, wie ihn selbst der Kunsthistoriker des Vatikans dort sieht, wäre das nicht, eher zwei Ströme, die zu ganz unterschiedlichen Zielen führen und durch einen dritten Wasserlauf getrennt sind, der die Welt von der Unterwelt scheidet, den Styx, auf dem der unheimliche Charon die Toten vom Diesseits ins Jenseits bugsiert.

Dieser Charon mit dem Feuerblick ist schon in Dantes *Göttlicher Komödie* mit immer neuen Ladungen verlorener

Seelen unterwegs, während um ihn her die verschiedenen Phasen der Heilsgeschichte gruppiert sind. Dante und Vergil durchwandern dieses unterirdische Land, in dem das Jüngste Gericht neben dem Fegefeuer existiert, das Paradies direkt unter der Welt des Jetzt liegt. Die Toten sprechen zu ihnen, als seien sie noch am Leben. Den Läuterungsberg umfließt ein Strom, der Welt und Unterwelt miteinander verbindet. Wir erfahren nicht, was aus den Seelen wird, die dort schon vor dem Jüngsten Gericht ihre Sünden büßen. Den Läuterungsberg am Fundament von Michelangelos Bild können wir in dem Weltbild wiedererkennen, welches die *Göttliche Komödie* entwirft. Winzig ragt der Hügel des Fegefeuers aus der Erde hervor, während das große Geschehen des Kosmos sich von unten her entfaltet oder nach oben hin wieder zusammenfaltet, in zwei Kreisläufen, in denen die verschiedenen Sorten von Menschen den verschiedenen Sorten von Engeln begegnen und sich mit ihnen austauschen und vertauschen in ihrem Standort und darum auch in ihrer Nähe zu Gott oder in ihrer Nähe zur Hölle.[444] Gott selbst ist bei Dante als Strudel vorgestellt, als drei Kreise, in denen göttliche und menschliche Liebe verschmelzen, während sich die menschliche Schlechtigkeit unten in der Hölle konzentriert als dunkler Punkt, um den herum aber wieder die Chöre und der weltliche Sternenhimmel ihre grandiose Kulisse entfalten.[445] Und wieder ist eine Zwischenwelt eingeschaltet: Eine weiße Rose, in der auserwählte Seelen Platz genommen haben, um im Angesicht Gottes zu ruhen – ein Gegenstück zur Vorhölle, wo die Sündhaften sich mühen und versuchen, einen Teil ihrer Erdenschwere zu verbrennen. Verstehen wir das Christentum als eine Religion, mit der am Jüngsten Tage alle Menschen gewogen und gemessen werden, damit die Weltgeschichte endgültig ihr Ende nimmt und das ewige Zeitalter der Güte seinen Anfang, dann ist weder die Idee der Vorhölle noch Dantes Rose der Seligen noch dieser *Strudel* rein christlicher Natur. Es gibt im Christentum kein Urteil, keine Strafe vor dem Ende der Zeit und keine Zeit nach dem Ende der Zeit. Das ist eine Art Wiedergeburtslehre, verbandelt und verschwistert mit dem Christentum, aber nicht in voller Übereinstimmung mit

Michelangelo Buonarotti: Das Jüngste Gericht, Ausschnitt

den Dogmen der Theologen. Es ist die Welt einer *jederzeitlichen, von aller fortschreitenden Bewegung unabhängigen Verbindung eines jeden irdischen Ereignisses und einer jeden irdischen Erscheinung mit dem göttlichen Plan. Denn die gesamte Schöpfung ist eine ständige Vervielfältigung und Ausstrahlung der göttlichen Liebesbewegung.*[446] Das ist nicht nur die mittelalterliche Welt, sondern auch die Welt des fernen Gottes, den die Lukaner zum Gastmahl bitten in ihre düsteren Kirchen.

Die Lücken und Anspielungen auf Michelangelos Bild sind wichtiger als die nackten Tatsachen. Wenn man will, sieht man, wie schmal der Riss im Weltbild ist, der Gott von den Heiligen trennt, die einmal Menschen waren, wie schmal das Stückchen Wasser, das Charon davon trennt, sein Boot einfach nach links hin auszuladen in die reinigende Zwischenhölle, aus der sich die Toten wieder erheben zu einer zweiten Runde mit der Seelenwaage. Charon selbst kennt das Christentum nicht, denn er ist nur ein etruskischer Gott des Todes und der Wiedergeburt. Bei den Frühchristen hat er sich dann in einen Engel von zweifelhafter Qualität verwandelt. Mit Schulterhalfter, Vogelkopf und Flügeln starrt er auf antiken und frühchristlichen Malereien missmutig vor sich hin. Vielleicht ärgert ihn, dass von seiner Ausrüstung auf Michelangelos Bild nur die großen Eulenaugen übrig geblieben sind.

Der dritte Engel blies seine Posaune. Da fiel ein großer Stern vom Himmel; er loderte wie eine Fackel und fiel auf ein Drittel der Flüsse und auf die Quellen. Der Name des Sterns ist »Wermut«. Ein Drittel des Wassers wurde bitter, und viele Menschen starben durch das Wasser, weil es bitter geworden war. (Offenbarung, 8, 10–11.) Der Wermut lässt die Menschen das Leben erbrechen. Diesmal gibt es keinen Weg zurück, alles wendet sich dem Ende zu. An die Stelle der Heilsgeschichte tritt der Strudel, der *beseligende Stillstand*, wie ihn bei Dante nur die Toten der weißen Rose erfahren.[447] Aber die Dichter-Magier Dante und Vergil können sich in dieser erstarrten Landschaft frei bewegen. Heute noch gibt es Leute in Neapel, die über den Zauberer Vergil sprechen und nicht einmal wissen, dass er als der große Poet der

Antike gilt.[448] Schamanismus und Magie bedeuten die Umkehrung der Zeit. Es ist das leichte, aber angenehme Schwindelgefühl, mit dem mancher Besucher nach all dem Umherschreiten und Starren die Sixtinische Kapelle verlässt, denn man hat alles gesehen und nichts.
Das Bild in der Urkapelle der römischen Christen verweist auf Lücken im christlichen Weltbild. Zugleich stellt Michelangelo aber auch die grossen Gegensätze des christlichen Weltbildes dichter zusammen als man gewohnt ist, verbindet sie zu einem *Strudel. Die Hölle ist hier nicht ein von außen drohendes Geschick, sondern die logische, kontinuierliche Entwicklung der irdischen Beschaffenheit. Das … den Richtungen der irdischen Geschicke schlechthin Entzogene von Himmel und Hölle … lag ihm fern.*[449] Die Lücken sind vielleicht für den Erfolg dieser Religion ebenso verantwortlich wie ihre Fülle. Kat-holos, *allumfassend* ist sie, auch im Sinne der Aufnahme von Lehren, die der biblischen Lehre fremd sind und gleichwohl an den Bruchstellen des christlichen Denkens einen Platz einnehmen und Eigenleben entwickeln können. Es gibt keine eindeutige christliche Lehre über das, was unmittelbar nach dem Tode geschieht. Ruhen die Toten in ihren Gräbern, in Erwartung des Jüngsten Tages, oder schweben sie in der mystischen Rose Dantes oder nützen einige von ihnen noch eine Chance der schnellen Buße in der Vorhölle? Oder lungern und lauern manche von ihnen sogar noch eine Weile an den Plätzen, wo sie gestorben sind, halbverborgen in der schwarzen Erde, um sich bei günstiger Gelegenheit in die Haut eines vorüberkommenden Fremden zu krallen? Die Lehre vom Himmel, in den die geläuterten Seelen nach dem Jüngsten Gericht einziehen werden, ist ein theologisches Problem. Müssen wir uns das Reich der Seligen vorstellen wie eine Einsamkeit-Zweisamkeit mit Gott oder wie ein paradiesisches Feld, auf dem wir alle wiedertreffen, die uns einmal lieb waren? Wo kommen dann die hin, die uns nicht lieb waren? Oder sind uns dann alle lieb, auch die, die uns auf der Erde nicht lieb waren? Dann sind sie nicht mehr die, die sie einmal waren und wir auch nicht mehr. Das Gute kann böse sein und das Böse gut. Durch die Skandalpresse und das

Fernsehen, aber auch durch besorgte Äußerungen von Religionswissenschaftlern und Psychologen wird immer wieder deutlich, dass es in Italien zahlreiche Satanisten-Gruppen gibt: Katholiken, die zum Bösen übergelaufen sind – zu jenem Bösen, das die Kirche ständig in Erinnerung bringt durch ihre Warnungen.[450] *Wir sind die, vor denen uns unsere Eltern immer gewarnt haben.* Auch in diesem Widerspruch liegt die Macht der katholischen Religion. Die Kirche belehrt die Menschen über die Sünden, die sie begehen können, dann schaut sie zu, sie duldet und sie wartet auf den Moment der Rückkehr. Der kommt, wenn der vom Hin- und Herbewegen der Zeit erschöpfte Mensch seine eigene Zeit ablaufen sieht und zu überlegen beginnt, ob das Leben und der Tod nicht doch einen Kreislauf bilden, einen Strudel, in dem man ohne Probleme von der einen auf die andere Seite gespült wird, oder ob das Leben eigentlich ein unergründlich tiefes Wasser ist, das die gute Welt trennt von der bösen. Unermüdlich prügelt der Fährmann mit den Eulenaugen auf seine Gäste ein. Vielleicht haben sie keine Rückfahrkarte dabei gehabt, als er mit ihnen ablegte auf den dunklen Strom hinaus, aber nicht einmal das wissen sie genau.

Früher, in der Zeit des Hungers, versammelten sich auf den abgeernteten Feldern von Ripacandida seltsame Gestalten, *spulugar'*, die Ährensammler, wühlten nach Körnern und Spreu. *Spulugar'* ist auch der Spitzname von Titinos Familie. Verschmitzt schaut der kleine Verwaltungsangestellte hinter seinen dicken Brillengläsern hervor, als er mir die Bedeutung des Wortes ableitet, von *spigola*, die Ähre. Ein Vorfahr von Titino muss auf der Suche nach liegen gebliebenen Ähren und Körnern über die abgeernteten Felder gestreift sein. Auch vor der Ernte stahlen sich die Hungernden zusammen, was sie kriegen konnten. Einmal erwischt der Bauer auf seinem Feld einen kleinen Jungen, der über einem eilig errichteten Feuer gestohlene Kartoffeln röstet. *Was machst du da?*, fragt der Bauer. *Nichts!*, ruft der Junge und lässt die glühend heißen Kartoffeln in den Taschen seiner kurzen Hosen verschwinden. Schnell geht er stiften, nicht ohne eine große Not in der Hose zu spüren. Später, so erzählen sie in Ripacandida, machen sich die Folgen der unbedachten Handlung bemerkbar, denn dieser Junge wird als Mann mit eigentümlich hoher Stimme sprechen. Er soll Priester geworden sein. So reden sie manchmal in Ripacandida über ihre Seelenführer.

Don Giuseppe Gentile, Erzpriester von Ripacandida, ist der unumschränkte Herrscher im rituellen Leben des Ortes. *Reverendo*, Ehrwürdiger, nennen ihn allerdings nur wenige. Man kennt ihn ja, das ist Don Peppe und basta. Mager, blass, fast zahnlos läuft er im schmuddeligen Priesterrock über die *piazza*, stets zerstreut und doch fest verankert in diesem Ort, mit seinen zahllosen kleinen Konflikten und der um sie herum kristallisierten grauen Schicht historischer Erinnerungen. *Keine Zeit, keine Zeit, frag mich ein anderes Mal, ich habe zu tun.* Außer mir und einigen kleinen Jungen, die immer bloß rennen, ist Don Peppe die einzige Person, die sich eilig durch den Ort bewegt. Er flattert umher, er zankt, er entzieht sich und versteckt sich, um dann plötzlich aus einer staubigen Ecke wieder hervorzuspringen, am Gürtel klappert der uralte Schlüssel zum schmiedeeisernen Gatter der Kirche.

Vestito nero, anima nera, schwarzer Anzug, schwarze Seele, damit sind beileibe nicht die Großmütter in ihrer Trauerkleidung gemeint. In der italienischen wie in der deutschen Folklore galt die Begegnung mit einem Priester, zumal in der Morgenfrühe, als unglückverheißender *Angang*.[451] Der bis oben hin zugeknöpfte schwarze Rock soll die Priester von ihren Mitmenschen trennen. Sie haben ihr Fleisch abgetötet und gehören nicht mehr zu den normalen Sterblichen. Aber zur Messe präsentieren sie sich prächtig wie Paradiesvögel. In Gold oder Purpur, Smaragdgrün oder strahlendem Weiß, je nach Anlass, tritt der unscheinbare Mann aus der Sakristei auf die Altarbühne. Auf seinem Körper fließt die *Albe*, das Priesterhemd – *alba* heißt im lateinischen weiß, strahlend, Sonnenaufgang. *Mach mich weiß und reinige mein Herz, o Herr, dass ich geläutert im Blute des Lamms die ewigen Freuden genießen möge.*[452] Über das Weiß der Unschuld ist die prächtige Kasel geworfen, starr wie eine Schürze, das Wort für dieses Obergewand kommt von *casula*, Häuschen. Von unten, so scheint es, werden gar keine Kleidungsstücke angezogen, denn nicht einmal die Schuhe kann

man richtig sehen, und erst im letzten Jahrhundert haben Priester damit begonnen, Hosen zu tragen. Ein Gürtelband hält die Unterhemden zusammen. Mit seinen Quasten ähnelt es den Skapularen der Priester und Mönche vergangener Jahrhunderte. Ein Schulterband, der *Amikt*, ist um den Oberkörper geschlungen wie ein Sicherheitsgurt. Der Priester ist bekreuzigt und gebunden.[453] *Mit dem Gewande der Unschuld bekleide Dich der Herr.*[454]
Bischöfe zeichnen sich durch die zweispitzig hochragende Kopfbedeckung aus, die *Mitra*. Das Wort stammt aus dem Griechischen und bedeutet eigentlich *Leibgurt, Binde.*[455] Unter der Mütze schauen zwei Tuchstreifen hervor, die daran erinnern, dass es sich hier ursprünglich um eine Kopfbinde gehandelt hat, die nach und nach zum Turban entwickelt wurde und dann zum spitzen Hut. In der Römerzeit gaben sich die Anhänger bestimmter Marmorgötter durch solche Binden zu erkennen. Später setzte man sie den Täuflingen als schützendes Mützchen auf, obwohl sie schon stramm gewickelt waren in Windeln, von den Füßen bis zum Kinn.[456] Die Spitzen der Mitra aber verbildlichen das Licht, das der Mann Gottes von oben empfangen hat und das sich nun über seinen Körper ergießt wie zwei goldene Hörner, die vom Himmel niederfahren zur Erde.

Wir setzen, o Herr,
auf das Haupt dieses deines Bischofs und Kämpen
den Helm des Schutzes und des Heiles
... Durch Christum, unseren Herrn.[457]

Um die Schultern der Priester flattert die *Stola*, ein breites, mit Bildern von Lämmern, Kreuzen und so weiter verziertes Stoffband, das bis zu den Lenden herunterhängt. Die Stola diente ursprünglich dazu, *Schweiß, Speichel, Tränen und Ähnliches vom Gesicht wegzuputzen*[458], ähnlich dem Schweißtuch Christi. Sie ist das eigentliche Amtszeichen des Priesters.[459] In der Messfeier nimmt er die Leiden Christi auf sich und verwandelt sich mit ihm, in ihn. Vielleicht lief den Beschwörern des heiligen Toten gelegentlich die *lizza* am Gesicht herunter, mit Speichel vermischte Tränen, wie bei den Heilerinnen in Lukanien. Die Stola wird auch Orarium genannt, von *os* für Mund, das Mundtuch.[460] Damit tupfte der Priester sich die kostbaren Blutstropfen und Fleischstückchen Jesu von den Lippen, denn nichts darf verlorengehen von der Hostie.[461] *Der Kirchenvater Augustinus berichtet, man habe mit einem Orarium das Auge eines Jünglings verbunden, das aus der Höhlung getreten, aber dann in dieselbe zurückgelegt worden war.*[462] Die *berühmteste der mittelalterlichen Stolen*[463] wird St. Hubertus zugeschrieben, dem Heiligen der Wildnis und der Jäger. Aus seinem Heiligtum in den Wäldern der Ardennen ist im elften Jahrhundert der Brauch bezeugt, kleine Bruchstücke dieser Reliquie in die Stirnfalten derjenigen zu drücken, *welche von einem wütenden Hunde gebissen waren.*[464] Und in der ältesten mir bekannten Schrift zur lukanischen Folklore, die noch nicht wie spätere Studien völlig von der Suche nach dem Heidentum der Lukaner beherrscht war, wird der Zusammenhang zwischen der Stola der Priester und der Magie des *abitino* deutlich beschrieben. Riviello berichtet in seinem Buch über *Sitten, Leben und Vorurteile des Volkes von Potenza*, dass die lukanischen *mamme* des neunzehnten Jahrhunderts *ihren Kinderchen abitini gegeben haben, mit Heiligenbildchen und einem Stückchen aus der Stola oder dem Überwurf des Priesters, Hörnchen aus Gold oder Koralle … Schweinezähnen … Das stand alles als Bild für Selbstzucht und Kräfte, eine Mischung aus dem Heiligen und dem Profanen …*[465] Die Benutzung der heilsamen *Serviette*[466] durch die Priester scheint die lukanischen Heilerinnen angeregt zu haben, den Faden der Überlieferung auf ihre Weise fortzuspinnen. Sie schufen den heiligen Strick, die *lascia*. Und beim Knotenknüpfen des *lacio* scheinen wiederum die Gürtel Pate gestanden zu haben, mit denen Priester, Mönche und Nonnen ihren Leib einengen.[467] So führt die Betrachtung der Geheimrituale süditalienischer Magier zurück zum *Tisch des Herrn*, wo der Priester seiner Gemeinde Fleisch und Blut des Menschensohns serviert. Er hat sich dazu selbst als das Licht des Herrn verkleidet, ihn umflattert das Hemdchen, mit dem man geboren wird, um hellzusehen und durch die Nacht zu fahren. Im fünfzehnten und sechzehnten Jahrhundert wurden die Kaseln und andere Messgewänder noch gerne aus Tierhäuten verfertigt. Schamanen und Gutgeher desselben Zeitalters trugen Hautbündel unter dem Arm als Zeichen ihrer außermenschlichen Macht.[468] Die rohe Kraft altertümlicher Bilder und Zeichen verbindet sich mit der lichten Reinheit und den Feinheiten der christlichen Vernunft, *virtù e … forze,* Tugend und Mächte[469], deutlicher als diese alte Quelle zur lukanischen Folklore kann man es nicht sagen, Kraft und Vernunft verbinden sich zur lukanischen Lebenskunst, wir wissen nicht wie, aber wir wissen warum.

Übergossen vom Licht der Gnade und Reinheit steht der Priester da, gefesselt und gezügelt in Stoffe, die seinen Körper verbergen. Manche Kirchenlehrer deuten die Priesterkleidung als Erinnerung an die Fesselungen, die Jesus bei der Folter durch die römischen Soldaten erleiden musste.[470] Der Priester ist angebunden und dadurch hat er die Freiheit, den Strom des Lichts weiterzuleiten. Beim Anlegen der Stola betet er: *Zerbrich, o Herr, meiner Sünden Banden, auf dass ich, angeschirrt an das Joch deines Dienstes, mit Furcht und Ehrerbietung dir zu dienen vermöge.*[471] Priester lieben die Wiederholung. In Wort und Tat, in ihrem Kleiderschnitt und selbst noch in der Form ihrer Mütze verkünden sie die Geschichte vom Tode Christi und von der Keuschheit. Christus hat alle Sünden der Welt auf sich genommen, aber im Laufe der Jahre, Jahrhunderte und Jahrtausende muss das Bild des schutzlosen und zugleich schützenden Kindes erneuert werden bis zum Gehtnichtmehr, sonst nützt es ab. Jedes Jahr wird der Menschengott wiedergeboren und die Schürzen und Gürtel, die der Priester zur Feier dieses heiligen Momentes angelegt hat, verdoppeln und verdreifachen das Bild eines Gottes, der sich an die Menschen gebunden hat und umgekehrt. Im alten Lukanien stärkten die Bauern Kind, Körper, Haus und Hof mit Segenssprüchen, der Segen wurde durch einen exorzistischen Bannspruch verstärkt und der Bannspruch dann an einem Amulett befestigt. Das Eigene soll undurchlässig werden für den Zugriff von draußen. Die Paten, Priester, Mahre und schließlich auch der Heilige, der einen zerbrochenen Messkelch weiterbenutzt, vermitteln zwischen der Innen- und der Außenwelt der Familien und der einzelnen Menschen. So wird Wandel möglich gemacht und das Bestehende bleibt erhalten im Wandel. Das ist Kultur.

Das Messgewand der Priester stammt von der altrömischen Alltagskleidung ab: Kopfbinden und Kapuzen, zu einem Stück gewebte Hemden, Überwürfe, Halfter und Gürtel.[472] Freilich fällt dabei auf, dass einige dieser Kleidungsstücke ursprünglich Frauen vorbehalten waren. Die Stola soll auf die *Stola der römischen Matronen*[473] zurückgehen, jedenfalls war es für manche kirchlichen Schreiber wichtig und gar nicht peinlich, das zu behaupten. Pater Joseph Braun notiert kühl, dass die Mitra *bald hohenpriesterlichen Kopfschmuck, bald eine Frauenkopfbedeckung* darstellen sollte.[474] Als die Männer im Mittelalter die Hosen anzogen, haben die Priester diese neue Mode einige Jahrhunderte lang nicht mitgemacht. Sie ließen zu, dass ihre Kleidung zusammen mit den Hüten und Hütchen der Bischöfe immer weibischer wirken musste. Sie haben es mit Würde getragen.

Spätestens an diesem Punkt wird meinen Lesern deutlich werden, dass die Beziehung zwischen Männern und Frauen auch von einem entgegengesetzten als dem bisher eingenommenen Standpunkt betrachtet werden kann. Auf der einen Seite scheinen die Frauen immer wieder magische Praktiken im Alltag hervorzubringen, deren mündliche Überlieferung und Erneuerung sie tragen. Die männlichen Magier und die Priester schalten sich mit ihrem höheren Wissen, ihrem Zwang zum großen System, erst ein, wenn man mit diesen Techniken Geld verdienen und politische Anhänger finden kann. Andererseits bedeutet das aber auch, dass die Magier und die Priester in ihren Büchern und Ritualen das rituelle Wissen vermehren und wieder den Frauen zugänglich machen. Letztlich wird man nicht mehr unterscheiden können, ob eine alte Magierin, die Kinder gegen den bösen Blick *tauft,* die Gesten und Formeln von den Priestern abgeschaut hat oder ob sie ältere Überlieferungen weiterführt, die mit den Praktiken der Priester parallel gehen, eigentlich aus ihnen hervorgehen, mit ihnen kollidieren oder von vorchristlichen Formen übernommen wurden. Volkskundler quälen sich in diesem Zusammenhang gerne mit Fragen der Kontinuität und des *gesunkenen Kulturgutes* herum, doch mir scheint es offensichtlich, dass beide Seiten, die Priester und die *Frauen die helfen,* die Unterschichten und die Eliten, ständig Wissen und Kreativität in einen einzigen Vorgang der Überlieferung und Erzeugung magisch-religiösen Wissens einspeisen. Es ist ein großer historischer Prozess, in dem die hohe Botschaft des Christentums zur alltäglichen Magie zerkleinert werden muss und wo zugleich von unten her die politische Macht der Kirchen im Bedürfnis der Menschen nach der Ritualisierung ihres Lebenslaufes und nach Glättung ihrer kleinen und großen Krisen Fuß fasst.

Solche ethnologischen Debatten über sinkendes und aufsteigendes Kulturgut[475] ähneln in erstaunlicher Weise den Ritualen der philosophischen Diskussion über die Frage der Wahrheit. Der Philosoph Paul Feyerabend[476] erinnert sich folgendermaßen an die Debatten seiner prägenden Jahre in den Weltzentren der philosophischen Debatte: Einige eher naturwissenschaftlich und materiell denkende Philosophen plädierten für ein *Aufsteigen* des Wissens aus den fundamentalen Tatsachen des Lebens. Die ... *Beobachtungsdaten (die wir am unteren Ende unserer Diagramme einzeichneten) haben eine Bedeutung; theoretische Sätze haben für sich genommen keine Bedeutung, sondern sie gewinnen sie erst durch die logische Verknüpfung, die sie mit Beobachtungsdaten haben.* Diese Auffassung scheint den Ansichten von Kulturwissenschaftlern nahe zu stehen, die meinen, aus dem *Volk und seinen Lebensumständen* würde immer wieder der Sinn der Kultur aufsteigen zu den Oberschichten, die sich daran erneuern. Der entgegengesetzten Auffassung sind Philosophen, die, wie textgeschichtlich arbeitende Volkskundler, Bedeutung aus vorgedachten, bereits formulierten Ideen über die Realität ableiten: *Sinnesdaten haben an und für sich keine Bedeutung, sie sind einfach da. Eine Person, die nur Sinnesdaten erhält und sonst nichts, ist völlig desorientiert. Bedeutung ergibt sich aus Ideen, weshalb sie von der theoretischen Ebene auf die Ebene der Beobachtung*

»herabsickert«. Im Laufe seines Lebens kam Feyerabend zu einer dritten, vermittelnden Ansicht: *Heute würde ich sagen, dass beide Positionen ziemlich naiv sind. Man kann Bedeutung nirgendwo lokalisieren. Sie leitet nicht unsere Handlungen (Gedanken Beobachtungen), sondern ergibt sich aus deren Verlauf. Bedeutung kann sich so verhärten, dass die Annahme, sie hätte einen festen Ort, sinnvoll zu werden beginnt. Aber das ist dann keine Fundierung, sondern eine Krankheit!* Wenn das rationale Denken, das ja noch jung ist, etwas weiter reift (oder gesundet), wird man vielleicht erkennen, wie viel Vernunft in den Ritualen und Symbolen anderer Kulturen steckt und wie viel Unvernunft in der Idee einer reinen Vernunft.

17. Der gute Hirte

Priester haben es schwer. Mal sollen sie mit exorzistischen Kräften die Macht Gottes auf Erden verkörpern, dann stehen sie der Gemeinde als abwählbare Sprecher vor. Das Wort *Priester* kommt von *pres-byteros, Vor-Steher*. Mag sein, dass sie vor allem das Gespräch mit Gott begeisterte, als sie sich zu diesem Amt meldeten – Priesterzöglinge müssen trotzdem nach und nach erkennen, dass sie in einer weltlichen Hierarchie leben. Durch Handauflegen werden sie von ihrem Bischof autorisiert. Geweihte Priester dürfen und sollen die Gnadengaben austeilen, den priesterlichen Segen, das in Fleisch umgewandelte Brot, den Wein, das Taufwasser, die Berührung der heiligen *Stola* und schließlich das letzte Öl. Es gab einmal einen Priester in Wien, Adolf Holl, dem ging es vor allem darum, in aller Stille und am besten ganz für sich allein *den Gott zwischen Daumen und Zeigefinger zu halten*[477], die Hostie. Er wurde deswegen aus dem Amt vertrieben und wandert seitdem als Kulturforscher durch die Welt. Manchmal nennt er sich *Gegenpapst Sisto sesto*, Sixtus sextus, der sechste – ging es ihm vielleicht doch mehr um Sex als um die Hostie? Jedenfalls hat ihm dann die Berührung der Hostie eine Weile die verbotenen körperlichen Genüsse ersetzen können. Die Kirche zwingt ihre

Männer, den Betrieb in Gang zu halten, Seelsorge und Dabeisein, Spendensammeln und Kinder-auf-den-Arm-nehmen. Darum hatten es die Karmelitermönche schwer, wenn sie sich nur noch in die Geheimnisse der Anbetung Christi versenken wollten. Heute dürfen Priester ihrem Publikum nicht einmal mehr bei der Wandlung des Brotes zu Fleisch den Rücken zukehren, um einen Moment der Intimität mit Gott zu genießen.[478] Priester stehen in mancher Hinsicht in einer Traditionslinie mit den Magiern, aber ihr Tun ist dem der Magier entgegengesetzt, denn es ist öffentlich und es wird mit höchster gesellschaftlicher Autorität vollzogen, während die Magier geheim handeln müssen. Vergebens suchen sie nach einer Verankerung und Anerkennung im offiziellen religiösen Betrieb.
Der Priester ist ein Mann, der in Frauenkleidern umhergeht. Die Leute in Ripacandida betrachten ihn als Wesen der dritten Art, auch wenn sie manchmal die Keuschheit der Priester in Zweifel ziehen oder freche Witze über die wahren Ursachen dieser Keuschheit reißen. Priester sollen sich nicht fortzeugen, sie müssen verzichten. Umso mehr können sie die anderen Menschen zur Teilnahme am Kreislauf des Lebens anregen. Das kommt in der Bildersprache der Stricke und Flügel zum Ausdruck. Bilder sind in besonderem Maße mehrdeutig und die Mehrdeutigkeit ihrer Freiheiten und Verbote machten die schwarze Bruderschaft groß. Erst die Gesellschaft des Erlaubens und der Wohlstand haben die Priesterseminare leergefegt. In Ripacandida regiert man heute noch mit Hilfe der Mehrdeutigkeit. Seit dem neunzehnten Jahrhundert gehen die Priester nicht mehr zum offenen Angriff gegen die Magier über. Dafür murmeln die Heilerinnen bei der Messe mit. Das Weihnachtsfest offenbart die Widersprüche. Das einmalige Ereignis der Geburt des kleinen Gottessohnes wird Jahr für Jahr wiederholt. Diese Religion ist einmal für zehn, hundert oder allenfalls tausend Jahre der Heilserwartung geschaffen worden. Aber nun muss sie schon im Dritten Jahrtausend den Jüngsten Tag erwarten. *Der, ach, der! Der ist schon zur Welt gekommen, macht euch mal keine Sorgen, es ist ein Junge!*
In jedem kleinen Exorzismus liegt ein Stück moralische Ab-

rechnung, und in der Magie behauptet sich das Recht des Menschen gegen das Böse. *Die Situation ist so, dass Hexerei eben nur bei Sündern wirkt. Die Gerechten haben keine Furcht. Sie sind von diesen schädlichen Effekten ausgeschlossen. Die Ahnen (oder andere lenkende Mächte) ziehen ihren alltäglichen Schutz von denen zurück, die sich moralischen Fehlverhaltens schuldig gemacht haben und liefern sie in die Hand ihrer Geheimpolizei aus – die Hexen und Zauberer. Auch hier tritt wieder die gegenseitige Abhängigkeit des offiziellen vom inoffiziellen Strom der Überlieferung mystischer Macht zutage.*[479] Das wurde über afrikanische Medizinleute geschrieben, aber es gilt wohl für alle Kulte und Magien im christlichen Dunstkreis.
Die Priester schweigen zum Treiben der Abergläubischen. Ihre Stunde schlägt mit der letzten Ölung. Zerknirschte Totenbeschwörer, so heißt es, vermachen der Kirche auf dem Totenbett ihre schwarzen Bücher. Ob den Priestern bewusst ist, dass sie auf diese Weise ihren unterschwellig vorhandenen Ruf als Magier steigern? Irgendwo in den endlosen Wandelgängen des Vatikan blitzen mir aus einer verglasten Nische Ritualschwerter der Freimaurer entgegen. Sie sind wohl auf demselben Wege in den Besitz der Kirche gelangt wie manches Zauberbuch, aber den amerikanischen Touristen, die mit mir die Nische betrachten, drängt sich eine andere Erklärung auf: *Schau mal, sogar mit den Freimaurern stecken sie unter einer Decke!* Die Kirche triumphiert spät, aber sie triumphiert.
Abergläubische Italiener behaupten, dass kahlköpfige Priester den bösen Blick haben, dass es Unglück bringt, morgens einem Priester zu begegnen, dass ein zufälliges Zusammentreffen mit einem Mönch auf der Straße den Tod anzeigen kann. Es gibt Leute, die stellen sich Tonfigürchen von feisten Mönchen und glotzenden Priestern auf. Wenn man einen verborgenen Hebel drückt, fährt die kleine Gestalt plötzlich einen gewaltigen Schwengel aus, der die Sündhaftigkeit der Keuschen unübersehbar macht. *Aberglauben, Berührungszauber,* Don Peppe zischt es ins Megafon, wenn die Leute bei der Prozession ihre Geldspenden direkt an das Gewand von San Donato heften wollen. Jahr für Jahr einigt

er sich mit dem Festkomitee darauf, dass die Scheine, die *draußen*, unter freiem Himmel an das Standbild geheftet werden, den Organisatoren der Wallfahrt zustehen. Die Einnahmen, die in der Kirche gemacht werden, gehen an ihn. Also verzögert er den Abgang der Prozession mit zahllosen Messen und Gebeten, zum Ärger des Festkomitees, dessen Mitglieder immer dringlicher den Auszug des Heiligen verlangen. Hat die in Gold gehüllte Puppe dann endlich die Kirche verlassen, lässt der Erzpriester Mädchen mit Körben auf den Straßen umherlaufen, um doch einige Spenden für die Kirche zu kassieren. Aus gutem Grund beharren viele Anhänger des Heiligen Donatus auf dem Brauch, das Geld direkt an die Statue zu heften. Der Magie des Geldes ist auch Don Peppe noch nicht entronnen. Gegen diesen Zauber richtet er die Kraft des Gebetes. Das richtige Wort und der richtige Ton machen das richtige Gebet. Als der Bischof von Melfi und Rapolla einmal eine Firmung in Ripacandida leitete, scheint er sich geärgert zu haben.

Bischof: *Erbarme dich, Herr Gott, erbarme dich …*
Gemeinde (undeutlich murmelnd): … *denn wir haben …*
Bischof (laut): *Antwortet, gebt ein Zeichen des wahren Glaubens!*
Gemeinde (deutlicher): … *denn wir haben vor dir gesündigt.*

Als Fremder kann es mir recht sein, wenn die Leute deutlich sprechen, dann verstehe ich besser, was sie sagen. Aber der Bischof kann sich nicht mehr beruhigen. Er predigt lauthals über den *Missbrauch der Firmungspatenschaft als bloße Freundschaft*. Monsignore hat vom *San Giuvan'* der Leute hier nicht viel verstanden. Es geht ihnen nicht um bloße Freundschaft, sondern um den heiligen Aufschluss der Familie. Wenig später empfängt der Papst demonstrativ die Laiendarsteller der Osterpassion in Barile, das ist auch so eine Veranstaltung, an der nicht jeder Priester seine Freude hat, *äußere Zeichen des Glaubens.* Bei einer kircheninternen Tagung wird der Volksglaube neu bewertet, aufgewertet.[480] Viel hat es nicht genutzt. *Hört auf zu singen, betet dafür mehr,* ruft ein Priester per Megafon den Teilnehmern einer Marienprozession zu. Die Pilger singen weiter mit dem *cantastorie,* der das alte Lied des Heiligen vorträgt, in die offizielle Litanei stimmen sie nur zögernd ein. Aber die Volkslieder sagen im Grunde dasselbe wie die offiziellen Gebete. Warum ist hier die äußere Form so wichtig? Es geht um Kontrolle. Mit seinen Tiraden am Megafon bringt Don Peppe regelmäßig die Donatusprozession durcheinander. Immer wieder habe ich in Lukanien beobachtet, wie Priester den Lauf der von ihnen selbst organisierten Umzüge zum Stocken bringen, weil die Pilger ihren Glauben nicht auf die richtige Weise zum Ausdruck bringen. Das ärgerte die Leute, denn ihnen ist an einem harmonischen Verlauf sehr gelegen, schön soll es sein, dann bezeugt es ihren Glauben an das Schöne dort oben. Besonders schlimm treibt es Fra Antonio in Ginestra. Der junge Mönch vertritt dort für einige Zeit die vakante Pfarrstelle. Während der Festmesse für die Schutzpatronin betreibt der moderne Kleriker Publikumsbeschimpfung. *Äußere Zeichen haben der Madonna nichts zu sagen. Sie braucht euer Geld nicht. Gestern habt ihr schön, aber zu langsam gebetet. Gebt euch heute mehr Mühe.*

Als Fra Antonio während der Prozession immer wieder mit dem Megafon für Ärger sorgt, stellt sich ihm ein junger Mann in den Weg, der seit längerem in Deutschland lebt. Er ist mit einer Videokamera angereist und will die Prozession aufzeichnen, für seine Lieben in Mannheim. Bei der anschließenden Auseinandersetzung fliegt das wuchtige Gerät dem inquisitorischen Bruder beinahe um die Ohren. Der Rest der Prozession und der Abschlussgottesdienst verlaufen in verkniffenem Ernst, wie zwischen Verwandten, die sich gestritten haben. Aber die Alten dürfen plötzlich wieder ihre Geldscheine an die Bahre der Heiligen Maria von Konstantinopel heften, obwohl Fra Antonio das eben noch als Berührungszauber verdammt hat. Wieder einmal hat man sich geeinigt, in einem stummen Spiel. Macht ist aufgeschobene Gewalt.

Noch kurz vor meiner Ankunft, so erzählten mir die Leute in Ripacandida, kam es beim Donatusfest in Ripacandida zu Gewalttaten. Eine alte Frau ohrfeigte Don Peppe, weil er sie

am Anheften ihrer zehntausend Lire hindern wollte, die Carabinieri mussten den Priester in Sicherheit bringen. 1982 stand ihm darum der Bischof von Melfi und Rapolla bei. Die Kleriker wurden hart bedrängt, nachdem der Bischof, wieder im Streit um das Anheften der Geldscheine, gerufen hatte: *Das ist doch nur ein Stück Gips!* Seine Eminenz hatte wohl nicht bedacht, dass in Ripacandida eigentlich nur Kommunisten so sprechen. Als *do ut des* beschimpfen die Priester diese Opfer, *ich gebe, damit du gibst* – die Leute treiben angeblich Handel mit den höheren Mächten. Dass Geldgaben auch einfach nur Geschenke sein könnten, Zeichen der Hoffnung auf eine Gegengabe, das hat man nicht überlegt. Trotz ihrer theologischen Ausbildung wissen sie nicht, dass der Spruch aus dem römischen Recht stammt. Korrekt wird er so übersetzt: *Ich gebe, dass du geben mögest*[481]. Das bezeichnet genau die Spannung zwischen Freiwilligkeit, Geschenk und Zwang, die freie Bündnisse auszeichnet, sei es unter Menschen, sei es zwischen Mensch und Gott. So schaffen sich die Priester ein heidnisches Volk, das sie zu bekehren haben.
Schon in den zwanziger Jahren sprach ein Priester aus Ripacandida, Don Michele d'Adamo, angesichts solcher Rangeleien von einem *Heiligen Krieg* gegen die *Logik des Pöbels*.[482] Dabei haben die Priester zur Ausschmückung ihrer Zeremonien auch nicht mehr zu bieten als die Verehrung von Standbildern und das Beten und Singen von Versen. Priester wollen den Volksglauben *reinigen*, ohne dass sie selbst in der Lage wären, eine vollständig von *äußeren Zeichen* gereinigte Religion des Kopfes und der Bücher anzubieten. Mancher Gottesdiener war dafür seiner Gemeinde sehr verhasst. In tragischen Verklammerungen lebten sie mit den Menschen zusammen, ohne dass es zum Austausch gekommen wäre über die kleinen Alltagsfragen oder die großen letzten Dinge. Don Peppe wird in dieser Hinsicht als Extremfall betrachtet. Seine Amtskollegen in den umliegenden Dörfern halten sich von ihm fern. Die Leute von Ripacandida leiden stumm. Ausgerechnet im größten und ältesten Wallfahrtsort der Gegend um den Vulture regiert ein Priester, der von der Volksreligion nichts hält. Seine

eigenen Messen sind lahme Veranstaltungen, untermalt vom Genuschel der schlecht funktionierenden Mikrofone, vom Gepiepe einiger schlecht dirigierter Blockflöten und von den mageren Tönen, die eine unmusikalische alte Jungfer aus dem wackligen Harmonium quält. Ich frage eine fromme Frau: *Du machst mir den Eindruck, dass dir die Messe nicht mehr viel zu sagen hat, du gehst selten hin.* Sie antwortet: *Die Messe? Das ist wahrscheinlich weil mir der Priester nicht dieses Gefühl gibt, wenn ich ihm zuhöre, er fasziniert dich nicht.*

Auch Don Peppes Verhalten bei der Beichte gilt als *mechanisch, handwerklich.* Die schönen alten Glocken der Kirche hat er durch eine kratzig tönende Megafonanlage ersetzen lassen – als Romantiker kann ich das bedauern, aber ich wäre auch nicht bereit, jeden Morgen früh am Seil zu ziehen, damit die Glocke ertönt. Schlecht eingestellter Tonverstärker bedient sich der Erzpriester ohne Unterlass, das markiert seinen Abstand zur Bevölkerung und seinen Modernismus. Er geht nicht zu den Leuten, sie sollen zu ihm kommen. In jahrzehntelangem Kampf versuchte er durchzusetzen, dass sämtliche religiösen Zeremonien des Ortes in der Mutterkirche stattfinden. Das ist ärgerlich für Brautpaare, die sich in der prächtigen Wallfahrtskirche des Heiligen Donatus trauen lassen wollen. Sie schimpfen über seine Banalität: *Wenn Don Peppe einmal Geister sieht, würde er einfach nicht dran glauben.* Sie können ihm die Glanzlosigkeit nicht verzeihen, und außerdem schafft es ein Gefühl der Harmonie, wenn man zusammen über den Priester schimpft.

Gibt sich Don Peppe auf einigen Gebieten zugeknöpft, so drängt er sich am anderen Ende wieder auf. In vierzig Jahren hat er Generationen von Anhängern als Leiter der christdemokratischen Landbauvereinigung verschlissen, bis sich an diesem genossenschaftlichen Verband kaum jemand mehr beteiligen wollte. Häufig wird ihm vorgeworfen, bestimmte konservative, nicht ganz arme und kirchenfreundliche Familien im Ort zu bevorzugen. Das Wort *Priesterverwandte* ist zum Schimpfwort geworden und mit großer Beharrlichkeit wird kolportiert, dass die Diebe, die gelegentlich in der Zeit der Prozessionen in die Kirchen ein-

dringen, um dort die Kollekten zu stehlen, keiner gerichtlichen Verfolgung ausgesetzt sind: *Priesterverwandte* auch sie, *roba dei preti*. In Wahrheit haben die Nonnen, die für die Donatuskirche zuständig sind, aus Barmherzigkeit auf eine Strafanzeige verzichtet. *Der fährt herum, sein Auto hat er sich mit alten Heiligenbildern verdient. Er hat sie verschachert, unsere Heiligen.* Don Peppe gilt als geldgierig und undurchdringlich, ein ganz Verschlagener. *Don Peppe stiehlt,* das klingt schon fast wie das Gerede über die diebischen Mahre. In den Augen mancher Ripacandidesi nehmen seine Fehler mythische Dimensionen an. Eine leichte Störung im Bewegungsablauf, ein Zucken, das ihn gelegentlich an Hüfte und Nacken befällt, aber auch im Gesicht, deuten sie als Strafe des Heiligen der schlägt. In der Meinung einiger seiner Mitmenschen ist dieser Priester gebrandmarkt vom Heiligen. Er fährt über das Land, dringt ein in die Häuser der Menschen und er stiehlt.
Fulminucc', die Blitzfrau, so nennen sie in Ripacandida eine alte Geschichtenerzählerin. Sie hat es mir verraten, an einem eisgrauen Novembertag kurz nach Allerseelen. Über unsere ausgekühlten Kaffeetässchen hinweg flüsterte sie es mir zu. Scheintote, die nach den katholischen Bestattungsritualen auf dem Friedhof wieder zum Leben erwachen, werden auf Geheiß der Priester umgebracht – von Ärzten! Dazu benutzen sie Spritzen. *Wenn sie die Bestattungsfeier abgehalten haben, kann er nicht mehr zurückkommen. Das ist einer Frau aus Palazzo San Gervasio passiert. Ihr Mann hat gefleht und gebettelt, aber der Doktor ist gekommen, gerufen vom Priester, und hat ihr eine Giftspritze verpasst.* Pasqualino sitzt dabei und nickt. Er studiert inzwischen Psychologie, in Mailand. Damals war er Lehrling bei der Post. *Ja, der Priester, Don Peppe, sagt immer, sowas gäbe es nicht, aber da hast du's!* Den Priestern wird die Schuld an der Unumkehrbarkeit des Todes angelastet, denn ihr Ritual hat den Toten für tot erklärt und darf nicht rückgängig gemacht werden. Es scheint sich um eine in dieser Gegend weit verbreitete Lehre zu handeln, denn sie wurde ins Kirchenpolitische und viel weiter gesteigert, als nach dem Kriege in Melfi protestantische und kommunistische Agita-

Don Giuseppe Gentile, Erzpriester von Ripacandida, während der Donatusprozession 1998

toren auftraten. Mit einer als Flugblatt verbreiteten Erklärung musste sich der Bischof von Melfi zur Wehr setzen: *In öffentlichen Veranstaltungen wurden am gestrigen Dienstag in unserer Stadt Behauptungen über die Kirche, den Papst und die Priester aufgestellt, die wie eine Zusammenfassung dessen wirken, was in der letzten Zeit wieder und wieder in der einen oder anderen Weise gesagt worden ist … Es wurde gesagt … ›Jesus Christus war der erste Sozialist, und die Priester haben ihn getötet.‹ .. darauf antworte ich … Jesus Christus war kein Sozialist und es ist auch nicht wahr, dass ihn die Priester deswegen ermordet haben … Jesus Christus hat eine neue Ordnung gepredigt, darum wurde er vom alten Gesetz verfolgt, von jenen, die auch die Apostel verfolgten, die wiederum die ersten Priester des neuen Gesetzes waren und die Väter von uns heutigen Priestern, die wir die Doktrin von Jesus Christus predigen*[483]. Man kann sagen, dass auf Seiten der Blitzfrau oder auch der Agitatoren der vierziger Jahre eine Verwechslung zwischen dem Ereignis und seiner rituellen Bearbeitung vorlag: Die Priester treten mit Jesus Christus und allen christlichen Toten in Erscheinung, das heißt nicht, dass sie

schuld an deren Tod sind. Aber gerade durch diese Verwechslung gelingt es Pasqualino und der Blitzfrau vielleicht, die eigentliche Dynamik der Rituale zu beschreiben. Das Ritual kann die Ordnung der Zeit auflösen und umkehren, mal arbeitet es mit der Zeit, mal gegen sie und immer kann aus der Notwendigkeit der Öffnung im Ritual auch eine Öffnung zur Macht hin abgeleitet werden.
Kirchentreu und offensichtlich freundlich zu Don Peppe verhielt sich damals Canio, mein verrückter Nachbar. Eines Tages hat auch er dem Priester *das Futter gesperrt*, d.h. die sonntägliche Einladung zum Mittagstisch war abgesagt. Canio war vom Schwarzrock übergelaufen zu einem bekannten Magier aus Potenza, und nun wurde im Nachbarhaus nicht weiter gefrömmelt, weiß Gott nicht. Zwei ältliche unverheiratete Schwestern halten heute noch zu Don Peppe und natürlich die paar einflussreichen, nicht ganz armen Familien, die es vielleicht in solchen Orten immer mit dem Priester halten – wobei in Ripacandida auffiel, dass ihre Unterstützung sich meist darin erschöpfte, zu schweigen, wenn wieder einmal über Don Peppe hergezogen wurde. Das Kirchenrecht lehrt: Wenn eine Gemeinde es hartnäckig verlangt, können Priester vom zuständigen Bischof abgezogen und versetzt werden.[484] Tag für Tag wurde in Ripacandida gegen Don Peppe gewettert, die Palette der gegen den ungeschickten und unglücklichen Mann gerichteten Reden reichte vom harmlosen Tratsch über die Verleumdung bis hin zur Dämonisierung. Aber an die Möglichkeit, ihn zu vertreiben, hatte anscheinend noch niemand gedacht. Meine Versuche, die Gesprächspartner über diese einfache Möglichkeit zu informieren, stießen auf keinerlei Gegenliebe. Seit Jahrzehnten spielt er den Erzpriester von Ripacandida, sie haben sich mit ihm abgefunden.
Im Alter hat der schmal und immer schmaler wirkende Seelsorger eine ganz eigenartige blasse Würde erlangt. So führt er seine Gemeinde in das Dritte Jahrtausend. Folgsam schleichen die alten Frauen sich in Fatima-Messen, und wie verdonnert stehen sie da, von Don Peppe zum Schweigen verurteilt, wenn er ihnen die nagelneue Madonnenstatue aus Portugal enthüllt – Ripacandida hat sie in einer Art Wettbe-

werb gewonnen, bei dem die Kirche eine begrenzte Anzahl der Bilder vergibt, Jahr für Jahr. Auf dem Fußballplatz hatten sie sich versammelt am Fatimatag im Jahre des Herrn 1997. Direkt aus Rom kam das Standbild der weißen Maria eingeschwebt in einem Helikopter, begleitet von einem Kardinal, der es freilich eilig hatte, nicht ausstieg und gleich wieder weiterflog. Das ist die neue Religion in Ripacandida, zu deren Feier sich der Bischof von Melfi und die *carabinieri* versammelt hatten, der Fußballclub und Bruderschaftler aus dem portugiesischen Fatima, der Bürgermeister, Politiker aus Potenza und viele einfache Menschen. Don Peppe kontrolliert diese Erscheinung der Muttergottes, und sie lassen es geschehen, er hat die Macht. Die tragische Beziehung des Priesters zu Ripacandida, seine Heimat und sein Kreuz, kann nicht allein mit Don Peppes gelegentlich bizarrer Persönlichkeit erklärt werden. Das Zerren und Hetzen um die Priester ist ein Teil der religiösen Tradition, sie brauchen den bösen Priester, und das schon seit langer Zeit.
Gegen den bösen steht der gute Hirte. Mit leuchtenden Augen berichten mir die Leute von Fra Antonio, der in Salerno als Bußbruder lebt, Sprössling einer Ripacandideser Familie mit dem Spitznamen *Feuerwehr,* oder von Padre Rocco, Abt von San Lorenzo Maggiore in Neapel, Bruder von Dario Rizzo, dem Maurer. Rocco und Antonio spielten ihre Rolle als Antihelden mit der klugen Resignation desjenigen, der irgendwo anders, in Salerno oder in Neapel, ähnlich zum Monster und Gewittermann degradiert werden kann wie der arme Peppe in ihrer Heimat. Padre Rocco besticht die Ripacandidesi bei seinen Gelegenheitsauftritten mit klugen und warmherzigen Predigten, dabei belässt er es. Fra Antonio demonstriert alten Schulkameraden und Nachbarn immer wieder gern, dass auch ein Ordensmann es sich gerne schmecken lässt und dass nicht alle Kleriker so mager und trübselig herumhasten müssen wie Don Peppe. Dann gibt es noch die Leute von der Inneren Mission und fremde Priester, denen die Leute von Ripacandida begegnen, wenn sie einen Ausflug zu den Heiligtümern anderer Landschaften unternehmen – alles wunderbare Menschen, mit denen sich der arme hektische Don Peppe nicht messen konnte. Die Leute

haben nichts gegen die Priester im Allgemeinen, sondern nur etwas gegen ihren eigenen.
Am besten sind ohnehin nicht die Väter und Brüder, sondern die Schwestern, die franziskanischen Nonnen im Donatusheiligtum. Suor Enza verfertigte jahrelang mit Engelsgeduld Hemdchenamulette für die Kinder, hellblaue für die Jungen, rosafarbene für die Mädchen, was drin ist, bleibt geheim, aber es kann natürlich nur ein Bild von San Donato sein. Ihren Lebensabend muss sie im Alterssitz des Ordens verbringen, fernab von ihren vielen Donatuskindern. Suor Genzana und Suor Leonarda haben eine ganze Generation in ihrem Heiligtum erzogen. Auch sie leben nun schon lange wieder in der Nähe von Pescara in einem anderen Kloster, aber wenn es Suor Genzana gesundheitlich nicht gut ging, sprach sich das schnell herum in Ripacandida, als wäre sie noch unter ihnen. Im Jahre 2001 ist *die kleine Schwester von San Donato,* wie die Leute sie heute doppelsinnig nennen, fast zeitgleich mit der Magierin Linda gestorben. Suor Genzana wurde unter grosser Anteilnahme der Ripacandidesi in Mittelitalien beerdigt, bei Lindas Beerdigung ging es weniger betriebsam zu, einerlei, jetzt muss der Ort neue spirituelle Mütter finden. Die Schwestern von San Donato sind meist Arbeitertöchter aus Pescara oder kommen von Bauernhöfen in den Abruzzen. Unaufdringlich prägen sie seit einhundert Jahren die Familien des Ortes. Für die meisten Menschen in Ripacandida bleiben sie anonym, *die Schwestern,* denn im Gegensatz zu den Priestern werden sie häufiger ausgewechselt und dürfen sich nicht allzu sehr im Ort verankern. Früher lebten sie von Spenden. Es gab kaum eine Schwelle, über die sie nicht gebeten wurden, wenn die Schwestern wieder unterwegs waren mit ihrer hölzernen Büchse, im Zeichen des Heiligen. Don Peppe geriet regelmäßig mit der *kleinen Schwester von San Donato* oder ihren Nachfolgerinnen in Streit, über irgendwelchen unwichtigen Kram. Bis heute räumt er den Schwestern bei seinen Weihehandlungen kaum eine Rolle ein. Doch Suor Genzanas braunes Abruzzengesicht leuchtete immer ganz friedlich, wenn sie sagte, was sie dazu zu sagen hatte: *Der arme Mann, was soll man machen?*

Doch Don Giuseppe Gentiles großer Gegenspieler im Gefühlshaushalt der Alten des Dorfes ist nach wie vor Don Michele. Don Michele mit seinem Klumpfuß, Don Michele, der im Scherz den Mädchen mit seinem Stock die Röcke angehoben hat und der einmal beim Herumalbern bei einem Fest draußen auf einem Aussiedlerhof prustend und lachend in einem Wasserbottich gelandet ist. Das war am Ostermontag, *pasquetta*, wenn die Familien ihre wichtigsten Freunde einladen oder Männer sich draußen auf den Höfen zusammenrotten, um ihre Klüngelbeziehungen zu stärken. Don Michele gehörte dazu, er war mittendrin im Bottich des Volkes. Ein Typ wie Don Camillo. *Er gab gute Erklärungen für alles ... ein Priester, der nicht viel Worte machte.* Auch wenn er mit strenger Hand *Ordnung hielt* in seiner Gemeinde, wird ihm das heute noch als gute Eigenschaft angerechnet – als Toter *bleibt er für uns immer noch lebendig ... wirklich ein Heiliger.* Don Peppes Versuche, Ordnung zu halten, ziehen den Hass aller Betroffenen auf sich.
Dem guten Hirten und dem bösen Priester entsprechen der nahe und der ferne Gott der Lukaner. Nah ist ihnen die Muttergottes, doch sie sind ihr nicht als Mutter ausgesetzt, wie sie einem Erzpriester ausgesetzt sind, Tag für Tag. Wenn die Mutter gerufen wird, erscheint sie in mildem Schein und sie springt uns nicht an mit ihren Forderungen wie die Kleriker bei den Prozessionen und Gottesdiensten. Auf dem Gebiet der Madonnenverehrung besteht die größte Übereinstimmung mit den vom Klerus verbreiteten Kulten und Legenden. Im Zeichen der Jungfrau trifft sich eines Tages vielleicht sogar noch der Islam mit dem Christentum, nicht umsonst wird die Erscheinung von Fatima so hoch gehalten von den mittelmeerischen Katholiken. Der Schauplatz der Marienvisionen von Fatima, eine portugiesische Gemeinde, hat ihren Namen wohl aus der Araberzeit, nach der Tochter des Propheten und wichtigsten weiblichen Figur des Islam.
Und ich habe die Madonna gesehen in ihrer Schönheit und Pracht, und ich habe über diese schönen Blumen in meinen Händen gestaunt, und auf einmal hat mir die Madonna auch ihr Kind in den Arm gedrückt, und ich habe es gedrückt und geküsst und ich fühlte eine große Freude in mei-

nem Herzen. Träumend übernimmt Amanda Rino die Rolle einer Priesterin. Nah bei der Muttergottes steht sie und ihr wird das Jesuskind anvertraut. Eigentlich dürfen es nur die Priester berühren, vom Moment der Kommunion einmal abgesehen, in Form der Hostie, die sie hinter dem Altar in Sicherheit bergen. Amanda Rino war achtzig Jahre, als ich sie kennen lernte. Sie lebte seit über vierzig Jahren in den USA. *Ich habe keine Angst in der Bronx. Bei uns isst der Boss zu Mittag.* Beim Gedanken an den heiligen Säugling aber ist sie schnell zu Tränen gerührt. *Eh ja! Einmal wende ich mich mit meinen Gebeten an San Donato, einmal wieder an Sant' Antonio. Aber der wichtigste, mein Sohn, das ist Jesus Christus. Zuerst das Sakrament! Denn wenn Gott nicht will, wollen die Heiligen auch nicht. Als mein Sohn gestorben war, hat ein Alterchen mich zu Jesus Christus gebracht, der gerade am Sterben war. Der Alte sagte: »Jesus Christus muss sterben, wenn du nicht kommst, ihn zu sehen.«*

Das ist der verborgene Jesus der Lukaner. Er reist umher und stellt die Menschen auf die Probe, von Mensch zu Mensch, ohne die Vermittlung der schwarzen Bruderschaft: *Gesù in civile,* gekleidet wie ein Mann des Alltages oder *Gesù vecchietto, das Alterchen,* das prüft, ob wir einen armen Greis ebenso gut behandeln würden wie das Jesuskind in seinem visionären Glanz. Diese Alte hat wohl auch dem Greis in Amandas Traum Pate gestanden. Er erklärt uns, wie Jesus durch unsere Zuneigung am Leben erhalten wird. Die Götter brauchen die Menschen, sonst hätten sie sie nicht erschaffen. Das christliche Dogma spricht von der Geburt des Fleisches aus der Gemeinschaft der Gläubigen. Die Priester werden in diesem Traum übergangen, andere gute Männer und Frauen beherrschen die Szene. In ihren Traumnotizen verbindet Amanda den Unfalltod ihrer Söhne mit der Erscheinung von Madonnen und Jesussen. Anthony, der bei einem von der Mafia arrangierten Autounfall gestorben sein soll, erscheint in der Rolle des Heiligen Antonius, aber auch als das leidende Lamm höchstselbst. Kommentarlos hat Frau Rino in den Aufzeichnungen, die sie mir überlässt, die Todesdaten der Brüder Kennedy dazugesetzt. Haben sie

nicht versucht, mit ihrer Zivilcourage gegen die Macht der Gangster anzugehen, sind sie dafür gestorben?[485] Warum waren Amandas Söhne gestorben? Sie schien mehr darüber zu wissen, als sie zugab.
Die Dreigestalt Christi – *als Neugeborener oder als Verstorbener, aber auch in seiner himmlischen Glorie*[486] – wird bereichert um zeitgenössische Märtyrer und um einen gebrechlichen Alten. Amanda Rino gründet ihre Rolle als Erzählerin zwischen den Welten auf die Erfahrung des Todes und auf den Bericht von der Reise ihres Lebens, von Süditalien in die USA, wo sie Kinder gebar, aufzog und an die Mafia verlor. Selbst in mir, dem Chronisten des Heiligtums von San Donato, sieht sie bald so etwas wie einen Heiligen und gibt nicht nur stolz ihre Aufzeichnungen her, sondern will mir auch etwas Geld zustecken, so, wie man es bei einem Standbild macht, das in der Prozession vorüberwandert, oder wenn der Klingelbeutel umgeht in der Messe. Im Traum erreicht sie das Tor zum Himmelreich, zur *anderen Welt*. Sie erlebt es als eine von Nonnen bewachte Grenzstation, den *Pass für die andere Welt* hat sie wohl dabei. Der Erzengel Michael verwaltet hier einen Hochhauskomplex und führt sie zu ihrem Stockwerk. Der Fahrstuhl stockt im siebten Stock. *Nein*, sagt Frau Rino, *hier noch nicht, nicht mit siebzig Jahren*. Also fahren sie weiter, bis ins 13. Stockwerk. Die alte Dame legt die Hände übereinander und schaut mir ruhig und freundlich ins Gesicht. *Cent' ann*, so grüßt man die Alten hier in Ripacandida, sie sei gesegnet auf hundert Jahre mindestens. Und wenn es dann so weit ist, wird sie doch wieder einen Priester brauchen, der sie salbt und der ihr hilft, den Gott anzuziehen für den letzten Gang.
Über Jesus Christus wird in Lukanien nicht viel gesprochen. Er ist weiter gekommen als bis Eboli, doch reist er meist inkognito. Wer sich aber allzu nah und ohne besonderen Grund an den Jesus heranmacht, der muss mit Dummheit geschlagen sein. Dumm sind natürlich immer die anderen. In Ripacandida erzählen sie einen Witz über die Leute von Ginestra. Das benachbarte Dörfchen gehörte einmal zur Gemeinde Ripacandida. Es wird von den Nachfahren albanischer Auswanderer bewohnt. Bei den Romanen von Ripa-

candida und Venosa gelten die Albaner als zurückgeblieben. *Die Leute in Ginestra hatten Schnee. Sie fingen an, Schneemänner zu bauen. Einer formte eine liegende Jesusfigur, wie man sie am Karfreitag in der Prozession trägt. Sie war so echt, dass die Leute schließlich dachten, Jesus wäre wirklich nach Ginestra gekommen. »Oooh«, sagten sie, »armer Jesus, so kalt bist du, Herr Jesus!« Und sie küssten ihn und beteten ihn an. Die Mittagszeit kam und sie gingen essen. Damit Jesus es derweil schön warm hat, schoben sie ihn beim Bäcker in den Backofen, der hatte noch Restwärme vom Backen. Am Nachmittag hatte sich die Sache herumgesprochen, viele Leute aus Ginestra kamen und wollten den lieben Jesus sehen. Als sie die Ofentür öffneten, ist da nur eine große Wasserlache. »Ach«, sagten sie, »der Herr Jesus war da, aber dann hat er eine Stange Wasser in die Ecke gestellt und ist weitergegangen.«*

Der wahre Jesus der Lukaner eignet sich nicht für den Sonntagsbesuch. Er wird nur zweimal im Jahr gefeiert, an Weihnachten und zu Ostern, wenn Zehntausende zu den Osterpassionen in Barile, Atella und Rionero aufbrechen.[487] Dieser Jesus ist für das Äußerste zuständig. An den großen Stationen des Lebens verfügt er das Schicksal der Menschen. Jesus erscheint immer da, wo man es nicht erwartet, und die Zahl seiner Anhänger ist überraschend groß. Da ist Mario, noch im Zeitalter von Glasnost und der Perestroika lässt er ein rotes Fähnchen auf seinem Traktor flattern. Er trägt einen Stalin-Schnurrbart, und auf seinem Traktor sieht Mario aus, als sei er einem bolschewistischen Propagandafilm entsprungen. Aber vor allem kann er gut Holz schnitzen, im traditionellen lukanischen Stil. Seine Spazierstöcke sind bei besseren Leuten aus den Provinzstädten und bei den Heimatpflegern beliebt. Allerdings bringt er seine Kunden zur Verzweiflung, weil auch die schönsten Stücke mit Hammer und Sichel verziert werden, ungeachtet der politischen Neigungen ihrer zukünftigen Besitzer.

Ich war Mario am Josefstag vorgestellt worden, beim lodernden Quartiersfeuer des roten *cantone,* Viertel der Bauern und Tagelöhner. Eines Tages lädt er mich durch einen Sendboten nach Hause ein, *zu einer Diskussion* … Mario erwartet mich im Halbdunkel seiner höhlenartigen Bauernwohnung, seine Frau ist dabei, die alte Mutter und ein paar Freunde, Genossen. Die Begrüßung ist kurz angebunden und Mario hält einleitend eine lange Rede gegen den Heiligenkult. Die Heiligen wurden erfunden um Geld zu erpressen. Es ist alles Schwindel. Kein Zweifel, er sieht in mir den *signorino*, das priesterfreundliche *Herrlein*, das den Tag lang nichts Besseres zu tun hat, als herumzulaufen und mit alten Frauen über Kirchenkram zu schwatzen. Ich bin an einen bekennenden Atheisten geraten, was in Ripacandida auch bei Kommunisten nicht die Regel ist. Mario beendet seine Rede, alle schauen mich an. Würde ich ihm zustimmen, könnten sie mich in der *piazza* in Verruf bringen, bei den Christdemokraten. Würde ich widersprechen, wären die Bauern des Cantone gegen mich. So stelle ich es mir jedenfalls vor, denn ich weiß noch nicht, wie tolerant die Menschen sein können in Ripacandida.

In meiner Not versuche ich es mit einer Gegenfrage: *Die Heiligen, nun gut, aber wie hältst du es mit Jesus Christus?* Genauso gut hätte ich ein Stoßgebet ablassen können. Doch der Kommunist überrascht mich. *Jesus?* Marios Gesicht leuchtet auf und wieder spricht er und spricht er, aber diesmal von Jesus, dem *wahren Bauern und Hirten*. In der Passionsgeschichte erkennt Mario die Leiden der lukanischen Bauern wieder. Auch die Mutter Jesu ist wichtig, Maria, und, nun ja, auch seine Freunde, die Heiligen – aber nur, wenn sie von den Bauern verehrt werden und wenn der Priester sie nicht benutzen kann, um Geld zu machen. Die atheistischen Schulungen haben nicht verhindern können, dass der Wortführer der Bauern und Tagelöhner sein Leben in biblischen Bildern betrachtet. Immerhin wollte Karl Marx einen *Katechismus des Kommunismus* schreiben, erst später kam er auf den Titel *Kommunistisches Manifest*. Das Eis ist gebrochen. Marios Frau und seine Mutter setzen nach, und es stellt sich heraus, dass sie eigentlich doch der lukanischen Lebenskunst anhängen, die ohne die Heiligen nicht sein kann. Doch wenn man ihren Erzählungen folgt, so scheint dieser Katholizismus eine Religion ohne Priester zu sein.

Der wahre Jesus Christus der Lukaner ist für das Äußerste da. Er ist der Gegenspieler des Todes. Mit Hut und Mantel, *in civile* erscheint er einer Frau, die sich in einer Erntehütte hingelegt hat. Sie ist krank, schon wartet der Tod am Strohlager der Frau. Aber Jesus legt ihr seinen Hut in den Schoß, damit sie eben mal darauf Acht gibt, und weil er jetzt die Hände frei hat, wirft er kurzerhand den klapprigen Tod hinaus. Als der Ehemann überraschend hinzukommt, sieht er seine Frau im Bett, mit dem Hut im Schoß, und ein Fremder steht dabei – diese verfängliche Situation muss ihm dann erst einmal erklärt werden. Aber er fügt sich und bringt seine Frau nach Hause. Sie braucht nun nicht mehr arbeiten und wird gesund. Das ist Jesus, er steht für die Sensibilität, mit der auch der Ehemann des großen Liedes von San Donato zu guter Letzt auf die Bedürfnisse seiner Frau Rücksicht nimmt. Vom Elend der Arbeit, das uns in der Strohhütte niederschlägt, auf dem Feld, führt er uns zur Rücksichtnahme und Etikette eines behüteten Familienlebens im Haus. Wenn er jetzt noch bei diesen Leuten bleibt, als Hausfreund sozusagen, dann würde sich Jesus sogar für den Sonntagsbesuch der Leute aus Ginestra eignen. Aber natürlich ist er schon wieder weitergewandert, zu neuen Taten. Auch das hohe Drama der Geschichte fordert den Herrn zum Erscheinen heraus. *Es war in Albanien* (im Zweiten Weltkrieg). *Ich war der Bataillonskoch. Ich habe Jesus Christus geträumt, gerade als ich mir einen Kaffee machen wollte. Er sagte: »Nicht mehr weinen, am 12. hört der Krieg auf!« Das war eine Woche vor Kriegsende.*

Gesù è piccirill' ma nun e scurdatill, heißt ein lukanisches Sprichwort – das Jesuskind ist klein, aber es hat ein gutes Gedächtnis. So arbeitet sich auch der kleine Vito zum Paten hoch, im New York der zwanziger Jahre, er wird Don Vito werden und dann Don Corleone.[488] *Ich bitte Sie bloß um eine Gefälligkeit, nur das. Man weiß nie, wann man einen Freund brauchen wird, ist es nicht so? … Tun Sie mir den Gefallen, ja? Ich werde es nicht vergessen. Fragen Sie Ihre Freunde hier in der Nachbarschaft über mich aus. Die werden Ihnen bestätigen, dass ich ein Mann bin, der glaubt, dass es wichtig ist, seine Dankbarkeit zu beweisen.* Die

Macht wirkt langsam und im Verborgenen. *Gott schlägt dich mit einem Bambusbüschel*, heißt es, mit losen Blättern straft der Gott der Rache seine ungehorsamen Anhänger. *Gott macht die Sachen piano piano* (ganz langsam), *er bringt dich um, er schlägt dich*. Oder: *Langsam-langsam gehst du hin, und er lässt deine ganze Bosheit vergehen*. Das ist nicht der augenzwinkernde Gott, den uns *Don Camillo und Peppone* vorschlagen, sondern der Herr Zebaoth, der zweitausend Jahre vor Christus die Moabiter geschlagen hat. Allerdings richtet er nicht immer nur Blutbäder an. Seine Kraft liegt in der Erinnerung, im Mitleid. Das Alte und das Neue Testament haben sich ineinander verschränkt zu einem Bild der Kraft, die dennoch Reue kennt.

Im Zeichen des Mitleids klopfen Tote sacht an die Türen der Lebenden. Sie zeigen sich im milden Schein der Bambusfackeln und schlüpfen uns unbemerkt unter die Haut. Jesus Christus ist letztlich auch nur ein Totengeist. Ich frage einen Geisterseher, wie es wohl möglich sei, mit den Toten in Kontakt zu treten und von ihnen Ratschläge zu erhalten. *Die Kraft der Toten, tja mein Gott, das ist eine langsam wirkende Kraft, die wird dir nicht zur Last fallen*. Es liegt bei uns, ob wir es zur Last werden lassen oder ob wir es auf die leichte Schulter nehmen. Alle, der Rachegott im Himmel und der populäre Jesus, der vom Kruzifix herab um das Mitleid einer alten Frau ringt, das Kind in der Krippe und der allgegenwärtige Gott der Gräber, alle scheinen nebeneinander zu bestehen, und es ist eine Frage der Situation, in welcher Form die Menschen hier und jetzt an Gott denken. *Gott kommt mir sehr weit entfernt vor. Wer weiß, wo der hingegangen ist. Gott ist nicht weit, wenn du ihn liebst, dann ist er sehr nah. Jesus liebe ich, der ist mir sehr nah …* Wichtig scheint mir allerdings, dass sie eine Wahl haben. Das macht ihr Gespräch mit Gott dauerhaft, auch wenn es in aller Stille stattfindet und in Abwesenheit von Vertretern der schwarzen Bruderschaft. Auf deren Wirken als gute Hirten können die Leute aber trotzdem nicht verzichten. Sonst könnte die Rede von der anderen Welt zu einem Sturzbach werden, in dem die Menschen treiben, zu einem Meer von schwarzen Wörtern, in dem kein Zeichen mehr die Richtung weist und kein Licht. Wer besessen ist oder von Gott erfüllt, der braucht jemanden, der ihn in diesem Moment bei der Hand nimmt und führt. Ohne Öffnung ist die Versiegelung sinnlos, wieder und wieder müssen wir uns einem Gegenüber aufschließen, damit wir eine geschlossene Person sein können. Wer Erfahrungen machen will, muss sich dazu ein Stück weit anderen Menschen ausliefern. Der Gegenüber kann die Situation ausnutzen oder nicht. Meist wird er der Versuchung nicht widerstehen können und darin liegt die Unvermeidlichkeit der Macht.

18. Karneval

Ein tiefer Seufzer kam aus den Bergen,
sternenvoll lachte der Himmel uns zu,
dumpf begannen die Brunnen zu gären,
... oh weh, der Tod kam im Nu,
nur du Gott, mit ewigem Blick,
hast gewacht über der Sterbenden Geschick.

Als ich im Jahre des Herrn 1982 mit meiner Forschungsarbeit in der Basilikata begann, waren die Gemeinden am Vulture ruiniert. In Ripacandida hatte das Erdbeben keine Todesopfer gefordert, aber jedes vierte Haus war gezeichnet von einer roten Schrift: *inagibile*, Betreten verboten wegen Einsturzgefahr. Man hat sie notdürftig mit Balken gestützt, sonst wären sie einfach zusammengebrochen, und so standen sie zwei Jahre, vier Jahre, auch acht Jahre nach dem Beben vielfach noch da. Erst zwölf Jahre und mehr nach dem Beben wurden die letzten Schäden repariert, nachdem man im Rahmen der Aktion *saubere Hände* tausende korrupter Politiker gerichtlich belangt hatte. Anfang und Mitte der achtziger Jahre wohnte die Blitzfrau, *Fulminucc'*, im Eingangsbereich ihres Tuchladens an der *piazza*. Die Magazine im Hintergrund waren unzugänglich geworden. Manche Familien kampierten in Garagen und Nebenwohnungen. Die jahrhundertealten Behausungen unter *San Nicola* und im *cantone* hatten gehalten, aber auch sie waren von gefährlichen Rissen durchzogen, ihr Inneres von Kalk bedeckt. Verschüchtert und verdrückt verlief das Leben nach dem Beben, im Wartestand: *Wenn das Geld da ist, bauen wir das Haus wieder auf.* Im Unterdorf, bei der Wallfahrtskirche, hatten sie eine Siedlung mit Behelfswohnungen aus Blech angelegt, nur ungefähr hundert Meter entfernt von den Hüttchen für die Opfer der Katastrophe des Jahres 1930. Dort wohnen heute noch die Ärmsten, Schäfer und Arbeitslose, und nur in diesen behelfsmäßigen Bauten einerseits und andererseits im Rathaus traf ich auf Leute, die schon einmal mit der Justiz Bekanntschaft gemacht hatten. Dass keiner von ihnen unter den Schlägen des Bebens gestorben ist, dankten die Menschen von Ripacandida dem Heiligen der schlägt. Im ersten Winter sollen sich die Menschen voreinander versteckt haben, als wolle man sich sein Elend nicht zeigen, die eingebrochenen Bäder, die zerborstenen Wohnzimmer, die Siebensachen, ausgebreitet über Kommoden und Stühle. 1981, am ersten Jahrestag, war nicht viel passiert, und dann herrschten wieder nur Winter, Kalk und Eis.

Wir machen es wie die Briganten. Wahrscheinlich hat Gino als erster die Idee gehabt, vielleicht hat er es vorher mit den franziskanischen Schwestern besprochen. Junge Menschen sammeln alte Bauernklamotten in einer Garage, verkleiden sich, überreden Freunde zum Mitmachen. Die Mädchen sind dabei, und bald suchen sie die Häuser heim, unter Johlen und Gesang. Sie rühren in den Töpfen und befühlen die Würste, die unter der Decke aufgehängt sind, tanzen mit anderen jungen Leuten, die im Hinterzimmer versteckt leben müssen. Für manche *ragazze* und *ragazzi,* die nicht mehr zur Schule gehen, ist es seit dem Erdbeben die erste Gelegenheit, miteinander zu sprechen, sich zu sehen und zu berühren. Dann geht es weiter in die Kälte, immer mehr junge Leute schließen sich an. In Plastiktüten schleppen die Räuber ihre Beute ab, luftgetrocknete Wurst, Wein, Brot. Der Karneval ist wieder da, im verstaubten und nebeligen Ripacandida.

Früher durften die Mädchen nicht mitgehen. Früher zogen ein paar Masken umher, und manchmal hatte es auch Um-

züge gegeben oder Gruppen, die zum Betteln ins Haus kamen. Neu ist jetzt das gemeinsame Motto: alle sollen sich als Räuber verkleiden. Die Jugendlichen, die sich das ausgedacht haben, werden sogar ein mittelalterliches Fest wieder aufleben lassen. Am *fetten Donnerstag*, wenn der Priester schon alle Sünden vergeben und die Stirn der Büßer mit Aschenkreuzen gezeichnet hat, treffen sie sich noch einmal, braten Würste und trinken den erbettelten Wein. Wenige Monate später werden die Anführer des Karneval einen Heimatverein gründen, er soll das Brauchtum in Ripacandida wiederbeleben, sie nennen ihn etwas geschwollen auf lateinisch *Pro Loco*, für den Ort ... Bald nach meiner Ankunft im Herbst wurde ich in diesen Verein aufgenommen, als *der Spezialist für Folklore*. Bei unseren Mitgliederversammlungen ging es um Probleme, die ich nicht verstand, Initiativen, die keine waren, Versprechen, von denen niemand erwartete, dass sie gehalten wurden. Aber wir feierten Silvester gemeinsam, unten bei den Nonnen im Heiligtum, wir wurden Freunde und ich habe dabei gelernt, dass man als Mann auch mit Männern tanzen kann.
Die Frau trägt ein altmodisches, rotweiß gestreiftes Umstandskleid, der Mann einen seltsam hoch wippenden Hut. Im Dunkel schlägt sie auf dem Pflaster hin, der Mann hämmert gegen die Tür des nächsten Hauses, erschreckt versammeln sich die Bewohner unter dem Türsturz. *Meine Frau, meine arme Frau, ein Glas Wasser bitte, bitte lassen Sie uns herein, ein Glas Wasser, und wir müssen die Ambulanz anrufen ...* Ehrenmänner schieben sich dazwischen, sie tragen Sonnenbrillen und Hüte und feine kleine Schnauzbärtchen: *Dieser unser Gevatter hier, werte Gevattern und Gevatterinnen, hat eine Frau, die gleich niederkommen wird, lasst ihn doch gefälligst herein ...* Die Männer sehen etwas spanisch aus, oder sizilianisch, doch die Leute öffnen ihre Pforte, lachen verschämt, denn sie wissen, hinter der Hausecke lauert die ganze Bande, Jungen in seltsamen Räuberkostümen, sie nennen sich die *Kaffern*, aber es ist auch ein *Geheimagent* dabei, mit Lodenmantel und dicker Brille und eine äußerst robuste *Ballerina*, begleitet von einem jungen Maurer hinter der Plastik-Maske des Typs

Frankensteins Monster, die aus einem spezialisierten Laden in Neapel oder Bari stammen muss.
Blutbefleckt taumelt einer im Hintergrund, der sich tatsächlich zur Mumie hat wickeln lassen. Es sind viele Mädchen dabei, in Räuber- und Feenkostümen, aber die tragenden Rollen, den Ehrenmann, den Ehemann und die Schwangere, hat man ihnen nicht überlassen. Dann ist da noch ein großer Kerl im Hirtenumhang, das Gesicht weiß geschminkt, die schwarzen Haare mit Pomade nach hinten gelegt, Plastikgebiss im Mund. Graf Dracula, ohne Ende können sie über ihn lachen, denn es ist der Deutsche. Seine Frau hat sich als Forscher maskiert, mit Brille, Hut, Stenoblock, Schlips und einem Fotoapparat, der Wasser spritzt, denn schon hat sie die Forschung satt, die eigentlich erst beginnt mit diesem Karneval. Als sie einen Hausherrn mit der Spritzkamera fotografiert, schmeißt er uns alle raus. Die *maar* sind wieder da, die Fremden, von irgendwo her, aus Sizilien und aus Deutschland, wo immer das historische Unglück Süditaliens hergekommen ist, und sie wollen in den Töpfen rühren und mitessen, wie es früher die *schönen Frauen* und *galanten Herren* gern getan haben.
Anscheinend nur mit Rücksicht auf die Schwangere lassen die Leute all dies geschehen, denn es ist für alle gut, wenn wieder ein Kind geboren wird. Es ist der von Ritualen markierte Nullpunkt des menschlichen Lebens und der menschlichen Gesellschaft: noch hat die Politik nicht mitzureden, es geht um das bloße Überleben. Noch immer windet sich die Schwangere am Boden, endlich erscheint ein Arzt im weißen Kittel mit einem echten Stethoskop, er wird die Frau untersuchen, tastet den riesigen Bauch ab, grübelt, versucht eine Mund-zu-Mund Beatmung, die von der Kranken heftig verwehrt wird. Schließlich kommt er zum Schluss: *Alles, was dieser Frau fehlt, ist Wurst.* Die Menge heult: *Wurst! Ja, Wurst! Salsicc`.* Man stürmt die Küche, befühlt die Würste, die sie in dieser Jahreszeit überall unter die Decke hängen, schmeckt in den Töpfen herum. Lieder werden gesungen, Tanzen, Hüpfen, *hoi, hoi, hoi*. Manche Hausväter sind säuerlich, aber viele freuen sich, stecken uns Würste zu oder eine Flasche Wein. Wer gerade nichts da hat, kann auch mit Ge-

vatter Antonio von der Mafia verhandeln, der kommt dann am nächsten Tag und holt die Beute ab. Wir ziehen weiter. Das Schönste ist das Laufen, draußen in kalter Luft und Dunkelheit. Ein Junge klettert abenteuerlich an den Regenrinnen hoch, aber ich fühle mich dort unten gut, als Teil eines riesigen dunklen Tieres, das von den alten Gassen in ihrem Kalk und Eis Besitz ergreift. Als ich noch ein wilder Junge war, sind wir in Deutschland so durch die Nacht gelaufen, die Kinder mit ihren Brigantenbärten und wilden Perücken erinnern mich an die alten Genossen. Doch hier ist alles nur ein Spiel und endet nicht in Blut und Tränen. Michele spielt täuschend echt die Schwangere, *mit Schminke, Lippenstift und allem*, andere Jungs spielen Straßenstrich, in Strapsen und Miniröcken halten sie die Autos auf und es zeigt sich, dass sie einiges davon verstehen. Daneben gehen Mädchen, die vor kurzem abends nach acht Uhr das Haus nicht verlassen durften. Sie tragen alte Cordanzüge und Hüte, knallen im Takt ihre Stöcke aufs Pflaster und machen so auf alter Bauer. Alles ist wie im Rausch, auch wenn fast gar nichts getrunken wurde. Gino ist Meister einer Taktik der Aufregungen und Beruhigungen, durch Musik und Tanz wird das Wilde zum Gesamtkunstwerk: *Hoi, hoi, hoi!* Er zieht einen echten Betrunkenen aus dem Verkehr und verhindert, dass der Zug bei den Nonnen eindringen kann, denn ein Junge hat sich in Rage gespielt mit seiner Gitarre: *Es war einmal ein Priester, der hatte seine Nonnen …* oder so, man kann es gar nicht mehr richtig verstehen.
Das nächtliche Treiben führt zurück zum Anfang der christlichen Kultur. Maria und Josef sind unterwegs, verzweifelt suchen sie eine Krippe für das ungeborene Kind. Der Stern geht ihnen voran, die Zeit ist gekommen. Aber dieses Kind hier wird gegen Würste eingetauscht, sein Vater ist ein Strolch, und die Heilige Mutter in Wahrheit ein Mann. Die königlichen Paten sind zu Monstern und Draculas gewandelt, die Hirten entpuppen sich als Strolche und Räuber. Die Karnevalisten treffen sich heimlich in einer Garage, wo sie die Kleider wechseln und ihre Scherze ohne Ende weitertreiben. Nichts stimmt mehr, und so besehen ist es wieder richtig, eben Karneval, auch wenn die alten Männer die

Köpfe schütteln. Ihr alter Karneval ist das nicht, *Mädchen, die sich als Männer verkleiden!* Es ist eben auch kein *Brauch,* denn früher hat man es gerade nicht so gemacht. Das Motto ist die Antwort auf die trostlose Situation nach dem Erdbeben, *wir machen es wie die Briganten!* Gino hat Lieder von Räubern, Schätzen und Mondmädchen auf Kassetten überspielt, abgeschrieben und mit den Musikern geübt, damit geistern sie dann hinter der Schwangeren her, die keine ist. Gino hat auch das kleine Schauspiel von der Ohnmacht, den ehrenwerten Gevattern und dem Arzt in eine zeitgemäße Form gebracht. Der Karneval der Jahre 1982 bis 1984 in Ripacandida ist Ginos Werk und das der kleinen Schwestern von San Donato. Vielleicht hätte es dieses Leben nach dem Beben auch ohne Gino, seine Freunde und die Nonnen von San Donato gegeben, aber wohl nicht auf diese Art, nicht von dieser Bedeutung für die Gemeinde.

Der neue Karneval der Kinder unterscheidet sich nicht ganz und gar vom alten Narrenfest. Selbst die Fastnachtshexe[489] des alten lukanischen Brauchtums taucht wieder auf *in piazza.* An der zerschlissenen Bauernkleidung aus Kord und an den Fingerstummeln erkennen wir, dass es Peppino ist, der alte Kommunist. In einem deutschen Sägewerk hat er drei Finger verloren, danach wurde er schnell heimgeschafft nach Italien, ohne Versicherung und ohne Rente, und so lebt er wieder hier. Peppino ist vollkommen betrunken, fasst die Herren aus der Stadtverwaltung an den Hintern und trägt dabei eine große *Walt Disney*-Hexenmaske aus Plastik, die ihm irgendwer aus Norditalien mitgebracht haben muss. Die Jungen wissen gar nicht mehr, was eine Fastnachtshexe ist, die *Alte* des lukanischen Karneval, sie haben ja ihren Brigantenkarneval mit dem Würstesammeln. Die kleineren Kinder sind begeistert und machen alles nach. Es klopft, ich öffne die Tür, drei Kerlchen fallen übereinander, sie haben Pyjamas über ihre Kleider gezogen, einer hält seinen Bauch und schreit *Au, au* und dann *Wurst!,* so stellt er sich das vor mit der Schwangerschaft, und ich soll wieder mal Süßigkeiten herausrücken – mit einem Brauchtumsforscher kann man' s ja machen. Manchmal haben sie feine Zorrokostüme aus der Stadt an, Simon ärgert sich, denn ich hatte diesen

feinen Putz verweigert, ich war hereingefallen auf Gino, *wir machen uns das hier alles noch selbst!*
Irgendwer muss den Jungs von der *Pro Loco* erzählt haben, dass zum Karneval ein Umzug gehört. Ein Bauer animiert seine Söhne, Traktor und Wagen zu dekorieren, *wie früher*, mit Immergrün und Efeu. Seit Tagen gehen Gerüchte um und die *Pro Loco* verkündet, dass es am Dienstag, oder nein, doch am Sonntag einen Umzug geben wird, man wird es noch sehen, aber auf jeden Fall *um halb vier, nach dem Mittagessen, damit ihr auch genug Zeit habt, euch vorher zu betrinken*. Eine leere Drohung, hier wird nicht getrunken wie bei mancher deutschen Fasnacht. Als Höhepunkt einer wirren Debatte über die Prämie für das schönste Kostüm verkündet Nino: *Unsere Organisation ist, dass es keine Organisation gibt*. Aber am Sonntag erscheinen auf einmal noch ein paar andere junge Männer verkleidet zum Umzug. Sie tragen sonst schicke Klamotten, es sind Maurer, die nach dem Erdbeben gute Geschäfte gemacht haben. Sie verdienen dreimal soviel wie ihre Väter, fahren am Samstag mit ihren Mädchen zur Disco nach Potenza und lassen sich von niemandem etwas sagen – kaum einen von ihnen sah man damals in der Sonntagsmesse oder bei den Prozessionen; heute ist das anders, sie haben ihre Mädchen geheiratet und sind nun selbst Väter geworden. Marcello, der seinerzeit die messerschärfste *new wave*-Frisur von Ripacandida trug, hat sich in ganz unglaublicher Weise als Nonne verkleidet, er hebt einen Rock und zeigt uns die Strapse. Es sind auch höchst zweifelhafte Mönche dabei, Dunkelmänner in rotglänzenden Roben, die einen Sarg tragen werden. Als wir uns vor dem Donatusheiligtum aufstellen, kommen die Nonnen heraus und schütteln sich vor Lachen über das, was ihre Kinder da wieder angestellt haben. Don Peppe hat man an diesem Tag nirgends im Ort gesehen. *Totenbruderschaft* nennen sich die jungen Maurer. Auf ihrem Karren liegt ein offener Sarg, aber der Tote richtet sich immer wieder auf wie einer der Verdammten, die Dante in der *Göttlichen Komödie* beschreibt, tot, aber lebend, in brennenden Särgen. Der Tote brüllt Obszönitäten in die Runde, dann drücken sie ihn wieder zurück in seine Kiste und weiter geht es mit

Geschrei. *Oh, oh, Bauchschmerz,* etliche Schwangere sind dabei, und Klageweiber, die einer Travestie-Revue entsprungen sein könnten. Ein großes Fass auf Rädern folgt, Motto: *Qualitätswein aus Ripacandida.* Erst viel später habe ich verstanden, warum die jungen Männer, die hier den Wein ausschenken, als Chinesinnen verkleidete sind, mit Seidenblusen, Zöpfen und gelbgemalten Gesichtern. Damals gilt Japan bei den Italienern als das neue Wirtschaftswunder, und das japanische Wunder von Ripacandida soll sich aus dem Export von Wein entwickeln – heute sind sie so weit, fast zwanzig Jahre später gibt es den seltenen *Aglianico* zu kaufen in Deutschland, aber damals kam es uns vor wie ein Witz. Es folgt Nino vom Heimatverein mit einer seltsamen Pappkonstruktion auf seinem Auto, ein Fußball mit der Aufschrift *Weltmeisterschaft 1982.* Im letzten Sommer haben die Deutschen gegen die Italiener verloren. Die Wagen des Verkehrsvereins sprechen von lokalem und nationalem Stolz, die Wagen der Maurer und Bauern von der Bodenlosigkeit des Lebens, wo nichts mehr zählt, weder Geschlecht noch kirchliche Ordnung. Dazwischen läuft einer in holländischer Frauentracht, ich werde wohl nie erfahren, wie die ihren Weg nach Ripacandida gefunden hat, Spiderman ist dabei, ein Buckliger, ein General und schließlich drei Jungs in der Uniform der italienischen Infanterie, die so tun, als wären sie besoffen.

So geht es zur *piazza,* auf dem Weg des Heiligen Donatus. Oben hat sich eine große Menge versammelt. Franco, der unechte Priester, hält eine große Rede, *Im Namen des Vaters, des Sohnes und der Mutter, vergnügt euch, die Messe ist beendet, geht hin in Frieden …* Das finden alle lustig, auch die, die immer in die Kirche gehen. Seltsam, er ist später zur Universität gegangen und dann selbst Priester geworden, ein guter natürlich, ein netter … Dann schlägt die Stunde des *marinaio. Der Seemann* wird auf einen Laster gehievt, dessen Ladefläche als Bühne dient. Es regnet, aber das feuert die Leute nur noch mehr an. Der *Seemann* ist betrunken, wie so oft. Vom Dach des Wagens *Qualitätswein aus Ripacandida* verteilen die Chinesen Spaghetti auf Plastiktellern und Wein in Plastikbechern. Im Hochsommer

versammelt der *Seemann* manchmal junge Männer um sich, gibt ihnen zu trinken, steigt dann auf eine Kiste und hält heftige Reden gegen die Priester und für die Republikanische Partei. Er hat sogar einmal einen Rhetorikkurs belegt bei diesem laizistischen Bund der Kirchenfeinde. Jetzt übernimmt er das Narrenschiff, es *ist* Hochsommer. Der Wagen mit dem Wein soll die Prämie gewinnen, fordert er, nicht die Maurer mit ihrem Totenzug, dieser klerikale Kram. Es hagelt wüste Reden und Beschimpfungen, *Bestechung, Schweinerei, ihr habt ihn besoffen gemacht*. Die Menge lacht, tanzt, schreit und grölt vor dem alten Kastell, so wie es die feinen Leute früher im großen Tanzsaal der Burg getan haben. Dann verläuft sich plötzlich alles, es ist Zeit für das Essen zu Hause, die *mamma* wartet schon, und ein Regen wäscht die Spaghettireste weg. Das Fest ist aus, in den Häusern wird noch ein bisschen weitergegessen und getrunken, und am Abend ist die *piazza* still wie ein Dom, nassglänzend. Der Frühling kann kommen. In einem der Häuser treffe ich den *marinaio* wieder, er ist ernüchtert und schafft es schon wieder, mit drei Frauen mittlerer und älterer Jahrgänge herumzuschäkern. Alle drei haben sie von Avigliano nach Ripacandida geheiratet, stolz führt Donatina ihre heimatliche Tracht vor. Ihr Treffen ist zufällig und doch nicht, eingeheiratete Frauen haben es schwer und dürfen nicht klagen, aber Karneval ist das Fest der Fremden.
Don Peppe lässt sich erst wieder bei der Aschermittwochsmesse blicken. Aber selbst dann kommt es noch zur letzten Versammlung der Nachtmahre, am *fetten Donnerstag*. Würste spritzen auf dem Feuer, dicht an dicht sitzen wir und trinken und singen bei unserem Tanz der Vampire. Wir tanzen, ja, der Bürgermeister setzt sich zwischen Anita und mich, und dann hält er eine Rede über die Fremden. Bald klingt es so, als ob er uns hergeholt hätte aus Deutschland. *Wir sind keine Ethnie, wir sind kein Studienobjekt, sondern wir sind gut. Und wir haben Thomas hier unterstützt bei seiner Arbeit. Und im Frühjahr, das verspreche ich, wird es ein Beschäftigungsprogramm für die arbeitslosen Jugendlichen geben.* Ich erkläre, dass ich einmal einen deutschen Festabend erleben möchte, bei dem Fremde so geehrt wer-

den wie wir ... Michele, der die Schwangere spielt, schnarcht schon berauscht. So manch einer braucht heute Abend eine Stütze. Die Arbeitslosen werden ihre Stütze vom Staat erhalten, der Deutsche sucht Unterstützung für seine Forschung und allesamt stützen wir den Bürgermeister, den jungen, na klar. Aber abendfüllend ist das nicht, und so trinken wir weiter. Seltsame Vorschläge machen die Runde, den Betrunkenen will man Milch einflößen – Italiener haben nicht so viel Erfahrung mit dem Rausch wie die Deutschen. Ich habe es noch einigermaßen würdevoll bis nach Hause geschafft, dann musste ich mich übergeben, am nächsten Morgen noch einmal, ich hatte schlimme Kopfschmerzen und es war in diesen heillosen Zuständen, dass mir erstmals die bitteren Wahrheiten der körperlichen Reinigung bewusst wurden, die auch mein Verständnis der Hexereivorstellungen in Ripacandida so entschieden befördern sollten. Lachen, Zittern und Krampf haben mehr gemein, als wir oft meinen. Wir zittern, zappeln, lachen, und die aufgestaute Schreckstarre[490] fällt von uns ab wie ein schwerer alter Mantel. Der Mensch funktioniert zwar nicht so wie eine Batterie oder ein Dampfkessel, aber diese festlichen Überdruckventile des Alltagslebens gibt es in allen Kulturen der Welt, Feste der Umkehr aller Werte.[491] Als in Ripacandida die Erde bebte, haben die Menschen den Abgrund gesehen, beim Anblick der toten Häuser haben sie ihre Schwäche erkannt. Nur das Spiel der Masken konnte die Gemeinde wieder zum Leben erwecken. Dazu muss die Schwangere eingelassen werden ins Haus, obwohl sie merkwürdig aussieht und fremd, dazu müssen die Jungen sich verkleiden als Mädchen, die Mädchen als Jungen. Nichts gilt mehr, ohne Lust kein Leben und keine Zukunft ohne Kinder, und wenn das Leben weitergehen soll, dann muss ein Mann sich auch den Frauen annähern können, oder umgekehrt, auf die eine oder andere Weise.

Im stürmischen Brigantenkarneval des Jahres 1982 waren alle Teilnehmer einander gleich gewesen, Mädchen und Jungen, Arbeitslose, Maurer, Bauern und junge Verwaltungsleute. In den Hemden der Toten, der Räuber-Rebellen des letzten Jahrhunderts, haben sie die Stadt zurückerobert für das Leben. Angeführt von einem Künstler liefen sie Sturm gegen den bröckelnden Putz der stillen Gassen, gegen Langeweile und veraltete Geschlechterordnungen. Es war ein fruchtbares Chaos, in dem auch die das Sagen hatten, die bisher schweigen mussten, obwohl eigentlich sie diejenigen sind, die Fortzeugung und Bestand der Gemeinde garantieren. Aber im zweiten Jahr des neuen Karneval hat sich wieder eine rein männliche Führungsgruppe herausgebildet, die das Ereignis verwaltete. Mit dem kostbaren Kulturgut des kontrollierten Chaos gehen sie um wie mit einem Besitztum. Zu diesem Besitz gehört auch der Deutsche, der das Fest erforscht und ein Buch schreiben will über Ripacandida. Gino, Nino und Franco gehören dazu, als Organisatoren und Erfinder, dann gründet Nino den Heimatverein *Pro Loco,* die Maurer mit ihrer obszönen Totenprozession und der kirchenfeindliche Seemann haben dabei nichts zu sagen. Schließlich errichtet der Bürgermeister ein System von Stützen, an dem sich alle festhalten sollen. Nach der Regellosigkeit des Erdbebens hat die Macht auf einer mikroskopischen Ebene wieder angefangen zu arbeiten. Sie bedient sich der Rituale von Chaos, Geschlecht und Überleben, um eine neue Ordnung zu errichten. Ohne die Rituale wäre das Leben vielleicht nicht wieder in Gang gekommen, deshalb nimmt man die Macht in Kauf, die sich an die Organisation der Rituale hängt. Wer anderen ermöglicht, sich von der Starre zu lösen oder seinen haltlosen Krampf zu beruhigen, wer eine Zukunft verspricht, Arbeit und Kinder, der hat auch die Möglichkeit, die Menschen an sich zu gewöhnen und sie zu dirigieren. In Palästina ist vor tausenden von Jahren ein dämonisches Zeitalter der Katastrophen und Bekehrungen in die Diktatur der zehn Gebote gemündet und ihrer Propheten. Diese Hierarchie und ihre absoluten Begriffe von Zeit, Raum und Gehorsam müssen die Menschen, die ja nicht absolut sind, sondern ganz und gar relativ, auf eine praktische und einfache Ebene des Handelns herabziehen mithilfe von Legenden und kleinen Kulten, mit Magie und Gerede. Sonst sind Staat und Kirche auf die Dauer nicht mit dem Leben verbunden, nicht wirksam. Aber auf diese Weise verliert herrschaftliche Kontrolle sich auch wieder in den

alltäglichen Rhythmen des Lebens. Darin liegt die Ironie der Macht.[492]
Die Leute von Ripacandida haben immer wieder versucht, eine Puppe[493] zu ihrem Anführer zu machen – das ist der Heilige der schlägt. Doch bei der Organisation der Reinigungsriten übernehmen irdische *Meister der Volksbräuche*[494] die Kontrolle. Die jungen Maurer von Ripacandida haben zwar Geld, aber sie können nicht gut reden und wissen nicht, wie man sich politisch verbindet. Die linken Jugendlichen nehmen das Karnevalstreiben nicht ernst, im Namen ihrer Parteien stehen sie der lukanischen Tradition fern. Der *Seemann* wird verspottet, denn er vertritt eine Partei, die es im Grunde nicht mehr gibt. Also können junge Verwaltungsangestellte und arbeitslose Akademiker aus der christlichen Partei ihre Politik mit dem Fest treiben, auch wenn Don Peppe das nicht immer gefällt. Karneval kann politisch werden, ohne dass über Politik ein Wort fällt. Da die Menschen ihre Rollen verbergen und wechseln, bietet das Ritual eine Chance zum Handeln, zum Ausprobieren neuer Rollen. Es ist Ventil und Rebellion, es bestätigt die Macht, enthüllt sie aber auch und manchmal kann das Ritual dadurch auch zum Auslöser von Umsturz und Neuordnung werden.
Das Fest der winterlichen Reinigung hat seine Tücken. Mir, meiner Frau und meinem Sohn half es, die Entfremdung abzubauen. Wenn sich alle verkleiden, sind alle einander fremd oder Freund, wie man will. Ich habe durch den Karneval gelernt, die Schwellen der kleinen Häuser von Ripacandida zu überschreiten, in der Maske des Blutsaugers wurde ich mit den Leuten bekannt – sie waren gewarnt und wussten, mit wem sie es zu tun hatten, das ist ein guter Ausgangspunkt für Freundschaft, die den Ekel überwindet. Das Mitlaufen in der Karnevalstruppe hat uns zu Freunden gemacht, manche dieser Freundschaften halten wohl für ein ganzes Leben. Aber das ist nicht immer so in Italien. Auch im Süden kann es passieren, dass man im Schutz der Masken Jagd auf Ausländer macht, auf Frauen oder politische Feinde. Wie ein Körper, der sich erbricht, ist der Karneval nicht so oder so, gut oder böse, es kommt immer darauf an,

wovon man sich zu reinigen versucht und mit wem man sich verbündet. *Gefährliche Spiele*[495] hat die italienische Ethnologin Clara Gallini diese Riten genannt – aber wenn wir leben wollen, müssen wir sie spielen.
Am Ende des Zwanzigsten Jahrhunderts stand Italien im Zeichen eines immer wieder aufflammenden politischen Karnevals. Im Sommer tanzte die Jugend auf riesigen Karaoke-Veranstaltungen. Sie tanzten ihre alte Elite zuschanden, von der ein guter Teil im Gefängnis saß. Im Zeichen der Verstellung tanzten sie für Wahrheit, Freiheit und Gleichheit oder nur für sich selbst und sie mussten nicht immer genau wissen, was sie tun. Jeder kann mitsingen, jeder kann ein Star sein beim Karaoke. Im Zeichen der technischen Welt tanzten die jungen Leute auch in Berlin, Zürich und San Francisco für die Liebe, aber der Tanz ist älter, und wenn sie sich befreien vom zitternden Takt, im Morgengrauen, dann reden sie manchmal in fremden Stimmen. Sie machen das in Korea und in Peru, in Belgien und in Belgrad. Die Kinder auf der ganzen Welt schauen es voneinander ab, vernetzt im internationalen Kabeldschungel. Sie organisieren seltsame Reinigungsriten, bei denen Regierungsgebäude gewaschen werden oder Straßen angemalt, in der Unschuldsfarbe Weiß, und alle dürfen sich verkleiden. Diese Jugend weiß noch nicht, ob es auf die Befreiung von den Paten hinausläuft oder auf neue gefährliche Spiele. *Der Schlüssel für die Zukunft liegt in der Frage, ob die neuen politischen Parteien, die aus der Asche der alten entstanden sind, die Kraft besitzen werden, die ihnen von den Vertrauensleuten des organisierten Verbrechens angebotene Hilfe auszuschlagen.*[496] Das gilt nicht mehr nur für Italien, sondern für alle vom Kapitalismus geschwächten Staaten. Irgendwo in den gewaltigen Strömen und Abgründen der Macht bewegt sich das Grundgestein, etwas Neues braut sich zusammen. Die Rückkehr zu alten Gleichgewichten ist nicht ausgeschlossen, aber auch nicht der Rückfall in alte Extreme. Diese Mächte, die alten wie die neuen, sind im Alltag der Menschen begründet, in ihren Wünschen und in ihrem Eigensinn. Die Himmel und die Abgründe der Macht spiegeln sich in uns, und wir schaffen sie ständig neu. Der nahe Gott und der ferne

Gott der lukanischen Katholiken kann diese Abhängigkeiten und Widersprüche weiterhin in wirksamen Bildern verkörpern.
1983 war das Machtbeben in Italien noch nicht so weit fortgeschritten wie heute. In der Gruppe der Karnevalisten wurden die Frauen, die Maurer, die Kommunisten wieder an den Rand gedrängt, und noch einmal übernahm die Christdemokratie das Brauchtum von Ripacandida, das Kulturgut der Wiederbelebung. Das ist für die alte lukanische Gesellschaft mit ihren Exorzismen, Wiedertaufen und Brechritualen wichtig. Der Brauch wird auf diese Art verändert, denn seitdem nehmen die Frauen am Karneval teil, was ihnen anscheinend lange Zeit hindurch nicht gestattet war. Wenn ihnen vielleicht ein Teil der Magie aus den heilenden Händen geglitten ist, abgesaugt von den männlichen Magiern, so haben sie doch den Karneval wieder erobert auf dem Feld der *langen Dauer*, der *Nichtgeschichte*, wo Veränderungen nicht in Jahren oder Monaten registriert werden, sondern im Takt der Jahrhunderte und Jahrtausende.[497]
Bald nach dem Karneval reorganisierten Nino und seine Freunde die Josefsfeuer der Viertel. Es ist vielleicht das schönste Fest der kleinen Gemeinde, mein Lieblingsfest und heute fast schon wieder ausgestorben. Mitten im kalten März werden große Feuerstöße angezündet, es entstehen Zonen der sommerlichen Wärme, in denen Cliquen und Nachbarschaften sich sonnen und vereinen. Ninos Heimatverein hat diesmal eine Prämie für das schönste Feuer gestiftet. Von nun an mischt sich der Verein in alle Feste ein. Wo immer gesungen und getanzt wird, geht es jetzt auch um die Pokale, die Nino irgendwo billig einzukaufen versteht und dann großzügig im Ort verteilt. Vordergründig haben die Leute so weitergemacht wie bisher, aber so kommt ein ehrgeiziger Zug in das Leben der kleinen Gemeinde. Dann organisiert der Heimatverein auch eigene Feste, zum Beispiel einen Gesangswettbewerb für Kinder, sogar mein Sohn ist dort aufgetreten mit seinen Freunden Pino und Vito. Die Lehrer haben für die Sechsjährigen ein Lied über Gott und Vaterland ausgesucht, *Soldaten des Königs sind wir!* Das war diesem Jungen aus dem postmodernen Berlin

auch nicht an seinem ökologischen Tragetuch gesungen worden.
Ninos Heimatverein übernahm die Planung der Heiligenfeste *als einheitlicher Vorgang, nicht mit den kleinen Komitees hier und da, und wir haben immer die Tourismusplanung im Visier*. Touristen verirren sich nie nach Ripacandida, es liegt zu weit im Inland und zeigt seine Geheimnisse nicht her – das Schloss ist geschlossen, die kleinen alten Kirchen ebenso, das Donatusheiligtum kennt niemand – dieses Buch soll das ändern! – und dass hier der italienische Brigantenaufstand von 1861 seinen Anfang nahm, scheint fast vergessen. Das Treiben der Jugendlichen hat die ganze Gemeinde bewegt. Aus der Winterstarre nach dem Erdbeben erhebt sich die lebendige Körperschaft der Ripacandidesi. Die treibende Kraft dieser Erhebung übernehmen nun auch weitere heilige Körper, die Feste der Märtyrer und Madonnen. Heimatverein und Heiligenfeste werden damit zum Faktor für die lokale und regionale Politik und dienen der Selektion des politischen Nachwuchses.
Misstrauisch beäugt von Priester Peppe nimmt Nino seine Arbeit auf als Leiter des Festkomitees. Ein junger Maurer vertritt die Kommunistische Partei. Er fordert die Ausdehnung des nichtreligiösen Programms der Feste und wird harsch zurückgewiesen, bleibt aber Mitglied des Komitees, um die Rechte seiner Partei zu bestätigen, sagt nichts mehr. Carlo macht mit, denn er hat schon vor dem Beben Heiligenfeste organisiert, und vielleicht ist zwischen den Fraktionen der Christdemokratie verabredet, dass er im nächsten Jahr Ninos Amt übernehmen wird. Parteilose Laienkatholiken und Jugendliche sind auch noch dabei, können oder wollen aber keinen Einfluss auf die Arbeit nehmen. Einer von ihnen wird zehn Jahre später zum Vizebürgermeister in Ripacandida aufrücken. Ich bin dabei, als *Spezialist für Folklore*, aber das hat nichts zu sagen. Nino sorgt für Plakate und Heiligenbildchen und für Plastikschildchen zum Anstecken, *Comitato Festa*. Das gefällt den Leuten im Ort, und da machen sich auf einmal die Mitglieder der Komitees vergangener Feste bemerkbar. So werde ich mein Abzeichen schon bei der ersten Prozession los an einen wütenden alten Herrn.

Schau mal, der Mann da, der so harmlos guckt, das ist ein Onkel von Nino. Früher war er hier Polizist. Wenn Händler auf den Markt kamen, hat er ihnen immer Ware weggenommen. »Ich nehme das Lamm hier mit«, sagte er, »ich zahle dann später.« Aber er hat nie gezahlt. Einfach so. Im Flüsterton werden mir solche Geschichten beigebracht, Augen rollen, Finger deuten. Die Leute vom Komitee stehlen, jeder ist davon überzeugt, finanzielle Machenschaften überall. Die Arbeit des Komitees verläuft chaotisch. Entscheidungen und Aufträge wurden immer wieder hinausgezögert. Ein einfacher Vorschlag: *Ich, der Deutsche, kann die Gebetsblättchen für die Heiligen aus Bari abholen, muss sowieso mal wieder Schwarzbrot kaufen, am Flughafen, ihr wisst ja …* Solche Initiativen stoßen auf wenig Gegenliebe. Die Sitzungen verlaufen in eigenartiger Sprachlosigkeit. Den Zuschlag für die Beleuchtung mit Holzarkaden, kunstvoll werden tausende von Glühbirnen daran zu schrauben sein, erhält im letzten Moment entfernte Verwandte eines Komiteemitglieds. *Wir konnten keinen anderen finden, es war zu spät, eine reine Gefälligkeit, dass er jetzt einspringt.* Wir müssen dankbar sein, nie werden wir erfahren, ob er uns hier einen Gefallen tut oder wir ihm. Die Bereicherung am Fest selbst ist ohnehin nicht mehr so wichtig, wie die Alten denken. In der Rolle des Organisators kann man vielleicht Freunden etwas zuschanzen, viel mehr zählt jedoch, dass die Mitglieder auf sich aufmerksam machen, sich empfehlen als *Animator* und *Promotor* des kulturellen Lebens. Von dort aus kann man Positionen im politischen Apparat ergattern und letztlich auch die ersehnte Anstellung beim Staat, als Postbeamter, als Assessor, als Lehrer, irgendetwas. Carlo und Nino haben das schnell geschafft, die anderen mussten noch ein bisschen warten.[498]

Heilige sind auch Menschen, so sagt man mir oft in Ripacandida. Dass katholische Laien, Bruderschaftler, Festkomiteeler, Nonnen, Priester, Päpste auch Politiker sind, hat man mir nicht gesagt. Doch die unverdächtigsten und reinsten Existenzen können auf diesem Gebiet in die Bredouille geraten. Selbst seine Heiligkeit Pius XII. sah sich wohl in einer politischen Notlage, als im Sommer 1943 die alliierten Truppen auf Sizilien gelandet waren. Der Faschistische Großrat hatte den Diktator abgesetzt, Pius aber war durch Verträge an den seltsamen Bienenstaat des Duce gebunden. Von den Alliierten drohten Kapitalismus oder Kommunismus, im Norden wartete Mussolini mit seiner Sozialen Republik auf die Rückkehr nach Rom, unterstützt von der SS. Wo lag die Zukunft der Italiener und ihrer Priester? In päpstlicher Bedrängnis verfiel Pius auf Grundwerte der katholischen Lehre. Selten wurde die politische Basisbotschaft des Katholizismus so deutlich formuliert wie in dieser historischen Klemme: In seiner Enzyklika sucht der Papst zunächst Halt in den elementaren Prozessen des Lebens: Geburt, Taufe, Patenschaft, Gemeinschaft und Tod, das Leben der Laien, und von dort spinnt er den schwarzen Faden weiter in die höchsten Höhen der Macht. *Ja, es ist zu beachten, dass, zumal in den gegenwärtigen Zeitverhältnissen, die Familienväter und -mütter, auch die Taufpaten und namentlich jene, die als Laien zur Ausbreitung des Reiches Christi der kirchlichen Hierarchie hilfreiche Hand bieten, einen ehrenvollen, wenn auch unansehnlichen Platz in der christlichen Gemeinschaft einnehmen, ja, dass auch sie mit Gottes Huld und Hilfe zur höchsten Heiligkeit aufsteigen können, die gemäß den Verheißungen Jesu Christi niemals in der Kirche fehlen wird.*[499]

Im Zeichen des Umsturzes, am Bruchpunkt der historischen Epochen, müssen sich die Familien für neue Paten öffnen und gleichzeitig sollen im Corpus der Kirche die Laien mehr Stimmrecht bekommen. Familien, Gevatterschaften werden zu Gliedern größerer gesellschaftlicher Verkettungen, zu Keimzellen einer höheren Macht. Die Kirche will die Laien völlig in die Schar der Heiligen einbeziehen und zum Staat werden. Auf die Familie zu bauen konnte für den Papst kein Fehler sein, gleich ob die Zukunft faschistisch, kommunistisch oder kapitalistisch sein würde. Und die christliche Gemeinde, durchzogen von Familienclanen und den Seilschaften der Gevattern, soll die faschistischen Gaue, Betriebsgruppen und Kompanien ersetzen, all die Einheiten, die *enti*, aus denen sich der körperschaftliche Staat Mussolinis zusammengesetzt hatte. Oft genug hatte der Diktator sich das Gewimmel seiner Kollektive von Priestern segnen lassen. Der neue Zusammenhalt der Katholiken soll keinen Anstrich mehr von dem Heidentum haben, das Mussolini so eifrig gepflegt hatte. Alles soll vollkommen aufgehen im mystischen Körper Jesu Christi. In seinem Zeichen lösen sich die vielen Seelen in die eine auf, es geht um die Verschmelzung aller menschlichen Opfer in einer Hostie[500], zerbrechlich und doch haltbar wie das Geheimnis des Glaubens. Hostie kommt von *hostis*, der Fremde, es ist der Fremde, den man zum Gastmahl lädt, oder zur Taufe der Kinder. Im Jahre des Herrn 1943 sind die Amerikaner im Anzug und Pius interessiert sich jetzt für die Juden, als Vorbild sollen sie dienen. Es ist der Beginn der ökumenischen Bewegung, nach Kriegsende wird sie die Päpste zu Außenpolitikern machen, zum Dialog treiben selbst noch mit Muslimen und Buddhisten. *Wenn wir alle diese Geheimnisse des Kreuzes aufmerksam betrachten, sind uns die Worte des Apostels an die Epheser nicht mehr dunkel, Christus habe durch sein Blut die Juden und die Heiden vereint, »da Er in seinem Fleische die Scheidewand niederriß«, die beide Völker trennte; er habe zugleich das Alte Gesetz aufgehoben, »um aus den zweien in seiner Person einen neuen Menschen zu schaffen«, d.h. die Kirche, »und beide in einem Leibe mit Gott zu versöhnen durch sein Kreuz.«*[501] Auf Sätze wie diesen konnten sich aber auch die alten Rechten in Ripacandida berufen, wenn sie behaupteten, die Juden seien Deserteure des Volkskörpers, der deutschen Wehrmacht gewesen, und darum hätten sie sterben müssen. Sie hatten nur nicht bedacht, dass Jesus selbst der erste Deserteur einer Truppe eines Gottes gewesen ist, des alten Gottes der Juden eben. So ging und geht es immer weiter, auch nach dem großen Morden, während das Morden noch lief und läuft, in Schuld und Wahn. Zwischen Herbst 1943 und Herbst 1944, Seine Heiligkeit ist nicht mehr direkt von den deutschen Truppen bedroht, verzichtet Pius dennoch auf einen Einspruch gegen die Vernichtung der Juden. Doch hinter diesen Verstrickungen erhebt sich die Grundidee einer spirituellen Kultur der Familie und der heiligen Körper, die alle Religionen vereinen soll im großen Abwehrkampf gegen

die moderne Welt von Masse und Markt. Im Jahr 2000 hat Johannes Paul II. dies im Heiligen Land mit seinen Erklärungen an die *Menschheitsfamilie,* an Juden und Palästinenser zu erneuern versucht.
Wenn es eng wird für die Priester, fallen sie auf das Fundament zurück, die Heilige Familie, die Krippe, geöffnet und versiegelt. Juden, Paten, Ahnen, Mahre, wer es auch sei, selbst Buddhisten sind dann keine Unmenschen mehr, sondern werden zu einem Anderen im Leib Christi. *Italien ist eins und es ist katholisch*[502], versichert Pius' Nachfahre Johannes Paul II. feierlich im September 1997, als er die Einheit des Landes bedroht sieht durch norditalienische Separatisten. Er beruft sich dabei auf Dante, den ersten italienischen Dichter, der aber auch ein Grenzgänger war, der Weg zur *Italianità* führt bei ihm durch die Hölle. Ohne diesen Grenzgang kann keine Familie, keine Nation, keine Religion bestehen. Vielleicht spiegelt sich aus diesem Grund die universale Menschheit von heute mehr und mehr in den Außerirdischen, die aus hohen Lüften hereinschweben sollen, versehen mit unendlichen Vorräten und Energien, oder wir versuchen sie aufzusuchen, im abenteuerlichsten Grenzgang der menschlichen Technologie, im Raumflug zu den fremden Zivilisationen und vielleicht auch in der Gentechnik, die uns einen eigenen Anderen bringen soll. Katholische Regierungskunst, das ist die Verwaltung dieser ewig unruhigen Grenzen, die Ordnung des unruhigen Lebens durch Rituale, die Belebung und Dämpfung und Politisierung des privaten Lebens.
Dreißig Jahre nach der Enzyklika von 1943 liefen Pius' Nachfolger auf dem Stuhle Petri die Frauen des Südens davon, anlässlich einer Volksabstimmung über die Scheidung. Hatte die christdemokratische Partei Pius' Gesellschaft der Gemeinden und Gevattern nach dem Krieg in den Griff nehmen können, so wankte nun erstmals ihre Macht, aus den Tiefen des uralten Gehäuses der Kirche heraus drang ein Beben an die Oberfläche, dessen Folgen auch das neue Europa noch in Atem halten werden.[503] Damals, Anfang der siebziger Jahre, war Italien ein großer Flugzeugträger der Amerikaner. Von der Machtübernahme durch die Kommu-

nistische Partei befürchtete die NATO Auswirkungen im ganzen Mittelmeerraum, bis hin nach Lateinamerika.[504] Als eine Art dritte Weltmacht zwischen Kapitalismus und Sozialismus konnte der Vatikan nun erscheinen. Aus der Bedrängnis heraus war eine dritte Kraft gewachsen, deren Wirken im Kleinen ich bei den Heiligenfesten und häuslichen Riten in Ripacandida beobachtet habe. Die neue Versiegelung der katholischen Kräfte in einer schwer einnehmbaren Position ist im Wappen der christdemokratischen Partei Italiens versinnbildlicht: Ein weißer Schild mit rotem Kreuz, *in diesem Zeichen wirst du siegen …* Als es ernst wurde mit einer neuen Unabhängigkeit der Halbinsel, als Linke und Rechte sich fast schon einig einig waren, da musste Aldo Moro sterben[505], Architekt des Historischen Kompromisses.[506] Das ist die andere Seite der katholischen Macht, Dunkelmännertum und mysteriöse Anschläge, Paten unter sich. Katholische Politik ist frei und doch abhängig von der Weltpolitik, eine dritte Kraft ohne staatliche Macht, getragen von einem Grund aus gegenstrebigen Fügungen des privaten und des religiösen Lebens, Hostie und Amulett, gebrochen und doch haltbar wie der Gral des Heiligen der schlägt.

19. Der Zement der Macht

Wählt ihn, denn er ist keusch! Frauen vom Bund der katholischen Laien haben den schmalen jungen Mann in den Arm genommen, mitten *in piazza*, Enthusiasmus mischt sich mit Zärtlichkeit. 1946 hat der Journalist Leonardo Sacco diesen Empfang für einen Politiker im lukanischen Stigliano beobachtet, zusammen mit Carlo Levi, dem Autor von *Christus kam nur bis Eboli*. Ein Jahr später wird der junge Machtmensch Levi angreifen und damit vielen Lukanern[507] aus dem Herzen sprechen. *Christus hat nicht bei Eboli haltgemacht, solange – und in diesem Punkt sind Sie, Prof. Levi, kein sehr getreuer Übersetzer gewesen – solange im Herzen noch des rückständigsten unserer Bauern so viel Hoffnung lebt, so viel Bereitschaft zum Kampf, so viel Liebe zum*

Land, zur Familie, zum ehrlichen Leben, so viel Ausdauer und so viel Liebe zu Gott.[508] Emilio Colombo, geboren 1920 in Potenza, gehört zu den erfolgreichsten italienischen Politikern des zwanzigsten Jahrhunderts. Über Jahrzehnte hinweg hat er die höchste Quote persönlicher Präferenzstimmen im demokratischen Europa kassiert – in seiner Basilikata. So lang wie Colombo hat kein Politiker der Freien Welt seinem Land als Minister gedient, zunächst für Landwirtschaft, dann für Finanzen und schließlich jahrzehntelang als Außenminister. Außerdem war er Präsident der Europäischen Union. An seinem Kommentar zu *Christus kam nur bis Eboli* sind Erfolgsgeheimnisse ablesbar: persönliche Ansprache des Gegners, priesterlicher Zungenschlag, Fürsprache für die Ärmsten der Armen, Beschwörung der Hoffnung und des Guten im Menschen. Die Alten in Ripacandida erinnern sich, wie Colombo nach dem Kriege aus Potenza mit dem Fahrrad angestrampelt kam. *Er war wie ein Heiliger, er war keusch, nie hat er geheiratet.* Als er das erste Mal eine Rede hielt, in der *piazza* von Ripacandida, soll ein Kommunist Zwischenrufe gemacht haben. Dem hat der Christdemokrat danach die Hand gereicht, und von da an sollen sie sich als Freunde gegrüßt haben, wenn Colombo wieder nach Ripacandida kam.

Im neuen Leben werden wir wandeln[509] – das revolutionäre Motto des Apostels Paulus hat Colombo seinen lukanischen Bauern gegeben. Er ist die Hoffnung, die roten Bruderschaften erkennen ihn an, aber auch Grundbesitzer und Unternehmer. Kirchliche Paten stehen am Anfang seiner Karriere, er wird Leiter der katholischen Jugend Italiens. So lernt er Kardinäle kennen und die Nachwuchspolitiker der Nachkriegsparteien.[510] Seine Heiligkeit Papst Johannes XXIII. wird ihn empfangen, aus dem Ministranten wird der Minister. Colombo steht für die Bauern ein in der Welt der feinen Herren, stets ist er dabei in feinstes Tuch gekleidet. Dieses Feine, ganz andere macht ihn bei den Bauern begehrt. Er will den starken Staat, keine Vetternwirtschaft, keine Politik der Gefälligkeiten, Gerechtigkeit für alle. Das Wort Klientelismus hat damals in Italien einen ähnlich sensationellen Klang wie vierzig Jahre später das Wort Korruption. Mit

noch nicht einmal dreißig Jahren wird Colombo Parlamentsabgeordneter, ein paar Jahre später ist er Minister, einer der mächtigsten Männer der christdemokratischen Partei und unumschränkter Herr über die absolute Mehrheit der lukanischen Wähler und Wählerinnen.
Von einem *Wunder* spricht der keusche Christdemokrat, der Süden soll es unter seiner Führung verwirklichen.[511] Anfangs droht er den Reichen mit Enteignung. Mann der Hoffnung wird er genannt, *Schutzpatron des Südens*[512] ... der *beste aller Politiker, er wird Italien erlösen vom Übel*[513], oder schlicht: der *Mann aus Gold*, was wiederum an das Standbild eines Heiligen erinnert, oder aber an einen unterirdischen Schatz. Als zwischen Potenza und Salerno Methangasvorkommen entdeckt werden, spricht der Minister darüber in der Sprache dessen, der in der Nacht bei Fackelschein nach Schätzen gräbt. *Feuer unserer Erde ... ein neuer Reichtum ist für uns alle geboren, nicht nur für Lukanien.*[514] Der Vorsitzende des Komitees für die Methangasnutzung greift dieses bäurische Bild auf und stimmt das Loblied auf den magischen Minister an: *Das Land der Erdrutsche, dem es an allem fehlte, hat in seinem Herzen eifersüchtig die Quelle des Reichtums verborgen, das Methangas – bis zu dem Tage, an dem es sicher sein konnte, dass einer seiner Söhne bereitstehen würde, es bis zum Letzten zu verteidigen: Colombo.*[515] Das Überirdische ist eben immer mit dem Unterirdischen verbunden.
Manche Beobachter sehen ihn nicht als *Mann aus Gold*. Sie sind angewidert, weil Colombo vom *Willen* fantasiert, wo es doch viel mehr darauf ankommt, die Katastrophenlandschaft des Südens mit Hilfe von Vernunft und Investitionen wieder aufzubauen. Aber auch wer gegen ihn spricht, ist gezwungen, dies in Begriffen einer politischen Theologie zu tun. *Es ist eine Sünde, aus der eigenen Religion politisches Kapital schlagen zu wollen,* schreibt Leonardo Sacco.[516] Während die Anhänger Colombos den Mann aus Gold für eine überirdische Erscheinung halten mögen, erscheint er seinen Feinden als Sünder. Immer haftet ihm dabei etwas Inhumanes an. Zu Colombos besten Feinden gehörte Indro Montanelli, noch als Greis, am Ende seines Jahrhunderts,

der größte politische Journalist Italiens. Montanelli vergleicht den Christdemokraten mit den Ungeheuern, die vor Jesus geboren wurden. *Es scheint, dass er schon immer zur Regierung gehört hat; er ist als Minister geboren worden, so wie andere als Albino geboren werden oder als buckliger Zwerg.* Als Colombo unter dem Eindruck eines Karriereknicks davon spricht, sich ins Privatleben zurückzuziehen, schreibt Montanelli, *dass man auch ein Privatleben haben muss, wenn man sich darauf zurückziehen will, und Colombo hat nie eines gehabt.*[517]
Die Paten sind überall in der Basilikata des Emilio Colombo. Vertraulich wendet sich mir ein elegant gekleideter Unbekannter zu, hakt sich bei mir ein, dreht mit mir eine Runde *in piazza* und zwinkert mir zu, als kennten wir uns, als seien wir Freunde. *Du arbeitest über die Wunder der Heiligen? Denkst du dabei auch an die Nonne hier in Ripacandida? Bravo. Es ist im Interesse von uns Konservativen, wenn es hier neue Heilige gibt, lass es mich wissen, wenn deine Forschungen auf den Punkt gekommen sind.* Es ist Gemeindetag der christdemokratischen Partei, der junge Mann ist aus Potenza angereist und verkündet die Botschaft des Ministers, der den Ort selbst seit Jahrzehnten nicht mehr betreten hat.
Kurz nach dieser ermutigenden Begegnung veröffentlicht Don Peppe ein Heftchen über die Wundernonne von Ripacandida. Der Priester lässt wissen, dass eine kranke Frau im Bauernviertel von Ripacandida gesund geworden sei durch das Gebet zu Schwester Maria. Wiederholt zitieren ältere Menschen den Priester: *Wenn sie nicht heilig ist, wird sie auch nichts für euch tun können!* Für die Christdemokraten ist der Kult ein Politikum. Es geht das Gerücht, Emilio Colombo höchstpersönlich habe Geld für das neue Kleid der karmelitischen Mumie gespendet. Der alte Habit war in Fetzen gegangen, die Besucher hatten sich an der Reliquie bedient. Böse Zungen behaupten, Don Peppe habe dann noch einmal in Ripacandida für das Gewand gesammelt, so dass er einen Teil der Summe wieder habe einstecken können. Was begonnen hat als Ekstase und Gräberkult, endet hier, auf der jahrhundertealten *piazza* von Ripacandida, im

Sumpf von Parteienherrschaft und hässlichem Gerede. Ob die Nonne das für immer auf sich sitzen lassen wird?
Ohne Erschütterungen, wie versiegelt ist Colombos Basilikata ... *in Einheit und in tiefem gegenseitigen Respekt.*[518] Seine Versäumnisse redet er schön, man hat eben nicht sorgfältig genug geplant und überlegt. Nur nichts überstürzen! Die Menschen warten Monate, Jahre, Jahrzehnte auf Hilfsgelder, staatliche Subventionen, steuerliche Erleichterungen. Kritik wird zugelassen wie ein hexerisches Reinigungsritual, bei dem sich die christdemokratischen Gefolgsleute *auskotzen*[519] über das Elend des Südens. Zur gleichen Zeit kotzen sich auch die Besessenen und Verhexten aus im Heiligtum des Sankt Albert Gonella, das die Kirche nicht anerkennen wollte. Diesen Besessenen stand eine Besessene vor, die vom Geist des heiligen Lastwagenfahrers erfüllte Tante Giuseppina. Von welchem Geist aber ist Colombo erfüllt? Es fehlt an Demut, bei all dem, so kann es einem erscheinen. Colombos Reden ähneln damals mehr und mehr den Zaubersprüchen der Lukaner: Drastisch wird das Böse beschworen, dann laufen die Tränen, es folgen Wiederholungen, Vertröstungen, Hinweise auf das Schöne und schließlich die priesterliche Segnung. Leonardo Sacco, der den Weg des politischen Heiligen von Anfang an als hellsichtiger Kritiker begleitet, nennt Colombos Reden die Fortsetzung der lukanischen Totenklage in der Politik, rituell wird sie bei bestimmten Gelegenheiten angestimmt, und das war es dann in Sachen Reue.[520] Colombo kann auf das bauen, was seiner Ansicht nach das *Volk* der Lukaner im tiefsten Innern ausmacht, auf *seine Religiosität.*[521]
Die Politiker der linken Parteien haben nicht verstanden, dass der schwarze Faden von Magie, Totenklage und Heiligenkult für sie ein Leitfaden hätte sein können. Muss denn immer ein konservativer Politiker den Paten verkörpern? Muss die Einheit der Gemeinde im Zeichen des Heiligen zur politischen Abhängigkeit von der christdemokratischen Partei führen? Beim Studium der Akten einer roten Bruderschaft der zwanziger bis fünfziger Jahre[522] bewege ich mich zurück auf vergessenen Wegen. Ähnliches hätte ich auf den Spuren der Theologie der Befreiung in Südamerika finden

können oder bei der katholischen Arbeiterbewegung Deutschlands im neunzehnten Jahrhundert. Mario, der Kommunist und Bauernführer aus dem *Cantone,* hätte die jungen Funktionäre aus den Städten lehren können, wie man für Landverteilung kämpft und gegen das Elend, ohne den Respekt zu verlieren für Jesus Christus, *Arbeiter wie wir*, und seine Genossen, die Heiligen. Aber die Bauern, die Arbeiter und Emigranten haben sich nicht mit der Kultur der Revolution identifizieren können, und so ist es Colombo gelungen, ein eigensinniges System der Macht aufzubauen, zementiert in persönlichen Beziehungen, in Freundschaft und Patenschaft.[523] Ein historischer Kompromiss der Sozialisten und Kommunisten mit der katholischen Kultur wäre ohnehin zum Scheitern verurteilt gewesen – bis in die siebziger Jahre hinein hätten die Amerikaner ihn nicht geduldet.[524] So trägt eines zum andern bei im Gehäuse der Macht.
Ich habe die *Kundschaft* von Colombo als eingeschworene *Zementfraktion* erlebt, eng verflochten durch Gefälligkeiten. Manches war vielleicht gut gemeint, viele Gaben und Versprechungen verpflichteten die Menschen aber zu immer neuen Bündnissen mit den Mächtigen. Das reichte von der Bevorzugung bestimmter Familien bei der Auszahlung der Erdbebenhilfe bis zur Vergabe von staatlichen Arbeitsplätzen an Bevorzugte. In den fünfziger Jahren muss es ihnen sogar irgendwie gelungen sein, die Auswanderung in die USA zu steuern. Nur wenn die christliche Partei es wollte, konnte man ein Visum bekommen. Kommunisten sollen dabei bevorzugt worden sein, jedes Mal ein politischer Gegner weniger, und man konnte sich damit brüsten, dass andere als die eigenen Leute zum Zug gekommen waren. Colombo begann seine Karriere als *Hohepriester des Gutmenschentums*, der sich und anderen die Gefälligkeiten und die Korruption verbietet. Er predigte gegen den Kommunismus, aber auch gegen die Konsumgesellschaft, weil beides die lukanische Tradition zerstört.[525] In der Basilikata wurde er damit zum Heiligen, und im Funktionärscorps der italienischen Christdemokratie konnte der junge Mann aus Potenza den Meister des rebellischen katholischen Südens spielen. Als er dann im Sturmlauf die Macht

erobert hatte, empfahl Colombo sich seinen Wählern mit beziehungsreichem Lächeln als Mittler zwischen *Uns und Euch*, zwischen den kleinen Gemeinden und dem einen großen Zentrum in Rom.[526] Doch er hinterlässt nur Neubauten, Zementburgen, regellos hingestellt, Wildwuchs der Moderne. Sie gaben tausenden von Maurerbetrieben und Handwerkern, Arbeitern und Ingenieuren Lohn und Brot. Für jede dieser Sozialwohnungen stehen anfänglich hunderte von Familien an.[527] Immer vor den Wahlen werden Grundsteine gelegt und Hilfsgelder aus den Lottoeinnahmen an die Gemeinden ausgeschüttet. In der Frühphase begnügte man sich sogar damit, eine ganz bestimmte Sorte billiger Hartweizennudeln zu verteilen, von den hungernden Bauern sarkastisch *Marke Ährenrest* genannt, *ristalliegg'*.[528] Den Kleinen lässt man, was vom Tisch der Reichen abfällt. Zugleich entstehen unerklärliche neue Reichtümer, vor allem im Finanzwesen und im Baugewerbe.[529]
Die *Entwicklungskasse für den Süden* wird in den Händen des Ministers zu einem Instrument der Wahlbeeinflussung.[530] Mundpropaganda oder fantastische Presseerklärungen über Großprojekte machen die Runde: Der *Geisterflughafen* von Potenza, der *Gespensterstausee* am Monte Vulture, in Petrusillo, sonstwo.[531] Man spricht von einer Politik im Gutsherrenstil, von einer autoritären Fehlentwicklung und von einem Netz mafioser Beziehungen, das die Basilikata durchzieht[532] – freilich muss man sich das wohl nicht als Spinnennetz vorstellen, sondern eher wie zur Betonverschalung verwendete Stahlnetze. Immerhin kann die so verdrahtete Basilikata der Potentiner Männer in ihren Flanellanzügen damit auf eine noch schrecklichere Krake verzichten, die *mafia*, die *camorra*, die *n' dranghete* der Sizilianer, Kalabrier und der Neapolitaner und sogar auf den Geheimen Geistlichen Rat des apulischen Verbrechens, die *Sacra Corona Unita*. Gemordet wird in Lukanien nicht. Konkurrenten, Kritiker und Störenfriede verfangen sich meist irgendwann in Colombos System der Patenschaft und werden integriert.[533] So wird die finanzschwache Basilikata zu einem der größten Kapitalexporteure Italiens, die Ersparnisse ihrer Bewohner gehen in die anderen Regionen, sie lan-

den weder in den Taschen der Verbrecher noch werden sie im eigenen Land investiert. Dafür bleiben die versprochenen Subventionsgelder jahrelang in Rom liegen oder versickern in ungewissen Quellen. Das traditionelle Handwerk[534], die Viehzucht und der Landbau geraten ins Hintertreffen, ohne dass in der Regierungszeit Colombos oder seiner Anhänger irgendein industrielles Projekt in großem Stile dauerhaft Arbeitsplätze geschaffen hätte. Zwei Jahre nach dem Erdbeben von 1980 vereinigen sich sämtliche politischen Kräfte der Basilikata zum Protest, da kaum eine der längst von Parlamenten und Ministerien genehmigten Subventionen und Hilfen ihr Ziel erreicht hat.[535] An dieser Aktion ist Colombo, der sonst immer gerne erscheint, wenn es etwas zu feiern gibt, nicht beteiligt. Erst seit dem Ende seiner Ära, 1991, als in Rom die christdemokratische Macht zerbrach, gelang es, in der Basilikata Industrieansiedlungen größeren Stils durchzuführen. Nun leuchten die Schriftzüge norditalienischer Firmen über den lukanischen Bergen im Abendlicht: *FIAT, Parmalat.* Einige Unternehmen haben allerdings ihre pompösen neuen Zementbauten schon wieder verlassen. Auch in Norditalien versteht man sich auf die Kunst der Versprechungen. Doch immerhin haben die Leute von Ripacandida mittlerweile alle Hilfsgelder erhalten, die man ihnen 1980 versprochen hatte. Der *Alte* soll heute noch die Fäden der lukanischen Politik ziehen, von seinem Alterssitz aus. Bei den Wahlen im Jahre 2001 ist die Basilikata durch ein abweichendes Votum aufgefallen, linksliberal haben sie gewählt, nicht die Konservativen wie fast das ganze übrige Land. Haben die lukanischen Wähler dazugelernt? Oder hat Colombo die Entscheidung getroffen, im Alter zu der christlichen Linken zurückzukehren, der er entstammte, und seine Leute gegen die Macht der neuen Parteien in Rom votieren lassen?

Colombos Passion ist die Macht. Im Niedergang wie in der Wiederauferstehung[536] wirkt er gleichermaßen unzerstörbar. Haben ihn einst die keuschen Mädchen von Stigliano in dieses Rollenspiel gedrängt, als sie ihn in die Arme nahmen, im fernen, nebligen, kalkberieselten 1946? Waren es die Bauern, die seine feurige Rede bei der Einweihung der

Methananlagen beklatscht haben? Oder war es Don Elia, sein Lehrmeister, der fanatische politische Prediger in der Dreifaltigkeitskirche von Potenza? Warum ist aus dem hochbegabten Ministranten kein süditalienischer Mahatma Gandhi geworden oder ein Dissident des Südens, wie Danilo Dolci und Leonardo Sciascia? Hatte er überhaupt eine Wahl? Hat er nur nachgemacht, was ihm intelligentere und berühmtere Parteifreunde vorführten, Aldo Moro, der seltsame Heilige und Kommunistenfreund, entführt und viele Wochen festgehalten von Fanatikern in einem Versteck, geopfert für die Sache des Staates vom Präsidium der Christdemokraten im Jahre 1978[537], wiederauferstanden in der Mitte-Links-Koalition, die Italien regierte zu Beginn des Dritten Jahrtausends?
Oder Giulio Andreotti, *die Fledermaus*, *der Beelzebub*, den man eine Zeit lang wegen mehr als unglaublicher Verbindungen zur sizilianischen Mafia gerichtlich belangte?[538]
Gewalt lauert im Hintergrund. Die roten Bruderschaften konnten zu Roten Brigaden werden, Terrororganisationen der späten siebziger Jahre, und die haben sich wiederum als Handlanger der Mafia entpuppt. Macht ist aufgeschobene Gewalt, vielleicht haben sie in Lukanien zu viel Erfahrung damit und lassen sich darum auf diese Form der Politik ein, vielfach abgefedert durch Bande der Freundschaft und Abhängigkeit. Im Süden, auf Sizilien, und im Westen, in Neapel, kann man das System der Macht vielleicht in weitaus offenerer Rede anklagen, aber dort wird dafür auch geschossen. Zweihundert Kilometer östlich, in Albanien, trägt das System der Familienclane ein vollbewaffnetes Volk, das Ruhe hält, Frieden hält für Europa. Gegen die Politik der Patenschaft und der Freundschaft ist vielleicht gar nichts zu sagen, die Lukaner stehen den albanischen Vettern nahe. In der *weißen Basilicata* des keuschen Colombo behalten letztlich die Bauern Recht, und alle, die sich noch für Bauern halten. Als Anführer wollen sie einen Paten, der ihre Familien aufschließt, einen Magier, der ihnen das Methangas aus der Erde holt, einen heiligen Mann aus Gold, der für sie die Verbindung aufrecht erhält zu den Mächten dort draußen. Dafür nehmen sie einiges in Kauf. Sie sehen sich fast

schon als Anhänger einer Sekte der Armut, der Familie und des Nichtmodernen: *Christus kam nur bis Eboli,* aber Colombo, sein Stellvertreter in Lukanien, fliegt in Potenza ein am Ostermontag und lässt sich die Hand küssen.
Das ist er, da ist er wieder unterwegs, siehst du den Hubschrauber, von Rom direkt nach Potenza. Der Minister! Er hat sich da einen Hubschrauberlandeplatz bauen lassen, so kann er jeden Samstag seine Mamma besuchen und bei ihr essen. Bei so einer Feldforschung erlebt man wirklich Politik von unten. Wahr an dieser Geschichte ist wohl, dass sich der Minister gerne vom Helikopterkommando des XXXI. Sturmes der italienischen Luftwaffe auf sein Ferienparadies tragen lässt, die Insel Ischia.[539] Dämonisch wie ein Mahr in der Gewitterwolke schwebt der politische Heilige über das Land und erweckt Liebe, Widerwillen und widerstrebende Zustimmung, wieder und wieder. Gegen den Widerwillen hat er ein Brechmittel gefunden, die kommunistische Gefahr, und mit all seinem Gerede über das Reich des Bösen[540] und den Kommunismus hat Colombo den Süden, den er gegen den Vorwurf der Zivilisationsferne in Schutz nehmen wollte, ein Stück weiter aus der zivilen Gesellschaft des modernen Italien entfernt.[541] Noch bei den Wahlen im Jahr 1995 schnitten die Nachfolgeparteien der Christdemokraten in der Basilikata so hoch ab wie sonst nirgends in Italien. Mittlerweile sind schon die Zöglinge der Zöglinge des alten Colombo am Werk. Nur sie könnten Schlimmeres verhüten, sagen sie. Wappenträger all der Lukaner wollen sie sein, die den Weg der Tradition gehen und nicht wissen, wie sie das bei den anderen Parteien unterbringen sollen, bei den Faschisten mit ihrem rüden Anspruch auf Gehorsam etwa, oder bei den Linken mit ihren smarten Ingenieuren. Es ist die lukanische Krankheit. In den achtziger Jahren konnte man in Rionero lange Zeit eine Wandparole sehen, auf der sich die kommunistische Jugend als Heilmittel gegen Kopfschmerz empfiehlt, gegen den Schmerz, den der böse Blick der Christdemokraten ausgelöst hat. Daneben ist der Umriss einer deutschen Spalttablette abgebildet. Man spricht von der *weißen Basilikata*. Weiß ist hier nicht die Farbe der Unschuld, sondern des Antikommunismus, das steht der

Der Abgeordnete Emilio Colombo, Das »Ei des Kolumbus« der Basilikata

Basilikata ebenso zu Gesicht wie das Unschuldsweiß der Taufkleidchen, auf die Don Peppe noch ein rotes Kreuz schneidern ließ, das Wappen der christdemokratischen Partei. Selbst Kommunisten müssen zulassen, dass ihren Kindern in diesem wichtigen Moment das Siegel des ehrenwerten Colombo aufgedrückt wird.

Politik ist körperlich, magisch. Emilio Colombo hat fünfzig Jahre lang gezeigt, wie das geht. Aber was hat er bewegt, oder wer hat ihn bewegt? Durch die Schriften seines Intimfeindes Leonardo Sacco wandert das banale Bild vom *Ei des Kolumbus*. Auf Italienisch heißt der Entdecker Amerikas Cristoforo Colombo. Ein Ei hat Sacco auf den Buchdeckel seiner Schrift über den Minister drucken lassen, und es gibt Karikaturen, die Colombo mit eiförmigem Kopf darstellen und diabolischen Gesichtszügen. Hinter diesen Spielereien scheint mir ein ganz ernsthaftes Grübeln über das Rätsel der Macht zu stehen, über Geschichte als Geschehen und als Entscheidung, über Huhn und Ei. Was steckt hinter den glatten, regelmäßigen, eierschaligen, auch im Alter erstaunlich jugendlichen und völlig ausdruckslosen Gesichtszügen des politischen Heiligen der Basilikata? Warum war dieser Mann so erfolgreich, wenn er doch in den Provinzen Potenza und Matera so viele Entwicklungen behindert hat? Ungestraft darf man vom deutschen Kanzler Kohl behaupten, dass seine Macht vor allem auf geduldiger *Gesindepflege* beruht hat, auf politischen Freundschaften in allen Bereichen des politischen Lebens, in jedem Wahlkreis der Bundesrepublik.[542] Der amerikanische Präsident Clinton ließ zur Wahrung seiner politischen Freundschaften eine Computerdatei aufbauen, in der die Sponsoren seiner Wahlkämpfe verzeichnet sind, verbunden mit einer Buchhaltung über den Tausch von *Information* und *Ressourcen*, von Spenden gegen Gefälligkeiten.[543] Im Falle Colombos sind männerbündische Macht und religiöse Gefühle vielleicht noch dichter verrührt worden zu einem ganz besonderen Saft. Als dem neuen italienischen Politiker Silvio Berlusconi das erste Mal Verhaftung drohte, berief er sich auf *das Salböl der Macht*, er sei als politischer Führer unantastbar. Der Anführer der *Forza Italia* hat dieselben rätselhaft glatten und unberührten Gesichtszüge, die uns auch beim Ei des Columbus aufgefallen sind. Vielleicht ist das der Typ des Politikers in agrarischen Gebieten, die schnell industriell und technologisch aufgerüstet worden sind: glatt wie ein Heiliger der alten Religion, scheinbar unberührt vom historischen Wandel, zugleich völlig neu, ein unbeschriebenes Blatt. Berlusconi hält seit Jahren schon durch alle Skandale hindurch eine recht stabile Wählerschaft. *Die Macht nutzt den ab, der sie nicht hat*[544], soll Giulio Andreotti immer gesagt haben. Wer hier wen abnutzt und benutzt, es ist schwer zu sagen. Letztlich sind wir alle dem Abnutzungsprozess der Zeit unterworfen, der die Menschen zu Asche macht und die Welten auflösen wird in dünne Luft, und auch die Politiker, die im Alter immer noch so frisch aussehen wie aus dem Ei gepellt. Colombo ist der dämonische Heilige der schlägt und schwebt, er ist der gute Hirte und der schlechte Priester zugleich. Das, was in den USA und in Deutschland verdeckt existiert, wird offen ausgebreitet im Alltagsgerede der Lukaner. Doch für jeden Außenstehenden, sei es ein lukanischer Intellektueller aus Matera wie Leonardo Sacco oder ein Norditaliener wie Carlo Levi, sei es gar der deutsche Folkloreforscher Thomas Hauschild, erscheint die Macht des Ministers wie Hexenwerk. Was am Ende des Jahres 1999 gegen den ehemaligen Staatspräsidenten Andreotti vor Ge-

»Schwarze Magie«: Im Hexenkessel der Beziehungen bringt der berühmte italienische Nachkriegspolitiker de Gasperi die Sozialdemokraten vom Plan einer Linksregierung ab. Karikatur von Carlo Levi, 1947

richt verhandelt wurde[545], hat man mir schon in den achtziger Jahren in Ripacandida auf der Straße erzählt: *Politiker sind Verbrecher*. Aber dadurch wird die Macht nur noch rätselhafter und letztlich anziehend. Mit seinem starren, maskenhaften Gesichtsausdruck und dem sorgfältig zurückgekämmten Haar erinnert mich der ewige Minister an den *dottore*, jenen Magier, der Tag für Tag am Ortseingang von Ripacandida auf seine Kunden wartete. Der *dottore* hat sein Geheimnis mit ins Grab genommen, nachdem die Steuerfahndung den Magier festsetzen musste und wieder freigelassen hat in Erwartung einer hohen Strafe. Ob Colombo im Verhältnis so viel Geld gehortet hat wie dieser legendäre ländliche Magier mit seinen immerhin zwei, drei Millionen Euro? Am Ende bleibt von all dem Gerede über Tod und Teufel nur dieses Geld, und das ist schnell wieder ausgegeben.
Aus der Asche der lukanischen Volkskultur haben Priester den Zement der Macht gerührt – aber können sie mit dem

Ergebnis zufrieden sein? Leonardo Sacco, der Dissident der Basilikata, schließt sein Buch über den *Zement der Macht* mit einem Spaziergang in das historische Zentrum von Potenza, zur Dreifaltigkeitskirche. Dort hat Don D'Elia einst seinem Ministranten Emilio Colombo die katholische Politik beigebracht. Vom Erdbeben des Jahres 1857 schwer geschädigt, wurde das romanische Gotteshaus nach jahrzehntelangen Restaurierungsarbeiten 1974 feierlich wiedereröffnet. 1980 kam das nächste Beben, und kürzlich konnte ich die frisch restaurierte Kirche besichtigen, das war im Jahre des Herrn 1999. Der niedrige, gedrungene Dom passt gut zu dem, was vom alten Potenza übrig geblieben ist. Im Winter legt sich das Eis über die Stadt, so dass die schweren Häuser auf ihrem Hügel enger zusammenrücken müssen wie schwarze Vögel in einer Schneelandschaft. Doch der Zauber der Vergangenheit ist zerstört. Gleich hinter der Kirche erheben sich die Hochhäuser der *Piazza della Prefettura, brutal … angeberisch, parvenühaft und metallisch,* wie ein katholischer Historiker klagt, *es sind nur ein paar Schritte … aber man glaubt, Jahrhunderte zu durchqueren.* Doch da fährt Leonardo Sacco dazwischen, ich sehe ihn vor mir, ein gedrungener alter Mann, der sich mit klobigen Händen über den blassen Schädel streicht: *In Wahrheit sind es nur dreißig Jahre!* … *dreißig Jahre unter einem einzigen, unverwechselbaren Markenzeichen: Es ist das politische System… so wie es von seinem wichtigsten Repräsentanten geschaffen und geleitet wurde.*[546] Das ist Colombo, wie er sich geschaffen hat und wie ihn die Leute sich geschaffen haben, nach ihrem Bild. Dieser Politiker und seine Leute sind aus diesem Land hervorgewachsen, aus dieser katastrophischen Landschaft, die auch den Heiligen beherbergt, der schlägt und herumfuchtelt mit einem gebrochenen Glas, und trotzdem hält es den Wein.

20. Der Nachtmahr

Die Feldforschung geht dem Ende zu. Ein letztes Mal streife ich mit Gino durch die Gassen des *Cantone*. Hier kennen

sie ihn seit seiner Kindheit, er ist der Signorino, der ihre Sprache spricht. Und mich kennen sie nun auch schon lange, von all den Wallfahrten, Prozessionen, vom Sprechen und Essen. Gino fantasiert von pittoresken Plätzen und wo man ein Museum einrichten sollte. Plötzlich fragt er mich: *Haben sie dir eigentlich auch mal von dem scazamauriegg' erzählt? Das ist so ein komischer kleiner Kerl, der nachts in die Häuser kommt.* Ich weiß nicht einmal, was das Wort bedeutet, habe es nie gehört. Wenn man über Gerede forscht, gibt es einen Punkt der Sättigung. Dann tischen einem die Leute nichts wirklich Neues mehr auf, dann ist die Forschung abgeschlossen, auch wenn im Meer der Wörter nichts wirklich zu Ende geht. Aber jetzt wanken die Pflaster von Ripacandida unter mir. Gerade noch konnte ich das Gefühl haben, dass ich dazugehöre. Und nun erzählt mir Gino plötzlich von diesem komischen kleinen Kerl, der den Leuten nachts in ihren Betten erscheint, sie wissen nicht richtig, ob sie träumen oder wachen. Er setzt sich auf ihre Brust und nimmt ihnen den Atem. Er hat ein rotes Mützchen auf. Er wird immer schwerer auf der Brust, *aber eigentlich will er nur spielen.* Der Ethnologieprofessor in meinem Kopf kommentiert: *Koboldglaube, Albdruck, Inkubus, Nachtmahr, also doch, wie es schon bei de Martino*[547] *steht. Und ich dachte, damit wär's seit den fünfziger Jahren vorbei.*
Der *scazamauriegg'* gehört zur großen Familie der Mahre, die schönen Frauen, die in unseren Küchen umherstreifen, die Hexen, die unser Blut in den Adern erstarren lassen und die Magier, die es auf unser Geld abgesehen haben. Der kleine Mahr will *nur spielen*. Bei Carlo Levis Leuten in Aliano nannten sie ihn *das Mönchlein, il monachicchio.*[548] Gino lacht, er lacht mit unbewegtem Mund wie die anderen, die ich nach dem Mönchlein fragen werde, noch und noch. *Ja ja, der scazamauriegg'*, und sie lachen wieder so seltsam, *der will nur spielen* ... Wenn man ihm sein rotes Mützchen absetzt, fängt er jämmerlich an zu greinen wie eine Katze und gibt einen Schatz her für das Mützchen. Linda hat als junges Mädchen ein Mönchlein erlebt. Erst hielt sie das, was sich da nachts auf ihr breit gemacht hatte, für eine Katze. Sie machte das Licht an, es war nichts zu sehen, aber sie

hörte ein Kindchen weinen. *Es hatte nicht das Gesicht einer Katze. Es hatte das Gesicht eines kleinen Kindes ... es wollte spielen. Das sind die toten Kinder, aber sie werden so schwer, als wollten sie dich ersticken. Jetzt kommen die nicht mehr zu mir, denn ich habe zu viele Waffen im Haus.* Damit meint Linda die Mordwerkzeuge, die sie bei ihren Kuren benutzt. Auch dieser Mahr entpuppt sich als Totengeist, ein kleiner eben. Ein *Mönchlein* begleitet das Standbild des Heiligen Donatus. Jetzt erst verstehe ich, dass nicht nur die Donatuskinder allgemein damit gemeint sind, sondern auch die Donatuskinder in einem ganz bestimmten Zustand, abgetrieben und abgegangen, fleischgewordene Reue der Fehltritte ihrer Mütter.
Der *scazamauriegg'* oder *scazamoriello* ist der kümmerlichste Abkömmling vom Stammbaum der lukanischen Totengeister. Das Wort erscheint in den Dialektwörterbüchern nicht, vielleicht aus demselben Grund, aus dem heraus ich auch erst so spät von seiner Existenz erfahren habe. Aber in Neapel kennen sie einen Kobold namens *mazzamauriello*[549], den haben die spanischen Eroberer dort eingeschleppt, *matamorillos, matamoros* heißt wörtlich *Mohrentöter, Soldat, Aufschneider* – es sind die teuflischen Legionen des einen, der so viele Namen hat und den man nicht nennt, weil er sonst schon im Spiel ist. Es ist die Reue, die Erinnerung an ein noch so fernes Schlachten und Morden, auch wenn die Opfer Ungläubige waren, Heiden. Der Teufel hat viele Gesichter. In der großstädtischen, oberschichtlichen, kirchlich geprägten Tradition wurden die gutbösen Totengeister des Hinterlandes nach den Armeen des ewigen Kampfes zwischen Gut und Böse geordnet – die Neapolitaner kennen ja auch nicht nur den *bösen Blick,* den jeder mal haben kann, sondern auch die *Rasse der jettatori,* der Leute mit dem bösen Blick. Der *scazamauriegg'* ist klein, aber mit den machtvolleren Mahren des alten Lukanien hat er immer noch viel gemein: dieses seltsam verdrückte Leben zwischen Leben und Tod, die hohe Fistelstimme, das nächtliche Umherschleichen in fremden Häusern, die Verwundbarkeit und zugleich die Macht über den Körper der einfachen Sterblichen. Seine gewaltigen Ver-

wandten sind vom Kaliber des Heiligen der schlägt. Mahre waren einst so mächtig wie die Grafen von Ripacandida. Die Leute erzählen, dass *der Graf* Mädchen vor der Hochzeit in sein Bett schleppen ließ. Aber der Blaubart mit seinem Recht der letzten Nacht hat keinen Namen, man will ihn als Person nicht erinnern, und so kann er auch nicht wiederkehren. Wie die Mahre manchmal aus den Gewitterwolken auf ein Messer am Boden heruntergezogen werden, so hat ihn einst ein Bräutigam erledigt, mit dem Messer. An Stelle seiner Braut in Frauenkleidern war er zum Rendezvous mit dem Besitzer der Gemeinde erschienen. Das Kastell thront heute tot und leer über der *piazza* von Ripacandida, seit sie bei Kriegsende das letzte adelige Fräulein dort umgebracht haben. Sie soll ein Huhn besessen haben, das goldene Eier legte. Der Ort ist nicht geheuer, nur selten wird das Kastell von Baukommissionen und Ingenieuren betreten, die bald unverrichteter Dinge wieder abziehen. Das Schloss ist einfach zu groß für die Zukunftspläne einer so kleinen Gemeinde, und die Menschen dort hängen bis heute nicht gerne ihr Herz an diesen uralten Bau, auch wenn sie wissen, dass man ihn zur Touristenattraktion ausbauen könnte. Das letzte Adelsfräulein im Kastell von Ripacandida ist namenlos. Der Adel ist zur Hölle gefahren mit all seiner Macht. Aber ein kleiner Vetter der großen Alten lebt, hat einen Namen und stiehlt ab und an den Leuten die Luft.
Diesem Kobold hätte ich nach all meinen schlaflosen Feldforschungsnächten gerne sein lächerliches Hütchen vom Kopf gefegt, denn er stört den Eindruck der Vollständigkeit meiner Datensammlung. War ich vielleicht zu ernsthaft gewesen mit meiner Fragerei? Oder hatte ich zu verklemmt gefragt, aus Angst, irgendwelche Hemmungen zu berühren? Nimmt man dem kleinen Kerl das Hütchen weg, fängt er an zu weinen und zu jammern, denn *da steckt seine ganze Kraft drin*. Bleib bei deinem eigenen Schwanz, *Stai per il cazzo tuo*, auch das ist ein süditalienischer Fluch. Bleib bei deinem eigenen Schatz, bleib bei deinem eigenen Albdruck und lach über deinen eigenen Kram. Manche Dinge sollen nicht erforscht werden, vielleicht der Peinlichkeit des roten Hütchens wegen. Es geht um nächtliches Gestöhne und

Kontrollverlust. Claudia meint, das mit dem Kobold sei nicht übernatürlich, sondern *etwas Körperliches, medizinisch erklärbar.* Armando, arbeitsloser Verwaltungsangestellter, sitzt dabei. Er verteidigt heftig das Geheimnis des roten Mützchens gegen Claudias Materialismus – nach sieben Jahren erfolgloser Verlobung mit dem späten Mädchen hat er vielleicht allen guten Grund dazu. Ich war zu humorlos zu Werke gegangen, zu peinlich darauf bedacht, nicht anzuecken. Aber die Leute haben mir geholfen, allen voran Gino, denn so verklemmt ist hier kaum jemand, dass er nicht über den nächtlichen Kobold reden will oder kann. Sie wissen um das ungeheure Potential der Machtausübung, das sich unwillkürlich aufbaut und zugleich von Menschen gemacht wird, zwischen dem freien *Willen* des Geistes und den *unfreiwilligen Aufstellungen*[550] des Körpers, in körperlich-seelischen Einzelschicksalen und kollektiven Ritualen. Sie wissen um die antike Lebenskunst, aus der alles andere erwächst, Staat, Kirche und jede Macht.
Nach langer Zeit bin ich erstmals wieder im Winter in Ripacandida. Das ziellose Umherwandern auf den nassglänzenden alten Pflastern lässt Gino und mich in die Vergangenheit zurückkehren, in die Zeit meiner Forschung. Wir sprechen wie immer schon, wie junge Leute, ohne Vorbehalte, erzählen, lachen und so halten wir uns bei Laune in den Nebeln der Piazza. Donato stößt zu uns, auch er ein bisschen verfroren. Donato ist einer der *ragazzi* aus der Zeit meiner Forschung, ein Freund. Bauer ist er geworden, moderne Landwirtschaft treibt Donato zusammen mit dem Bruder, der hat in den USA gesehen, wie man das macht. Donato ist jetzt ein nachdenklicher, fast melancholischer Mann in den Dreißigern, unverheiratet lebt er mit seiner alten Mutter unter dem Antoniuskirchlein am alten Ende der Piazza in einer Grottenwohnung. Giovanna kommt dazu, sie macht Nachtschicht bei Fiat. Wir schreiben fast schon das Jahr 2000 und ich bin für Giovanna zu jemandem von früher geworden, aus der alten Zeit, so wie auch mir früher die Menschen in den Vierzigern alt vorkamen. Giovanna kenne ich nicht, sie war noch zu klein, als ich in Ripacandida gelebt habe. Sie hat zwar von mir gehört, aber sie

muss mich jetzt doch mal ausfragen über meine Arbeit. Ich berichte vom alten Kult des Heiligen, von meinen Fahrten in die Berge zu den Pilgern mit den kranken Kindern, von den Heilerinnen, die Giovanna nicht mehr zu kennen scheint. *Glaubst du dran?*, fragt sie, *hast du so etwas schon erlebt?* Da sage ich, dass ich nicht dran glaube, aber dass ich im August vor vielen Jahren spät nachts um drei oder vier Uhr dem blassen und kalten Nachbarn begegnet bin, als ich von Ginos Hochzeit zurückkam. Der Nachbar wollte mich unbedingt einladen nach Hause aber ich war zu müde und fand, dass es zu spät war, und erst am nächsten Morgen habe ich verstanden, dass er und seine Frau tot sind seit Jahren. Wir lachen und lachen doch nicht und dann sagt Donato, der sonst nicht viel redet: *Aber kennst Du die Sache mit dem scazamauriegg'? Den gibt es wirklich. In den letzten Wochen habe ich das ein paar Mal erlebt, nach dem Mittagessen bin ich auf dem Sofa eingeschlafen beim Fernsehen, und dann hat sich auf einmal alles gedreht, wie im Tunnel habe ich mich gefühlt, und in der Mitte, im Strudel, da war das Mützchen, ganz rot und mein Atem ging schwer, es war ein Gewicht auf meiner Brust, ganz seltsam.* Donatos Vater war Kommunist, und der Sohn arbeitet täglich mit sehr modernen großen landwirtschaftlichen Maschinen. Donato geht nicht zu Magiern und in der Prozession läuft er mit, weil es sich für alle so gehört. Allein ist er, unverheiratet, das hat Folgen auf die Dauer, der Körper verselbständigt sich[551] – so kann man das *medizinisch erklären* wenn man will, aber Donato hat es einfach erlebt und das war es. *Kommt, Jungs, jetzt wird es unheimlich,* lacht Giovanna und fröstelt, *gehen wir lieber in die Bar, ich lade euch ein, wir trinken ein Bier mit Thomas.*

Den *scazamauriegg'* werde ich wohl nie wieder los. Ich wache auf, wieder ist da dieses Geräusch, auf und ab, es flattert seltsam, ich weiß nicht, ob in meinem sausenden Kopf oder dort draußen im Dunkeln. Doch, es ist in mir, ich spüre einen Druck auf meiner Brust. Das Geräusch ist mein eigener Atem, den ich ängstlich beobachte, und mein Herz das klopft, oder nicht? Das ist eine meiner frühesten Erinnerungen. Um mich her ist Dunkel, und ich höre, fühle mei-

nen Körper und habe Angst, weil ich begreife, dass ich auch nur ein Ding bin, allerdings ein Ding, das lebt. Viel später habe ich erfahren, dass meine Mutter damals zur Nachtschicht in eine Schokoladenfabrik gehen musste. Sie war sehr jung und konnte sich nicht vorstellen, dass ein kleines Kind merkt und begreift, wenn es nachts allein ist. Das Nachbarsmädchen, das auf mich aufpassen sollte, war nicht immer greifbar. Ich sehe die großen rohen Osterhasen noch vor mir, die meine Mutter manchmal als Bruch mit nach Hause gebracht hat und erinnere mich, dass mir der Geruch der Schokolade nach einiger Zeit ekelhaft war. Es war zu viel. Aber den richtigen Osterhasen mit seinem frechen Grinsen, aufgestellt in der riesigen schimmernden Wiese, den mochte ich, und so konnte ich mich doch noch mit dem Kobold der Ripacandidesi anfreunden. Er will nur spielen. Es ist nicht wichtig, es ist, als wenn man sich selbst berührt in einer schwerblütigen Nacht.[552]
Krise des Da-Seins nennt Ernesto de Martino[553] diese Zustände. Das Land der Erdbeben und Erdrutsche ist gesegnet mit Krisen. Aber es betrifft alle Menschen, wir begreifen uns und dabei wird uns klar, dass der Moment schon wieder vorüber ist und dass die Zeit weitergeht, direkt zum Tode hin. Wenn ich unruhig meine Atemzüge beobachte, habe ich mich in zwei Wesen geteilt, die sich gegenseitig belauern in der Nacht. Menschen, die gefährdet sind, die zu hart arbeiten müssen oder hungern und ständig die Nähe ihrer Genossen ertragen, verfallen leichter in eine sehr körperliche Form der seelischen Krise als andere. Aber auch uns Heutige kann sie erfassen, beim sinnlosen Blick auf den Rückspiegel des Autos, im Stau, bei der so und so viel tausendsten Fahrt vom Haus zur Arbeit, von der Arbeit nach Hause. Es ist nicht so, dass wir unendlich leben werden, nur unsere Autos, Häuser, Flugzeuge und Straßen wirken so, als wären sie für die Ewigkeit gemacht. Im Mittelmeerraum kann es ganz schnell geschehen, dass sie nicht mehr so aussehen, die schönen Dinge. Aber brüchig ist alles Menschliche, überall auf der Welt. Eine fahrige Berührung der eigenen Haut, ein Seufzer, und wir sind in der Krise des Da-Seins. Dann ist es gut, ein Gegenüber zu haben, in dem wir diese

Bedrängnis erkennen. Wir geben uns hin, damit wir nicht verloren sind an Schlimmeres. Menschen brauchen ein Gegenüber, und wenn es ein winziges schwarzes Paket ist, von dem wir behaupten, es sei unsere zweite Haut, oder ein Püppchen aus Stoff, übrig geblieben aus der Kindheit, oder ein Tier oder ein Apparat, mit dem wir sprechen, als sei es ein Mensch. Dieses andere kann auch eine Spiegelung oder Vergrößerung unserer eigenen Person sein, ein Gott aus Stein oder Wörtern, ein König, ein Heiliger, ein Star. Dieses Gegenüber nach Bedarf zu vergrößern und zu verkleinern, ist die wahre Kunst. Herrschaft ist, den Herrn oder das System so in der Gewissenspein und im körperlichen Erleben der Menschen haften zu lassen, dass sie sich daran gewöhnen und folgsam werden – bis schließlich die ganze Macht wieder zerfällt ins Nichts der Zeit, und bloß noch ein komischer kosmischer Kobold übrig ist mit seinem roten Mützchen. Er will nur spielen.

Es ist das seltsame Mönchlein, das den Heiligen Donatus begleitet. Es steht für die Kinder, die nicht richtig reden können und Krämpfe haben und die man lieber los wäre, *nimm es, oder lass' es gesund werden …* Doch der böse Wunsch bleibt nicht ohne Folgen, die Lust, durch die das schlechte Kind hervorgebracht worden ist, sucht uns wieder heim und wir müssen schwer atmen, um noch Luft zu haben. De Martino haben sie 1952 in Grottole erzählt, man könnte den Nachtmahr dazu bringen, dass er seinen Schatz ausspuckt, wenn man ihm das Mützchen wegnimmt und ihm einen Pflug zeigt, kein richtiger Pflug, ein ganz besonderer.[554] Es ist vielleicht derselbe kleine *vomero*[555], den man manchmal auch Sterbenden gezeigt hat, um ihnen den Tod zu erleichtern, um sie zum Bruch zu bringen, so, wie der Pflug die Erde aufbricht. Ein letztes Mal wird getauscht, diesmal muss der röchelnde Bauer sterben, diesmal muss der Mahr sein Gold in die Kelle des Pfluges legen, dann darf er endlich verschwinden mit seinem Mützchen, bis zum nächsten Mal. Es wird getauscht und gekotzt, gestorben und geboren. Aus solchen Rhythmen, Bildverknüpfungen und Körperzuständen bezieht die lukanische Tradition ihre Tiefe und ihren Sinn. Wieder und wieder können die Priester sich daran nähren

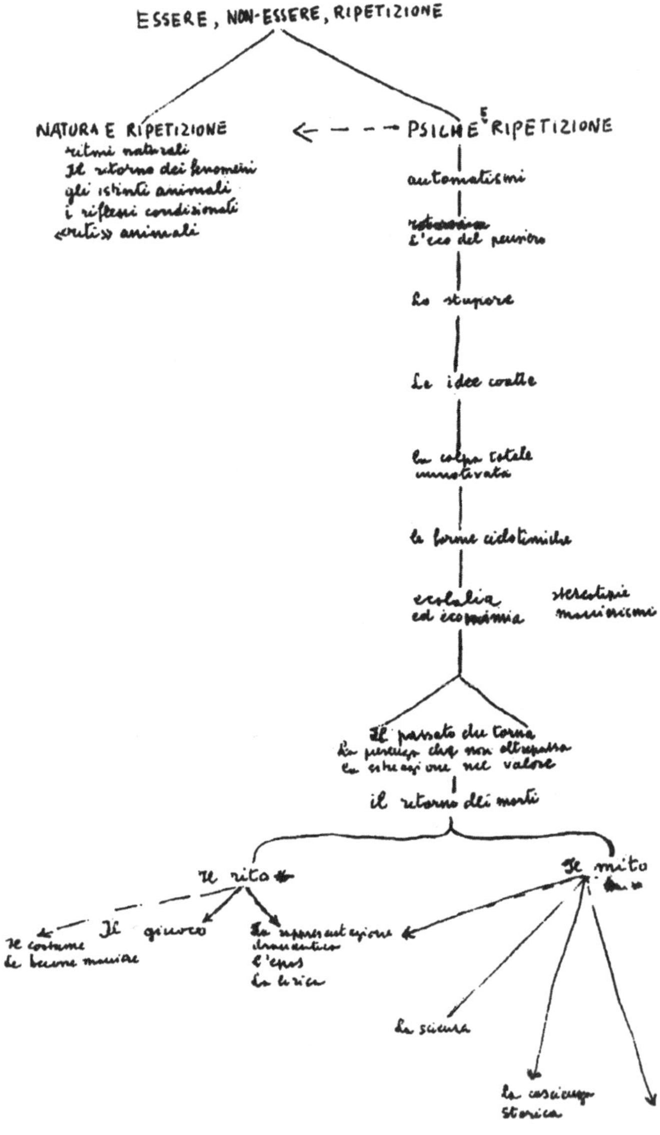

Schemata aus De Martinos Nachlass, Prozesse der Wiederholung in der Natur, Wiederholungszwang beim Menschen, Sein und Nichtsein

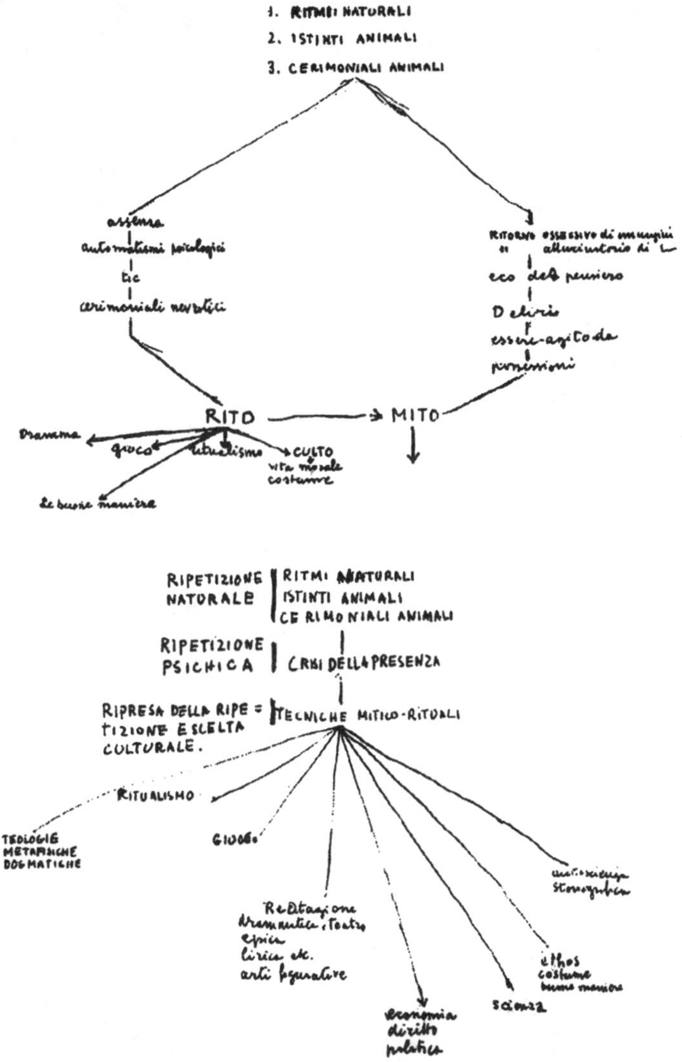

Schemata aus De Martinos Nachlass, Rhythmen der Natur, Instinkte und Rituale bei Tieren, Ritus und Mythos beim Menschen

mit ihren Bildern. Sie stellen dem Mönchlein den Bischof zur Seite, der es riesig überragt. Wer war zuerst da, der Bischof oder der Mönch, Maria Magdalena, die erste Heilerin, oder die Apostel des Herrn? Man wird es nicht mehr entscheiden können, aber mir kommt es hier darauf an, die Sache einmal von unten her zu betrachten. Die Religion des Volkes kann und will sich nicht verteidigen gegen den Machtanspruch der Kirche, denn hier zählen zunächst einmal der Schutz und die Fortzeugung des Lebens, nicht die Macht, die man auf das Leben bauen kann. Die Tage der Bauern sind arm und kahl gewesen, unter dem unbestechlichen Himmel des miserablen Lukanien vergangener Zeiten. Sie träumten vom Gold, aber ihre Nächte waren erfüllt von Seufzern und Gelächter und dann hat es wieder Kinder gegeben und die können auch noch etwas davon erzählen, heute noch, obwohl nun fast jeder schon ein bisschen Gold auf die Seite gebracht hat.
Meine Zeit in Ripacandida ist um. Ich durchwandere die Kirche von San Donato. In der Türfüllung des Eingangs ist eine helle Fläche sichtbar. Als ich nach Ripacandida kam, war dort noch ein Loch, und über dem Loch war ein Balken, der Stutzen für die Donatuswaage. Mit dieser Waage wurden zitternde Kinder gehalten und als Gegengewicht eine Ladung Korn für die Nonnen. Das Korn haben sie damals, vor langer Zeit, *früher, früher, tanne, tanne,* in das Loch geschüttet, es mündete direkt in den Vorratskeller des Klosters. Auch für mich gibt es jetzt schon ein *früher* in Ripacandida. Ich trete ein, hier ist das Weihwasserbecken, an dem ich eine kleine Taufe an mir selbst vornehmen und meinen Körper frisch versiegeln kann gegen das Böse. Ich wandere an den altertümlichen Fresken vorüber. Mit merkwürdig langen, schmalen Händen weisen die gotischen Menschen aufeinander und auf die Katastrophen, die sich zwischen ihren hohen Gestalten auftun, Weltuntergang und Weltrettung. Es folgen die Gedenktafeln für den bleichen Nebenheiligen, schöne Damen und galante Herren haben sie setzen lassen. Davor steht das seltsame Gerät, an dem ich eine elektrische Kerze entzünden kann. Ich werfe ein Hundertlirestück ein. So kann ich auch ohne den Beistand des Priesters ein Opfer

bringen und die Heiligen erfreuen. Mein mickriges Licht flackert zum Heiligen empor, im Halbdunkel steht er da, still und schwer, das pausbäckige Mönchlein zur Seite. Er hat den rechten Arm erhoben und winkt mir zu, aber in der Linken hält er den Stock bereit. Den Blick hat er über mich hinweg in ein milchiges Nichts gerichtet. Bilder sind die Stärke und zugleich die Schwäche der katholischen Religion. Beziehungslos stehen sie im Raum, wenn wir sie nicht miteinander verbinden, mit ihnen sprechen, sie beschenken. Verlust der Mitte und endzeitlicher Kampf gegen das Böse halten sich die Waage. Nun kann sich alles ins Beliebige auflösen, aber es stehen auch die Mittel bereit für einen Neuanfang.

Durch diese kleine Tür könnte ich das Kloster betreten. Hinter dem Eingang wird Schwester Enza sitzen und *abitini* nähen. Enza bewacht die Sammlung mit der Donatus-Ausrüstung und den Donatus-Shop: Amulette, Bilder, Plastikaltärchen mit elektrischer Beleuchtung, Heftchen mit der Lebensbeschreibung des Heiligen. Einige Zimmer weiter sind Hunderte von Fotografien, Silbertäfelchen und abgeschnittene Zöpfe ausgestellt, und es bauschen sich die Donatusroben. Dann folgen die Aufenthaltsräume der Nonnen, wo wir so oft Karten gespielt und gefeiert haben oder einfach nur geredet, und dort ist auch der Kindergarten, wo jedes Kind von Ripacandida lernt, dass es außer Verwandten und Gevattern noch mindestens eine andere Welt der Erfahrung gibt. Ich habe mich aber schon verabschiedet von den Schwestern, also wende ich mich ab, gehe meinen Weg zurück durch die dunkle Kirche und setze mich noch eine Weile in die letzte Reihe des Gestühls. Der heilige Saal ist menschenleer. Die Italiener werden weiter ihre Kirchen haben und die Geschichten von den Heiligen und die Feste. Vielleicht wird es weniger Besucher geben, aber auch wenn die Feste ausgestorben sind, wird es noch eine Weile die Standbilder geben.

Christus kam nur bis Eboli. Carlo Levi hat das Süditalien der dreißiger Jahre auf diesen Nenner gebracht. Eboli ist eine Provinzstadt an der Grenze zwischen dem Einflussbereich der Metropole Neapel und dem lukanischen Hinterland. Der

Buchtitel wurde oft missverstanden, so als sollten die Menschen hinter Eboli noch ohne die christliche Religion sein. An einigen Stellen neigt Levi selbst dieser Deutung zu. *Christus ist hier nie angekommen, und auch nicht der Begriff der Zeit, nicht die Individualität, nicht die Hoffnung und die Wechselbeziehung zwischen Ursache und Wirkung, nicht die Vernunft und nicht die Geschichte.* Aber wenn der Schriftsteller sich genau an die Aussagen der Bauern von Aliano hält, hört sich das wieder anders an. *Christ heißt in ihrer Sprache »Mensch«. Und der sprichwörtliche Ausdruck, den ich so oft gehört habe, ist in ihrem Mund wahrscheinlich nichts mehr als der Ausdruck eines Gefühls der Verzweiflung und Minderwertigkeit. Wir sind keine Christen, wir sind keine Menschen, wir werden nicht als Menschen angesehen, sondern als Tiere …*[556] Sie fühlen sich als Menschen, als Christen, die von anderen betrachtet und behandelt werden wie Tiere. Wer über die Abwesenheit von Christus spricht, denkt bereits in christlichen Begriffen. Lukanische Bauern haben wie alle Menschen eine klare Vorstellung von Ursache und Wirkung, schließlich bestellen sie erfolgreich ihr Land. Allerdings sind sie manchmal mit ganz anderen Ursachen und Wirkungen befasst als andere Europäer, die dafür eigene Themen der Unvernunft kultivieren, zum Beispiel die Astrologie, die Rassenlehre, den Marxismus-Leninismus oder den digitalen Aktienmarkt.

Sie lassen uns arbeiten wie die Tiere, oder *Wir hacken die Erde, wie Tiere.* Fünfzig Jahre nach Levis Verbannung in die Basilikata sagen das alte Bauern zu mir, während sie mit den Händen über ihre arthritischen Knie streichen. Sie sagen damit nicht, dass sie sich für Tiere halten. Levis Bauern hielten sich auch nicht für Heiden. In der Schieflage der Weinberge kann man oft nur auf allen Vieren arbeiten und es gibt besondere Hacken mit verkürztem Stiel, damit können sie im Schlamm wühlen, damit schließlich Wein entsteht, der für einen Hungerlohn nach dem Norden verkauft wird, zum Essigmachen. Sie hoffen, dass am Weihnachtstag ein Kind geboren wird, das uns alle erlöst. Sie hängen an diesem zerbrechlichen Kind, und sie ahnen, dass manchmal gleichzeitig noch ein anderes Kind zur Welt kommt, das Monster

mit dem schiefen Kopf, der Werwolf, *geboren vor Jesus*. Es ist nicht getauft und badet dafür in unreinen Wassern. Jede Religion hat ihre Gegenreligion. In Italien haben sie den Süden zur Gegenreligion des Nordens ernannt, obwohl der Norden noch mehr als der Süden den Göttern des Geldes, der nackten Hintern und anderer Naturschönheiten huldigt. 1997 hat der Separatist Umberto Bossi prominente Katholiken aus seiner Nordliga vertrieben. Anschließend gründete er auf einer mystischen Reise den Fluss Po entlang ein neues Reich des Nordens, Padanien. Seltsame Rituale der Flusstaufe spielten dabei eine Rolle. Bossi ist ein Senator der Italienischen Republik. Zu seinem Gefolge zählen Professoren, Manager und hohe Verwaltungsbeamte. Die Süditaliener bezeichnen sich als Ausgeschlossene, weil sie dazugehören wollen. Es fällt ihnen schwer zu ertragen, dass sie als Anhänger fremder Götter betrachtet werden, einer heidnischen Religion, während das Treiben der Lega Nord nicht weiter kommentiert wird. Dabei lebt das antike Heidentum im Süden allenfalls als Katholizismus fort und ist davon nicht mehr zu lösen. Wie beim Gegensatz zwischen dem vernünftigen Deutschen und dem verrückten Italiener, muss hier einer dem anderen den Wilden verkörpern. Und dabei steckt in uns allen das Tier, das zitternde, speichelnde, gierige, angstvolle Tier – wenn eines klar ist, dann das.
Die Norditaliener können sich mit ihrem Gerede über den Süden, der das Licht der Vernunft noch nicht gesehen hat, auf eine jahrhundertealte Tradition der deutschen, französischen und englischen Beschreibung des *meridione* stützen.[557] *Ein Paradies, das von Teufeln bewohnt wird,* hat Alexandre Dumas Süditalien genannt. Das fällt wohl in die Sparte all der Juden, Neger, Slawen, Zigeuner und Orientalen, die man sich gerne vorstellt, wenn man glaubt, im Zentrum des Kontinents zu leben. Die Süditaliener haben über andere Weltgegenden nicht so viel zu sagen – obwohl sie oft weiter gereist sind als die Leute des Nordens. Sie haben sich bemerkenswert zurückgehalten, was die Produktion von Fremdheit angeht. Lange begnügten sie sich mit ein paar Heiligen, Werwölfen oder Hexen und mit ihrem fernen Gott. Römer, Vandalen, Normannen, Byzantiner,

Araber, Albaner, Spanier, Franzosen und immer wieder die Deutschen – die Bewohner der Halbinsel haben vielleicht zu viele wirkliche Fremde gesehen um sie noch zu fürchten. Vielleicht haben auch die Erdbeben geholfen, sie bringen feste Überzeugungen durcheinander und verhelfen zur Bescheidenheit. Übrig bleibt der Heilige der schlägt, aus Arezzo ist er gekommen, oder aus Banzi, um in Ripacandida zu bleiben – der Heilige mit seinem Messkelch, der zerbricht und dennoch den Wein hält, der Heilige der krank ist und heilen kann. Einmal in die Fremde gesetzt, kommen sie mit den fremden Menschen dort gut zurecht, der Erfolg der süditalienischen Emigranten in ihren Gastgebernationen ist groß. Wenn ein Fremder zu fremd ist, machen sie ihn zum Freund oder Paten. Die Heiden, das sind bei ihnen im Zweifelsfalle die eigenen Kinder, aber die kann man taufen und mit Amuletten behängen, Geduld, es wird schon werden.
Süditalien ist wahrscheinlich die älteste durchgängig von Staaten beherrschte Kolonie der Welt, sein Imperator ist der Papst, Herrscher von innen und von außen zugleich. Seit der Eroberung durch die alten Griechen ist man hier abhängig von einer äußeren Macht, ohne ihr ganz und gar anzugehören – die Griechen, die Römer, die Karthager, die Goten und Vandalen, die Mauren, die Normannen, die Byzantiner, die mittelalterlichen Deutschen, die Franzosen, die Spanier und wieder die Deutschen und heute die Amerikaner. Der alttestamentarische Reinheitswahn und der fanatische Christuskult römischer Soldaten, beides wurde hier so lange vermahlen und mit ganz anderen Lehren verbacken, bis wieder essbares tägliches Brot entstanden ist. Sie wissen, dass Paten fies sein können und dass sich hinter niedlichen kleinen Kindern ein Werwolf verstecken kann und dass böse Hexen zu guten Heilerinnen werden – es ist alles eine Frage der Perspektive, wenn man viel Erfahrung hat. Man kann die Dinge nur betrachten, wenn man irgendwo steht und mit der Zeit wird es mehr und mehr zu einer Entscheidung, wo man sich hinstellt, man wird nicht mehr bloß hingestellt. Magie und Religion in Süditalien sind Prozesse der Entscheidung darüber, von wem man sich trösten lässt und auf wessen Macht man sich einlässt und wen man wieder austreibt aus der

Familie, damit alles seine Ordnung hat, wieder und wieder. Sie geben dem Christentum ein Stück der antiken Lebenskunst zurück, die doch durch die Bibel ganz und gar überwunden sein sollte. In der lukanischen Tradition kehrt die Weltgeschichte an einen ihrer Ausgangspunkte zurück, aber das heißt beileibe nicht, dass sie zum Stillstand kommt. Gegensätzliche, oft grausame Haltungen, Erfahrungen und Überlieferungen werden verwunden im Zeichen des Schönen, der Reinheit und der Macht. Das ist die süditalienische Antwort auf ein Leben unter der Verachtung des Nordens, der sich wissenschaftlich und literarisch über Melancholie und Ehrsucht der Süditaliener hermacht.

Was nehme ich in die Zukunft mit? Warum reise ich in Italien umher, seit meiner Kindheit? Wenn ich auf der Superstrada angekommen bin, werde ich noch einen Blick auf Ripacandida haben, wie eine Krippe wird es aus dem Dunkel leuchten. Der erste Mensch, der mir von Italien erzählt hat, war meine Großmutter Margarete Hauschild. Ich sehe sie vor mir, ein Busch schwarzkrauser Haare, das zartbraun leuchtende Gesicht. Sie beugt sich über mich, um mir einen mit Blumenmotiven verzierten Teller hinzustellen, auf dem sich die Spaghetti türmen. Bald bin ich dann das erste Mal dem Gott der Schönheit begegnet, in kühlen schwarzen Kirchen. Zu Hause, in Berlin, gleich beim Reichssportfeld, standen die Ruinen, und sonntags gingen wir auf den nahen Trümmerberg, manchmal fand ich dort eine Scherbe aus Porzellan oder einen verrosteten Nagel. In Lukanien aber konnte es mir passieren, dass ich auf dem Weg zu meinem ersten Interview stolperte und dann mit dem Gesicht vor einem Stein zum Liegen kam, und der Stein sprach: *Im Jahre des Herrn 1648 …* Meine Großeltern hatten nicht viel Gelegenheit, mich zu lehren, wie man mit sich selbst umgeht. Die Großväter sind am Krieg gestorben, die Großmütter wussten vieles schon selbst nicht mehr, und wenn sie einmal sprachen, habe ich oft nicht richtig zugehört. Ich war auf mich selbst gestellt, wenn ich lernen wollte, mich mit anderen zu verbünden, zu lieben oder mich selbst zu lieben. Es ist wie mit dem Römischen Reich. *Nachfolgende Geschlechter werden nur wenig … davon wissen, wenn sie das*

Il vomero, Nachbildung eines Pfluges unter dem Bett eines lukanischen Bauern, Grottole, 1952

Mittelalter aus weiterer Ferne als wir betrachten, die wir noch mitten in der Reaktion gegen alles mittelaltrige Wesen leben. Sie werden dann neue Formen des politischen Lebens sehen und begreifen, deren Natur wir höchstens erahnen können. Indem sie mehr sehen als wir, werden sie auch manches weniger deutlich sehen.[558] Das schrieb ein Italienreisender vor weit über hundert Jahren.
Während die Italiener ihr heiliges Theater weiterspielen, betrachten wir die Malereien an den Wänden des Theatersaals oder den Stuck an der Decke. Wir bewundern sein Alter und wir erkennen nicht, dass dieses Früher vorne auf der Bühne weiterlebt. *Erfindung der Tradition*[559], höhnen die Soziologen. Aber wenn man etwas findet, dann muss es doch vorher

verloren gegangen sein. Entpuppt sich nicht manche Erfindung als Fund? Wir können es nur noch von außen bewundern, im Schaffen der Modedesigner, die ihre Modelle mit Renaissancemotiven garnieren, im Entwurf von Gebrauchsgegenständen, die nur deshalb so schön erscheinen, weil einfache Formen immer wieder untereinander verbunden werden. Wir erkennen es in den Opern, deren Geschichten wir nicht richtig verstehen, im italienischen Essen, dessen Dramatik, dessen Vielfalt und dessen Platz im Familienleben wir nicht erfahren haben, in den Kirchen, die wir angeblich aus historischem Interesse besuchen, aber in Wahrheit, um ein bisschen über uns nachzudenken, irgendeinem Gott der Schönheit zu huldigen, um klammheimlich zu beten und eine Kerze zu stiften. Italienisches Design verkauft man in aller Welt, und jeder moderne junge Geschäftsmann in den USA und in Deutschland will heutzutage wissen, wie man richtig Spaghetti kocht. Das ist mehr als eine bloße Erfindung. Aber mit wem teilt der junge Italienkenner sein Mahl? Vielleicht mit einer Katze. All das habe ich verdoppelt mit meinem Buch, die Italiener wie ihre mitteleuropäischen Beobachter, mich selbst. Mein Buch wird auch nur Asche sein, aber vielleicht kann man noch die eine oder andere Botschaft darin entziffern, Briefe, welche die Toten den Lebenden schicken oder umgekehrt.

IV. SPUREN

21. Magie, Macht, Leben

Am Sonnabend schleuderten die Jungen flache Steine über das Wasser, und ich wollte wie sie einen Kiesel übers Meer hüpfen lassen. Im gleichen Moment habe ich es aufgegeben, ich habe den Kiesel fallen lassen und bin weggelaufen, denn die Jungen haben hinter meinem Rücken gelacht. Soweit das Äußere. Was in mir vorgegangen ist, hat keine klaren Spuren hinterlassen. Da war etwas, was ich gesehen habe und was mich angewidert hat, aber ich weiß nicht mehr, ob ich das Meer oder den Kiesel ansah. Dieser Kiesel war flach, auf einer Seite trocken, auf der anderen feucht und schlammig. Ich hielt ihn mit spitzen Fingern am äußeren Rand, um mich nicht schmutzig zu machen.[560]

So kann es gehen, wenn man Steine schweben lassen will. Vielleicht kooperieren die Körperteile ohne einen Gedanken aneinander zu verschwenden, die Finger spannen sich um den Stein, die Knie sind gebeugt, etwas dehnt den Oberschenkel aus, der Rumpf ist geneigt, von einem Moment der zitternden Ruhe geht es über in Bewegung, der Stein löst sich vom Körper, der ihn mit seiner Kraft verfolgt und mit seinem Blick. Der Stein nimmt seinen Weg durch die Luft, und das Ganze – Körper, Luft, Sonne und darunter die spiegelnde Oberfläche des Meeres – vollzieht das Schauspiel eines Steins, der zum Tropfen wird und dann wieder zum Stein und dann wieder zum Tropfen, bis er verschwindet und als einzige Spur bleibt ein Zeichen aus Gischt und Wellenschlag, und auch das ist unsichtbar im Nu. Oder es klappt nicht. Die Finger sind zu Stein geworden und die Beine haben kein Bewusstsein für ihre Aufgabe, der Körper erstarrt, und die Erstarrung hat ein Echo, im verkrampften Rücken ertönt schon das Kichern der anderen. Steine fliegen lassen oder sich selbst, das ist so besehen ein und dieselbe Kunst, und was einmal als Schauspielkunst erscheint, ist in anderen Zeiten ein Besessenheitskult und dann wieder ein Spiel mit Fingern und Steinen, oder es erstarrt zum stillen Kult der Steine, von denen es heißt, dass sie einmal fliegen konnten aus eigener Kraft. Manchmal muss ein neuer Wurf gelingen, Raum muss besetzt werden in der unendlichen Landschaft der Meere, Berge und Sterne, der Ekel in den Händen muss überwunden werden und auf das Gelächter der anderen darf man gar nicht erst hören. Tote Dinge erhalten eine Bedeutung, Körper beleben sich, doch bald werden Ekel und Tod wieder die Überhand haben, die Zeit drängt.

Tausende flacher Steine und Hölzer findet man in den Schubläden und Vitrinen europäischer Museen, *Tjuringa* der australischen Ureinwohner. Bei den schwarzen Australiern wurden sie in hohen Ehren gehalten, man hat sie versteckt und wieder ausgepackt, man hat ihnen Lieder vorgesungen, man hat sie gefüttert und mit dem Bild der Lebensschlange verziert. An Stricke gebunden und in der Luft geschwungen, geben sie einen Ton ab, den die *aborigines* als Stimme der Toten verstehen, zum Schrecken der uneingeweihten Kinder. Aber dann, bei der Weihe, werden den Kindern die Instrumente auf einmal gezeigt. Die Alten erklären den Jungen, wie das funktioniert, denn alles war nur ein heiliges Spiel. *Es ist die Macht gesungener Wörter, nur sie kann die Bilder des Todes in Leben verwandeln.*[561] Zur Erinnerung bleiben Dinge zurück, Spuren dieser alten Schule der Gefühle, und heute fordern die Nachfahren der Ureinwohner ihre Dinger zurück von den Museen, denn sie wollen sie wieder beleben, bereden, neu kleiden mit Farbe und Bildern, sie wollen sie neu verteilen oder auch nur selbst ein Museum gründen in den australischen Wüsten, wo einige *aborigines*, wenn es gut gegangen ist, weiter kampieren als Wildhüter, Fremdenführer und Sozialhilfeempfänger.

Ein Gefühl fassen wir in Wörter, in Gesang. Oder man stellt es sich als Stein vor, der lebendig wird oder als Hemdchen, das man anderen anlegt oder sich selbst. Die vitale, lebensspendende Geste[562] ist zur Formel erstarrt, deren Geheimnis wir nicht mehr ohne weiteres erkennen. Wir können diese Dinge lächerlich finden, die bemalten Steine und kleinen Bündelchen vertrockneter Haut, die mit hochtrabenden

Formeln beschrifteten Jungfernpergamente oder die *Anti-hexerei-Tütchen,* gefüllt mit Nägeln vom Friedhof und Weizenkörnern. Aber *für den Folkloristen, der die Wurzeln der menschlichen Kulturäußerungen biologisch erforschen will, gibt es keinen gefährlicheren Augenblick, als wenn er bei volkstümlich-komisch erscheinenden Gebräuchen lacht. Wer über das Komische in der Volkskunde lacht, hat Unrecht, dem verschüttet sich im selben Augenblick die Einsicht in das tragische Element.*[563] Aby Warburg hatte nicht viel zu lachen gehabt, als er mit diesem Vortrag über indianische Kunstobjekte und Rituale den langen Aufenthalt in einer Nervenklinik abschloss. Er wollte seinen Ärzten und Mitpatienten zeigen, dass für ihn die wissenschaftliche Arbeit weiterging nach der Krise – geblieben ist dem Kunsthistoriker allerdings ein starker Sinn für das Seltsame und die Nebensachen, für das Primitive. Warburg war den Rest seines Lebens mit der Frage beschäftigt, was *primitiv* sei, Sache des *Greifmenschen,* und was modern, Sache des *Denkmenschen* – eine Frage, die sich viele seiner Zeitgenossen, auch Fachethnologen, viel zu leicht beantwortet haben. Pueblo-Indianer, wie er sie noch erlebt hatte bei einer Amerikareise sollten nicht mit Primitiven gleichgesetzt werden. *Sie stehen in der Mitte zwischen Magie und Logos, und ihr Instrument, mit dem sie sich zurecht finden, ist das Symbol. Zwischen dem Greifmenschen und dem Denkmenschen steht der symbolisch verknüpfende Mensch.*[564] Dort stehen wir allerdings wohl allesamt, das ist der Mensch. Stärke und Schwäche des Menschen ist, dass ihm jederzeit das Leben zum Bild erstarren kann, zur Formel, zum sinnlosen Rest. In seiner Hirnkammer versucht er, das Bild neu zusammenzusetzen mit anderen Bildern und mit anderen Spuren des Lebens, während das Leben draußen weiterlebt. Wenn wir unseren Denkraum nicht aufgeben wollen, müssen wir zulassen, dass sich andere geschickt an die Spuren unserer Lebensäußerungen heranmachen und sie für ihre Zwecke nutzen, unser Leben einspannen für ihre Macht. *Es ist vielleicht die tiefst gelegene Komplikation unseres Lebens, dass dasjenige, was seine Spontaneität einschränkt und sein freies Emporstreben niederdrückt, doch zugleich die Bedingung ist, unter der allein dieses Tun und Streben zu einer sichtbaren Äußerung, einem formenden Schaffen gelangt.*[565] Zuerst kommt das Leben, dann seine Umsetzung in Formen, das wiederum bringt die Macht ins Spiel, das politische Leben, das eben kein Leben mehr ist. Aber es gibt dem Leben Form, und am Ende zerfällt das Ganze wieder und es bleiben uns nur ein paar Spuren, die nach Deutung verlangen und nach einem neuen lebendigen Zusammenhang.

Immer wieder gibt es Menschen, die das richtig machen, die ihren Körper zu tragen wissen und zu kleiden und ihm die richtige Bewegung geben. Es sind die, die mit dem Hemdchen geboren worden sind. Sie überwinden alle Erstarrungen und Grenzen, sie halten die Dinge in Bewegung und wechseln selbst die Gestalt, mal können sie fliegen, dann sitzen sie wieder im Haus, mal Heilerin, mal feine Dame, Gebärende oder Geborenes. Einen Moment nur schwebt der Mahr über der Landschaft in einer Gewitterwolke, einen Augenblick kann er alles sehen, was sich dort unten tut, kann zerstören und verschonen. Es ist der magische Moment, *il momento magico*[566], über den in Italien so viel gesprochen wird, das Aufgehen im erfolgreichen Tun. Der Moment ist kurz. Wir wollen etwas hinauswerfen, wir entlasten uns und zugleich besetzen wir damit Raum in der unendlichen Landschaft, doch dabei steckt uns noch der Ekel in den Händen, der Tod, und schon kündigt uns das Gelächter anderer Menschen an, dass es gleich wieder schief gehen wird. Wir arbeiten daran, dem Leben eine neue Bedeutung zu geben, aber dauerhaft gelingt es nicht. Es ist wie bei der magischen Physiologie des Erbrechens, die zwischen Aufnahme und Entlastung einen Moment der Reinigung schafft, der Gesundheit, bevor die Auflösung des Ich wieder ihren Anfang nimmt. Das ist also allgemein menschlich. Insofern handelt es sich bei den Spuren lukanischen Lebens, die ich in diesem Buch versammelt habe, um nichts Außergewöhnliches. Es geht nicht nur um Süditalien, sondern um ganz Italien, um Europa, um den Mittelmeerraum, um Afrika und Asien und selbst noch um Australien. Es geht um alle Menschen.

Nicht nur im Raum, sondern auch im Lauf der Zeit sind die Flugkünste der Mahre, ihr Totenkult und ihr Hang zu flatternden Gewändern, ihre Amulette und die Heilkunst des schönen Singsang nicht so isoliert, wie es einem heute erscheinen kann. Wo der schwarze Faden der Tradition erst einmal gerissen zu sein scheint, wo Naturwissenschaft, Politik und Aufklärung sich das Leben der Menschen geteilt haben, bleibt die Magie übrig, als eine Art Spaltprodukt. Früher war das, was ich hier für die Süditaliener des späten zwanzigsten Jahrhunderts schildere, im Abendland allgemein bekannt, sonst hätte Heinrich Heine, der erste Dichter des neuen Europa, nicht behauptet, dass er durch die Begegnung mit Geistern zu einem großen Geist geworden ist. *Heinrich, Harry, Henri – all diese Namen klingen gut, wenn sie von schönen Lippen gleiten. Am besten freilich klingt Signor Enrico. So hieß ich in jenen hellblauen, mit großen silbernen Sternen gestickten Sommernächten jenes edlen und unglücklichen Landes, das die Heimat der Schönheit ist.*[567] Doch nicht als Dichterfürst auf Italienreisen, sondern als Junge in Deutschland des frühen 19. Jahrhunderts hat der junge Heine katholische Magie erforscht, bei den ärmlichen Klientinnen seines mächtigen Großvaters. Bis in kleine Details hinein fand er das, was ich viel später in Ripacandida finden sollte: Magie als Passion der toten Seelen und rituelle Bemutterung, als Neid, Speien und Brechen, als körperliche Manipulation, bei der ein Liebestrank zum Abführmittel werden kann, und dass es immer gut ist, ein wenig Gold in der Tasche zu tragen. Heine hat sogar die Magie kennen gelernt, die im Zeichen der Messer stattfindet, der Eisen, die Blut gekostet haben. Diese schwarze Kunst erinnert auch den Hartgesottenen an seine Sterblichkeit und lässt Mitleid aufkeimen mit allen toten Seelen – ich habe das viel später als schwarzen Faden der süditalienischen Tradition erlebt und dabei musste ich lernen, die platte Gegenüberstellung von katholischer Religion und bäuerlicher Magie zu überwinden, genau hinzusehen, immer am Rande des Beteiligt-Seins: *Ich bin zwar selbst kein Hexenmeister geworden, aber ich weiß, wie gehext wird, und besonders weiß ich, was keine Hexerei ist.*[568]

Doch der junge Heine hat sich nicht nur von alten Frauen Geschichten erzählen lassen, sondern es kam auch zu Szenen der Einweihung mit einer jungen Frau. Das rote Sephchen, sechzehnjährig wie der Heine der *Memoiren*, Nichte einer Heilerin und Tochter eines Scharfrichters, dieses wilde Mädchen hat ihm einst das rostige Messer der schwarzen Magier vorgehalten: *Willst du küssen das blanke Schwert, das der liebe Gott beschert?* Es ist das Schwert des Scharfrichters. Aber der Junge unterwirft sich nicht dem Schrecken und dem Charme der Vergangenheit, sondern er hat einfach die schöne Josepha geküsst, *ja, trotz dem Richtschwert, womit schon hundert arme Schelme geköpft worden ... küßte ich die Scharfrichterstochter ... in diesem Augenblicke loderten in mir auf die ersten Flammen jener zwei Passionen, welchen mein späteres Leben gewidmet blieb: die Liebe für schöne Frauen und die Liebe für die französische Revolution, den modernen* furor francese ...[569] Von nun an wird Heine immer wieder Liebe, Politik und Magie beschwören, oft zum Befremden seiner aufgeklärten Freunde, denn die fühlen sich von der Magie in dieser Gleichung gestört. Wir sind wieder bei Lindas *Kameradenwaffe* angekommen. Auch Heine wird kein Ideologe sein und kein Theoretiker, *pratichi tu!* Die französische Revolution nannte der deutsche Judenchrist bei ihrem italienischen Namen *furore*, womit er das Ereignis übrigens zum bloßen *Aufruhr* verkleinert. Heine wusste, dass es in Sachen Mensch nichts Neues gibt unter der Sonne und dass ein Bekenntnis zur Zukunft nur leuchten kann vor dem Hintergrund des schwarzen Charme der Vergangenheit. *O heiliger Vater, Papst Urban,* lässt der religiöse Spötter seinen Tannhäuser beten[570], *Du kannst ja binden und lösen, Errette mich von der Höllenqual und von der Macht des Bösen.* Der Heilige Vater ist allerdings gerade mal wieder blockiert, wie jene männlichen Glieder, die Heines Hexe auf ein Bäumchen verbannt hat, in Vogelnester. Also muss Tannhäuser wieder zu seiner Hexenvenus zurück in den Berg. Wie wahr das ist und wie unsinnig, wie naiv und wie klug, das konnte ich in Italien erproben, bei meinen Studien über den Zusammenhang von Knotenzauber und Parteienbindungen, über die

Magie des Ehebruchs und über fliegende Mönche, die sich bei den politischen Wahlen als Kandidaten aufstellen lassen. Auch ich habe letztlich der Einweihung widerstanden, nehme aber die heimisch-unheimliche Lebenskunst der Vergangenheit mit nach Hause. Allerdings habe ich im Unterschied zu Heine dabei nicht meine erste Liebe getroffen, sondern verloren.

Das alles gedeiht also nicht immer nur in einigen kleinen katastrophischen Nischen des Mittelmeerraumes, sondern hat sich phasenweise über ganz Europa verbreitet, aus und in unterschiedlichsten Richtungen, als Kompromiss zwischen afrikanischem Besessenheitskult und keltischen Bildmagien oder als Zusammenfluss von orientalischem Christentum und asiatischem Schamanismus. Noch bei einem anderen großen Europäer können wir beobachten, dass die Begegnung mit der Lebenskunst der Nachtmahre den Beginn der *Existenz als denkendes Wesen* markiert – allerdings kam er aus Venedig, einer klassischen und zeitweise sehr erfolgreichen Nische des Mittelmeerraumes – und wieder geht es nicht nur um einen großen Mann, sondern vor allem um *Frauen, die zu helfen verstehen*. Bis zu seinem achten Lebensjahr hatte dieser Venezianer keine Erinnerungen gesammelt. Er litt an einer Art Auszehrung durch ständiges Nasenbluten, bis ihn eines Tages seine Großmutter zu einer Heilerin führte, die Carlo Ginzburgs friaulischen Geschichten über die fliegenden *Benandanti* entsprungen zu sein scheint. Man schreibt das Jahr 1733, das ist nicht mehr das sechzehnte und siebzehnte Jahrhundert, aber die alte Heilerin spricht mit der Großmutter des Jungen friaulischen Dialekt. Die Alte schließt Giacomo in eine Kiste, und von draußen hört der phlegmatische Junge, der sich nicht zu ängstigen scheint, *Schreien, Singen und Schläge auf der Truhe*. Er wird wieder hervorgeholt, das Nasenbluten hat aufgehört.

Da überhäufte mich das sonderbare Weib mit tausend Zärtlichkeiten, kleidete mich aus, legte mich auf das Bett, verbrannte allerlei Räucherwerk, fing den Rauch in einem Tuch auf, wickelte mich darin ein, murmelte einige Zaubersprüche, wickelte mich dann wieder aus und gab mir fünf sehr wohlschmeckende Stücke Konfekt. Wir können unschwer eine Art zweiter Geburt aus der Kiste in diesem Ritual erkennen und dem folgen denn auch die Rituale der Wiedertaufe im Hemdchen, wie wir sie aus dem Lukanien des zwanzigsten Jahrhunderts kennen. In der Nacht, wieder zu Hause, erhält der Junge Besuch von draußen, *in der Nacht*, so erzählt der alte Mann, der einmal dieser Knabe war, ... *sah ich oder glaubte ich zu sehen, wie eine wunderschöne Frau, in weitem Reifrock und in prächtige Stoffe gehüllt, vom Kamin herabstieg. Auf dem Haupt trug sie eine mit Edelsteinen übersäte Krone, aus denen Funken zu sprühen schienen. Langsam und majestätisch trat sie mit holder Miene näher und setzte sich auf mein Bett. Sie zog einige kleine Kästchen aus einer Tasche, leerte sie über meinem Kopf aus und murmelte dazu Sprüche. Dann hielt sie mir noch eine lange Rede, von der ich nichts verstand, küsste mich und verschwand, wie sie gekommen war. Ich schlief wieder ein.* Der Junge, den die Muse in ein Hemdchen gewickelt hat, um ihn dann in der Nacht zu besuchen und zu beschenken, wurde gesund. Er führte ein langes Leben, das der Schauspielkunst gewidmet war und der Magie, der Politik, den Frauen und dem Schreiben. Sein Name war Giacomo Casanova[571], das Vorbild zu Mozarts *Don Giovanni*, und unserem flachen Zeitalter nur noch bekannt als der größte Playboy aller Zeiten.

Selbstfindung ist Grenzüberschreitung; die Schranken zwischen den sozialen Klassen, zwischen Primitiven und Zivilisierten, zwischen Menschen, die sich lieben und Menschen, die sich hassen, müssen immer wieder niedergerissen und dann wieder hochgezogen werden. Spuren, fleischliche und dingliche Spuren werden aufgenommen, es beginnt mit ein paar kleinen Geschenken oder einem unscheinbaren Amulett, doch dann wachsen sie sich wieder aus zu Bewegungen und zu Haltungen, all das nur, um wieder zu Spuren zu erstarren. Nicht nur die Religionen binden die Dinge und die Menschen auf diese Weise neu zusammen, sondern auch die kontrollierteren und langwierigeren Verfahren der Wissenschaft. Alle Überlegungen der Volkskundler, Historiker und Ethnologen über den Sinn von Gesellschaft, ihren Sinn, tragen die Züge einer verzweifelten Suche nach Erneuerung und Verankerung, ebenso wie die Rituale, Spiele und Arbeiten der scheinbar so unwissenden Primitiven und Unterschichten, deren Treiben die Wissenschaftler ihr Leben widmen – manchmal ohne zu verstehen, wie ähnlich sie beide einander sind. So streiten sich die Gelehrten immer wieder darüber, wie eigenständig die Kreationen der populären Kultur wohl wären, und ob sie nicht alle an den Schriftkulturen der oberen Klassen haften und ihrem scheinbar unerschöpflichen Erfindungsgeist, der sie so hinaushebt über die Massen.[572] Andere quälen sich dagegen ein Leben lang mit dem Nachweis, dass alle Formen von Kultur, die von oben oder die von unten, nur aus dem einen Prozess der Produktion herauswachsen, aus den wirtschaftlichen Verhältnissen. Im Rückblick auf das, was ich in Süditalien gelernt habe, fällt mir nur auf, wie sich die Bilder der Erforschten und die ihrer Forscher gleichen: Immer gibt es da ein Oben, von dem aus man den Überblick hat und das etwas Neues in die erstarrte Welt hineinbringen kann. Manchmal sind es die schwebenden Mahre oder Heiligen, die dann als Fremde in den kleinen Orten weiterleben. Manchmal liegt es in der Vorstellung, die Oberschichten Europas seien die Kulturbringer der Welt, denn man kann alle Traditionen und Praktiken der Welt in ihren Schriften auflösen. Umgekehrt bleibt jeder Einfluss der mündlichen Überlieferungen der Unterschichten bloße Vermutung, wenn nicht gelegentlich doch wieder schriftliche Belege dafür auftauchen wie die Memoiren von Heine und Casanova. Hier wird endlich einmal der umgekehrte Weg erkennbar, denn erst die Begegnung mit den mündlichen Übertragungen und mit den Alltagspraktiken des »Volkes« macht diese Schriftsteller zu Fürsten der schriftlichen Überlieferung. Es ist unsinnig, gelehrte Traditionen, mündlich strukturierte soziale Funktionen und alltägliches, mehr oder weniger bewusstes Handeln voneinander zu trennen. Den Helden des Buches aller abendländischen Bücher, Jesus Christus, können wir auch als einen Totengeist betrachten, dessen Anhänger in einer von ihnen als positiv betrachteten Weise besessen sind. Kometenhaft taucht das Schamanische so wieder auf im Zentrum einer Gesellschaft, die glaubte, ihn als Heidentum überwunden zu haben.

Überlieferungen, seien es nun Schrift, Wörter oder Sachen, lassen sich also unter drei Gesichtspunkten betrachten:
1. Nichtgeschichte und ewige Wiederkehr des Gleichen[573]*:* Manche Rituale und Bilder scheinen sich im Kern kaum zu wandeln. Dafür können rein körperliche Grundlagen angenommen werden. Die Heilerinnen in Süditalien streicheln und lecken ihre Patienten, elementare Geschlechterrollen werden ausprobiert, Grundpositionen von Körper und Bewusstsein in einer von alten Wallfahrtswegen und Wirtschaftswegen durchzogenen Landschaft werden erfahren. So betrachtet, scheint Gesellschaft um dieses elementare Wissen vom Leben zu kreisen. Oben und Unten, Schriftlichkeit und Mündlichkeit der Überlieferung, innere Zeichen des Glaubens und äußere Beweise der Vernunft verbinden sich auf unübersichtliche Weise zu immer neuen historischen Gestalten bei gleich bleibenden Grundformen. Die Magie erscheint als eine Geschichtsmacht, die nicht wirklich am Prozess der historischen Veränderung teilnimmt, so, wie die Grundausstattung des menschlichen Körpers bestimmte Grenzen der kulturellen Variation menschlichen Verhaltens setzt. Magie ist weltweit nachweisbar als Praktik der Beruhigung angesichts der Katastrophen des Lebens – aber sie wird offener sichtbar, wenn wir die klassischen christlichen Kulturen verlassen und von Europa und Nordamerika nach Asien, Afrika, Lateinamerika oder Ozeanien wandern.
2. Lange Dauer und langfristiger Wandel[574]*:* Männer, das habe ich hier gezeigt, nehmen den Frauen das Wissen immer wieder ab, um es selbst zu verwalten, in Europa mit gewissen historischen Höhepunkten wie der Hexenjagd. Andererseits regt die Christianisierung auch die Bildung von Kultformen an, die indirekt auf nichtchristliche Überlieferungen bezogen sind. Die langsame Geschichte dieser Kulturmerkmale ist für den Bereich der mentalen Vorgänge im Einzelnen schwer nachweisbar, aber einfache Merkmale wie das Geschlecht der Magier signalisieren uns lange Dauer und langfristigen Wandel. Der Mittelmeerraum kann als eine Art Laboratorium zur Beobachtung solcher Zusammenhänge betrachtet werden, denn er ist nahe bei den asiatischen und afrikanischen Gesellschaften gelagert, deren gesellschaft-

liche Modelle in der geographischen Nischenstruktur der mediterranen Welt nachhallen, andererseits ist er untrennbar Teil Europas – davon zeugt die Kluft zwischen Nord- und Süditalien, zwischen dem Vatikan und den christlichen Bewegungen der italienischen Unterschichten.

3. *Evolution, Geschichte, Prozess*[575]*:* Man kann Kultur auch vom Wandel der Formen her betrachten, verursacht durch äußere Einflüsse, Anpassungsprozesse oder eine gewisse Abnutzung. So verändert sich das religiöse Leben in Süditalien innerhalb von fünfzig Jahren von erregten Zuständen der Besessenheit und radikaler Buße zum Pianissimo der als Besessenheit verstandenen Hautkrankheiten, zu schrillen Formen der im Fernsehen angepriesenen neuheidnischen Magie und zum Dogmatismus der modernen kirchlichen Kultur. Das geschieht parallel zum Wandel von der agrarischen zur industriellen und postindustriellen Gesellschaft, in der gleichwohl dauerhafte Größen, Hexenvorstellungen und Amulettpraktiken zum Beispiel, nicht gänzlich fehlen. Der Bruch, den die Deutschen mit ihrer alten folklorischen Überlieferung vollzogen haben, scheint tief greifender zu sein und in neue rationalistisch-technische Weltanschauungen zu führen, welche die Italiener nicht in der Breite entfalten wie wir es tun.

Mir ist in diesem Zusammenhang wichtig, einen primären Prozess der rituellen Verdoppelung natürlicher Vorgänge im Auge zu behalten, der sich nicht ohne weiteres ganz in das Gewebe menschlicher Interessen, menschlicher Politiken auflösen lässt. Es ist schwer, universale menschliche Eigenschaften, globale historische Größen und den aktuellen Wandel menschlicher Kulturen in einem zu betrachten, aber wenn man vom Kleinsten her denkt, dann entsteht ein Bild der Zusammenhänge zwischen dauerhafter Struktur und dem Prozess des Wandels. Studien über *Volkskultur*, die dauerhaft im Fach wirken, bestechen immer dadurch, dass sie empirisch erhobene Daten über aktuelle Lebenszusammenhänge mit historischen Studien verbinden.[576]

Selbst einem eingefleischten ethnologischen Feldforscher wird, wenn er seine Arbeit ernsthaft verrichtet, mit der Zeit klar werden, wie sich Geschichte und Nichtgeschichte der

Folklore ineinander verschränkt haben. *When the saints go marching out*. Mit dieser Anspielung auf eine flotte Hymne des Jazz hat Jeremy Boissevain[577] in den sechziger Jahren seine Beschreibung des Niedergangs von Heiligenkulten und damit verbundenen patronalen Abhängigkeitsbeziehungen der Menschen auf Malta betitelt. Religion schien hier ganz im Kontext des wirtschaftlichen und politischen Wandels aufzugehen und einzugehen. Ein paar Jahre später musste Boissevain sich und seinen Lesern eingestehen, dass die regionalen Kulte wieder zugenommen hatten und dass man, bei leicht veränderten äußeren Formen, von einer *Eskalation der Rituale* auf Malta sprechen konnte. Die Vetternwirtschaft der Paten war nicht beendet, auch wenn die Parteien an der Regierung gewechselt hatten. Nimmt man die Bilder, die Boissevain zur Beschreibung seiner Erfahrungen einsetzt, vollkommen ernst, dann muss man sich fragen, wo die Heiligen geblieben sind in der Zeit zwischen ihrem Auszug und ihrem Wiedereinzug in die Gesellschaft.[578] Mit Sicherheit haben sie in den Archiven der Kirche weitergelebt und in ihren Tempeln und Riten, aber wohl auch in den seltsamen Schächten des Gedächtnisses, die wir »Volk« nennen, *mündliche Überlieferung* – oder ist es bloß eine *Erfindung der Tradition*? Für manche Wissenschaftler ist es der *Urquell,* für andere ein Ort ständiger Neuschöpfung[579], aber die Heiligen leben weiter, selbst auf Malta, wo die Kirche nicht so viel Macht hat wie in Italien.
Thomas, wann ist endlich Dein Buch fertig? Alte Frauen fragen mich das, sie können manchmal gar nicht lesen, aber sie würden sich die Zaubersprüche daraus vorlesen lassen. Angestellte aus dem Rathaus von Ripacandida fragen mich das, sie würden gerne Anregungen für die Tourismusplanung darin finden. Manch einer will ein Geschichtsbild darin finden, eine Schilderung der Tradition oder nur seinen eigenen Namen. Ich arbeite daran, seit vielen Jahren schon. Mein Buch ist zu vielen Ansprüchen ausgesetzt. Es soll die Traditionspflege einer süditalienischen Ortschaft und die Pflege der Tradition der Feldforschung in meinem Fach bedienen. Es soll Wandel und Statik der italienischen Kultur beschreiben und sich gut verkaufen. Und stimmen, wahr

sein soll es auch, was ich da schreibe. In diesem Spannungsfeld zwischen geistlicher Chronik, mündlicher Überlieferung, historischer und empirisch-ethnologischer Analyse haben mir nur wenige Menschen helfen können. Eine Tote ist dabei, ich habe nicht einmal eine Fotografie von ihr: Suor Maria di Betlem. Schüchtern reichen mir die Schwestern von San Donato nach etwa einem Jahr Aufenthalt im Ort das vergilbte Manuskript aus dem Jahre 1957. Eine holprige Schreibmaschinenschrift berichtet mir stockend aus der Geschichte von Ripacandida: die mythische römische Abstammung der Stadt am weißen Fels, die erste Erwähnung der Donatuskirche in einem unsichere Dokument des Jahres 1051, die Teilnahme von Ripacandidesi am Kreuzzug, die Brigantenzeit des neunzehnten Jahrhunderts, die Wiederbesiedlung des Klosters durch die franziskanischen Schwestern um die Jahrhundertwende. Schließlich die Dinge, welche die Schwester aus eigener Erfahrung wusste, oder aus den Erzählungen ihrer Mitbürger: wie sie San Donato das ganze Gold gestohlen haben. Suor Maria war angeblich, so haben es mir die Schwestern von San Donato erzählt, vom Judentum zum Christentum konvertiert, keine Gelehrte, aber doch eine gebildete Frau, die den Rest ihres Lebens mit den demütigen *suore* aus Arbeiterfamilien verbracht hat und mit den Menschen von Ripacandida. In der Klosterbibliothek habe ich in den Gebetsbüchlein kleine Scherenschnitte gefunden, Vögelchen und Kreuze, die sie ihren Lebensgefährtinnen geschenkt hat. Liebevoll ist auch ihr Umgang mit dem kleinen Ort, ein Wille zur Pflege, eine Sorge, wie sie im Großen vielleicht Giustino Fortunato gegenüber ganz Lukanien verspürt haben muss, der Großgrundbesitzer, Parlamentsabgeordnete und erste und bedeutende Historiker der altertümlichen Landschaft. Aus demselben Geist heraus hat mich Don Dante Casorelli in Melfi eingeladen, in der Dom- und Diözesanbibliothek von Melfi zu arbeiten. Ein mit ihm befreundeter Lehrer half mir dabei, alle interessanten Dokumente kostenlos zu kopieren und dann hat mich Don Dante immer noch zum Essen eingeladen. Die wunderbaren alten Schwestern Laviano haben für uns gekocht. Das waren liberale Konservative, ein großarti-

ger alter Herr und seine aus Lehrern und Frauen zusammengesetzte Zivilgesellschaft. Ansonsten stand ich lange mit leeren Händen da, was die Dokumente der Vergangenheit anging, denn das für meine Forschungen wichtigste Archiv, die Pfarrei von Ripacandida, habe ich nie betreten können. Es gehen dort Erzählungen um über den mächtigen, mit Akten gefüllten Schrank, den Don Peppe zu Hause oder irgendwo in der Sakristei hüten soll. Eifersüchtig hält Don Giuseppe Gentile bis heute seine Hand darüber, ein Geheimnis macht er darum, dass man nicht begreift, ob es da irgendetwas gibt, was er verborgen halten möchte, oder ob er sich nur schämt der ärmlichen Geschichte seiner Gemeinde wegen, oder ob er allen Ernstes noch glaubt, er könnte das alles selbst herausgeben, so wie er die Schrift von Suor Maria herausgegeben hat mit einigen eigenwilligen Kürzungen und Zusätzen.[580] So war der Stand meiner Versuche, die Geschichte der Heiligen und der Mahre, der Laien und der Priester von Ripacandida aufzubewahren für die Zukunft und für meine Zunft – bis ich Padre Carlo kennen lernte.
Wieder ist es zuerst die Kutte der Franziskaner, die ich sehe, dieser wunderliche und fröhliche Orden scheint ein Faible für die Geschichtsschreibung von unten zu haben. Dann sehe ich den Mann, melancholische dunkle Augen schauen mich friedvoll unter einem wirren grauen Haarbüschel an, aber fahrig wühlen die Hände dabei in irgendwelchen Haufen von Unterlagen und Büchern. Plötzlich zieht er wieder etwas Neues hervor und schenkt es mir, Hefte der »Radici«, der »Wurzeln«, seiner streng sachlich-wissenschaftlich gehaltenen Zeitschrift für die Geschichte der Basilikata, opulent bebilderte Sammelbände über den Brigantenaufstand, monumentale Studien über einzelne Orte der Region und sogar eine bis ins letzte Detail gehende Arbeit über das antike Wegenetz der Gegend. Die Reichen geben Geld, die Armen bekommen Ausstellungen dafür zu sehen und die Gelehrten und die Lehrer werden mit Publikationen beschenkt. An Padre Carlo und seinen »Wurzeln« kommt keiner vorbei. Er ist für den Norden der Basilikata, was Leonardo Sacco für den Süden ist, für Matera – nur das Sacco ein in der Wolle gefärbter Linker ist, Padre Carlo ein Schwarzer,

ein Katholik. Sie verbindet dieser offene Blick, die klare Sprache und der Wille, die stille Region zur Mitsprache zu bringen in Europa, auf allen Ebenen.
In der Begegnung mit Leonardo Sacco und mit Padre Carlo Palestina habe ich gelernt, das letzte Reservat aufzugeben, das ich mir gegenüber der Basilikata geschaffen hatte, meine Wissenschaftlichkeit, meinen Status als der einzige wahre Forscher in dem armen Land. Als ich gelernt hatte, mich auf die Wissenschaft auch der Lukaner zu verlassen, habe ich sogar doch noch einen Bericht über die Geschichte der Magie gefunden, jener stets halb verborgenen, kaum schriftlich registrierten Angelegenheit, für die Lukanien so berühmt ist. Nachdem ich, der historische Laie, der ich in Wahrheit bin, im Diözesanarchiv umsonst gesucht hatte, ist es Padre Carlo gelungen, dort eine Hexereiakte aus dem siebzehnten Jahrhundert aufzutun, und es geht um Ripacandida. Mit diesem Bericht über die Magie des Jahres 1695 schließe ich meine Darstellungen der süditalienischen Magie ab und komme zur allgemeineren Frage des Verhältnisses zwischen Nichtgeschichte, langer Dauer und historischer Entwicklung, zur Frage nach der Haltbarkeit von Kultur im Verhältnis zu Ökonomie, Politik und Gesellschaft.[581]
Im Jahr des Herrn 1695, so dokumentieren es die Akten des Diözesanarchivs von Melfi[582], wurde der Inquisition ein Heiler aus Ripacandida vorgeführt. Angezeigt hatten ihn die Eltern von Giovanni Battista Rossi, jenes Rossi, der später Erzpriester von Ripacandida wurde und in seinem Elternhaus das Kloster der theresianischen Schwestern gegründet hat. Aus seiner Lebensbeschreibung erfahren wir auch einiges über die Eltern. Der Vater, Don Donato Antonio Rossi, gab sich anscheinend schmerzhaften Bußübungen hin, die Mutter, Donna Antonia Porzia Baffari, war verschwistert mit dem damals amtierenden Erzpriester des Ortes. Beide waren reiche Erben und haben spät geheiratet. Der Vater soll ein christlicher Fanatiker gewesen sein, gleichwohl war es seine zweite Ehe. Nach der Geburt des Sohnes haben die Eltern den feierlichen Eid getan, nie mehr in demselben Bett zu schlafen. Der Angeklagte hieß Prale, Giovanni Battista Prale.

Familie Rossi, einflußreiche doch nur halbgebildete, im Grunde noch bäuerliche Christen, zeigte bei der Inquisition in Melfi ihren Mitbürger an, den Tagelöhner Giovanni Battista Prale, damals *fünfundsechzig Jahre alt oder mehr.*[583] Das christliche Ehepaar hatte sich den Mann aus freien Stücken ins Haus geholt, weil Donna Antonia an starkem Fieber litt und an Kopfschmerzen. Die Medikamente der Ärzte wirkten nicht mehr. Prale war als Magier bekannt. Nach einigem Hin und Her schien der Tagelöhner einverstanden gewesen zu sein. Die Krankheit, so berichtete Prale den Inquisitoren, habe Donna Rossi sich geholt, als sie Nüsse vom Boden aufsammelte[584], dort, wo die Geister der Untoten haften, unter einem Nussbaum – wie am Tanzplatz der Hexen von Benevent! Der Magier arbeitete vor allem mit Kräutern. Aber sobald es um das Praktische ging, trat immer eine Frau in Erscheinung, Chiara Fresca. Sie bereitete die Kräuter nach Prales Anweisungen zu und *massierte* Donna Antonia. Der Magier verabreichte mit Chiara Frescas Hilfe *Franzosenkraut, Spiga di Francia.*[585] Leider gelingt es mir nicht festzustellen, welche Pflanze das gewesen sein könnte. Die Inquisitoren sprachen später von *Botschaften* oder *Aufträgen*, wenn Chiara Fresca für ihren Nachbarn Prale diese Dinge erledigt hatte, *ambasciate.*[586] So nannte man noch in der deutschen Folklore der fünfziger Jahre des 20. Jahrhunderts die Heilung des bösen Blickes durch eine kundige Nachbarin: *Bötin*. Im siebzehnten Jahrhundert war die Botin eine Magd des Magiers und nicht seine Muse. Sie wurde im Gegensatz zu Prale nicht von der Inquisition festgenommen – vielleicht machte man damals schon den Gegensatz zwischen dem *Magier,* der mit den dunklen Mächten im Bunde zu stehen scheint und der harmlosen *Frau die hilft.* Prale veranlasste, dass Chiara Fresca Kräuterpulver im Zimmer der Kranken verstreute. Die Helferin rieb Donna Porzia mit der Milch einer schwarzen Ziege ein. Sie hatten etwas Weihwasser dazugegeben, auf diese Weise wirkt das Ganze schon wieder etwas christlicher. Doch wir können in dieser Milch vielleicht auch den Speichel und die Tränen der heutigen Heilerinnen wieder erkennen, *la lizza*. Prale brüstete sich derweil vor Donna Antonias Gemahl mit weiteren Fähigkeiten. *Er sagte mir, dass er nachts gekommen sei, um nach meiner Frau zu schauen und sie zu behandeln, unsichtbar. Darum solle niemand Angst haben, wenn Katzengeschrei zu hören sei oder anderer Lärm. Niemand solle sich sorgen, aber es solle dann auch niemand im Hause die Namen von Jesus, von Maria oder von anderen Heiligen aussprechen, denn in diesem Falle könne er sie nicht heilen.*[587]

Fast dreihundert Jahre später habe ich bei meinen Forschungen in Ripacandida ähnliche Praktiken gefunden, aber nicht dieselben. Viele Elemente sind gleich geblieben, aber sie scheinen auf andere Weise kombiniert zu sein als damals. Die Berührung mit dem Boden, beim Aufheben der Nüsse, ist eine Berührung mit der Krankheit – das hat mir die Wirtin von Alla Valle einmal drastisch mit ihrer Geschichte vom Aufnehmen des Geistes durch Pinkeln auf offenem Feld beschrieben. Die Haut wurde im siebzehnten Jahrhundert eingerieben, gerade so, wie heute beim Kampf gegen den bösen Wind etwas Öl oder Wasser aufgetragen wird, bevor die Heilerin mit dem Antoniusfeuer darüber geht. Man wendet Kräuter an, damals wie heute, und aus der Milch der schwarzen Ziege mag später das heilige Tau von Haaren der Jungtiere hervorgegangen sein. Als Mahr betrat der Magier Prale vor mehr als dreihundert Jahren unbeobachtet das Haus seiner Kunden, und bediente sich einer weiblichen Helferin, die uns an die *Frauen* erinnert, die heute noch helfen sollen. Aber die Kräuter wurden im siebzehnten Jahrhundert als Pulver verstreut und in die Haut massiert, nicht als Sud oder Tee getrunken oder im Raum verbrannt, wie Vito es gelegentlich bei seinen Räucherungen machte.

Dass im Verlauf dieser Behandlungen nicht die Namen Christi und der Heiligen ausgesprochen werden durften, schien die Eheleute, wenn es denn stimmt, was wir dort lesen, zunächst nicht sehr beunruhigt zu haben.[588] Vielleicht dachten sie, dass Prale sich wie der Priester das Vorrecht auf diese Wörter und die damit verbundenen Prozesse der Wandlung und des Wunders reservierte. Immerhin hatten Prale und Chiara Fresca der Milch der schwarzen Ziege etwas Weihwasser beigemischt. Auch dass dieser Mahr sie nachts heimsuchen wollte, müssen diese frommen Bürger noch in irgendeiner Weise für selbstverständlich gehalten haben, denn ein Jahr später, Donna Antonia war inzwischen anscheinend gesundet, beauftragten sie den Magier damit, ihre fieberkranke Tochter Olimpia zu behandeln. Allerdings verweigerte diese junge Frau die Behandlung. Doch wirklich unheimlich zumute wurde es Donato Antonio Rossi wohl erst, als ein Tier ins Spiel kam, das auch heute noch in Ripacandida das Böse der schwarzmagischen Überlieferung verkörpert.

Und als ich über einem Fenster des Hauses eine kleine enthäutete Kröte gefunden habe, die nicht von den Leuten aus dem Hause dort postiert worden sein konnte und auch von draußen nicht hereingekommen sein konnte, denn alles war mit einem großen hölzernen Riegel verschlossen, da habe ich mich erschreckt. Und wenn ich mich recht erinnere, dann habe ich gedacht, dass dies eine böse Sache sei. Darum habe ich sie entweder weggeworfen oder verbrannt. Und als ich ihm dieses berichtete, antwortete mir jener Prale, dass die Kröte wie auch die Pulver dort hingetan worden seien, zum Schutze meines Hauses, so dass nicht weiterer böser Malefiz geschehen könne.[589]

Auf diesen Vorfall hin wurde Prale als Hexer angezeigt, vorgeladen und im Gefängnis zu Melfi festgesetzt. Er rechtfertigte sich. *Dieses Pulver war nichts anderes als ein wenig bestens ausgewogenes Brot, und ich habe denen gesagt, dass sie ein halbes Fläschchen mit Milch von der schwarzen Ziege nehmen sollen, mit ein bisschen Weihwasser drin. Und andere Dinge habe ich geordert, an die ich mich nicht mehr erinnere, denn ich habe das nur so dahergesagt …* Außerdem habe er ein Gebet gesprochen. Prale teilte es den Inquisitoren mit und sie zeichneten es auf. Es kommt mir bekannt vor, aber es ist nicht identisch mit den von mir gesammelten Formeln gegen die Bogenkrankheit, jenes Fieber, das irgendwo zwischen Gelbsucht und Malaria angesiedelt zu sein scheint.

Der Bogen sah,
der Bogen zieht,
der Bogen kam.
Bogenschmerz,
vom Kopf nehmen wir ihn weg,
in die Erde tun wir ihn hinein.
Im Namen sowohl des Gottes als der Heiligsten Dreifaltigkeit, Amen.

Prale informiert die Hexenjäger weiter: *dieses Gebet wiederhole ich dabei drei Male, und der Patient muss ein Vater Unser sagen, und ein Ave Maria für die Heiligste Dreifaltigkeit …* Die Formel wurde, wie heute noch, mit kirchlichen Gebeten garniert. Aber als Prale sie bei Donna Antonia anwendete, so hat er es jedenfalls später beim Verhör behauptet, kamen auch ihm die Zweifel, und er beichtete alles dem Erzpriester von Ripacandida. Vielleicht hätte er sich selbst deutlicher als Gefäß zur Aufnahme des Bösen anbieten sollen, wie die *Frauen, die helfen* es tun. Der Erzpriester war ein Baffari, Donna Antonias Bruder, und Prale musste ihm versprechen, es nie wieder zu tun. Ein Baffari – vielleicht ist das die Grundlage der Geschichte von Baialardo und Baffari, die mir Vito aufgebunden hat, als es um die Geschichte der Magie ging. Spricht man den albanischen Namen Prale als Lateiner aus, kann schnell so etwas herauskommen wie *balar, baialar.* Mein Freund, der Magier Vito nannte die ersten Magier von Ripacandida *Baffari* und *Baialardo.* Darin lag wohl das Echo eines Theaterstücks über das spanische Süditalien, *El mágico de Salerno,* in dem es um *Pedro Bayalarde* ging. Der spanische Volkskundler Julio Caro Baroja[590] erkennt darin den mittelalterlichen Gelehrten und Magier *Pierre Abaelard* wieder. Vielleicht hat das lokale Gedächtnis einen gelehrten Magier und einen Tagelöhner zusammengebracht, so, wie man in der Geschichte der Magie ohnehin nie beide Seiten trennen kann, die schriftliche und die mündliche Tradition. Prale und Baialardo, der Erzpriester Baffari und der Magier Baffari, Priester und Tagelöhner streiten um das Böse, die Schuld, die richtige Magie, die wahre Religion – und das

erhält die Magie am Leben und begründet sie immer wieder neu.
Die Sache mit dem Frosch sei Zufall gewesen, sagte Prale vor den Inquisitoren, vielleicht wurde das Tier von einer Ratte zum Fenster geschleppt. Er habe nicht in schlechter Absicht gehandelt, sondern nur um sich und seine Frau durchzubringen und seine sechs Töchter: *Ich bin ein armer Tagelöhner und lebe von den Mühen meiner Arme.* Chiara Fresca, seine Botschafterin, konnte das bestätigen. *Seine Kunst, das ist, den Weinberg zu besuchen und dort zu hacken und davon lebt er.* So haben es auch mir die Bauern von Ripacandida noch erklärt: *Wir hacken die Erde wie Tiere, und das ist es.* Seit mindestens dreihundert Jahren halten sie sich also mit diesem Bannspruch Beichtväter, Hexenjäger und Ethnologen vom Hals. Sie greifen damit aber auch auf die Zaubersprüche zurück, wo es drei gibt, die arbeiten: Einer pflügt, der andere sät und der Dritte hilft mit mehr oder weniger frommen Worten den Kranken.
Hier brechen die Akten ab, und wir erfahren nicht, ob Prale verurteilt worden ist – möglicherweise wurde er durch die Fürsprache seines Beichtvaters aus den Fängen der Inquisition befreit, unter tränenreichen Beteuerungen, es niemals wieder zu tun. Die süditalienische Malefizgerichtsbarkeit ist weder mit der protestantischen Hexenjagd in Deutschland noch mit der spanischen Inquisition zu vergleichen. Verzweifelt über die Krankheit von Donna Porzia haben die Rossi und die Baffari einen Blick in den Untergrund ihrer eigenen Zivilisation geworfen und vielleicht erkannt, wie abergläubisch sie selbst doch sind. Wenn in den folgenden Jahrhunderten Doktoren oder Deutsche kamen, um den Aberglauben der Leute von Ripacandida zu studieren, haben sie oft nicht denselben Mut aufgebracht wie Rossi mit seiner Anzeige, die wir auch als Selbstanzeige lesen können. Manch einer hat über *Magie in Süditalien* geschrieben und sich dabei über etwas erhoben, was er im Grunde selbst in sich trägt. Ernesto de Martino wurde bei seinen Feldforschungen in den fünfziger Jahren von einer parapsychologischen Vereinigung unterstützt.[591] Darin liegt noch etwas von Anspruch auf magische Realität. Was für eine Macht im

trennenden Denken liegt, in der Logik der Unterscheidungen, das wissen nicht nur die Gebildeten, auch die Unbelesenen spielen damit, um gerade dadurch wieder dem Verdacht der Teufelsbündnerei zu verfallen. Während die Süditaliener Kröten und Nüsse zum Spielball ihrer Gedanken und Wünsche machen oder mehr oder weniger fromme Verse, behandeln die Gebildeten die ungelehrten Süditaliener als Spielmaterial an den Grenzen des rationalen Denkens.

The politics of[592], mit diesem Schlachtruf haben sich in den letzten Jahrzehnten viele Forscher und Forscherinnen auf die Alltagsgeschichte gestürzt. Ist nicht alles politisierbar, erwächst nicht aus den Interessen der Macht das tägliche Handeln auch aller einzelnen Menschen? Nach der Erfahrung des Krieges, des nationalsozialistischen Deutschland mussten unsere Begriffe von Leben und Politik in dieser Weise überprüft werden. Doch der Begriff des Lebens ist dabei nach und nach sehr in den Hintergrund geschoben worden. Für Denkmenschen ist es eben leichter, sich die Welt als ein Gewebe aus Schriften, Lehren und Machtwörtern vorzustellen, es ist ihre einzige Möglichkeit, sich selbst etwas mächtig fühlen zu können. Wenn ich aber vom ethnographischen Material ausgehe, dann habe ich es eher mit *Wörtern* zu tun, die erst noch *nach einem Anführer suchen*[593]. Der italienische Ethnologe Paolo Apolito meint damit die Versuche seiner Informantinnen, Erfahrungen von Vision, Wunder und Initiation in Wörter zu fassen. Diese Erfahrungen haben zunächst keinen politischen Charakter, sondern werden dringend gebraucht, um das Leben zu spiegeln, zu verschönern und zu vollenden. Rein politische Machtwörter, die doch angeblich Lebensrealitäten und menschliches Verhalten hervorbringen und vorschreiben sollen, können sich auf dem sprachlichen Feld der Religion nicht lange halten, wenn sie keine Tiefe haben,[594] wenn sie nicht auf einem Fundus von Überlieferungen und Erfahrungen aufbauen.

Es wirkt aber auch nicht immer überzeugend, wenn die Gelehrten sich mit dem Leben verbünden wollen. Wie im Rausch wollen sie dann jede Distanz wieder zerstören, die sie mühsam zum Leben hergestellt haben. Der vielleicht einflussreichste deutsche Philosoph des zwanzigsten Jahrhunderts, Martin Heidegger, schwadronierte nach der *Machtergreifung* enthemmt vom neuen primitiven *Wissensanspruch*[595]. In der nächsten Generation hat man darum vor lauter Kritik und Analyse leicht vergessen, womit hier eigentlich Politik gemacht wurde, was eigentlich ausgehandelt wird von der Politik. Um zu verhandeln muss man etwas in der Hand haben, und wenn es nur das eigene Leben ist oder ein Kieselstein. Das Volk, die breite Masse der Menschen, hat nur sich selbst in der Hand, das Leben. Wenn wir nicht darauf beharren wollen, dass alles Politik ist und Macht, dann lenken wir unsere Aufmerksamkeit wieder auf etwas, das jenseits von reiner Politik, von sozialer Struktur oder von ökonomischen Zwängen existiert. Es muss das sein, was den Menschen erst zum Menschen macht, denn Politik, Sozialstruktur und Ökonomie finden wir auch bei den Affen.[596] Es ist die Frage nach dem Sinn, nach unserer Einmaligkeit und nach unserer Chance, *il momento magico*. Es ist der Moment, in dem das Kind geöffnet wird und versiegelt zugleich und seinen Namen erhält, wo es fliegen lernt mit einem Mäntelchen und zugleich befleckt wird und einem Paten anvertraut und von dem Moment an muss es dieses Schicksal durchlaufen, von der Wiege bis zur Bahre, nicht immer bloß schwebend, nicht immer bloß der Erde verhaftet. So, zwischen dem biologischen Leben und seiner religiösen Nachahmung und Vorausplanung pendelt sich der Lauf des individuellen Lebens ein.

Wir können dieses Leben aber auch nicht getrennt vom politischen Willen betrachten. Männer haben Frauen die Magie fortgenommen, Krieger haben das Volk als Geisel genommen, Gelehrte haben den Geist der Menschen für sich vereinnahmt und für ihre Bücher.[597] In Italien üben die Priester und die letzten Nachfahren der Landhüter des Großgrundbesitzes, die *mafiosi*, bis heute ihre Gewalt aus neben den Institutionen von Polizei und Gerichten. Die Menschen nehmen es in Kauf, sie wollen die Ablösung vom Taufritual, vom Paten, von den übernatürlichen Personen nicht ganz und gar vollziehen. Den Heiligen der schlägt stellen sie sich zwar vorsichtshalber als eine Puppe vor, die sie umhertra-

gen, wie es ihnen gefällt, aber manchmal erhält Donatus eine seltsame Gewalt über sie und das scheint wichtig zu sein für die Menschen. Die Italiener sind darin vorsichtiger als die Deutschen oder die Nordamerikaner, vielleicht hat das wirklich etwas zu tun mit dem Leben in einer von Erdbeben und dem steten Zusammenbruch geographischer und wirtschaftlicher Nischen bedrohten mittelmeerischen Provinz. Und wer sich länger hält, letzten Endes, in dieser zerbrechlichen Welt, die Protestanten oder die Katholiken, die Magier oder die Wissenschaftler, das wird die Geschichte erst noch erweisen müssen. Das Volk hat kein Land und keine militärische Gewalt, es hat nur die Tiefe seiner Überlieferungen und die Wut des Aufruhrs – beides können sie der Macht der Priester und der Krieger-Politiker entgegensetzen, damit haben sie zur Geschichte der Zivilgesellschaft beigetragen, die sich heute so stolz abgrenzen will vom Ritualismus der einfachen Menschen und zugleich zurückfällt in die Welt der Vergangenheit. Darum geht es, wenn in Peking einer Göttin der Freiheit auf dem Tiän An Men Platz ein paar Tausend junge Leute geopfert werden oder wenn die Belgier ihren Regierungspalast weiß anstreichen, voller Verzweiflung über das undurchdringliche Netzwerk des Verbrechens, das nun das Leben ihrer Kinder bedroht. Es hat keinen Zweck, solche Handlungen und ihre historischen Spuren sauber zu trennen nach Aufgeklärtem und Irrationalem, nach Religion und Magie, Politik und Leben. Wir erfahren mehr über das Gute und das Böse der Macht und des Lebens, wenn wir die Spuren sorgfältig in ihrem Umfeld belassen wie ein Archäologe, der heute auch nicht mehr einfach die Spitzenstücke aus einem Fundort herausholt und dann den Schacht der Vergangenheit wieder verschließt.
Die Quellen sind weder offene Fenster … noch Mauern, die den Blick verstellen … Wenn überhaupt, könnten wir sie mit Zerrspiegeln vergleichen. Doch die Konstruktion ist … nicht unvereinbar mit dem Beweis … Erkenntnis … ist möglich.[598] Nachdem ich das Feld von Ripacandida und später meine eigenen Aufzeichnungen aus diesem Feldaufenthalt abgesucht habe nach den Spuren der Menschen und nach meinen eigenen Hinterlassenschaften, will ich das

Erreichte in einer Art Experiment überprüfen. Es geht nun um die Überreste von Menschen, die mit mir und meiner Forschung nichts zu tun gehabt haben, die aber in Feldern gelebt haben, die meinem Feld vorausgehen. So wie ich bereits meine Entdeckungen immer wieder an de Martinos vielschichtigem Werk geprüft habe, werde ich nun auf Quellen zu sprechen kommen, von deren Vorhandensein ich entweder noch nichts wusste, als ich dieses Feld betrat, oder aber, wie im Falle des Horaz, nichts verstanden habe. Ich wende also das Blatt noch einmal um. Nachdem ich die Toten mit dem Blick der Lebenden angesehen habe, werde ich nun versuchen, die Lebenden aus der Perspektive der Toten zu betrachten.

22. Der Dichter

Einmalige Ereignisse prägen sich nicht nur der Erinnerung ein, sondern auch dem von Gefühlen getragenen Gedächtnis. Wir können die Spuren der Vergangenheit nach Vernunftgründen in Reihen ordnen, *erst war dies, und dann kam das.* Wir können sie aber auch zur Vorlage für Legenden machen, die im Jahreslauf aufgeführt werden, als Ritual oder Fest. Die Menschen vergessen dann die Zeit und werden zu Trägern eines ewigen Gedenkens. Schließlich gibt es Erinnerungen, seien sie nun linear geordnet oder im Kreis, die beruhen auf Taten, die nicht die Menschen einander angetan haben, sondern die Natur der Natur. Erdbeben und kosmische Neuschöpfungen, Aufstieg und Niedergang von Tier- und Pflanzenarten, die Evolution der Körpergefühle beim Menschen, der Kampf der Berge gegen die Ebenen und das Stöhnen der Erde, wenn sie ihre eigenen Schöpfungen erdrückt. Die Urzeit hinterlässt ihre Spuren, auch im menschlichen Bewusstsein.

Rionero, *am schwarzen Fluss*[599] – das Tafelland dort besteht aus erkalteter Lava. Der Vulkan ist seit achtzigtausend Jahren nicht mehr ausgebrochen, aber die Menschen wissen um den Ursprung ihrer Landschaft. Trotzdem haben sie sich dort immer wieder angesiedelt. In der Römerzeit und im

Mittelalter war *rivo nigro, arenigro* eine Siedlung des großen Venosa.[600] Zeitweilig war der Ort unbewohnt, man weiß nicht, ob die Erdbeben sie vertrieben haben oder anderes.[601] Als eigenständige Gründung ist es erst im siebzehnten Jahrhundert wieder vermerkt.[602] In Ripacandida erzählt man sich, dass die Rioneresen sogar ihren Heiligen aus dem benachbarten Atella stehlen mussten. Mit San Marco auf den Schultern, wurden sie von einem Unwetter überrascht und flüchteten in einen Weinkeller. *Erst ließen sie ihn im Regen stehen, dann haben sie ihn besoffen gemacht, in ihrem Keller. So gehen die in Rionero mit ihren Heiligen um …* In Ripacandida ist manch einer heute noch überzeugt vom rabenschwarzen Charakter der *Arnuresi*, der Leute vom schwarzen Fluss. Rionero ist jetzt ein kleines Zentrum an der *Superstrada*, die das Land von Nord nach Süd durchschneidet. Vorrömische Siedlungen wie Ripacandida auf seinem Felsen sind heute von den großen Verkehrswegen abgeschnitten, Rionero aber wächst und wächst. Allerdings zieht es sich bei jedem Erdbeben auch wieder zusammen, wird hässlich und klein.[603]

Das Schicksal hat manchen üblen Scherz getrieben mit dieser Stadt. Beim Erdbeben des Jahres 1930 wurden dreißig Prozent der Gemeinde zerstört. Aber sie strebt weiter voran auf dem Weg des wirtschaftlichen und politischen Fortschritts wie jenes Volk des Fernen Ostens, die Japaner. Sie haben aus den Naturkatastrophen und aus der Katastrophe des Krieges den Drang zu Wohlstand und Fortschritt geerbt, und beides wird ihr Geschenk sein an die Welt des Jahres 2000.[604] So stellt die Stadtverwaltung von Rionero im Jahre 1979 ihre Gemeinde vor. Wenig später hat *die Erde wieder mal Samba getanzt*, am 23. November 1980. Traumverloren schauen die Menschen vor sich hin, wenn sie mir Stunde, Tag, Monat und Jahr des Moments aufzählen, an dem sich unter ihnen die Erde aufgetan hat. Wir haben das Jahr 2000 erlebt und immer noch sind die Menschen von Rionero damit beschäftigt, einzelne Schäden zu beheben. Hinter der *piazza* von Rionero, die nach all den Erdbeben wie ein großes unaufgeräumtes Zimmer wirkt, erhebt sich ein riesiger, düsterer Palazzo. Gedenktafeln aus Marmor erinnern an die

Geburt von Giustino Fortunato im Jahre 1848. Der Großgrundbesitzer und Geograph galt als *Apostel des Südens.*[605] Furchtlos klagte er das Elend der Bauern an. Der andere große Spieler im Rionero des neunzehnten Jahrhunderts kam selbst aus dem Stand der Bauern oder Tagelöhner. Geheimnisvoll führen mich alte Männer zu einem unscheinbaren Häuschen. Sie sprechen in Andeutungen und winken bedeutsam mit der Hand durch die Luft. Hier wurde Carmine Donatelli Crocco geboren. Seinen Namen spricht man in Lukanien mit Sorgfalt aus wie das bewusste Datum, den 23. November 1980. Wann Carmine Donatelli Crocco geboren wurde, das wussten sie mir nicht zu sagen. Der Bericht über sein Leben verliert sich im Sagenhaften, aber eines ist gewiss: 1861 führte Crocco seine Brigantenarmee gegen die Scharen des italienischen Nationalhelden Garibaldi in einen Krieg ohne Chance.
Beide, Crocco und Fortunato, spielten ihr Spiel mit der Zeit. Der eine wollte die Zukunft schaffen, der andere wurde eingeholt von der Vergangenheit. Der Räuber scheint fest verankert zu sein im Gedenken der Leute. An den Wissenschaftler und Politiker muss die Stadtverwaltung mit Gedenktafeln erinnern, die seine Lebensdaten und Werke verkünden. Fortunato wurde zum Vater der lukanischen Eisenbahn[606] und zum Senator der italienischen Republik. Crocco haben sie einmal in Cerignola mit einem Pferd erwischt, das er auf den Ländereien der Fortunato-Familie gestohlen hatte.[607] Seine Taten als militärischer Apostel des Südens büßte er mit jahrzehntelanger Kerkerhaft.
Crocco und Fortunato kamen aus demselben Nicht-Ort, zusammengesetzt aus neuen und alten Verbindungsstraßen, eine zufällige Schnittmenge im Netz der Wege, Tankstelle neben Tankstelle, übergroße Schulgebäude aus der Mussolini-Ära, Wellblechsiedlungen der Erdbebenopfer, expandierende Weingroßhandlungen von europäischem Format, die ersten Supermärkte der Gegend, Industriegebiete, blinde kirchliche Neubauten. Daneben Sträßchen und Gässchen des achtzehnten Jahrhunderts um den Palazzo Fortunato, in dessen Erdgeschoss sich heute Polizisten auf ihrer Wache langweilen. Überragt vom siebengipfeligen dunkelgrünen

Vulture, krallt sich das moderne Rionero in den Sockel des Vulkans, als ob es den grünen Riesen einer ganz besonderen Art der Folter unterziehen wollte. Früh hat Quintus Horatius Flaccus diese Heimat verlassen, doch manchmal überwältigte ihn die Erinnerung an Venosa und Rionero. Dann stieg der Geist vom Berg der Begabung herab und führte den Dichter in die Heimat. Getragen vom Lied der Musen und von den Klängen der Kithara kehrte er zurück zum *mons vultur.* Horaz, der als größter Verskünstler der Römerzeit gilt, kam aus dem provinziellen lukanischen Venosa. Hier fand er das erste Mal in seinem Leben den richtigen Ton.
Hört ihr's? Oder täuscht mich ein holder Wahn? Mir ist's als hörte ich ihr Lied und wandelte durch geweihte Haine, in denen lieblich Quellen rinnen und linde Lüfte säuseln.[608]
Als Kind soll Horaz sich zu Füßen des Vulkans verirrt haben, wohl im Wald von Rionero oder weiter in der Höhe, an den Vulkanseen. Erschöpft schlief der Junge ein, auf dem nackten Waldboden, schutzlos, wilde Tiere hätten ihn zerreißen können. *Ein Wunder schien es allen, die oben das Felsennest Acherontia und die Waldhöhen von Bantia, unten das fette Gefilde von Forentum bewohnen, wie ich sicher vor schwarzen Nattern und vor Bären schlief, wie ich in gehäufte Myrte und heiligen Lorbeer eingehüllt lag, unter dem Schutz der Götter ein beherztes Kind.* Die *sagenreichen Waldtauben* hatten den Jungen mit Laub zugedeckt, ein Bild des bekränzten Dichters und zugleich des Kindes, das im Hemdchen geboren ist und nun sicher liegt und schläft mit seinem *Abitino* unter der Achsel.[609]
In seinem Lobgesang, der Ode an *Der Musen Macht,*[610] bedankt sich der Dichter bei den Göttern seiner Kindheit. Im Gefieder der Musen und der von ihnen geschickten Waldtauben können wir vielleicht die Schwingen des Heiligen Erzengels Michael wieder erkennen, dessen alter Kult auch an dem verloschenen Vulkan ein Heiligtum hervorgebracht hat, hoch im Wald spiegelt sich der weisse Bau in den Seen am Vulture. An den Grenzen von historischem Bericht, Geschichtenerzählerei und Beschwörung arbeitet der römische Verseschmied, und immer wieder haben ihn die Musen aus historischen Engpässen herausgerettet, auch während der

Horaz am Monte Vulture, Gemälde von Philipp Hackert

Schlacht von Philippi etwa, als der Autor des Gedichtes *Süß und ehrenvoll ist es, für's Vaterland zu sterben* mit seinem Schild auf dem Rücken fluchtartig das Feld verließ. Aber jetzt behauptet Horaz, dass er sich im Schutz der Musen bis zu den Briten wagen würde, *den ungastlichen Feinden jedes Fremdlings,* und im Osten bis zum *Scythenstrom,* im Land der hosentragenden Reitervölker, die wir Mitteleuropäer zu unseren Vorfahren rechnen können. Die Tatsachen der römischen Kolonialpolitik, der er sein gutes Leben verdankt, erscheinen bei Horaz in sinnbildlicher Verkleidung, und immer führt aus der Geschichte ein Weg heraus in die Sage, in die Welt der Riten und der zyklischen Zeit.

Der Preis für diesen Ausweg ist das Bündnis mit einer Macht, die sich auf das Sagenhafte und Wunderbare gleichermaßen stützt wie auf die Realpolitik. Ovid, der große Konkurrent des Horaz, musste sein Buch der Wandlungen der Legende nach mit der Verbannung in eben diese Kolonien büßen, bis an den *Scythenstrom* soll er gegangen sein, ins Land der Skythen, der barbarischen Hosenträger, ans Schwarzmeer oder noch weiter nach Osten, und irgend-

wo dort blieb er dann verschollen, so heißt es. Sein großer Reigen des ewigen Überganges von Tier zu Mensch zu Stein zu Gott war gegen die versteinerte Macht des Kaisers Augustus geschrieben. Der Finanzier des Augustus, der Mäzen Maecenas, hat stets seine schützende Hand über Horaz gehalten. Der Dichter aus der Provinz hat sich bedankt und den Mythos der Musen, die Geschichte vom spirituellen Ausgleich der Kräfte, auf das irdische Reich übertragen. Bei Horaz verwandeln sich die Dinge nicht ineinander wie bei Ovid, sondern sie werden gegeneinander geordnet, untereinander. Bei ihm ist ein Berg ein Berg und das bleibt so, oben und unten sind sauber getrennt, verbunden nur durch Musen und Dichter, Machtmenschen und Caesaren.[611] Horaz kennt die Geschichte von den Musen oder Mahren, welche die Sterblichen nachts besuchen und beschützen, die sich mit ihnen vermischen und manchmal sogar unerkannt zwischen ihnen wohnen, aber nur er, der Dichter, oder gerade noch ein Auserwählter, der Kaiser vielleicht, soll die Kraft zur Verwandlung besitzen und kontrollieren, des magischen Fluges – die anderen müssen sitzen bleiben und zusehen aus ihren Käfigen, heraus, aus ihren Himmeln und Höllen. Die Loyalität gegen den Kaiser steht dabei noch unter *der Musen Macht: Der eurige bin ich, ihr Musen; in eurer Hut steige ich zu den steilen Sabinerhöhen empor oder wandere auch, wenn es mir gefällt, nach dem kühlen Präneste oder dem Bergeshang von Tibur oder nach Bajäs klarer Meeresbucht.* Der Dichterfürst steigt auf, wie und wo es ihm gefällt, auch jetzt noch, wo er nicht mehr am Vulture lebt, sondern auf seinem von Maecenas finanzierten Landgut in den Sabinerbergen.
So, zwischen Märchen und politischer Geschichte, entstand die älteste Beschreibung des Feldes meiner Forschungen, der Landschaft am Vulture. Bei den heutigen Bewohnern von Acerenza (*Acherontia*), Banzi (*Bantia*) und Forenza (*Foretum*) gilt der Monte Vulture nicht mehr als heiliger Ort. Das Heiligtum des Erzengels Michael an den Kraterseen von Monticchio wird kaum noch besucht und ist auch nur selten zugänglich, *inagibile,* unbegehbar, der Erdbeben wegen. Aber der Vulture ist eine Stätte der Schönheit geblieben.

Hochzeitspaare fahren zu den Vulkanseen, um sich in romantischen Posen fotografieren zu lassen, vor Bäumen und Wassern. Noch im neunzehnten Jahrhundert stiegen vom Michaelsheiligtum am Vulkanmassiv die Räuber herab, als selbsternannte Retter der heiligen Sache Lukaniens ... *wer's übersteht, der geht zum Monticchio und erzählt es dort dem Erzengel.*[612] Der Berg gibt der Landschaft Sinn und Gesicht bis heute, einen Namen, und er scheint einen Ausweg zu versprechen aus dem unaufhaltsamen Fluss der historischen Ereignisse.

... hat man die Lieder des Horaz recht gehört, so hat man teilgenommen an einer menschlichen Meisterung von Gestalt und Geschick, die in der Düsternis ... Entkrampfung erreicht ... die vom Lauten zum Leisen, vom Verwirrenden zum Konzentrierten geleitet.[613] Unter der Oberfläche birgt die Welt des Horaz Kräfte, die von Generation zu Generation gegeneinander aufgewogen werden müssen, wieder und wieder. Dem Dichter ging es nicht darum, seine Heimat zu verewigen für Fremdenführer und Heimatpfleger. In der Ode an den Vulture geht es um das Ganze. Es ist ein Höhenflug, der nicht auf die Berührung mit den Kräften der Tiefe verzichten darf und es geht um die Macht, die dabei entsteht. Es geht um die Erinnerung an ein gewaltiges Früher, das wir uns heute vorstellen, um eine harmonische Zukunft gestalten zu können. Das Gedicht über den erloschenen Vulture endet mit der Beschreibung eines anderen italienischen Vulkans, der heute noch Häuser und Menschen unter sich begräbt.

Die Mutter Erde trauert um die Riesenbrut ihrer Kinder, auf denen sie mit ihrer Last ruht; sie härmt sich um ihre Ausgeburten, die der Blitz zum fahlen Orcus hinabgeschleudert hat; das rastlose Feuer hat den daraufgetürmten Ätna noch nicht durchfressen.[614] Es bleibt ruhig, wenn große Kräfte gegeneinander drängen, wir Menschen des zwanzigsten Jahrhunderts wissen das aus der Zeit des Kalten Krieges. Es ist die Geschichte vom Kelch in der Hand des Heiligen der schlägt, das Glas ist zerstört aber der Wein wird gehalten von der bloßen Idee des heiligen Gral. Gebunden ist alles, wenn auch mit Mühe, und *den Buhler Pirithous halten noch immer dreihundert Ketten gefesselt.* Das muss man heute nachschlagen, denn die Namen haben sich abgenutzt in zweitausend Jahren, auch wenn das Prinzip dasselbe geblieben ist. Pirithous, der König der Lapithen, hat dem griechischen Helden Theseus im Kampf gegen ein tiermenschliches Zwittergeschlecht beigestanden und so die Ordnung von oben und unten wiederhergestellt, von Tieren, Menschen und Göttern. Als Gegengabe will er aber, dass Theseus ihm dabei hilft, diese Ordnung wieder in Frage zu stellen, er will, dass der griechische Heros mit ihm die Hölle stürmt und die Frau des Unterweltfürsten entführt, in die Pirithous sich nämlich verliebt hat. Hades, König der Unterwelt, durchschaut den Plan. Den Theseus lässt er laufen. Aber der König der Lapithen muss bis ans Ende aller Zeiten in der Hölle auf einem Stuhl sitzen, angekettet, zur Strafe für versuchten Ehebruch und Entführung. Der Vulture, das will Horaz damit sagen, ist nicht der Ätna. Die Kräfte der Hölle können so und so gebändigt werden. Man kann sie im Namen der Musen verfeinern und verwinden, bis ins Nichts des hohen Himmels hinein. Aber wer es nicht versteht, sich in die Höhe zu schwingen mit Hilfe von Musik und feinen Versen, der muss in der Hölle sitzen bleiben.

Kraft ohne Weisheit stürzt unter ihrer eigenen Wucht; maßvolle Kraft heben auch die Götter zu reicherer Entfaltung …[615] Diese Vorgeschichte von Willkür und Ausgleich schrieb Horaz vor zweitausend Jahren, aber sie gilt auch für das katholische Lukanien von heute. Man fesselt die Kräfte, bindet die Menschen, im Guten durch die Ehe und die Heiligen, oder im Bösen durch die Magie, in schwarzen Knoten und mithilfe des Heiligen der schlägt. Es ist das Gegeneinander von Crocco und Fortunato, die blinde Rebellion des Volkes steht gegen die Wissenschaft von oben. Ohne ein drittes, ohne die heiligen Puppen und die Nachtmahre, könnte dieses Gegeneinander die Gesellschaft schnell zerstören. Erinnerungsplätze der schwarzen Kunst, Hexenberge und Tanzplätze durchsetzen die von christlichen Wallfahrten markierte Landschaft, schwer und einsam stehen sie da wie die sieben Kegel des Vulture im lukanischen Hochland. Die Götter der Antike verzichten schon lange auf Be-

Der Monte Vulture

suche in der modernen Welt. Man kann sie sich auch schwer vorstellen in der heutigen Welt, sollen sie in einer Talkshow das Wort ergreifen, ein Glas *Strega on the Rocks* in der Hand? Oder können wir sie nur nicht erkennen, weil sie sich in moderner Kleidung tarnen? Dann wären sie unter uns, unscheinbar und doch ausgestattet mit Feuer und Schwert, mit ihren flatternden Hemdchen unter den Hosen und Kostümen, und vielleicht mit der Seelenwaage, welche Dike, die letzte Göttin, auf der Erde zurückgelassen hat, als Himmel und Erde für immer getrennt wurden. Im Flammenschein steht sie da, wütend über die Schlechtigkeit der Menschen, die Augen hat sie sich zugebunden – nicht etwa, um unparteiisch zu richten, wie man später sagen wird, sondern weil sie das Elend nicht mehr sehen will. Justitia nennen sie die Römer, Göttin der Gerechtigkeit, und sie lebt weiter im Erzengel Michael, dem einzigen Heiligen der katholischen Kirche, der nie ein Mensch gewesen ist, nicht Mann und nicht Frau. Der Heilige der Krieger trägt das Schwert und die Seelenwaage. Vom erloschenen Vulkan herab bändigt er seit je das Böse mit der Kraft seiner riesigen Schwingen und seines Schwertes. Das Schwere steht ihm zu Gebot wie das Leichte. Auch in seinem Namen treten die Heilerinnen gegen das Böse auf, mit Messer, Schere, Licht, unter Wasser und unter Wind. *Der eurige bin ich, ihr Musen ...*, auf lateinisch heißt das *Vester, Camenae!* Ich glaube ihn zu hören, zu sehen, wie er das ausruft im steilen Präneste oder beim Anblick der Meerbucht von Baia, es ist ein Ausruf des Enthusiasmus, wie man ihn in der lateinischen Dichtung nur selten findet. Horaz hat seinen Namen den Göttinnen der Begabung unterstellt, den namenlosen, und damit hat er sich unsterblich gemacht – zumindest für die Zeit, in der es noch Menschen gibt, die sich für lateinische Dichtung interessieren.

Spiegelglatt ist die Fläche des kleinen Kratersees am Vulture, als ich ihn mit meinem Sohn im August 1998 auf einem Schiffchen befahre. Übersät mit dem Plastikmüll der Ausflügler sind die Ufer heute, am Montagmorgen, aber jetzt ist es wenigstens still und wir sind allein mit dem Vulture. Ein bisschen zu Hause sind wir hier, nach all dem Reisen und Forschen, nach vielen Fahrten hin und her. Mit einem Mal befällt uns die Erkenntnis der Tiefe, hunderte von Metern geht es dort senkrecht hinab, zu Stein und Geröll, die seit zehntausenden Jahren dort lagern, und darunter, tiefer noch, glüht weiter ein großes Feuer, das die Erde beben lässt, wenn der Berg sich entschließt, seinen Druck nachzulassen. Dann schauen wir wieder zur grünen Höhe der Vulkankegel hinauf, der klare Himmel sendet unbeirrt sein Weltraumblau zu uns herab, weiß blitzt uns aus grünen Wäldern das Heiligtum des Erzengels entgegen und spiegelt sich in der Oberfläche des Kratersees. Man kann das Kloster nicht erreichen, hat der Bootsverleiher uns erklärt, denn wieder einmal ist die Straße gesperrt wegen Erdrutsch. Gelehrte und Priester, Krieger und Kaiser haben den Vulture und sein Umland mit ihren heiligen Stätten geprägt, aber heute scheinen die Heiligen zu sterben. Uns bleiben nur der Berg und der See, ein bisschen vom alten Wald und der Dichter, der das einmal besungen hat. Ihm ging es um die Macht des Kaisers, aber dahinter zeichnet sich die Macht der Musen ab. Sie helfen uns eine Harmonie zu schaffen, nach allen Kämpfen, vor allen Kämpfen, aus Riten und Reigen, Musik und Gesang – und erst auf der Grundlage dieser gewaltigen Arbeit der Versöhnung von Kultur und Natur kann die politische Macht wieder einsetzen und beginnen mit ihrem Spiel.

23. Der Kaiser

Wieder ist die Zeit rückgängig gemacht worden, wieder können wir versuchen, Geschichte zu entziffern in einer Sage, einem Bild. Tote stehen aus ihren Särgen auf. Alles Böse kommt von unten. Aus den offenen Bäuchen quellen Eingeweide, vermischt mit Gewürm. Aus den Schädeln blecken riesige Schnauzen. Ein strenger Herr hat sich ihnen in den Weg gestellt. Mit großen Augen schaut er über die Toten wie über die Betrachter des Bildes hinweg, als ginge ihn das alles nichts an. Schon haben sie ihre Knochenhände gegen ihn erhoben, wie wir es von den Zombies und Vampiren der Filme gewohnt sind, fast scheinen sie den Mann zu berühren. Doch er streckt den Gespenstern ungerührt die rechte Hand hin, wie zum Gruß. Für Süditaliener kann dieser Mann nur ein Magier sein. Er trägt einen purpurnen Mantel und hat seine roten Haare unter einer Kappe verborgen. Auf seinem linken Arm sitzt ein Jagdfalke, hinter ihm verstecken sich eine blonde Dame und ein Junge mit rötlichem Haar. Alle drei tragen die kaiserliche Lilie auf ihrer Kleidung, die Mutter legt schützend den Arm um die Schulter des Kindes. Dieses Bild kann man heute noch in der Ketzerkirche bei Melfi sehen. *Grotta scomunicata* nannten die Bauern der umliegenden Weiler die heilige Höhle, oder *grotta dei demoni,* Kirche der bösen Geister. Erschreckt notierte ein Reisender aus dem Norden, dass er hier nichts vom triumphierenden Glauben der lombardischen Kathedralen wiederfinden könne. Was Wunder, die Ketzerkirche liegt nicht in der norditalienischen Tiefebene, sondern an der Straße von Melfi nach Rapolla, in Lukanien, an den Ausläufern des Vulkans Vulture. Derselbe Betrachter ahnt in der Ketzerkirche eine fremde Religion, die aus den *rohen Seelen der Bergbevölkerung* vibriert, voll *düsterer Fanta-*

sien und monströser Vorstellungen.[616] Vor hundert Jahren beschäftigten sich diese *rohen Seelen* von Melfi mit einer Sage[617] über das Gotteshaus.

Es war an einem nebligen Winterabend ... Da führte ein Alter, der die Gabe hatte, mit den Dämonen zu sprechen, vier Genossen zur Höhlenkirche. Kaum waren die heiligen Worte aus einem magischen Buch vorgelesen worden, da verhieß ihnen schon eine Stimme aus der Tiefe, wo der Schatz versteckt sein sollte. Zitternd vor Begierde durchwühlten sie die Erde mit großer Kraft und bloßen Händen. Am Grund, in schweren klingenden Säcken, ruhte das Gold in Haufen. Aber zum Preis für diese Enthüllung verlangte die Stimme von dem Alten eine Seele. Und der Alte weihte ihr einen seiner Genossen. Doch die Stimme befragte die Seele des Mannes, sie wollte die Zustimmung zur Tat. Der widersetzte sich mit hohem Sinn. Er wollte doch weiter mit Christus sein. Mit einem Mal schloss sich da die Erde wieder über den goldgefüllten Säcken bei großem Donner und Lärm. Die Männer aber wurden fortgeschleudert wie von einem Schaufelrad. Mit aufgerissenem Leib landete einer in einer nahgelegenen Schlucht, ein anderer hat sich in Luft aufgelöst. Besinnungslos lag der Dritte rittlings auf der Mauer des nahen Friedhofs. Und der Vierte wurde im dichten Unterholz von Cisterna wiedergefunden, mit durchpflügtem blutenden Fleisch.[618]

Die Margheritenkapelle von Melfi liegt heute noch nah bei dem Friedhof, auf dem sie wohl den Leichnam eines der Magier gefunden haben wollen. Das Fresko mit den Toten und dem strengen Mann ist das Erste, was man zu sehen bekommt, wenn das eigenartige lotusförmige Tor der Kapelle aufgeschlossen wird. Vielleicht sollte das Bild des Totenbeschwörers Menschen fernhalten, die dort nichts zu suchen hatten? Aber was ist hier versteckt gewesen? Eine andere Legende erzählt von einem jungen Mann, der sich über die Schwelle wagte und dann bewegungslos zu Boden fiel. Vielleicht hat das Bild des schutzbedürftigen edlen Knaben zu dieser Geschichte herausgefordert. Aber was ist das für eine buchgelehrte Stimme, die rohe Seelen blutig belehrt? Wer bringt den Bauern bei, dass man die höheren Künste teuer

Friedrich II. von Staufen als Beschwörer der Toten, Capella Santa Margherita, Melfi

bezahlt, den magischen Flug durch die Luft, die Unsichtbarkeit, das Reiten auf der Mauer[619] zwischen Diesseits und Jenseits und das Durchpflügen des Fleisches? Das alles kann nur Werk des mächtigsten Menschen sein, der je am Vulture gelebt hat. Die Kapelle liegt, von einem Tal getrennt, genau gegenüber dem riesigen Stauferkastell von Melfi.
Das wahre Gesicht des rätselhaftesten aller mittelalterlichen Kaiser, Friedrich II. von Hohenstaufen[620], verschwindet hinter genormten Darstellungen, die uns auf Münzen und Triumphbögen überliefert sind. Es kann als einigermaßen gesichert gelten, dass er rothaarig gewesen ist und hager, und dass er einen strengen Ausdruck hatte, mehr nicht.[621] Aber in der winzigen Höhlenkirche bei Melfi, an den Hängen des Vulture, ist allem Anschein nach ein Porträt erhalten, das ihn menschenähnlicher, wahrhaftiger darstellt[622] als alle bisher bekannten Bilder. Manche Kunstkenner halten das Fresko für eine Frühform des hochmittelalterlichen Totentanz-Motivs. Zur Zeit restauriert das Denkmalschutzamt der Basilikata die Margheritenkapelle unter großem

Aufwand, danach wird man mehr sagen können.[623] Ende des letzten Jahrhunderts wurden die Fresken wiederentdeckt, bis dahin war die Höhle lange Zeit als Stall benutzt worden. Heute erst hat man die technischen Mittel, sie wiederherzustellen. Schon jetzt tobt ein Streit, denn es handelt sich um ein äußerst seltenes und seltsames Denkmal des Mittelalters, das man dort in großer Frische zu sehen bekommt, und vielleicht handelt es sich wirklich um ein Porträt des Kaisers oder um eine Kopie eines Porträts, die einen Magier und die Toten signalisieren soll, nicht mehr den Kaiser selbst. Die grausige Bildidee einer Begegnung mit lebenden Toten soll aus buddhistischen Wallfahrtsorten stammen und irgendwann im fünfzehnten Jahrhundert in das von der Pest entvölkerte Europa gewandert sein.[624] Aber der Schrecken von Melfi, so scheint es, ist älter. Hier, in Lukanien, im Kastell von Melfi, endete einst eine jener großen Ketten der Macht, mit denen das System der Welt zusammengehalten wird, aufgespannt zwischen Orient und Okzident, und ein rothaariger Kaiser verstand es meisterhaft, darauf zu balancieren.

Schrecken der Welt nannten sie ihn, *Hammer der Welt. Tedesco italianizzato è diavolo incarnato*, ein deutscher Italiener ist der eingeborene Teufel – dieses Sprichwort soll es zu Friedrichs Zeit schon gegeben haben und es soll auf ihn gemünzt gewesen sein.[625] Fünftausend arabische Bogenschützen begleiteten den deutsch-italienischen Staufer bei seinen Zügen durch den Mittelmeerraum, Elefanten, Kamele, Löwen, Panther, afrikanische Strauße, *selbst eine Giraffe.* Orientalische Astrologen, deutsche Dichter, mongolische Gesandte und schwarzafrikanische Diener lebten an seinem Hof.[626] Er glaubte vom *Göttergeschlecht der Könige* zu sein[627], am Grabe Jesu Christi in Palästina hat er sich selbst gekrönt. Den Papst brauchte er nicht. Es war der *erste außerkirchliche Heiligenkult eines lebenden Menschen.*[628] Friedrich hatte den *Zauber der Ferne.*[629] Der Kaiser unterhielt Beziehungen zum Kalifen, und mit Dschingis Khan verband ihn ein scherzhafter Briefwechsel.[630] Vielleicht ist auf solchen Wegen der buddhistische Totentanz verfrüht nach Melfi gekommen.

Kaiser Friedrich II. hinterließ in Melfi eine der größten Burgen Europas, finanziert aus der Bauernarbeit des Südens.[631] Damals standen die Dinge in der Basilikata noch nicht so miserabel wie in diesem Jahrhundert, es gab noch etwas zu holen dort.[632] In Melfi wurde unter Friedrich die erste Verfassung Europas veröffentlicht, der rote Kaiser garantierte Bürgerrechte und die Unantastbarkeit der Frauen. Um das Jahr 1230 machte er die kleine Gemeinde zum Zentrum seines deutsch-italienisch-arabischen Großreiches. Er war der Albtraum der Kardinäle in Rom und norditalienischer Stadtvögte, denen nicht nach Herrschen zu Mute war, sondern nach Geldverdienen und wirklicher Bürgerfreiheit, selbst erkämpfter. Später musste Melfi das büßen, aber die Waldbauern im Dickicht der Basilikata haben seine Eskapaden und seinen Zirkus finanzieren müssen bis zum bitteren Ende. Im Stil arabischer Vorbilder zeigte er seine Macht an den Falken, ließ sie fliegen über dem lukanischen Apennin, frei und doch im unsichtbaren Bann ihres Herrn.[633]
In Capua, an der Via Appia, lag eine Grenze seines Reiches, erst am Alpenrand gab es dann wieder große geschlossene Stammländer des deutsch-italienischen Herrschers. In Capua ließ der Stauferkaiser einen wuchtigen Brückenkopf errichten, ein festungsartiges, mit steinernen Standbildern geschmücktes Tor. Ein Standbild dort zeigte ihn selbst, in der Pose des Heilands. Aber das ist ein seltsamer Heiland, mit diesem *leicht schielenden, unbewegten, fast grausamen Blick*[634] – so hat es Ernst Kantorowicz aufgefasst, der enthusiastische Biograph des Kaisers, und tatsächlich fällt einem auf den Bildern der Ketzerkirche der seltsame Blick des Rothaarigen auf. Wir kennen diesen Blick von Donato, dem Heiligen der schlägt.
Friedrichs Bild auf dem Triumphtor von Capua steht im Schutz einer noch größeren Figur, es ist die Göttin der Gerechtigkeit, Dike-Justitia. Drohend soll sie auf den mächtigen Kaiseradler in ihrem Brustgewand gezeigt haben.[635] *Der Kult der Justitia heischt Schweigen*[636] steht da – auch die Kirche hat zu schweigen angesichts des göttlichen Rechts. Das Recht gilt in Friedrichs Reich als eine Art Gottesdienst, oberster Priester ist er, der Heiland-Kaiser.[637]

Dike soll die letzte griechische Göttin gewesen sein, welche die Erde verlassen hat. Mit Friedrich hat sich doch noch einmal der Himmel nah an die Erde gesenkt, im Guten wie im Bösen, meist jedoch zu Letzterem. *Wer nicht treu, der fürchte verbannt und in Ketten zu enden*, stand auf dem Tor geschrieben. Wer sich nicht aus freien Stücken an den neuen Caesaren bindet, der endet in Fesseln. Aber *Friedrich* spricht auch den los, den *der Papst gebunden.*[638] Die Reise nach Süden, durch die Capuanische Pforte, wird zu einem Ritual der Einweihung, denn *in den Kreis des Gesamts wurde ja das lebendige Volk miteingezogen, welches den Bogen durchschreiten und vor dem drohenden Jüngsten Gericht, wenn auch nicht in die Knie sinken, so doch erschauern sollte.*[639] Friedrich war wohl der Erste, der Süditalien zum Hort des Heidentums erklärt hat, zur Rache der Vergangenheit an der Gegenwart: *Christus kam nur bis Eboli.* Unter den Bildern auf der Capuanischen Pforte finden wir sogar Diana, die römische Jagdgöttin, Anführerin der Luftgängerinnen auf ihrem Weg nach dem nahen Benevent, zum Tanzplatz unterm Nussbaum.[640] Auf päpstlicher Seite brach gegen den süditalienischen Deutschen ein *förmlicher Wahn* aus. Friedrich wurde gleich mehrfach exkommuniziert. Vielleicht hieß die Grottenkirche von Melfi darum im Volksmund lange die *grotta scomunicata.* Den *Gehörnten*[641] nannten ihn die Päpste, und seine Gefolgsleute galten als Anhänger *des Götzen- und Bilderdienstes.*[642]
Der Militärdiktator und Scharlatan sperrt sich gegen die moderne Welt der norditalienischen Stadtstaaten. Während Friedrich II. die Mächte der Vergangenheit, Christentum und Kaisertum, zu einem neuen Potential zusammenballt, wird in Siena bald das *Girokonto* erfunden, das *Skonto,* die doppelte Buchführung. In der Tat soll der Staufer ein Anhänger der antiken Lebenskunst gewesen sein. *Wesensverwandtschaft mit den Caesaren* ließ er sich nachsagen. *In fast allen Schlössern* Friedrichs waren Werke der antiken Kunst aufgestellt.[643] Er war auch der Erste, der Münzen wieder nach antiker Sitte mit seinem Konterfei verzieren ließ, als Verkündigung der kaiserlichen Schutzmacht über die Magie des Geldes.[644] Das Machtwort über die Unwetter soll

er gesprochen haben und dann war da dieser Blick, *jene merkwürdige Ruhe völlig gleichlaufender parallel gestellter Augen ... die bisweilen fast als »mal occhio« gelten.*[645] Böser Blick und Zauberei: Seinen Sohn Heinrich ließ der Magier in einem Gewand bestatten, das mit Adlerflügeln verziert war. Er selbst wurde in einen Sarg aus rotem Porphyr gebettet, gehüllt in einen blauen Mantel, der bedeckt war mit arabischen Zauberzeichen. Er schwebt außerhalb der Zeit.[646]

Und was ist außerhalb des letzten Himmels, wenn es mehrere gibt? ... Und was tun Engel und Heilige da ununterbrochen vor Gott? Ebenso sage uns: Wieviele Höllen gibt es? Der rote Kaiser wagte, Fragen nach dem zu stellen, was hinter dem mittelalterlichen Weltbild liegt. Dabei kommen auch Lücken im christlichen Denken zur Sprache, die Michelangelo später in seinem Jüngsten Gericht verbildlicht hat. *Wo ist die Hölle, wo das Fegefeuer, und wo das himmlische Paradies? Unter der Erde, in der Erde oder über der Erde? Und welches ist der Unterschied zwischen den Seelen, die dorthin gelangen und den Geistern, die vom Himmel stürzten?*[647] Dante Alighieri zählte zu Friedrichs norditalienischen Anhängern, und die Fragen des Kaisers scheinen Dantes Gedicht von der Verwandlung der Heilsgeschichte in eine magische Landschaft beeinflusst zu haben, die besiedelt ist von lebenden Toten, von Philosophen, Heiligen und Dämonen. Friedrichs Magie wächst mit der Frage nach den letzten Dingen. In Ripacandida entfalten noch heute die Magierinnen vom Geist der Toten her ihre Heilkunst. Der Stauferkaiser sollte selbst ein großer Totengeist werden, man sieht es an seinen Anweisungen für das Begräbnis im Porphyrsarg, angetan mit dem Zaubermantel. Er wird beerdigt, doch *er lebt und lebt nicht,* heißt es in einem Orakel der Wahrsagerin von Cuma. Seine Hinterbliebenen in allen Reichsteilen sehen ihn weiterwüten als Wotan, als Vulkan Ätna oder als Kometen, der einst das Ende der Zeiten ankündigen wird.[648] Am Ätna wird der Tote gesichtet, begleitet von einer Totenprozession aus fünftausend schwarzbehelmten Rittern.[649] Immer wieder wird er mit der Sonne verglichen. Sein Todestag soll der dreizehnte Dezember gewesen sein, Luzientag, die Sonne steht dann so tief am Horizont wie nie, um von nun an einen neuen Aufstieg zu nehmen bis zur Höhe des Sommers.[650] Das dürfte auch denjenigen seiner Untertanen nicht entgangen sein, die des Schreibens und des Lesens unkundig waren. Im Verfassungswerk von Melfi hat Friedrich die Liebestränke verboten, allerdings bei geringer Strafe, denn ihre Wirkungslosigkeit wurde vorausgesetzt. Das geschah aus Vernunftgründen, wie der Biograf des Kaisers meint. In seinem Staat sollten keine Wunder geschehen, es sei denn die, die er selbst vollbrachte.[651] Magische Rezepte, Pulver und Wundsegen unter dem Namen Friedrichs wurden noch Jahrhunderte später gehandelt.[652] Lange nach dem Tod des Imperators verkündet einer seiner Verehrer, dass *in der Hand Friderici II. eine sonderbare Lebenskrafft gestecket*[653], und sein Bild geistert durch die Erzählungen der Mahre und Wohlfahrenden, wenn sie von der Inquisition vernommen werden.

Eine Fischersfrau aus Palermo sagte 1588 vor der Inquisition aus, sie und ihre Kompanie seien mit ihrem »Fähnrich« an der Spitze auf Ziegenböcken durch die Luft in eine Landschaft geritten, benannt Benavente, die dem Papst gehöre und im Königreich Neapel liege. Dort sei eine gewaltige Ebene, in der sich eine große Tribüne erhebe, auf der zwei Stühle stünden. Auf dem einen säße ein roter junger Mann, auf dem anderen eine schöne Frau, wie sie sagten, die Königin, und der Mann der König. Als sie das erste Mal im Alter von acht Jahren dorthin gekommen sei, hätten der Fähnrich und andere Frauen aus ihrer Kompanie gesagt, sie müsse niederknien und diesen König samt der Königin anbeten und alles tun, was die beiden sagten, weil sie ihr helfen, ihr Reichtum, Schönheit und junge Männer geben könnten, die wohl zur Liebe brauchbar seien. Und sie hätten zu ihr gesagt, sie dürfe weder Gott noch Unsere Frau verehren. Der Fähnrich habe sie auf ein Buch mit großen Buchstaben schwören lassen, dass sie die anderen beiden anbeten wolle. Und so habe sie geschworen und jene angebetet – ihn, den König, als Gott und sie, die Königin, als Mutter Gottes, und sie habe ihnen Leib und Seele ange-

lobt … Und nachdem sie jene angebetet hätte, hätten sie Tische aufgestellt, gegessen und getanzt und danach hätten die Männer sich zu den Frauen gelegt und ihnen beigewohnt und ihr auch, viele Male in kurzer Zeit.[654]
An der Capuanischen Pforte war Diana abgebildet, die Anführerin der wilden Jagd.[655] Es scheint, als habe die sizilianische Fischersfrau den Kaiser und die Frau Gerechtigkeit (Dike) oder die Frau Wild (Diana) von Capua nach dem nahen Benevent verlegt, zum Nussbaum, unter dem sich die Hexen treffen. Wo der Gottseibeiuns die Hexen empfängt, da sind auch die Schatzsucher nicht fern, die der Erde mit einem Höllenzwang ihre Geheimnisse abtrotzen wollen. Hat Zi Vito nicht immer wieder versucht, mich zur Schatzsuche in einer Höhle bei Melfi zu überreden?[656] Vier Magier sollen bei solch einer Unternehmung einst in der Luft zerrissen worden sein von einem Wesen, das es nicht geben darf. Aber Vito war sich seiner Sache ganz sicher: *Man muss wissen, wie man es macht, und ich weiß es*. Gefeiert und geprasst wird an diesen Stätten des Bösen, Schätze findet man dort. Es sind die Sammelplätze der Mahre, in Ripacandida *Sang und Spiel, Cantasuon'*, von dort weht heute noch manchmal den Schläfern ein seltsamer Klang herüber, weil der alte tote Geist des Adels noch einmal zum Tanz aufspielt. Wir wissen nicht, ob die Grottenkirche von Melfi wirklich an Kaiser Friedrich II. erinnern soll oder ob auch andere Bilder gemeint sind von der Überwindung des Todes durch die Macht. Oft ist er namenlos geworden oder in der Erinnerung verschmolzen mit seinem Vorläufer Friedrich Barbarossa, der gleich ihm glücklos die italienische Karte gespielt hat als deutscher Kaiser. Dem schwäbischen Imperator dürfte diese Verwechslung kaum gefallen. Ihn mag trösten, dass Barbarossa in der Erinnerung der Leute manchmal nichts weiter ist als ein Antichrist mit Eselsohren:

Friedrich mit dem roten Bart,
lange Eselsohren hat![657]

Schlecht ist es dem Geist des roten Kaisers ergangen, denn die Kirche hat alles getan, die Erinnerung an ihn so schnell wie möglich auszulöschen. Ohne Namen überlebt Friedrich als schiere Angst, die sich an verruchte Orte krallt. Das kommt davon, wenn man die älteste durchgängig funktionierende Erinnerungsmaschine der Welt gegen sich aufbringt, Papst und Kirche. Man wird vergessen. Dafür weiß der Staufer oder das, was von ihm übrig ist, heute vielleicht besser, wo das Fegefeuer seinen Ort hat. Aber die Geschichte vom Kaiser im Zaubermantel, der irgendwo im Verborgenen ruht, um eines Tages wiederzukehren, hat immer noch Tiefe, so dass sie noch in den seltsamen Geständnissen einer Fischersfrau des sechzehnten Jahrhunderts in Palermo erscheint oder in den Überlieferungen um die Margheritenkapelle von Melfi. *Eines Tages, das weiß die Sage zu berichten, wagte ein junger Mann, die schreckliche Schwelle zu übertreten. Er machte nur einige wenige Schritte, dann fiel er, wie vom Blitz getroffen und gelähmt, die Fingernägel ins Gesicht gekrallt, die blutunterlaufenen Augen aus den Höhlen getreten.*[658] So sieht es aus, wenn man eines Herrn ansichtig wurde, eines wahren, oder wenn der Heilige schlägt: Die Opfer winden sich in Krämpfen. Hier spricht eine Stimme aus tiefster Tiefe, die schon zu den vorwitzigen Magiern gesprochen hat mit der Macht des Bebens. Aber Tiefe und Grauen allein reichen nicht aus zum Überleben eines Namens. Die Höhlenkirche wird heute nur von einigen Spezialisten mit dem Namen Friedrich in Verbindung gebracht. Deutsche Professoren haben den roten Kaiser wieder entdeckt und seinen Kult gepflegt: *Los von Rom*, so hieß es wieder bei den deutschen Protestanten im Kulturkampf des neunzehnten Jahrhunderts. Aber kirchliche, politische und wissenschaftliche Propaganda allein kommt auf die Dauer auch nicht an gegen die Rede des Volkes, wer immer das gerade sei, und so sind Barbarossa und Friedrich II. fast vergessen. Nur wer beides verbindet, die Kraft, die von unten kommt und die Leichtigkeit der hohen Gedanken, der wird immer wieder gehört werden, dem wird immer wieder gehorcht werden, im Lauf der Zeit.

24. Donatus

Der Name des Donatus, obwohl bald neunhundert Jahre älter als der des roten Kaisers, wird noch gut erinnert in Lukanien. Am siebenten August des Jahres 362 nach Christi Geburt, so heißt es, wurde er unter dem neuheidnischen Kaiser Julianus Apostata als Christ enthauptet. Er soll der zweite Bischof der christlich-römischen Gemeinde Arezzo gewesen sein. In Arezzo wird der Heilige auf sehr frühen Bildern als bärtiger Kirchenführer gezeigt, der von einem Fenster herab Krüppel und Lahme segnet.[659] Er ist der Heilige der Behinderten und Epileptiker. Bereits im achten oder neunten Jahrhundert muss der Kult in Arezzo Scharen von Pilgern angezogen haben[660], dann hat sich die Verehrung des Schutzpatrons der Anfallkranken über ganz Italien verbreitet.[661] Bei Potenza scheint es schon im Jahre 803 einen befestigten Ort namens San Donato gegeben zu haben[662], aus Benevent ist seit dem Jahre 1022 eine Donatuskirche bezeugt. Im Jahre 1152 sprach Papst Eugen III. dem Bischof von Melfi und Rapolla vier Kirchen in Ripacandida zu: *sancti Donati, sancti Zachariae, sancti Petri, sancti Gregori.*[663]

Melfi, und damit auch Ripacandida, stand zu jener Zeit im Brennpunkt des Machtkampfes zwischen Päpsten und Kaisern, zwischen Stadtstaat und Adel, zwischen Rom und Byzanz. Darum tagte hier im 11. Jahrhundert die Schwurgemeinschaft der normannischen Eroberer[664], darum versuchte Kaiser Friedrich II. um das Jahr 1230, Melfi zur Hauptstadt der westlichen Welt zu machen. Griechische Kolonisten, byzantinische Mönche und langobardische Raubgrafen hatten sich schon vor den Normannen und Staufern in den lateinischen Gemeinden der Basilikata angesiedelt. Am Fluss Ofanto entlang verläuft eine alte historische Grenze, teilweise sich überschneidend mit der römischen Via Appia, die oberhalb des Ofanto von Benevent nach Melfi und von dort, bei Melfi den Fluss überquerend, nach Venosa und Tarent führt.[665] Heute noch im Dreiländereck zwischen den historischen Regionen Kampanien, Apulien und Basilikata gelegen, ist Melfi ein vorgeschobener

Posten an den Grenzen.[666] Schon im Dunklen Zeitalter, ab dem Jahre 992, soll Ripacandida befestigt gewesen sein.[667] In der Höhe, über der Malariagrenze, entstanden hier ein Kastell, ein Platz und vier Kirchen. Das war viel für eine Gemeinde der Basilikata um 1152.[668] Noch im Jahr 1280 soll Ripacandida so wichtig gewesen sein, dass es vom Franzosenkönig Karl bei seinen Raubzügen durch Süditalien besucht wurde, oder heimgesucht, wer weiß es.[669] Um wichtige Orte wurde damals nicht nur mit Waffen gestritten. Man versuchte auch, die begehrten Landschaften mit den Gräbern von Heiligen, Klöstern und anderen Kultstätten zu markieren. Robert Guiskard, der Gründer des sizilisch-unteritalischen Normannenreiches, holte deutsche Zisterziensermönche ins Land, Sankt Wilhelm durfte für ihn in seinem Verginianerorden normannenfreundliche Heilige züchten.[670] Mehrfach hat man im elften und zwölften Jahrhundert Bischöfe von Melfi zu Päpsten gewählt – wer von dort kam, hatte Erfahrung im Jonglieren der Macht. Heute ist das alles vergessen beim »Volk«, und doch hat eine historische Figur das Vergessen überlebt. Es ist der Heilige der schlägt. Zu Friedrichs Zeiten war er schon bald neunhundert Jahre alt, aber sein Name, seine Legende, sein Lied, sein Kult erneuern sich heute noch Jahr für Jahr.

Ein Heiliger aus der Ostkirche ist San Donato vom Namen her nicht, aber auch kein Langobarde. Er könnte eher für den Eigensinn einer römisch-italischen Gemeinde wie Arezzo stehen und für ihre enge Verflechtung mit dem Papsttum.[671] Aus dem alten Kultort und Siedlungszentrum Cividale in der Grenzmark Friaul ist eine mittelalterliche Metallbüste erhalten, die Donatus zeigt, wie wir ihn aus Ripacandida kennen, mit dem unverkennbaren Mondgesicht. Langobarden, Hunnen, Venezianer und Deutsche haben Jahrhunderte lang um Cividale gekämpft, nur das römisch-christliche Patriarchat und sein Schutzheiliger Donatus gaben der Siedlung Dauer und Halt. Vielleicht war es ähnlich mit San Donato in Ripacandida.

Vor ihm soll San Mariano der Schutzpatron von Ripacandida gewesen sein. *Marian'* war bis um 1950 der Spitzname für die Leute aus dem Ort.

Damals hieß es auch noch *Ribacannis', strazz' camis' – Leute aus Ripa – zerrissenes Hemd.*

Am Ende des neunzehnten Jahrhunderts, so erzählten mir die Alten, hat ein Mann aus Ripacandida einem Rioneresen mit dem Olivenbeil das Ohr abgehauen, weil der ihn *Marian'* gerufen hatte. Marianus und sein Gefährte Lavierus, den man in Ripacandida nicht mehr kennt, geistern durch die Heiligenbücher des Mittelalters als frühchristliche Prediger, die auf einer Wanderschaft in der Basilikata gemartert wurden.[672] Marianus soll sogar in Ripacandida geboren sein, freilich konnte das nie bewiesen werden. Der alte Heilige bringt es gerade noch zum Türoffner für den großen Schutzpatron. Zur ersten großen Prozession am dreißigsten April *lädt San Mariano die Heiligen ein. – Da, den Heiligen, den Jungen hier, den kannst du kaufen, der richtige San Donato ist zu teuer für dich!* Lachend zeigt Gino auf den blassen jungen Mann mit dem irren Blick, der über der Menge weht im weißen Gewand. Er steht auf einem hellblauen Wolkenbündel. Jetzt haben sie den Heiligen samt Wolken auf einem Tisch abgestellt und zögernd mimen einige junge Männer das Spiel der Versteigerung. Es geht um das Recht, den jungen Heiligen dieses Jahr in den Prozessionen zu tragen. Der Arm vorne rechts, vorne links, hinten rechts, hinten links, bei San Donato gehen die damals noch für einen Gegenwert von heute vier- bis zehntausend Euro weg. Bei San Donatello aber, dem jungen Mann im flatternden Mönchsgewand, kann man einen Arm schon für zwei Euro haben oder fünf und es heißt, Don Peppe hätte den Bietern das Geld vorher zugesteckt, damit alles richtig läuft bei der Versteigerung. Der junge Heilige soll im Spiel bleiben. Aber Donatello ist eben bloß der *Heilige der Jugendlichen.*
Donato Simone soll sein Name gewesen sein, und er ist wohl schon im Jahr 1194 aus Ripacandida weggelaufen, im Alter von fünfzehn Jahren, um einem Orden beizutreten. Er muss auf der Via Appia in Richtung Benevent gelaufen sein, denn er fand schließlich Aufnahme im Kloster von Montevergine. Die Mönche dort lebten im Zeichen der Unschuld Unserer Heiligen Frau. *Vergine* heißt Jungfrau und darum

Der Heilige Werkbruder Donatello Simone aus Ripacandida

waren diese Verginianermönche in rein weiße Gewänder gekleidet. Im Übrigen hielten sie sich an die Regel des Benedikt, Gebet und Arbeit bestimmten den Tageslauf. Ihre Weltabgewandheit muss sie dem Papst entfremdet haben, ihre neue lateinische Frömmigkeit den griechisch-orthodoxen Basilianermönchen, welche die Basilikata seit Jahrhunderten besiedelten. Die Verginianer waren der spiritu-

elle Arm der normannischen Eroberer. Sankt Wilhelm (1085–1142), der Gründer des Verginianerordens, hat als Benediktiner im hochgelegenen Bergkloster Montevergine gelebt. Sein Einfluss auf die Normannen war groß, wenn wir nach dem Namen gehen, wird er selbst Normanne gewesen sein. Er wurde zum Beichtvater Robert Guiskards, unter dem Namen Roger II. ab 1130 König von Sizilien.
Eine Hauptsorge des Mönches Donatus scheint die Sauberkeit seiner rein weißen Ordenskleidung gewesen sein. Für einen Werkbruder, der meist körperliche Arbeit zu verrichten hatte, war das nicht leicht. Einmal wurde er von einem Ordensoberen in harschem Ton zum Reinigen eines Backofens aufgefordert. Allerdings stand der Ofen noch unter Glut. Mit normannischen Vorgesetzten war nicht zu spaßen, gehorsam soll Donatello in den Ofen gekrochen sein. Er hat ihn mit seinem Ärmel ausgewischt oder, wie es in anderen Quellen heißt, mit seinem Skapulier, jedenfalls hat es nicht wehgetan und Donatello stand hinterher da in strahlendem Weiß, als sei nichts geschehen. Vielleicht hat ihn das Hemdchen der Unschuld geschützt. Nicht nur der Hitze, auch dem Eis widerstand dieser Heilige. Nachts, wenn es nichts zu arbeiten gab für die Oberen, blieb er zu christlichen Meditationen im Freien und tötete unter den Wassertraufen des Klosters seinen Leib ab. Die Macht des gespenstischen Jugendlichen zeigt sich in der Parodie der von den Vorgesetzten abverlangten Pflichten.
Die Oberen halten ihn für einen seltsamen Heiligen. Der Mönch aus Ripacandida hat sich am klösterlichen Hühnerstall vergriffen, so behaupten sie. Da zitiert Donato aus dem Wald die Füchse herbei und einen Wolf, die wahren Übeltäter. Er nimmt sie mit seinem Gürtelstrick an die Leine und führt sie den Mitbrüdern vor zum Beweis seiner Unschuld, geradeso wie Friedrich II. die Falken zum Beweis seiner Macht fliegen lässt und wieder fängt. Das Geflügel kann von da an frei grasen, wo es will. Erst hat Donato sich selbst mit dem Strick gebändigt, dann bändigt er die wilden Hunde draußen im Wald, wie es Jahrhunderte später die Magier von Ripacandida von sich erzählen: *Hund, du Hund …* Aber das erinnert auch alles seltsam an das Sprichwort und

das alte Ritual vom *Bitterwolf*. Wie die Legende des Heiligen hat es die Abwehr des gierigen Wolfes zum Thema und einen heißen Ofen. Donatello verbrachte viel Zeit damit, um den Altar zu streifen, stets im Gebet zur Heiligen Jungfrau. Seinen frühen Tod hat er selbst vorhergesagt, auch das war selbstbeherrscht, wie es scheint. Der tote Mönch soll mitsamt seinem ungelebten Leben nach Ripacandida überführt worden sein, vielleicht war den Verginianern nicht wohl in der Nähe dieser allzu jungen wundersamen Leiche. Aber auf dem Weg kommt die kleine Totenprozession zum Volk von Auletta. Dort sucht man gerade einen Heiligen, also bitten und betteln sie, vielleicht ziehen und zerren sie auch ein bisschen, bis sich, oh Wunder, ein Arm des Mönches in ihren Händen befindet. Das war vor bald achthundert Jahren, aber der Kult des Reliquienarms wird in Auletta heute noch gefeiert. Dort ist *San Donato von Ripacandida* der Schutzpatron.[673] Eine alte Legende spricht davon, dass Donato Simone schon als Kind der Heiligen Krankheit geweiht war, dem Krampf.[674] Wir sehen daran, dass er seine Eigenart dem großen Namenspatron in Ripacandida verdankt, denn ohne den Kult des Bischofs gab es wohl keinen Kult der Heiligen Krankheit. Viel tiefgründiger als die Legende des Märtyrerbischofs erklärt die Geschichte des Heiligen Verginianermönches, dass die Epilepsie eine Krankheit derer ist, die vor Jesus geboren wurden, und dass ein Heiliger der Krämpfe auch Herr der Werwölfe sein muss und der Hunde.
Er wird immer der kleine Donatello bleiben, allen Bemühungen der Mönche und Priester zum Trotz. Der große Donato ist in Ripacandida auf seinem Posten, in der Wallfahrtskirche, mit roten Wangen, wenn ihm das Fest gefällt. Die älteste bildliche Darstellung des Werkbruders stammt aus dem Jahr 1501, ist also mehr als dreihundert Jahre nach seinem Tod entstanden. Nach und nach wird er zum Heiligen gemacht, die Verginianer, die Benediktiner vom großen Kloster Montevergine über Avellino sorgen dafür. Das Bild zeigt ihn im weißen Kleid, die Lilie der Unschuld in der Linken, ein Gebetbuch in der Rechten und einen gebändigten Wolf zu seinen Füßen. Das Grab Donatellos, sonst doch das Zentrum jeder Heiligenverehrung, ist gleichwohl in Verges-

senheit geraten. Niemand konnte mir sagen, wo es sich befindet. In Auletta haben sie bloß seinen Arm, und schon kreist das festliche Leben des Ortes für Jahrhunderte um diese Reliquie, und manchmal kommt eine Abordnung des kampanischen Städtchens damit nach Ripacandida zu Besuch, zuletzt noch einmal im Juni 1998. Aber in Ripacandida haben sie sein Grab vergessen. Sie haben dort einen Heiligen, der mächtiger ist als der Werkbruder. Und sie haben Donato Gentile, den alten Bauern, der mich froh in sein merkwürdig niedriges Wohnzimmer mit Schrankwand und amerikanischem Fernseher lädt. *Hier ist San Donatello geboren und aufgewachsen, genau hier – so, jetzt hast du es gesehen und was darf ich dir anbieten, einen Kaffee, einen Amaro?* Sie haben ihn nicht wirklich vergessen, aber sie sind an seinem Schutz, seinen Wundern, seiner Legende nicht interessiert. Der Prophet gilt nichts im eigenen Land, selbst wenn er fliegen kann.

Im Jahre 1540 wurden in Ripacandida die Gemeinden San Bartolommeo und San Nicola zu der neuen Mutterkirche *Santa Maria in Sepulchro* zusammengelegt.[675] Auch dafür können wir Verschiebungen im Machtgefüge der Gemeinde verantwortlich machen, bzw. deren langfristiges Echo im Bereich des kultischen Handelns. Das Wissen um den Heiligen Nikolaus ist durch die byzantinisch-griechischen Mönche nach Bari gekommen. Im Jahre 1087 holten süditalienische Kaufleute kurzerhand die Reliquien des Heiligen aus dem zerschlagenen Byzantinerreich nach Bari und der Nikolauskult verbreitete sich über die gesamte Katholische Welt.[676] Die Fraktion des Papstes muss den ostkirchlichen Kult übernommen haben. Der langobardisch geprägte Kult des Heiligen Bartholomäus dagegen passte vielleicht zu den unterschiedlichen Herrschaften der Nordmänner.[677] Die Heiligen, die schon aus dem Jahr 1152 aus Ripacandida belegt sind, lassen sich in eine griechisch-byzantinische und in eine römische Gruppe unterteilen: Zacharias und Gregor sind ostkirchlich, der Kult von Petrus und Donatus wurde vom Stuhle Petri in Rom her gefördert.[678] Nachdem die byzantinischen Mönche die Folgen eines Erdbebens im Jahre 1010 nicht zu bewältigen vermochten, haben ihnen der

Papst, die Langobarden und zu guter Letzt die Normannen ihre Macht genommen.[679] Diese Konflikte konnten dann noch gut fünfhundert Jahre nachhallen, bis vor vierhundertfünfzig Jahren die neue Gemeinde gegründet wurde, die heute noch den Erzpriester des Ortes stellt. Ansonsten ist das alles Vergangenheit. Dauerhaft ist nur der Kult des Heiligen der schlägt. Er bildet heute noch den Gegenpol zu den Kulten der Mutterkirche *in piazza*, und er war schon dabei, als der Papst vor über achthundert Jahren in Ripacandida Kirchen garantiert hat.

Der Kult des Märtyrerbischofs von Arezzo ist vor der Geburt des verginianischen Werkbruders nachweisbar, seit 1152. Das Mönchlein wurde nach San Donato benannt und einem Epilepsiepatronat geweiht, wie es noch oft mit Kindern geschehen sollte, die in Ripacandida geboren sind. Seit dem Jahre 1032 wurde die Verehrung des Märtyrerbischofs vom Norden, von Arezzo aus, massiv propagiert.[680] Dass dem Kult des Donatus bald ein Kult des Donatello folgt, können wir in der Frühphase als Ausdruck der Spannungen zwischen Papsttum und Normannen verstehen: Dem alten päpstlichen Heiligen wird einfach ein normannischer Gegenspieler vorgesetzt. Im sechzehnten Jahrhundert könnte der Kampf der Bauern und Handwerker gegen Adel und Klerus den Kult des kleinen Mönches gefördert haben, denn es ist auffällig, wie sehr die Legende des Heiligen Donatello für einen armen Menschen und Werkbruder wirbt, der seine Oberen durch extreme Duldsamkeit beschämt. Im Jahre 1325 ist der Kult des Heiligen Donatus von Ripacandida noch einmal in den Archiven nachweisbar. Für die Zeit bis zum Beginn des siebzehnten Jahrhunderts konnte ich keine weiteren Zeugnisse finden.[681] Jahrhunderte dauerte der Krieg um das fruchtbare, aber staatlich schwach kontrollierte Land im Süden. Sarazenen von den Mittelmeerinseln oder aus dem Kalifat von Toledo, die Männer des Papstes und norditalienische Händler rivalisierten mit byzantinischen Mönchen und den Dunkelmännern und Heerführern der französischen und spanischen Könige. 1496 belagerten die Spanier in einer militärischen Großaktion das von Franzosen gehaltene Atella, nur wenige Kilometer von Ripacandida entfernt. Am Ende des sechzehnten Jahrhunderts nahm die Verwüstung der Landschaft ein Ende, weil die Spanier und dann das Haus Bourbon die Macht behielten, bis zur Gründung des italienischen Nationalstaates. Aus der Zeit der Wirren vom vierzehnten bis zum Beginn des siebzehnten Jahrhunderts kenne ich nur ein tieferes Zeugnis des religiösen Lebens in Ripacandida. In der Wallfahrtskirche von San Donato sind die Wände mit Fresken bemalt. Freilich enthalten sie keinen Hinweis auf den geköpften Bischof oder den wundertätigen Verginianermönch. Wahrscheinlich sind die Bilder ab 1450 entstanden.[682] Sie zeigen Dantes *Göttliche Komödie*: die Schöpfung der Welt, das Paradies, die Sintflut, den Turmbau zu Babel, die Hölle, Teufel, die Menschen mit Zangen quälen, eine zerbrechende Welt und doch so langlebig, eine Welt der Erdbeben, weiterlebend im schütteren Putz. Im Halbdunkel der Jahrhunderte wartet dieses Wandbild auf den Jüngsten Tag. Die lukanischen Beben haben es beschädigt, aber man hat es immer wieder hergestellt, und es hält. Hier und da kann man Spuren des Vandalismus entdecken, alte Narben und Kritzeleien, man erkennt Schriften in altem Italienisch, wie es einst in der Toskana gesprochen wurde. Die Franziskaner, die im siebzehnten Jahrhundert das Heiligtum übernahmen, sollen aus der Toskana gekommen sein.[683] Aber es führen auch viel ältere Verbindungen von San Donato nach dem Norden, der Heilige selbst war Bischof von Arezzo, sein Kult in der Toskana sehr verbreitet.[684] Nur aus bestimmten Blickwinkeln und unter besonderer Beleuchtung werden die Inschriften sichtbar. Wie Stoßseufzer aus schwerer Zeit scheinen sie plötzlich auf in unsere Zeit … *Wende dich ab, Satan … aus der Hölle habet ihr keine Befreiung … Im Angesicht des Todes muss der Mensch stark sein.* Vielleicht haben sich auf diese Weise auch schon Pilger des Epilepsiepatrons im Heiligtum verewigt, doch der Name Donato erscheint hier nicht.[685] Unter dem in die Oberfläche der Wand geritzten Ausdruck von Todesangst und Qual stehen unberührt die Bilder von Chaos und Ordnung, die Sibyllen, antike Seherinnen, als Darstellung der vier Haupttugenden: Klugheit und Gerechtigkeit, Kraft und Mäßigung.

Wie in diesem bröckelnden Putz, wie in den verfallenen Archiven jener Zeit noch eine Spur finden der Ordnungen, die sich im Zeichen von San Donato und San Donatello gebildet haben mögen? Eines ist deutlich: als sei seit dem zwölften und dreizehnten Jahrhundert nichts geschehen, kreisen die historischen Quellen aus und über Ripacandida vom siebzehnten bis ins zwanzigste Jahrhundert wieder um das Nebeneinander zweier Heiligenkulte gleichen Namens: Donato und Donatello. Dieser Stillstand hat einen Namen. Das *Regno di Napoli* oder *Königreich beider Sizilien* bildet von der Zeit der Normannenherrschaft bis zum Sturz der Bourbonen von Neapel im Jahre 1860 den Rahmen. Adelsherrschaft und Unterdrückung der Bauern sind System, während man anderswo längst Bürgerrechte garantiert und Fabriken baut. Zu guter Letzt werden die Bauern sich sogar noch für den abgehalfterten König von Neapel erheben, unter der Führung des Carmine Donatelli Crocco. Die Basilikata ist das Land des Rückschrittes und der Wiederherstellung, des Rückzuges aus der Geschichte, der Rettung in das Sagenhafte und Wunderbare. Die brüchige Klammer des *Regno di Napoli* wird 1860 verhakt mit den Stadtstaaten des Nordens, mit den Südtirolern und dem preußisch inspirierten Regime der Piemontesen. Das ist der Geschichte des Deutschen Reiches vergleichbar. Brüchig und doch dauerhaft halten diese Gebilde, wie der Kelch des Heiligen der schlägt. Italien geht mit dem Heiligen Stuhl, Deutschland zerbricht an ihm. Deutschen und Italienern gemeinsam sind die Rückgriffe, die Beschwörungen vergangener Größe, das Scheitern. Im zwanzigsten Jahrhundert haben sie die faschistische Achse errichtet, gegen die Welt der Moderne, für die Rückkehr zu Sklaverei und Personenkult. Es war die Verwirklichung der Träume des roten Kaisers und hielt nicht einmal so lange wie sein kurzlebiges Reich. Das ist unser deutsch-italienisches *Mysterium*.[686] Heute bringen wir dieses Ineinander von katholischer Magie und aufgeklärtem Protest in das neue Europa ein, stellen unseren Widerspruch neben die anderen Gespenster der Vergangenheit, die französische Revolution und die russische, den Liberalismus des Nordens, die gegen Ost wie West gerichtete Universalität mitteleuropäischer Staaten wie Ungarn oder Polen und die koloniale Weltläufigkeit der Bewohner der iberischen Halbinsel.

Im Jahr 1605 haben franziskanische Mönche das Donatusheiligtum in Ripacandida übernommen.[687] Und wieder steht der Donatusverehrung der Kult des Werkbruders zur Seite, den man seiner Geburt im Patronatsort des Bischofs von Arezzo wegen auch *San Donato di Ripacandida* nennt: ... *an den Seiten dieser Kirche befinden sich sechs Altäre, drei auf jeder Seite. Auf einem von diesen befindet sich die Statue von San Donato, Bischof von Arezzo, die den »devoti« viele Gnaden bringt, und am Tage des Festes ist dort großer Zulauf der Bürger dieser Gemeinde wie auch aus allen benachbarten Orten, und sie lassen viele Spenden dort, was den Patern eine nicht geringe Erleichterung bedeutet, denn sie leben von den Spenden. Dort befinden sich auch noch die Statuen von San Francesco, Sant' Antonio, San Donato von Ripacandida, weiter San Domenicos und der Empfängnis, über welche letztere der Ehrwürdige Erzpriester Baffari verfügt.*[688] So heißt es im Jahr 1693 in einer Beschreibung von Ripacandida, verfasst als eine Art Werbeschrift zur Vorbereitung der Versteigerung des an den Staat zurückgefallenen Lehens. Der Kult des Verginianermönches steht am Rand, den Zulauf hat der große Donato. Doch auch Donatello hat seine Anhänger. Waren es früher vielleicht Bauern oder Landarbeiter, die sich mit dem Heiligen Werkbruder identifizieren konnten, so wenden sich jetzt die Spitzen der Gesellschaft im Namen des kleinen Donato gegen den populären Kult des Großen Märtyrers. In nächster Nähe zum Hauptaltar des großen Donatus wurden 1631 und 1735 Gedenkplatten aufgestellt, auf denen die Adelsfamilien Lioy und Gaudioso den Ruhm des kleinen Donatus verkünden. Wir wissen es nicht, aber vielleicht befindet sich dahinter das Grab des Mönchleins.[689]

Der Zulauf der Pilger hat den Kult durch die Jahrhunderte gerettet oder zumindest eine Erneuerung möglich gemacht. Nur Adlige hielten es dabei mit dem Verginianermönch, die anderen rannten zum Heiligen der schlägt. Im achtzehnten Jahrhundert wird der Erzpriester Giambattista Rossi die

Wallfahrtskirche als *uralt* bezeichnen.[690] Aus der Lebensbeschreibung des im Jahre 1690 geborenen Rossi erfahren wir, dass er als Kind einen Krampfanfall hatte. Vater Rossi und Donna Porzia bringen ihn zu einer Kirche, dort muss er das Gewand eines Heiligen anziehen. Aber es ist nicht die gelbe oder rote Robe des Heiligen Donatus, sondern *das weiße Gewand* von *San Donato, unserem Mitbürger*.[691] Gefördert von Adel und Klerus macht das Mönchlein seinem eigenen Namenspatron Konkurrenz. Das über ganz Italien hinweg verbreitete Ritual, Kinder bei Krämpfen in das rote oder goldene Kleid des Märtyrerbischofs Donatus zu stecken[692], ist in Ripacandida im 17. Jahrhundert für eine bestimmte Zeit auf San Donatello übertragen worden. Der wichtigste Tag des Donatusfestes, so erfahre ich aus der Biografie des Gottesmannes, ist der siebente August. Die Menschen laden Gäste zum Essen und Feiern ein, gemeinsam besucht man den Heiligen in der Wallfahrtskirche.[693] Das ist aber nicht der Tag des Heiligen Donatello, sondern der Jahrestag des Bischofs von Arezzo – es war also wohl nicht gelungen, seinen Kult ganz durch den des Mönchleins zu ersetzen. Als Rossi schließlich zum Erzpriester des Ortes aufgerückt ist, wendet er sich wie so viele Priester nach ihm gegen die *Auswüchse von Heidentum*, die er in den Ritualen der Bauern und Handwerker zu beobachten glaubt. Sportlich gekleidete Jugendliche veranstalten Wettläufe um den Heiligen – vielleicht eine wildere Vorform der heutigen Versteigerung der Tragbahren. Rossi sieht darin nur eine Form der Schamlosigkeit.[694] Er geißelt die *verdammte Habgier, die vom Zulauf der Fremden profitiert*[695], gemeint sind die Pilger und der Gewinn, den begeisterte oder auch berechnende Laien und Franziskanermönche aus deren Opfergaben ziehen. Mit den Mönchen unten im Heiligtum des Märtyrerbischofs hat Rossi zeitlebens nicht viel zu schaffen. Sie kommen in seiner Lebensbeschreibung nicht vor, und man kann sich vorstellen, dass es ihnen nicht gefallen hat, wenn der Erzpriester gegen das Fest von San Donato hetzt und oben im Ort ein eigenes Kloster gründen lässt für theresianische Schwestern. Seltsamerweise heißen diese Schwestern mit ihrem Nonnennamen meist *Donata*.[696] Auf dem Sterbebett, zur

Stunde der Reue, lässt Rossi sich mit dem Strick der Franziskaner gürten[697] – Zeichen der Reue gegenüber den von ihm zurückgedrängten lokalen Kulten?
Den Leuten von Ripacandida wird von den Priestern immer wieder San Donatello vorgesetzt, der heilige Mitbürger, das große Vorbild in Sachen Keuschheit, Gehorsam und Aufopferung. In einer Vision erfährt Rossi von San Donatello, dass ihm das Amt des Erzpriesters ins Haus steht. Seine Amtseinführung lässt er am Tag des kleinen Heiligen stattfinden[698], später verfasst er eine Lebensbeschreibung des Verginianers und betreibt die Ausweitung seines Kultes. Das hat Nachwirkungen, im Jahre 1775 wird San Donatello offiziell zum Stadtpatron von Ripacandida erklärt.[699] Damit endet die jahrhundertealte Herrschaft von St. Bartholomäus, von dem das Städtchen noch im Jahre 1725 Reliquien zu erhalten versucht.[700] Von San Mariano, den die Leute von Ripacandida als ihren alten Patron erinnern, ist in diesen Akten keine Rede als kirchenoffiziellem Schutzherrn, ebenso wenig vom Märtyrerbischof Donatus, von dem wir doch wissen, dass er mindestens seit hundert Jahren schon die Pilger nach Ripacandida zog, wahrscheinlich schon seit viel längerer Zeit.
Aus dem Kult des Klosterarbeiters ist eine Angelegenheit der Priester und der frommen feinen Leute geworden, der Kult des Märtyrerbischofs hat sich in eine Angelegenheit des breiten Volkes von Ripacandida und Umgebung verwandelt. Als das Franziskanerkloster nach dem Aufstand von 1861 aufgelöst wird, geraten Gemeinde und Klerus über den Verbleib der Spendengelder des Märtyrerbischofs in Streit.[701] Ein paar Jahrzehnte nach der Installierung von San Donatello als Schutzpatron von Ripacandida hat der Alte aus Arezzo den jungen Flattermönch schon wieder von der Bühne verdrängt und steigt selbst zum Stadtpatron von Ripacandida auf.[702] Priester und andere Gelehrte verwundern sich, dass der alte Märtyrer dem eigenen heiligen Mitbürger vorgezogen wird, zahlreiche Korrespondenzen der Gottesdiener mit ihren Bischöfen bezeugen das. Die Priester hätten einmal genau darüber nachdenken sollen, was es heißt, erwählt zu sein, und sei es nur erwählt zum Dienen.

Man kann sich nicht selbst erwählen, man kann sich nicht aussuchen, von wem man erwählt wird, sondern man wird von einem anderen erwählt, mehr nicht. Der Märtyrerbischof ist von ferne nach Ripacandida gekommen, er hat die Ortschaft erwählt und in Besitz genommen, er hat die Menschen überwältigt, wie seine Heilige Krankheit die Epileptiker überkommt, und dagegen kann auch ein heiliger Mitbürger der Ripacandidesi nicht ankommen.
Der Wunderheiler Donato ist fremd und herrisch, sein Schicksal blutig, die Zahl seiner Wunder groß. Er wächst im Gezitter und Gestammel seiner epileptischen Jünger, im düsteren Patronat für die Fehltritte der Frauen und im Gnadentod der behinderten Kinder. Drastische Kulte binden sich an diese Bilder, im alten Italien ist es überall nachweisbar, das Wiegen auf einer großen Holzwaage, geradeso als sei für seine Anhänger schon der Jüngste Tag gekommen, das Kleiden der Kinder in den Mantel des Heiligen, seltsame Spiele und Wettbewerbe der jungen Männer, die wir vielleicht als Initiationsriten deuten können, Jünglingsweihen im Zeichen des wichtigsten lokalen Heiligtums.
Ein wundersamer Orden nimmt sich seiner an, die mystischen und doch populären Franziskaner. Dagegen kommen die frömmelnden Reichen des achtzehnten Jahrhunderts mit ihrer spanischen Gebetsmeditation und ihrem bleichen Werkbruder nicht an, auch wenn die Geschichten vom Ofen und vom Wolf nicht der Tiefe entbehren. San Donatello wird als Kirchendiener und Klosterarbeiter geschildert, vielleicht erinnert er die Bauern allzu sehr an ihr Arbeitsleben. San Donato spricht die raue Sprache, die Bauern verstehen: *Der gehört zu mir … gib das her … Du wirst gesund werden, der andere nicht …* Aber er ist kein Bauer, sondern ein Bischof. San Donatello fehlt die Tiefe, da ist kein Beben und kein krankes Kind, dessen Heilung die Leute begeistert. Nur die Mönche von Montevergine erinnern bis heute immer wieder an ihn und die Bewohner von Auletta – der Prophet gilt nichts im eigenen Land. Die Erinnerung an den Werkbruder konnte so überleben, aber der Kult des Märtyrerbischofs von Arezzo wird ihn immer überragen, weil er mehr lokale Legenden angesammelt hat und weil er zeitweise von dem

Orden getragen wurde und heute wieder getragen wird, der die Menschen zu begeistern versteht. Die wirklich großen Heiligen, Sankt Franziskus eben, Sankt Antonius oder die Muttergottes, haben ein noch viel tiefer gehendes Fundament in den kirchlichen Organisationen und in einer Fülle von Legenden, in lokalen Kulten und im Zentrum katholischer Macht. Darum stehen sie wiederum wie Riesen da neben dem Heiligen der schlägt, neben sich sein kleines Mönchlein, in dem wir auch San Donatello erkennen können, den ewigen Verlierer.

25. Der Priester

Im Dunkel der Vergangenheit, im Dunkel der Nacht sind sie losgezogen, vor dem ersten Glockenschlag, ein Trupp Frauen, unterwegs zur Arbeit auf den dürren Feldern. Es wird hell, da haben sie sich schon warmgeschafft, die Sonne brennt ihnen im Nacken und sie müssen die Kopftücher in die Stirne schieben, wenn sie noch ordentlich hacken wollen, denn der Boden leuchtet wie weißgrauer Firn. Auf einmal schauen sie hoch, wie auf ein Kommando, und sehen den seltsamen schwarzen Vogel. Am fernen Feldrain kommt er entlanggeflattert, nach und nach größer werdend, und dann steht er auf einmal schwitzend vor ihnen mit seinem Sonnenschirm, das kleine schwarze Buch zwischen den schneeweißen Fingern, aschfahl das magere Pferdegesicht: Hochwürden Don Giambattista Rossi, der Erzpriester von Ripacandida. Er reißt seinen zahnlosen Mund auf im bleichen Gesicht und predigt: *Wenn ihr tags keine Zeit habet, so gehet am Morgen in der Frühe in die Kirche und betet zum Heiligen Sakrament. Nahet euch Jesum Christum und verspüret Trauer der Tatsache wegen, dass ihr verhindert seid, in der Kirche euer Gebet zu tun. Denn auch ER ist da, bittet IHN, euch bei euren Tätigkeiten zu begleiten. Seid bereit, beim täglichen Kommen und Gehen auf den Straßen und bei der täglichen Arbeit, dem Anblick der Schöpfung Motive zu entnehmen für die Erhebung des Geistes. Sehet die Blumen, danket Gott, dass er sie für euch in ihrer Schön-*

heit und in ihrem Wohlgeruch geschaffen hat. Höret die Vögel, und lobet Gott, dass er ihnen wahrhaft süßen Gesang gegeben hat … Gott hat euch mit vielen Dingen versorgt, die euch am Leben erhalten sollen. Lasst euch also dahin leiten, IHN zu kennen, zu lieben, IHM zu dienen und IHN zu genießen.[703]

Araneo schwört in seiner Biographie aus dem Jahre 1752, dass dies die *ausdrücklichen Worte von Rossi* gewesen seien, *wie sie uns von einer Bauersfrau mitgeteilt wurden, die er geleitet hat.*[704] Rossi war der Sohn von Donna Porzia Baffari und Don Giovanni Battista Rossi, die uns schon im Zusammenhang mit dem Prozess gegen den Heiler Prale begegnet sind. Es sind eine Art Prominente jener Zeit, gebildet und mächtig, zugleich aber in ihren Alltagspraktiken tief im Leben des sogenannten Volkes verwurzelt, in der Kultur der Bauern. Ihr Sohn hat eine solide Bildung genossen und eine gewählte Sprache zu sprechen gelernt, aber es scheint zweifelhaft, ob er wirklich so zu lukanischen Bäuerinnen gesprochen hat, wie wir es in seiner Biographie lesen. Rossis Rede an die Bäuerinnen ist entweder von seinem Biographen nachträglich sehr verfeinert worden oder die Landfrauen hatten keine Chance, den Priester zu verstehen. In jedem Falle, ob die Menschen ihn nun immer verstehen konnten oder nicht, hatte Rossi Macht über seine Mitmenschen. Eine *junge Frau aus dem Volke, trotzdem fromm* wird von einem untergeordneten Priester angeheuert. Sie sollte beim Umbau von Rossis Wohnhaus zur *Nonnenkirche* helfen, jenes Kloster, wo Schwester Maria und Bruder Gerardo später ihre Ekstasen erleben werden. Man ließ die Frau Steine tragen, auf dem Kopf, wie es damals üblich war. Da bekam sie starke Schmerzen und man fürchtete, sie könne sich einen Bruch zugezogen haben. Der Priester schickt sie zu seinem Oberen in die Hauptkirche des Ortes. Drei Messen hörte die leidende Bäuerin hintereinander, dann kam der Erzpriester persönlich auf sie zu: *Ich weiß, ihr leidet. Der Herr hat es so gewollt. Aber bleibet fröhlich, er macht eure Leiden nicht schlimm und nicht dauernd.* Der Chronist setzt hinzu: *Sofort fühlte sie sich erleichtert und mittlerweile sind es schon viele Jahre, dass sie sich ohne weitere Behandlung den Arbeitsmühen unterzieht, meist ohne dass der Schmerz sich noch einmal bemerkbar macht.*[705]

Das ist noch nicht die Basilikata der *miseria*, die stellte sich erst mit dem Anschluss an den italienischen Nationalstaat wirklich ein. Bischof George Berkeley[706], der Philosoph, reist im Jahre 1717 durch die Basilikata und findet, dass hier alles an seinem Platz ist, auch sei er nicht von Räuberbanden belästigt worden wie in anderen Landschaften Italiens. Der Kleriker und Diplomat ist in die Geschichte der Philosophie eingegangen für seine These, dass für Menschen nur das existiert, was mit den Sinnen wahrgenommen wird. Was für Berkeley in der Basilikata Schein war und was Sein, lassen wir es dahingestellt. Der Mitbegründer einer Philosophie der Erfahrung und der Sinne dürfte jedenfalls kein schlechter Beobachter gewesen sein. Die Besitzenden und Vornehmen mussten ihren Reichtum jedenfalls noch nicht verstecken und die Armen machten wohl noch einen ganz manierlichen Eindruck. Die Reichen versuchten, sich durch Tugend vor den Besitzlosen auszuzeichnen – seit dem Beginn des neunzehnten Jahrhunderts hat man diesen Drang dort seltener beobachtet. Später sollten die Grundbesitzer der Basilikata ihre Zinsen in Neapel und in Rom verprassen, ohne sich um das Bauernelend zu kümmern.

Rossi soll sich schon als Kind in irgendwelchen Büschen versteckt haben, zu blutigen Bußriten. Einmal führt er Gleichaltrige an einen verlassenen Ort, nicht um mit ihnen heimlich herumzuspielen, wie es unter Zehnjährigen beliebt sein mag, sondern mit dem Vorschlag, dort zu bleiben und weiterzuleben als Eremiten. *Machen wir uns doch selbst zu Heiligen, wer soll uns daran hindern?!*[707] Als Sechsjähriger soll er erstmals versucht haben, aus dem Elternhaus zu fliehen und sich einer mönchischen Gemeinschaft anzuschließen. Religiös begeistert, verweigert er die von den Eltern arrangierte Eheschließung[708] mit einer Frau aus gutem Hause und versucht, in radikalen neapolitanischen Asketengemeinschaften Aufnahme zu finden. Sie haben ihn zurückgewiesen, wegen *zu starker Kurzsichtigkeit*, vielleicht wäre er diesen Hochleistungssportlern des Mönchslebens nur zur Last gefallen. So musste Rossi zurück-

kehren in die beengte Welt seiner Kinderheimat, Nachfolger seines Onkels werden, der damals in Ripacandida als Erzpriester amtierte.[709] Doch zuvor war er noch dem Laienorden der Barfüßler von San Pietro Alcantara beigetreten, einer am spanischen Fanatismus orientierten Gruppe unter der Leitung karmelitischer Mönche. Wüste visionäre Lektüren und die Meditationstechnik des *Heiligen Geistgebetes*, der *Santa Orazione Mentale*, bringt er aus Neapel mit und den Plan, *verarmten jungen Frauen* ein Zuhause zu geben in einem Klausurkloster, das strengsten Regeln unterliegt. Also werden im Hinterhaus des Palazzo Rossi zu Ripacandida Mädchen eingekerkert, die mit der Außenwelt nur über eine Durchreiche in Verbindung treten, an der Lebensmittel abgelegt werden und manchmal auch uneheliche Kinder. Eine widerspenstige Novizin, sie bezeichnet das Haus als *Gefängnis* und will sich nicht die Haare abrasieren lassen, wird niedergeredet von Rossi.[710] Zur ersten Äbtissin der neuen Glaubensgemeinschaft wählt man seine Nichte Maria Araneo, später *Madre Maria di Gesù*, jene Nonne, die alle paar Jahrzehnte, von Erdbeben zu Erdbeben, als verhutzelte Mumie aus dem Mauerversteck geholt wird und die man dann neu einkleidet mit heimlichem Grauen.
Rossi lässt die Kirchengüter in Ripacandida neu vermessen.[711] Er nimmt, wo er kann, Kirchensteuern und Pacht, und allen gibt er gute Ratschläge. Seinen Kirchenoberen gegenüber verhält er sich sklavisch[712], mit seinen Priesterkollegen vor Ort hat er sich überworfen und die Franziskanermönche, die seit bald einhundert Jahren das Heiligtum von Sankt Donatus bewirtschaften, straft er mit Missachtung.[713] In seiner Amtszeit soll in Ripacandida kein einziger Karneval stattgefunden haben. Vaganten, Zauberkünstler und wandernde Prostituierte soll er am Ortseingang abgefangen und bezahlt haben, damit sie gar nicht dazu kommen, sich auf dem weißen Felsen der Unschuld ihre Kundschaft zu suchen. Sportliche Spiele, vielleicht eine Art Jünglingsweihen, die anlässlich der Heiligenfeste von den jungen Männern veranstaltet wurden, brandmarkte er als *heidnisch*, und einmal soll er sich der vom Fest erhitzten Menge in den Weg gestellt haben, mit Bußwerkzeugen bewaffnet

wie eine Mutter, die ihre Kinder herausreißt aus wilden Spielen: *betend und sich mit einer Kette kasteiend, und er brachte sie in die Kirche, damit sie dort ihre Zeit nützlich verwendeten zum Beweinen ihrer Sünden.*[714]
Einem solchen kettenrasselnden Gespenst begegnet wohl keiner gern. Wüste Drohungen gegen den Priester sind die Folge, dann sogar Attentate auf sein Leben.[715] Rossi versteht Widerspruch als reines Teufelswerk.[716] In seinem Skapulier aus dem Laienorden der Karmelitergemeinschaft[717] fühlt er sich unantastbar. Das bei Bußübungen verspritzte Blut ist ihm *köstliches Weihwasser*, mit dem er sich gegen die steten Attacken der Dämonen schützt.[718] Schließlich bedarf er nicht mehr des Exorzismus, seine *vom Herrn verliehene außergewöhnliche Macht* allein reicht aus, um das Böse zu vertreiben.[719] Vergebens versucht Rossi, sich das Image des guten Hirten zu geben, indem er allen Kranken in seiner Gemeinde Besuche macht, Wallfahrten organisiert, zerstrittene Familien wieder zusammenführt und in vorbildlicher Weise die Regeln der Enthaltsamkeit einhält.[720] Erst gegen Ende seines Lebens wendet sich das Blatt. Armen, denen er geholfen hatte, erscheint der seltsame Erzpriester mit rosig-verklärtem, leuchtenden Gesicht[721], man munkelt von Schwebezuständen, Lichterscheinungen und Visionen, die den Gottesmann bei der Gebetsmeditation übermannen.[722] Er soll, so heißt es bald nach seinem Tod, Kranke geheilt haben, außerdem *sah er in die Menschen hinein*, sagte ihren Tod voraus. Selbst den Landschaftskörper muss Rossi durchschaut haben, denn er prophezeite Erdbeben und Hungersnöte.[723]
Bei der Beerdigung des Erzpriesters versammelt sich ganz Ripacandida. Es gibt gefährliches Gedränge um die aufgebahrte Leiche. Man reißt dem Toten Haare aus, zwackt Fetzen aus seinem Rock, um sie als Andenken zu behalten.[724] In seinem familiären Umfeld[725] machen Geschichten über Gebetserhörungen die Runde, und bald gründet sich ein spontaner, von seinen Verwandten und Priesterkollegen zielsicher geförderter Kult. Einer Frau will die Geburt nicht gelingen, da setzt man die Schwangere auf Rossis Stuhl, und sie gebiert. Seine Halbschwester heilt in Pescopagano mit Briefen, die

Giambattista Rossi (1690–1742), Erzpriester von Ripacandida

ihr der selige Bruder zu Lebzeiten geschickt hat. Der Totengeist greift persönlich in die Regulierung der Zukunft des von ihm gestifteten Klosters ein und sorgt dafür, dass das zu Verehrungszwecken von einem Künstler hergestellte Porträt des Erzpriesters hübsch ähnlich ausfällt.[726] Schließlich überträgt man die Wunder des Heiligen Donatus auf Rossi, ihm werden epileptische Kinder vorgeworfen, so wie er selbst als Kind im weißen Habit dem Heiligen Donatello geweiht worden ist, dem lokalen Konkurrenzheiligen zu St. Donatus. *Heil es oder nimm es zu dir!*[727], so hieß es damals schon. Ist es seitdem schon selbstverständlich für die Ripacandidesi, dass ihr Priester an der fallenden Sucht leidet und zuckt? Ein stummer Knabe spricht, als man zu Rossi darum betet: *Ma, ma …* Die Anrede der Mutter ist das erste Wort. So machen sie mir heute noch das Wunder der wiedergefundenen Sprache vor, wenn wir über San Donato sprechen. Alte Feinde bekehren sich zu Rossi, jetzt, wo er tot ist, eine *wundersame Wandlung der Herzen.*[728] Bei Stürmen und Erdbeben flehen die Bauern um seinen Schutz, und als ein Hagelsturm den Weinberg des Nonnenklosters zu vernichten droht, soll seine Fürbitte weit oben im Himmel die Katastrophe verhindert haben.[729] So wird aus dem mageren Eiferer ein schwarzer Sturmherr, der nackt hätte aus der Wolke purzeln können, oder aber das Land vor den Mahren schützt, die den Sturm heraufbeschwören – eins wie das andere.

Oh glückliches Land, du enthältst des Johannes Gebein',
Wann wirst du so rein und weiß wie dein Fels erschein'?
O Felix Tellus; quae sic tegis ossa IOANNIS!
Quando pares IPSICANDIDA RIPA paris?

Fleißig stricken die Verwandten an Rossis Heiligsprechung, von den Sturmwolken über Ripacandida soll er zum Heiligen der ganzen Christenheit aufsteigen. Aber mit jedem Zeitgenossen des *Großen Dieners Gottes* stirbt auch ein Stück des Kultes ab. Die zweite Generation wird nicht erreicht. Vielleicht hätte uns warnen sollen, dass er bloß Rossi hieß, ein italienischer Allerweltsname wie das deutsche

Suor Genzana, Suore Francescane del Bambino Gesù, Äbtissin des Konvents San Donato in Ripacandida in den achtziger Jahren des 20. Jahrhunderts

»Müller« oder »Meier«, oder dass die zu seinem Kult bekehrten Mitbürger bloß Haare und Stoff bei dem Toten abzwackten. Ein paar Jahre später herrscht beim Tod von San Gerardo in Muro Lucano ein solches Gedränge um die Leiche, dass der Bischof die Venen des frisch Verstorbenen öffnen lässt. Erst als die Leute mit blutigen Tüchlein ihren Durst nach Reliquien stillen können, herrscht wieder Ruhe. Der Prozess der Heiligsprechung des toten Erzpriesters von Ripacandida ruht heute noch bei der *Sacra Rota*, vielleicht weil er keinem mächtigen Orden angehört, der in Rom ein Wört-

chen für ihn einlegen kann. Der kleine Rossi wusste schon genau, warum er zu den Mönchen wollte, auch wenn diese ihn wohl nicht wollten. Für San Gerardo haben sich seine Redemptoristen stark gemacht. Wurde Rossi infolge der Kurzsichtigkeit, die einst seine Aufnahme in ein Kloster verhinderte, um den Titel eines Heiligen gebracht?
Bei religiösen Laien in Ripacandida ist Rossi heute vergessen, während die Wundernonne und ihre verdorrten Gefährtinnen manchmal noch mit seltsamen Geräuschen und Gesängen in ihrer verlassenen Kirche auf sich aufmerksam machen. Bei den Priestern von Ripacandida hingegen hat Rossi stets eine treue Gefolgschaft behalten. In den zwanziger Jahren des zwanzigsten Jahrhunderts versuchte Don Guido Mastantuono, den Kult des Erzpriesters mit einer Flugschrift wiederzubeleben, und Don Pasquale Gentile, der den Sturm zu beruhigen wusste, lobte die *Tugenden und besonders den bußfertigen Geist* seines illustren Vorgängers.[730]
Don Peppe hat in seiner Sakristei einen verglasten Schrank stehen, in dem einige Kleidungsstücke des Erzpriesters aus dem achtzehnten Jahrhundert ausgestellt sind, Reliquien eines Heiligen, der keiner ist. Doch Don Peppe huldigt Rossi unbeirrt weiter. Anfang der achtziger Jahre legte er ein Heftchen über den Gottesdiener auf. Es endet mit einer Art Anzeige in eigener Sache: *Wer durch Fürbitte des Gottesdieners Giambattista Rossi eine besondere Gnade erfahren hat, wird gebeten, dies der Pfarrgemeinde Sankt Maria vom Grabe in Ripacandida (Provinz Potenza) mitzuteilen.*[731] Meines Wissens hat sich daraufhin kaum jemand gemeldet. Dass er neben die neue Fatima-Statue ein kleines Standbild des Priesters gestellt hat, wird von den Kirchenbesuchern nicht registriert. Es war ein Fehler, den Rossi-Kult zur Sache lebender Priester zu machen. Heiligsprechungen bedürfen der Unterstützung durch Menschen, die ein Wunder erlebt haben, darin liegt die Macht des Volkes in der Kirche. Aber was Priester von ihren Gemeinden verlangen, kann nicht gut sein. Nur ein toter Priesterr ist ein guter Priester, deshalb konnte sich der Kult zunächst verbreiten, aber das Beharren der Priester und die mangelnde Unterstützung in

Rom haben vereitelt, dass der Lukaner aufsteigen konnte zum Heiligen der römischen Weltkirche.
Heute fällt es Don Peppe schwer, eine Erinnerung an seinen illustren Vorgänger aufrecht zu erhalten. Viel lieber sprechen die Menschen von den Nonnen, die theresianischen Klausurnonnen des neunzehnten Jahrhunderts, die noch das *Rad* hatten, eine Durchreiche, bei der uneheliche Kinder abgegeben wurden und die *Schwestern* im franziskanischen Wallfahrtsheiligtum des Heiligen der schlägt. Nach und nach treten sie aus der Namenlosigkeit der *suora* und werden zu Maria Stella di Betlemme, Leonarda, Enza und Genzana. Letztes Jahr ist Suor Genzana gestorben, die das Heiligtum lange Zeit geführt hat. Es gibt kaum einen Menschen zwischen zwanzig und vierzig Lebensjahren in Ripacandida für den sie nicht wichtig war in der Kinderzeit und in den Jugendjahren. Ohne sie hätte es den Karneval der achtziger Jahre in Ripacandida nicht gegeben, als die Gemeinde unter der Führung von ein paar Jugendlichen den Staub des Erdbebens aus den Kleidern schüttelte in Festen der Jugend und des Andersseins. Darum wird Genzana jetzt in eine neue Anonymität eintreten, die der Heiligen und Seligen. *La piccola suora di San Donato* nennt Luigi Gilio, mein Freund und Gevatter, die Nonne zärtlich nach ihrem Tod im Jahre 2001, und bald werde ich hinfahren und meine alten Fotografien mitbringen und dann werden wir eine Broschüre machen, zur Erinnerung, oder eine *website* im *Internet*.

26. Die Räuber

Ich möchte so gern eine Trommel sein,
um die Menschen aufzuwecken
denn sie haben nichts verstanden, nein,
und wollen sich immer bloß verstecken.[732]

Tote Haut wird auf Holz gespannt, aus dem schlaffen Hemd wächst ein neuer Körper. Durch den Austausch von Schwingung verbindet sich dieser Körper mit anderen zu einem

Ganzen. Ihr Klang wird oft als die Stimme der Toten verstanden. Sie sagt den Lebenden, was zu tun ist. Lange Zeit hat man sich auf die Trommeln verlassen, wenn es darum ging, die Menschen aufzuwecken, sei es zum geordneten Marsch der Soldaten, zum magischen Flug oder zur Wiederkehr der Toten. Ein Ton treibt durch die Frühlingsluft, er berührt die Menschen in ihrem Inneren und treibt sie aus den Häusern am schwarzen Fluss. *Jetzt verlieren die Bauern die Kontrolle über sich. Am 26. April werden sie durch Marco Contento und Francesco Di Leonardo, genannt Vavone – der »Großvater« – mit der Trommel zusammengerufen. Die Bauern bedrohen den Bürgermeister und die Stadträte von Rionero. Wenn sie sich den Zielen des Volkes widersetzen, so heißt es, werden die Bauern ein Blutbad anrichten.* Sie rufen: *Wir woll'n nach Lagopesole zieh'n und da müssen die feinen Herrn mit uns geh'n!* Zweitausend Menschen hat der Hunger in den Wald von Lagopesole getrieben, zwischen Rionero und Atella gleich beim verfallenen Kastell des Stauferkaisers. Einige sind mit altertümlichen Arkebusen bewaffnet. Sie brennen die Hütten der Waldhüter des Fürsten Doria Pamphilia nieder. Dem Fürsten, so verkündet ein Anführer des neuen Waldvolkes, hat man einst den Wald auch bloß zum Geschenk gemacht, in der Revolutionszeit unter Kaiser Karl V. Also können sie ihm das Geschenk auch wieder wegnehmen. Sie wissen, dass es letztlich das Volk war, das dem Fürsten das Land gegeben hat. Sie berufen sich auf Rechte, es ist eine Rebellion, keine Revolution.[733]

Rionero lag zwischen Mittelalter und früher Neuzeit phasenweise verlassen und wurde erst im siebzehnten Jahrhundert wieder bewohnt. In der Zwischenzeit haben die umliegenden Gemeinden sich das Land und den Wald angeeignet. Doch dann war die Siedlung am Vulture viel schneller gewachsen als ihre Nachbarorte, besaß aber kein eigenes Umland mehr – in einer Zeit der Waldweidewirtschaft und der Befeuerung armer Haushalte mit Bruchholz aus den Gemeindewäldern war das ein großer Nachteil. In ihrer Not setzen die Aufständischen auf die wichtigsten Männer von Rionero. Sie wollen erreichen, dass man sich für sie einsetzt.

Also nehmen sie den Erzpriester Don Giovanni Selvaggi mit, ob er will oder nicht. *Es lebe der Bürgermeister*, ruft die Menge bei der Rückkehr nach Rionero. Für den Bürgermeister muss es wie eine Drohung geklungen haben. Während draußen die Unruhen ihren Lauf nehmen, sitzt er in seiner Kanzlei und schreibt fleißig Denunziationen und Aktennotizen, denen wir unsere Kenntnis der Vorgänge verdanken. Die Akten tragen die Jahreszahl des großen Aufruhrs, 1848.[734]

Ein Gespenst geht um in Europa ... Es ist die alte Idee, dass allen alles gehören soll. Der Journalist Karl Marx hat schon 1842 den Waldfrevel und Holzdiebstahl im Rheinland verteidigt.[735] Nicht die Bauern sind Diebe, wenn sie nach Gewohnheitsrecht ein wenig Holz aus den Wäldern holen, sondern die Grundherren, die den Armen das Land vorenthalten. Ihre Vorfahren haben es einst urbar gemacht. Einen *signorino* wie den jungen Marx hätte die Masse von Rionero gerne mit in den Wald genommen, damit er dort für sie einsteht. Doch als sie im April 1848 den Wald von Lagopesole besetzen, ist Marx anderweitig beschäftigt. Er versucht, das politische System ganz Europas umzuwälzen. Dabei ist er nicht nur mit der Aufhebung des Grundbesitzes und des Adels beschäftigt, er denkt schon weiter, an die Abschaffung des Geldes. Denn das Geld *hat die buntscheckigen Feudalbande, die den Menschen an seinen natürlichen Vorgesetzten knüpften, unbarmherzig zerrissen und kein anderes Band zwischen Mensch und Mensch übrig gelassen als das nackte Interesse, als die gefühllose bare Zahlung*. Selbst dem *Familienverhältnis* wurde dabei der *rührend-sentimentale Schleier abgerissen*, man hat es auf *ein reines Geldverhältnis zurückgeführt.*[736]

In Süditalien ist das Familienverhältnis nach einhundertfünfzig Jahren Kapitalismus heute noch nicht am Ende, und immer wieder kommt dieser heiße Tag im August, wo sie in Ripacandida ihr Geld an die Bahre einer großen Puppe stecken, die in Gold und Seide aufgeputzt ist. Und selbst in Deutschland gibt es noch diesen kalten grauen Tag, an dem sich die Familien in ihre Häuser zurückziehen und ein Licht anstecken, und jeder soll jedem geben ohne zu rechnen.

Aber die Leute von Rionero wussten in ihrem Eigensinn umso besser, was das für ein Gespenst ist, mit dem Marx und Engels die Welt des Geldes bedrohten. Es ist die Rache der Vergangenheit an der Gegenwart. Sie wissen, was Binden und Lösen heißt, das ist die alteuropäische Lebenskunst. In diesen Begriffen hat auch der junge Marx noch seine eigenen Triebkräfte beschrieben, als ... *Ideen ... an die der Verstand unser Gewissen geschmiedet hat, das sind Ketten, denen man sich nicht entreißt, ohne sein Herz zu zerreißen, das sind Dämonen, welche der Mensch nur besiegen kann, indem er sich ihnen unterwirft.*[737] Marx würdigt die Macht der Dämonen, während er den Kampf gegen die Ketten der Feudalgesellschaft predigt.[738] Aber in Süditalien drängen diese Dämonen die Menschen dazu, ihren Protest gegen die ungleiche Verteilung des Reichtums bis zur Unkenntlichkeit in die Form einer Huldigung an das Heilige und an den Adel zu verkleiden.

Gewissensangst[739] treibt den jungen Gelehrten an die Seite der Holzdiebe von Mosel und Rhein, aber die italienischen Kommunisten und Sozialisten haben immer wieder den Fehler gemacht, die *Gewissenspein*[740] der Menschen in Lukanien nicht ernst zu nehmen. Von Heiligen, Priestern und Totenbeschwörern lassen sich Lukaner wohl lieber leiten als von Politikern. Sie unterwerfen sich dem Dämon, ehe er ihr Inneres zerreißen kann. Dafür müssen sie manchmal auch in Zungen reden, den Zungen der anderen. Der Dämon kann ein Toter sein, ein Vorfahr oder ein Heiliger, dem man den Kopf abgerissen hat, und der uns im Zeichen des Leides an das Gemeinsame aller Menschen erinnert und an die Demut. Er kann aber auch ein Untoter sein, der uns das Herz zerreißt in seiner Gier nach Leben. Mit verschiedenen Zungen reden, sich bei den Herrschenden anbiedern, das war, was Marx mehr verabscheute als alles andere. Wenn seine Anhänger im Süden Europas einmal verstanden hätten, dass Heiligenkult und Magie das Gewissen des Südens sind, dann wäre vielleicht ein Sozialismus mit menschlichem Gesicht daraus geworden. Dem Geist der Toten hat Marx' Gefährte Friedrich Engels in seinen Nachgedanken zum Kommunistischen Manifest ein spätes Denkmal ge-

setzt.[741] Er beschwört die ursprüngliche Gemeinschaft der Vorgeschichte herauf, die alten Uralten, wie sie die Leute von Ripacandida nennen würden, *i vecchi antichi*. Ihre Rechte gilt es wiederherzustellen, eine Gesellschaft des Ausgleichs von Gut und Böse, einer trage des anderen Last und alle sollen gleich sein vor dem Gott des Neides. *Die Proletarier haben nichts ... zu verlieren als ihre Ketten. Sie haben eine Welt zu gewinnen*[742], aber dieser Fortschritt soll zugleich ein Rückschritt sein, in die Urwelt der Gleichheit und Freiheit, der Jäger, der Sammler und der ersten bodenbesitzenden Körperschaften, der Stämme. Das, was die Europäer ein Jahrhundert später als den *realen Sozialismus* kennen lernen werden, scheint nicht viel damit zu tun zu haben.
Das Volk von Rionero ist seinen Gutsherren hörig, im Jahr des Herrn 1848, auch im Moment der Rebellion. Für ihren Zeitgenossen Marx ist das nicht mehr wichtig, denn ihm geht es um die Bande, in die das Kapital der Zukunft die Menschen schlagen wird. Im Verhältnis dazu leben die Leute von Rionero in einer Vorzeit. Aber andererseits sind sie Marx weit voraus. Das Volk ist rebellisch, aber es will die Ketten nicht ganz verlieren, als wenn es schon wüsste, was die Kommunistischen Parteien im zwanzigsten Jahrhundert anrichten werden. Sie sind bewegt, aber sie wollen bloß Verbesserungen, keinen wirklichen Wandel. Selten bringen sie ihre *padroni* um. Die Reichen werden nicht in Lager gesperrt, sondern mitgeschleppt zur Demonstration. Die galanten Herrn, *galant' uomini*, mit ihren schönen Frauen, sind Paten vieler Kinder im Ort. Ungehindert treten sie in die Häuser ihrer Gevattern ohne zu fragen, so macht es sonst nur der lukanische Nachtmahr. Am Palmsonntag werden sich dafür die Patenkinder vor den Toren der Herrenhäuser versammeln, *Gegrüßt seid Ihr, Herr Gevatter, gefallen Euch die Palmen?* Die Palme ist das Zeichen des Friedens, auch zwischen den Klassen. In Lukanien trug die Macht noch lange Zeit jenen *rührend-sentimentalen Schleier* der Familienbindung, von dem schon Marx gesprochen hat. Sie trägt ihn heute manchmal noch und wir wissen nicht, wie die Zukunft aussehen wird in diesen Dingen.

Die Patenkinder und ihre Eltern wissen, was sie an ihren Paten haben. Die Familie muss geöffnet werden, damit sie eine Einheit sein kann. Das ist der Grundsatz. Es scheint ihnen gleichgültig zu sein, ob die Öffnung nach oben geschieht, zu den Reichen hin, oder nach der Seite hin zu denen, mit denen man gleich ist. Auch sie sind über das Oben und Unten verbittert, aber der Grundsatz des Öffnens und Bindens wird beherzigt, auch dann noch, wenn es Zeit ist zu rebellieren gegen die Ordnung der Paten. Hier gibt es wirklich etwas zu lernen, nachdem das schreckliche zwanzigste Jahrhundert endlich vergangen ist. Es scheint doch so, als ob die weltweite Ausbreitung des Kapitalismus zur Dezentralisierung führt, zu einer Konsumwelt der Gleichen. Aber die Vergangenheit lehrt, dass Herrschaft im tiefsten Innern der Menschen verankert ist, denn um ein Inneres zu haben, bedarf es eines Äußeren, eines Gegenübers. Dieses Gegenüber kann sich schnell als ein Obendrüber erweisen, Verschiedenheit wird zum Rangunterschied. Vielleicht wird es darum immer Unterdrückte geben, die sich für ihre Unterdrücker begeistern – sie brauchen ihre Herren, um wenigstens etwas zu sein.[743] Im Kult der Heiligen und der Toten haben die Süditaliener das Problem auf die Spitze getrieben, denn eine Puppe oder ein kalter Hauch aus den Gräbern können uns schwerlich politisch beherrschen. So haben sie ein Anderes, das ihnen nicht wirklich befiehlt. Die Toten lassen die Lebenden in Zungen reden, aber diese Rede ist auf das Jenseits bezogen, wo auch immer die Toten dort stecken mögen. Sie sind tot. Allerdings können sie deshalb auch nicht verhindern, dass Lebende auftreten, die in ihrem Namen reden, in der Stimme des Gewissens und dessen, was unser Innerstes ist, und allein daraus bezieht die Macht des Menschen über den Menschen wieder neue Kraft.
Ihr feinen Herren könnt alles, und damit meinen wir die feinen Herren im Allgemeinen, und das war unser einziges Mittel zu erhalten, was wir begehrt haben, anders war es nicht zu machen.[744] So sprach ein Holzdieb zu Pasquale Fortunato, dem Grundbesitzer. Im selben Jahr noch wird Pasquale der Vater von Giustino Fortunato werden, der große Chronist und Verteidiger des Südens.[745] Giustino Fortunato

wird von seinem Vater die Rolle des Fürsprechers übernehmen, als Senator der Republik wird er sich unablässig für die Entwicklung des Südens einsetzen.
All das heißt nicht, dass die Süditaliener sich nicht selbst organisieren können. Einmal im Wald angekommen, geht die Menge höchst praktisch zu Werk, in drei Tagen haben sie 84 529 Bäume gefällt. Das Holz wird vor Ort zu Kohle verarbeitet oder an die zahlreich angereisten Händler verkauft. Hunger macht Landhunger, sie wollen Getreide, Tomaten und Wein anbauen, darum die Rodung. Auf dem Rückweg vom Wald werden die Rioneresen *von einer Musikkapelle angeführt*, die sie in ihre Reihen gezwungen hatten. *Geschlossen und bedrohlich zog die Menge wieder in den Ort ein …*[746]
Am 30. April, also drei Tage nach dem ersten Überfall auf den Wald, war das Volk zu einem Riesen herangewachsen und begann, diejenigen von Adel zu bedrohen, die nicht ihre Forderungen unterstützt hatten. Und da zu diesen Don Francesco Giannattasio gehörte, versammelten sich viele Ruchlose vor seinem Haus, etliche von ihnen bewaffnet. Sie warfen die Fenster ein und schlugen mit Beilen das Tor entzwei. So ins Haus gelangt, forderten sie, dass Signor Giannattasio zum Vulture mitkommen solle, wo eine weitere Waldbesetzung zu machen sei. Und indem sie im Hause das Unterste zu oberst kehrten, entwaffneten sie auch seine beiden Feldhüter, dem einen nahmen sie die Pistole, dem anderen die Flinte.[747]
Ein Riese steht vor der Tür, die schlafende Landschaft hat sich erhoben, ohne Kopf wie San Donato, in der Hand die Augen von Santa Lucia, Schutzheilige von Atella. Es ist die kopflose Gesellschaft, ohne Zentralmacht, wie sie die Anthropologen in Afrika, Asien, Australien studieren und bei den Indianern in Nord- und Südamerika. Ob sie nun friedlich sind oder kriegerisch, auch bei den wildesten »Wilden« gibt es immer eine Gestalt, die das kopflose Ganze verkörpert und zumindest in der Vorstellung ihrer Einzelglieder reguliert: Ahnengeister, die durch den Mund von Hochbegabten zu ihnen sprechen oder marionettenhaft aufgeputzte Könige, Kriegsführer und Kapitalisten, *Big Men*, die

»Gullivers Reisen«, Karikatur von Carlo Levi: Die zur Riesenhaftigkeit angewachsene Kommunistische Partei Italiens der späten vierziger Jahre ist durch Beziehungsnetze in das System der christdemokratischen Macht eingebunden und stellt sich einem linken Kritiker wie Carlo Levi daher als gefesselter (Volks)körper dar

auch im Dschungel oder in den Steppen die Menschen für sich in Bewegung zu setzen verstehen.[748] Der von Marx beschworene Heilige Gesamtmensch ist wiedererstanden, der Mensch der Menschenrechte, der Mensch an sich – ein Wunder, wo doch die *edlen, frei ineinander überfließenden Glieder des großen Heiligen* bereits in Schubkästen der Macht verteilt waren, wie Marx es ausdrückt, in gesellschaftliche Kasten *zersägt, zerkeilt, gewaltsam auseinander gerissen.*[749] Selbst die Priester können die *Kaffern* nicht mehr beruhigen, so nannte man die Bauern damals nach den nordafrikanischen Stämmen, den *kafir*. Und *die Frauen, die doch zum Frieden hätten raten sollen, erwiesen sich als diejenigen, welche die Männer erst richtig aufgeputscht haben.*[750] Um ihren Wünschen Ausdruck zu verleihen, brauchen sie allerdings einen jener edlen Körper an ihrer Spitze, der das Salböl der Macht gekostet hat. Darum der Besuch des Riesen bei Gianattasio, Pate und Patron, in vielerlei Wuchergeschäften erfahren.

Karl Marx wusste, wovon er sprach, wenn er von der Religion als Opium des Volkes sprach und die Bauern und Arbeiter dazu aufrief, ihre Ketten zu sprengen. Er stand schließlich selbst in den Ketten seiner Gewissensangst, hat sie niemals verloren und sein Leben lang geträumt von einem Volk, das sich gegen die Macht des Geldes erhebt wie ein Mann. In Rionero werden innerhalb des Riesen, der Masse, bald sehr unterschiedliche Organe und Interessen wirksam. *Gerade als ich beim Haus meiner Brüder anlangte, hatte eine weitere Gruppe das Haus von Don Francesco Gianattasio besetzt. Sie begründeten das damit, dass sie ihn mit sich auf den Berg Vulture zu führen beabsichtigten, wo er ihre Besitzrechte bestätigen sollte. Aber ich glaube, dass sie ein feines anderes Ziel ausgemacht hatten … Mein Verdacht ist, dass mancher dieser trüben Agitatoren aus dem Pöbel sich vorgenommen hatte, ihm das Geld zu rauben, das er besaß, oder bei der Gelegenheit den einen oder anderen Schuldtitel verschwinden zu lassen.*[751]
Rebellen und Revolutionäre, Räuber und Enteigner, beide treten als Bittsteller auf, wenn auch mit der Axt in der Hand. Die Armen, seien es nun die Moselbauern oder die Leute vom schwarzen Fluss in Süditalien, lebten damals in herrschaftlicher Abhängigkeit und religiösem Gehorsams, auch wenn sie hungrig und wütend waren. Ihre Demonstrationen gerieten leicht zu Bittprozessionen. Enteignung der Reichen, so wie Marx sie forderte, weil sich seine Ideen an sein Gewissen gefesselt hatten, konnte man sich in Rionero nur vorstellen unter der Voraussetzung einer elementaren Zusammengehörigkeit von arm und reich. Und auch die Anführer des Pöbels mussten selbst etwas vom übernatürlichen Flair der Ahnen und Heiligen an sich haben, wenn sie die Leute hinter sich wissen wollten. *Mit dieser ganzen Unordnung ging es weiter bis zum siebenten Mai, als Francesco Di Leonardo, genannt »der Großvater«, mit seinem Tamburin durch den Ort zu laufen begann, um Leute um sich zu versammeln, wie es der Brauch ist. Denn, so hieß es, am nächsten Tage wolle sich das ganze Volk zur Kapelle von Sankt Michael begeben, um selbige in Besitz zu nehmen. Man befürchtete schon ernsthafte Unruhen, aber zum*

Glück wurde diese Zusammenrottung von einem starken Regen beendet. Nun war deutlich geworden, dass mit Mäßigung nicht mehr zu rechnen war, und darum musste die Gerechtigkeit mit Härte in Gang gesetzt werden gegen diejenigen, die das Hausrecht verletzt hatten bei Giannattasio. Schon begannen die Gemüter sich zu beruhigen. Auch ereilte eine gute Sicherheitstruppe den Ort und alles kehrte zur Ordnung zurück.[752] Der *Gesamtmensch* steht im Regen und löst sich auf.

Weil die Holzdiebe von Rionero den Leuten von Atella den Wald fortnehmen wollten, mussten sie ihnen auch den Heiligen stehlen.[753] Der Boden ist der Heilige und umgekehrt. So erklärt sich die seltsame, noch während meiner Feldforschung in Ripacandida verbreitete Vorstellung, dass die Rioneresen ihren Schutzheiligen Marco einst in Atella gestohlen hätten. Als sie *auf dem Rückweg waren, hat es angefangen zu regnen,* so dass sie ihn in einem Weinkeller unterstellen mussten. *Erst haben sie ihn nass werden lassen, dann haben sie den Heiligen betrunken gemacht.* Ein Regenguss beendete die *Zusammenrottungen,* starke Polizeibesatzung sorgte endgültig für Ruhe. Das Fest ist vorbei. Die Rädelsführer verbüßten Kerkerhaft, bis sie am 24. September 1851 aufgrund eines Gnadenaktes durch Ferdinand, König beider Sizilien etc. etc., huldvoll entlassen wurden in den verhungerten lukanischen Alltag. Im Jahr 1880 wurde der Wald am Vulture dann doch noch zwischen Atella und Rionero aufgeteilt, das Michaelsheiligtum auf dem Berge fiel an Rionero.[754] Im Jahr des Herrn 1951 wurde der Fürst Doria Pamphilii enteignet – bis dahin hatte sein traditionsreicher Familienclan, Nachkommen des Andrea Doria, große Teile des Landes verpachtet zwischen Atella und Melfi, Venosa und dem Vulture.

Die alte Zeit ist vorüber, doch ihre Taten leben fort in den Sagen der Leute von Rionero und Ripacandida und haben sichtbare Spuren in den Grenzen der Gemeinden hinterlassen. Die Gemeindegrenzen und die damit verbundenen Konflikte sind mitunter sehr alt. Schon aus den Jahren 1648 und 1663 gibt es Berichte über ähnliche Kämpfe um den Wald von Lagopesole. Banditentum und Aufruhr durchbrechen die langen Perioden der Stabilität in herrschaftlicher Einbindung, aber beide Seiten lassen es auch nie so weit kommen, dass die Körperschaft der in die Landschaft eingelagerten Gemeinden ganz und gar zerbricht.[755] Darum dauern die Kämpfe Jahrhunderte lang. 1666 wurde Ripacandida von einer Räuberbande gebrandschatzt und geplündert. Im siebzehnten Jahrhundert florierte das Entführungswesen, Solimano Barrabas brachte die feinen Herren fort, ohne dass man je erfahren hat, ob er wirklich ein arabischer Pirat gewesen ist oder nur ein lukanischer Bauer, der sich als Barbar und als biblischer Verbrecher präsentierte. Bis heute erzählt man sich in Süditalien Geschichten vom *Engelchen*, dem Räuberführer Angiolillo. Als *fahrender Ritter* soll er den Reichen genommen und den Armen gegeben haben. Die Erinnerung daran wurde vom Vater an den Sohn weitergegeben wie die *Geschichten von den Märtyrern und den Heiligen.*[756] Der lukanische *Gesamtmensch* ist Räuber, Ritter und Heiliger, oder auch Jungfrau, Heilerin und Nachtmahr. Aber als die alte lukanische Feudalordnung erstmals wirklich ins Wanken geriet, haben lukanische Bauern einen Krieg zur Verteidigung ihrer Unterdrücker geführt. Im Winter 1860 brachten Garibaldis Freischaren die frohe Botschaft von der Volksherrschaft in die Basilikata. Italien wurde zu einer Nation, aber die süditalienischen Völker hatte man nicht immer gefragt, ob sie dabei sein wollten. Zuerst verstanden die Bauern darunter Land für alle, auch für die Bauern. Aber Garibaldi und sein König Vittorio Emmanuele hatten alles andere im Sinn, als den Bauern Land zu verschaffen. So kam es zum letzten großen Bündnis mit den feinen Herren. Priester und Mönche standen dabei Pate, sie hatten den Auftrag aus Rom, Widerstand gegen das geeinte Italien zu entfachen. Der Papst besaß im Süden ausgedehnte Ländereien, die nun enteignet und verkauft werden sollten. Endlich durften Bauern und Banditen im Namen des Königs und des Adels Land besetzen. Der Aufstand wurde zur blutigen Rache der Vergangenheit an der Gegenwart.

Alles begann in Ripacandida.[757] Carmine Donatelli Crocco, Hirte, Bandit, Rebell im Namen des Bourbonenkönigs von

Neapel, stieg am 8. April 1861 mit ein paar hundert Mann vom Kastell Lagopesole herab in die Ebene von Atella. Sie zogen in das nordlukanische Waldland um Ripacandida und Barile. Räuber, die sich schon lange im unübersichtlichen lukanischen Apennin versteckt hielten, verbrüderten sich mit Hirten und Bauern, deren Landhunger der neue italienische Staat nicht zu stillen gewusst hatte. Ihren Aufstand hatten sie Sankt Michael geweiht. Er ist der Schutzpatron der Krieger und des Sterbens, Sieger über Luzifer. Der heilige Erzengel geleitet die Toten ins Jenseits und wiegt sie auf seiner Seelenwaage. Die älteste Wallfahrt des Erzengels führt zu einer Grottenkirche am schroffen Fels des Monte Gargano, nur zwei Tagesmärsche von Ripacandida entfernt. Von hier aus haben Langobarden und Normannen den Kult des Erzengels über ganz Europa verbreitet. Zu Fuß oder auf Ochsenkarren zogen die Leute von Ripacandida früher zur Grotte von San Michele. Aber man pilgerte auch oft zum nahen Michaelsheiligtum an den Hängen des Vulture, hoch über den Monticchio-Seen. Beppe Caruso aus Atella soll den Kampfruf der Briganten erfunden haben: *Nur Mut, wer stirbt, macht die Erde fett, wer lebt, der geht zum Monticchio und erstattet dem Erzengel Bericht.*[758] Das war jener Caruso, der später als Verräter der Briganten die Truppen der Nationalregierung im Guerillakampf unterwiesen hat.[759] Die Verabredung mit dem Gott der Krieger war so oder so ein Rendezvous für den Jüngsten Tag.

Als Mann wirst geboren, als Brigant musst du sterben,
doch geschossen wird bis zum letzten Versuch,
und wenn wir dann sterben, lasst Blumen verderben
auf uns'ren Gräbern, für diese Freiheit, und einen Fluch.[760]

Über die Ereignisse des 8. April 1861 in Ripacandida wird Widersprüchliches berichtet.[761] Wahrscheinlich haben sich die Briganten sehr früh am Morgen von Atella aus eingeschlichen und den Ort besetzt. Wilde Gestalten waren dabei, in Ledergamaschen und Kleidern aus den Fellen selbstgeschossener Wildtiere, manche trugen auch nur abgenutzte Bauerntracht. Sie ergriffen Anastasia, den Kapitän der repu-

bliktreuen Nationalgarde, brachten ihn um und schleiften den Leichnam *in piazza*. Tote so abzulegen, galt in Süditalien als Warnung an die Allgemeinheit. Den letzten toten Botschafter von Ripacandida haben sie in den fünfziger Jahren des zwanzigsten Jahrhunderts beim Lebensmittelladen von Peppino Cettas Schwester gefunden. Als Anastasia nicht mehr lebte, brach der Sturm los, das Rathaus wurde geplündert, Steuerakten verbrannt. Zur Feier des Tages ließ Crocco ein Hochamt in der Kirche feiern[762] – all das kann nicht ohne Teilnahme der Bevölkerung geschehen sein. Vor dem Abmarsch, am 9. April 1861, sandte einer von Croccos Offizieren, Giuseppe Nicola Summa, auch *Brigant Ninco Nanco* genannt, von Ripacandida aus einen Drohbrief an die Behörden seiner Vaterstadt Avigliano: *... in Kürze kommen wir nach Avigliano, also macht Euch auf etwas gefasst, wir verstehen uns hier gut, sind Freunde und Gevattern, lasst meinen Bruder frei, wir sind hier mit 1800 Leuten aus der Nachbarschaft, es bleibt nur Euch zu bitten, und ich bleibe Euer vertrauenswürdiger Freund Giuseppe Nicola Summa, Erster Leutnant.*[763] Zwei Jahre später hat der vertrauenswürdige Freund ein letztes Mal die Polizei genarrt, dann haben sie ihn bei einem Großeinsatz in den Bergen von Avigliano zu Tode gehetzt und seinen besudelten Körper in der Landeshauptstadt Potenza ausgestellt.[764]
Am neunten April zogen die Briganten weiter und nahmen Melfi ein, wo Crocco eine Münze mit dem Konterfei Papst Leo IX. prägen ließ, Aufschrift: *Jahr I der Befreiung.* Auf dem Weitermarsch nach Barile wurde die kleine Guerillaarmee von Nationalgardisten zerstreut. Die Briganten machten nun in kleinen Gruppen die Gegend unsicher, ohne wirklich Land zu gewinnen – hatten sie einen Ort verlassen, zog dort wieder die Staatsmacht ein und umgekehrt. Im Dezember scheiterte eine kleine Truppe von spanischen Offizieren, die dem Aufstand der Bauern militärisches Rückgrat geben sollte. Obwohl sie sich der Nationalgarde ergeben hatten, wurden sie ohne Prozess exekutiert.[765] Später gelang es Crocco, Rionero zu besetzen. Als erste Amtshandlung ließ der neue Stadtkommandant bei einem Schneider Fantasieuniformen für sich und seine Truppe bestellen. *General Crocco*, wie er

Tote und lebende Briganten, Basilicata, 1861–1864
(unbekannte Brigantesse)

sich nun nannte, ähnelte äußerlich dem Freiheitshelden Garibaldi – wild fliegender Bart, Pistolen im Gürtel. Der lukanische Bandit wäre zu gerne der große Gegenspieler des italienischen Staatshelden geworden. Vier Jahre haben sich die Briganten am Heiligtum von Sankt Michael unter dem Gipfel des Vulture verschanzt, immer mit der heimlichen oder offenen Zustimmung großer Teile der Bevölkerung, vor allem aber unter dem Schutz königstreuer Grundbesitzer

und Priester, die Crocco, wie er selbst später in seiner lebenslangen Kerkerhaft notierte, *für ihre reaktionären Ziele zu nutzen* wussten.[766]
Die Rebellion war nicht möglich ohne die Unterstützung der Bauern und Hirten, nur sie kannten sich aus in dem zerklüfteten Gelände. Die Reaktion des Staates war hart, Gefangene wurden selten gemacht. Man schätzt, dass achtzehntausend[767] Briganten hingerichtet wurden, ehe die Republikaner 1864/65 wieder Herr der Lage waren. Die Opfer in der Zivilbevölkerung sind schwer zu schätzen. Wüste Waldmenschen wurden von jungen Korporalen der neuen italienischen Armee in einem Netz telegrafischer Meldungen eingekreist, mit überlegenen Waffen bedroht, dann *fotografiert und schließlich ins Album abgelegt*, das heißt eingekerkert.[768] So macht man es mit Menschen, die den Fortschritt nicht kennen. Sie fallen ins Ressort der Inquisitoren und Strategen, der Kriminologen und Ethnologen. Fotografien aus der Zeit des *brigantaggio* zeigen tote Männer mit grausig aufgesperrtem Mund, in Sitzhaltung gebracht zu einem letzten Porträt – nicht einmal das schwarze Band hatte man ihnen um das Kinn geschlungen. Grausig grinsen abgeschnittene Räuberköpfe von Zaunpfählen, aufgedunsene Leiber liegen verstreut in Gräben und Tümpeln. Sie und ihre Erben wussten sich zu rächen. Heute noch hält das Netzwerk der Gevattern jeder Bemühung um eine moderne Verwaltung stand. Wenn sie nicht wollen, geht nichts mehr in der Basilikata, und immer wieder gibt es Paten, die bei den freien Wahlen gewinnen.
Aber die Briganten ließen sich auch freiwillig aufnehmen und nach ihrem Geschmack, wenn sie bei ihren Streifzügen an Fotografen gerieten. Zwei, drei *brigantesse*, Räubermädchen, Räuberfrauen, die sich in Festtagskleidung mit ihren Gewehren präsentieren[769] – ich meine, diese Gesichter zu kennen, mit unverwandtem Blick schauen sie mich an, den Mund trotzig vorgeschoben. Es ist Anita Perretta, die so früh sterben musste, überarbeitet und überfordert, es ist die Blitzfrau, wenn sie ihre graublonden Strähnen in den Nacken schiebt, es ist Linda, die Heilerin … *Praktizieren musst du!*
Ihre Gefährten, die Männer der Ehre, präsentieren sich in

Tote und lebende Briganten, Basilicata, 1861–1864
(General Carmine Donatelli Crocco)

Trachten, die stark an spanische Vorbilder angelehnt sind, Torero-Hütchen, Mantillas und Gewehre, manchmal heben sie keck ein Weinglas dabei.[770] Professor Cesare Lombroso, Begründer der modernen Kriminologie, glaubte, anhand der Fotografien ermordeter oder eingekerkerter lukanischer Briganten, den Grundtyp des geborenen Verbrechers erkannt zu haben. Seine Vorstellungen sind nahtlos in die moderne Verbrechensbekämpfung eingeflossen und in den wissenschaftlichen Rassismus.[771] Ich kann allerdings auf den Schautafeln seiner Bücher nur einen Typ erkennen, den des verhungerten Bauern, ausgelaugt von der viehischen Arbeit, bereit zur Rebellion.

Unterführer von Crocco war Donato Tortora, vielleicht ein Vorfahr meines Freundes Titino. Listig wiegt der Schneider von Ripacandida sein kleines Bierglas in der Hand, *ja, die Briganten, die haben uns viel Unglück gebracht.* Er betont, dass seine Familie sich mit »u« schreibt: Turtora, nicht Tortora. Auf dem Hof eines gewissen Guglielmucci in Ripacandida hat Crocco sich häufiger versteckt. Einhundertzwanzig Jahre später trägt mein Vermieter in Ripacandida denselben Nachnamen. Die Menschen sprechen heute noch oft vom Brigantenaufstand. Bei einer Pilgerreise zum Michaelsheiligtum auf den Monte Gargano ist unserem Bus in der Augusthitze ein Reifen geplatzt. Es ist Sonntag und der Fahrer kann keinen Mechaniker finden. Schließlich nehmen einige Pilger ihren Mut zusammen und hieven unter Anleitung des Fahrers den riesigen Ersatzreifen an das Fahrzeug. Als es geschafft ist, nach großem Hin und Her, klatscht ein Mann in die Hände und ruft: *Wir haben es auf unsere Art gemacht, wie die Briganten!*

Crocco verbrachte vierzig Jahre seines Lebens in Haft, 1905 starb er dort an Altersschwäche. Einmal versuchten anonyme Helfer, ihm die Flucht in den Vatikanstaat zu ermöglichen, aber das musste scheitern.[772] Was hätten sie auch dort mit Crocco anfangen sollen, vielleicht umschulen zum Schweizergardisten? Ein Zeitzeuge beschreibt den Häftling aus der Sicht von Lombrosos Theorien über den typischen Verbrecherkörper. Aber quer zum Schema der Beschreibung, gewissermaßen durch sie hindurch erscheint Crocco auch als unabhängiger, imposanter Mensch.

Mannsgroß, 1,75, robust, schnell, mit forschendem Blick, vorsichtig, auf der Hut. An seinem Körper ist nichts Besonderes, abgesehen von einem stark vorgewölbten Brustkorb und hohen Jochbogen im Gesicht und einem an seiner Größe gemessen nicht allzu großen Schädel (55 cm Höchst-

Tote und lebende Briganten, Basilicata, 1861–1864
(unbekannter Brigant)

umfang). Der Brustkorb misst 92 cm, er hält sich immer noch aufrecht und stark, nach einem aufgeregten Leben voller Widerstände und Leiden, voller Ängste und Gefahren jeder Art. Er ist nicht von allzu reicher Intelligenz und sicherlich nicht frei von Aberglauben (auch er trägt den Rosenkranz am Hals, sowie »Hemdchen« und Amulette), aber er ist klar, geordnet und selbstsicher.[773]
Bei vielen toten und eingekerkerten Briganten hat man *Schutzbriefe* gefunden, von Priestern geschrieben, die Zettel sollten sie unverwundbar machen wie ein *Hemdchen. Abitini* hatten sie bei sich, wohl verfertigt von Magiern oder *schönen Frauen*, hinzu kamen Heiligenbilder.[774] Die Aufständischen trugen Ringe, die ihnen im aufgelösten Heer des Königs von Neapel einen fiktiven Dienstgrad zugestanden, den sie dort zur Zeit der Monarchie niemals hätten einnehmen können.[775] Solchermaßen ausgerüstet, fühlten sie sich vor dem bösen Blick geschützt oder, wie ein Chronist genüsslich vermerkt, vor der Bereitschaftspolizei.[776]
Der Aufstand der Briganten endete in Verrat und Verzweiflung, nachdem die feinen Herren und die Priester den Banditen ihren Schutz wieder entzogen hatten. Der neue Staat tastete die Besitztümer der Großgrundbesitzer nicht im befürchteten Maße an, und so gaben sie sich zufrieden. Den bäuerlichen Briganten blieb als letztes Reservat das Michaelsheiligtum über den Almseen des Vulture. Im Wald fanden sie Schutz vor berittenen Truppen, hier kämpften sie im Zeichen des geflügelten Heiligen, Nachfahr eines antiken Todesdämonen und der griechisch-römischen Göttin der Gerechtigkeit. Sie hat ihre Augen verbunden, damit sie das Elend der Welt nicht mehr sehen muss. Als endlich die letzten Gefechte am Nordhang des Vulture geschlagen waren[777], hat sich die lukanische Tradition ins Übernatürliche verzogen. Sie wird nur noch spürbar und sichtbar bei den Heiligenfesten und hörbar im Geraune alter Leute an den Kaminen.

Alte Frauen haben diesen schwarzen Faden im Sinn, wenn sie den Leuten Amulette schneidern und im Wasserbecken bei Kerzenlicht nach der Totenprozession Ausschau halten. Bei diesen Umzügen wird bisweilen auch General Carmine

Donatelli Crocco gesichtet, mit wehendem Bart, die Pistole im Gürtel, so zieht sein Geist seelenruhig einher in der Prozession.

27. Die Genossen

Nur tote Priester sind gute Priester. Sie können die Lebenden nicht mehr verraten, und sie stehen nah bei Gott mit ihrer Fürbittmacht. Die Standbilder der Märtyrer, die ja oft Priester waren, kann man hierhin und dorthin schleppen, später wird man behaupten, der Heilige habe es so gewollt. Das Standbild ist nur ein Stück Kalk, Holz oder Stein, aber wer zu träumen oder sonstwie zu sehen in der Lage ist, der erkennt in der aufgeputzten Puppe einen Bischof oder einen Glaubenskrieger, einen Apostel, eine keusche Nonne aus ferner Zeit oder sogar einen Engel, der den Lebenden verkündet, was zu tun ist. Selbst wenn die Menschen einen Heiligen schon fast vergessen haben, kann es geschehen, dass er sich plötzlich machtvoll in Erinnerung bringt.
Als die Prozession in die Kirche zurückgekehrt war, wurde die Holzfigur der Jungfrau unter Mithilfe des Oberpriesters Don Luigi Bienzi zu ihrer Nische transportiert, nahe beim Standbild des ruhmreichen Märtyrerbischofs Donatus. Da sah jener Priester, dass sich der rechte Arm des ruhmreichen Heiligen erhob, und dass er ihn in Form einer Segnung bewegte, dies mit kurzen Unterbrechungen fast eine Stunde lang, immer und immer wieder. Da am Arm des Heiligen von seinen Anhängern gestiftete Uhren und andere Goldobjekte angebracht waren, wurde die Bewegung der Heiligen Hand von diesen Dingen mitvollzogen. Dies geschah unter dem großen Staunen aller in der Kirche versammelten Personen beiderlei Geschlechts und aus sämtlichen Gesellschaftsschichten, Staunen, das bis zu Tränen der Rührung sich äußerte.[778] Kein Sehen ohne Licht. Im Erkennen der Lichter und Farben enthüllt sich das Geheimnis der Vision. Deshalb erfreut man die Standbilder der Heiligen mit Licht. Der zum Leben erwachte Heilige aber sorgt

selbst dafür, dass er sichtbar bleibt ... *ein gewisser Giuseppe Rubini ... der die Aufgabe hatte, sich um die vor der Nische aufgestellte Lampe zu kümmern ... hatte kein geweihtes Öl nachgegossen ... Dies dauerte den Heiligen ... und sofort sah man die Lampe wieder mit klarem Lichte brennen. Auch bei diesem Vorgang waren der Priester Bienzi und eine riesige Volksmenge anwesend und keiner konnte die Augen von der Heiligenfigur wenden*[779].

Aus dem Dunkel leuchtet der Bischofsornat, rot und golden. Es scheint Leben, wo kein Leben ist. Im flackernden Licht des Öllämpchens wirft der Arm des Heiligen seinen Schatten, die goldenen Uhren und Ketten klimpern. Ein Ruf des Entsetzens begleitet den unbegreiflichen Vorgang. Mit mildem Silberblick starrt der heilige Wiedergänger über die Menge hinweg, in puppenhafter Lebendigkeit wippt sein Arm auf und nieder. Magie und Wunder sind heute in die Welt der filmischen Lichtspiele verbannt, deshalb können wir nicht nachvollziehen, was die Menschen im Mai des Jahres 1886 in der Kirche von Ripacandida erlebt haben. *Dem Heiligen zum Dank feierte der Klerus eine dreitägige Messe, mit Ausstellung des Heiligsten Sakramentes ... wobei an Kerzenwachs nicht gespart wurde, mit Ehrensalven, Orgelspiel und Glockenklang. Man erbittet Euren Segen, Herr Bischof, und wir küssen Euch die Heilige Hand, Ripacandida, 1. Juni 1886.*[780]

Diesen Brief an den Bischof von Melfi haben dreiundfünfzig Personen unterschrieben, darunter Damen aus Großgrundbesitzerfamilien, Filomena Lioy, Costanza Lioy und Lisa Chiari, elegante Schriftzüge, deren Schwung auch auf Pachtverträgen oder Gemeindedokumenten der Zeit erscheint. Ein Bauingenieur gibt Namen, Stand und Titel an. Dann folgen die Namen von Bauern und Landarbeitern, darunter viele, die kaum des Schreibens kundig waren, ferner etliche zittrig gezogene Kreuze. 1876 war das Telefon erfunden worden, Fabrikanlagen gehörten schon seit Jahrzehnten zur Ausstattung vieler europäischer Landschaften, und selbst die Basilikata sollte die Eisenbahn kennen lernen, die *sventurata*, wie man sie dort nannte, diese *unglückliche Angelegenheit.* Für die Bauern der Basilikata rangierte das Wun-

der von San Donato neben den unsichtbaren Kräften, die eine stählerne Kutsche ins Rollen brachten.
Die äußeren Umstände sind schnell erzählt: *Alles begann in Ripacandida*, Ripacandida war schuld an der Rebellion der Räuber gegen den neuen Staat. Nach der Niederschlagung des Brigantenaufstandes wurde die Gemeinde, welche sich den Rebellen als erste angeschlossen hatte, von den neuen italienischen Behörden vernachlässigt und bestraft. Irgendwann zwischen 1862 und 1866 wurde das franziskanische Kloster hinter der Wallfahrtskirche von Sankt Donatus aufgehoben, wohl im Zusammenhang mit dem Aufstand, der bei vielen Mönchen Unterstützung gefunden hatte. Dann schafften sie auch noch die Poststelle von Ripacandida ab.[781]
Im Bericht über das Wunder von 1886 ist von *traurigen Zeiten* die Rede, und tatsächlich befand sich die lukanische Landwirtschaft am Ende des Jahrhunderts in einer jener unaufhaltbaren Talfahrten[782], bei denen schon so manche seltsame Bewegung ihren Schwung genommen hat. Der alte Heilige setzte sich nach einer Prozession in Szene, welche die Ripacandidesi und ihre Priester mit der Madonna del Carmelo veranstaltet hatten, um die Befreiung von einer Schädlingsplage in den Weingärten zu erbitten. In den Jahren unmittelbar vor dem Wunder hatte Priester Bienzi versucht, eine *Bruderschaft des Heiligen Märtyrerbischofs Sankt Donatus* zu erneuern, von der er bei den kirchlichen Behörden behauptete, sie existiere *seit unvordenklichen Zeiten.*[783] Es kam anscheinend zu Rangeleien bei den Prozessionen, weil andere Stimmen behaupteten, diese Bruderschaft habe es nie gegeben. Dabei muss es auch um die von Pilgern und *devoti* gespendeten Güter und Gelder gegangen sein. Ich habe dazu im Diözesanarchiv in Melfi ein Dokument aus dem Jahre 1881 gefunden, ein Statut der *Bruderschaft des Heiligsten Sakramentes, das in der Donatuskirche verehrt wird.* Unter dem Druck des *Volkes*, so heißt es dort, wurden *uralte Traditionen* beschworen, nun wollte man sie legalisieren.
Hitzige Beschuldigungen, Konkurrenz und Drohungen bestimmten das Glaubensleben in Ripacandida. Hinter der seltsamen Lebendigkeit der Puppe aus Kalk und Stroh zeichnet sich der Lebenswille ihrer von Hunger und Not bedroh-

ten Anhänger ab. Über Priester Bienzi ist in den Akten des Domarchivs zu Melfi nichts weiter zu erfahren – die anderen Erzpriester sind dort reichhaltig dokumentiert. Es ist nicht auszuschließen, dass er bald nach diesen Geschichten den Ort verlassen musste, vielleicht, weil sich die Sache mit dem Wunder als Schwindel entpuppt hat. Hundert Jahre später, als ich dort lebte, sprachen die Leute von Ripacandiada nie über das Wunder und die Bittprozessionen, auch Priester Bienzi war anscheinend vollkommen vergessen.

Nunmehr fing die Menge an zu schreien und forderte von den Priestern die Abhaltung einer zweiten Prozession am selben Tage. Um in diesen traurigen Tagen Unruhe zu vermeiden, schickten sich die Priester an, diesem Wunsch nachzukommen. Bei dieser zweiten Prozession trug man nicht nur das einzigartige Bild der seligen Jungfrau, sondern alle Statuen mit sich, die sich in der Kirche befanden, den Heiligen Märtyrerbischof Donatus, Sankt Lavierus, Sankta Luzia, Sankt Donatus Verginianermönch, Sankt Martin, Sankt Rochus, Sankt Veit, Sankt Marianus, Sankt Antonius und Sankt Pasquale. In die Kirche zurückgekehrt, wiederholte der ruhmreiche Sankt Donatus das erwähnte beunruhigende Wunderzeichen, er erhob die Hand und segnete die anwesende Menge.[784]

Zu Notzeiten soll im alten jüdischen Ghetto von Prag aus den Kellergewölben ein seltsames Wesen aufgestanden sein, um in schrecklicher Unbelebtheit über die abgetretenen Pflaster zu schlurfen. Das war der Golem, den Wunderrabbi Löw einst zu Schutz und Warnung der Juden geschaffen hat. In einigen rheinländischen Dörfern wird heute noch *die Kerb ausgegrab'*, wenn man mal einen Spaß haben will, bei dem weder Obrigkeit, Kirche oder sonst wer mitzureden hat, sondern nur das kleine *Wir* der alten Gemeinden. Die Kerb ist mal ein im Sand verborgener Kasten Wein, mal eine seltsame trunksüchtige Puppe, ähnlich dem *Nubbel* des rheinisch-bergischen Karnevals, Verkörperung der Gier nach Leben und doch schon tot und willenlos. Verbrannt oder wieder vergraben, warten diese festlichen Geister dann ein Jahr auf ihre Wiederbelebung, *fröhliche Urständ'* nennt man so etwas heute noch in Bayern, die Rückkehr zur mythischen Vergangenheit im Fest. Solch ein neu-altes Wesen drängte auch in Ripacandida an die Oberfläche des festlichen Lebens. Noch im Jahr der Wundererscheinung musste der Priester Bienzi für seine Schäfchen beim Bischof um eine Sondererlaubnis bitten. Sie wollten beim Fest des Heiligen Donatus Fleisch verzehren, gegen die kirchliche Regel, die für solche Tage Enthaltsamkeit im Gedenken des Toten vorsah. Der *außergewöhnliche Kult* und die Anreise so vieler Fremder, so Bienzi, mache diese Extrawurst nötig.

Von Ausnahmeregelungen und wüsten Auseinandersetzungen ist auch das religiöse Leben der folgenden Jahrzehnte in Ripacandida begleitet gewesen, in der Zeit der ersten Republik, in den *zwei roten Jahren* nach dem Ersten Weltkrieg, während des Faschismus und im Zweiten Weltkrieg und schließlich im Kalten Krieg zwischen Christdemokraten und Kommunisten, bis in die frühen sechziger Jahre hinein, als manch einer in den Zungen der Kriegstoten oder irgendwelcher anderer frischer Seelen stammelte. Viele Leute in Ripacandida haben das heute fast vergessen, denn jetzt ist das religiöse Leben sauber um San Donato herum gruppiert, und der einzige Streit läuft zwischen der Menge und ihrem ungeliebten Priester. Aber wenn es Not tut, wird der Heilige vielleicht noch einmal zuschlagen mit aller Wucht.

Das Standbild bildet eine dritte Kraft, die sich zwischen die Bürokratie der Politiker und die Kirche der Priester drängt. Es ist das Volk, das sich erhebt im Körper des Heiligen der schlägt. Ab dem Jahr 1894 erneuern die franziskanischen Schwestern den Kult des Heiligen in einem Anbau der Wallfahrtskirche. Wer wird nun die Schäflein melken, die sich Jahr für Jahr um San Donato versammelten, in *der ziemlich kleinen Kirche … unter Schreierei und Klagen über die armen Seelen im Läuterungsberg, Gnade verlangend, mitleidig betrauert von den übrigen Pilgern …*?[785] Priester und Gemeinderat tauschen wütende Briefe aus über die Frage, wer für das Heiligtum aufkommen soll: die Gemeindeverwaltung, der das Grundstück offiziell zugeschlagen wurde, oder die Priester, die weiter am Donatustag die Spendengelder einnehmen?[786] Mit der Emigration zahlreicher Bauern und Tagelöhner in die USA ändern sich die Sitten. 1920 schrieb Erzpriester Fusco in einem Brief an seinen Bischof: *Der Brauch, Geld an die Heiligenstatuen zu hängen, ist noch nicht alt, vielleicht sechs oder sieben Jahre. Und seitdem bis heute hat das Festkomitee das Recht auf dieses Geld angemahnt*[787]. Es gab nun nicht mehr bloß die feinen Herren und die Priester, die dritte Kraft ist erwacht, die Bauern, Landarbeiter, Handwerker und Auswanderer. Sie schließen sich im Namen des Heiligen zu Bürgerkomitees zusammen, in Ripacandida und in den USA. Ihr neuer Brauch hat mit Geld zu tun. Fusco war entsetzt, *sie schrien wie Besessene und verwünschten die Priester – wirkliche Barbarei!*[788] Ein Schuldiger wird gefunden, ausgerechnet ein Namensvetter des glücklosen Erzpriesters, *Michele Fusco, Sohn des Antonio, Sozialist.*[789] Immer wieder schließen Gemeindeverwaltung und Kirche Verträge über die Spendengelder, immer wieder drängt sich das Volk zwischen die Vertragsparteien, bis schließlich der faschistische Ortsverweser im Jahr 1928 im Zeichen von Vittorio Emmanuele III., *durch Gnade Gottes und den Willen des Volkes König von Italien,* mit dem Priester den letzten, anscheinend bis heute gültigen Vertrag niederlegen lässt. Er gesteht den Gläubigen zu, dass *sie Geldscheine an das Standbild hängen,* und dem Festkomitee, dieses Geld zur Finanzierung der Feste zu verwenden.[790] *Sant' Antonio kam mehr so vom Belvedere, aus dem Viertel Sant' Antonio und vom Ponte della Vianura. In der Antoniuskirche machten sie immer morgens sehr früh die Messe, für die Landarbeiter. Via Vittorio Emmanuele, Alla Valle, piazza, das war die Marienbruderschaft.* Dem robusten alten Landarbeiter stehen Tränen in den Augen, wenn er davon erzählt. Sant' Antonio, Belvedere und Ponte della Vianura sind nördlich gelegene Teile von Ripacandida. Auf der Karte, die Don Michele einst gezeichnet hat, bilden sie das obere Drittel. Das untere und das mittlere Drittel sind Einzugsbereich der Marienbruderschaft. In den fünfziger Jahren war diese katholische Laienvereinigung gespalten, kommunistische Bauern von Alla Valle und Cantone auf der einen Seite, die *signori* der *piazza* auf der anderen. Heute versucht Don Peppe das, was von beiden Gruppen übrig geblieben ist, in seiner Gemeindekirche zusammenzuhalten.

Abseits von all dem, am Fuße des Ortes, liegt das Donatusviertel mit der Wallfahrtskirche des Heiligen, dem Nonnenkloster der Franziskanerinnen und den seit Ende des neunzehnten Jahrhunderts errichteten Neubauten – als Gegenstück der Kulte aus der Oberstadt ist die Donatusverehrung eine eigenständige religiöse Macht, die auch heute noch gegen die Interessen des Zentrums tendiert. Die Gründung einer Donatusbruderschaft wäre die Herausforderung gewesen. Bis in die sechziger Jahre hinein, als die große Emigrationswelle jedes Gesellschaftsleben in Ripacandida ausgedünnt hat, waren diese Gruppen sehr dicht mit Freunden, Gevattern und anderen Leuten besetzt, die sich den einen oder anderen Gefallen getan haben. Die Antoniusbruderschaft soll in den fünfziger Jahren aufgelöst worden sein, weil zu viele Kommunisten Mitglied waren. *Gevatter Martino Rocco, Kommunist, aber guter Katholik. Alle mochten einander, man zog die Genossen, Freunde, Gevattern nach … viele Brüder waren auch Gevattern. Geistlicher Vater war Don Michele Sinisi … Wir begleiteten die Toten bis zum Friedhof.* Damit gingen sie über den Punkt hinaus, die *Brücke,* wo sich viele Teilnehmer des Totenganges von der Familie verabschieden. Ob Marienbruder oder Antoniusbruder, heute eint sie der Abscheu gegen Don Peppe, der den alten Bruderschaften ein Ende gemacht hat, als es die schwachen Mitgliederzahlen erlaubten. *Ich kann Don Peppe nicht ausstehen, ich bin gegen ihn, denn er hält die Akten der Bruderschaft unter Verschluss. Ich gehe nicht in seine Messen.*

Über die Geschichte der Marienbruderschaft habe ich mehr in Erfahrung bringen können als über die der Bruderschaft von Sankt Antonius, weil mir Rocco Labriola, der letzte Hüter der Laienvereinigung, die alten Protokolle zugänglich gemacht hat. Außerdem ermöglichte mir Don Dante Casorelli, die Akten der Bruderschaft im Bischöflichen Archiv von Melfi zu lesen und zu kopieren.[791] Don Dante ist ein ganz anderes Kaliber als der schwarze Bruder von Ripacandida. Über einer großen Portion Rapskohl, Bohnen und Schweinespeck, zu der er mich in einem lukanischen Traditionslokal eingeladen hat, erzählt mir der alte Herr, wie er beim Erdbeben von 1930 im bäuerlichen Elternhaus eines Nachts ein Stockwerk tiefer aufgewacht ist – die Decke war durchgebrochen. Er hat auch mal einen Hungerstreik inszeniert, im Zelt campiert vor einem Verwaltungsgebäude: *Melfi muss wieder Provinzhauptstadt werden!* Die Bauern lieben ihn genauso wie die Häftlinge im Gefängnis von Melfi, wo er Seelsorger ist und Kartentricks lernt, mit denen er bei unseren Gesprächen nebenbei meinen Sohn bei Laune hält.

1908 wurde die *Bruderschaft zur Heiligen Jungfrau vom Karmelberg* gegründet. Sie arbeitete parallel in Ripacandida und in der italo-amerikanischen Emigration von Altoona (Pennsylvania) – viele Ripacandidesi waren dorthin ausgewandert. Nur ein Jahr nach dieser Gründung ermahnt der geistliche Betreuer, Erzpriester D'Adamo, die Laienbrüder mit Heftigkeit: *Die Öffentlichkeit soll nicht denken, dass die Marienvereinigung sich der einen oder anderen lokalen Partei zugehörig zeigt. Die Meinungsfreiheit sei allen heilig. Aber immer sei die lautstarke äußerliche Kundgebung ausgeschlossen, denn sie ist der heiligen Vereinigung nicht würdig und nicht entsprechend und führt nur zur Fraktionenbildung, zu Hass und schlechtem Beispiel beim gemeinen Volk.*[792] Die meisten Mitbrüder wohnten damals *alla valle*, zwischen der *piazza* der Herren und dem *cantone* der Landarbeiter. Es ist das Zeitalter der Anarchisten von Cerignola, viele Ripacandidesi verdingen sich in der nahe gelegenen Weizenstadt als Saisonarbeiter und viele wandern aus nach Amerika. Es ist das Zeitalter der Mafia-Syndikate in den Hafenanlagen von New York und in den Schlachthöfen von Chicago. Der Dritte Stand hat Macht gewonnen und gelernt, sie für seine Ziele zu nutzen. Als D'Adamo seinen Rücktritt vom Amt des geistlichen Beistandes der Bruderschaft ankündigt, entgegnet der Prior ungerührt: *Ja, ja, ich werde gleich nach Alla Valle gehen und dort ihren Rücktritt bestätigen lassen.*[793]

Eigenmächtig waren die Brüder. Was als Fortsetzung kirchlicher Orden und Kulte durch begeisterte Laien gedacht war, wird hier zur religiösen und politischen Rebellion. Auch in der Marienbruderschaft hat man lange um die Besitzrechte

Totenbruderschaft auf der Steige von Ripacandida, dreißiger oder vierziger Jahre des 20. Jahrhunderts

an einem Standbild gestritten.[794] In jeder Hinsicht interessierte die Bruderschaftler die materielle Seite des Glaubens, so erklärte es mir der alte Ciccarella am Beispiel ihrer Anführer, die *Prioren* genannt wurden wie Inhaber von Klosterämtern: *Diese Prioren teilten praktisch die in der Kirche gemachten Spendengelder untereinander auf. Ein bisschen waren das schon kriminelle Vereinigungen ... das war die Elendszeit, man stahl. Aber die Standbilder hielten sie hoch und heilig. Mein lieber Freund, in der Zeit ist man hier an Hunger gestorben. Die Bosse gaben den Bauern Geld, und die mussten dann ihr ganzes Leben für sie arbeiten ... die Bosse machten die Preise ... das war schwärzestes Elend, nackte Füße. Wir aßen Tortillas aus Futtermais. Weißbrot gab es nur zu Weihnachten und zum Donatusfest.* Im September 1919 weigern sich die Priester von Ripacandida, eine von den Karmelbrüdern ausgerichtete Marienprozession zu begleiten, denn an der Spitze des Zuges werden rote Fahnen getragen, und das Festkomitee hat den bekannten sozialistischen Politiker Achille di Napoli eingeladen.

Den Tag über spielt eine Musikkapelle Arbeitermärsche im ganzen Ort, und am Abend findet eine Versammlung mit dem Sozialisten aus Neapel *in piazza* statt. Sekretär der Bruderschaft ist damals ein Neffe des damaligen Erzpriesters Don Giovanni D´Adamo. Der junge Mann ist aktiver Sozialist und *bereit, seine Partei mit der Waffe zu verteidigen und für sie ins Gefängnis zu gehen*, wie ein anderer Priester in einem brieflichen Bericht an den Bischof vermerkt.[795] Das ist schon der zweite *Priesterverwandte*, der zu den Anführern der Linken gerechnet werden kann – die Zahl derer, die lesen und schreiben können, ist klein, und sie kommen immer aus demselben Kleinbürgertum – dort wird der geistige Kampf um die Zukunft Italiens gekämpft.[796] Ebenfalls im Jahr 1919 hat die Bruderschaft vom Karmelberg einen Genossen mit roten Fahnen begleitet bei der Beerdigung. Hinter den Priestern gingen die Sozialisten und riefen: *Dies ist der erste Sozialist, den wir beerdigen, und von jetzt an werden wir es immer so tun.*[797] Weitere *Begräbnisse ohne Priester* geistern durch die Beschwerdebriefe verängstigter Kleriker an ihren Bischof. Mit Mussolinis Marsch auf Rom hat das ein Ende, und die Bruderschaft beschränkt sich wieder darauf, mit den Priestern um die Spendeneinnahmen beim Heiligenfest zu streiten und um bestimmte rituelle Rechte. Im gewaltigen Rahmen des historischen Kampfes von Faschismus, Kommunismus und Demokratie spielt sich dieser Kleinkrieg ab.
Bereits in der amerikanischen Gründungsurkunde der Marienbruderschaft finde ich ganz klein den Namenseintrag *Saraceno, D.* Ab 1909 sind ein gewisser Saraceno und ein gewisser Lepore abwechselnd Assistenten des Priors der marianischen Vereinigung. Einmal macht Saraceno den Prior, Lepore den Assistenten. Ab 1917 ist Donato Saraceno Prior. 1921 wird Rocco Lepore zum Prior und es wirkt so, als habe er die vorausgehenden Eintragungen seines Vorgängers im Protokollbuch der Bruderschaft vernichtet – dass Saraceno die Bruderschaft geleitet hat, weiß ich nämlich nur aus den Akten im Domarchiv von Melfi. Saraceno war zwischen 1919 und 1921 auch kurzfristig der sozialistische Bürgermeister von Ripacandida. Dann kommt Mussolini an die

Macht mit seiner neuen Zeitrechnung, die die italienische Gesellschaft zurück versetzen soll in die Ära vor Jesu Geburt. Lepore bleibt bis zu seinem Tod im Jahr VIII des Faschismus (1930) der Leiter der Gruppe, und in dieser Zeit wird Saraceno sich nicht an der Arbeit der Bruderschaft beteiligen. Lepore spendet der Bruderschaft im Jahre 1921 fünfhundert Lire für die Restaurierung der Marienkirche. Er hat Geld und scheint die *piazza*-Klientel des gottgewollten Vereins zu vertreten, die besseren Leute. Saraceno, so erinnert sich der Altbürgermeister von Ripacandida, war Sozialist und zugleich *Maurer des Vertrauens* bei Erzpriester Pasquale Gentile.
Auch unter dem bürgerlichen Lepore macht die Bruderschaft den Priestern keine Freude. Der Prior will die kultischen Möglichkeiten der Laiengruppe ausweiten und eine neue Heiligenverehrung in Ripacandida aufbauen, getragen allein von der Bruderschaft. Natürlich wollen die Brüder auch die Spendeneinnahmen aus diesem neuen Kult unabhängig verwalten. Es geht um den Heiligen Blasius. Das Standbild hat Lepore selbst gestiftet. Das eint die Brüder, die sozialistischen Mitglieder bleiben bei der Bruderschaft, als Lepore anstelle von Saraceno regiert. Die Fraktionen halten gegen die Priester zusammen, auch wenn sie untereinander streiten bis hin zur Schlägerei.[798] Ab Mitte der zwanziger Jahre, wir befinden uns in der Blütezeit des italienischen Faschismus, gehen die Priester zu harten Gegenmaßnahmen über. Jahrelang geht der Streit um einen *Unterwerfungsakt* der Bruderschaft gegenüber der Kirche. Am 8. März 1929 bitten die Laienbrüder feierlich um Verzeihung für ihre Verfehlungen. So kann ein bereits vom Bischof in Melfi vorformuliertes Verbot des religiösen Kultus in der Marienkirche ungedruckt bleiben.[799] Eine Versöhnungsmesse besiegelt den Burgfrieden, das Entschuldigungsschreiben der Bruderschaft wird nochmals verlesen. Auf dem Höhepunkt des Faschismus erholt sich die Macht der Kirche in Ripacandida, aber auch das Volk behält sein Recht: Zur selben Zeit wird das *Konkordat* geschlossen, welches den Gläubigen das Recht zusichert, Geld an die Bahre des Heiligen Donatus zu heften.

Mussolini vermochte es, auch die Menschen des Südens an seinen norditalienischen Faschismus zu binden. Faschismus kommt von *fasci, Streifen.* So hießen die Abteilungen seiner Bewegung und zugleich die Wickelgamaschen seiner Schutztruppen. Eigentlich bedeutet das Wort auch *Windeln.* In Staffeln gebannt, in schwarzes Tuch gezwängt, todgeweiht lauschen die Männer seinen Reden, bejubeln Männer, Frauen, Kinder den Führer bis zur Ekstase.[800] Mit seiner politischen Magie verwandelt er die Italiener in das Kanonenfutter des Zweiten Weltkrieges, niemals siegreich, immer auf verlorenem Posten, geschlagen und geliefert. In Ripacandida befiehlt der Sohn des faschistischen Ortsverwesers, des *podestà,* die Jugend am Samstagmorgen zum Frühsport vor der Wallfahrtskirche. Die heidnischen *Balilla* – Mitglieder der faschistischen Jugendorganisation – bilden ein seltsames Dekor zu den Messen, die Don Michele damals am Kriegerdenkmal feiern muss oder zu feiern wünscht. Die innere Haltung der Teilnehmer ist aus den in Privathaushalten aufgehobenen Fotografien nicht ersichtlich, aber die äußere ist umso deutlicher erkennbar. Zugleich wird der Andrang bei den Heiligenfesten immer größer, die Spendeneinnahmen steigen. Das Geld kommt oft von Emigranten, die in Amerika ihr Glück machen, sie verdienen das Geld mit dem Krieg gegen die Achse Deutschland-Italien-Japan. In politischen Fragen halten sie sich tunlichst zurück. Im Protokollbuch der Bruderschaft ist bis 1943 nur noch von Geld die Rede.

Für die Zeit von 1943 bis 1951, die Phase des Zusammenbruchs, der Landbesetzungen, der inneren Reform der katholischen Kirche, der Mitarbeit der Linken auf allen Ebenen der demokratischen Staatsmacht, klafft auffälligerweise eine weitere Lücke im Protokollbuch, wie schon für die 1919–1921, die man auch *die zwei roten Jahre* nennt, *il biennio rosso.* Wieder kann der Priester verhindern, dass die Beschlüsse der linken Mehrheit in das offizielle Protokollbuch gelangen. Aus dem Jahr 1948 stammt ein bischöfliches Dekret aus dem Domarchiv von Melfi, dass die Verhältnisse unter den Brüdern beleuchtet:

Bedenkend, dass niemand einer Bruderschaft angehören

kann, der materialistischen Lehren anhängt, die von der Kirche verdammt werden, sei es der kommunistischen oder der marxistisch-sozialistischen; bedenkend, dass unseren zahlreichen Mahnungen wegen Einhaltung dieser Verpflichtung zum Trotz die Mitglieder der Bruderschaft vom Berg Karmel in Ripacandida fortfahren, sich im Gegensatz zu der von uns erlassenen neuen Verfassung der Bruderschaft zu verhalten; bedenkend, dass weitere Geduld nicht der Erziehung der Gläubigen dienen würde, sondern der Zerstörung der Bruderschaft ... dekretieren wir, dass der Lehrer Giovanni Caputo zum außerordentlichen Kommissar der Bruderschaft vom Karmel in Ripacandida ernannt wird mit der Aufgabe, die Mitglieder zur Einhaltung des Statutes anzuhalten innerhalb von zwei Monaten nach Erlassung dieses Dekretes. Danach soll er zum Ausschluss der ungeeigneten Mitglieder schreiten.[801] In der Schlussformel des Dokumentes wird der junge Don Giuseppe Gentile erwähnt, damals schon Berater der Bruderschaft, *padre spirituale*, geistlicher Vater. Mancher Bruder hätte sein Vater sein können, und bei einigen mag es sich um bäuerliche Onkel des Priesters gehandelt haben.

Diesmal hat der Bischof noch keinen Erfolg gehabt, irgendwie erreichen die Bruderschaftler, dass der geduldigere Don Michele Sinisi zu ihrem geistlichen Vater ernannt wird. Bürgermeister Ciccarella, ein linker Christdemokrat, greift mäßigend ein. 1954 muss Sinisi *eine neue, reformierte Bruderschaft* gründen[802], aber nach und nach tauchen in der Mitgliederliste die alten Namen wieder auf, und tatsächlich erscheint Donato Saraceno noch einmal für kurze Zeit als Assistent des Priors und sogar als Prior, bald fünfzig Jahre nach der Eintragung seines Namens in das Gründungsdokument der Vereinigung.[803] Sein Name wechselt mit dem eines *Mannes der Kirche*, eines Lehrers, der das Vertrauen der neuen christdemokratischen Mächte besitzt. 1954 scheint Saraceno verstorben zu sein. Bald floriert die Bruderschaft nicht mehr, wahrscheinlich zerfällt sie infolge der Massenemigration in die USA und später nach Deutschland. Die Einnahmen aus dem Madonnenfest aber sind in dieser Zeit immer weiter gestiegen, ebenso die Kosten für die festliche Beleuchtung des Ortes und den übrigen Aufwand des Festes. Das Karmelfest wird in Ripacandida heute noch groß gefeiert. *Es ist das Heiligenfest für uns hier, für die Ripacandidesi, nicht wie San Donato, der auch für die Fremden ist. Es ist das familiäre Fest ... der heutige Priester hat alles kaputt gemacht. Um 1955 herum blieben die Mitglieder weg, es gab keinen Nachwuchs, die Bruderschaft war vernachlässigt. Es gab keine Mitglieder mehr, auch wegen der Emigration. Die Alten sind jetzt alle tot ... Don Michele ging in den Spuren von Don Guido Mastantuono, der war ein Armenmönch gewesen. Zu diesem Priester gingen die Jungen. Auch mit den Nonnen (in San Donato) kam er gut zurecht ... die Gruppe von Don Michele gab es im ganzen Ort. Sie war fruchtbar, ertragreich. Die Gruppe von Don Peppe war unfruchtbar. Don Michele war nicht tyrannisch, sondern demokratisch.* Diese Bruderschaft der Madonna vom Karmel hat weder in der Kirche noch in den linken Parteien ihre Heimat gefunden. Die Kirche konnte die Selbständigkeit der Bruderschaft nicht ertragen. *Noch so schöne Zeremonien und noch so blühende Vereine nutzen wenig, wenn sie nicht auf die Erziehung der Menschen zu christlicher Reife hingeordnet sind*[804], heißt es in einer bischöflichen Mahnung. Die Funktionäre der linken Parteien lehnten den *Aberglauben* ab und haben nie gelernt, mit Bildern und Geschichten Politik zu machen, wenn man von den paar roten Halstüchern und Blumensträußen absieht, der Singerei und den gelehrten Reden, die niemals eine ernsthafte Konkurrenz sein konnten für die Kulte der fliegenden Jungfrau mit ihren wunderträchtigen Skapulieren oder gar des Heiligen der schlägt.

Die rote Bruderschaft gibt es nicht mehr, aber sie kehrt Jahr für Jahr zurück nach Ripacandida, man kann sie heute noch sehen. Früher trugen die Brüder, angetan mit ihren braunen Kutten, die heilige Jungfrau vom Karmelberg in einem festlich geschmückten Boot aus Laubholz und Pappmaché durch den Ort. In der Marienkirche habe ich die Reste dieses Bootes gesehen, traurige verstaubte Wanten, kalkbedeckt wie die raue Mauer, an der sie lehnen. Das alte Ripacandida hat Schiffbruch erlitten, es wird nicht mehr ge-

braucht. Aber wenn der Tag des Marienfestes gekommen ist, meist der erste oder zweite Sonntag im September, holen einige Leute in Ripacandida die alten braunen Kutten hervor und tragen Maria so lange durch den Ort, dass es zuletzt wieder so aussieht, als würde sie wirklich über den Köpfen der Menge umherfahren in einem fliegenden Schiff. Oft genug sind diese Brüder heute Frauen, sie haben sich das Recht zu dieser Annäherung an die Heilige beim Marianusfest ersteigert. Viel wird allerdings nicht gezahlt für die *Arme der Madonna*. Frauen ersetzen heute die Bruderschaft, und eine Gruppe alter und sehr alter Frauen hielt auch in den achtziger Jahren noch die Erinnerung an die wunderliche Vision vom Karmelberg aufrecht, an die Madonna, die sich aus den Fluten erhebt wie eine Wolke und Sankt Simon Stock das erste heimliche Hemdchen zusteckt. Oder war es nicht eigentlich der Prophet Elia, dem sie dort einen Mantel verpasst hat, mit dem er trockenen Fußes durch Flüsse gehen konnte, um schließlich im feurigen Wagen gen Himmel zu eilen? Einerlei, im Zeichen der Heiligen und des Geldes, das alle gleich macht, werden aus Frauen noch *Brüder*.[805] Eine trägt des anderen Last, die Menschen stehen füreinander und für ihre Heiligen ein, und so überleben die Kulte in immer neuer Form, und sei es im Rückzug auf einen ihrer Ursprünge, die weiblichen religiösen Praktiken.
Ich bin ewig, ich dauere bis in die Ewigkeit, ich kann das mit Dokumenten beweisen! Das Gesicht des kleinen kompakten Mannes ist mit Zornesröte überzogen. Heute morgen hat San Mariano *die Heiligen eingeladen.* Die Heiligen sind versteigert worden, alles ging rechtens zu, und nun sind Mitglieder des Festkomitees gerade dabei, das Geld zu zählen. Die Madonna hat 235 000 Lire gebracht, im Jahre 1983 sind das noch etwa 320 Mark, heute vielleicht 200 Euro. Rocco, der nicht nur die Akten und Ausrüstungsgegenstände seiner Brüder hütet, sondern auch die Erhaltungs- und Verschönerungsarbeiten an der Marienkapelle organisiert, verteidigt den Anspruch der Bruderschaft, deren letztes aktives Mitglied er ist. Letztes Jahr, als sein Neffe das Fest organisiert hat, lief alles reibungslos. Aber der neue Leiter des Festkomitees weiß nichts von dieser Tradition oder er tut

so, als wüsste er nichts davon, in Fortsetzung einer anderen alten Tradition der Konkurrenz unter den Heiligen und ihren Organisatoren. *Das Festkomitee bin ich hier, es gibt nur eines, merk dir das, so nicht, nicht in dieser Form.* Zwei Männer stehen sich gegenüber, ein junger und ein alter, aber zugleich stellen sie viel größere Körper vor, Korporationen, Zusammenschlüsse von Menschen. Selbst Neffe Nino wendet sich gegen den Onkel, seine Körperschaft ist das Festkomitee, nicht die alte Bruderschaft, von der niemand mehr etwas hören will. Die Auseinandersetzung wird heftig, Rocco droht mit *zwei Komitees*, er brüllt herum und versucht, seinen Neffen in den Schwitzkasten zu nehmen. Schließlich droht er damit, das Standbild der Heiligen Jungfrau nie wieder aus der Kapelle zu lassen, wenn Sankt Marianus sie einlädt. Die Standbilder sind Personen, und diese Personen sind Gruppen, Cliquen, alte und neue Verbindungen zwischen Menschen, Potentiale der Macht. Sie zu einem Ganzen zu verknüpfen, ist die letzte große Kunst des alten Schutzpatrons Marianus, der keine eigenen Anhänger mehr hat. Schließlich greift ein älterer Lokalpolitiker, der noch die traditionellen Rechte kennt, schlichtend ein, und Rocco, der Wirt von San Donato und letzter Bruderschaftler der Madonna del Carmine, verlässt mit einigen Geldscheinen den Raum. Am Nachmittag ist Don Peppe schon *in piazza* unterwegs und erzählt von den *zwei Komitees*. Ein paar Tage später schiebt Rocco mir ein Heftchen zu, gedruckt von einer seltsamen katholischen Sekte. Es ist gegen die Zeugen Jehovas gerichtet, aber die Autoren scheinen sich so sehr für diese Gruppe zu interessieren, weil sie selbst über die Abspaltung von der allein selig machenden Kirche nachdenken. *Wir können auch anders, wenn das so weitergeht, dann gründe ich hier mit ein paar Freunden eine evangelische Bruderschaft.* Aus den Akten des Domarchivs weiß ich, dass diese Drohung bereits in den zwanziger und fünfziger Jahren populär gewesen ist. Ich fürchte, die evangelischen Kirchen wären über die *devoti* der Heiligen nicht lange glücklich geblieben. Außer zwei grüblerischen Bauern aus Ripacandida und einem Fotografen aus Venosa habe ich bei meiner Feldforschung nie Menschen erlebt, die tatsächlich zu den *Evan-*

gelischen übergetreten waren, den *Pfingstlern* oder den *Zeugen*. Kennen gelernt habe ich nur Katholiken aller Schattierungen. Über sie wacht die wolkige Maria in ihrer kleinen Kapelle, und ihr ewiger Leib ist bereit, neue soziale Körper hervorzubringen, neue Menschen, die in ihrem Zeichen wandeln, auf den Schultern die braune Kutte der Bruderschaft vom Karmelberg und um den Hals, verborgen unter der Kleidung, das Skapulier, das ihnen eines Tages die Himmelfahrt ermöglichen soll.

28. Die Amerikaner

Niemand hat die rote Bruderschaft verstehen wollen, in ihrem kriminellen Treiben ebenso wenig wie in ihrem sozialistischen Überschwang und ihrem religiösen Prunk. Aber wenn die Menschen aus Ripacandida ein wenig sich selbst überlassen waren, ohne Kirche und Staat, dann bildeten Bruderschaften und Heilige Mittelpunkt und Eigensinn ihres religiösen und gesellschaftlichen Lebens. Ganz sich selbst überlassen ist man allerdings niemals in Ripacandida, Provinz Potenza, Diözese Melfi, Rapolla und Venosa. Nur als Auswanderer konnten die Tagelöhner und Bauern eigene Welten aufbauen und eigensinnig einrichten, als Fremde unter Fremden, als Arbeiter unter Arbeitern aus aller Welt, und auch dieses Erbe ist schnell wieder übergegangen in die Hand der Priester. Seit 1899 muss es in Blue Island, südlich von Chicago, eine Kirche gegeben haben, die San Donato geweiht war. Am 18. Juli 1905 gründeten dreiundvierzig Männer dort die *Italian Society of St. Donato*. Anscheinend hatte der Heilige aus Ripacandida genug Tiefe und Strahlkraft, um auch für die Männer eine Art Wappen darstellen zu können, die nicht aus Ripacandida kamen. In den Gründungsurkunden finde ich Hinweise auf Mitglieder aus anderen Ortschaften und Städtchen der nördlichen Basilikata. Diese Männer müssen etwas Geld übrig gehabt haben, denn im Jahr 1907 gaben sie bei dem Künstler Rocco Gagliardi aus Chicago ein Standbild von San Donato in Auftrag. Der Heilige Donatus von Blue Island hat kantige männliche

Gesichtszüge, das weiche, kränkliche, milchige Vollmondgesicht fehlt. Es ist ein amerikanisches Gesicht – sein Gegenstück in Südamerika, der Heilige Donatus, den die lukanischen Migranten heute noch in Buenos Aires verehren, ist in ähnlicher Weise vermännlicht worden.[806] Auch zwischen irdischen Emigranten der ersten und der zweiten Generation sollen seinerzeit solche Veränderungen der körperlichen Ausstattung beobachtet worden sein.[807] In den USA ist San Donato erwachsen geworden, aber er blieb ein Zeichen für süditalienischen Eigensinn.

1915 geriet die *Donatus Society* in den Verdacht, mit der *Black Hand* zusammenzuarbeiten, der Mafia von Blue Island. Die Emigranten wehrten sich, und 1919 wurde ihr politischer Boss Rocco Guglielmucci zum Stadtrat gewählt. Die Leute von Ripacandida haben aus dem Donatuskult heraus ihre kleine Macht neu entwickelt, die Netzwerke der *Freunde* vermengten sich im Zeichen des Heiligen zu einer schlagkräftigen Truppe. Die amerikanische Gemeinde von San Donato ist heute groß, sie umfasst auch Menschen, die aus Polen, Deutschland und Mexiko stammen. Beim Pizzafest am Todestag des Heiligen kamen in den achtziger Jahren Zehntausende von Besuchern, es mussten zwei- bis dreihundert freiwillige Helfer eingesetzt werden und der Reingewinn betrug siebzig- oder achtzigtausend Dollar. 1999 ist zur Hundertjahrfeier der Erzbischof von Chicago nach Blue Island gekommen. Im Heiligtum leben heute drei, vier Mönche und eine Laienschwester, sie stammen von Deutschen und Italienern ab. Ausgiebig diskutieren sie mit mir ihre *roots*. Die Gemeinde selbst besteht mittlerweile fast nur noch aus Mexikanern und ist sehr arm. Friedlich und freundlich laden Father Hugo und Sister Paulina mich am Thanksgiving-Tag im Gemeindehaus zu einem Truthahnsandwich ein. Die Kirche, die wir dabei durch das Fenster sehen können, erinnert vom Bau her an eine Lagerhalle, still steht der Heilige im Dunkel vor dem Altar. Die Mexikaner haben ihre eigenen Heiligen mitgebracht und es sind nur noch ein paar alte Lukaner, gebleicht vom Klima am Großen See und besser genährt als ihre Zeitgenossen zu Hause, die hier ihre Gottesdienste verrichten.

Aber das Fest ist nicht so schön wie hier zu Hause. Vito Martino stellt den Weinkrug ab. Auf seinem Land in Ripacandida lässt er Wein bauen, in der Marienkirche hat er eine Bank gestiftet und einige Aufbauten in der Fassade. Stolz zeigt er mir die neue Garage seines Hauses in Ripacandida. Erst glaube ich, dass er seine Rückkehr nach Lukanien vorbereitet, aber nein, er braucht dieses Haus nur wie eine Art Anker, er wird hier nicht wohnen. Wir sitzen in der Garage am Boden und trinken Wein aus Krügen – wie es früher die Männer in den Weinkellern gemacht haben und wie es heute keiner mehr tut in Ripacandida. Das sind seltsame Erben der lukanischen Tradition, ein Deutscher, der ein Buch über all das schreiben will und ein Italoamerikaner, der sein Geld in Chicago macht. Vito hätte auch in Lukanien weitergemacht, aber nur, *wenn sie die Organisation hätten wie die Amerikaner, die Ärzte und die ganzen Möglichkeiten.* Nie wird Vito ein Auto in diese Garage fahren, er wird in Chicago im Krankenhaus sterben, die Ärzte geben ihm kein Jahr mehr, *innere Leiden.* Vito lädt mich nach Blue Island ein. Ich soll ihn dort besuchen, zum Pizzafest, dann wird er mir alles zeigen. Auch Don Rizzs schreibt mir aus Blue Island, er hat die Geschichte der Donatusgemeinde aufgezeichnet, aus seinem Buch entnehme ich mein Wissen über die Gesellschaft der Ripacandidesi von Chicago. Eigentlich heißt er Rizzitiello, seine Familie stammt aus Melfi, aber diesen Namen können Amerikaner nicht gut aussprechen. Im Jahr 1980 umfasst die Donatusgemeinde viele Untergruppen, die es im Gemeindeleben von Ripacandida nicht gibt: Die *St. Donatus Altar and Rosary Society*, ein Frauenclub, der den Altar schmückt, den *St. Donatus Council of Catholic Men*, einen *Teen Club*, einen *Singles' Club*, einen Chor, die *Sons of Italy*, früher eine faschistische Vereinigung, die heute kleinere Brötchen backt und weitgehend humanitäre Ziele verfolgt, und ihr Gegenstück, die *American Liberty Society*, das sind die begeisterten Amerikaner unter den Emigranten. Und schließlich gibt es noch wie überall auf der Welt in katholischen Gemeinden einen Wurmfortsatz des seltsamen Opus Dei, letzte Nachfahren des spanischen Fanatismus, der auch den Leuten von Ripa-

candida so viel Umstände bereitet hat. Sie nennen sich jetzt *Knights of Columbus*.
Don Rizzs hat seinem Buch die Mitgliederlisten all dieser Gruppen beigegeben. Dort finde ich viele nichtitalienische Namen, deutsche, polnische, mexikanische. Das sind Informationen aus den achtziger Jahren, heute ist eine einzige Gruppe von Laien übrig in der Gemeinde, sie organisiert charismatische Gottesdienste mit Singen und Schreien und Tanzen, wie bei den Pfingstkirchen der Schwarzen. Ich bin lange Zeit nicht nach Chicago geflogen, um mir das alles anzusehen, denn das wäre ein anderes Buch gewesen. Ich rufe Father Bob Kleiner an, er ist zuständig für die Saint Donatus Church im Jahr 2000. Als ich ihn frage, was aus der Schutzmacht des Heiligen über die Krampfkrankheiten geworden sei, versteht er nicht, was ich meine.
Also hat der Heilige wirklich einmal die Fremden angezogen, wie es sich die Leute in Ripacandida immer vorgestellt haben, aber dann hat er sich selbst unter den Fremden verloren. Als die Leute aus Melfi, Potenza und Ripacandida im Jahr 1905 im Zeichen des Donatus zusammentraten, müssen sie gewusst haben, warum sie nicht Sankt Blasius aus Melfi oder San Gerardo Vescovo aus Potenza zu ihrem Anführer gewählt haben. Dieser Heilige aus Ripacandida hat in seiner langen Geschichte viele Legenden und abgründige Geschichten versammelt, damit kann er auch die Mexikaner noch an sich ziehen. *Die Leute sind arm hier,* flüstert mir Vater Kleiner durch ein zehntausende Kilometer langes Gewirr von Drähten zu, oder fliegen seine Worte schon als elektrischer Impuls durch die Lüfte? Wenn alle diese Drähte eines Tages verrostet sind und all die Impulse verflogen, werden vielleicht wieder ein paar elende zerfetzte Gestalten irgendwo in Nordamerika vor einer Puppe stehen, die einen weiten Mantel trägt und einen komischen, hohen, spitzen Hut, und sie werden diese Gestalt aus ferner Vergangenheit bitten, eine Verbindung für sie herzustellen, zu irgendetwas da draußen. Oder die Statue wird in einem Museum landen, von geklonten Neuen Menschen besucht, die einen Blick auf die Kümmernisse vergangener Zeiten tun und sich wundern, was sie da zu sehen bekommen, neben einem indiani-

San Donato in Blue Island, Illinois (Chicago), 1983

schen Totem und einem primitiven Computer des späten zwanzigsten Jahrhunderts.

Die ältesten Bilder des Heiligen, Reliefs in der Kirche von Arezzo, zeigen ihn als erwachsenen Mann mit Bart, der von einem Fenster herab Menschen segnet. Mit der Zeit ist dieser Heilige immer jünger geworden, bis hin zum Milchgesicht von Ripacandida. Er ist jung und alt zugleich, so wie der christliche Gott ein junger Mann ist, der am Kreuz leidet und zugleich ein weißbärtiger Alter, über dessen Kopf eine Taube flattert. Warum gerade Donatus? Es muss der Kult der Waage sein, der Kult der Beruhigung in höchster

Angst um ein krampfend zuckendes Kind und die kühle Ruhe angesichts der Entscheidung über Leben und Tod. Es muss das Ungerührte des Heiligen sein, der milchig vor sich hinstarrt, während sich Menschen vor ihm auf dem Boden wälzen. Es muss seine Schutzherrschaft über die Beben sein, kopflos ist er, aber er hat den Kopf nicht verloren, und sein zerbrochener Gral hält den Wein. Er ist schuldig, denn er schlägt, und er ist geschlagen. Er ist wie wir, brüchig, dem Moment ausgeliefert und doch sehr haltbar. Wir alle sind schuldig und unschuldig zugleich, bei alten Menschen ist die Kindheit oft wieder viel näher als alles, was in der Zwischenzeit geschehen ist oder jetzt geschieht. Unser inneres Leben kennt keine Zeit, das Ich ist ewig, aber eines Tages wird es das große Beben spüren. Und so kann es jeder zu tun bekommen mit dem Heiligen der schlägt.
Donatus ist kein ganz großer Heiliger der katholischen Kirche wie der Heilige Antonius, der die Menschen aus dem Wahnsinn des Feuers rettet oder aus der Schreckstarre der Verluste. Aus Antonius haben sie in der Karibik und in Brasilien sogar noch einen afrikanischen Gott gemacht. San Donato ist auch nicht mit der Heiligen Maria zu vergleichen, die heiter über den Wolken schwebt, während sich die Menschen dort unten gegenseitig die Kehlen durchschneiden und über den Haufen fahren. Maria und Antonius haben ihre eigenen großen Orden gehabt, Nonnen und Mönche predigten ihren Ruhm von Generation zu Generation. Donatos Rang in der katholischen Welt kann man gut an den Eintragungen italienischer katholischer Kalender erkennen. In manchen heißt es, der siebte August sei der Tag von San Donato, aber viele nennen einen anderen Heiligen für diesen Tag, und in Deutschland[808] oder Spanien erscheint sein Name nie. San Donato musste sich oft allein behelfen, mit ein paar Menschen, die Angst vor Epilepsie oder Erdbeben hatten und auf verschlungenen Wegen seinen Namen und sein Bild kennen gelernt haben. Manchmal tun die Franziskaner etwas für ihn, weil sie sein Heiligtum in Ripacandida besetzen konnten, aber er ist kein Heiliger, der in ihrem Orden besonders verehrt wird. Doch der Kult des Donatus hält wie sein brüchiger Messkelch, denn für die Leute von

Ripacandida und alle, die länger mit ihnen zu tun bekommen, ist er der wahre Heilige. Das religiöse Leben des heutigen Ripacandida ist schwächer geworden, was Maria und Antonius angeht, denn ihr Kult wird nicht mehr von religiösen Orden, Priestern oder von Bruderschaften vor Ort propagiert. San Donato hat die franziskanischen Schwestern auf seiner Seite, die das rotgoldene Bild im Kindheitstraum jedes Ripacandidesen verankern, sei es im Guten, sei es im Bösen. Und in den USA hat sich die Verehrung des Heiligen der schlägt auch ohne die Nonnen zeitweise verdoppelt und verdreifacht, weil er gereift ist, vom Kinderheiligen zum Wappen der Tradition, aber dann kam der Niedergang, den wir heute beobachten können.
Wir sind wieder im Ripacandida der achtziger Jahren des zwanzigsten Jahrhunderts. Ein Bus ist gekommen. Unter Leitung eines schicken jungen Priesters taumeln alte Amerikaner aus der Air condition in die süditalienische Augusthitze. Eine alte Dame mit grauvioletter Lockenpracht war seit fünfundsechzig Jahren nicht mehr hier und trifft zufällig auf der Straße ihre Cousine. *Du bist es, ja, wirklich,* unwillkürlich fährt ihr die Cousine über das Gesicht, als wolle sie prüfen, ob das wohl wirklich Fleisch ist und Blut. Es ist die Totenprozession. Aus diesem Bus hat sich auch Vito Martino gequält, im Hawaiihemd, die Videokamera unter dem Arm, *ich dachte ich fahre mal mit, bin ja oft hier, alle ein, zwei Jahre, aber das war günstig, außerdem haben wir in Rom den Papst gesehen.* Sie können frei entscheiden und kehren immer wieder zu San Donato zurück und zur Madonna del Carmelo. Seinen ersten Halt macht der Bus bei der Wallfahrtskirche. Nur so kehrt man wirklich heim. In Ripacandida ist das Festkomitee für San Donato an die Stelle aller anderen Organisationen des Heiligenkultes getreten. *San Donato ist auch für die Leute von draußen, wir nennen sie die Touristen. Die Madonna del Carmelo ist unser kleines Fest für uns hier allein, wir feiern sie im September.* Die Leute, die Nino hier *Touristen* nennt, sind die auswärtigen Pilger, vor allem aber die vielen Leute, die aus Ripacandida stammen und nun zu Besuch kommen. Der Ort zählt dann plötzlich wieder vier- bis fünftausend Bewohner, wie noch

um 1960 oder 1860.[809] Wo es früher, bis in die vierziger Jahre hinein, Dutzende von Heiligenstatuen und Prozessionen gab, werden bis zum Heiligen Jahr 2000 nur noch zwei große und vier kleine Standbilder umhergetragen, Sankt Marianus, der lädt die Heiligen ein, Sankt Donatus und die ewig schwebende Marienerscheinung vom Karmelberg, Sankt Antonius, Sankt Blasius, der hier übrig geblieben ist von den ehrgeizigen Aktivitäten der Bruderschaft vom Karmelberg und der unbedeutende Werkbruder Donatello.

Das alte Ripacandida ist tot, aber die Bilder sind noch da. In den letzten Jahren ist das Fest nicht so gut gelaufen, sagt mir der junge Mann vom Festkomitee des Jahres 1995. Erstaunt schaut er mich an, den Deutschen, der seinen Heiligen kennt. Als ich meine Feldforschung begann, war er noch ein Junge und lebte gar nicht in Ripacandida, sondern irgendwo in der Emigration. 1998 hat er das Fest weiter ausgebaut, so dass eine der bekanntesten Rockbands Italiens auftritt, dreizehntausend zahlende Besucher sind zum neuen Sportplatz von Ripacandida gekommen, den man heute das Stadion nennt. Bloß zehn- bis fünfzehntausend Pilger kommen noch, so heißt es 1995, früher sollen es mehr gewesen sein. Drei Jahre später sind die Zahlen neu verteilt, dreizehntausend kommen zu der Band *I Pooh* und vielleicht dreitausend zum übrigen Fest, zu den Kinderweihen und Karussellfahrten, zur Prozession des Heiligen. Als ich 1995 in der Menge stehe, *in piazza*, ist sie immer noch so dicht, dass ich wieder dieses Gefühl bekomme, mit ihr zu verschmelzen, und wie früher muss ich schnell in die Bar zur *signora*, die kenne ich auch schon seit dreizehn Jahren, und ihre Kinder sind jetzt groß, und sie weiß schon, was ich trinken werde: *Ah, der Deutsche ist wieder da. Wie geht es euch, eine Granita di Limone wie immer?* Michele Cuoco drängelt sich zu mir durch, der Koch, wir umarmen uns, wir haben Karneval zusammen gefeiert vor langer Zeit. Er hat immer noch das ironische Kräuseln in den Mundwinkeln, aber Michele ist schon lange kein Koch mehr, sondern arbeitet jetzt in der neuen FIAT-Fabrik bei Melfi, schraubt Wagentüren an die kleinen Limousinen. Er zeigt mir sein Los: Es ist die große Lotterie für San Donato, Hauptgewinn ein FIAT Punto, gesponsert von FIAT. Das Bild des Autos und der Schriftzug FIAT stehen neben dem Bild des Heiligen der schlägt – ein Wappen neben dem anderen, eine Marke trägt die andere. Tags und nachts gleiten die jungen Leute in ihren FIAT über gut ausgebesserte Asphaltstraßen zur Schicht bei FIAT, dort setzen sie in einer Fabrikhalle die praktischen Kleinwagen zusammen. Dort sieht es aus wie in einem Operationssaal, *schöne Arbeit, saubere Arbeit*, Wechselschicht im Akkord für siebenhundert bis tausend Euro im Monat, so viel verdiente früher ein Postbeamter oder Lehrer. Sie sind zu den Mahren geworden, von denen ihre Vorfahren immer geträumt haben, gleiten durch die Landschaft bei Nacht, sammeln seltsame Münzen in ihren Häusern und haben immer zu essen im Kühlschrank. Jetzt sind wir alle Amerikaner geworden, Amerika ist jetzt hier. Die Mauern der Hightech-Anlage bei Melfi ragen hoch auf und werden bei Nacht taghell angestrahlt. Ich frage mich, wie all das nach dem nächsten Erdbeben aussehen wird. Die *signora*, so erzählt sie mir ein paar Jahre später auf der Straße, hat ihre Bar aufgegeben, es ist nicht mehr genug los in der *piazza*, das alte Leben scheint zu sterben. Ich habe mich nie bei Gino erkundigt, ob mein Los damals eigentlich gewonnen hat.

29. Asche

Von den *Aschen* der lukanischen Bauernkultur spricht der Volkskundler Giuseppe Nicola Molfese[810] – dasselbe Wort, *ceneri*, bezeichnet aber auch den *Aschermittwoch*. Manchmal sehe ich mich als letzten Zeugen des alten Lukanien. In der Asche stochere ich nach Resten eines bäuerlichen Schamanismus und nach der Spätform einer großen Erlösungsreligion. Doch das Gleichnis vom Aschermittwoch ist so vieldeutig wie der Satz *Christus kam nur bis Eboli*. Menschen, die sich über die Abwesenheit Christi beklagen, teilen uns etwas mit über den lebendigen Sohn Gottes, und wer vom Aschermittwoch spricht, der spricht auch von Ostern, Pfingsten und so weiter. Der Karneval in Ripacandida ist nicht mehr das Fest der Vergangenheit, aber es gibt

ihn, Jahr für Jahr. Die Religion der Lukaner ist nicht immer so, wie die Priester sie gerne hätten, aber sie unterscheidet sich auch nicht so vom regulären Katholizismus, dass man sagen könnte, Christus sei nicht nach Eboli gekommen. Das Spiel mit Heidentum, Faschismus, Kommunismus und neuerdings mit der Religion der käuflichen Dinge ist noch nicht so weit gediehen, dass der Katholizismus ausgespielt hätte. Vielmehr ist diese regionale Religion den Glaubenssätzen und spektakulären Schritten des Papstes vorgelagert, er hat sie in Besitz genommen und nun brauchen ihn die Leute vor Ort, damit das Reden und Tun gegenüber der *anderen Welt* Maß und Ziel behält. Wie schnell das Reden maßlos wird, habe ich bei meiner Feldforschung am eigenen Leib erfahren.
Bei Giuseppe war ich meiner Sache sicher, gehörte er doch zu der kleinen Gruppe alter Bauern, die mich *in piazza* fröhlich mit *Heil Hitler* grüßten. Seine Vorstellung von Größe und Güte hat er als blutjunger Hilfsarbeiter des Deutschen Reichs entwickelt, Deutsche sind *Kameraden*. Außerdem habe ich ihm einen Gefallen getan, einen deutschen Brief geschrieben und mich energisch um seine Rentenangelegenheiten gekümmert, obwohl er mich manchmal so grässlich grüßte. Jetzt werden wir *ethnologisch arbeiten, ein Interview machen.* Bewaffnet mit meinem Fragebogen und meinem Kassettenrecorder mache ich mich auf den Weg. Die Einsamkeit und Unsicherheit der ersten zwei, drei Monate in dem kleinen, abgeschiedenen Ort müssen mich den letzten Verstand gekostet haben. Ich will *handfeste Informationen über das religiöse System der Leute von Ripacandida,* denn ich habe die deutsche Forschungsförderung im Nacken. Ich beginne mit Punkt Eins meines Fragebogens. *Was halten Sie von der Dreifaltigkeit?* Giuseppe und seine Frau schauen ratlos. Es ist still, der Wasserhahn tropft, und unten im Stall scharrt der Esel, mit dem Giuseppe zur Arbeit reitet. Doch Giuseppe Rotonda ist nicht unerfahren im Umgang mit einem *signorino*. Bedächtig legt er seine Antwort zurecht. *Da musst du nach Venosa fahren, die Dreifaltigkeit ist nicht weit von hier.* Umständlich erklärt er mir den Weg in die nahe gelegene Kleinstadt. Ich

Die Heilige Dreifaltigkeit von Venosa über den Städten Rom, Venosa und New York

wage nicht, weiter zu fragen. Bald breche ich das Gespräch ab, nicht ohne dass Giuseppe mir noch die Geschichte aller großen Geistererscheinungen seiner Familie erzählt hat. Ich höre nicht hin. Das ist kein ordentliches Gespräch über Religion.

Es vergeht einige Zeit, bis ich begreife, dass Giuseppe mit *der Dreifaltigkeit* die große Wallfahrtskirche in Venosa gemeint hat, geleitet von den *Trinitarischen Brüdern* ... In meinem Reiseführer lese ich, dass die Mönche der *Dreifaltigkeit* im Hochmittelalter die Geschicke der Landschaft gelenkt und verkörpert haben. Damals dehnte das Kloster durch Schenkungen seine Besitzungen aus bis nach Apulien und Kampanien. Die Figurengruppe auf dem Hauptaltar zeigt, was aus der Sicht lukanischer Bauern die Welt zusammenhält. Da ist ein weißbärtiger alter Mann neben einem kräftigen jungen Mann, beide in wallenden Gewändern. Zwischen ihnen schwebt eine Erdkugel und darüber fliegt ein kleiner weißer Vogel. Auf dem Globus sind die Umrandungen der Kontinente säuberlich eingetragen. Auffällig groß wurden dabei drei Ortschaften markiert: New York, Rom und Venosa.[811] Nur die Madonna fehlt, samt ihrem blauen Mantel.

Bevor ich es endgültig aufgab, mit den Leuten von Ripacandida Bibelstunden des kulturellen Wissens zu veranstalten, erntete ich mit meiner Frage nach der Dreifaltigkeit noch folgende Aussagen: *Das sind drei Personen, Vater, Sohn und Heiliger Geist, das ist, wie wenn du das Kreuz schlägst, in einer Person*, oder: *Dreifaltigkeit, das ist, als wenn du sagst: Sonntag*. Die Menschen konnten sich das Höchste der katholischen Religion besser als religiösen Alltag vorstellen oder als das Besondere in der Reihe der Alltage, als Sonntag. Ältere Menschen erzählten mir vom *Hochzeitsfräulein ... Dieses Fräulein hat das Heiligtum der Dreifaltigkeit gegründet. Sie wollten heiraten, und als alles dafür bereit war, sind sie beide gestorben, so blieb ihr Besitz bei der Dreifaltigkeit. Es gibt da so eine Art Erzählung der Dreifaltigkeit. Die »Trinità« ist gut bei Unwettern, dafür ist sie der Schutzpatron. Sie ist der Schutzpatron von Blitz, Donner und Hagel. Eine wunderbare Sache. Das sagte mein*

Vater immer »Dreifaltigkeit, rette unser Land!« Es ist so, wie Mario es sagt, der Kommunist aus dem Cantone. Die Kirche macht Geld mit der Angst. Aber es ist auch so, wie die Priester sagen. Die Familie muss geöffnet werden, die Kirche sorgt für einen geregelten Übergang von der Unschuld zur Fortzeugung des Lebens. Das lässt sie sich mit den Besitztümern der *devoti* bezahlen. Schon in der Antike soll in Venosa die Bet- oder Opferhalle eines Gottes der Jungfräulichkeit gestanden haben. Er hieß *Hymen,* das ist – auch in Venosa – die wissenschaftlich-medizinische Bezeichnung der Jungfernhaut. Heute passen der bärtige Alte und der junge Mann auf die Frauen auf, wenn es blitzt und kracht. Vom höchsten Mysterium des christlichen Glaubens, gehütet von den Männern, die heute die älteste lebende Bürokratie der Welt vorstellen, sind wir wieder auf eine dieser seltsamen feinen Damen gekommen, deren spurenhafte blasse und doch so nachhaltige Existenz die Menschen anregt bei ihrem Tun: die Mahre und Musen.
Die Welt ist nicht nur eine von Landschaften bedeckte Kugel, sondern auch eine Pyramide aus Licht. Vom Heiligen Geist nimmt es seinen Ausgang, hoch droben, in gigantischen Werkhallen der Macht, aus denen die Blitze schlagen und der Donner dröhnt. Es ergießt sich auf die leuchtende Erscheinung der Heiligen und der Priester im vollen Ornat. Von den Menschen dort unten wird das Licht verstärkt durch Kerzenspenden und Feuerwerke. Von den Heiligen wandert der heilkräftige Strahl in die Josefsfeuer der Stadtviertel und in die Feuerstellen der Häuser. Im Mittelalter war die lukanische Landschaft durch *fuochi* markiert, Feuer, Herde, eingegraben in die Höhlen und Hütten. Nach der Zahl der Herdfeuer wurden die Abgaben an weltliche und geistliche Herren berechnet. Die staatliche Ordnung war verankert in den Haushalten, den Familien.[812] Das ist lange her, aber heute noch wandelt sich das Licht Gottes zum milden Schein der Kerzen, die wir an Allerseelen von den Friedhöfen herüberschimmern sehen, wie ein stiller Gruß der Toten. Ihr Feuer ist noch so stark, dass es auf der Haut die Leidenszeichen Christi hinterlassen kann – und dann muss eine der Heilerinnen darüber gehen mit einem antiken

Öllämpchen, mit einem Flämmchen des Lebens, bis es aufgehört hat zu kratzen und zu schmerzen. Unter der Haut oder unter der Erdoberfläche aber wird das Feuer zum Höllenbrand, den einige Ripacandidesi bei Erdbeben gesichtet haben wollen. Oder schickt Satan dem Gott sein eigenes Feuer von unten entgegen? Besteht jeder Mensch aus zwei Lichtern, einem guten und einem bösen, einem, das ihn engelgleich hell und heller strahlen lässt und einem anderen, das sein Fleisch und Blut dunkelrot färbt im trüben Schein der Bosheit? Gibt es *eine* Magie, die schwarz und weiß umfasst, gibt es *eine* Religion, zu der die Magie gehört wie das demütige Gebet? Da die Menschen in Ripacandida theologischen Spekulationen eher ausweichen, muss diese letzte aller Fragen ohne Antwort bleiben, so wie jede gute Philosophie die Frage nach dem Ursprung des Bösen letztlich auf sich beruhen lässt, um in anderen Bereichen des Lebens umso mehr Gültigkeit beanspruchen zu können.
Ein literarisch begabter lukanischer Priester hat seine Suche nach dem Licht Gottes in der Landschaft beschrieben. Als Mitglied der weltumspannenden Kirche kann er seine Suche an einen Ort verlegen, der weit entfernt ist von der Basilikata. Don Peppino Stolfi aus Avigliano begab sich 1978 auf die Reise in das Heilige Land. *»An diesem Ort wurde aus der Jungfrau Maria das Wort Gottes geboren« – als ich die sternförmige Silberplakette küsste, auf der dies geschrieben steht, kam mir in den Sinn, dass eigentlich immer Weihnachten ist und immer Ostern. In der Weihnacht ist unser Herr zum Gott geworden – ganz nah, und so nah wird er immer bleiben. Ostern ist der Herr unser Vater geworden, und auch das wird er für immer bleiben. Weihnachten, Ostern, das ist die Verkündigung eines Geschehens, das sich auf der Erde zugetragen hat und sich immer weiter zutragen wird … Das Leben bekommt den Wert der Liturgie, und die Liturgie umfasst das Leben, sie wird zur Liturgie des Lebens: »Ob Ihr esset oder ob Ihr trinket, alles geschieht zum Ruhme Gottes.«* [813]
Nur wenige meiner Freunde und Bekannten in Ripacandida würden ohne weiteres Verständnis dafür haben, dass Don Peppino *immer* Ostern und Weihnachten erlebt. Das

Schwärmerische und Utopische ist ihnen eher fremd. Aber auch sie sind der Ansicht, dass sich das Heilige in den Lauf der Welt eingeschrieben hat und darum in der Landschaft und im Jahreslauf auffindbar ist. Und sie wissen, dass alltägliches Handeln zu einer Arbeit für die Götter werden kann, die das Alltagsleben ordnet. Umgekehrt beweist ein Fluch die Existenz des Bösen. Man gibt sich Mühe und doch passiert es immer wieder: *Schei … Schei … Scheibenkleister … verdammte Madonna!* Die Vorstellungen, welche sich meine Informanten von den Nahtstellen dieser geschichteten Welt des Lichtes machen, sind durchaus handfester Natur. Die Dreifaltigkeit erkennen sie im Gewittersturm wieder oder in einem Heiligtum, das der Jungfräulichkeit gewidmet ist und seiner Zerstörung. *Wenn ich San Rocco um eine Gnade bitte, sage ich: »San Rocco …«, aber es ist nicht San Rocco, der die Gnade erteilt, sondern eine höhere Macht … Es ist ja auch nicht der Rechtsanwalt, der dir vor Gericht zur Freiheit verhilft … das ist der Richter, der das macht.* Andere vergleichen die Beziehung zu den Heiligen mit der zwischen spezialisiertem Arzt und Patient, aber dann heißt es wieder: *Wenn Gott nicht will, können die Heiligen auch nicht … aber manchmal will der Vater nicht, und die Kinder machen es trotzdem. Du weißt ja, wie es in einer Familie zugeht.*

Don Dante Casorelli, der betagte gute Hirte von Melfi, führt seine Besucher oft zu einer mechanisch bewegten Krippe, die im Altersheim der Stadt untergebracht ist. Ein Ingenieur aus Neapel hat sie zusammengebastelt, er vertrieb sich die Zeit damit, als er vorübergehend in Melfi Lohn und Brot gefunden hatte. In dieser künstlichen Landschaft ist der Orient eingefangen, mit Palmen, Nomadenzelten unter dem Sternenhimmel, Kamelen und dem Zug der Heiligen Drei Könige. Die kleine Welt dreht sich um das winzige Püppchen in seiner Futterkrippe, als seien all die Kamele, Hirten und Könige von einer unsichtbaren Hand in Bewegung gesetzt worden. *Ex oriente lux*, im Osten geht die Sonne auf, dort steht der Stern der Christen.

Immer seltener setzt Don Dante die Apparatur in Gang, die Kinder von heute hängen mehr am Fernsehen als an diesem

Blick auf die Ferne. Also funktioniert auch das eine oder andere Figürchen nicht mehr richtig. Zur Reparatur müsste der unterirdische Mechanismus freigelegt werden, Drähte und Riemen, beleuchtet vom trüben Licht, das durch den Erdboden aus Pappe dringt. Auch das ist Liturgie, *laitos-ergon,* Arbeit am Volk, Kunst der Übertragung göttlicher Energie auf die Welt.[814] Aber die Kraft kommt in Wahrheit von unten, scherzt der Priester, aus einem Elektromotor, der wiederum mit Hilfe der staatlichen Elektrizitätswerke in Gang gehalten wird. Und dieser Gott hat schon immer auch etwas Mechanisches in seinen Taten gehabt, etwas Technisches: *Du verankerst die Balken deiner Wohnung im Wasser. Du nimmst dir die Wolken zum Wagen, Du fährst einher auf den Flügeln des Sturmes. Du machst dir die Winde zu Boten und lodernde Feuer zu deinen Dienern.* (Psalmen 104.1–4.)

Der geregelte Lauf der Welt erscheint im Licht Gottes. Das Licht ist Wort, der Hall Seiner Stimme wird zu Licht, das die Welt sichtbar macht und bewegt. Im Anfang war das Wort. Die Schwingungen einer namenlosen Ordnung überträgt es auf die Welt des Sehen-Hören-Fühlens. In der christlichen Malerei ist das Wort manchmal durch einen feinen silbernen oder goldenen Strahl dargestellt, er geht vom Munde Gottes aus und fährt der Jungfrau Maria direkt ins Herz hinein. Licht und Hall sind Teil des Wortes, denn man kann es einfach aussprechen oder singen, man kann es aber auch sehen, lesen und dadurch im Schallraum des Hirns erscheinen lassen, wie, das wissen wir bis heute nicht. Auf einer Reise nach Italien kann man dieses Wort in seiner Vielfalt erfahren. *Unverändert scheint dieser Ort, seit Diana ihre Anbeter im heiligen Hain empfing. Freilich, der Tempel der Waldgottheit ist verschwunden und der König der Gehölze hält nicht mehr Wache über den Goldenen Zweig. Doch die Wälder von Nemi sind heute noch grün, und wenn die Sonne über ihnen vergeht im Westen, dann sucht uns mit dem Wind auch der Ton der Glocken von Aricia heim ... Ave Maria! Mild und feierlich tönen sie von dem fernen Städtchen her und verlieren sich in den weiten Marschen Kampaniens. Le roi est mort, vive le roi! Ave Maria!* Auch wenn

im Wald von Nemi heute die Müllhaufen brennen, diese Zuflucht im Wort kann uns keiner nehmen. *Gefühlsreisen*[815] sind uns geblieben angesichts einer Welt, die sich himmelhoch über uns erhebt mit ihren Brücken und Hochhäusern, mit ihren riesigen Luftfahrzeugen und ihrem unübersehbaren Wirrwar aus strahlenden und strömenden Netzwerken von Energie, Kommunikation und Kontrolle. Hinter dem totalen Wort des einen modernen Gottes erklingen die Litaneien der Heiligen und das Gelächter der alten Götter. Hinter dem hellen Glockenklang der Wallfahrtskirchen können wir Preislieder auf Monstra und Könige vernehmen, Klagegesänge und Freudenpsalter und sogar die dumpfe Anrufung der Toten vorvergangener Zeiten, und in endloser Reihe fügt sich all das zum Anklang der Zaubersprüche, in ihrem Widerspruch und ihrer Übereinstimmung. Und dahinter tönt wohl noch schwach der einsame Ruf des ersten Menschen ... Freude ... Entsetzen ... *Ich bin ... dieser andere hier ist nicht mehr und wird nie mehr sein ... er ist tot, aber ich bin.*
Heute versucht man, aus der Schuld die Schulden zu machen. Das Geld soll das Licht Gottes ersetzen, die Zinsen sind die Buße des Menschen für seine Verfehlungen.[816] Man versucht sogar, das Leben zur Politik zu erklären oder zu einer Art Aufführung, bei der lediglich Interessen der Menschen verhandelt werden. Aber Don Dantes seltsame Maschine ist nicht verkäuflich, und den Heiligen der schlägt kann man nicht anheuern wie einen Rechtsanwalt für einen kurzen Auftritt vor Gericht und dann wieder nach Hause schicken. Der Bund der Süditaliener hält stand, auch wenn er nicht immer mit dem weihevollen und wohl geordneten *Wissen um die Wahrheiten der christlichen Lehre*[817] übereinstimmt, zu dem die Priester ihre Gemeinden bekehren wollen. Andererseits ist die lukanische Lebenskunst auch kein Therapiekurs, in den wir uns gegen Einsendung eines Schecks einschreiben können. Sie versuchen, ein Leben lang in den Spuren von Familie und Gemeinde zu gehen, auch wenn es schwer fällt. Das ist die Zwischenwelt der Lukaner, geöffnet, gebrochen und doch haltbar wie der Kelch des heiligen Donatus, offen für die Geister der Toten und die Stimme des Paten, gebunden an einen alttestamentarischen Gott

und zugleich vertraut mit der Welt des verzeihenden Christus, mit der Magie des Geldes und den globalen Spielen der technischen Welt.
Sie sprechen nicht gerne vom *Glauben, credo*, sie nennen es lieber *fede*. Das bedeutet zunächst einfach *Treue*, oder auch handfest den *Trauring*. *Wir sind treu (abbiamo tanta fede) ... wie soll ich sagen, das ist Vertrauen (fiducia), wir wenden uns an ihn ...* Eine Frau aus Anzi spricht vom Heiligen, wie man auch von mafiosen Paten spricht oder anderen hochgestellten Ratgebern. *Fede* ist Treue und Respekt. *Fedeli* nennt man Fans, die ihren Fußballclub lautstark unterstützen. Zur besseren Unterscheidung bezeichnen sich die Verehrer der Heiligen als *devoti*, Ergebene. *Die Falschen sagen: »Ich zahle dieses Jahr das Licht für die Heiligennische«, und sie tun es dann nicht. Aber es gibt auch Falsche, die zahlen und meinen es nicht so. Sie wollen in der Öffentlichkeit eine gute Figur machen als gute Katholiken. Sie geben viel, aber es hat keinen Wert ... Wirkliche Verehrung erkennt man.* Bedeutungsvoll schaut Rocco mich an, er hat so seine Erfahrungen als Sakristan der kleinen Madonnenkirche von Ripacandida. Aber woran soll man sie erkennen? Auch Rocco kann es mir nicht verraten.
Sichtbar sind nur Gabe und Gegengabe, der Tausch. Licht, Wärme, Wörter, Berührung und Schutz wandern als kostbare Geschenke zwischen Menschen, Toten und Göttern. Manchmal scheint es den Leuten in der Basilikata ganz egal zu sein, ob sie sich ihrer Familie opfern oder einem verbrecherischen Paten, einer Gemeinschaft von Gleichgesinnten oder einer prächtig zum Bischof aufgeputzten Puppe. Das sind die *äußeren Zeichen*, das Gespenst der formalen Religion, gegen das die Priester hier so gerne wettern und dem sie doch immer wieder selbst ihre Messen widmen müssen. All das scheint nun weniger zu werden, mit dem Abschied von der bäuerlichen Welt. Aber dass die *fedeli* manchmal in ihrem Vertrauen auf die Hierarchien und Kreisläufe nachlassen, so sehen es viele Alte, das ist der Lauf der Welt, eine unvermeidliche Schwankung, eine Phase, die letztlich wieder auf die Tradition zurückführen wird. *Die jungen Leute respektieren nichts mehr, nicht einmal ihren Taufgevatter ...*

Aber zu San Donato gehen sie alle … wenn sie leiden, spüren sie den Heiligen. Ich bin bei einer Großfamilie zu Gast, vier Generationen. Bäuerliche Urgroßeltern, die noch den ersten Krieg erlebt haben und ihre Kinder, die Deutschland kennen lernen mussten, in unterschiedlichen Stadien seiner wechselvollen Geschichte. Dann sind da noch Enkel und Urenkel, die nichts anderes kennen als Ginestra – und das Fernsehen. Wir haben hin und her geredet über die Heiligen. *Sankt Antonius ist für das Antoniusfeuer, Sankt Donatus ist für alle Krankheiten, die vom Kopf kommen.* Aber ich bin noch nicht zufrieden, will mehr Ordnung in die Sache bringen und springe mit der ersten Frage meines unseligen Leitfadens ein: *Und die Dreifaltigkeit?* Da holt die Urgroßmutter tief Luft: *Die Dreifaltigkeit, die ist für …* Wütend fährt ein Enkel dazwischen. Andrea ist ein Mann in den Vierzigern. Zehn Jahre hat er in Deutschland gelebt und dort gute Erfahrungen gemacht mit der ökumenischen Bewegung. *Großmutter, du kannst doch nicht die Dreifaltigkeit für eine Sache zuständig erklären, die Dreifaltigkeit ist für alles und für uns alle da!* Andrea vertritt die Sache der modernen Theologie, seine Großmutter aber will einen Mythos erzählen.
Das bäuerliche Denken ist in Gestalten und Geschichten aufgebaut. Es ist kein geordnetes Archiv und kein Buch, sondern gleicht mehr einem schwarzen Faden, in den Knoten geknüpft wurden, damit man bestimmte Dinge nicht vergisst, so wie sich Bauern oder Schüler früher einen Knoten ins Taschentuch gemacht haben, um bestimmte Dinge nicht zu vergessen im Lauf des Tages. Von Knoten zu Knoten können wir versuchen, uns zurückzuspulen, von Spur zu Spur. Vielleicht werden wir den Elementargedanken finden, einen stammesgeschichtlichen Hintergrund, vielleicht ein Ideengebäude, dass den Überbau abgibt zur agrarischen Produktionsweise und zum noch älteren Sammeln und Jagen. Die Magie erinnert an eine Urzeit, in der das Denken des Menschen bereits gespalten war wie heute. Auch wer Masken trägt und Tiere imitiert, weiß bereits, dass er kein Tier mehr ist und dass man die Dinge im hellen Sonnenschein der Nüchternheit betrachten kann.[818] Aber der

Unterschied zwischen Wissen, Magie und Religion wurde noch nicht so deutlich gezogen wie in unserer technisch und ökonomisch orientierten Gesellschaft, wo dann aber manch einer gelegentlich das Heil oder die Heilung im Zurückspulen finden muss, sei es durch Lektüre historischer Bücher, Ausflüge in Zoos und naturhistorische Museen, ritualistische Therapien oder den Rückfall in alte, sehr alte Gewohnheiten von Ohnmacht und Macht.
Wenn dieses alte Denken sich am totalen Anspruch der Theologen und modernen Aufklärer stößt, zerbricht es in die technische Vernunft einerseits und andererseits das blind hingenommene Dogma. Als Spaltprodukt bleibt die Magie übrig, für die Lukanien so bekannt geworden ist. In der oben geschilderten lautstarken Debatte über Gott habe ich nicht in Erfahrung bringen können, wofür die Dreifaltigkeit zuständig war im alten Lukanien. *Alles Gute kommt von oben* – das galt in der bäuerlichen Welt nur sehr bedingt, denn oben am Himmel treiben auch die Mahre einher in ihren Gewitterwolken. Der magische Schutz vor Gewitterstürmen wirkt wie eine Parodie der Vorstellungen vom allumfassenden Heil des dreifaltigen Gottes, zumal in der Vorstellung der Bauern Unwetter oftmals von den Priestern verursacht wurden. Durch Anwendung der richtigen Beschwörungsformel konnte man sie, ihres Hemdchens beraubt, nackt aus den Wolken purzeln lassen. So stand es im alten Lukanien um das Verhältnis zwischen hoher Ideenwelt und niederer Realität.
Gespräche sind Kämpfe. Man kämpft um das Recht der Vergangenheit in der Gegenwart oder man kämpft dagegen an. Die Leute versuchen, meine abstrakten Fragen in ihren Geschichten und Erinnerungen aufzulösen oder verdichten die Rede, bis sie am Ende sprechen wie der Ethnologe. Ich versuche mit Linda ein Gespräch über den Kult des Heiligen Antonius in Gang zu bringen. *Mit Sant' Antonio geschehen immer Dinge, die mit Schuld zu tun haben,* sage ich. Linda schaut mich an und erzählt mir die Geschichte vom Arzt, der beim Operieren einen Patienten tötet ohne es zu wollen. Sie hat mein System verstanden. Das hat sie auf die Idee gebracht, meine Frage nach dem Schuldgefühl durch eine

Erzählung zu unterminieren. Für sie liegt in meiner Frage ein unausgesprochenes Problem tragischer Schuld, ein Problem, das meine Frage gegenstandslos macht. Aber manchmal begibt sich Linda selbst auf die Ebene des Grundsätzlichen: *An die Toten musst du denken, die Totengeister, oder du wirst das ganze System nicht verstehen.* Ideen sind Personen, die Toten bilden ein System. Mit den Bauern, die sich nicht so viele Gedanken gemacht haben wie Linda, gerieten solche Gespräche oft zu einsilbigen Frage- und Antwortspielen. *Ja, die Magie hilft, nein, nicht die für das Schlechte, nur die für das Gute.* Doch eines Tages platzt ein alter Tagelöhner heraus: *Er ist ein Arbeiter wie wir! Sie bezahlen ihn, damit er dieses Buch schreibt!* Er hat den öden, an Arbeitsprozesse erinnernden Charakter unserer Gespräche erkannt. Freilich wäre derselbe Mann niemals auf die Idee gekommen, es *Arbeit* zu nennen, wenn er seinen Enkeln Geschichten erzählte. Reden ist mehr als Informationsübermittlung, man bezieht einen anderen in sein Leben ein und hat Anteil am Gegenüber. Und man benutzt Wörter, die mehr Wissen überliefern, als wir im Moment im Kopf haben. Ich musste meinen Platz einnehmen in diesem Ganzen, sonst konnte ich nichts erfahren.[819]
Lachen war manchmal gekünstelt, Wutausbrüche konnten gezielt und durchdacht sein. Jeder unbedachte Satz einem Heiligen gegenüber wird zum unerfüllbaren Eid. Hinterher, in der Rede, entscheidet sich, ob man Unglück als gerechte Strafe Gottes deutet oder als Schlag aus der Welt des Bösen. Wörter sind kein folgenloses Geschwätz, sondern Bindung, Befreiung und Macht. *Den Teufel gibt es, denn es gibt das Fluchen. Mir ist der Teufel einmal abends am Kreuzweg zwischen Ginestra und Ripacandida erschienen. Ein alter Mann ging vor mir, und am Kreuzweg ist er plötzlich verschwunden … Er ist immer unterwegs, er macht was er will.* Dieser Fremde könnte auch Sankt Donatus sein, der den Leuten im Straßenanzug erscheint. *Dass dich San Donato hole*, so fluchen sie manchmal in Ripacandida, oder *Schweineheiliger, Schweinemadonna, porco santo, porca madonna*. Der Kampf gegen die *Wörtchen* bestimmt die Erziehung der Kinder. *Ich, Valeria Gentile, werde hundertmal auf-*

schreiben, dass ich keine Flüche mehr sagen will, so steht es auf einem Zettelchen, das mein Sohn aus der Schule mitgebracht hat. Zur Zeit der Hexenverfolgungen sprach man vom ungeschriebenen, durch Fluchen und Machen hergestellten Vertrag mit dem Teufel, *pactum implicitum*.[820] Selbst die heilige Hostie kann sich zu Gift wandeln im Munde dessen, der nicht vorbereitet und gereinigt ist für die große Gabe.[821] Vielleicht hat die Begegnung des Menschen mit dem Übernatürlichen so ihren Anfang genommen: Sachen, die nicht funktionieren, widrige Umstände, Menschen, die einem ekelhaft werden, fordern eine bestimmte Form der Ansprache heraus und damit ist der Fluch geboren, das Machtwort, die Rede von Liebe und Hass, die Hexerei und die Rede gegen die Hexen. Wir erkennen uns in unseren Wörtern als ein anderer Mensch wieder, manchmal mit hässlichem Gesicht. Eine der wenigen wirklich gut dokumentierten Formen von Magie, die weit außerhalb der europäischen und asiatischen Schrifttraditionen stehen, die Fluch- und Segenssprüche der Trobriand-Insulaner, kann man in diesem Sinne verstehen. Bronislaw Malinowski, der Ethnologe der Trobriand-Massim, stellte fest, dass diese Magie vor allem den Magier und nur in kaum überprüfbarer Weise ihr Objekt oder den ins Visier genommenen Gegner verändert oder beeinflusst. Also werden dem Magier seine eigenen Wörter als fremd erscheinen, wird der Magier sich selbst zu einem anderen werden und so betritt er im wahrsten Sinne des Wortes die Welt des Übernatürlichen und seiner vertrackten Wirkungen.[822] Entstand die Religion aus den Ausdruckshandlungen von Fluch, Ekel und Hoffnung?

Der Teufel steckt im Detail. Die Namen Mariae, Jesu und der Heiligen aber gelten als gute Worte gegen die Neidblicke und Hexensprüche des Alltages. Man muss es nur richtig machen und sich an die richtigen Wörter halten, Geschichten wie sie uns die Toten auf die Haut schreiben oder die Heiligen in den Kopf bläuen. Dann wird alles gut. *Das sagen die Vorfahren, wie wir sie nennen, also die Alten der Antike … »Vertraue niemandem, der beste Freund kann dich verraten«, so ist das … Dann sagen sie: »Wer den alten Weg verlässt, geht einen neuen Pfad, weiß was er verlässt, doch*

nicht, was er gefunden hat.« Und: »Viel von dem, was die Alten sagen, ist wahr geworden.« Zufrieden lehnt Linda sich zurück. Sie hat mich beeindruckt. Der Weg hat kein Ziel, er führt zurück in die Vergangenheit. Sie bietet mir ihre Freundschaft an, indem sie vor der Freundschaft warnt, der Mensch ist im Einzelnen unzuverlässig, nur als Ganzes, als Summe aller Überlieferungen weiß er den Weg. Wir müssen aus der Sage wieder eine Wahrheit machen, dann wird vielleicht doch noch alles gut. *Im Anfang war das Wort … Und das Wort ward Fleisch …,* so heißt es in der Bibel. (Joh. I 1–5 und 14.) Und aus der Magierin ist damit ganz nebenbei eine Sprachwissenschaftlerin geworden, oder auch eine Philosophin.
Ouuh, ein dumpfer Ruf, und die Handkante bahnt den Weg durch die Luft, in Richtung auf den Angeredeten. So muss ich mich in Süditalien bei meinen Gesprächspartnern in Erinnerung bringen, wenn wieder einmal die Wellen der Rede über mir zusammengeschlagen sind. *Erinnerungen machen* nennt es ein Alter, wenn er alle seine Enkel in den Mantel des Heiligen Donatus kleiden lässt, auch diejenigen, die in Norditalien geboren wurden und aufwachsen, oder in Deutschland. Ein anderer Alter ist zu den Zeugen Jehovas konvertiert. *Die Heiligen sterben. Sie sind schon tot. Sie machen keine Wunder mehr.* Seltsamerweise spricht der Bekehrte so, als ob die Heiligen wirkliche Personen wären. Andererseits ist der Kirchenfromme vielleicht gar nicht so interessiert an den Heiligen, ihm kommt es darauf an, dass die Familie so weitermacht wie früher. Viele klagen über den Verlust der Tradition. Einmal habe ich einen Heimkehrer beobachtet, der am Tag der Donatus-Prozession auf den Heiligen wartete. Er hatte eine Videokamera geschultert und wollte das Geschehen aufnehmen. Das schien ihm wichtiger zu sein als das mühsame Mitmachen. Allerdings hatte er sich nicht gut informiert und wartete an der falschen Stelle. Das Bild dieses Emigranten steht für den Verlust, der mit jeder Befreiung einhergeht. Aber auch mancher Alter hofft auf eine große Wende. *Ich habe das in einem Buch von Sankt Giovanni Bosco gelesen – ist es nicht so, dass alle fünfzig Jahre der Wechsel kommt, dass der Bischof*

nach fünfzig Jahren alle Sünden tilgt, ist es nicht so? Er hat das System der Heiligen Jahre nicht richtig verstanden. Ein konservativer Lehrer aus Avigliano setzt auf die Erdbeben, die werden jungen Kerlen Respekt beibringen. Andere glauben, dass die jungen Leute beim Älterwerden von selbst Vernunft annehmen und sich wieder an den Heiligenkulten beteiligen werden. Aber die meisten wollen sich nicht auf den biologischen Vorgang des Alterns oder auf Naturkatastrophen verlassen. Sie versuchen, die Vergangenheit wieder herbeizureden. *Das Erbe darf nicht verloren gehen, das Wissen der Großeltern ... Wir ermahnen unsere Enkel, dass sie die italienische Familie machen. Die Familie darf nicht verloren gehen. Zum Teil ist die moderne Welt ja gar nicht so schlecht.*

Ein Blick auf ein Heiligenbild, der Griff zu einem schwarz eingeschnürten Amulett kann uns in einen Strudel der Zeiten fallen lassen. Es ist die Begegnung mit den Toten. Sie sprechen, also leben sie. Die Erfahrung des Bösen wird wieder ausgespuckt, und dabei berufen wir uns auf den Gottessohn, der alle Sünden auf sich genommen hat. Warum richtet er am Jüngsten Tag die Seelen, wenn man alles rückgängig machen kann? *Unberufen, toi, toi, toi.* Wir spucken das Böse wieder aus, dass uns durch unmäßiges Lob (das Berufen) angehängt worden ist. Damit sind wir wieder in der Gegenwart und brauchen uns um das Vergangene nicht zu kümmern, für eine Zeit, bis zur nächsten Krise. Niemand soll behaupten, das Denken der Bauern habe weniger Tiefe, weniger Gehalt und vor allem weniger praktische Wirkung als antiker Mythos, große Dichtkunst oder religiöses Dogma. Der schwarze Faden der lukanischen Tradition ist an Bildern, Legenden und Körperzuständen aufgereiht, nicht an Begriffen wie *Existenz, Technik* oder gar *Transzendenz.* Wenn es vielleicht kein lukanisches System gibt, so gibt es doch eine lukanische Methode – es ist der Weg der Anverwandlung an die Toten und der Neuschöpfung von menschlichem Fleisch. Der schwarze Faden der lukanischen Lebenskunst treibt uns in den Läuterungsberg, wo wir den Toten begegnen. Die Rache der Vergangenheit an der Gegenwart zeitigt sich in immer neuen Figuren und Verhaltensweisen, die doch nur das Alte fortsetzen. Die Rede von den Menschen, die einmal waren, stellt uns vor etwas Übernatürliches, im wahren Sinne des Wortes, sie führt uns über Zeit und Raum hinaus. Das ist die Arbeit der Sprache, des Redens. Wenn ich nur das Wort *Baum* denke oder ausspreche, habe ich neben alle Bäume der Erde einen neuen Baum gepflanzt, eine übernatürliche Realität.[823]

Da ist eine Macht in diesem ungeordneten Ganzen, es gibt Menschen, die geschlagen werden und Menschen, die schlagen, Menschen, die hoch oben sitzen und Menschen, die unten liegen oder sogar versinken im Erdboden. Als Maskenspiel treibt die Welt der Mahre, Toten und Heiligen dem Rand der Wirklichkeit zu, um dann wieder ins Jenseits abzudriften. Lebende Personen, Verhexte, Priester, Paten, feine Herren und schöne Frauen schweifen in die Ferne, treffen sich an seltsamen Orten. Mit der Emigration ist das mehr denn je zur Alltagsrealität geworden. Aber auch schon vor den großen Wanderungsbewegungen hat es etwas Fremdes in Lukanien gegeben, von innen her, denn aus dem ersehnten Kind kann sich ein Wechselbalg entpuppen, ein Werwolf, geboren vor Jesus. Die Nachbarin kann eine Hexe sein und der Heilige, der einem am Wegkreuz erscheint, ist in Wahrheit die Versuchung.

Dieses allgegenwärtige Entpuppen und Verkleiden wird von der allumfassenden Religion gerahmt, *kat holos*. Der Kult des edlen Körpers Jesu verwandelt Zeit in Raum und Raum in Zeit.

Es hat wohl immer Menschen gegeben, die wussten, wie man sich das zunutze macht. Wie man die Arbeitskraft anderer Menschen für sich einspannt oder ihre Geschenke einkassiert. Aus den fröhlichen Gevattern und Freunden der *piazza* können ohne weiteres *mafiosi* werden oder korrupte Politiker. Manche von ihnen morden, und sie wissen, dass sie den Weg der Tradition verlassen haben. Ein Einweihungsritual der sizilianischen Mafia soll darin bestanden haben, dass die Treue zur Mafiafamilie auf ein Heiligenbild beschworen wurde. Dann verbrannte man das Bild, damit der Schwur nicht zurückgenommen werden konnte. Aber das ist nicht der Sinn der Heiligen, ganz im Gegenteil. Die

Heiligen machen böse Taten rückgängig, angefangen bei der Tat, die einst an ihnen selbst begangen wurde.

Totalitarismus sieht das Böse in der menschlichen Natur, in seinen Genen, in seinen Begierden, im Zwang der Verhältnisse, überall, nur nicht im Übernatürlichen. Auf dieser Ebene sind Magie und Faschismus ähnlich und doch unterschieden. Die Magier sprechen mit den Toten, die Menschen in den Dörfern leben mit ihren Mahren und Werwölfen und mit den schönen Frauen, die nachts in ihre Küchen kommen, um zu fressen. Sie wissen, ein anderes Mal werden die Mahre heilen und beschützen. Sie haben ihre *Vermögenden*, die *valenti*, wie ein Bauer einmal die Mahre nannte, nicht in Scharen umgebracht, so wie es die Russen getan haben und die Hutu in Ruanda, und sie haben auch nicht zur Jagd auf alles geblasen, was sich einer bäuerlichen Lehre von der Rückkehr zur uralten Einfachheit verschließt, wie es die Deutschen der dreißiger Jahre getan haben oder die Roten Khmer in Kambodscha. Immer wieder haben die Menschen in Lukanien versucht, sich Puppen als Anführer zu wählen, bei ihren Aufständen wie bei ihren Treuekundgebungen, nicht lebende Menschen. Und wenn sie Angst haben, sprechen sie mit Menschen, die man sonst gar nicht sieht. Das ist Lebenskunst. Zu dieser Lebenskunst brauchen sie die Priester, aber wie dringend die schwarzen Brüder wirklich gebraucht wurden, wird sich erst noch erweisen, wenn es sie nicht mehr gibt. Aschen und Trümmer einer Tradition habe ich aufgesammelt in den achtziger und neunziger Jahren des zwanzigsten Jahrhunderts, aber sie lebt und trägt wie der Kelch des Heiligen der schlägt.

In Ripacandida sind manche Häuser renoviert, dem Verfall entzogen, aber doch unbewohnt. Sie warten auf die Rückkehr der Emigranten oder auf eine neue Generation von Eltern, die viele Kinder macht. *Ich bin verrückt*, erklärt Peppino, als er mich durch das Haus führt, dessen Restaurierung er gerade mit großer Aufmerksamkeit betreut. Wer darin einmal leben soll, weiß er noch nicht, Vermieten kommt nicht in Frage, *das bringt ja nichts, das habe ich auch nicht nötig*. Er hat keine Frau und keine Kinder, ein Neffe lebt irgendwo bei Mailand, vielleicht kommt der wieder zurück.

In der Wohlstandsära der siebziger Jahre groß geworden, empfand ich das damals, in den achtziger Jahren, als rührend, als Brauchtum, das in einer modernen Welt übersteht, die nichts mehr mit der Tradition anzufangen weiß. Aber schon in den neunziger Jahren drohen die neuen Rassisten im Norden damit, die Süditaliener wieder zurückzuschicken und die schöne neue Industriewelt abzutrennen vom Königreich beider Sizilien, nachdem ihre Vorväter es noch mit Gewalt an sich gerissen haben. Der Friseur *in piazza* sieht das so: *Die denken, sie wären dann der Süden Europas, nicht wir, aber sie werden nur erreichen, dass wir dann eines Tages der Norden von Afrika sind, und dann wollen wir mal sehen, was aus Afrika noch alles wird in Zukunft!* So verrückt kann man gar nicht sein, dass es nicht irgendwann wieder passt.
Die Provinz Potenza hat ihre Potenziale, auch wenn wackere Soziologen sie ohne Zweifel weiterhin als Brutstätte unnützer vormoderner Ideologien brandmarken werden. Asche kann zur Geburtsstätte bunter Vögel werden, das sollte man nicht vergessen, und aus einem Mädchen, das kreidebleich im Gewand eines Heiligen aus dem vierten Jahrhundert umhergewankt ist, kann sich eine Modeschöpferin entwickeln oder eine Bankangestellte, eine Fernsehansagerin oder eine Fernsehwahrsagerin ... Einerlei, sie wird immer auf perfekte Kleidung achten, selbst wenn sie es nur zur Putzfrau in einem Berliner Großklinikum bringt. Und sie wird auf geheimnisvolle Weise immer genau wissen, was man nächstes Jahr anziehen wird in Paris oder New York, denn von den Hemdchen verstehen sie etwas. Einmal, in ihrer Kindheit, hat sie gelernt, die Zeit anzuhalten und alles von außen zu betrachten, denn sie war umgekleidet in den gelben Mantel des Heiligen. Und sie hat eine Welt erlebt, in der man sich seine Kleider selbst nähen musste, und zuerst wird genau überlegt, was man da zurechtschneidet aus dem teuren Stoff vom Markt in Venosa.
Ich will den schwarzen Faden der Tradition nicht schönreden. Es ist erstaunlich, dass die Menschen von Ripacandida nicht auf die Jagd nach marokkanischen Händlern gehen, dass sie ihre Hexen nicht verbrennen oder die Albaner, die seit

fünfhundert Jahren hier leben. Sie schießen nicht einmal auf ihre Politiker, oder nur ganz selten! Aber ich weiß nicht, was sie in den Kolonien mitgemacht haben, während des Zweiten Weltkrieges – wurden die albanischen und afrikanischen Untertanen als Christenmenschen behandelt, als *kristian'*? Ich will die lukanische Tradition auch nicht schlechtreden. Vielleicht lebten die Menschen in Lukanien zu der Zeit, als ich sie kennen lernte, in einem Zwischen, gebildet aus Tradition und Moderne. Sie erinnern mich an römische Proletarier der dreißiger Jahre, fröhlich nehmen sie ihr Essen an Tischen ein, die direkt an Straßenbahnschienen aufgebaut wurden. Ab und zu erscheint die Straßenbahn, dann werden eben schnell ein paar Tische zusammengeklappt und ein paar Hintern eingezogen und weiter geht's. So hat es Federico Fellini in seinem gewaltigen Film erzählt: Roma.

Es gibt Kulturen, in denen die Menschen sich an die Bilder halten, der Keim dazu wird in ihrer frühen Kindheit gelegt. Sie erkennen sich selbst, ihre Familie und den Rest der Welt in diesen übermächtigen Figuren, kultivieren kindliche Ängste und Seligkeiten zu einem raffinierten Muster der Ordnung im Zeichen des Körpers. Mitteleuropäer stellen sich die Welt oft ganz anders vor, als Ansammlung von wahren Wörtern, denen Erfahrungen entsprechen sollen. Einmal beleuchtet das Licht Gottes die Figuren der Heiligen, im anderen Falle scheint das Licht der Wahrheit von den Dingen des Lebens selbst auszugehen. Es ist keine Frage der Wahl, welcher Vorstellungswelt man angehört, und oft genug bricht allen Bemühungen um das Anderssein zum Trotz das alte Schema durch, wenn uns der Tod den Arm auf die Schulter legt. Sokrates dachte den Menschen auf sich allein gestellt, ohne die Führung durch übernatürliche Gewalten, sterbend aber forderte er, dass man dem Arztgott Asklepios einen Hahn opfern soll, wie es die Tradition verlangt. Zum Schluss ist ihm der Gott der Wandlung erschienen, der Heiler, der selbst ein Kranker war, rätselhaft für uns Nachgeborene, mit seinem Stab, um den die Schlange sich ringelt. Bilder der Wandlung stehen gegen Wörter der Wahrheit, beides ist nur eine Suche, und selten können wir uns frei machen.

Forever Donato. Im eisgrauen Novemberwind haben sich junge Leute versammelt. Sie wollen den Platz vor der Polizeiwache nicht räumen, unheilverkündend flattert über ihnen der Gruß an einen Toten. Es geht um Donato aus Barile, Schüler wie sie selbst, mal langhaarig, mal kurzhaarig, jung. Sein Vater ist bei der Sparkasse, und das hat die Mörder wahrscheinlich auf die Fährte gebracht. Es sind Freunde der Familie, man kennt sich, *Weihnachten waren sie bei denen eingeladen, und dann, zu Sylvester, lief es umgekehrt.* Domenico D'Andrea, der Haupttäter, ist mit seinen Geschäften am Ende, der Mord wirkt wie ein verquerer Hilferuf an eine Familie von Gevattern. D'Andrea weiß um die Bedrängnisse des Jungseins in Barile, Arbeitslosigkeit und das Problem mit den Mädchen. Donato ist das schwächste Glied in der Familie des Bankbeamten. Immer wieder haben die Mörder eine Frau bei Donato anrufen lassen, sie tat so, als wenn sie sich mit ihm treffen wolle, ihn lieben, in einem Lieferwagen am Kreuzweg. Das Verbrechen ist die Aktion eines Clans, Verwandte, Freunde und sogar die Geliebte des Haupttäters wirken mit. Das erste Mal entkommt Donato den Mördern, weil er eine ganze Gruppe von Freunden mitgebracht hat zu der seltsamen Verabredung mit einer unbekannten Frau. Beim zweiten Mal folgt der Verführung die Entführung und dann die Enthüllung, die Spieler verlieren ihre Masken. Als den Tätern klar wird, dass Donato sie erkannt hat, erschießen sie ihn und schmeißen ihn weg wie einen Sack Müll, in den Abhängen zwischen Venosa und Barile[824], dort, wo Pier Paolo Pasolini einst seine *Matthäuspassion* gedreht hat. Ein dummes Verbrechen.
Forever Donato. Aus der ganzen Landschaft sind die Jugendlichen angereist, aus Rionero, aus Melfi, aus Ripacandida. Seit FIAT in Melfi Autos bauen lässt, gibt es hier Geld und Gewalt, so sagt man. Sie wollen gegen die Gewalt protestieren, aber das wird dann zu dem Versuch, die Kaserne zu stürmen, die Mörder zu lynchen. Der Bischof von Melfi, Rapolla und Venosa besucht Donatos Mutter. Über die Mörder sagt sie nur: *Die müssen krank sein.* Sie denkt nicht ans Lynchen, fast schon haben die Mörder ihr Mitleid geweckt. Faustrecht paart sich mit der ausgestreckten Hand der

Vergebung. In Lukanien haben sie eine Gebrauchsanleitung dazu, für das Versiegeln und für das Öffnen. Es ist der schwarze Faden der Tradition, das seltsame Weiterleben der Toten, es ist die Fähigkeit, Krankheiten zu erkennen und zu heilen, und es genügt der Name des Heiligen der schlägt, mit dem fängt alles wieder von vorne an.

ANMERKUNGEN

I. LEBEN

1. **Ein Kind ist geboren** (Seiten 25 bis 35)

1 Ginzburg 1980.
2 Bächtold-Stäubli/Hoffmann-Krayer 1986 I: 890–894, Ginzburg 1980: 25, 35, 86, 1990: 161.
3 Höfler 1897.
4 Einer der von Ginzburg (1980: 86) beschriebenen Luft- und Gutgeher, der *benandanti* des 16. Jahrhunderts, trug solch ein *Hemdchen* um den Hals.
5 Daxelmüller 1993: 299ff., bes. 308/9.
6 Vgl. auch Giovetti (1984: 103ff.), die mit kampanischen Heilerinnen über deren *Hemdchen* gesprochen hat – es ist auffällig, dass journalistische Berichte und die Studien weiblicher Anthropologen (siehe auch bei Guggino, Pandolfi, Rosati Anastasia) oft diese inneren Zusammenhänge der traditionellen Heilkunst und Wahrsagerei deutlicher beschreiben als die Berichte männlicher Anthropologen (Bronzini, de Martino, di Nola).
7 Bronzini 1964: 24ff., vgl. Frazer 1994: 62.
8 Ebd., 27.
9 Ebd., 28ff.
10 Der älteste Beleg, den Bronzini (1964: 29) für diesen Brauch bringt, ist ein Beschluss der Diözese von Melfi und Rapolla, der meiner Ansicht nach das Verbrennen des »Hemdchens« (pelliculam ... seu camisiam) zum Gegenstand hat, nicht, wie Bronzini meint, der Plazenta.
11 De Martino 1982: 53/54.
12 Bronzini 1964: 45.
13 De Martino 1982: 112ff.
14 Bronzini 1964: 46.
15 Lévi-Strauss 1985.
16 Hauschild 1982: 149/50.
17 Diobello 1990: 5.
18 De Arcangelis 1982: 261–270.
19 Hauschild 1980.
20 Parsons 1974.

2. **Der Pate** (Seiten 35 bis 54)

21 Bronzini 1964: 118.
22 Freud 1919.
23 Falcone/Padovani 1992: 17, 32, 35, 82, 119, vgl. Hauschild 1991.
24 Mauss o.D.
25 Zuckerman 1977, Graziano 1977, Gribaudi 1980, Galli 1994.
26 Bischöfe ... 1975: 82.
27 Ebd., S. 91.
28 Bronzini 1964: 65.
29 Mauss 1978.
30 Bronzini 1964: 60ff.
31 Ebd., 92.

32 Van Gennep 1986: 181, 186.
33 Bronzini 1964: 89.
34 Kaden 1896: 14.
35 Spera 1984: 29, vgl. auch eine breitere Darstellung des Phänomens in der Basilikata und dem benachbarten Apulien bei Spera 1983.
36 Di Nola 1983.
37 Diese ostkirchliche Heilige wird in albanischen Kirchengemeinden gefeiert, die erst im 17. Jahrhundert vom griechisch-orthodoxen Ritus zur katholischen Religion übergetreten sind. Vielleicht waren die lateinischen Bischöfe zurückhaltend, wenn es um die Bräuche der Zuwanderer aus Albanien ging, vgl. Einträge »Ginestra« und »Barile« in TCI 1980: 251, 256.
38 Damit schließt meine Beschreibung der Darstellung menschlicher Beziehungen in Süditalien an Italo Pardos (1992) Analysen der Geschlossenheit des »Hauses« in der Vorstellung der Neapolitaner an. Ich versuche allerdings zu zeigen, dass es nichts Geschlossenes geben kann, wenn es keine Öffnung gegeben hat. Insofern sind die Süditaliener nicht so einfach gestrickt in ihren Einstellungen, wie es gelegentlich in Pardos Beschreibung erscheinen mag.
39 De Martino 1982: 148 ff.
40 Ebd., 23, Rush 1974: 47/48, Seligmann 1922: 16.
41 De Martino 1982.
42 *Serra serrato* heißt es im Dialekt und das bedeutet verschlossene, geschlossene »Säge« oder »Spalte« oder »Grenze« (Bigalke 1980: 747).
43 Vgl. Shapiro (1988), der überzeugend darlegt, wo Geistkindbeziehungen der australischen Ureinwohner den katholischen Patenschaften ähneln.
44 Vgl. Brögger 1968, Hauschild 1983: 106–107.
45 Ich übersetze *salment'* (von *sarmento*, Zweig, Trieb des Rebstocks) hier nach dem Vorbild des deutschen *über Stock und Stein* als Sinnbild für den mühsamen Weg des Heiligen und der Heilung. In dieser Deutung fühle ich mich bestärkt durch das unteritalienische Hexensprichwort *sott' aqua e sott' vent', sott' la noce di Benevent* – durch Wind und Wetter (fliegen die Hexen) zum Nussbaum von Benevento (ihrem unteritalienischen Versammlungsplatz). Benevent war die legendäre letzte italienische Gemeinde, die zum Christentum bekehrt wurde.

3. Im Zeichen des Heiligen (Seiten 54 bis 77)

46 Stichwort »Frais« in Bächtold-Stäubli/Hoffmann-Krayer 1986: Bd. 2, Sp. 1724 ff.
47 Servizio di Communicazione per il Sud 1993: 107.
48 Lützenkirchen u. a. 1981: 31, 52.
49 Céline 1992: 309.
50 Lützenkirchen u. a. 1981: 35–36.
51 Gilman 1982: 4, 7 (Tafel 8), 37, 38, 55, 64, 75 (Tafel 90 Nr. 3), 94 (Tafel 114), 126, 127.
52 Sehr alte Darstellungen von San Donato als junger Mann sind der Reliquiar in Arezzo, der seinen Schädel enthalten soll (wechselnd in der Kirche Santa Maria della Pieve oder im Diözesanmuseum Arezzo, 1346), und ein silberner Reliquiar im Dom- und Diözesanmuseum von Cividale (Prov. Friaul) – beide zeigen dasselbe jugendliche Gesicht mit hängenden Wangen und hervortretenden Augen.
53 Lienhardt 1961.

54 Hunger 1978: 135, Kerényi 1956.
55 Kerényi 1956.
56 Vgl. Spera 1996.
57 Lützenkirchen u.a. 1981, Puce 1985.
58 Vgl. Kantorowicz (1965), der Parallelen zwischen Darstellungen der Heiligen in Uniform und den uniformierten Göttern der Antike zieht.
59 Transkulturelle Parallelen und den Standpunkt *function follows form*, mit dem auch ich hier experimentiere, vermittelt dazu Streck 1997: 170–173.
60 McLuhan 1970.
61 *Tolve è mio ed io la proteggo*, so heißt es auf Andenkenbildern, die ich dort in den achtziger Jahren erworben habe – sie zeigen den auf einer Bergkuppe gelegenen Ort und im Himmel darüber den riesigen schwebenden Heiligen.
62 Das Bild des Heiligen in Anzi, Südlukanien, zeigt San Donato bärtig und als Brustbild, so wie er am Ursprungsort des Donatuskultes dargestellt ist, im Dom von Arezzo. Auf einem Relief erkennt man dort San Donato, der aus einem Fensterrahmen heraus, bis zur Brust sichtbar, die Menschen auf der Straße segnet. Die hier zitierte Informantin stammt aus Materdomini, auf halbem Wege zwischen Anzi, dem südlukanischen Kultzentrum von San Donato (Brustbild mit Bart) und Ripacandida (Standbild als bartloser junger Mann) gelegen.
63 Vgl. Hauschild 1994a: 237, 239, 241, 244, 250, 251.
64 Cervellino 1964: 45, Anm.

4. Die Zeit geht im Kreis (Seiten 77 bis 111)

65 Rossi 1969: 47, 50, 157, 167ff., 257.
66 Ebd., 157, ich schätze die Zahl der Teilnehmer für Anfang der achtziger Jahre auf 15–20000 (am Tag der Prozession und am Tag der Kinderweihe zusammengerechnet), inklusive ca. 1500 Ripacandidesi und 2–3000 Migranten aus Norditalien, Deutschland, der Schweiz und den USA, die aus Ripacandida stammten.
67 Die Ausgrabungen wurden während der Zeit meiner Feldforschungen 1982–1984 unter der Leitung des Sopraintendente dott. Bozza vorgenommen, einige Funde aus der lukanischen Periode sind heute im Nationalmuseum Melfi ausgestellt.
68 Cercone 1982: 60. Vgl. zum Ablauf des Festes Rossi 1969: Index: San Donato di Ripacandida.
69 Vgl. Hauschild 1994a: 196–206.
70 Suor Maria Stella di Betlem 1957: erstes Blatt.
71 Vgl. Hauschild (1994a: 130ff.), wo ich die historischen Momente dieser Geschichten – Übernahme des Kultes aus dem südlukanischen Anzi, Verwaltung des Heiligtums durch die Franziskaner ab dem frühen 17. Jahrhundert, Parallelentwicklung zum Kult des Heiligen Donatello – ausführlich diskutiere.
72 Levi 1977: 125, 127.
73 Cervellino 1964: 45.
74 St. Joseph ist als Stiefvater Jesu der Heilige der Väter. Vgl. auch die Schilderung neapolitanischer Josefsbräuche bei Ranisio (1981).
75 Mauss 1978: 229, 231.
76 Morinis 1984, vgl. Kramer/Marx 1993.
77 Burghart 1995.

78 Siehe den Beginn des folgenden Kapitels.
79 Vgl. Warburg 1932: 470.
80 Vgl. Marano 1993.
81 Vgl. Fortunato 1898. Bei der Sichtung des Dom- und Diözesanarchivs in Melfi konnte ich feststellen, dass hier noch reiches, unerschlossenes Aktenmaterial über diesen Wallfahrtsort auch aus dem 16. und 17. Jahrhundert vorhanden ist. Es scheint sich bis ins 18. Jahrhundert hinein um die reichste Wallfahrtskirche in der Diözese gehandelt zu haben.
82 Celletti 1963.
83 Morinis 1984, Kramer/Marx 1993.
84 Siehe Teil IV, Kapitel »Der Dichter«.
85 In Süditalien wird in der religiösen Alltagspraxis kein Unterschied gemacht zwischen dem Eremiten Antonius, dem Herrn des Feuers und dem Abt Antonius, dem Schutzpatron der Schweine und anderer Haustiere.
86 Gierke 1913: 567.

5. Verliebt, Verlobt, Verheiratet (Seiten 111 bis 134)

87 Larotonda-Lucano 1985/86.
88 Parsons 1974.
89 Fascia 1929, Lucchesi 1962.
90 Vielleicht wird hier ein altes Motiv aus italienischen Feldkulten des Mittelalters aufgenommen. Wenn die *benandanti*, die *Gutgeher* der friaulischen Folklore, nach der Ausfahrt ein Gasthaus heimsuchen und dort kein Wasser zum Trinken finden, machen sie sich an den Fässern im Keller zu schaffen, schütten sie um oder verderben den Wein, indem sie in die Fässer pinkeln u. ä. (Ginzburg 1980: 21, 32/33, 64, 182, 185/186, 193). Der Heilige sucht das Haus ebenso heim, schützt aber letztlich den Wein vor solchen Zerstörungen.
91 Bronzini 1964: 175–378, ders. 1967: 112/113.
92 Bronzini 1964: 194.
93 Vgl. Plessen/Spoerri 1977.
94 Bronzini 1964: 189.
95 Ebd., 183.
96 Ebd., 284.
97 Ebd., 260 ff.
98 Ebd., 200/201, 212.
99 Ebd., 206.
100 Ebd., 270, vgl. 275/276.
101 Ebd., 187.
102 Kruse 1951: 107.
103 Bronzini 1964: 186.
104 Brögger 1968.
105 Bronzini 1964: 363.
106 Ebd., 208, 209.
107 Bischöfe ... 1975: 73.6.
108 »– sussurationes, et secreta colloquiua proferantur ad abigendos incantationes, et ligaturas« (Bronzini 1964: 317).
109 Ebd., 305.
110 Ebd., 300–305.
111 Ebd., 308–342.
112 Ebd., 298.

113 Ebd., 347.
114 Ebd., 267–268.
115 Weiner/Schneider 1989.
116 Bronzini 1964: 284–286.
117 Ebd., 256.
118 Ebd., 273.
119 Ebd., 309.
120 Ebd., 361 ff. Bronzini vertrat die Ansicht, dass es sich hier auch um Erinnerungsspuren aus der Zeit der revolutionären Republik handeln könnte, die Freiheitsbäume zur Zeit der französischen Revolution. Die neapolitanischen Nachahmer der Revolution ließen in der kurzen Zeit ihrer Herrschaft alle Rituale im Lebenslauf und alle politischen Zeremonien unter Freiheitsbäumen durchführen, in jeder Gemeinde mussten sie aufgestellt werden. In der Tat sind aus dieser Zeit auch Hochzeiten vor dem Freiheitsbaum bekannt, später wurde das von den restaurierten Bourbonen bestraft. Ob der *Holzklotz* der Ripacandidesi darauf oder auf ältere Baumkulte zurückgeht und wie dieser Brauch entwicklungsgeschichtlich vielleicht zum Binderitus des »compar' di frasca« stand (Bronzini 1964: 208, Anm. 77) – wie soll man es noch klären? Insofern ziehe ich hier die Interpretation im sozialen Zusammenhang des Brauches vor. Die Frage, warum Holz hier das Symbol des Freiens wird, muß unbeantwortet bleiben.
121 Gallini 1988: 688.
122 Vgl. Schuster/Carpenter 1996: 14 ff.
123 Bronzini 1964: 188.

6. Tod (Seiten 134 bis 154)

124 Scotellaro 1982: 118. Ich habe den Ruf »giustizia nera«, wörtlich: »schwarze Gerechtigkeit«, ziemlich frei mit »das Recht dem Tod« übersetzt.
125 Bronzini 1964: 388–391.
126 Bischöfe ... 1975: 167.
127 Bronzini 1964: 383.
128 Ebd., 391.
129 Ebd., 390.
130 Vgl. die kalabrischen Überlieferungen bei Lombardi-Satriani/Meligrana, 1982: 149 ff.
131 Bronzini 1964: 408, vgl. de Martino 1976.
132 Ebd., 407/8.
133 Ebd., 394.
134 Bronzini 1964: 398.
135 Ebd., 400, vgl. de Martino 1975, zur kirchlichen Behandlung des Lamento: Bronzini 1964: 419 f.
136 Ebd., 395.
137 De Martino 1975.
138 De Martino 1982: 112 ff.
139 »Tata mi, che terror', Tata mi, che terror'.«
140 Bronzini 1964: 393, 380.
141 Ebd., 425.
142 Lombardi-Satriani/Meligrana 1982: 121 ff.
143 Bronzini 1964: 389, 425.
144 Ebd., 434.

145 Hertz 1970: 1ff.
146 Molfese 1978.
147 Firth 1967, Bargatzky 1993: 276.
148 Bischöfe ... 1975: 179/80.
149 Bronzini 1964: 442, n. Siletti.
150 Helmers 1989.
151 Bronzini 1964: 428.
152 Ebd., 409.
153 Die Trockensalami wird im Januar/Februar hergestellt, wenn es besonders kalt und trocken ist in Lukanien.
154 Lombardi-Satriani/Meligrana 1982: III/IV.

7. **Unter die Haut** (Seiten 154 bis 180)

155 Sartre 1982: 146/47.
156 Ebd., 208.
157 Harker ist der fiktive Verfasser von Bram Stokers (1993) Brief- und Tagebuchroman.
158 Ähnliche Schilderungen findet man häufiger in Malinowskis (1982) Feldtagebuch.
159 De Martino 1982: 127, die Übersetzerin dieser Ausgabe, Barbara Kleiner, verdeutscht »essere agitato da« mit »Agiertwerden«.
160 Palestina 1985: 226, vgl. Kapitel »Die Räuber«.
161 Horden/Purcell 2000.
162 Vgl. aber Pandolfi 1991, die dieselben Beobachtungen zum Niedergang der Kulte machen konnte wie ich.
163 Wertmüller, o. D.
164 Anonymus, o. D.: 184/185.
165 Sciascia 1987.
166 Vgl. Lang/McDannell 1996, Vitalini 1980: 4.
167 Bischöfe ... 1975: 78.
168 Rituale Romanum, nach der Ausgabe der Druckerei des Vatikans von 1954 in Delacour 1975: 171–254, zitiert sind S. 171ff., u. S. 195–197. Zur Gültigkeit im späten 20. Jahrhundert vgl. Höffner 1985.
169 Levi 1977, vgl. Motta (1993: 244) über die Konstruktion der Straße nach Eboli als »historischer Knoten« der lukanischen Infrastruktur.
170 Scotellaro 1982b: 9.
171 Ebd.
172 Pirandello 1977.
173 Bronzini 1964: 375.
174 Ebd., 385.

8. **Grab und Grenze** (Seiten 180 bis 196)

175 Bischöfe ... 1975: 175.
176 De Martino 1975: 80.
177 Das Lied ist besonders klar auf einem semiprofessionell hergestellten Tonband wiedergegeben, das ich beim Donatusfest 1983 in Ripacandida einem fliegenden Händler abgekauft habe. Die Herkunftsangabe lautet: Pasquale Mancaniello: Storia e Miracoli di San Donato, Montemilone. Der Text weicht in den Inhalten nicht von den zahlreichen Textfragmenten ab, die ich mit Luigi Gilio bei den *cantastorie* während der Prozessionen aufgenommen habe.
178 Latour 2000.

179 Vgl. William James (1977), auf den Bruno Latour sich mit seiner Theorie der *Drift* berufen kann.
180 Latour 2000.
181 Belting 1991: 20.
182 Benjamin 1980: 450.
183 Ginzburg 1990: 301.
184 Gentile 1983: 44; es scheint sich um ein Zitat zu handeln, dessen Herkunft ich aber nicht ermitteln kann.
185 Gentile 1975a: 45.
186 Gentile 1983: 22; es scheint sich um ein Zitat aus dem ersten Brief von Suor Maria Araneo an Sant' Alfonso de' Liguori zu handeln – an der entsprechenden Stelle des einzigen mir vorliegenden Abdruckes steht allerdings ein Auslassungszeichen (Capone/Majorano 1980: 368). Es wirkt, als seien die sexuellen Nebenbedeutungen den Herausgebern unangenehm gewesen. Im selben Zusammenhang der Diskussion über Suor Maria Araneos Ekstasen lässt sich Don Giuseppe Gentile übrigens zu einer Art Polemik gegen Sigmund Freud hinreißen (Gentile 1983: 19, Anm. 1). Das Originaldokument wird von Capone und Majorano mit folgender Herkunftsangabe zitiert, die ich keine Gelegenheit hatte zu verifizieren: Roma, Archivio Generale C.SS.R., XXIX/11b.
187 Capone/ Majorano 1980: 368.
188 Ebd., 377.
189 Gentile 1983: 21.
190 Valletta 1819, de Martino 1982: 148ff., Hauschild 1982: 27ff.
191 Capone/Majorano 1980: 368.
192 Della Gala 1981: 115ff.
193 Ebd., 134/135.
194 Ebd., 135–137.
195 Apicius 1991: 29.
196 Gentile 1983: 51–52.

9. Religion, Realität, Wissen (Seiten 197 bis 238)

197 Kramer 1987: 242–248, di Nola 1983: 100.
198 Horden/Purcell 2000.
199 De Martino 1982 – Mein Ziel ist nicht, de Martino zu widerlegen, dazu ist sein komplexes Werk viel zu sehr der Zeit voraus gewesen im differenzierten Beschreiben religiöser Erscheinungen. Es geht mir nur darum, den von de Martino vernachlässigten dauerhaften und körperlichen Aspekt der Magie in den Vordergrund zu rücken.
200 So fasste eine deutsche Tageszeitung im Jahre 1958 die italienischen Diskussionen über den Aberglauben des Südens zusammen (Meichsner 1958).
201 Banfield 1958: 167–170, de Arcangelis 1982: 261–270.
202 Meine Schilderung ist an folgenden Filmen von Luigi Di Gianni orientiert: *Nascita e morte nel meridione* (San Cataldo), 1960, *Pericolo a Valsinni*, 1959, *Il male di San Donato*, 1965, *La possessione*, 1971, *Nascita di un culto*, 1968.
203 Putnam 1993.
204 Vgl. Boissevain 1977 mit Boissevain 1984.
205 Gatto Trocchi 1995: 111. In den Werken des von de Martino beeinflussten italienischen Psychiaters Michele Risso und seiner Mitauto-

ren ist derselbe Wandel abzulesen, den ich hier beschreibe: Machten Risso und Kollegen in den sechziger Jahren noch die schlechten Lebensbedingungen der Arbeitsmigranten für deren psychische Erkrankungen und ihren »Verhexungswahn« verantwortlich (Risso/Böker 1964), so kritisiert Risso zwanzig Jahre später den »Mythos psychischer Krankheit von Auswanderern« und verweigert die Herstellung solcher einfachen Kausalbeziehungen (Frigessi Castelnuovo/Risso 1986). Rissos Materialien können wir heute als Zeugnisse der Aktualisierung klassischer italienischer Zustände von Verhexung in Situationen der Emigration lesen – es ist dabei nicht zu entscheiden, ob die Situation der Emigration den Wahn auslöst oder ob wahnanfällige Jugendliche häufiger emigrierten oder ob es sich um ein ganz übliches Quantum auffälliger Hexereizustände handelt, das bei Italienern, die zu Hause geblieben sind, genauso zeitigt wie bei Migranten. Vgl. auch die Studie des zu diesem Komplex sehr viel ausgewogener als der frühe Risso argumentierenden deutschen Ethnosoziologen Emil Zimmermann (1982).

206 Vgl. dazu Horden/Purcell 2000: 485 ff.

207 Banfield 1958: 166.

208 Bobbio 1994.

209 Vgl. Luhmann 1995.

210 Burke 1970, Blumenberg 1996.

211 Comaroff/Comaroff 1993.

212 Boas 1895: 286, vgl. Lévi-Strauss 1964, Oppitz 1975: 266–288.

213 Boas 1895: 286.

214 Ebd., 287.

215 Lévi-Strauss 1968.

216 Koschorke 2000.

217 Karmetilin 1990.

218 *Ich bin mannweiblich »ich bin Mutter (und) ich bin« Vater*. Lüdemann/Janßen 1997: 611.

219 Giovetti 1985.

220 Bischöfe … 1975: 369.

221 Pandolfi 1991.

222 Latour 2000.

223 *Neben der geringen Nahrungsaufnahme kommt es meist auch zu Erbrechen …* Delacour 1975: 35.

224 De Martino 1982: 21, ich habe die hervorragende Übersetzung von Barbara Kleiner sprachlich etwas vereinfacht und übersetze *rimediante* mit Heilerin und nicht mit *Hexe*, wie es Barbara Kleiner praktiziert.

225 Vgl. aber de Martinos lange Zeit unpublizierte Studie zur Phänomenologie der Religion, wo der Wiederholungszwang des Rituals in eine Abstammungslinie mit den *Rhythmen der Natur* und den *bedingten Reflexen* gestellt wird, de Martino 1995: bes. 42 u. 43.

226 Rosati Anastasia 1981.

227 Seligmann 1922: 425–30, 433, de Martino 1982: 20, Rush 1974: 137 ff., di Nola 1994.

228 Elias 1977: 194 ff., 208 ff.

229 De Martino 1982: 87/88. Ich übernehme die schöne Übersetzung von Barbara Kleiner mit leichten Änderungen.

230 Ginzburg 1980: 21, 32/33, 64, 182, 185, 186. Später wurde daraus

auch die Geschichte der Dame Satia oder Abbondia (Sattheit und Überfluss) gemacht, die den Menschen die Dinge aus den Häusern stiehlt oder aber die Menschen beschenkt, vgl. Ginzburg 1980: 63.

231 De Martino 1982: 80, Pasquarelli 1921/22/87: 554ff. verbindet *malia* (böser Wille), *maarie* (Hexereien), *maar'* (Heiler, Hexen) und *masciare* (Heilerinnen).

232 Bigalke 1980: 479.

233 Bronzini 1964: 380

234 Pandolfi 1991: 9/10, 25, vgl. schon Bronzini 1964: 41, de Spirito 1976: 103–108.

235 Ranke 1987.

236 Kummer 1987.

237 Pedio 1989a III: 68, 242/43, 255.

238 *magari, maari, masciari* bei Bronzini 1964: 380.

239 Pedio 1989a III: 58.

240 Bronzini 1964: 41

241 Hauschild 1982.

242 De Martino 1982: 71ff.

243 Le Goff 1988.

244 Kirsten 1975: 631ff.

245 Dabei wurde das *d* in *donn* ausgesprochen wie ein englisches *th* – mir ist nicht klar geworden, ob das mit dem albanischen Dialekt von Ginestra zusammenhängen könnte.

246 Horden/Purcell 2000.

247 Mühlmann/Llaryora 1973.

248 De Martino, vgl. Horden/Purcell 2000.

249 Sohn-Rethel 1992.

250 Vgl. Simmel 1992: 286ff.

II. MAGIE

10. Linda, die Frau die hilft (Seiten 239 bis 273)

251 Boehm 1987.

252 Pandolfi 1991.

253 Der Ausdruck »Ha una idea ...« kann aus dem Italienischen übersetzt werden mit *Haben Sie eine Vorstellung (davon)?* oder mit *Haben Sie das verstanden?* Linda benutzt das *Sie* als Anrede selten, sie ist noch das altmodische *Ihr* oder *Du* gewohnt. Darum kann Linda meinen Satz im Sinne der zuletzt genannten Deutung verstehen und sie wendet dann die Aussage nochmals um: Nicht Ideen liegen der Krankheit zu Grunde, sondern Totengeister.

254 Wahrscheinlich handelt es sich um die Abgrenzung von Nesselfieber, auch Urtikaria genannt (böser Wind), von der Gürtelrose (herpes zoster). Nesselfieber wird nach Ansicht naturwissenschaftlicher Mediziner oft durch äußere Einwirkungen wie Wärme, Kälte, Allergene (anaphylaktischer Schock) etc. hervorgerufen, gerade so, wie es die Heilerinnen in Lukanien vom bösen Wind sagen. Die Gürtelrose wird durch einen Virus verursacht – als *Totenfeuer* oder *Antoniusfeuer* hat sie auch in der Vorstellung der Lukaner eine weniger zugängliche und kontrollierbare Ursache, vgl. Zink 1990: 1750.

255 Bei akuter Hepatitis steigt der Bilirubin-Gehalt des Urins und färbt diesen dunkel, vgl. Zink 1990: 203/4 und 669.

256 Zink 1990: 1851.

257 Aus der mündlichen Überlieferung, vgl. auch Anonymus o.D.: 185.

258 Pandolfi 1991, Guggino 1978, Holmes 1991, Bellusci 1983.

259 Heine 1982.

260 Sepilli 1971.

261 Das hat meines Erachtens einzig die sizilianische Volkskundlerin Elsa Guggino (1978: 27, 123, 167ff.) richtig verstanden. Sie bringt die Aussagen ihrer Informanten unzensiert und unverstellt durch Theorien und Konzepte wie »Krise«, »Besessenheit« oder »Hexerei« und kommt daher auf der Ebene der Beschreibung zu ganz ähnlichen Bildern der inneren Zusammenhänge des populären Denkens: Geister, Totengeister werden von böswilligen Menschen geschickt, sie nisten sich auf der Haut ein und verursachen Beschwerden. Das wird dann manchmal *fattura* genannt, das gemachte, aber auch *die Quittung,* und das kann man mit *Hexerei* übersetzen. Die Symptome der Hexerei sind im Grunde Zeichen der Besessenheit.

262 Propp 1982.

263 Ginzburg 1980.

264 Duerr 1978: 62ff.

265 Belmont 1979.

11. **Frauen, Männer, Bücher** (Seiten 273 bis 292)

266 Vgl. Camaj 1971.

267 Sie benutzte das Wort »forza«, wie es in Italien für physische Kraft verwendet wird oder auch als Anfeuerung beim Fußball und in der Politik (»Forza Italia«) sowie als physikalischer Begriff für energetische Wirkungen.

268 Löwe 1986: 446.

269 O'Keefe 1982: 11–12.

270 Vgl. Weber 1920, 1964. Holmes (1991: 39–66) zeigt, wie sich magische Praktiken und Vorstellungen verändern, weg vom öffentlichen Kult und hin zum Rückzug auf den privaten Raum. Insofern spricht einiges dafür, dass der Gegensatz zwischen Aufklärung und Magie aus dem viel älteren Gegensatz von Kult und Magie hervorgegangen ist, vgl. Kramer 1987: 128ff.

271 De Sangro 1756/1993: 53.

272 Ebd., 38.

273 Ebd., 47; Raimondo de Sangro zitiert dazu: *Conhausen, Giovanni Enrico: Lumen Novum Phosphoris, Amsterdam 1717, Vol. II, pag. 211, N. 118.*

274 Hauschild 1982: 59–90.

275 Siehe Hauschild 1982b.

276 Zum Beispiel in einer überraschend wenig an die okkultistischen Vorformen erinnernden Form: Hofstadter 1994. Vgl. dazu die klassische Form deutscher »veröffentlichter Geheimüberlieferung«: Pakraduny o.D.

277 Ginzburg 1990, Hauschild 1994c, Harmening 1979.

278 Vgl. Hauschild 1982b.

279 Der Weg, den das Wissen dabei nimmt, wird vielleicht nachvollziehbar, wenn man die Studien von Franz (1909), Harmening (1979) und Ginzburg (1990) vergleicht, vgl. dazu auch Hauschild 1994c.

280 Dazu Hauschild 1982b.

281 Bloch 1998.
282 Favret-Saada 1979.
283 Durville o.D.: 82ff.
284 Ebd., 195/96.
285 »Tumbo saz in berke mit tiumebmo kind enarme / tumb hiez ter berch, tumb hiez taz kint: / ter heilego Tumbo uersegene tiusa wunda.« Van der Leeuw 1933: 166.
286 Van der Leeuw 1933: 166.
287 De Martino 1995b, vgl. Gallini 1997: 183ff.

12. Vito und die Geister (Seiten 292 bis 329)

288 Ähnliches beobachtete Giovetti (1984: 113ff.) bei einem Heiler in Norditalien.
289 Bateson 1981: 353ff.
290 Bloch 1998: 434–453; problematisch ist z.B. schon Blochs Erklärung der *Skrofeln,* der Hautveränderungen, welche die französischen Könige vornehmlich zu heilen in der Lage sein sollten. Bloch hält bestimmte Formen des Hauttyphus für die *eigentlichen* Skrofeln (ebd., S. 443). Die Möglichkeit eines Zusammenhangs dieser Hauterkrankungen mit mittelalterlichen Besessenheitskulten und der daran geknüpften Dämonologie sowie populären Hautmedizin wurde von ihm nicht in Betracht gezogen.
291 Blochs (1998: 441) Argumentation verschiebt den Rahmen des Glaubwürdigen immer weiter weg von körperlichen oder psychosomatischen Wirkungen, um das Argument schließlich in einer einseitigen Beschwörung sehr punktueller Studien über Hysterie versanden zu lassen und in den Aussagen anonymer zeitgenössischer medizinischer Informanten, die, wie er selbst zugibt, *je nach Temperament … recht unterschiedliche* Antworten auf die Frage nach der Physiologie der Magie gaben, ebd., S. 443 u. Fn. 22, S. 443.
292 Vgl. bereits den Versuch des lukanischen Volkskundlers Larotonda-Lucano, den *Sängern-Erzählern* der Landschaft eine durch körperliche Gesten und Gehör hervorgerufene biologische Wirkung zuzuschreiben. Ich würde das allerdings anstelle theoretischer Spekulationen über Gene und Meme zurückschalten auf rein körperliche Gegebenheiten solcher Aufführungen. Aber ich halte die grundlegende Beobachtung Larotondas für zutreffend und anregend.
293 Kohut 1976: 55ff. u. 127ff.
294 Dante Alighieri 1969 VII, 1.
295 Lüdemann 1995: 218.
296 Vgl. Lévi-Strauss 1967: 192ff.
297 *Erba cirtsogg',* wohl von *cirts',* die Eiche (Stichwort *cirts'* bei Bigalke 1980). Ich weiß nicht, ob es sich hier wirklich um Eichenlaub handeln soll, da ich keine Entsprechung für diesen mundartlichen Ausdruck in den Kräuterbüchern finde.
298 Scarpinato 1998.
299 Horkheimer/Adorno 1985: 48.

13. Die Verhexten (Seiten 329 bis 359)

300 Meine Auszählung des aus Interviews, Beobachtungsprotokollen und den magischen Briefen Vitos zusammengestellten Materials stelle ich Interessierten auf Anfrage gerne zur Verfügung.

301 Vgl. Bröggers (1971: 59) Beschreibung einer Familie, die im Zyklus der Generationen perfekt *aufgeht* und sich scheinbar problemlos öffnet, erweitert und wieder schließt.

302 Favret-Saada 1979.

303 Lewis 1991: 90.

304 Vgl. Hauschild 1982b.

305 Vgl. Holmes 1991: 184–195.

306 Lewis 1989.

307 Selbst bei einem entschiedenen Materialisten unter den Seelenforschern, bei Wilhelm Reich, bleibt nach der Analyse der materiellen Faktoren (Körper, Gesellschaft, medizinische Technik ...) eine Sphäre der Entscheidung übrig, ein Bereich der unauslotbaren Triebschicksale, aus dem heraus unsere Lebenskraft mal mehr zu Gott hin driftet, mal mehr zum Teufel. Vgl. Boadella 1995: 303.

308 Heelas 1981a u. b.

309 Vgl. Larotonda-Lucano 1985/86 über den körperlichen Gestus des lukanischen *laudatore* oder *cantastorie*.

310 De Martino 1982: 109.

311 Ebd., 112.

312 Infantino 1996.

313 De Martino 1976, Clemente 1993.

314 Thompson 1980, Pitkin 1985.

315 Kertzer/Hogan 1989, Horn 1994.

316 Banfield 1958.

317 Parsons 1974, Kertzer/Saller 1991.

14. Bittere Wahrheiten (Seiten 360 bis 386)

318 Crocco o. D.

319 Zauber und Charme des Fürsten sind wieder erweckt worden durch Clara Miccinellis (1984) Studie über seinen unterirdischen Schatz. Was auch immer wahr daran sein mag, Miccinellis Hinweise auf Sansevero als Vorläufer von Theorien über die Zirkulation des Blutes passt zu meinen Beobachtungen (Miccinelli 1984: 89–91).

320 Buonoconto 1997: 42.

321 Mauss o. D.

322 Bräutigam/Christian 1974: 61–64.

323 Hegel o. D.: 59, ich danke Bernd Jürgen Warneken für den Hinweis auf diesen Text.

324 Vgl. die Notizen von de Martino (1975b: 132) über die Pawlowschen Hunde und das Zittern und Krampfen in der lukanischen Totenklage. Diese Passage scheint mir bei Hegel vorgezeichnet zu sein, der bereits beobachtete, dass die Totenklage ein wohltuendes *Aussprechen des Innern in Worten, Bildern, Tönen und Gestalten* sei, andererseits aber betont, dass die Vorführung dieser Emotionen den Menschen *aus dem unmittelbaren Befangensein in seiner Empfindung löse* (Hegel o. D.: 58/59). Für den Hinweis auf Hegels Text bin ich Bernd Jürgen Warneken dankbar.

325 Daxelmüller 1993: 210–216.

326 Bei der Lektüre italienischer Texte zur Hexerei meint man immer wieder, Reste dieser auf Flüssigkeiten und körperliche Zustände bezogenen Vokabulare der Erfahrung anzutreffen. Was bei deutschen Okkultisten hochgestochen das »Fluidum« des Bösen, der Einwir-

kung, des Geistes heißt, liest sich auf italienisch eben wirklich als »Flüssigkeit« (fluido). Vgl. z.B. Calvert (1982: 27) über *astrale elementi fluidi*, welche die Grundlage aller Rezepte seines magischen Rezeptbuches abgeben sollen.

327 Pandolfi 1991.

328 Vgl. Hauschild 1980, 1982: 183ff., Arditi 1991.

329 Onians 1989: 47ff., 255.

330 Klaniczay 1991: 73ff.

331 De Martino 1982: 106. In einem bezeichnenden Missverständnis hat Duranti (1993: 387) dies als Beschreibung von Besessenheitssymptomen aufgeführt, dabei geht es doch nur um die Totenklage. Totenklage, Besessenheit und der besinnungslose *Stupor* der Verhexten stehen hier in einem Kontinuum, vgl. de Martino 1982: 107, vgl. Gurevic 1986.

332 Onians 1989: 255.

333 Reich 1934.

334 Vgl. die bis vor wenigen Jahren unpublizierten Schemata zur Kontinuität von Natur und Kultur bei de Martino (1995: 42, 43).

335 Vgl. v. Uexküll 1997: 180–184. Auch die erfolgreiche Lokalisierung eines *Brechzentrums* im Gehirn erklärt uns noch nicht ganz, wie Ekel und Erbrechen letztlich ausgelöst werden oder individuell variieren – es ist immer ein »psychologisches« Moment beteiligt (Birbaumer/Schmidt 1996: 223).

336 Bräutigam/Christian 1974: 116–118, de Martino 1982, Anm. 4ff.

337 Vgl. Blumenberg 1996: 130, Bilz 1971: 418–425, 442–447, Cannon 1949, Lévi-Strauss 1967: 183.

338 Boadella 1995: 107ff.

339 Luigi di Gianni, Nascita di un culto, 1968.

340 Wenn man versucht, etwas über die Körperlichkeit der Hexerei in der ländlichen Kultur der Deutschen zu erfahren, kommt der Widerhall solcher körperlicher Symptome zur Sprache, zum Beispiel in der Äußerung, dass ein bestimmter Hexenbanner *zu zittern anfange, wenn er an einem Haus vorbeigehe, in dem eine Hexe wohne,* Schäfer 1959: 138. Die zerdehnte Sprache zeigt wiederum, dass deutsche Wissenschaftler kaum dazu bereit sind, den Angehörigen ihrer eigenen Kultur eine Klarheit zuzumuten, wie sie beim Studium afrikanischer Lebensverhältnisse selbstverständlich ist.

341 Bräutigam/Christian (1974: 117) beschreiben die Vorgänge bei der Ohnmacht als *… Drucksturz, Bewusstseinssperre und motorische Atonie (Spannungslosigkeit) …*, die der Überanspannung von Schreck und Schock folgen.

342 Floren 1977.

343 Floren 1977, Hauschild 1980.

344 Goethe 1994: 7/1, 179.

345 Ebd., 15/ 1, 586.

346 Praz 1970 II: 381, Blumenberg 1996: 127–133.

347 McLuhan 1970.

348 De Martino 1982: 19, 120.

349 Ebd., 19.

350 De Martino 1975b: 130.

351 Es handelt sich um gerade Stengel mit paarig angeordneten länglichen Blättern, die leicht kantig sind und durch vier Leisten unter-

teilt. In den nur oben am Stengel wachsenden Blüten haben sich paarig angeordnete, lanzettförmige Fruchtkörper gebildet, die winzige schwarzbraune Samen enthalten. Die botanische Bestimmung als Tausendgültenkraut wurde mir durch Frau Riehle von der Arbeitsstelle für Archäobotanik im Institut für Ur- und Frühgeschichte der Universität Tübingen bestätigt – ich bin ihr dafür sehr dankbar. Enzian und Tausendgüldenkraut bilden gemeinsam mit dem Wermut und dem Johanniskraut die Grundlage für viele Bittermedizinen. Einen Bittertee zur besseren Verdauung, der aus Wermut, Tausendgüldenkraut und, zur Versüßung, aus Pfefferminz hergestellt wird, beschreibt z.B. Pahlow 1979: 351. Dort finde ich auch die Information, dass Wermut gegen *epileptische Anfälle, nervöse und hysterische Krämpfe* wirken soll, bei übermäßiger Anwendung aber *Kopfschmerzen, Schwindelanfälle, Muskelkrämpfe, ja selbst Bewusstlosigkeit* hervorrufen kann. Dem Tausendgüldenkraut wird eine schwächere, aber nachhaltige Wirkung bei Magenkrämpfen zugeschrieben (ebd., 351, 352 u. 326).

352 Bianchini u.a. 1986: 18.
353 Pasquarelli 1921/22/1987.
354 Bronzini 1964: 428.
355 Buchner 1999.
356 Lichtenstern 1983: 96.
357 Pahlow 1979: 326.
358 Bianchini u.a. 1986: 230.
359 Lichtenstern 1983: 165.
360 Pahlow 1979: 188.
361 *Marugg', ogni mal' distrugg'* – Die Malve zerstört alles Böse, weil sie so bitter schmeckt?
362 Bianchini u.a. 1986: 170.
363 *Centaurum* kann man übersetzen mit *hundert Gold.*
364 Bianchini u.a. 1986: 18.
365 Eliade 1988: 30ff.
366 Biedermann 1976: 245.
367 Ebd., 254.
368 Ebd. 1976: 254.
369 Den Becher mit *absinthia taetra,* abscheulichem Wermut, bestrichen sie mit Honig, Wimmer 1993: 60.
370 Piperno 1635: 100, 101, 106, 193, vgl. dazu de Spirito 1976: 83. Der Medizinhistoriker und Tutor meiner Forschungen für die Humboldt-Stiftung, Franco Trevisani, machte mich auf Pipernos Schrift aufmerksam und hat mir freundlicherweise eine Kopie beschafft.
371 Ebd. Piperno, S. 96ff.
372 Camporesi 1983: 169ff., Campanella 1620: 281.
373 Zitate nach Büchern von Florian Canale: *De secreti universali raccolti, es esperimentati trattati nove,* Venezia, Pietro Bertano 1613, p. 179 und *Del modo di conoscer et sanare i maleficiati, et dell' antichissimo est ottimo uso del Benedire: trattati due. A' quali sono aggiunte varie congiurationi, et esorcismi contro la tempesta e cattivi tempi mossi da maligni spiriti,* Brescia (B. Fontana) 1614: p. 3–4, zit. n. Camporesi 1983: 172/173.
374 Piperno 1635: Index: *Purgantia simplicia pro pauperibus.*
375 Bigalke 1986: 73.

376 Bronzini 1964: 41
377 Pandolfi 1991.
378 Mehrere solcher Haarvotive, aus den fünfziger Jahren des 20. Jahrhunderts, sind heute noch im Heiligtum von San Donato von Ripacandida aufbewahrt.
379 Obeyesekere 1981, Friedrich 1990.
380 Berliner Zeitung 1999.
381 Anonymus 1998, Castaneda 1972.
382 Bigalke 1986: 73.
383 Cusatelli 1965: 975, aus der Familie der Cannabacee.
384 In der Basilikata auch *luppato*, für einen Menschen, der unmäßigen Hunger hat (Bronzini 1964: 211).
385 Das Motto scheint aus der mittelalterlichen Ärzteschule von Salerno zu stammen, vgl. Righi-Parenti 1998: 129.
386 Studtrucker 2000, für den Hinweis auf diesen Aufsatz bin ich Dr. Irene Albers dankbar.
387 Aus der Fernsehwerbung, 1. Deutsches Fernsehen, 1996.
388 Riviello, Raffaele: Ricordi e note su costumanze, vita e pregiudizi del popolo potentino, Potenza 1893, zit. n. Bronzini 1964: 383/4. Bronzini bringt noch weitere Nachweise für diesen Brauch aus alten folkloristischen Schriften und ein Dekret des Bischofs von Melfi und Rapolla gegen den Brauch aus dem Jahr 1635.
389 Klein 1985.
390 De Martino (1982: 119–124) spricht von der *Enthistorisierung des Negativen* durch die Magie, hat aber deren eigene, mit dieser Funktion offensichtlich zusammenhängende Geschichtslosigkeit nicht deutlich thematisiert.

III. MACHT

15. Das Geschlecht der Magier (Seiten 387 bis 417)

391 *Avevano u'voch* – von *bocca*, Mund. Das Dialektwort für *Übelkeit* erscheint so nicht in den Wörterbüchern von Bigalke und Menonna, wurde mir aber von mehreren Rioneresen bestätigt.
392 Lombardi-Satriani 1971: 266.
393 Pietrafesa 1982: 198.
394 Dante 1969: 39 – ein sehr verbreiteter italienischer Kommentar weicht der Frage nach Natur und Funktion der Ohnmachten und Erdbeben aus, die Dantes Höllenfahrt am Ende des III. und des V. Gesanges einleiten und begleiten: es sei ein unwichtiges Detail (Bosco/Reggio 1987: 45). Das ist eine seltsame Aussage für Literaturwissenschaftler, denen sonst kein Detail zu unwichtig erscheint und die ihr Leben mit dem Sammeln und Verstehen von Texten und Kontexten verbringen. Es wirkt, als würden Bosco und Reggio damit jeder Frage nach der subjektiven und rituellen Realität des *Weges* ausweichen wollen, den Dante gegangen ist. Anderen Kommentatoren ist die Nähe von Erdbeben und Entrückung, Körperreaktion und Weltkörper nicht entgangen (Bufano 1976: 711, Niccoli 1976: 713 zitiert Barbis Kommentar, der mir unzugänglich ist, vgl. aber auch Gmelin 1954: 75–76). Doch auch diese Kommentatoren erscheinen ratlos, wenn es um die Frage nach dem Sinnzusammenhang der Ohnmachten geht.
395 Horden/Purcell 2000.

396 Ginzburg (1990) beschreibt uns einige historische Zwischenstufen.

397 Dante 1969: 49.

398 Das Konzept der *tracce*, der Spuren von Erinnerung, die sich über seelisch-körperliche Krisen legen, bildet den Ausgangspunkt von Mariella Pandolfis (1991) Ethnographie der Heilkunst im süditalienischen Sannio der frühen achtziger Jahre – sie markiert damit deutlich den Abstand ihrer (und meiner) Arbeit von de Martinos Konzept der durch die miserablen Lebensbedingungen ausgelösten *Krise*, die durch *Enthistorisierung* beruhigt wird. De Martino hat den Zusammenhang von historischer Erfahrung und körperlich erfahrener Krise mehr von der Seite der Geschichte her entwickelt, nicht vom Körper her; der Körper durchlebt in seinem Hauptwerk keine Krise, die nicht sozial verursacht und damit politisch zu beheben wäre, vgl. Duranti 1993: 387/88. Vgl. aber das unveröffentlichte Spätwerk, de Martino 1977, 1995.

399 Ottmüller 1991.

400 Schlehe 1987, Onians 1989: 47ff., Camporesi 1997.

401 Pandolfi 1991: 29.

402 Hauschild 1980.

403 Hauschild 1982: 183ff., vgl. auch Dini 1980.

404 Cervellino 1964: 485–488.

405 Saedler 1918: 59ff.

406 Linda hat mir diese Erzählung in einem Singsang vorgetragen, teils gereimt, teils in Prosa, mal im Dialekt, mal in Hochitalienisch. Ich habe den Wert dieser Erzählung für meine Untersuchung lange unterschätzt, und wenn ich sie später fragte, schien sie sich noch weniger an diese Geschichte zu erinnern als seinerzeit. In der deutschen Übersetzung habe ich versucht, den Zauber des Singsangs von den dreizehn Gnaden vorsichtig zu rekonstruieren.

407 Vgl. dazu di Nola 1993: 402 – die Vorlage zu Lindas Erzählung scheinen Geschichten über Sankt Antonius als Gegenspieler des Teufels zu sein, der dem Bösen alles wegisst – die Abwandlung zur gänzlich ambivalenten Figur des *Sante Mangion'; der den Leuten alles wegfrisst* scheint mir bezeichnend zu sein für die Gesamttendenz der lokalen Religion der Lukaner in Richtung auf einen Dualismus von Gut und Böse.

408 Ich lese eigentlich »faghi«, ein im Italienischen unbekanntes Wort. »I tre re maghi« sind in offizieller italienisch-katholischer Lesart das, was wir in Deutschland die »Heiligen Drei Könige« nennen, die ja auch gelegentlich als »Magier aus dem Morgenland« beschrieben werden. Warum es hier sieben sind und nicht drei, vermag ich nicht zu erklären.

409 Gemeint ist wohl die Kirchensteuer des Feudalzeitalters.

410 Eine neapolitanische Bezeichnung für den bösen Blick, vgl. Valletta 1819.

411 Vgl. Cervellino 1964: 485ff.

412 Palestina 1992: 141.

413 Siehe Kapitel »Magie, Macht, Leben«.

414 Caro Baroja 1992 II: 447.

415 Der im Jahre 1695 von der Inquisition vernommene Magier Prale aus Ripacandida behauptete, dass er die Formeln von seinem Vater gelernt habe, vgl. Palestina 1989: 125 und das Kapitel »Macht, Magie, Leben« im vierten Teil des Buches.

416 Robb 2000.
417 Z.B. Nigro 1988.
418 Di Nola 1994: 95.
419 Schlehe 1987.
420 Kurz vor der Zeit meiner Feldforschung haben Kirche und Staat ähnlichen Umtrieben einiger christlicher Visionäre im apulischen Stornarella, nicht weit von Ripacandida, sehr schnell und unspektakulär ein Ende bereitet, vgl. Castiglione 1981: 122–130, Sanga 1978. Traditionell auch in ihrer Religion mehr nach Westen gerichtet, dem Vulture zu und Neapel, haben die Ripacandidesi von den Vorgängen im nahen Stornarella seinerzeit nur am Rande Notiz genommen.

16. Können Priester fliegen? (Seiten 417 bis 447)

421 Braun 1964: 278, 279.
422 Ebd., 248.
423 Ebd., 277 ff.
424 Herwegen 1944: 316–319.
425 *Denn ihr alle, die ihr auf Christus getauft seid, ihr habt Christus angezogen,* Galater 3, 27. Ich danke Prof. Dr. Bernhard Lang (Paderborn) für diesen Hinweis.
426 Ginzburg 1990, vgl. dazu Kühnau (1913: 68), der eine Erinnerung daran in schlesischen Sagen aufgezeichnet hat.
427 Barth 1940: 500, vgl. Lüdemann 1996: 119.
428 Vogel 1904: 554/555.
429 Lopéz-Melús 1994.
430 *Insignia sagrada e inquebrantable escudo, que blasona y protege nuestro pecho … escudo invulnerabile … vestido magnífico … hábito santo … vestido celestial … un manto celestial,* Lopéz-Melús 1994: 118.
431 *Garantía segura de nuestra eterna salvción y prenda requísima de immunidad del fuego infernal,* Lopéz-Melús 1994: 118.
432 *… por cierto que no ofreció la Santisima Virgen su Escapulario, a manera de amuleto que sirva para formentar la supersticíon, sino como una señal de su predileccíon para acrecentar y asegurar en nosotros la vida sobrenatural,* Lopéz-Melús 1994: 127.
433 Ballsieper 1938: 28.
434 Vgl. Malinowski 1979: 275 ff., Hauschild 1982: 192 ff., Kramer 1987: 213 ff.
435 Ballsieper 1938: 28.
436 Karmelitin 1990: 76.
437 Ballsieper 1938: 7, 30.
438 Del Re 1966.
439 Bischöfe … 1975: 383.
440 De Martino 1982: 71–75.
441 Heusinger 1976: 87.
442 Direzione … 1994: 94.
443 Heusinger 1976: 87.
444 Vgl. Dante Alighieri, Inferno, IV. Gesang, 53 ff., wo der *gewaltige Herrscher* mit dem *Erlösungsruf* aus der Hölle der vor Christus Geborenen befreit und in höheren Himmelsregionen geläutert wird.
445 Lang/McDannell 1996: 124.

446 Auerbach 1988: 186.
447 Lang/McDannell 1996: 131.
448 Spargo (1934: 269–3) listet eine Reihe von Legenden auf, die Neapolitanern, neapolitanischen Fremdenführern und den von ihnen betreuten Touristen gleichermaßen lieb gewesen sein müssen im 19. Jahrhundert. Bei meinen Neapel-Aufenthalten in den achtziger Jahren des 20. Jahrhunderts wurden mir noch einige dieser Geschichten von Reiseführern und neapolitanischen Freunden erzählt. Im Gegensatz zu Spargo sehe ich eine deutliche Kontinuität zwischen Vergils Werk als poetischer Heraufbeschwörung toter Menschen und abgelegener Zeiten, der von Dante geprägten Figur des Höllenreisenden Vergil und diesen populären Legenden vom Zauberer Vergil: Es geht um die Macht des Wortes, die den Tod überwindet und uns durch Zeit und Raum reisen lässt. Die platte These, dass Vergil sich selbst als Zauberer betätigt habe – in diesem Punkt geht mein Argument auch nicht weiter als das von Spargo – ist nicht beweisbar und in diesem Zusammenhang auch nicht von Bedeutung, denn Magie und Poetik sind Begriffe, die sich unauflöslich ineinander verwobenen haben (vgl. Sepilli 1971).
449 Simmel 1919: 163/164.
450 Radoani 1997.
451 Stichwort *Angang* in Bächtold-Stäubli/Hoffmann-Krayer 1986: I, Sp. 409–435.
452 Braun 1964: 59.
453 Ebd., 102ff.
454 Ebd., 172.
455 Ebd., 425.
456 Ebd., 425/26.
457 Ebd., 431.
458 Ebd., 564.
459 Ebd., 562.
460 Ebd., 568/69.
461 Ebd., 613f.
462 Ebd., 564.
463 Ebd., 596.
464 Ebd., 596.
465 Riviello 1893: 208.
466 Braun 1964: 614.
467 Elsa Guggino (1978: 39) berichtet von der Magie mit dem *cinturinu* der Priester und Mönche auf Sizilien.
468 Braun 1964: 207.
469 Riviello 1893: 208.
470 Braun 1964: 705.
471 Braun 1964: 717. In der ostkirchlichen Tradition heißt es, dass der Gürtel des Priesters *die Losschälung von den irdischen Dingen und die Unterdrückung der sinnlichen Begierden* versinnbildliche, vgl. Ebd., 709.
472 Braun 1964: 64, 120, 141, 239, 564, 654ff.
473 Ebd., 609f.
474 Ebd., 425.
475 Naumann 1921, de Martino 1982, Bausinger 1969.
476 Feyerabend 1995: 161–162.

17. Der gute Hirte (Seiten 447 bis 466)

477 Holl 1981.
478 Ebd., 536.
479 Lewis 1991: 97.
480 Das war auch in Lukanien vorbereitet durch kirchenfreundliche Autoren wie Orlando (1980) und Tommasini (1980), deren Schriften sich in eigenartiger, für mich undurchsichtiger Weise aufeinander beziehen, ohne sich jeweils gegenseitig zu erwähnen. Beide Arbeiten sind fast gleichzeitig erschienen, zitieren dieselben Autoren und Autorinnen und bringen dieselben Verbindungen von christlichen Aussagen mit de Martinos Krisentheorie, immer bezogen auf eine eher oberflächlich beschreibende oder auch statistische Darstellung der lukanischen »Volksreligion«.
481 Siehe Hauschild 1994a: 196–206.
482 Hauschild 1994a: 513, SD 18 (das historische Material, das ich selbst in Archiven gesammelt habe, ist nach Kürzeln sortiert, siehe Liste im Anhang).
483 Erklärung *In difesa della veritá*, Bischöfliches Büro Melfi, 24. März 1946.
484 Schwendenwein 1984: 520.
485 Kennedy 1967.
486 Belting 1991: 20.
487 Vgl. Cervellino (1981) und die ausführliche Beschreibung einer ähnlichen Tradition in Cerignola bei Cipriani (1985).
488 *I'm asking you a favor, only that. One never knows when one might need a friend, isn't that true? ... Do me this service, eh? I won't forget it. Ask your friends in the neighbourhood about me, they'll tell you I'm a man who believes in showing his gratitude.* Puzo 1978: 208–209.

18. Karneval (Seiten 466 bis 485)

489 Spera 1984a.
490 Reik 1929: 113.
491 Turner 1989.
492 Herzfeld 1992: 20–21.
493 Ferdinand Gregorovius hat schon vor über hundert Jahren dieses Wechselspiel zwischen lebenden Personen, künstlichen Menschen und der Macht in Italien zum Gegenstand eines hellsichtigen Textes gemacht: *Römische Figuren* (Gregorovius 1953b).
494 Le Roy Ladurie 1989: 177ff.
495 Gallini 1992.
496 Senfft 1997.
497 Braudel 1992, de Martino 1982: 119ff.
498 Gribaudi 1980.
499 Pius XII. 1964: 8.
500 Ebd., 12.
501 Ebd., 15–16.
502 Politi 1997.
503 Giovagnoli 1994: 141/142.
504 Ebd., 145.
505 Sciascia 1979.
506 Robb 2000.

19. Der Zement der Macht (Seiten 485 bis 498)

507 Friedmann 1983.
508 Sacco 1982: 42.
509 Ebd., 53.
510 Ebd., 26, 37, 44/45.
511 Ebd., 42.
512 Ebd., 155, 216, 225.
513 Calice 1983: 17–18, dort die Illustration, die eine Wandzeitung zeigt.
514 Sacco 1982: 76.
515 Ebd., 77.
516 Ebd., 57, 58.
517 Ebd., 148.
518 Ebd., 226.
519 Ebd., 211, 218, 185, 166.
520 Ebd., 193.
521 Ebd., 241.
522 Siehe das Kapitel »Die Räuber«.
523 Zuckerman 1977.
524 Levi 1977.
525 Sacco 1982: 174.
526 Ebd., 67.
527 Ebd., 45, 92, 164, 204.
528 *Ristalliegg'*, siehe Bigalke 1986: 699, *ristele*.
529 Sacco 1982: 199.
530 Ebd., 66.
531 Ebd., 194, 68.
532 Ebd., 68, 199.
533 Ebd., 26, 44/45, 153, 222/3.
534 Ebd., 186.
535 Basilicata Regione 1982.
536 Sacco 1982: 174.
537 Sciascia 1979.
538 Robb 2000.
539 Sacco 1982: 136, 177.
540 Ebd., 138.
541 Ebd., 191.
542 Horn 1996.
543 Tumulty 1997.
544 Sacco 1982: 4. Umschlagseite.
545 Robb 2000.
546 Sacco 1982: 242.

20. Der Nachtmahr (Seiten 498 bis 515)

547 De Martino 1982: 89ff.
548 Levi 1977: 156, 157.
549 Di Nola 1994: 389.
550 Foucault o.D.: 43, 77.
551 Es lassen sich anscheinend weitere süditalienische Namen für das Abgründige auf Körperzustände zurückführen: *racecotena*, ein Dämon oder Kobold aus Neapel wie der *mazzamauriello*, hat seinen Namen von *rancio, rancido*, also *ranzig* und *còtena*, Schwarte: *Er würde damit auf eine ranzige Schwarte anspielen, die die Luft in der*

Küche oder in einem anderen Bereich des Hauses verpestet. Das Wort bedeutet auch »Jucken« und würde somit die Wirkung der Aktion des Teufelchens bezeichnen, den Juckreiz, den es hinterlässt. (Di Nola 1994: 389.)

552 Drei Jahre nach dem Schreiben dieses Absatzes habe ich de Martinos nachgelassene Fragmente über *Die Angst vor dem Dunkel* und über *Scham und die Beschwörung der Körperlichkeit* entdeckt. Hier werden ähnliche Erfahrungen in derselben Reihenfolge und in derselben Absicht einer Abwendung von vereinfachenden sozialen Konstruktionen des Menschen thematisiert. Der Meister der Italienforschung hat diese Texte vor seinen Zeitgenossen regelrecht versteckt – und vielleicht auch vor sich selbst. In seinem Archiv waren sie abgelegt unter dem Begriff der unzusammenhängenden Glieder (disiecta membra, de Martino 1995: 171–178). Heute ist die Macht der politisch korrekten Zensoren gebrochen und es scheint alles erlaubt zu sein, ganz besonders in Sachen Körper, und wir wissen noch nicht, was an die Stelle des alten Entweder-Oder von Natur und Kultur treten wird.

553 De Martino 1982: 112ff.

554 De Martino 1995b: 89.

555 Bronzini 1964: 383/4.

556 Levi 1977: 3, vgl. dazu Friedman 1953: 220, Hauschild 1982: 113.

557 Vgl. Hauschild 1986, Richter 1989.

558 Bryce, James: The Holy Empire, London, 1866, zit. in: Gregorovius 1953: 491.

559 Hobsbawm/Ranger 1983.

IV. SPUREN

21. Magie, Macht, Leben (Seiten 516 bis 539)

560 Sartre 1982: 9/10.

561 Strehlow 1971: 284.

562 De Martino 1995: 110, Assmann 1999.

563 Warburg 1988: 25.

564 Ebd., 25.

565 Simmel 1919: 152, vgl. de Martino 1995: 105.

566 Der Psychologe Csikszentmihályi (1985) greift auf Turners Ethnologie von Spiel und Ritual zurück und nennt es »flow«, den Fluss des wahren Lebens – wir haben allen Grund zu der Annahme, dass weltverbreitete Fluss- und Schlangensymboliken (vgl. Warburg 1988) genau das auszudrücken in der Lage waren: der Moment, der Strom des Lebens, wenn alles klappt.

567 Heine 1982: 84 – auf diesen Text hat mich Fritz Kramer hingewiesen, und zwar, wie es seine Art ist, genau im richtigen Moment.

568 Heine 1982: 90.

569 Ebd., 98.

570 Ebd., 55.

571 Casanova 1965: 81–83.

572 Bausinger 1969.

573 Burkert 1998, Eliade 1973, Lévi-Strauss 1968.

574 Braudel/Duby/Aymard 1987, Peristiany 1976, Horden/Purcell 2000.

575 Diamond 1998, Wolf 1986, Herzfeld 1987.

576 De Martino 1982.
577 Boissevain 1977, 1984.
578 Tak 2000: 14.
579 Naumann 1921, Krauss 1897, Schermann/Krauss 1899, Lévi-Strauss 1968, Hobsbawm/Ranger 1983.
580 Gentile 1975 a.
581 Ginzburg 2001.
582 Palestina 1989.
583 Ebd., 122.
584 Ebd., 115.
585 Ebd., 120.
586 Ebd., 122.
587 Ebd., 116.
588 Ebd., 126.
589 Ebd., 116.
590 Caro Baroja 1992: 447.
591 De Martino 1982: 19.
592 Vgl. z.B. Van Velsen 1964, Foucault 1973, Rosen 1984, Comaroff/Comaroff 1993, bei denen Lebensprozesse und Rituale vorrangig als Abläufe erscheinen, die vom politischen Interesse her bestimmt sind. Das Politische wird dabei unhinterfragt als reines Machtinteresse vorausgesetzt. Zur Wende der Perspektive vgl. Dreyfus/Rabinow 1994 und z.B. Geschiere 1997, der *Politik* und *das Okkulte* in komplexen Beziehungen von Ursache, Wirkung und Repräsentation schildert.
593 Apolito 1990: 223 ff.
594 Der große Außenseiter der britischen Sozialanthropologie A. M. Hocart war sogar der Ansicht, dass Menschen sich eine Regierung geben, um sich des Lebens sicher zu sein – hier ist die Ursache-Wirkung-Beziehung im Verhältnis zu den politisch korrekten Theorien umgekehrt, vgl. Hocart 1970.
595 Safranski 1994: 272.
596 De Wal 1991.
597 Duby 1984.
598 Ginzburg 2001: 33, vgl. Latour 2000.

22. Der Dichter (Seiten 539 bis 549)

599 Sagarese/Agoglia 1979: 137–139.
600 Pietrafesa 1982: 15
601 Pedio 1989a I: 108, 225.
602 Pietrafesa 1982: 37 ff., 60 ff.
603 Palestina/Pietrafesa/Saraceno 1983. Wenn man von Pietrafesas (1981b: 9, 15) Darstellung ausgeht, fanden im 14. sowie im 16., 17., 19. und 20. Jahrhundert in der Region des Vulture durchschnittlich alle 45 Jahre »schwere« Beben statt, bei denen Menschen starben und erhebliche Teile der Bausubstanz zerstört wurden. Mit den schweren Beben von 1930 und 1980 ist also nur der mittlere Blutzoll für das 20. Jahrhundert geleistet. Es kann auch zu einer Folge schwerer Beben in kürzeren Zeiträumen kommen (etwa: 1448–1456–1457–1492 und 1826–1837–1851) oder zu längeren Perioden der Ruhe (1851–1930).
604 Sagarese/Agoglia 1979: 139.
605 Pietrafesa 1982: 182.

606 Ebd., 190.
607 Ebd., 166.
608 Horaz 1904: 247. Ich ziehe hier Menges Übersetzung vor, weil die ungereimte Sprache aktueller anmutet. Ich habe die Übersetzung mit anderen wissenschaftlichen Übertragungen verglichen und keine Unstimmigkeiten gefunden, vgl. z.B. Syndikus 2001: 48ff., Kytzler 1978.
609 Horaz 1904: 247.
610 Ebd., 247.
611 Levi, M. 1994: 342–345, 366–369.
612 Massa 1977: 121.
613 Kytzler 1978: 324, vgl. Tramice 1990: 78.
614 Horaz 1904: 248.
615 Ebd., 248.

23. Der Kaiser (Seiten 549 bis 558)

616 Guarini 1899: 9.
617 Ebd., 33.
618 Ebd., 33.
619 Duerr 1978.
620 Kantorowicz 1980: II, 255ff., Ciarallo/Capaldo 1994.
621 Kantorowicz 1980: II, 255–261.
622 Das Bild und die daran geknüpften Probleme scheinen bei deutschen Kunsthistorikern unbekannt zu sein, so dass es in Althaus' (1997: 261) Beschreibung der Höhlenkirchen in Apulien und in der Basilikata lediglich als »eine Szene mit Lebenden und Toten« erscheint. Vgl. aber Ciarallo/Capaldo1994, und zu den Geistergeschichten, Guarini 1899: 33. Ciarallo und Capaldo ist Ciascas (1979) Interpretation des Bildes wohl nicht bekannt, obwohl sich auch bei diesem Autor schon die Frage der Datierung vor allem an den Lilienmotiven auf den Beuteltaschen orientiert. Die Lilie ist nach Ciasca die Lilie der Stadt Florenz, das aus acht Kreisen zusammengesetzte Motiv das Familienwappen der Kaufmannsfamilie Ruota (Rad), die auch in der Basilikata jener Zeit aktiv war. Ciarallo und Capaldo aber sehen in dem »Rad« ein sarazenisches Lotusmotiv, passend zu den arabischen Vorlieben des Kaisers, und in der Lilie das Zeichen des Kaisertums. Ein anderer Autor (Tranghese 1990) meint, die französische Lilie der Anjoukönige (die auf die Staufer folgten) und das Fleur de Lis-(Rosen) Motiv in dem Lotus zu erkennen.
Auffällig und für Personendarstellungen dieser Zeit untypisch sind die prallen Beutel mit den Wappen in jedem Fall, und vielleicht ist Trangheses Meinung gar nicht so abwegig, dass hier die Herrschenden ganz allgemein als Wucherer und Geldschneider an ihre Sterblichkeit erinnert werden sollen. Unabhängig davon halte ich den roten Bart, den Purpurmantel, den Falken sowie die kaiserliche Lilie für zureichende Gründe, diese Darstellung auf Friedrich II. zu beziehen, selbst wenn er hier einige Zeit nach seinem Tod auch die Symbole anderer Mächte an sich tragen sollte. Das Bild des Kaisers als Symbol würde auch die naiveren Thesen relativieren, nach denen es sich um ein aus dem Leben abkonterfeites Porträt des Kaisers handeln müsse. Das entsprechende Gegenargument, dass bestimmte stilistische Eigenschaften der umliegenden Fresken für eine Entste-

hung etwa fünfzig Jahre nach dem Tod des Kaisers sprechen und es sich darum nicht um ein Porträt des Kaisers handeln könne, wäre damit wiederum etwas entwertet. Warum soll nicht ein Porträt nach einer lokalen, ursprünglich einmal vom Konterfei stammenden Tradition weitergeführt worden sein, wenn es sich um einen so übermächtig erscheinenden Kaiser gehandelt hat? Wesentlich scheint mir, dass einige Merkmale in den Gesichtszügen des Mannes auf dem melftitaner Fresko – das vorspringende Kinn, der seltsam verformte, vielleicht auf eine Hasenscharte schließen lassende Mund – auch auf der einzigen erhaltenen Porträtbüste des Kaisers erkennbar sind sowie auf einem Münzbild, das nach Kantorowicz der Realität am nächsten kommt (Ministero ... 1995: Katalognummer 1, S. 184; Kantorowicz 1980: II, 255 ff.). Ein weiteres Argument für eine friderizianische Abstammung des Bildes könnte die Tatsache sein, dass das einzige motivische Gegenstück aus dem 13. und 14. Jahrhundert auf Veranlassung des Staufers gemalt worden sein soll: die »Begegnung der drei Lebenden mit den drei Toten« in der Kathedrale von Atri (Pace 1995: Abb. 4 und 5, S. 106). Vgl. Tranghese (1990: 58), der bereits den Zusammenhang der beiden Fresken thematisiert, ohne zu einer Lösung zu kommen.
Die blonde Dame neben dem Kaiser könnte Isabella von England sein, der Junge wäre dann vielleicht Corrado, mit dem die Stauferherrschaft in Süditalien bald nach Friedrichs Tod ihr blutiges Ende nehmen sollte. Vielleicht schätzten es die mittelalterlichen Untertanen Friedrichs, wenn ihnen der Kaiser familiär nähergebracht wurde und damit auf sein Menschsein, seine Sterblichkeit hinwies – die heilige Familie! Die zur Schau gestellte Furchtlosigkeit mag die Geisterfürchtigen beruhigt und zugleich fasziniert haben. Diese aus Deutschland, England und Arabien zusammengestellte Familie muss für die meist von Griechen und Lateinern abstammenden Bewohner der Gegend um den erloschenen Vulture etwas Exotisches an sich gehabt haben, und dieses Erlebnis scheint mir in der beschriebenen Szene der *Ketzerkapelle* und im Ruf dieser Kapelle bei der umliegenden Bevölkerung wiedergegeben zu sein. Ein letztes Indiz für Bezüge zwischen der Ausgestaltung der Kapelle und dem Hofe Friedrichs könnte noch darin bestehen, dass mit Margherita, der Patronin der Kapelle, *Santa Margherita d'Inghilterra* gemeint sein könnte, was Bezüge zu Isabella von England herstellt (Boyle 1966).

623 Ich danke dem Soprintendente dott. Schiavona von der Soprintendenza dei Beni Artistici in Matera, der es mir im August 1998 ermöglichte, die Fresken zu betrachten und zu fotografieren.

624 Ciasca 1979: 351 f.: *Im 15. Jahrhundert hat der Totentanz von Frankreich ausgehend seinen Siegeszug angetreten und sich in kurzer Zeit in ganz Europa ausgebreitet: Ein berühmtes Beispiel der Frühzeit ist der Zyklus auf der Mauer des Kirchhofs von Saints Innocents in Paris, entstanden um 1425. Es folgen monumentale Werke in Dijon, Basel, Ulm, London, Straßburg, Berlin und Lübeck.* Siehe http://www.totentanz-online.de (konsultiert am 5. 4. 2001).

625 Kantorowicz 1980: I, 553.

626 Ebd., I, 288.

627 Ebd., I, 524.

628 Ebd., I, 187, 479.

629 Ebd., I, 374.
630 Ebd., I, 286, 503ff.
631 Der normannische Adelskatalog führt bewaffnete Adelige auf, was immer auch Fußvolk beinhaltet (Bozza 1889: 104, Suor Maria Stella 1957: 7).
632 Pedio 1989a: III, 83ff.
633 Willemsen 1986.
634 Kantorowicz 1980: I, 486. Die Kantorowicz nicht bekannte Zeichung des Standbildes im Album des Séroux d'Agincourt zeigt einen starken *Silberblick* des Herrschers, vgl. Claussen 1995: 95.
635 Kantorowicz 1980: I, 483ff., zum Detail des Kaiseradlers siehe aber auch Kantorowicz 1980: II, 211.
636 Kantorowicz 1980: I, 213.
637 Ebd., I, 213.
638 Ebd., I, 465.
639 Ebd., I, 485.
640 Ministero ... 1995: 231, vgl. Duerr 1978: 185–193.
641 Kantorowicz 1980: I, 556.
642 Ebd., I, 487.
643 Ebd., I, 281.
644 Ebd., I, 204, 482.
645 Ebd., I, 339.
646 Kürzlich wurde der Sarg geöffnet und dabei trat Merkwürdiges zutage: Es scheint, dass das Kreuz im Szepter des Kaisers zerstört wurde, vielleicht von rachsüchtigen Kirchenleuten, die es dem Exkommunizierten nicht gönnten. Seine Krone wurde entwendet *und ... liegt heute wohl in den Tresoren des Vatikan* (Schulz 1998). Andererseits haben sich wohl mehrfach andere Personen in dem geräumigen Sarkophag nachbestatten lassen, wie man es gelegentlich auch schon bei prähistorischen Fürstengräbern findet. Man kann also davon ausgehen, dass die Legende des roten Kaisers den päpstlichen Verdammungsurteilen zum Trotz nicht folgenlos geblieben ist.
647 Kantorowicz 1980: I, 324.
648 Ebd., I, 628ff.
649 Tramòntana 1995: 168.
650 Ebd., 167.
651 Kantorowicz 1980: I, 230.
652 Ebd., I, 330.
653 Ebd., I, 482.
654 Henningsen 1984: 169. Eine Rekonstruktion der Friedrichstatue auf der Capuanischen Pforte zeigt den Kaiser tatsächlich sitzend, anscheinend zwischen Apollo und Diana, vgl. Ministero ... 1995: 230–231. Bei den friaulischen *benandanti* des 16. Jahrhunderts ist gelegentlich von einem *Thron* die Rede, auf dem sich ihr Anführer präsentiert, und einmal ist es ein rotbärtiger Mann *aus Köln*, ein Deutscher also (Ginzburg 1980: 30, 190).
655 D'Onofrio 1995: 231, vgl. Duerr 1978: 185–193.
656 Guarini (1899: 34) schildert sehr anschaulich die legendäre Vorstellung vom Schatzsucher, der vor der Kapelle kniet und dem höllischen Geist eine Seele im Tausch gegen Gold anbietet – die Frage, ob dies Praktiken entsprechen könnte, wie Vito sie mir vorgeschlagen hat, ist allerdings nicht zu beantworten.

657 Bronzini 1989: 89.
658 Guarini 1899: 34.

24. Donatus (Seiten 559 bis 573)

659 Lucchesi 1962: 783.
660 Martelli/Nibbi 1982: 8, 11, 13.
661 Lützenkirchen 1981.
662 Pedio 1989a: I, 227 u. III, 61.
663 Fortunato 1898: 24, 1968: 71, Suor Maria Stella 1957: 4; Urkunden aus dieser Phase der normannischen Herrschaft sind oft gefälscht worden, um anhängende Besitztitel zu verteidigen (Brühl 1987: z. B. 125, 145). Angesichts der bei Lützenkirchen (1981) und Fascia (1929: 126ff.) oder auch Martelli/Nibbi (1982) belegten groß angelegten Konsolidierung des Kultes von St. Donatus spätestens ab dem Jahre 1032 ist diese frühe Dokumentation des Kultes in Ripacandida jedoch kein Ding der Unmöglichkeit. Fortunato war bisher anscheinend der einzige Historiker, der das Dokument wirklich geprüft hat, und er fand keinen Grund, seine Echtheit anzuzweifeln. Außerdem besteht die Möglichkeit, dass auch eine Fälschung die Existenz eines alten Kultes widerspiegelt, denn den Fälschern ging es nicht um die Erfindung, sondern um die Inbesitznahme von Kulten und Gotteshäusern. Vgl. auch Rescio 1995: 110/111. Padre Rocco Rizzo von San Lorenzo Maggiore in Neapel, der selbst aus Ripacandida stammt, bereitet eine Geschichte von Ripacandida vor, in der ihm wohl der Nachweis gelingen wird, dass in Ripacandida bereits vor dem Jahr 1000 eine Kirche von San Donato bestand (mdl. Mitteilung August 1998).
664 Jahn 1989: 30.
665 Motta 1993: Abb. 2, 8.
666 Casalnuovo 1976: 143/144, Loud 1985: 54, Pietrafesa 1981, Deér 1972: 120f., Jahn 1989: 32, 114, 119, 155.
667 Palestina 1992: 143.
668 Palestina 1992.
669 Ebd., 146.
670 Houben 1990.
671 Angeblich ist San Donato bereits vor dem Jahr 1000 Schutzpatron von Cividale gewesen, vgl. Mattaloni (1993: 145). Zur Langobardenzeit und zur Vermischung päpstlich-kirchlicher mit weltlicher Herrschaft im Patriarchat von Cividale vgl. Mattaloni 1993: 15ff.
672 Die entsprechenden Legendenversionen waren mir leider nur in Hinweisen eines Zeitungsaufsatzes zugänglich, der in den fünfziger oder sechziger Jahren in der Zeitschrift *Il Mattino* erschienen sein soll und mir wiederum nur als Ausriss ohne Datum erhalten ist: Ciccarella, Michele: *Nacquero a Ripacandida S. Mariano Diacono e S. Laviero Lettore!*
673 Zur Geschichte von San Donatello: Mongelli (1961) und der mir überlieferte Ausriss aus *Il Mattino:* Ciccarella, Michele: *Il Patrono San Donatello non è sepolto nella città nativa!* Bei San Donatello handelt es sich um einen historisch nachweisbaren Heiligen, vgl. Mongelli 1964.
674 Fortunato 1968: 65.
675 Pietrafesa 1987: 11, Pietrafesa 1988: 37.
676 Mezger 1993: 22ff.

677 Fortunato 1968: 71.
678 Rescio 1995: 109ff.
679 Pedio 1992: 20.
680 Fascia 1929: 126ff.
681 Migliorini 1972: 302. Das schließt keineswegs aus, dass es weitere Zeugnisse gibt, denn ich habe keine Forschung in den großen Archiven von Neapel betreiben können, und zur Zeit meiner Aufenthalte in Süditalien befand sich das Diözesanarchiv in Melfi infolge des Erdbebens von 1980 in großer Unordnung.
682 De Blasi 1990.
683 Ebd.
684 Lützenkirchen 1981.
685 Suor Maria Stella 1957: 26, Hauschild/Gilio 1984: 20. Ich lese auf den nahe zum Hauptaltar gelegenen Wänden auch Ortsnamen wie Monopoli in Apulien – die Franziskaner sollen über ein Kloster in Monopoli nach Ripacandida gekommen sein. Man erkennt Jahreszahlen aus dem 17. Jahrhundert, Namenskürzel und vollständige Namen. Leider sind diese Grafitti im mehr zum Hauptaltar hin gelegenen Teil der Kirche de Blasi nicht aufgefallen, der nur die Grafitti auf den Darstellungen des Jüngsten Tages kommentiert.
686 Patocka 1988.
687 Das oftmals umstrittene Gründungsdatum diskutiert anhand der neueren Literatur Nicola de Blasi (1990: 8).
688 Pietrafesa 1988: 37.
689 Vgl. Turner/Turner 1978: 40–103, die ähnliche politische Umschwünge in großen Heiligenkulten Mexikos diskutieren.
690 Pietrafesa 1987: 15.
691 Vgl. Araneo 1752: 18. Seit dem Jahr 1501 sind Abbildungen des Verginianermönches in seinem weißen Gewand nachweisbar, Mongelli 1964: 792.
692 Lützenkirchen 1981.
693 Araneo 1752: 7.
694 Ebd., 69.
695 Ebd., 69.
696 Ebd., 213.
697 Ebd., 184.
698 Ebd., 52.
699 Ebd., 17, 58, 523, Mongelli 1961: 312–14, 348.
700 Fortunato 1968: 71.
701 Hauschild 1994a: 502ff. und die im Anhang aufgeführten Akten mit dem Kennzeichen SD.
702 Vgl. SD 38 – die Abkürzungen SD, MdC und so weiter beziehen sich im Folgenden immer auf die Liste der von mir in Lukanien eingesehenen und kopierten historischen Dokumente – ich musste ihnen eine eigene Registriernummer geben, da diese Dokumente in ihren Archiven seinerzeit nicht deutlich registriert waren. Auf Verlangen können die Kopien von Fachwissenschaftlern eingesehen werden.

25. Der Priester (Seiten 573 bis 582)

703 Araneo 1752: 159.
704 Ebd., 159.
705 Ebd., 168.

706 Pedio 1995.
707 Araneo 1752: 24.
708 Ebd., 32ff.
709 Ebd., 30, 31.
710 Ebd., 92ff.
711 Ebd., 72ff.
712 Ebd., 151.
713 Ebd., 74, 159.
714 Ebd., 69.
715 Ebd., 69, 94.
716 Ebd., 82, 95, 103ff.
717 Ebd., 184.
718 Ebd., 166f.
719 Ebd., 166.
720 Ebd., 54, 55, 66, 167.
721 Ebd., 106/107.
722 Ebd., 158,175.
723 Ebd., 167, 172 ff.
724 Ebd., 187.
725 Ebd., 215–223.
726 Ebd., 206ff., 216ff.
727 Ebd., 214.
728 Ebd., 209.
729 Ebd., 199, 200.
730 Gentile 1975a: 52
731 Gentile 1975b: 87

26. Die Räuber (Seiten 582 bis 601)

732 Von der Schallplatte *Vulisse addeventare nu brigante* (Ich wollt' ein Räuber sein) des *Gruppo dei Musicanova,* Neapel, ca. 1980, Transkription von Luigi Gilio.
733 Pietrafesa 1982: 291.
734 Ebd., 287ff.
735 Marx 1970b: 109ff.
736 Marx/Engels 1969: 464/465.
737 Marx 1970a: 108.
738 Vgl. Derrida 1995.
739 Marx 1970a: 108.
740 De Martino 1961.
741 Friedrich Engels trug das im Jahre 1890 als Fußnote nach in Marx/Engels 1969: 462.
742 Marx/Engels 1969: 493.
743 Kramer 1987: 30f.
744 Pietrafesa 1982: 293.
745 Ebd., 182.
746 Ebd., 294.
747 Ebd., 289.
748 Godelier 1987, Clastres 1976, Lienhardt 1961.
749 Marx 1970b: 115.
750 Pietrafesa 1982: 292.
751 Ebd., 290.
752 Ebd., 290, 291.

753 Ebd., 296.
754 Ebd., 182.
755 Braudel 1992.
756 Pedio 1989b: 71, Fußnote 4.
757 De Jaco 1976: 96.
758 Massa 1977: 121.
759 Chotjewitz/De Jaco 1976: 55.
760 Brigantenlied *Brigante se muore*, unbekannter Herkunft, möglicherweise von einer Platte des *Gruppo dei Musicanova* nach Vorbildern aus dem 19. Jahrhundert, Transkription von Luigi Gilio.
761 Palestina 1985: 84ff., Pietrafesa 1985: 82ff., dem widerspricht die Darstellung in der deutschen Adaption von De Jaco (1976) durch Chotjewitz (Chotjewitz/De Jaco 1976: 921/92).
762 De Jaco 1976: 98.
763 Palestina 1985: 191.
764 Ebd., 190.
765 Ebd., 148.
766 Crocco 1964: 59.
767 Chotjewitz/De Jaco 1976: 182.
768 Palestina 1985: 226.
769 Ebd., 200ff.
770 Ebd., 217.
771 Lombroso/Laschi 1891.
772 Saraceno 1989.
773 Palestina 1985: 171.
774 Friese 1984: 116.
775 Palestina 1985: 336.
776 Ebd., 336.
777 Molfese 1972: 316ff.

27. Der Genossen (Seiten 601 bis 617)

778 SD 2 – siehe – wie für die übrigen Kürzel in den folgenden Belegen – die Liste der zitierten Dokumente im Anhang.
779 SD 2.
780 SD 2.
781 Buccino 1958.
782 So sank in den Jahren 1878–1887 der Wert der landwirtschaftlichen Erzeugnisse von einhundert auf siebzig Punkte, der Kornpreis ging um fast ein Drittel zurück und allein im Jahre 1872 wanderte ein Prozent der Bevölkerung der Basilikata aus, meist in die Vereinigten Staaten, vgl. Villari 1992: 27, Luzzato 1968: 104.
783 CSD 1–4.
784 SD 2.
785 K 1.
786 Hauschild 1994a: 502ff.
787 SD 31.
788 SD 31.
789 SD 32.
790 SD 47; aus dem Dokument geht nicht eindeutig hervor, ob der Vertrag je formell abgeschlossen wurde, aber die gängige Praxis in den Jahren 1983–1999 entspricht genau dem hier niedergelegten Verfahren.

791 Im Durcheinander des vom Erdbeben betroffenen Diözesanarchives von Melfi habe ich leider die bischöflichen Akten der Antoniusbruderschaft nicht finden können.
792 MdC 10.
793 MdC 10.
794 MdC 10.
795 MdC 14.
796 Gramsci 1991: 58ff.
797 MdC 16.
798 MdC 11, 12.
799 MdC 33.
800 Gentile 1993.
801 MdC 43.
802 MdC 53–63, MdC Fasz, S. 55.
803 MdC 56, 57, 60.
804 Deretz/Nocent 1968: 287/88.
805 Hauschild 1987.

28. Die Amerikaner (Seiten 617 bis 625)

806 Das entnehme ich zahlreichen Photographien, die Timo Berger freundlicherweise für mich in Buenos Aires aufgenommen hat, sowie einem von ihm übermittelten Heft der *Parroquia San Benito Cottolengo y Asociación Ripacandidesi (Av. Piedrabuena 3848, Villa Lugano, Buenos Aires, Argentinien).*
807 Boas 1929.
808 Es gibt Donatuskulte auch in Bayern, mit einem legendären Schutzpatronat für den Fall des Unwetters (Donatus-Donner). Und in Bad Münstereifel im Rheinland wird ein Donatus verehrt, aber hier scheint es sich meist um einen anderen Heiligen zu handeln, denn er wird als römischer Legionär dargestellt, vgl. Falkenstein 1964.
809 Auskunft des statistischen Büros im Rathaus von Ripacandida.

29. Asche (Seiten 625 bis 646)

810 Molfese 1978.
811 Bei einem Besuch des Heiligtums im Jahre 1998 musste ich feststellen, dass die Erdkugel mittlerweile eine neue, abstraktere Bemalung erhalten hat.
812 Pedio 1989a: IV: 187ff.
813 Stolpi o.D.: 21/22.
814 Bargatzky 1993: 276, Firth 1967.
815 Pandolfi 1991.
816 Le Goff 1988.
817 Jentsch u.a. 1975: 29/30.
818 Warburg 1988, Strehlow 1971.
819 Favret-Saada 1979.
820 Harmening 1979: 304ff.
821 Josuttis 1991: 50.
822 Malinowski 1981, Burke 1970, McLuhan 1970.
823 Burke 1970.
824 Anonymus 1997.

BIBLIOGRAPHIE

ALTHAUS, Klaus-Rainer, 1997: Die Apsidenmalereien der Höhlenkirchen in Apulien und in der Basilikata. Ikonographische Untersuchungen, Hamburg (Dr. Kovac).

ANONYMUS, o.D.: Das sechste und siebente Buch Moses, Braunschweig (Planet).

– 1997: E nel paese la notte dell'ira. Pietre contro gli »amici« serpenti, La Repubblica, Lo stato e i sequestri, 14. November, S. 11.

– 1998: Morto Castaneda guru della New Age, La Repubblica cultura e scienze (http://www.repubblica.it/online/cultur), 27. April.

APICIUS, Marcus Gavius, 1991: De re coquinaria. Über die Kochkunst, hg. u. übersetzt v. Robert Maier, Stuttgart (Reclam).

APOLITO, Paolo, 1990: »Dice che hanno visto la madonna«. Un caso di apparizioni in Campania, Bologna (Il Mulino).

ARANEO, Giovanni Battista, 1752: Vita del Gran Servo di Dio Giambattista Rossi, Arciprete di Ripacandida, Neapel (Privatdruck).

ARDITI, Michele,1991: Il fascino e l'amuleto contro del fascino presso gli antichi, Capri (ed. La conchiglia).

ASSMANN, Aleida, 1999: Das Gedächtnis als Leidschatz, in: Poirier, Anne u. Patrick Poirier (Hg.): Archäologie zwischen Imagination und Wissenschaft, Göttingen (Wallstein), S. 100–108.

AUERBACH, Erich, 1988: Mimesis. Dargestellte Wirklichkeit in der abendländischen Literatur, Bern (Francke).

BÄCHTOLD-STÄUBLI, Hanns u. Eduard HOFFMANN-KRAYER, 1986: Handwörterbuch des deutschen Aberglaubens, Berlin/New York (De Gruyter), Bd. 1–10.

BALLSIEPER, P. Thaddäus, 1938: Neuntägige Andacht zu Ehren Unserer Lieben Frau vom Berge Karmel. Für die Träger des hl. Skapulieres, Würzburg (Hartdruck Volkach).

BANFIELD, Edward, 1958: The Moral Basis of a Backward Society, Glencoe (The Free Press).

BARGATZKY, Thomas, 1993: Politik, die »Arbeit der Götter«, in: Schweizer, Thomas u.a. (Hg.): Handbuch der Ethnologie, Berlin (Reimer), S. 263–284.

BARTH, Karl, 1940: Die kirchliche Dogmatik, Bd. 2, Teilbd. 1, Zollikon (Verlag der evangelischen Buchhandlung).

BASILICATA REGIONE, Sonderheft Dezember 1982, N.1/2.

BATESON, Gregory, 1981: Ökologie des Geistes, Frankfurt am Main (Suhrkamp).

BAUSINGER, Hermann, 1969: Kontinuität? Geschichtlichkeit und Dauer als volkskundliches Problem, Berlin (Schmidt).

BELLUSCI, Papàs Antonio, 1983: Magia, miti e credenze popolari. Ricerca etnografica tra gli Albanesi d'Italia, Cosenza (Centro studi e ricerche socio-culturali »G. Kastriota Skanderbeg«).

BELMONT, Nicole, 1979: Arnold van Gennep: The creator of French ethnography, Chicago (Chicago University Press).

BELTING, Hans, 1991: Bild und Kult. Eine Geschichte des Bildes vor dem Zeitalter der Kunst, München (Beck).

BENJAMIN, Walter, 1980: Das Kunstwerk im Zeitalter seiner technischen Reproduzierbarkeit, Gesammelte Schriften, Frankfurt am Main (Suhrkamp), Bd. I, 2, S. 431–469.
– 1980b: Der Erzähler, Gesammelte Schriften, Frankfurt am Main (Suhrkamp), Bd. II, 2, S. 438–465.
BERLINER ZEITUNG, 1999: Jahrelang an den Haaren gekaut: 17-jährige Britin starb, von lve, Nr. 194, 21./22. August, S. 8.
BIANCHINI, Francesco Corbetta u. Francesco PITOIA, 1986: Der große Heilpflanzenatlas, Stuttgart (Union Verlag).
BIEDERMANN, Hans, 1976: Handlexikon der magischen Künste, München (Droemer/Knaur).
BIGALKE, Rainer, 1980: Dizionario dialettale della Basilicata, Heidelberg (Winter).
– 1986: Mille sentenze e detti lucani, Heidelberg (Winter).
BILZ, Rudolf, 1971: Paläoanthropologie, Frankfurt am Main (Suhrkamp).
BIRBAUMER, Niels u. Robert F. SCHMIDT, 1996: Biologische Psychologie, Heidelberg (Springer), 3. Auflage.
BISCHÖFE DEUTSCHLANDS UND ÖSTERREICHS etc., 1975: Gotteslob. Katholisches Gebet- und Gesangbuch, Mainz (Matthias Grünewald-Verlag).
BLOCH, Marc, 1998: Die wundertätigen Könige, München (Beck).
BLUMENBERG, Hans, 1996: Arbeit am Mythos, Frankfurt am Main (Suhrkamp).
BOADELLA, David, 1995: Wilhelm Reich. Pionier des neuen Denkens, München (Scherz).
BOAS, Franz, 1895: Indianische Sagen von der Nord-Pacifischen Küste Amerikas, Berlin (A. Asher).
– 1929: Rasse und seelische Veranlagung, Forschungen und Fortschritte, 5. Jahrgang, 295–297.
BOBBIO, Norberto u. a., 1994: La sinistra nell'era del Karaoke, Mailand (Donzelli).
BOEHM, Fritz, 1987: Angang, in: Bächtold-Stäubli, Hanns u. Eduard Hoffmann-Krayer (Hg.): Handwörterbuch des deutschen Aberglaubens, Berlin/New York (de Gruyter), Bd. 1, Sp. 409–435.
BOISSEVAIN, Jeremy, 1977: When the Saints go marching out: Reflections on the decline of patronage in Malta, in: Gellner, Ernest u. Waterbury, John (Hg.): Patrons and Clients in Mediterranean Societies, London (Duckworth), S. 81–96.
– 1984: Ritual escalation in Malta, in: Wolf, Eric (Hg.) Religion, Power, and Protest in Local Communitites, New York (Mouton), S. 163–184.
BOSCO, Umberto u. Giovanni REGGIO (Hg.), 1987: Dante Alighieri, La Divina Commedia, Florenz (Le Monnier), 13. Auflage.
BOZZA, Angelo, 1889: Il Vulture, Rionero (Privatdruck).
BOYLE, Leonard, 1966: Margherita d'Inghilterra, in: Istituto Giovanni XXIII (Hg.): Biblioteca Sanctorum, Rom (Ist. Giovanni XXIII), Bd. VIII, Sp. 774.
BRAUDEL, Fernand, 1992: Das Mittelmeer und die mediterrane Welt in der Epoche Philipps II., Bd. I–III, Frankfurt am Main (Suhrkamp).
BRAUDEL, Fernand, Georges DUBY u. Maurice AYMARD, 1987: Die Welt des Mittelmeeres: zur Geschichte und Geographie kultureller Lebensformen, Frankfurt am Main (Fischer).
BRAUN, Joseph, 1964: Die liturgische Gewandung im Occident und Orient. Nach Ursprung und Entwicklung, Verwendung und Symbolik, Darmstadt (Wissenschaftliche Buchgesellschaft).

BRÄUTIGAM, Walter u. Paul CHRISTIAN, 1974: Psychosomatische Medizin, Stuttgart (Thieme).
BRÖGGER, Jan, 1968: The Evil Eye in a Calabrese Village, Folk, 10, S. 13–27.
– 1971: Montevarese. A study of a peasant society and culture in southern Italy, Oslo (Universitetsforlaget).
BRONZINI, Giovanni Battista, 1964: Vita tradizionale in Basilicata, Matera (Montemurro).
– 1967: Filia, visne nubere? Un tema di poesia popolare, Rom (Ateneo).
– 1989: Civiltà contadina e cultura moderna, Radici, Bd. III, S. 85–94.
BRÜHL, Carlrichard (Hg.), 1987: Rogerii II. Regis Diplomata Latina, Köln/Wien (Böhlau).
BUCCINO, Michele, 1958: Ripacandida (Maschinenschriftliches Manuskript zur Geschichte der staatlichen Einrichtungen in Ripacandida, auf der Grundlage von Akten des Gemeindearchives, Kopie im Besitz des Verfassers).
BUCHNER, Sandra, 1999: Ein Tee bringt Hoffnung. Extrakt aus dem chinesischen Beifuss soll gegen Malaria helfen, UTA-Newsletter, 1/99, S. 9.
BUFANO, Antonietta, 1976: tremare, in: Bosco, Umberto (Hg.): Enciclopedia Dantesca, Rom (Istituto della Enciclopedia Italiana), Bd. V, S. 711–712.
BUONOCONTO, Mario, 1997: Viaggio fantastico alla luce del lume eterno. Le straordinarie invenzioni del Principe di Sansevero, Neapel (Beatrice Cecaro).
BURGHART, Richard, 1995: Ethnologen und andere Experten in Indien, in: Hauschild, Thomas (Hg.): Ethnologie und Literatur (kea Sonderband 1), S. 43–70.
BURKE, Kenneth, 1970: The Rhetoric of Religion. Studies in Logology, Berkeley (University of California Press).
BURKERT, Walter, 1998: Kulte des Altertums: biologische Grundlagen der Religion, München (Beck).
CALICE, Nino, 1983: Un cosciente e organizzato scempio del territorio, Basilicata, 25. Jahr, S.17–18.
CALVERT, Fjona G., 1982: Il libro delle fatture. Come farle, come disfarle, Perugia (Bastia).
CAMAJ, Martin, 1971: Zur albanischen Mundart von Barile in der Provinz Potenza, in: Beck, H. G. u. a. (Hg.) Dissertationes Albanicae in Honorem Josephi Valentini et Ernesti Koliqi septuagenariorum, München (Trofenik), S. 127–140.
CAMPANELLA, Thomas, 1620: De sensu rerum et magia, 4 Bde., Frankfurt am Main (Tobias Adam).
CAMPORESI, Piero, 1983: La carne impassabile, Milano (Il saggiatore).
– 1997: Il sugo della vita. Magia e simbolismo del sangue, Mailand (Garzanti).
CANNON, Walter B., 1949: ›Voodoo‹ Death, American Anthropologist, N.S., Bd. 44, 2, S. 169–181.
CAPONE, Domenico u. Sabatino MAJORANO, 1980: Le lettere di S. Gerardo Maiella, Materdomini (Valsele Tipografia).
CARO BAROJA, Julio, 1992: Vidas mágicas e Inquisición, Bd. I u. II, Madrid (Ediciones ISTMO).
CASALNUOVO, Roberto, 1976: Tracce e riflessi del monachesimo italobizantino sulla fascia Ionica Lucana, in: Borraro, Pietro (Hg.): Studi Lucani. Atti del II Convegno Nazionale di Storiografia Lucana, Galatina (Congedo), S. 137–148.

Casanova, Giacomo, 1965: Geschichte meines Lebens, Berlin (Propyläen), Bd. 1.
Castaneda, Carlos, 1972: Die Lehren des Don Juan, Frankfurt am Main (März).
Castiglione, Miriam, 1981: I professionisti dei sogni. Visione e devozioni popolari nella cultura meridionale, Neapel (Liguori).
Céline, Louis-Ferdinand, 1992: Reise ans Ende der Nacht, Reinbek (Rowohlt).
Celletti, Maria Chiara u.a., 1963: Biagio, Vescovo di Sebaste, in: Bibliotheca Sanctorum, Rom (Istituto Giovanni XXIII), Bd. III; Spalte 157–170.
Cercone, Franco, 1982: Il Culto di S. Donato nella Valle Peligna, Rivista Abbruzzese, Bd. XXXV, S. 59–62.
Cervellino, Enzo, 1964: Paremiologia lucana, Neapel (Laurenziana).
– 1981: Reliquie viventi del dramma sacro in Lucania, Venosa (Appia 2).
Chotjewitz, Peter O. u. Aldo De Jaco, 1976: Die Briganten. Aus dem Leben süditalienischer Rebellen, Berlin (Wagenbach).
Ciarallo, Annamaria u. Lello Capaldo, 1994: Federico II a Melfi. Ritrovato il vero volto dell'Imperatore, Neapel (Procaccini).
Ciasca, Rafaele, 1979: La Rappresentazione dell vita e della morte nella ›Laura‹ di Santa Margherita sul Vulture, Todi (Accademia Tudertina).
Cipriani, Roberto, 1985: Il Cristo rosso. Riti e simboli, religione e politica nella cultura popolare, Rom (Editrice Ianua).
Clastres, Pierre, 1976: Staatsfeinde. Studien zur politischen Anthropologie, Frankfurt am Main (Suhrkamp).
Claussen, Peter Cornelius, 1995: Scultura figurativa federiciana, in: Ministero per i Beni Culturali e Ambientali: Federico II e l'Italia, Rom (Edizioni de Luca), S. 93–102.
Clemente, Anna, 1993: Il tarantismo a Galatina, Il Canocchiale. Rivista di studi filosofici, Bd. III, S. 139–144.
Comaroff, Jean u. John Comaroff (Hg.), 1993: Modernity and its Malcontents. Ritual and Power in Postcolonial Africa, Chicago/London (The University of Chicago Press).
Crocco, Augusto, o.D.: La Cappella Sansevero, Neapel (Ed. de il cinghiale).
Crocco, Carmine Donatelli, 1964: Come divenni brigante, hg. von Tommaso Pedio, Manduria (Lacaita).
Csikszentmihalyi, Mihaly, 1985: Das flow-Erlebnis, Stuttgart (Klett-Cotta).
Cusatelli, Giorgio (Hg.), 1965: Dizionario Garzanti della lingua italiana, Mailand (Garzanti).
Dante Alighieri, 1969: Die göttliche Komödie, dt. v. Karl Vossler, München (Piper).
Daxelmüller, Christoph, 1993: Zauberpraktiken. Eine Ideengeschichte der Magie, Zürich (Artemis & Winkler).
De Arcangelis, Antonio, 1982: L'infanzia del malessere. Un' analisi regionale e provinciale della mortalità infantile in Italia, Mailand (Franco Angeli).
De Blasi, Nicola, 1990: Appunti sulle iscrizioni di S. Donato in Ripacandida, Radici 6, S. 5–17.
Deér, Josef, 1972: Papsttum und Normannen, Köln/Wien (Böhlau).
De Jaco, Aldo, 1976: Il Brigantaggio Meridionale. Cronaca inedita dell' Unità d'Italia, Rom (Editori Riuniti).
Delacour, Jean-Baptiste, 1975: Apage Satana! Das Brevier der Teufelsaustreibung. Im Anhang das Rituale Romanum, Genf (Ariston).

Della Gala, Umberto (Hg.), 1981: Racconti Gerardini, Materdomini (Valsele Tipografia).
Del Re, Niccolò, 1966: Giuseppe da Copertino, Santo, in: Istituto Giovanni XXIII (Hg.): Biblioteca Sanctorum, Rom (Ist. Giovanni XXIII), Bd. VI, Sp. 1300–1303.
De Martino, Ernesto, 1961: Land der Gewissenspein, Antaios, Band 3, Heft 2, S. 105–124.
– 1975: Morte e pianto rituale. Dal lamento funebre antico al pianto di Maria, Turin (Boringhieri).
– 1975b: Note di Viaggio, in: Ders.: Mondo popolare e magia in Lucania, Matera (Basilicata editrice), S. 107–133.
– 1976: La terra del rimorso. Contributo a una storia religiosa del Sud, Mailand (Il Saggiatore).
– 1977: La fine del mondo. Contributo all'analisi delle apocalissi culturali, hg. von Clara Gallini, Turin (Einaudi).
– 1980: Note Lucane, in: Ders.: Furore Simbolo Valore, Mailand (Feltrinelli), S. 171–224.
– 1982: Magie, Katholizismus, Aufklärung, München (Trikont-Dianus).
– 1995: Storia e metastoria. I fondamenti di una teoria del sacro, eingeleitet u. herausgegeben v. Marcello Massenzio, Lecce (Argo).
– 1995b: Note di campo, spedizione in Lucania, 30 sett. – 31 ott. 1952, herausgegeben und eingeleitet von Clara Gallini, Lecce (Argo).
Deretz, Jacques u. Adrian Nocent (Hg.), 1968: Konkordanz der Konzilstexte, Graz (Styria).
Derrida, Jacques, 1995: Marx' Gespenster, Frankfurt am Main (Fischer).
De Sangro, Raimondo, 1756: Il lume eterno Napoli (Morelli), Nachdruck hg. v. Gian Carlo Lacerenza, Foggia (Bastogi) 1993.
De Spirito, Angelomichele, 1976: Il paese delle streghe. Una ricerca sulla magia nel Sannio campano, Rom (Bulzoni).
De Wal, Frans, 1991: Wilde Diplomaten. Versöhnung und Entspannungspolitik bei Affen und Menschen, Frankfurt am Main (Büchergilde Gutenberg).
Diamond, Jared, 1998: Arm und Reich. Die Schicksale menschlicher Gesellschaften, Frankfurt am Main (Fischer).
Dini, Vittorio, 1980: Il potere delle antiche madri. Fecondità e culti delle acque nella cultura subalterna toscana, Turin (Boringhieri).
Di Nola, Alfonso, 1983: L'arco di rovo. Impotenza e aggressività in due rituali del Sud, Turin (Boringhieri).
– 1993: Der Teufel. Wesen, Wirkung, Geschichte, München (dtv wissenschaft).
– 1994: Lo specchio e l'olio. Le superstizioni degli Italiani, Rom/Bari (Laterza).
Diobello, Sileo, 1990: Sono poeta analfabeta, Potenza (il Salice).
Direzione Generale dei Monumenti, Musei e Gallerie ponteficheʼ, 1994: Die sixtinische Kapelle, Rom (Tipografia Vaticana).
D'Onofrio, Mario, 1995: La Porta di Capua, in: Ministero per i beni culturali ed ambientali (Hg.): Federico II e l'Italia, Rom (Edizioni de Luca/Editalia), S. 230–240.
Dreyfus, Hubert u. Paul Rabinow, 1994: Michel Foucault: Jenseits von Strukturalismus und Hermeneutik, Weinheim (Beltz, Athenäum).
Duby, Georges, 1984: Krieger und Bauern: Die Entwicklung der mittelalterlichen Welt und Gesellschaft bis 1200, Frankfurt am Main (Suhrkamp).

DUERR, Hans-Peter, 1978: Traumzeit. Über die Grenze zwischen Wildnis und Zivilisation, Frankfurt am Main (Syndikat).
DURANTI, Alessandro, 1993: Midwives, godmothers, and witches: female body and identity in the Italian south, American Ethnologist, Bd. 20, S. 385–389.
DURVILLE, Henri, o. D.: Preghiere e Segreti, Neapel (Casa Editrice S. Rocco).
ELIADE, Mircea, 1973: Die Sehnsucht nach dem Ursprung: von den Quellen der Humanität, Wien (Europa-Verlag).
– 1988: Mythos und Wirklichkeit, Frankfurt am Main.
ELIAS, Norbert, 1977: Über den Prozeß der Zivilisation, Frankfurt am Main (Suhrkamp), Bd. 1.
FALCONE, Giovanni u. Marcelle PADOVANI, 1992: Inside Mafia, München (Herbig).
FALKENSTEIN, Ludwig, 1964: Donato, santo, martire venerato a Münstereifel, in: Istituto Giovanni XXIII (Hg.): Biblioteca Sanctorum, Rom (Istituto Giovanni XXIII) Bd. IV, Sp. 792.
FASCIA, Michele, 1929: Vita di San Donato, vescovo e martire, Foggia (Selbstverlag).
FAVRET-SAADA, Jeanne, 1979: Die Wörter, der Zauber, der Tod. Hexenglaube im Hainland von Westfrankreich, Frankfurt am Main (Suhrkamp).
FEYERABEND, Paul, 1995: Zeitverschwendung, Frankfurt am Main (Suhrkamp).
FIRTH, Raymond, 1967: The Work of the Gods in Tikopia, London (Athlone Press).
FLOREN, Josef, 1977: Studien zur Typologie des Gorgoneion, Münster (Aschendorff).
FORTUNATO, Giustino, 1898: Santa Maria di Vitalba, Trani (Vecchi).
– 1968: Badie, feudi e Baroni della Valle di Vitalba, Manduria (Lacaita).
FOSTER, George M., 1965: Peasant Society and the Image of Limited Good, American Anthropologist, Bd. 67, S. 293–315.
FOUCAULT, Michel, o. D.: Von der Freundschaft, Berlin (Merve).
– 1973: Die Geburt der Klinik. Eine Archäologie des ärztlichen Blicks, Frankfurt am Main (Ullstein).
FRANZ, Adolph, 1909: Die kirchlichen Benediktionen im Mittelalter, Freiburg (Herder).
FRAZER, George, 1994: Totemism and Exogamy, Bd. IV, Richmond/Tokyo (Curzon/Hon-no Tomosha).
FREUD, Sigmund, 1919: Das Unheimliche, Gesammelte Werke, Frankfurt am Main (Fischer), Bd. XII, S. 229–268.
FRIEDMANN, Frederick, 1953: The World of ›La Miseria‹, Partisan Review, Bd. 20, S. 218–231.
– 1983: Ritorno al Sud: il potere e la nuova società, Basilicata, Dezember, S. 4.
FRIEDRICH, Karin, 1990: Haare und Zeremonienmeister: eine ethnologische Studie zum deutschen Friseurhandwerk, Hamburg (Dissertation, Fakultät für Kulturwissenschaften).
FRIESE, Heidrun, 1984: Das süditalienische Brigantentum zwischen 1860 und 1865, unpublizierte Magisterarbeit, Institut für Ethnologie der Freien Universität Berlin.
FRIGESSI CASTELNUOVO, Delia u. Michele RISSO, 1986: Emigration und Nostalgia: Sozialgeschichte, Theorie und Mythos psychischer Krankheit von Auswanderern, Frankfurt am Main (Cooperative-Verlag).

GALLI, Giorgio, 1994: Staatsgeschäfte. Affären, Skandale, Verschwörungen. Das unterirdische Italien 1943–1990, Hamburg (Europäische Verlagsanstalt).
GALLINI, Clara, 1988: Immagini da cerimonia. Album e videocassette da matrimonio, Belfagor, Bd. 43, Heft 6, S. 675–691.
– 1992: Gefährliche Spiele: Symbolisch praktizierter Rassismus in der italienischen Popularkultur, Das Argument, Bd. 34, Heft 191, S. 67–78.
– 1997: La mobilitazione magica del pantheon cattolico, in: Gallini, Clara u. Marcello Massenzio (Hg.): Ernesto de Martino nella cultura europea, Neapel (Liguori), S. 183–192.
GATTO TROCCHI, Cecilia, 1995: Postfazione, in: Silvio Maranzana, Magia bianca e nera, Triest (Danubio), S. 109–112.
GENTILE, Emilio, 1993: Il culto del littorio, Bari (Laterza).
GENTILE, Giuseppe, 1975a: Storia, arte, testimonianze in Basilicata, Potenza (Privatdruck).
– 1975b: Vita di Giambattista Rossi, Arciprete di Ripacandida, Lavello (Alfagrafica).
– 1983: Suor Maria di Gesù, Lavello (Alfagrafica).
GESCHIERE, Peter, 1997: The modernity of witchcraft: politics of the occult in postcolonial Africa, Charlottesville (University Press of Virginia).
GIERKE, Otto von, 1913: Das deutsche Genossenschaftsrecht, Berlin (Weidmann).
GILMAN, Sander L., 1982: Seeing the insane, New York (John Wiley).
GINZBURG, Carlo, 1980: Die Benandanti. Feldkulte und Hexenwesen im 16. und 17. Jahrhundert, Frankfurt am Main (Syndikat).
– 1990: Hexensabbat. Entzifferung einer nächtlichen Geschichte, Berlin (Wagenbach).
– 2001: Die Wahrheit der Geschichte. Rhetorik und Beweis, Berlin (Wagenbach).
GIOVAGNOLI, Agostino, 1994: Il partito italiano. La democrazia cristiana dal 1942 al 1994, Bari (Laterza).
GIOVETTI, Paola, 1984: I guaritori di campagna. Tra medicina e magia, Rom (edizioni mediterranee).
– 1985: Einweihung am Heiligabend, esotera, Bd. 12.
GMELIN, Hermann, 1954: Kommentar, in: Dante Alighieri, Die Göttliche Komödie, Kommentar, I. Teil, Die Hölle, Stuttgart (Klett).
GODELIER, Maurice, 1987: Die Produktion der Großen Männer. Macht und männliche Vorherrschaft bei den Baruya in Neuguinea, Frankfurt am Main u. Paris (Campus u. MSH).
GOETHE, Johann Wolfgang von, 1994: Sämtliche Werke, Frankfurt am Main (Deutscher Klassiker Verlag).
GOODY, Jack, 1990: The Oriental, the Ancient, and the Primitive, Cambridge (Cambridge University Press).
GRAMSCI, Antonio, 1991: Soziales Denken, Berlin (Dietz).
GRAZIANO, Luigi, 1977: Patron-Client Relationships in Southern Italy, in: Schmidt, Steffen u.a. (Hg.): Friends, Followers and Factions, Berkeley, S. 360–378.
GREGOROVIUS, Ferndinand, 1953: Das Reich, Rom und Deutschland, in: Wanderjahre in Italien. Figuren, Geschichte, Leben und Szenerie aus Italien, Nachdruck Köln (Agrippina), S. 474–495.
– 1953b: Römische Figuren, in: Wanderjahre in Italien. Figuren, Ge-

schichte, Leben und Szenerie aus Italien, Nachdruck Köln (Agrippina), S.78–95.
Gribaudi, Gabriella, 1980: Mediatori. Antropologia del potere democristiano nel Mezzogiorno, Turin (Rosenberg & Sellier).
Guarini, Giambattista, 1899: Santa Margherita capella vulturina del Duecento, Trani (V. Vecchi), (anastatischer Nachdruck, Rionero in Vulture, Litostampa Ottaviano, 1988).
Guggino, Elsa, 1978: La magia in Sicilia, Palermo (Sellerio).
Gurevic, Aron, 1986: Contadini e santi: Problemi della cultura popolare nel Medioevo, Turin (Einaudi).
Harmening, Dieter, 1979: Superstitio. Überlieferungs- und theoriegeschichtliche Untersuchungen zur kirchlich-theologischen Aberglaubensliteratur des Mittelalters, Berlin (Schmidt).
Hauschild, Thomas, 1980: Abwehrmagie und Geschlechtssymbolik im mittelmeerischen Volksglauben, Baessler-Archiv, Bd. 28, S. 73–104.
– 1982: Der böse Blick. Ideengeschichtliche und sozialpsychologische Untersuchungen, Berlin (Mensch und Leben).
– 1982b: Hexen in Deutschland, in: Duerr, H.P. (Hg.): Der Wissenschaftler und das Irrationale, Bd. I, Frankfurt am Main (Syndikat), S. 537–564.
– 1983: Körpersprache, Magie und medizinische Heilserwartung, in: Imhof, A. E. (Hg.): Der Mensch und sein Körper. Von der Antike bis heute, München (Beck), S. 103–117.
– 1987: Die alten und die neuen Hexen, München (Heyne).
– 1991: Kultur der Gewalt in Süditalien, in: Brednich, R. W. u. W. Hartinger (Hg.): Gewalt in der Kultur, Vorträge des 29. Deutschen Volkskundekongresses, Passau (Passauer Studien zur Volkskunde), Bd. I, S. 355–375.
– 1994a: Studien zum religiösen Diskurs in Süditalien. Eine lukanische Hagiographie (Habilitationsschrift Köln 1991, Microfiche), Ketsch (Mikroform International).
– 1994b: Unter der Last der Vergangenheit, Anthropos, Bd. 89, S. 567–571.
– 1994c: Zauberlehrlinge, Okkulttäter und »das Volk«, Bayerisches Jahrbuch für Volkskunde 1994, S. 175–181.
Hauschild, Thomas u. Luigi Gilio, 1984: San Donato V. M. Protettore di Ripacandida, Potenza (Selbstverlag).
Heelas, Paul, 1981a: The Model Applied: Anthropology and Indigenous Psychologies, in: Heelas, Paul u. Andrew Lock (Hg.): Indigenous Psychologies. The Anthropology of the Self, London et al. (Academic Press), S. 39–64.
– 1981b: Introduction: Indigenous Psychologies, in: Heelas, Paul u. Andrew Lock (Hg.): Indigenous Psychologies. The Anthropology of the Self, London et al. (Academic Press), S. 3–18.
Hegel, Georg Wilhelm Friedrich, o.D.: Ästhetik, Bd. 1, Frankfurt am Main (Europäische Verlagsanstalt).
Heine, Heinrich, 1982: Memoiren, Historisch-kritische Gesamtausgabe der Werke, Hamburg (Hoffmann und Campe), Bd. 15, S. 84–101.
– 1983: Tannhäuser, Historisch-kritische Gesamtausgabe der Werke, Bd. 2, Neue Gedichte, Hamburg (Hoffmann und Campe), S. 55.
Helmers, Sabine, 1989: Tabu und Faszination. Über die Ambivalenz der Einstellung zu Toten, Krankheit und Kultur, Bd. 5, Berlin (Reimer).
Henningsen, Gustav, 1984: Die ›Frauen von außerhalb‹. Der Zusammen-

hang von Feenkult, Hexenwahn und Armut im 16. und 17. Jahrhundert auf Sizilien, in: Duerr, H. P. (Hg.): Die Mitte der Welt. Aufsätze zu Mircea Eliade, Frankfurt am Main (Suhrkamp), S. 164–182.

Hertz, Robert, 1970: Sociologie religieuse et Folklore, Paris (Presses Universitaires de France).

Herzfeld, Michael, 1987: Anthropology through the looking-glass. Critical ethnography in the margins of Europe, Cambridge, Mass. (Harvard University Press).

– 1992: The social production of indifference, New York/Oxford (Berg).

Herwegen, Ildefons, 1944: Sinn und Geist der Benediktinerregel, Köln (Benziger).

Heusinger, Lutz, 1976: Die sixtinische Kapelle, Bayreuth (Gondrom).

Hobsbawm, E. J. u. Terence Ranger (Hg.) , 1983: The Invention of Tradition, Cambridge et al. (Cambridge University Press).

Hocart, A. M., 1970: Kings and Councillors: An Essay in the Comparative Anatomy of Human Society, hg. v. Rodney Needham, Chicago (University of Chicago Press), Originalausgabe 1936.

Höffner, Kardinal Joseph, 1985: Teufel – Besessenheit – Exorzismus, Köln (Presseamt des Erzbistums Köln).

Höfler, Max, 1897: Das Kleid. Eine Umfrage, Am Urquell, Jahrgang 1897, S. 129–134.

Hofstadter, Douglas, 1994: Metamagicum. Fragen nach der Essenz von Geist und Struktur, München (dtv/Klett-Cotta).

Holl, Adolf, 1981: Hoc est enim corpum meum, in: Duerr, H. P.: Der Wissenschaftler und das Irrationale, Bd. I, Frankfurt am Main (Syndikat), S. 530–536.

Holmes, Douglas, 1991: Disincanti culturali. Contadini-operai in Friuli Udine (Macor), (Cultural Disenchantments, Princeton ‹Princeton University Press› 1989).

Horaz, 1904: Oden und Epoden (Die Oden und Epoden des Horaz für Freunde klassischer Bildung, besonders für die Primaner unserer Gymnasien, übersetzt von Hermann Menge), Dritte Auflage, Berlin (Langenscheidt).

Horden, Peregrine u. Nicholas Purcell, 2000: The Corrupting Sea. A Study of Mediterranean History, London (Blackwell).

Horkheimer, Max u. Theodor W. Adorno, 1985: Dialektik der Aufklärung. Philosophische Fragmente, Frankfurt am Main (Fischer).

Horn, David, 1994: Social Bodies. Science, reproduction, and Italian modernity, Princeton (Princeton University Press).

Horn, Pavel, 1996: Kanzler im Glück, Die Woche, 18. Oktober, Politik S. 6ff.

Houben, Hubert, 1990: Il monachesimo benedettino e l'affermazione del dominio normanno nel mezzogiorno, Radici Bd. 4, S. 7–41.

Hunger, Karl-Heinz, 1978: Der Äskulapstab, Berlin (Diss. Phil.).

Infantino, Antonio (e i tarantolati di Tricarico), 1996: Tarantella tarantata. Danza cosmica, suono e colore, Compact Disc, Amiata Record, http://www.amiatamedia.it

Jahn, Wolfgang, 1989: Untersuchungen zur normannischen Herrschaft in Süditalien (1040–1100), Frankfurt am Main (Lang).

James, William, 1977: Der Pragmatismus: ein neuer Name für alte Denkmethoden, Hamburg (Meiner).

Jentsch, Werner u. a. (Hg.), 1975: Evangelischer Erwachsenenkatechismus, Gütersloh (Bertelsmann).

Josuttis, Manfred, 1991: Gefährliche Nahrung. Zu einem unbedachten Aspekt des christlichen Abendmahls, Etnofoor, Bd. IV, S. 50–62.
Kaden, Woldemar, 1896: Volksthümliches aus Süditalien, Leipzig (Naumann).
Kantorowicz, Ernst, 1965: Gods in Uniform, in: Ders.: Selected Studies, Locust Valley NY (Augustin), S. 7ff.
– 1980: Kaiser Friedrich der Zweite, Stuttgart (Klett-Cotta), Bd. I u. II.
Karmelitin, Eine, 1990: Johannes Paul I. Das Leben des lächelnden Papstes, München (Verlag Neue Stadt).
Kennedy, Robert, 1967: Gangster drängen zur Macht, Reinbek (Rowohlt).
Kerényi, Karl, 1956: Der göttliche Arzt, Darmstadt (Wissenschaftliche Buchgesellschaft).
Kertzer, David u. Dennis Hogan, 1989: Family, Political economy, and Demographic Change. The Transformation of Life in Casalecchio, Italy, 1861–1921.
Kertzer, David u. Richard P. Saller (Hg.), 1991: The family in Italy from Antiquity to the present, New Haven/London (Yale University Press).
Kirsten, Ernst, 1975: Süditalienkunde, Heidelberg (Winter).
Klaniczay, Gábor, 1991: Heilige, Hexen, Vampire. Vom Nutzen des Übernatürlichen, Berlin (Wagenbach).
Klein, Melanie, 1985: Frühstadien des Ödipuskomplexes: Frühe Schriften 1928–1945, Frankfurt am Main (Fischer).
Kohut, Heinz, 1976: Narzißmus, Frankfurt am Main (Suhrkamp).
Koschorke, Albrecht, 2000: Die Heilige Familie und ihre Folgen. Ein Versuch, Frankfurt am Main (Fischer).
Kramer, Fritz, 1987: Der rote Fes. Über Besessenheit und Kunst in Afrika, Frankfurt am Main (Syndikat).
Kramer, Fritz u. Gertraud Marx, 1993: Zeitmarken. Die Feste von Dimodonko, München (Trickster).
Krauss, Friedrich Salomon, 1897: Der Urquell: Eine Monatsschrift für Volkskunde, Leiden.
Kruse, Johann, 1951: Hexen unter uns? Magie und Zauberglauben in unserer Zeit, Hamburg (Hamburgische Bücherei).
Kummer, Bernhard, 1987: Feen, in: Bächtold-Stäubli, Hanns u. Eduard Hoffmann-Krayer (Hg.): Handwörterbuch des deutschen Aberglaubens, Berlin/New York (de Gruyter), Bd. 2, Sp. 1286–1294.
Kühnau, Richard, 1913: Schlesische Sagen, Leipzig (Teubner), Bd. III.
Kytzler, Bernhard, 1978: Horaz, Oden und Epoden, Stuttgart (Reclam).
Lang, Bernhard u. Colleen McDannell, 1996: Der Himmel. Eine Kulturgeschichte des ewigen Lebens, Frankfurt am Main (Insel).
Larotonda-Lucano, Angelo, 1985/86: Il laudatore: Un'evoluzione finita?, Annali della Facoltà di Lettere e Filosofia (dell' Università della Basilicata, Potenza), Neapel (ESI), S. 197–208.
Latour, Bruno, 2000: Die Hoffnung der Pandora. Untersuchungen zur Wirklichkeit der Wissenschaft, Frankfurt am Main (Suhrkamp).
Le Goff, Jacques, 1988: Wucherzins und Höllenqualen. Ökonomie und Religion im Mittelalter, Stuttgart (Klett-Cotta).
Le Roy Ladurie, Emmanuel, 1989: Karneval in Romans, München (dtv/Klett-Cotta).
Levi, Carlo, 1977: Cristo si è fermato a Eboli, Turin (Einaudi), dt.: Christus kam nur bis Eboli, Zürich/Wien 1949.
Levi, Mario Attilio, 1994: Augusto e il suo tempo, Mailand (Rusconi).

Lévi-Strauss, Claude, 1964: Die Sage von Asdiwal, in: Schmitz, C. A. (Hg.): Religions-Ethnologie, Frankfurt (Akademische Verlagsanstalt), S. 154–195.
– 1967: Der Zauberer und seine Magie, in: Strukturale Anthropologie, Frankfurt am Main (Suhrkamp), S. 183–203.
– 1968: Das wilde Denken, Frankfurt am Main (Suhrkamp).
– 1985: Eine anatomische Präfiguration der Zwillingsgeburt, in: Lévi-Strauss, Claude: Der Blick aus der Ferne, München (W. Fink), S. 301–317.
Lewis, Ioan, 1989: Schamanen, Hexer, Kannibalen. Die Realität des Religiösen, Frankfurt am Main (Athenäum).
– 1991: Social anthropology in perspective, Cambridge (Cambridge University Press).
Lichtenstern, Hermann, u. a., 1983: Schwester Bernhardines große Naturapotheke, München (Mosaik Verlag).
Lienhardt, Godfrey, 1961: Divinity and Experience. The Religion of the Dinka, Oxford (Oxford University Press).
Löwe, Gerhard u. a., 1986: Schülerduden Lateinisch-Deutsch, Mannheim (Dudenverlag).
Lombardi-Satriani, Luigi M., 1971: Il Vulture, in: Ders. (Hg.): Santi, streghe e diavoli. Il patrimonio delle tradizioni popolari nella società meridionale e in Sardegna, Florenz (TCI), S. 367 ff.
Lombardi-Satriani, Luigi u. Mariano Meligrana, 1982: Il ponte di S. Giacomo. L'ideologia della morte nella società contadina del Sud, Mailand (Rizzoli).
Lombroso, Cesare u. Rudolfo Laschi, 1891: Der politische Verbrecher und die Revolutionen in anthropologischer, juristischer und staatswissenschaftlicher Beziehung, Hamburg (Verlagsanstalt und Druckerei).
Lopéz-Melús, Raffael María, 1994: El Escapulario del Carmen, Onda (Apostolado Mariano-Carmelitano).
Loud, George, 1985: Church and Society in the Norman Principality of Capua 1058–1197, Oxford (Clarendon).
Lucchesi, Giovanni, 1962: Donato, vescovo di Arezzo, in: Biblioteca Sanctorum, Rom (Istituto Giovanni XXIII, B. II, Sp. 773 ff.
Lüdemann, Gerd, 1995: Ketzer. Die andere Seite des frühen Christentums, Stuttgart (Radius).
– 1996: Das Unheilige in der Heiligen Schrift, Stuttgart (Radius).
Lüdemann, Gerd u. Martina Janssen (Hg.), 1997: Bibel der Häretiker. Die gnostischen Schriften aus Nag Hammadi, Stuttgart (Radius).
Lützenkirchen, Guglielmo u. a. (Hg.), 1981: Mal di Luna, Rom, (Newton/Compton).
Luhmann, Niklas, 1995: Kausalität im Süden, Soziale Systeme. Zeitschrift für soziologische Theorie, Jg. 1. Heft 1, S. 7–28.
Luzzato, Gino, 1968: L'economia italiana dal 1861 al 1894, Turin (Einaudi).
Malinowski, Bronislaw, 1979: Argonauten des westlichen Pazifik, Frankfurt am Main (Syndikat).
– 1981: Korallengärten und ihre Magie. Bodenbestellung und bäuerliche Riten auf den Trobriand-Inseln, Frankfurt am Main (Syndikat).
– 1982: Ein Tagebuch im strikten Sinn des Wortes, Frankfurt am Main (Syndikat).
Marano, Francesco, 1993: Ex Voto fotografici ad Avigliano, Lares, Jahr LIX, Nr. 3, S. 441–456.

Martelli, Matteo u. Filippo Nibbi, 1982: Arezzo. Guida storica e turistica, Arezzo (Atretia Libri).
Marx, Karl, 1970a: Der Kommunismus und die Augsburger »Allgemeine Zeitung«, Marx/Engels Werke, Berlin (Dietz), S. 105–108 (Rheinische Zeitung Nr. 289 vom 16. Oktober 1842).
– 1970b: Verhandlung des 6. rheinischen Landtags. Debatten über das Holzdiebstahlgesetz, Marx/Engels Werke, Berlin (Dietz), S. 109–151 (Rheinische Zeitung Nr. 298 vom 25. Oktober 1842).
Marx, Karl u. Friedrich Engels, 1969: Manifest der Kommunistischen Partei, Marx/Engels Werke, Bd. 4, S. 462–493 (London, Bildungs-Gesellschaft für Arbeiter, 1848).
Massa, Eugenio, 1977: Gli ultimi briganti della Basilicata. Carmine Donatelli Crocco e Giuseppe Caruso. Note Autobiografiche, Civitavecchia (Tipografia Lucana, Nachdruck der Ausgabe o.O. 1903 bei G. Grieco).
Mattaloni, Claudio, 1993: Cividale del Friuli, Udine (Arti Grafiche Friulane).
Mauss, Marcel, o.D.: Gift, in: Mélanges offerts a M. Charles Andler, Publications de la Faculté des lettres de l'université de Strasbourg, Straßburg (Librairie Istra).
– 1978: Eine Kategorie des menschlichen Geistes: Der Begriff der Person und des »Ich«, in: Ders.: Soziologie und Anthropologie, Frankfurt am Main (Ullstein), Bd. II, S. 221 ff. (Journal of the Royal Anthropological Institute, Bd. 68, 1938).
McLuhan, Marshall, 1970: Narzißmus als Narkose, in: Ders.: Die magischen Kanäle. Understanding Media, Frankfurt am Main (Fischer), S. 49–55.
Meichsner, Friedrich, 1958: Elend führt zum Aberglauben. Erschütternde Berichte über die Zustände in Süditalien, Welt am Sonntag, 2. März, S. 33.
Mezger, Werner, 1993: Sankt Nikolaus, Ostfildern (Schwabenverlag).
Miccinelli, Clara, 1984: Il tesoro del principe di Sansevero. Luce nei sotterranei, Neapel (Società Editrice Napoletana).
Migliorini, Elio, 1972: Le regioni d'Italia, Turin (TCI), Bd. XV.
Ministero per i Beni culturale e ambientali, 1995: Federico II e l'Italia, Rom (De Luca).
Molfese, Franco, 1972: Storia del brigantaggio dopo l'Unità, Mailand (Feltrinelli).
Molfese, Giuseppe Nicola, 1978: Ceneri di Civiltà Contadina in Basilicata, Galatina (Congedo).
Mongelli, Giovanni, 1961: S. Donato da Ripacandida, monaco di Montevergine: L'approvazione del culto nel 1758, Miscellanea Francescana, Bd. 56, S. 311 ff.
– 1964: Donato da Ripacandida, in: Biblioteca Sanctorum, Rom (Istituto Giovanni XXIII), Bd. IV, Spalte 792.
– 1966: Guglielmo da Vercelli, in: Biblioteca Sanctorum, Rom (Istituto Giovanni XXIII), Bd. VII, Spalte 487 ff.
Morinis, E. Alan, 1984: Pilgrimage in The Hindu Tradition, New Delhi (Oxford University Press).
Motta, Antonio, 1993: Da Venusia a Venosa. Itinerari nella memoria. Contributi per la storia della viabilità meridionale, Venosa (Appia 2).
Mühlmann, Wilhelm Emil u. Roberto J. Llaryora, 1973: Strummula

Siciliana: Ehre, Rang und soziale Schichtung in einer sizilianischen Agro-Stadt, Meisenheim am Glan (Hain).

NAUMANN, Hans, 1921: Primitive Gemeinschaftskultur: Beiträge zur Volkskunde und Mythologie, Jena (Diederichs).

NICCOLI, Alessandro, 1976: Tremoto, in: Bosco, Umberto (Hg.): Enciclopedia Dantesca, Rom (Istituto della Enciclopedia Italiana), Bd. V, S. 712–713.

NIGRO, Raffaele, 1988: In principio era il malocchio, Gazzetta del Mezzogiorno, 6. Januar.

OBEYESEKERE, Gananath, 1981: Medusa's hair: an essay on personal symbols and religious experience, Chicago (Chicago University Press).

O'KEEFE, Daniel, 1982: Stolen Lightning. The Social Theory of Magic, Oxford (Martin Robertson).

ONIANS, Richard Broxton, 1989: The Origins of European Thought, Cambridge (Cambridge University Press), Erstdruck 1951.

OPPITZ, Michael, 1975: Notwendige Beziehungen. Abriß der strukturalen Anthropologie, Frankfurt (Suhrkamp).

ORLANDO, Vito, 1980: La religione ›del popolo‹. Ricerca socio-religiosa in Basilicata, Bari (Ecumenica).

OTTMÜLLER, Uta, 1991: Speikinder-Gedeihkinder. Körpersprachliche Voraussetzungen der Moderne, Tübingen (edition diskord).

PACE, Valentino, 1995: Pittura e miniatura sveva da Federico II a Corradini: storia e Mito, in: Ministero per i Beni culturale e ambientali, Federico II e l'Italia, Rom (De Luca), S. 103–110.

PAHLOW, Mannfried, 1979: Das große Buch der Heilpflanzen, München (Gräfe und Unzer).

PAKRADUNY, T., o. D.: Die Welt der geheimen Mächte, Wiesbaden (Löwit).

PALESTINA, Carlo, 1985: Il Brigantaggio in immagini, Rionero (Litostampa Ottaviano).

– 1989: Religiosità popolare e credenze malefiche in un processo inquisitoriale del 1695 nella diocesi di Melfi, Radici, Bd. 2, S. 107–127.

– 1992: Ripacandida dalle origini agli aragonesi. Note storiche, Radici, Bd. 10, S. 141–148.

PALESTINA, Carlo u. F. PIETRAFESA u. M. SARACENO, 1983: Il terremoto nel Vulture. Immaginio e ricordi di ieri e di oggi, Napoli (Laurenzana).

PANDOLFI, Mariella, 1991: Itinerari delle emozioni. Corpo e identità femminile nel Sannio campano, Mailand (Franco Angeli).

PARDO, Italo, 1992: ›Living‹ the house, ›feeling‹ the house. Napoletan issues in thought, organization, and structure, European Journal of Sociology, Bd. 33, S. 251–279.

PARSONS, Anne, 1974: Besitzt der Ödipuskomplex universelle Gültigkeit? in: Muensterberger, Werner (Hg.): Der Mensch und seine Kultur. Psychoanalytische Ethnologie nach »Totem und Tabu«, München (Kindler), S. 206–259.

PASQUARELLI, Michele Gerardo, 1987: Amuleti e pratiche magiche in Basilicata, Folklore, VII,3, 3–17 und VIII, 1, 1–24, Nachdruck in: Pasquarelli, Michele Gerardo: Amuleti, Medicina, Magia e classi sociali nelle Basilicata degli anni venti, Bari (Congedo), S. 519–574 (Nachdruck der Aufsätze von 1921/22).

PATOCKA, Jan, 1988: Ketzerische Essais zur Philosophie der Geschichte, Stuttgart (Klett).

PEDIO, Tommaso, 1989a: La Basilicata. Dalla caduta dell'Impero Romano agli Angioini, Bari (Levante), Bd. I–V.

– 1989b: Banditi e ribelli in Basilicata dopo la rivolta antifeudale del 1647–1648, Radici, Bd. 3, S. 69–84.
– 1992: Melfi caput Apuliae da Arduino a Roberto il Guiscardo, Radici, Bd. 11, S. 7–58.
– 1995: Viaggiatori stranieri nel mezzogiorno d'Italia. George Berkeley, in: Radici, Bd. 16, S. 159–169.
Peristiany, John G. (Hg.), 1976: Mediterranean Family Structures, Cambridge (Cambridge University Press).
Pietrafesa, Franco, 1981: Santuari e chiese mariane nella regione del Vulture, Neapel (Laurenziana).
– 1981b: I terremoti del Vulture, Neapel (Laurenziana).
– 1982: Rionero. Note storiche e documenti, Neapel (Laurenziana).
– 1985: Il Generale Crocco. Cronache brigantesche nella regione del Vulture, Rionero (Selbstverlag).
– 1987: Descrizione delle antiche chiese di San Bartolomeo, San Nicolò e Santa Maria del Carmine fatta nel 1725 dall'arciprete Giovanni Battista Rossi, Quaderni »Conoscere il Vulture«, Heft 1, Neapel/Rionero (Laurenziana).
– 1988: Per la storia di Ripacandida e del sua casale Ginestra nel secolo XVII. I feudatari – gli apprezzi, Quaderni ›Conoscere il Vulture – Studi e Ricerche‹, Heft 3, Neapel (Selbstverlag).
Piperno, Pietro, 1635: De nuce maga beneventana, Neapel (Domenico Montanari).
Pirandello, Luigi, 1977: Einer, Keiner, Hunderttausend, Frankfurt am Main (Insel).
Pitkin, Donald, 1985: The house that Giacomo built, New York (Cambridge University Press).
Pius XII., 1964: Rundschreiben unseres Heiligen Vaters Papst Pius XII: Mystici Corporis Christi. Über den mystischen Leib Jesu Christi und unsere Verbindung mit Christus in ihm, Luzern (Rex-Verlag); Originalausgabe 1943.
Plessen, Marie-Louise u. Daniel Spoerri, 1977: Heilrituale an bretonischen Quellen, Oldenburg (Privatdruck).
Politi, Marco, 1997: L'Italia è una e cattolica, La Repubblica, Attualità, 5. September, S. 20.
Praz, Mario, 1970: Liebe, Tod und Teufel. Die schwarze Romantik, München (dtv), Bd. I u. II.
Propp, Vladimir Ja., 1982: Le radici dei racconti di magia, Rom (Newton Compton).
Puce, Adriano, 1985: Contributo psicologico-sociale allo studio del male di S. Donato nel Salento, Studi e Materiali di Storia delle Religioni, Bd. 51/N.F. 9, S. 261 ff.
Putnam, Robert D., 1993: Making Democracy Work. Civic Traditions in Modern Italy, Princeton, N.J. (Princeton University Press).
Puzo, Mario, 1978: The Godfather, Harmondsworth (Penguin- Signet).
Radoani, Silvana, 1997: Video: Satanismo. L'avversario tra di noi, Vicenza (Elle Di Ci Audiovisioni).
Ranisio, Gianfranca, 1981: Il paradiso folklorico. San Giuseppe nella tradizione popolare meridionale, Neapel (Colonnese).
Ranke, Friedrich, 1987: Mahr, in: Bächtold-Stäubli, Hanns u. Eduard Hoffmann-Krayer (Hg.): Handwörterbuch des deutschen Aberglaubens, Berlin/New York (de Gruyter), Bd. V, Sp. 1508–1512.

REICH, Wilhelm, 1934: Der Urgegensatz des vegetativen Lebens, Zeitschrift für Politische Psychologie und Sexualökonomie, Bd. 1, S. 3–10.
REIK, Theodor, 1929: Lust und Leid im Witz, Wien (Internationaler Psychoanalytischer Verlag).
RESCIO, Pierfrancesco, 1995: Storia, archeologia, e survey sul Monte Vulture (II). I castelli nel quadro delle fortificazioni lucane, Radici, Bd. 16, S. 105–121.
RICHTER, Dieter, 1989: Viaggiatori stranieri nel Sud, Amalfi (La nuova Italia).
RIGHI-PARENTI, Giovanni, 1998: Erbe, fiori e frutti nella pratica liquoristica d'ogni tempo, in: Pieroni, Andrea (Hg.): Erbi boni, erbi degli streghi. Good weeds, witches' weeds, Köln (experiences Verlag), S. 129–135.
RISSO, Michele u. Wolfgang BÖKER, 1964: Verhexungswahn. Ein Beitrag zum Verständnis von Wahnerkrankungen süditalienischer Arbeiter in der Schweiz, Basel (Karger).
RIVIELLO, Raffaele, 1893: Ricordi e note su costumanze, vita e pregiudizi del popolo potentino, Potenza (Garramone e Marchesiello).
ROBB, Peter, 2000: Sizilianische Schatten, Köln (Dumont).
ROSATI ANASTASIA, Angela, 1981: La Guaritirice, Katundi Yne. Rivista italo-albanese di cultura e di attualità, Civita (Cosenza), Nr. 39, Bd. XII, Heft 3, S. 25.
ROSEN, Lawrence, 1984: Bargaining for reality: the construction of social relations in a Muslim community, Chicago (University of Chicago Press).
ROSSI, Annabella, 1969: Le feste dei poveri, Bari (Laterza).
RUSH, John, 1974: Witchcraft and Sorcery. An anthropological perspective on the occult, Springfield, Ill. (Thomas).
SACCO, Leonardo, 1982: Il cemento del potere. Storia di Emilio Colombo e della sua città, Bari (De Donato).
SAEDLER, Heinrich, 1918: Alte Heiligen-Legenden aus dem Kölner Passional vom Jahre 1485, Köln (Volksvereins-Verlag).
SAFRANSKI, Rüdiger, 1994: Ein Meister in Deutschland. Heidegger und seine Zeit, München (Hanser).
SAGARESE, Giuseppe u. Giannino AGOGLIA, 1979: Il Satutto del Sud, Potenza e la sua provincia, Savoia L. (Satutto del Sud).
SANGA, Glauco, 1978: Il peso della carne. Il culto millenaristico del profeta Domenico Masselli di Stornarella, Brescia (Grafo edizioni).
SARACENO, Michele, 1989: Crocco a Marsiglia, Radici 3, S. 123–125.
SARTRE, Jean Paul, 1982: Der Ekel, Reinbek (Rowohlt).
SCARPINATO, Roberto, 1998: Il dio dei mafiosi, Micromega, rivista bimestrale, 1/1998, S. 45–68.
SCHÄFER, Herbert, 1959: Ein typischer Hexenbanner, Kriminalistik, Nr. 13, S. 158–160.
SCHERMANN, L. u. Friedrich Salomon KRAUSS, 1899: Allgemeine Methodik der Volkskunde, Erlangen (Junge).
SCHLEHE, Judith, 1987: Das Blut der fremden Frauen. Menstruation in der anderen und in der eigenen Kultur, Frankfurt am Main (Campus).
SCHULZ, Matthias, 1998: Antichrist im Röntgenlicht, Der Spiegel, Heft 46, S. 238–240.
SCHUSTER, Carl u. Edmund CARPENTER, 1996: Patterns that connect. Social symbolism in ancient and tribal art, New York (Abrams).

Schwendenwein, Hugo, 1984: Das neue Kirchenrecht, Darmstadt (Wissenschaftliche Buchgesellschaft).
Sciascia, Leonardo, 1979: Die Affäre Moro, Königstein (Athenäum).
– 1987: Porte aperte, Mailand (Adelphi).
Scotellaro, Rocco, 1982: E' fatto giorno, Mailand (Mondadori).
– 1982b: Uno si distrae al bivio, Matera (Basilicata ed.).
Seligmann, Siegfried, 1922: Die Zauberkraft des Auges und das Berufen, Hamburg (o.Verlagsangabe, Nachdruck 1977, Den Haag, Couvreur).
Senfft, Heinrich, 1997: Prominente und andere Leichen, Die Zeit, 21. März, S. 21.
Sepilli, Anita, 1971: Poesia e Magia, Turin (Einaudi).
Servizio di Communicazione per il Sud, 1993: Führer für die Landwirtschaft und die Ruralgebiete der Basilikata, Potenza (S.C.S.).
Shapiro, Warren, 1988: Ritual Kinship, Ritual Incorporation and the Denial of Death, Man, Bd. 23 (2), S. 275–293.
Simmel, Georg, 1919: Philosophische Kultur, Leipzig (Kröner), 2. Auflage.
– 1992: Soziologie, Kapitel IV, Der Streit, Frankfurt am Main (Suhrkamp).
Sohn-Rethel, Alfred, 1992: Das Ideal des Kaputten. Über neapolitanische Technik, Bremen (Bettina Wassmann).
Spargo, John Webster, 1934: Virgil the Necromancer. Studies in Virgilian Legend.
Spera, Enzo, 1983: Comparatici minimi e comparatico di ›passata‹ in Basilicata e nella Murgia barese, in: Anonymus (Hg.) L'amicizia e le amicizie, Atti del V Congresso Internazionale di Studi Antropologici, Palermo (Università), S. 3–35.
– 1984: Pupe di S. Giovanni e battesimo di bambole, Bolletino della Biblioteca Provinciale di Matera. Rivista di Cultura Lucana, Bd. V, Nr. 8, S. 29–49.
– 1984a: Licenzia vò, Signora. Materiali per lo studio del Carnevale in Basilicata, Bari (Centro studi nonopiano).
– 1996: La »présence« des personnages dans les ex-votos photographiques d'Italie du Sud, Xoana, Heft 4, S. 93–110.
Stoker, Bram, 1993: Dracula, London (Wordsworth).
Stolpi, Giuseppe, o.D.: Trilogia evangelica verso Christo Avigliano (Galasso).
Streck, Bernhard, 1997: Fröhliche Wissenschaft Ethnologie. Eine Führung, Wuppertal (Ed. Trickster/P. Hammer).
Strehlow, Theodor, 1971: Songs of Central Australia, Sydney/London (Angus and Robertson).
Studtrucker, Uwe, 2000: Hexenland. Im ligurischen Argentina-Tal lässt Angela-Maria Zucchetto die Erinnerung an grausige Zeiten fortleben, Berliner Zeitung, 7./8. Oktober, S. 82.
Suor Maria Stella di Betlem, 1957: Monografia Storica su Ripacandida (PZ), Manuskript, aufbewahrt im »Santuario San Donato« der »Suore Francescane di Gesù Bambino«, Ripacandida.
Syndikus, Hans Peter, 2001: Die Lyrik des Horaz. Eine Interpretation der Oden, Bd. II, Drittes und Viertes Buch, Darmstadt (Wissenschaftliche Buchgesellschaft).
Tak, Herman, 2000: South Italian Festivals. A local history of ritual and change, Amsterdam (Amsterdam University Press).
TCI Touring Club Italiano (Hg.), 1980: Basilicata, Calabria: Guida d'Italia del Touring Club Italiano, Bd. 21, Mailand (TCI/Garzanti).

THOMPSON, Stephanie, 1980: Australia through Italian eyes. A study of settlers returning from Australia to Italy, Melbourne (Oxford University Press).
TOMMASINI, Nicola, 1980: Folklore, magia, mito e religiosità popolare, Bari (Ecumenica).
TRAMICE, Giovanni, 1990: L'ode quarta di Orazio a Calliope, Radici 4, S. 78–87.
TRAMONTANA, Salvatore, 1995: Le cronache, in: Ministero per i beni culturali ed ambientali (Hg.): Federico II e l'Italia, Rom (Edizioni de Luca/Editalia), S. 163–168.
TRANGHESE, Salvatore, 1990: Itinerario storico-critico sulle cripte vulturine, Radici, Bd. 5, S. 8–68.
TUMULTY, Karen, 1997: Who is Marsha Scott?, Time, 24. März, S. 33.
TURNER, Victor, 1989: Das Ritual. Struktur und Antistruktur, Frankfurt am Main (Campus).
TURNER, Victor u. Edith TURNER, 1978: Image and Pilgrimage in Christian Culture. Anthropological Perspectives, New York (Columbia University Press).
VALLETTA, Nicola, 1819: Ciccalata zul Fascino volgarmente detto Jettatura, Neapel (Saverio Giordano).
VAN DER LEEUW, Gerardus, 1933: Die sog. »epische Einleitung« der Zauberformeln, Zeitschrift für Religionspsychologie, 6. Jahrgang, Heft 1, S. 161–180.
VAN GENNEP, Arnold, 1986: Übergangsriten, Frankfurt am Main/New York (Campus).
VAN VELSEN, J., 1964: The politics of kinship: a study in social manipulation among the Lakeside Tonga of Nyasaland, Manchester (Manchester University Press).
VILLARI, Lucio, 1992: Il capitalismo italiano nel novecento, Rom (Laterza).
VITALINI, Sandro, 1980: Théologie de l'au-delà, Fribourg (Université Miséricorde).
VOGEL, P. Matthäus, 1904: Goldene Legende. Leben der lieben Heiligen Gottes auf alle Tage des Jahres, neu bearbeitet v. P. Wilhelm Auer, Köln (Wulfers).
VON UEXKÜLL, Thure, 1997: Psychosomatische Medizin, München (Urban und Schwarzenberg).
WARBURG, Aby, 1932: Die Erneuerung der heidnischen Antike, Gesammelte Schriften Bd. I, Leipzig (Teubner).
– 1988: Schlangenritual. Ein Reisebericht, Berlin (Wagenbach).
WEBER, Max, 1920: Gesammelte Aufsätze zur Religiossoziologie, Bd. I, Tübingen (Mohr).
– 1964: Wirtschaft und Gesellschaft, Halbbände, Köln-Berlin (Duncker und Humblot).
WEINER, Annette u. Jane SCHNEIDER (Hg.), 1989: Cloth and Human experience, Washington (Smithsonian Institution Press).
WERTMÜLLER, Lina, o.D.: Liebe und Magie in Mammas Küche, Köln (Nyssen und Bansemer).
WILLEMSEN, Carl Arnold, 1986: Das Falkenbuch Friedrichs II., Dortmund (Harenberg).
WIMMER, Elisabeth, 1993: Biene und Honig in der Bildersprache der lateinischen Kirchenschriftsteller, Wien (Österreichischer Kunst- und Kulturverlag).

WOLF, Eric, 1986: Die Völker ohne Geschichte: Europa und die andere Welt seit 1400, Frankfurt am Main (Campus).
ZIMMERMANN, Emil, 1982: Emigrationsland Süditalien: eine kulturanthropologische und sozialpsychologische Analyse, Tübingen (Mohr).
ZINK, Christoph u.a., 1990: Pschyrembel Klinisches Wörterbuch, Berlin/New York (de Gruyter).
ZUCKERMAN, Alan, 1977: Clientelist Politics in Italy, in: Gellner, Ernest u. John Waterbury (Hg.): Patrons and Clients, London (Duckworth), S. 63–79.

LISTE DER ZITIERTEN HISTORISCHEN DOKUMENTE

Die Buchstabenfolgen und Zahlen beruhen auf meiner hastig vorgenommenen, darum nicht immer die Chronologie berücksichtigenden Erstsignierung einer Sammlung von Photokopien, die ich vor allem mit Hilfe von Don Dante Casorelli, Leiter des Diözesanarchivs der Diöszese Melfi-Rapolla-Venosa, in den Jahren 1983 und 1984 anlegen konnte. Das Archiv wird derzeit neu organisiert, seinerzeit befand es sich nach dem Erdbeben von 1980 in ungeordnetem und unsigniertem Zustand. Wenn es um Dokumente geht, die nicht im Diözesanarchiv gefunden und kopiert wurden, habe ich das gesondert vermerkt. In der überwiegenden Zahl der Fälle handelt es sich um Briefe, die vom lokalen Klerus oder von Laien aus Ripacandida an den Bischof der damaligen Diözese von Melfi und Rapolla (Vescovo di Melfi e Rapolla) gerichtet wurden – ich habe diesen Titel mit »VMR« abgekürzt. Briefe des Bischofs an Priester und Laien sind in Rohschriften erhalten, von deren Absendung in Reinschrift ausgegangen werden kann – wenn ich nicht gesondert vermerkt habe, dass die Ausfertigung und Absendung zurückgehalten wurde (vgl. MdC 33).

CSD	**(Bruderschaft von San Donato, Confraternità di San Donato)**
CSD 1	Confraternità di San Donato, Ripacandida, an VMR, gezeichnet von einer Reihe von Bruderschaftlern, undatiert, wahrscheinlich um 1880.
CSD 2	Regole della »Congregazione del S.S. Sacramento e San Donato Vescovo e Martire del Comune di Ripacandida«, 16. Mai 1881.
CSD 3	Brief der Bruderschaft an VMR Giuseppe Camassa, 8. Juli 1882.
CSD 4	Brief des Erzpriesters Raffaele Maroscia, Ripacandida, an den VMR, 15. August 1883.
K	**(Kleriker an den Bischof)**
K 1	Brief des Priesters Carlo di Muro (?) an den VMR, 19. August 1885.
MdC	**(Bruderschaft der Heiligen Mutter vom Karmelberg, Confraternità Madonna del Carmelo)**
MdC 10	Brief des Priesters D'Adamo an den Prior der Bruderschaft, 21. März 1909.
MdC 11	Brief des Priesters Pasquale Fusco an den VMR, 7. Juni 1913.
MdC 12	Brief des Priesters Pasquale Fusco an den VMR, 4. Juni 1916.
MdC 14	Brief des Priesters Pasquale Fusco an den VMR, 7. Dezember 1917.
MdC 16	Brief des Priesters Don Guido Mastantuono an den VMR, 15. Oktober 1918
MdC 33	Alberto Costa VMR, Handschriftliche Skizze eines Maßnahmenkataloges gegen die Bruderschaft, Januar 1929, Vermerk: Wurde nach Unterwerfungsakt der Bruderschaft nicht abgeschickt, 8. 3. 1929.

MdC 43 Erklärung des VMR Domenico Petroni an die Bruderschaft, 28. Mai 1948.

MdC 53 Liste »Nuovi confratelli accettati«, 1952.

MdC 54 »Inventario dei beni mobili ed immobili della chiesa di C. Maria, Sede della CMC, il Priore Insegnante Di Sabato«, 3. Mai 1953.

MDC 55/56 »Nuova Confraternità riformata nell'anno 1952« (Mitgliederliste).

MdC 57 (Im Text identisch mit MdC 62) »Delibera della Confraternità del Carmelo«, 8. Februar 1954.

MdC 58 Brief des VMR Domenico Petroni an die Bruderschaft, 25. April 1953.

MdC 59 Brief des Priors der Bruderschaft, di Sabato, an den VMR, 22. April 1953.

MdC 60 »Confraternità Maria Santissima del Carmelo. Verbale di elezioni delle cariche sociali«, 19. April 1953.

MdC 61 »Rapporto sull'assemblea straordinaria« v. Prior der Bruderschaft, 15. August 1954.

MdC 62 »Rapporto sulle elezioni del consiglio direttivo della Confraternità del Monte Carmelo«, 8. Februar 1954, im Gegensatz zu MdC 57 mit handschriftlicher Bewilligung des VMR Domenico Petroni.

MdC 63 »Puntata di cronaca riordinamento della Confraternità del Carmelo«, 27. Februar 1954.

MdC Fasz. (Protokollbuch der Bruderschaft der Madonna del Carmelo zu Ripacandida)

Das Buch wurde mir von Rocco Labriola, dem verstorbenen letzten Vertreter dieser Bruderschaft im Jahre 1983 zum Kopieren entliehen. Der spätere Verbleib des Protokollbuches ist mir unbekannt. Die Kopie befindet sich in meinem Archiv. Die Seitenangaben beziehen sich auf meine Durchnumerierung des Materials.

SD (Briefe und Dokumente im Zusammenhang mit dem Donatuskult in Ripacandida)

SD 2 Brief an den VMR über die »portentosi miracoli del Glorioso S. Donato«, unterzeichnet von zahlreichen ripacandideser Bürgern, 1. Juni 1886.

SD 18 Brief des Priesters D'Adamo an den VMR, 31. Mai 1917.

SD 31 Brief des Priesters Pasquale Fusco an den VMR, 13. August 1926.

SD 32 Brief des Klerus von Ripacandida an den VMR, 10. Oktober 1926.

SD 38 Rohschrift eines Briefes des VMR an den Priester Guido Mastantuono in Ripacandida, 30. Oktober 1927.

SD 47 Municipio di Ripacandida, Skizze eines Vertrages mit dem Klerus von Ripacandida »circa esercizio del Culto nella Chiesa dell'ex Convento S. Donato di proprietà del comune«, 1928.

ABBILDUNGSNACHWEIS

Abbildung auf Seite:

Vorsatz, 85, 234	Principe, Ilario, 1991: Atlante storico della Basilicata, Cavallino di Lecce (Capone editore), Vorsatz; Abb. 149; 1.
8, 78, 125	Anita Hauschild, 1984–1985.
18	Sammlung des Autors, umgezeichnet von Walter Vollrath, 1997.
21	Postkartenmotiv der 60er Jahre.
46, 59, 65, 81–83, 91, 131, 142, 144, 156, 243, 253, 275, 297, 299, 337, 455, 562, 580	Thomas Hauschild, 1984–1998.
55, 429, 437	Sammlung des Autors.
62	Faltblatt des Museo Cristiano, Cividale in Friuli.
100, 107, 347	Vorlagen: Thomas Hauschild, graphische Umsetzung: Marc Bastet, 2002.
102	Monika Kirschner, 1994.
151	Aus dem Privatbesitz von Familie Giuseppe Gentile, Ripacandida.
190	Della Gala, Umberto (Hg.), 1981: Racconti Gerardini, Materdomini (Valsele Tipografia), S. 136–137.
377	Kopie des Frontispiz von Piperno, Pietro, 1635: De nuce maga beneventana, Neapel (Domenico Montanari), mit Unterstützung von Prof. Dr. Francesco Trevisani, Rom/Grottaglie.
381	La Repubblica, 20.12.2000.
391	Lang, Bernhard u. Colleen McDannell, 1996: Der Himmel. Eine Kulturgeschichte des ewigen Lebens, Frankfurt am Main, S. 124.
415	Postkarte der Tipografia San Michele, Monte Sant' Angelo (Foggia), 2000.
418	Braun, Joseph, 1912: Handbuch: Der Parament, Freiburg im Breisgau (Herdersche Verlagsbuchhandlung).
425	Lopéz-Melús, Raffael María, 1994: El Escapulario del Carmen, Onda (Apostolado Mariano-Carmelitano). Mit freundlicher Genehmigung von Padre Lopéz-Melús.
495	»La Basilicata«, Rassegna di politica e cronaca meridionale, Jg. 25, 2. September 1983, S. 5. – Nachdruck aus »La Stampa«, 4. August 1983.

497, 589	Levi, Carlo, 1975: Contadini e Luigini. Testi e disegni di Carlo Levi, hg. v. Leonardo Sacco, Rom/Matera (Basilicata editrice), S. 107/108; 125.
506–507	De Martino, Ernesto, 1995: Storia e metastoria. I fondamentio di una teoria del sacro, hg. v. Marcello Massenzio, Lecce (Argo), S. 42/43.
514	Fotografie von Francesco Pinna, in: Gallini, Clara u. Francesco Faeta (Hg.), 1999: I viaggi nel Sud di Ernesto de Martino, Turin (Bhollati Boringhieri), S. 132.
543	Reproduktion mit freundlicher Genehmigung der Kunsthalle Karlsruhe nach einem Hinweis von Prof. Dr. Heinz Hofmann, Tübingen.
547	Mario Cresci, Basilicata turistica, Istituto Geografico De Agostini, 1990.
551	Anonyme Grafik nach dem Fresko in der Capella Santa Margherita, in: Guarini, Giambattista, 1988: Rionero in Vulture (Litostampa Ottaviano), anastatischer Nachdruck der Ausgabe Trani 1899 (eigentlich *Napoli nobilissima*, vol. VIII, tom VIII–IX), S. 9.
578	Andachtsbild, Ripacandida, zwanziger Jahre, auf der Grundlage einer anonymen Grafik des 18. Jahrhunderts, Sammlung des Autors.
595–599	Palestina, Carlo.
609	Mit freundlicher Genehmigung von Donato Turtora, Ripacandida, Sammlung des Autors.
621	Aufnahme von Don Rizzs, mit freundlicher Genehmigung, Sammlung des Autors, 1983.
627	Postkartenmotiv der siebziger Jahre des 20. Jahrhunderts.
699	Simon Hauschild, 1998.

DANK Ringraziamenti

In Ripacandida, Rionero, Ginestra, Melfi, Tolve
und Blue Island, Illinois

Luigi Gilio, Rosa Leone (†), Angela und Gabriele Gilio
und Verwandte
Carmela Carlucci Perretta (†)
Vito Gioiosa und Zi Giuseppina (†)
Antonio »Santuccio« di Sabato (†), seine Frau und Rodolfo
Domenico Cutrone (†)
Donato »Titino« Turtora, »Titina« und Familie
Domenico »Peppino« Cetta (†)
Giuseppe Gentile (†) und Angela, Donato, Valeria
Filomena »Fulminucc'« Palottino Annunziata
und Giuseppe Annunziata
Familie Vaccaro
Michele Di Sabato und seine Frau
Rocco Labriola (†)
Michele Labriola
Canio Gioiosa und Familie
Gerardo Cripezzi
Suor Genzana (†), Suor Leonarda, Suor Enza
und ihre Mitschwestern vom Convento San Donato
der Franziskanerinnen
Michele Ciccarella (†)
Michele Anastasia, Elisa Leone und ihre Kinder
Antonio di Sabato
Michele Rizzo

Padre Rocco Rizzo
dott.ssa Angela Anastasia
Prof. Paolo Rosati
Antonio Pallottino und Familie
Don Dante Casorelli
Don Teodosio Iacobuzio
Father Hugo und Sister Paulina, Saint Donatus Parish

Und alle Menschen in oder aus Lukanien, die mir ihre Zeit gewidmet haben –
e tutti i Lucani chi mi hanno regalato il loro tempo ed un po di pazienza ...

Mitreisende

Anita Hauschild
Simon Hauschild
Monika Kirschner
Reinhard Jonas, MA und Margitta Jonas
Prof. Dr. Uwe Peters
Dr. Johanne Peters
Prof. Luigi di Gianni
Prof. Dr. Franco Trevisani

Wissenschaftliche Betreuer

Prof. Dr. Fritz W. Kramer
Prof. Dr. Ulla Johansen
Prof. Dr. Franco Trevisani
Prof. Dr. Jürgen Jensen
Mein Habilitationskollegium bei der Philosophischen Fakultät der Universität zu Köln

Förderung

Alexander von Humboldt-Stiftung, Feodor Lynen Programm
Deutsche Forschungsgemeinschaft
Instituto Orientale, Dipartimento di Sociologia, Neapel
Centro Universitario Europeo per i Beni Culturali, Ravello

Wissenschaftliche Gesprächspartner

Dr. Irene Albers
Timo Berger
Prof. Dr. Richard Burghart
Prof. Dr. Anton Blok
Prof. Enzo Cervellino
Prof. Dr. Clara Gallini
Reinhard Greve
Dr. Carl Hegemann
Dr. Herbert Kappauf
Dr. Marva Karrer

Prof. Dr. Waltraud Kokot
Prof. Dr. Alfred Krovoza
Dr. Monika Lanik
Prof. Dr. Angelo Larotonda-Lucano
Prof. Dr. Luigi Lombardi Satriani
Dr. Guglielmo Lützenkirchen
Prof. Dr. Tullio Maranhao
Prof. Giuseppe Monaco
Prof. Dr. Heide Nixdorff
Prof. Dr. Alfonso di Nola (†)
Padre Carlo Palestina
Prof. Dr. Mariella Pandolfi
Prof. Dr. Dieter Richter
Dr. Nadia Rossano
Dr. Lieselotte Schmitz
Prof. Dr. Jane Schneider
Prof. Dr. Peter Schneider
Prof. Dr. Thomas Schweizer (†)
Prof. Dr. Sydel Silverman
Prof. Dr. Enzo Spera
Prof. Dr. Irmtraud Stellrecht
PD Dr. Joachim Sterly (†)
Prof. Dr. Bernd Jürgen Warneken
Prof. Dr. Eric Wolf (†)

Sprachliche und bildliche Gestaltung, Verlage

Dr. Katharina Meyer
Dr. Rüdiger Dammann
Dr. Adalbert Hepp
Dr. Michael Maar
Walter Vollrath
Marc Bastet, MA
Team des Merlin Verlages

Unterstützung beim Erstellen des Manuskriptes

Dr. Johanne Peters
Markus Verne, MA
Silvia Pontes
Annemarie Gronover, MA
Dr. Katharina Meyer

INDEX

Volkert Haas

Magie und Mythen in Babylonien

Von Dämonen, Hexen und Beschwörungspriestern

255 S., 38 Abbildungen, Lw.
ISBN 3-87536-133-4
Merlins Bibliothek der Geheimen Wissenschaften und Magischen Künste, Band 8

Exorzismus und Amulettmagie in Babylonien und Ninive sind für Archäologen, Historiker wie Magier ein erregend neues Wissensgebiet.
Schon im alten Babylonien gab es nicht nur Götterverehrung und Anbetung, sondern aufregende Bräuche zur Vertreibung unheilbringender Dämonen und Hexen.
Der Altorientalist Professor Dr. Volkert Haas stellt großenteils erstmals in deutscher Sprache veröffentlichtes, für Fachwissenschaftler wie Laien gleichermaßen interessantes Material vor.

Alfred Métraux

Voodoo in Haiti

mit einem Vorwort von Michel Leiris
Deutsch von Isotta Meyer

448 S., 13 Abbildungen, Lw.
ISBN 3-926112-39-5
Merlins Bibliothek der Geheimen Wissenschaften und Magischen Künste, Band 10

An der Wiege der Menschheit standen nicht Jesus Christus oder der Papst, sondern die Götter Afrikas. Sie waren es, die den vom Schwarzen Kontinent nach Haiti verkauften Sklaven ihr qualvolles Schicksal zu ertragen und endlich abzuschütteln halfen. Die im Entsetzen der Revolution auf Haiti entstandenen Schreckensbilder einer aus Zauberei, Mord und grausamer Giftmischerei bestehenden Rachereligion werden zurechtgerückt und machen dem Bild einer zwar fremden, aber ebenso vitalen wie an ethischen Zielen orientierten Institution Platz.
Michel Leiris, Kultfigur der Hippie-Generation, läßt in seinem Vorwort keinen Zweifel: dieses Buch ist das bis heute unübertroffene Standardwerk zur Religion des Voodoo.

Satz und Druck: Druckerei Carstens, Schneverdingen
Einband: Buchbinderei Schirmer und Söhne, Erfurt
Buchumschlag: Marc Bastet
1. Auflage, Gifkendorf 2002
im 45. Jahr des Merlin Verlags
ISBN 3-87536-232-2
www.merlin-verlag.de

PRINCIPATO
ULTRA
PRINCI-
PATO
CITRA
BASILICATA
Golfo
di
Policastro
Occidente
Lavello
S. Pietro
M. Milone
Spinazzola
Venosa
Palazzo
Melfi
Rapolla
Barile
Arni
Atella
Ripa Candida
Maschito
M. di Vanzo
La Cupa
Lago di Pesole
Potenza
Acerenza
Pietragalla
Oppido
Muro
Bella
S. Croce
S. Maria
Avigliano
Ruoti
Picerno
Cancellara
Tolve
S. Chirico
Potenza
Brindisi
Anzi
Vignola
Albano
Pietrapertosa
Castelmezzo
Laurenzana
Corleto
Guardia
Viggiano
Tramutola
Marsicovetere
Armento
M. Murro
Sarconi
Moliterno
S. Martino
Roccarossa
Vallelonga
Lagonegro
Rivello
Lauria
Trecchina
Maratea
Tortora
T. di Fenile
Saraceni